Illusions Perdues......

Honoré de Balzac

ŒUVRES COMPLÈTES DE BALZAC

ILLUSIONS PERDUES

I

IMPRIMERIE CHAIX (s.-O.). 23986-3.

H. DE BALZAC
— ŒUVRES COMPLÈTES —

SCÈNES DE LA VIE DE PROVINCE

ILLUSIONS
PERDUES

LES DEUX POÈTES
UN GRAND HOMME DE PROVINCE A PARIS

TOME PREMIER

NOUVELLE ÉDITION

C·L

PARIS

CALMANN LÉVY, ÉDITEUR
ANCIENNE MAISON MICHEL LÉVY FRÈRES
3, RUE AUBER, 3

1884

ILLUSIONS PERDUES

PREMIÈRE PARTIE

—

LES DEUX POÈTES

A l'époque où commence cette histoire, la presse de Stanhope et les rouleaux à distribuer l'encre ne fonctionnaient pas encore dans les petites imprimeries de province. Malgré la spécialité qui la met en rapport avec la typographie parisienne, Angoulême se servait toujours des presses en bois, auxquelles la langue est redevable du mot faire gémir la presse, maintenant sans application. L'imprimerie arriérée y employait encore des *balles* en cuir frottées d'encre, avec lesquelles l'un des pressiers tamponnait les caractères. Le plateau mobile où se place la *forme* pleine de lettres sur laquelle s'applique la feuille de papier était encore en pierre et justifiait son nom de *marbre*. Les dévorantes presses mécaniques ont aujourd'hui si bien fait oublier ce mécanisme, auquel nous devons, malgré ses imperfections, les beaux livres des Elzevier, des Plantin, des Alde et des Didot, qu'il est nécessaire de mentionner les vieux outils auxquels Jérôme-Nicolas Séchard portait une superstitieuse affection; car ils jouent leur rôle dans cette grande petite histoire.

Ce Séchard était un ancien compagnon pressier que, dans leur argot typographique, les ouvriers chargés d'assembler les lettres appellent un ours. Le mouvement de va-et-vient, qui ressemble assez à celui d'un ours en cage par lequel les pressiers se portent de l'encrier à la presse et de la presse à l'encrier, leur a sans doute valu ce sobriquet. En revanche, les ours ont nommé les compositeurs des singes, à cause du continuel exercice que font ces messieurs pour attraper les lettres dans les cent cinquante-deux petites cases où elles sont contenues. A la désastreuse époque de 1793, Séchard, âgé d'environ cinquante ans, se trouva marié. Son âge et son mariage le firent échapper à la grande réquisition qui emmena presque tous les ouvriers aux armées. Le vieux pressier resta seul dans l'imprimerie dont le maître, autrement dire le *naïf*, venait de mourir en laissant une veuve sans enfants. L'établissement parut menacé d'une destruction immédiate : l'ours solitaire était incapable de se transformer en singe; car, en sa qualité d'imprimeur, il ne sut jamais ni lire ni écrire. Sans avoir égard à ses incapacités, un représentant du peuple, pressé de répandre les beaux décrets de la Convention, investit le pressier du brevet de maître imprimeur, et mit sa typographie en réquisition. Après avoir accepté ce périlleux brevet, le citoyen Séchard indemnisa la veuve de son maître en lui apportant les économies de sa femme, avec lesquelles il paya le matériel de l'imprimerie à moitié de la valeur. Ce n'était rien. Il fallait imprimer sans faute ni retard les décrets républicains. En cette conjecture difficile, Jérôme-Nicolas Séchard eut le bonheur de rencontrer un noble marseillais qui ne voulait ni émigrer pour ne pas perdre ses terres, ni se montrer pour ne pas perdre sa tête, et qui ne pouvait trouver de pain que par un travail quelconque. Monsieur le comte de Maucombe endossa donc l'humble veste d'un prote de province : il composa, lut corrigea lui-même les décrets qui portaient la peine de mort contre les citoyens qui cachaient des nobles ; l'ours devenu naïf les tira, les fit afficher ; et tous deux ils restèrent sains et saufs. En 1795, le grain de la Terreur étant passé, Nicolas Séchard fut obligé de chercher un autre prote. Un abbé, depuis évêque sous la Restauration et qui refusait alors de prêter le serment, remplaça le comte de Maucombe jusqu'au jour où le premier consul rétablit la religion catholique. Le comte et l'évêque se rencontrèrent plus tard sur le même banc de la chambre des pairs. Si en 1802 Jérôme-Nicolas Séchard ne savait pas mieux lire et écrire qu'en 1793, il s'était ménagé d'assez belles *étoffes* pour pouvoir payer un prote. Le compagnon si insoucieux de son avenir était devenu très-redoutable à ses singes et à ses ours. L'avarice commence où la pauvreté cesse. Le jour où l'imprimeur entrevit la possibilité de se faire une fortune, l'intérêt développa chez lui une intelligence matérielle de son état, mais avide, soupçonneuse et pénétrante. Sa pratique narguait la théorie. Il avait fini par toiser d'un coup d'œil le prix d'une page et d'une feuille, selon chaque espèce de caractère. Il prouvait à ses ignares chalands que les grosses lettres coûtaient plus cher à remuer que les fines ; s'agissait-il des petites, il disait qu'elles étaient plus difficiles à manier. La *composition* étant la partie typogra-

phique à laquelle il ne comprenait rien, il avait si peu
de se tromper, qu'il ne faisait jamais que des marchés léo
nins. Si ses compositeurs travaillaient à l'heure, son œi
ne les quittait jamais, s'il savait un fabricant dans la gêne
il achetait ses papiers à vil prix et les emmagasinait. Auss
dès ce temps possédait-il déjà la maison où l'imprimeri
était logée depuis un temps immémorial. Il eut toute espèce de bonheur ; il devint veuf et n'eut qu'un fils, il le mi
au lycée de la ville, moins pour lui donner de l'éducatio
que pour se préparer un successeur; il le traitait sévèrement afin de prolonger la durée de son pouvoir paternel
aussi les jours de congé, le faisait-il travailler à la casse e
lui disant d'apprendre à gagner sa vie pour pouvoir u
jour récompenser son pauvre père, qui se saignait pou
l'élever. Au départ de l'abbé, Séchard choisit pour prot
celui des quatres compositeurs que le futur évêque lui si
gnala comme ayant autant de probité que d'intelligence
Par ainsi, le bonhomme fut en mesure d'atteindre le mo
ment où son fils pourrait diriger l'établissement, qui s'a
grandirait alors sous des mains jeunes et habiles. Davi
Séchard fit au lycée d'Angoulême les plus brillantes étu
des. Quoiqu'un ours, parvenu sans connaissances ni édu
cation, méprisât considérablement la science, le père
Séchard envoya son fils à Paris pour étudier la haute typo
graphie; mais il lui fit une si violente recommandatio
d'amasser une bonne somme dans un pays qu'il appelait l
paradis des ouvriers, en lui disant de ne pas compter su
la bourse paternelle, qu'il voyait sans doute un moyen d'a
river à ses fins dans ce séjour *au pays de sapience.* Tout e
apprenant son métier, David acheva son éducation à Pari
Le prote des Didot devint un savant. Vers la fin de l'an
née 1819, David Séchard quitta Paris sans y avoir coûté u
rouge liard à son père, qui le rappelait pour mettre ent
ses mains le timon des affaires. L'imprimerie de Nicol
Séchard possédait alors le seul journal d'annonces jud

ciaires qui existât dans le département, la pratique de la préfecture et celle de l'évêché, trois clientèles qui devaient procurer une grande fortune à un jeune homme actif.

Précisément à cette époque, les frères Cointet, fabricants de papier, achetèrent le second brevet d'imprimeur à la résidence d'Angoulême, que jusqu'alors le vieux Séchard avait su réduire à la plus complète inaction, à la faveur des crises militaires qui, sous l'Empire, comprimèrent tout mouvement industriel ; par cette raison, il n'en avait point fait l'acquisition, et sa parcimonie fut une cause de ruine pour la vieille imprimerie. En apprenant cette nouvelle, le vieux Séchard pensa joyeusement que la lutte qui s'établirait entre son établissement et les Cointet serait soutenue par son fils, et non par lui. « J'y aurais succombé, se dit-il ; mais un jeune homme élevé chez messieurs Didot s'en tirera. » Le septuagénaire soupirait après le moment où il pourrait vivre à sa guise. S'il avait peu de connaissances en haute typographie, en revanche il passait pour être extrêmement fort dans un art que les ouvriers ont plaisamment nommé la soûlographie, art bien estimé par le divin auteur du *Pantagruel,* mais dont la culture, persécutée par des sociétés dites de *tempérance*, est de jour en jour plus abandonnée. Jérôme-Nicolas Séchard, fidèle à la destinée que son nom lui avait faite, était doué d'une soif inextinguible. Sa femme avait pendant longtemps contenu dans de justes bornes cette passion pour le raisin pilé, goût si naturel aux ours, que monsieur de Châteaubriand l'a remarqué chez les véritables ours de l'Amérique ; mais les philosophes ont observé que les habitudes du jeune âge reviennent avec force dans la vieillesse de l'homme. Séchard confirmait cette loi morale : plus il vieillissait, plus il aimait à boire. Sa passion laissait sur sa physionomie oursine des marques qui la rendaient originale, son nez avait pris le développement et la forme d'un A majuscule corps de triple

canon, ses deux joues veinées ressemblaient à ces feuilles
de vigne pleines de gibbosités violettes, purpurines et
souvent panachées; vous eussiez dit d'une truffe mons-
trueuse enveloppée par les pampres de l'automne. Cachés
sous deux gros sourcils pareils à deux buissons chargés de
neige, ses petits yeux gris, où petillait la ruse d'une avarice qui tuait tout en lui, même la paternité, conservaient
leur esprit jusque dans l'ivresse. Sa tête chauve et décou-
ronnée, mais ceinte de cheveux grisonnants qui frisotaient
encore, rappelait à l'imagination les cordeliers des *Contes
de la Fontaine*. Il était court et ventru comme beaucoup
de ces vieux lampions qui consomment plus d'huile que de
mèche; car les excès en toutes choses poussent le corps
dans la voie qui lui est propre. L'ivrognerie, comme l'étude,
engraisse encore l'homme gras et maigrit l'homme maigre.
Jérôme-Nicolas Séchard portait depuis trente ans le fameux
tricorne municipal, qui dans quelques provinces se retrouve
encore sur la tête du tambour de la ville. Son gilet et son
pantalon étaient en velours verdâtre. Enfin, il avait une
vieille redingote brune, des bas de coton chinés et des
souliers à boucles d'argent. Ce costume où l'ouvrier se
retrouvait encore dans le bourgeois convenait si bien à
ses vices et à ses habitudes, il exprimait si bien sa vie,
que ce bonhomme semblait avoir été créé tout habillé ;
vous ne l'auriez pas plus imaginé sans ses vêtements qu'un
oignon sans sa pelure. Si le vieil imprimeur n'eût pas depuis longtemps donné la mesure de son aveugle avidité,
son abdication suffirait à peindre son caractère. Malgré les
connaissances que son fils devait rapporter de la grande
école des Didot, il se proposa de faire avec lui la bonne
affaire qu'il ruminait depuis longtemps. Si le père en faisait une bonne, le fils devait en faire une mauvaise. Mais,
pour le bonhomme, il n'y avait ni fils ni père en affaires. S'il avait d'abord vu dans David son unique enfant,
plus tard il y vit un acquéreur naturel de qui les intérêts

étaient opposés aux siens ; il voulait vendre cher, David devait acheter à bon marché ; son fils devenait donc un ennemi à vaincre. Cette transformation du sentiment en intérêt personnel, ordinairement lente, tortueuse et hypocrite chez les gens bien élevés, fut rapide et directe chez le vieil ours, qui montra combien la soûlographie rusée l'emportait sur la typographie instruite. Quand son fils arriva, le bonhomme lui témoigna la tendresse commerciale que les gens habiles ont pour leurs dupes : il s'occupa de lui comme un amant se serait occupé de sa maîtresse ; il lui donna le bras, il lui dit où il fallait mettre les pieds pour ne pas se crotter ; il lui avait fait bassiner son lit, allumer du feu, préparer un souper. Le lendemain, après avoir essayé de griser son fils durant un plantureux dîner, Jérôme-Nicolas Séchard, fortement aviné, lui dit un : — *Causons d'affaires !* qui passa si singulièrement entre deux hoquets, que David le pria de remettre les affaires au lendemain. Le vieil ours savait trop bien tirer parti de son ivresse pour abandonner une bataille préparée depuis si longtemps. D'ailleurs, après avoir porté son boulet pendant cinquante ans, il ne voulait pas, dit-il, le garder une heure de plus. Demain son fils serait le naïf.

Ici peut-être est-il nécessaire de dire un mot de l'établissement. L'imprimerie, située dans l'endroit où la rue de Beaulieu débouche sur la place du Mûrier, s'était établie dans cette maison vers la fin du règne de Louis XIV. Aussi depuis longtemps les lieux avaient-ils été disposés pour l'exploitation de cette industrie. Le rez-de-chaussée formait une immense pièce éclairée sur la rue par un vieux vitrage, et par un grand châssis sur une cour intérieure. On pouvait d'ailleurs arriver au bureau du maître par une allée. Mais en province, les procédés de la typographie sont toujours l'objet d'une curiosité si vive, que les chalands aimaient mieux entrer par une porte vitrée pratiquée dans la devanture donnant sur la rue, quoiqu'il fallût descendre

quelques marches, le sol de l'atelier se trouvant au-dessous
du niveau de la chaussée. Les curieux, ébahis, ne prenaient jamais garde aux inconvénients du passage à travers
les défilés de l'atelier. S'ils regardaient les berceaux for-
més par les feuilles étendues sur des cordes attachées au
plancher, ils se heurtaient le long des rangs de casses,
ou se faisaient décoiffer par les barres de fer qui maintenaient les presses. S'ils suivaient les agiles mouvements
d'un compositeur grappillant ses lettres dans les cent cinquante-deux cassetins de sa casse, lisant sa copie, relisant sa ligne dans son composteur en y glissant une in-
terligne, ils donnaient dans une rame de papier trempé
chargée de ses pavés, ou s'attrapaient la hanche dans
l'angle d'un banc; le tout au grand amusement des singes et des ours. Jamais personne n'était arrivé sans accident jusqu'à deux grandes cages situées au bout ce cette
caverne, qui formaient deux misérables pavillons sur la
cour, et où trônaient d'un côté le prote, et de l'autre le
maître imprimeur. Dans la cour, les murs étaient agréablement décorés par des treilles qui, vu la réputation
du maître, avaient une appétissante couleur locale. Au
fond et adossé au mur mitoyen, s'élevait un appentis en
ruine où se trempait et se façonnait le papier. Là, étaient
l'évier sur lequel se lavaient avant et après le tirage les
formes, ou, pour employer le langage vulgaire, les planches de caractères; il s'en échappait une décoction d'encre
mêlée aux eaux ménagères de la maison, qui faisait croire
aux paysans venus les jours de marché que le diable se
débarbouillait dans cette maison. Cet appentis était flanqué
d'un côté par la cuisine, de l'autre par le bûcher. Le premier étage de cette maison, au-dessus duquel il n'y avait
que deux chambres en mansarde, contenait trois pièces.
La première, aussi longue que l'allée, moins la cage du vieil
escalier de bois, éclairée sur la rue par une petite croisée
oblongue, et sur la cour par un œil-de-bœuf, servait à la

fois d'antichambre et de salle à manger. Purement et simplement blanchie à la chaux, elle se faisait remarquer par la cynique simplicité de l'avarice commerciale; le carreau sale n'avait jamais été lavé; le mobilier consistait en trois mauvaises chaises, une table ronde et un buffet situé entre deux portes qui donnaient entrée dans une chambre à coucher et dans un salon; les fenêtres et la porte étaient brunes de crasse; des papiers blancs ou imprimés l'encombraient la plupart du temps; souvent le dessert, les bouteilles, les plats du dîner de Jérôme-Nicolas Séchard, se voyaient sur les ballots. La chambre à coucher, dont la croisée avait un vitrage en plomb qui tirait son jour de la cour, était tendue de ces vieilles tapisseries que l'on voit en province, le long des maisons au jour de la Fête-Dieu. Il s'y trouvait un grand lit à colonnes garni de rideaux, de bonnes-grâces et d'un couvre-pied en serge rouge, deux fauteuils vermoulus, deux chaises en bois de noyer et en tapisserie, un vieux secrétaire, et sur la cheminée un cartel. Cette chambre, où se respirait une bonhomie patriarcale et pleine de teintes brunes, avait été arrangée par le sieur Rouzeau, prédécesseur et maître de Jérôme-Nicolas Séchard. Le salon, modernisé par feu madame Séchard, offrait d'épouvantables boiseries peintes en bleu de perruquier; les panneaux étaient décorés d'un papier à scènes orientales, coloriées en bistre sur un fond blanc; le meuble consistait en six chaises garnies de basane bleue dont les dossiers représentaient des lyres. Les deux fenêtres grossièrement cintrées, et par où l'œil embrassait la place du Mûrier, étaient sans rideaux; la cheminée n'avait ni flambeaux, ni pendule, ni glace. Madame Séchard était morte au milieu de ses projets d'embellissement, et l'ours, ne devinant pas l'utilité d'améliorations qui ne rapportaient rien, les avait abandonnées. Ce fut là que, *pede titubante*, Jérôme-Nicolas Séchard amena son fils et lui montra sur la table ronde un état du matérie de son imprimerie, dressé sous sa direction par le prote.

— Lis cela, mon garçon, dit Jérôme-Nicolas Séchard en roulant ses yeux ivres du papier à son fils et de son fils au papier. Tu verras quel bijou d'imprimerie je te donne.

— Trois presses en bois maintenues par des barres en fer, à marbre en fonte...

— Une amélioration que j'ai faite, dit le vieux Séchard en interrompant son fils.

— Avec tous leurs ustensiles; encriers, balles et bancs, etc., seize cents francs ! Mais, mon père, dit David Séchard en laissant tomber l'inventaire, vos presses sont des sabots qui ne valent pas cent écus, et dont il faut faire du feu.

— Des sabots ?... s'écria le vieux Séchard, des sabots ?... Prends l'inventaire et descendons! Tu vas voir si vos inventions de méchante serrurerie manœuvrent comme ces bons vieux outils éprouvés. Après, tu n'auras pas le cœur d'injurier d'honnêtes presses qui roulent comme des voitures en poste, et qui iront encore pendant toute ta vie sans nécessiter la moindre réparation. Des sabots! Oui, c'est des sabots où tu trouveras du sel pour cuire des œufs ! des sabots que ton père a manœuvrés pendant vingt ans, qui lui ont servi à te faire ce que tu es.

Le père dégringola l'escalier raboteux, usé, tremblant, sans y chavirer; il ouvrit la porte de l'allée qui donnait dans l'atelier, se précipita sur la première de ses presses sournoisement huilées et nettoyées, il montra les fortes jumelles en bois de chêne frotté par son apprenti.

— Est-ce là un amour de presse ? dit-il.

Il s'y trouvait le *billet de faire part* d'un mariage. Le vieil ours abaissa la frisquette sur le tympan, et le tympan sur le marbre qu'il fit rouler sous la presse; il tira le barreau, déroula la corde pour ramener le marbre, releva tympan et frisquette avec l'agilité qu'aurait mise un jeune ours. La presse ainsi manœuvrée jeta un si joli cri, que vous eussiez dit d'un oiseau qui serait venu heurter à une vitre et se serait enfui.

— Y a-t-il une seule presse anglaise capable d'aller ce train-là ? dit le père à son fils étonné.

Le vieux Séchard courut successivement à la seconde, à la troisième presse, sur chacune desquelles il fit la même manœuvre avec une égale habileté. La dernière offrit à son œil troublé de vin un endroit négligé par l'apprenti; l'ivrogne, après avoir notablement juré, prit le pan de sa redingote pour la frotter, comme un maquignon qui lustre le poil d'un cheval à vendre.

— Avec ces trois presses-là, sans prote, tu peux gagner tes neuf mille francs par an, David. Comme ton futur associé, je m'oppose à ce que tu les remplaces par ces maudites presses en fonte qui usent les caractères. Vous avez crié miracle à Paris en voyant l'invention de ce maudit Anglais, un ennemi de la France, qui a voulu faire la fortune des fondeurs. Ah ! vous avez voulu des stanhopes! merci de vos stanhopes qui coûtent chacune deux mille cinq cents francs, presque deux fois plus que valent mes trois bijoux ensemble, et qui vous échinent la lettre par leur défaut d'élasticité. Je ne suis pas instruit comme toi, mais retiens bien ceci : la vie des stanhopes est la mort du caractère. Ces trois presses te feront un bon user, l'ouvrage sera proprement *tiré*, et les Angoumoisins ne t'en demanderont pas davantage. Imprime avec du fer ou avec du bois, avec de l'or ou avec de l'argent, ils ne t'en payeront pas un liard de plus.

— *Item*, dit David, cinq milliers de livres de caractères, provenant de la fonderie de M. Vaflard...

À ce nom, l'élève des Didot ne put s'empêcher de sourire.

— Ris, ris ! Après douze ans, les caractères sont encore neufs. Voilà ce que j'appelle un fondeur ! M. Vaflard est un honnête homme qui fournit de la matière dure: et, pour moi, le meilleur fondeur est celui chez lequel on va le moins souvent.

— Estimés dix mille francs, reprit David en continuant. Dix mille francs, mon père ! mais c'est à quarante sous la livre, et MM. Didot ne vendent leur cicéro neuf que trente-six sous la livre. Vos têtes de clou ne valent que le prix de la fonte, dix sous la livre.

— Tu donnes le nom de têtes de clou aux bâtardes, aux coulées, aux rondes de M. Gillé, anciennement imprimeur de l'empereur ! des caractères qui valent six francs la livre, des chefs-d'œuvre de gravure achetés il y a cinq ans, et dont plusieurs ont encore le blanc de la fonte, tiens ! Le vieux Séchard attrapa quelques cornets pleins de *sortes* qui n'avaient jamais servi et les montra.

— Je ne suis pas savant, je ne sais ni lire ni écrire, mais j'en sais encore assez pour deviner que les caractères d'écriture de la maison Gillé ont été les pères des Anglaises de tes MM. Didot. Voici une *ronde*, dit-il en désignant une casse et y prenant un M, une *ronde* de cicéro qui n'a pas encore été dégommée.

David s'aperçut qu'il n'y avait pas moyen de discuter avec son père. Il fallait tout admettre ou tout refuser; il se trouvait entre un non et un oui. Le vieil ours avait compris dans l'inventaire jusqu'aux cordes de l'étendage. La plus petite ramette, les ais, les jattes, la pierre et les brosses à laver, tout était chiffré avec le scrupule d'un avare. Le total allait à trente mille francs, y compris le brevet de maître imprimeur et l'achalandage. David se demandait en lui-même si l'affaire était ou non faisable. En voyant son fils muet sur le chiffre, le vieux Séchard devint inquiet; car il préférait un débat violent à une acceptation silencieuse. En ces sortes de marché, le débat annonce un négociant capable qui défend ses intérêts. *Qui tope à tout*, disait le vieux Séchard, *ne paye rien*. Tout en épiant la pensée de son fils, il fit le dénombrement des méchants ustensiles nécessaires à l'exploitation d'une imprimerie en province ; il amena successivement David devant une presse à satiner, une presse à rogner pour faire les ouvrages de ville, et il lui en vanta l'usage et la solidité.

— Les vieux outils sont toujours les meilleurs, dit-il. On devrait en imprimerie les payer plus cher que les neufs, comme cela se fait chez les batteurs d'or.

D'épouvantables vignettes représentant des Hymens, des Amours, des morts qui soulevaient la pierre de leurs sépulcres en décrivant un V ou un M, d'énormes cadres à masques pour les affiches de spectacle, devinrent, par l'effet de l'éloquence avinée de Jérôme-Nicolas, des objets de la plus immense valeur. Il dit à son fils que les habitudes des gens de province étaient si fortement enracinées, qu'il essayerait en vain de leur donner de plus belles choses. Lui, Jérôme-Nicolas Séchard, avait tenté de leur vendre des almanachs meilleurs que le *Double Liégeois* imprimé sur du papier à sucre ! eh bien, le vrai *Double Liégeois* avait été préféré aux plus magnifiques almanachs ! David reconnaîtrait bientôt l'importance de ces vieilleries, en les vendant plus cher que les plus coûteuses nouveautés.

— Ha ! ha ! mon garçon, la province est la province, et Paris est Paris. Si un homme de l'Houmeau t'arrive pour faire faire son billet de mariage, et que tu le lui imprimes sans un Amour avec des guirlandes, il ne se croira point marié, et te le rapportera s'il n'y voit qu'un M, comme chez tes MM. Didot, qui sont la gloire de la typographie, mais dont les inventions ne seront pas adoptées avant cent ans dans les provinces. Et voilà.

Les gens généreux font de mauvais commerçants. David était une de ces natures pudiques et tendres qui s'effrayent d'une discussion, et qui cèdent au moment où l'adversaire leur pique un peu trop le cœur. Ses sentiments élevés et l'empire que le vieil ivrogne avait conservé sur lui le rendaient encore plus impropre à soutenir un débat d'argent avec son père, surtout quand il lui croyait les meilleures intentions ; car il attribua d'abord la voracité de l'intérêt à l'attachement que le pressier avait pour ses outils. Cependant, comme Jérôme-Nicolas Séchard avait eu le tout de la veuve Rouzeau pour dix mille francs en assignats, et qu'en l'état actuel des choses trente mille francs étaient un prix exorbitant, le fils s'écria : — Mon père, vous m'égorgez !

— Moi qui t'ai donné la vie ?... dit le vieil ivrogne en levant la main vers l'étendage. Mais, David, à quoi donc évalues-tu le brevet ? Sais-tu ce que vaut le Journal d'annonces à dix sous la ligne, privilége qui à lui seul, a rapporté cinq cent francs le mois dernier ? Mon gars, ouvre les livres, vois ce que produisent les affiches et les registres de la préfecture, la pratique de la mairie et celle de l'évêché ! Tu es un fainéant qui ne veut pas faire sa fortune. Tu marchandes le cheval qui doit te conduire à quelque beau domaine comme celui de Marsac !

A cet inventaire était joint un acte de société entre le père et le fils. Le bon père louait à la société sa maison pour une somme de douze cents francs, quoiqu'il ne l'eût achetée que six mille livres, et il s'y réservait une des deux chambres pratiquées dans les mansardes. Tant que David Séchard n'aurait pas remboursé les trente mille francs, les bénéfices se partageraient par moitié ; le jour où il aurait remboursé cette somme à son père, il deviendrait seul et unique propriétaire de l'imprimerie. David estima le brevet, la clientèle et le journal, sans s'occuper des outils ; il crut pouvoir se libérer et accepta ces conditions. Habitué aux finasseries de paysan, et ne connaissant rien aux larges calculs des Parisiens, le père fut étonné d'une si prompte conclusion.

— Mon fils se serait-il enrichi ? se dit-il, ou invente-t-il en ce moment de ne pas me payer ? Dans cette pensée, il le questionna pour savoir s'il apportait de l'argent, afin de le lui prendre en à-compte. La curiosité du père éveilla la défiance du fils. David resta boutonné jusqu'au menton. Le lendemain, le vieux Séchard fit transporter par son apprenti dans la chambre au deuxième étage ses meubles, qu'il comptait faire apporter à sa campagne par les charrettes qui y reviendraient à vide. Il livra les trois chambres du premier étage toutes nues à son fils, de même qu'il le mit en possession de l'imprimerie sans lui donner un centime pour payer les ouvriers. Quand David pria son père, en sa qualité d'associé, de contribuer à la mise nécessaire à l'exploitation commune, le vieux pressier fit l'ignorant. Il ne s'était pas obligé, dit-il, à donner de l'argent en donnant son imprimerie ; sa mise de fonds était faite. Pressé par la logique de son fils, il lui répondit que quand il avait acheté l'imprimerie à la veuve Rouzeau, il s'était tiré d'affaire sans un sou. Si lui, pauvre ouvrier dénué de connaissances, avait réussi, un élève de Didot ferait encore mieux. D'ailleurs, David avait gagné de l'argent qui provenait de l'éducation payée à la sueur du front de son vieux père, il pouvait bien l'employer aujourd'hui.

— Qu'as-tu fait de tes *banques ?* lui dit-il en revenant à la charge afin d'éclaircir le problème que le silence de son fils avait laissé la veille indécis.

— Mais n'ai-je pas eu à vivre ? n'ai-je pas acheté des livres ? répondit David indigné.

— Ah ! tu achetais des livres ? Tu feras de mauvaises affaires. Les gens qui achètent des livres ne sont guère propres à en imprimer, répondit l'ours.

David éprouva la plus horrible des humiliations, celle que cause l'abaissement d'un père : il lui fallut subir le flux de raisons viles, pleureuses, lâches, commerciales, par lesquelles le vieil avare formula son refus. Il refoula ses douleurs dans son âme, en se voyant seul, sans appui, en trouvant un spéculateur dans son père que, par curiosité philosophique, il voulut connaître à fond. Il lui fit observer qu'il ne lui avait jamais demandé compte de la fortune de sa mère. Si cette fortune ne pouvait entrer en compensation du prix de l'imprimerie, elle devait au moins servir à l'exploitation en commun.

— La fortune de ta mère, dit le vieux Séchard, mais c'était son intelligence et sa beauté !

A cette réponse, David devina son père tout entier, et comprit que, pour en obtenir un compte, il faudrait lui intenter un procès interminable, coûteux et déshonorant. Ce noble cœur accepta le fardeau qui allait peser sur lui, car il savait avec combien de peines il acquitterait les engagements pris envers son père.

— Je travaillerai, se dit-il. Après tout, si j'ai du mal, le bonhomme en a eu. Ne sera-ce pas d'ailleurs travailler pour moi-même ?

— Je te laisse un trésor, dit le père inquiet du silence de son fils.

David demanda quel était ce trésor.

— Marion, dit le père.

Marion était une grosse fille de campagne indispensable à l'exploitation de l'imprimerie : elle trempait le papier et le rognait, faisait les commissions et la cuisine, blanchissait le linge, déchargeait les voitures de papier, allait toucher l'argent et nettoyait les tampons. Si Marion eût su lire, le vieux Séchard l'aurait mise à la composition.

Le père partit à pied pour la campagne. Quoique très-heureux de sa vente, déguisée sous le nom d'association, il était inquiet de la manière dont il serait payé. Après les angoisses de la vente viennent toujours celles de sa réalisation. Toutes les passions sont essentiellement jésuitiques. Cet homme, qui regardait l'instruction comme inutile, s'efforça de croire à l'influence de l'instruction. Il hypothéquait ses trente mille francs sur les idées d'honneur que l'éducation devait avoir développées chez son fils. En jeune homme bien élevé, David suerait sang et eau pour payer ses engagements, ses connaissances lui feraient trouver des ressources, il s'était montré plein de beaux sentiments, il payerait ! Beaucoup de pères, qui agissent ainsi, croient avoir agi paternellement, comme le vieux Séchard avait fini par se le persuader en atteignant son vignoble situé à Marsac, petit village à quatre lieues d'Angoulême. Ce domaine, où le précédent propriétaire avait bâti une jolie habitation, s'était augmenté d'année en année depuis 1809, époque où le vieil ours l'avait acquis. Il y échangea les soins du pressoir contre ceux de la presse, et il était, comme il le disait, depuis trop longtemps dans les vignes pour ne pas s'y bien connaître. Pendant la première année de sa retraite à la campagne, le père Séchard montra une figure soucieuse au-dessus de ses échalas ; car il était toujours dans son vignoble, comme jadis il demeurait au milieu de son atelier. Ces trente mille francs inespérés le grisaient encore plus que la purée septembrale, il les maniait idéalement entre ses pouces. Moins la somme était due, plus il désirait l'encaisser. Aussi, souvent accourait-il de Marsac à Angoulême, attiré par ses inquiétudes. Il gravissait les rampes du rocher sur le haut duquel est assise la ville, il entrait dans l'atelier pour voir si son fils se tirait d'affaire. Or les presses étaient à leurs places. L'unique apprenti, coiffé d'un bonnet de papier, décrassait des tampons. Le vieil ours entendait crier une presse sur quelque billet de faire part, il reconnaissait ses vieux caractères, il apercevait son fils et le prote, chacun lisant dans sa cage un livre que l'ours prenait pour des épreuves. Après avoir dîné avec David, il retournait alors à son domaine de Marsac en ruminant ses craintes. L'avarice a comme l'amour un don de seconde vue sur les futurs contingents, elle les flaire, elle les presse. Loin de l'atelier où l'aspect de ses outils le fascinait en le reportant aux jours où il faisait fortune, le vigneron trouvait chez son fils d'inquiétants symptômes d'inactivité. Le nom de *Cointet frères* l'effarouchait, il le voyait dominant celui de *Séchard et fils*. Enfin le vieillard sentait le vent du mal-

heur. Ce pressentiment était juste : le malheur planait sur
la maison Séchard. Mais les avares ont un dieu. Par un
concours de circonstances imprévues, ce dieu devait faire
trébucher dans l'escarcelle de l'ivrogne le prix de sa vente
usuraire. Voici pourquoi l'imprimerie Séchard tombait,
malgré ses éléments de prospérité. Indifférent à la réaction
religieuse que produisait la Restauration dans le gouvernement, mais également insouciant du libéralisme, David
gardait la plus nuisible des neutralités en matière politique
et religieuse. Il se trouvait dans un temps où les commerçants de province devaient professer une opinion afin d'a-
voir des chalands, car il fallait opter entre la pratique des
libéraux et celle des royalistes. Un amour qui vint au cœur
de David et ses préoccupations scientifiques, son beau naturel l'empêchèrent d'avoir cette âpreté au gain qui constitue le vrai commerçant, et qui lui eût fait étudier les
différences qui distinguent l'industrie provinciale de l'industrie parisienne. Les nuances si tranchées dans les départements disparaissent dans le grand mouvement de
Paris. Les frères Cointet se mirent à l'unisson des opinions
monarchiques, ils firent ostensiblement maigre, hantèrent
la cathédrale, cultivèrent les prêtres, et réimprimèrent les
premiers livres religieux dont le besoin se fit sentir. Les
Cointet prirent ainsi l'avance dans cette branche lucrative,
et calomnièrent David Séchard en l'accusant de libéralisme
et d'athéisme. — Comment, disaient-ils, employer un homme
qui avait pour père un septembriseur, un ivrogne, un bo-
napartiste, un vieil avare qui devait tôt ou tard laisser des
monceaux d'or ? Ils étaient pauvres, chargés de famille,
tandis que David était garçon et serait puissamment riche,
aussi n'en prenait-il qu'à son aise, etc. Influencés par ces
accusations portées contre David, la préfecture et l'évêché
finirent par donner le privilége de leurs impressions aux
frères Cointet. Bientôt ces avides antagonistes, enhardis
dar l'incurie de leur rival, créèrent un second journal d'an-

nonces. La vieille imprimerie fut réduite aux impressions de la ville, et le produit de sa feuille d'annonces diminua de moitié. Riche de gains considérables réalisés sur les livres d'Église et de piété, la maison Cointet proposa bientôt aux Séchard de leur acheter leur journal, afin d'avoir les annonces du département et les insertions judiciaires sans partage. Aussitôt que David eut transmis cette nouvelle à son père, le vieux vigneron, épouvanté déjà par les progrès de la maison Cointet, fondit de Marsac sur la place du Mûrier avec la rapidité du corbeau qui a flairé les cadavres d'un champ de bataille.

— Laisse-moi manœuvrer les Cointet, ne te mêle pas de cette affaire, dit-il à son fils.

Le vieillard eut bientôt deviné l'intérêt des Cointet, il les effraya par la sagacité de ses aperçus. Son fils commettait une sottise qu'il venait empêcher, disait-il. — Sur quoi reposera notre clientèle, s'il cède notre journal ? Les avoués, les notaires, tous les négociants de l'Houmeau sont libéraux ; les Cointet ont voulu nuire aux Séchard en les accusant de libéralisme, ils leur ont ainsi préparé une planche de salut, les annonces des libéraux resteront aux Séchard! Vendre le journal ?... mais autant vendre matériel et brevet. Il demandait alors aux Cointet soixante mille francs de l'imprimerie pour ne pas ruiner son fils : il aimait son fils, il défendait son fils. Le vigneron se servit de son fils comme les paysans se servent de leurs femmes : son fils voulait ou ne voulait pas, selon les propositions qu'il arrachait une à une aux Cointet, et il les amena, non sans efforts, à donner une somme de vingt-deux mille francs pour le *Journal de la Charente*. Mais David dut s'engager à ne jamais imprimer quelque journal que ce fût, sous peine de trente mille francs de dommages-intérêts. Cette vente était le suicide de l'imprimerie Séchard ; mais le vigneron ne s'en inquiétait guère. Après le vol vient toujours l'assassinat. Le bonhomme comptait appliquer cette somme au

payement de son fonds; et, pour la palper, il aurait donné
David par-dessus le marché, d'autant plus que ce gênant
fils avait droit à la moitié de ce trésor inespéré En dédom-
magement, le généreux père lui abandonna l'imprimerie,
mais en maintenant le loyer de la maison aux fameux douze
cents francs. Depuis la vente du journal aux Cointet, le vieillard vint rarement en ville, il allégua son grand âge ; mais
la raison véritable était le peu d'intérêt qu'il portait à une
imprimerie qui ne lui appartenait plus. Néanmoins il ne
put entièrement répudier la vieille affection qu'il portait à
ses outils. Quand ses affaires l'amenaient à Angoulême, il
eût été très-difficile de décider qui l'attirait le plus dans sa
maison, ou de ses presses en bois ou de son fils, auquel il
venait par forme demander ses loyers. Son ancien prote,
devenu celui des Cointet, savait à quoi s'en tenir sur cette
générosité paternelle ; il disait que ce fin renard se ménageait ainsi le droit d'intervenir dans les affaires de son fils,
en devenant créancier privilégié par l'accumulation des
loyers.

L'incurie de David Séchard avait des causes qui peindront
le caractère de ce jeune homme. Quelques jours après son
installation dans l'imprimerie paternelle, il avait rencontré
l'un de ses amis de collége, alors en proie à la plus profonde misère. L'ami de David Séchard était un jeune
homme, alors âgé d'environ vingt et un ans, nommé Lucien Chardon, et fils d'un ancien chirurgien des armées
républicaines mis hors de service par une blessure. La nature avait fait un chimiste de M. Chardon le père, et
le hasard l'avait établi pharmacien à Angoulême. La mort
le surprit au milieu des préparatifs nécessités par une lucrative découverte à la recherche de laquelle il avait consumé plusieurs années d'études scientifiques. Il voulait
guérir toute espèce de goutte. La goutte est la maladie des
riches, et les riches payent cher la santé quand ils en sont
privés; aussi le pharmacien avait-il choisi ce problème à

résoudre parmi tous ceux qui s'étaient offerts à ses méditations. Placé entre la science et l'empirisme, feu Chardon
comprit que la science pouvait seule assurer sa fortune : il
avait donc étudié les causes de la maladie, et basé son remède sur un certain régime qui l'appropriait à chaque tem-
pérament. Il mourut pendant un séjour à Paris, où il sol-
licitait l'approbation de l'Académie des sciences, et perdit
ainsi le fruit de ses travaux. Pressentant sa fortune, le pharmacien n'avait rien négligé pour l'éducation de son fils et
de sa fille, en sorte que l'entretien de sa famille dévora
constamment les produits de sa pharmacie. Ainsi, non-
seulement il laissa ses enfants dans la misère, mais encore,
pour leur malheur, il les avait élevés dans l'espérance de
destinées brillantes qui s'éteignirent avec lui. L'illustre Desplein, qui lui donna des soins, le vit mourir dans des con-
vulsions de rage. Cette ambition eut pour principe le violent amour que l'ancien chirurgien portait à sa femme,
dernier rejeton de la famille de Rubempré, miraculeuse-
ment sauvée par lui de l'échafaud en 1793. Sans que la
jeune fille eût voulut consentir à ce mensonge, il avait gagné du temps en la disant enceinte. Après s'être en quelque sorte créé le droit de l'épouser, il l'épousa malgré leur
commune pauvreté. Ses enfants, comme tous les enfants de
l'amour, eurent pour tout héritage la merveilleuse beauté de
leur mère, présent si souvent fatal quand la misère l'ac-
compagne. Ces espérances, ces travaux, ces désespoirs si
vivement épousés avaient profondément altéré la beauté de
madame Chardon, de même que les lentes dégradations de
l'indigence avaient changé ses mœurs ; mais son courage
et celui de ses enfants égala leur infortune. La pauvre
veuve vendit la pharmacie, située dans la grand'rue de
l'Houmeau, le principal faubourg d'Angoulême. Le prix de
la pharmacie lui permit de se constituer trois cents francs
de rente, somme insuffisante pour sa propre existence ;
mais elle et sa fille acceptèrent leur position sans en rou-

gir, et se vouèrent à des travaux mercenaires. La mère gardait les femmes en couche, et ses bonnes façons la faisaient préférer à toute autre dans les maisons riches, où elle vivait sans rien coûter à ses enfants, tout en gagnant vingt sous par jour. Pour éviter à son fils le désagrément de voir sa mère dans un pareil abaissement de condition, elle avait pris le nom de madame Charlotte. Les personnes qui réclamaient ses soins s'adressaient à M. Postel, le successeur de M. Chardon. La sœur de Lucien travaillait chez une très-honnête femme, considérée à l'Houmeau, nommée madame Prieur, blanchisseuse de fin, sa voisine, et gagnait environ quinze sous par jour. Elle conduisait les ouvrières, et jouissait dans l'atelier d'une espèce de suprématie qui la sortait un peu de la classe des grisettes. Les faibles produits de leur travail, joints aux trois cents livres de rente de madame Chardon, arrivaient environ à huit cents francs par an, avec lesquels ces trois personnes devaient vivre, s'habiller et se loger. La stricte économie de ce ménage rendait à peine suffisante cette somme, presque entièrement absorbée par Lucien. Madame Chardon et sa fille Ève croyaient en Lucien comme la femme de Mahomet crut en son mari; leur dévouement à son avenir était sans bornes. Cette pauvre famille demeurait à l'Houmeau, dans un logement loué pour une très-modique somme par le successeur de M. Chardon, et situé au fond d'une cour intérieure, au-dessus du laboratoire. Lucien y occupait une misérable chambre en mansarde. Stimulé par un père qui, passionné pour les sciences naturelles, l'avait d'abord poussé dans cette voie, Lucien fut un des plus brillants élèves du collége d'Angoulême, où il se trouvait en troisième lorsque Séchard y finissait ses études.

Quand le hasard fit rencontrer les deux camarades de collége, Lucien, fatigué de boire à la grossière coupe de la misère, était sur le point de prendre un de ces partis extrêmes auxquels on se décide à vingt ans. Quarante francs par mois que David donna généreusement à Lucien en s'offrant à lui apprendre le métier de prote, quoiqu'un prote lui fût parfaitement inutile, sauva Lucien de son désespoir. Les liens de cette amitié de collège ainsi renouvelés se resserrèrent bientôt par les similitudes de leurs destinées et par les différences de leurs caractères. Tous deux, l'esprit gros de plusieurs fortunes, ils possédaient cette haute intelligence qui met l'homme de plain-pied avec toutes les sommités, et se voyaient jetés au fond de la société. Cette injustice du sort fut un nœud puissant. Puis tous deux étaient arrivés à la poésie par une pente différente. Quoique destiné aux spéculations les plus élevées des sciences naturelles, Lucien se portait avec ardeur vers la gloire littéraire ; tandis que David, que son génie méditatif prédisposait à la poésie, inclinait par goût vers les sciences exactes. Cette interposition des rôles engendra comme une fraternité spirituelle. Lucien communiqua bientôt à David les hautes vues qu'il tenait de son père sur les applications de la science à l'industrie, et David fit apercevoir à Lucien les routes nouvelles où il devait s'engager dans la littérature pour s'y faire un nom et une fortune. L'amitié de ces deux jeunes gens devint en peu de jours une de ces passions qui ne naissent qu'au sortir de l'adolescence. David entrevit bientôt la belle Ève, et s'en éprit, comme se prennent les esprits mélancoliques et méditatifs. L'*Et nunc et semper et in secula seculorum* de la liturgie est la devise de ces sublimes poëtes inconnus dont les œuvres consistent en de magnifiques épopées enfantées et perdues entre deux cœurs ! Quand l'amant eut pénétré le secret des espérances que la mère et la sœur de Lucien mettaient en ce beau front de poëte, quand leur dévouement aveugle lui fut connu, il trouva doux de se rapprocher de sa maîtresse en partageant ses immolations et ses espérances. Lucien fut donc pour David un frère choisi. Comme les ultras qui voulaient être plus royalistes que le roi, David outra la foi que la mère et la sœur de

Lucien avaient en son génie, il le gâta comme une mère gâte son enfant. Durant une de ces conversations où, pressés par le défaut d'argent qui leur liait les mains, ils ruminaient, comme tous les jeunes gens, les moyens de réaliser une prompte fortune en secouant tous les arbres déjà dépouillés par les premiers venus sans en obtenir de fruits, Lucien se souvint de deux idées émises par son père. M. Chardon avait parlé de réduire de moitié le prix du sucre par l'emploi d'un nouvel agent chimique, et de diminuer d'autant le prix du papier, en tirant de l'Amérique certaines matières végétales analogues à celles dont se servent les Chinois et qui coûtaient peu. David, qui connaissait l'importance de cette question agitée déjà chez les Didot, s'empara de cette idée en y voyant une fortune, et considéra Lucien comme un bienfaiteur envers lequel il ne pourrait jamais s'acquitter.

Chacun devine combien les pensées dominantes et la vie intérieure des deux amis les rendaient impropres à gérer une imprimerie. Loin de rapporter quinze à vingt mille francs, comme celle des frères Cointet, imprimeurs-libraires de l'évêché, propriétaires du *Courrier de la Charente*, désormais le seul journal du département, l'imprimerie de Séchard fils produisait à peine trois cents francs par mois, sur lesquels il fallait prélever le traitement du prote, les gages de Marion, les impositions, le loyer ; ce qui réduisait David à une centaine de francs par mois. Des hommes actifs et industrieux auraient renouvelé les caractères, acheté des presses en fer, se seraient procuré dans la librairie parisienne des ouvrages qu'ils eussent imprimés à bas prix : mais le maître et le prote, perdus dans les absorbants travaux de l'intelligence, se contentaient des ouvrages que leur donnaient leurs derniers clients. Les frères Cointet avaient fini par connaître le caractère et les mœurs de David, ils ne le calomniaient plus ; au contraire, une sage politique leur conseillait de laisser vivoter cette imprimerie, et de l'entretenir dans une honnête médiocrité, pour qu'elle ne tombât point entre les mains de quelque redoutable antagoniste; ils y envoyaient eux-mêmes les ouvrages dits de ville. Ainsi, sans le savoir, David Séchard n'existait, commercialement parlant, que par un habile calcul de ses concurrents. Heureux de ce qu'ils nommaient sa manie, les Cointet avaient pour lui des procédés en apparence pleins de droiture et de loyauté; mais ils agissaient, en réalité, comme l'administration des messageries, lorsqu'elle simule une concurrence pour en éviter une véritable.

L'extérieur de la maison Séchard était en harmonie avec la crasse avarice qui régnait à l'intérieur, où le vieil ours n'avait jamais rien réparé. La pluie, le soleil, les intempéries de chaque saison avaient donné l'aspect d'un vieux tronc d'arbre à la porte de l'allée, tant elle était sillonnée de fentes inégales. La façade, mal bâtie en pierres et en briques mêlées sans symétrie, semblait plier sous le poids d'un toit vermoulu surchargé de ces tuiles creuses qui composent toutes les toitures dans le midi de la France. Le vitrage vermoulu était garni de ces énormes volets maintenus par les épaisses traverses qu'exige la chaleur du climat. Il eût été difficile de trouver dans tout Angoulême une maison aussi lézardée que celle-là, qui ne tenait plus que par la force du ciment. Imaginez cet atelier clair aux deux extrémités, sombre au milieu, ses murs couverts d'affiches, bruni, en bas, par le contact des ouvriers qui y avaient roulé depuis trente ans, son attirail de cordes au plancher, ses piles de papier, ses vieilles presses, ses tas de pavés à charger les papiers trempés, ses rangs de casses, et au bout les deux cages où, chacun de son côté, se tenaient le maître et le prote; vous comprendrez alors l'existence des deux amis.

En 1821, dans les premiers jours du mois de mai, David et Lucien étaient près du vitrage de la cour au moment où vers deux heures, leurs quatre ou cinq ouvriers quittèrent

l'atelier pour aller diner. Quand le maître vit son apprenti
fermant la porte à sonnette qui donnait sur la rue, il
emmena Lucien dans la cour, comme si la senteur des
papiers, des encriers, des presses et des vieux bois lui eût
été insupportable. Tous deux s'assirent sous un berceau
d'où leurs yeux pouvaient voir quiconque entrerait dans
l'atelier. Les rayons du soleil qui se jouaient dans les pampres de la treille caressèrent les deux poëtes en les enve-
loppant de sa lumière comme d'une auréole. Le contraste
produit par l'opposition de ces deux caractères et de ces
deux figures fut alors si vigoureusement accusé, qu'il aurait
séduit la brosse d'un grand peintre. David avait les formes
que donne la nature aux êtres destinés à de grandes luttes,
éclatantes ou secrètes. Son large buste était flanqué par de
fortes épaules en harmonie avec la plénitude de toutes ses
formes. Son visage, brun de ton, coloré, gras, supporté par
un gros cou, enveloppé d'une abondante forêt de cheveux
noirs, ressemblait au premier abord à celui des chanoines
chantés par Boileau ; mais un second examen vous révélait
dans les sillons des lèvres épaisses, dans la fossette du menton, dans la tournure d'un nez carré, fendu par un méplat
tourmenté, dans les yeux surtout ! le feu continu d'un unique amour, la sagacité du penseur, l'ardente mélancolie
d'un esprit qui pouvait embrasser les deux extrémités de
l'horizon, en en pénétrant toutes les sinuosités, et qui
se dégoûtait facilement des jouissances tout idéales en y
portant les clartés de l'analyse. Si l'on devinait dans cette
face les éclairs du génie qui s'élance, on voyait aussi les
cendres auprès du volcan ; l'espérance s'y éteignait dans un
profond sentiment du néant social où la naissance obscure
et le défaut de fortune maintiennent tant d'esprits supérieurs. Auprès du pauvre imprimeur, à qui son état, quoique si voisin de l'intelligence, donnait des nausées, auprès
de ce Silène lourdement appuyé sur lui-même qui buvait à
longs traits dans la coupe de la science et de la poésie, en

s'enivrant ann d'oublier les malheurs de la vie de province, Lucien se tenait dans la pose gracieuse trouvée par les sculpteurs pour le Bacchus indien. Son visage avait la distinction des lignes de la beauté antique : c'était un front et un nez grecs, la blancheur veloutée des femmes, des yeux noirs tant ils étaient bleus, des yeux pleins d'amour, et dont le blanc le disputait en fraîcheur à celui d'un enfant. Ces beaux yeux étaient surmontés de sourcils comme tracés par un pinceau chinois et bordés de longs cils châtains. Le long des joues brillait un duvet soyeux dont la couleur s'harmoniait à celle d'une blonde chevelure naturellement bouclée. Une suavité divine respirait dans ses tempes d'un blanc doré. Une incomparable noblesse était empreinte dans son menton court, relevé sans brusquerie. Le sourire des anges tristes errait sur ses lèvres de corail rehaussées par de belles dents. Il avait les mains de l'homme bien né, des mains élégantes, à un signe desquelles les hommes devaient obéir et que les femmes aiment à baiser. Lucien était mince et de taille moyenne. A voir ses pieds, un homme aurait été d'autant plus tenté de le prendre pour une jeune fille déguisée, que, semblable à la plupart des hommes fins, pour ne pas dire astucieux, il avait les hanches conformées comme celles d'une femme. Cet indice, rarement trompeur, était vrai chez Lucien, que la pente de son esprit remuant amenait souvent, quand il analysait l'état actuel de la société, sur le terrain de la dépravation particulière aux diplomates qui croient que le succès est la justification de tous les moyens, quelque honteux qu'ils soient. L'un des malheurs auxquels sont soumis les grandes intelligences, c'est de comprendre forcément toutes choses, les vices aussi bien que les vertus.

Ces deux jeunes gens jugeaient la société d'autant plus souverainement qu'ils s'y trouvaient placés plus bas, car les hommes méconnus se vengent de l'humilité de leur position par la hauteur de leur coup d'œil. Mais aussi leur désespoir était d'autant plus amer qu'ils allaient ainsi plus rapidement là où les portait leur véritable destinée. Lucien avait beaucoup lu, beaucoup comparé ; David avait beaucoup pensé, beaucoup médité. Malgré les apparences d'une santé vigoureuse et rustique, l'imprimeur était un génie mélancolique et maladif, il doutait de lui-même ; tandis que Lucien, doué d'un esprit entreprenant, mais mobile, avait une audace en désaccord avec sa tournure molle, presque débile, mais pleine de grâces féminines. Lucien avait au plus haut degré le caractère gascon, hardi, brave, aventureux, qui s'exagère le bien et amoindrit le mal, qui ne recule point devant une faute s'il y a profit, et qui se moque du vice s'il s'en fait un marchepied. Ces dispositions d'ambitieux étaient alors comprimées par les belles illusions de la jeunesse, par l'ardeur qui le portait vers les nobles moyens que les hommes amoureux de gloire emploient avant tous les autres. Il n'était encore aux prises qu'avec ses désirs et non avec les difficultés de la vie, avec sa propre puissance et non avec la lâcheté des hommes, qui est d'un fatal exemple pour les esprits mobiles. Vivement séduit par le brillant de l'esprit de Lucien, David l'admirait tout en rectifiant les erreurs dans lesquelles le jetait la furie française. Cet homme juste avait un caractère timide en désaccord avec sa forte constitution, mais il ne manquait point de la persistance des hommes du Nord. S'il entrevoyait toutes les difficultés, il se promettait de les vaincre sans se rebuter ; et, s'il avait la fermeté d'une vertu vraiment apostolique, il la tempérait par les grâces d'une inépuisable indulgence. Dans cette amitié déjà vieille, l'un des deux aimait avec idolâtrie, et c'était David. Aussi Lucien commandait-il en femme qui se sait aimée. David obéissait avec plaisir. La beauté physique de son ami comportait une supériorité qu'il acceptait en se trouvant lourd et commun.

— Au bœuf l'agriculture patiente, à l'oiseau la vie insouciante, se disait l'imprimeur. Je serai le bœuf, Lucien sera l'aigle.

Depuis environ trois ans, les deux amis avaient donc confondu leurs destinées si brillantes dans l'avenir. Ils lisaient les grandes œuvres qui apparurent depuis la paix sur l'horizon littéraire et scientifique, les ouvrages de Schiller, de Gœthe, de lord Byron, de Walter Scott, de Jean Paul, de Berzélius, de Davy, de Cuvier, de Lamartine, etc. Ils s'échauffaient à ces grands foyers, ils s'essayaient en des œuvres avortées ou prises, quittées et reprises avec ardeur. Ils travaillaient continuellement sans lasser les inépuisables forces de la jeunesse. Également pauvres, mais dévorés par l'amour de l'art et de la science, ils oubliaient la misère présente en s'occupant à jeter les fondements de leur renommée.

— Lucien, sais-tu ce que je viens de recevoir de Paris? dit l'imprimeur en tirant de sa poche un petit volume in-48. Écoute!

David lut, comme savent lire les poëtes, l'idylle d'André de Chénier intitulée *Néère*, puis celle du *Jeune Malade*, puis l'élégie sur le suicide, celle dans le goût ancien, et les deux derniers ïambes.

— Voilà donc ce qu'est André de Chénier! s'écria Lucien à plusieurs reprises. Il est désespérant, répétait-il pour la troisième fois quand David, trop ému pour continuer, lui laissa prendre le volume. — Un poëte retrouvé par un poëte! dit-il en voyant la signature de la préface.

— Après avoir produit ce volume, reprit David, Chénier croyait n'avoir rien fait qui fût digne d'être publié.

Lucien lut à son tour l'épique morceau de l'Aveugle et plusieurs élégies. Quand il tomba sur le fragment;

S'il n'ont point de bonheur, en est-il sur la terre?

il baisa le livre, et les deux amis pleurèrent, car tous deux aimaient avec idolâtrie. Les pampres s'étaient colorés, les vieux murs de la maison, fendillés, bossués, inégalement traversés par d'ignobles lézardes, avaient été revêtus de cannelures, de bossages, de bas-reliefs et des innombrables chefs-d'œuvre de je ne sais quelle architecture par les doigts d'une fée. La fantaisie avait secoué ses fleurs et ses rubis sur la petite cour obscure. La Camille d'André Chénier était devenue pour David son Ève adorée, et pour Lucien une grande dame qu'il courtisait. La poésie avait secoué les pans majestueux de sa robe étoilée sur l'atelier où grimaçaient les singes et les ours de la typographie. Cinq heures sonnaient, mais les deux amis n'avaient ni faim ni soif; la vie leur était un rêve d'or, ils avaient tous les trésors de la terre à leurs pieds. Ils apercevaient ce coin d'horizon bleuâtre indiqué du doigt par l'Espérance à ceux dont la vie est orageuse, et auxquelles sa voix de sirène dit : « Allez, volez, vous échapperez au malheur par cet espace d'or, d'argent ou d'azur. » En ce moment un apprenti nommé Cérizet, un gamin de Paris que David avait fait venir à Angoulême, ouvrit la petite porte vitrée qui donnait de l'atelier dans la cour, et désigna les deux amis à un inconnu qui s'avança vers eux en les saluant.

— Monsieur, dit-il à David en tirant de sa poche un énorme cahier, voici un mémoire que je désirerais faire imprimer, voudriez-vous évaluer ce qu'il coûtera ?

— Monsieur, nous n'imprimons pas des manuscrits si considérables, répondit David sans regarder le cahier; voyez messieurs Cointet.

— Mais nous avons cependant un très-joli caractère qui pourrait convenir, reprit Lucien en prenant le manuscrit. Il faudrait que vous eussiez la complaisance de revenir demain, et de nous laisser votre ouvrage pour estimer les frais d'impression.

— N'est-ce pas à monsieur Lucien Chardon que j'ai l'honneur ?...

— Oui, monsieur, répondit le prote.

— Je suis heureux, monsieur, dit l'auteur, d'avoir pu rencontrer un jeune poëte promis à de si belles destinées. Je suis envoyé par madame de Bargeton.

En entendant ce nom, Lucien rougit et balbutia quelques mots pour exprimer sa reconnaissance de l'intérêt que lui portait madame de Bargeton. David remarqua la rougeur et l'embarras de son ami, qu'il laissa soutenant la conversation avec le gentilhomme campagnard, auteur d'un mémoire sur la culture des vers à soie, et que la vanité poussait à se faire imprimer pour pouvoir être lu par ses collégues de la Société d'agriculture.

— Eh bien, Lucien, dit David quand le gentilhomme s'en alla, aimerais-tu madame de Bargeton ?

— Éperdûment ?

— Mais vous êtes plus séparés l'un de l'autre par les préjugés que si vous étiez, elle à Pékin, toi dans le Groenland.

— La volonté de deux amants triomphe de tout, dit Lucien en baissant les yeux.

— Tu nous oublieras, répondit le craintif amant de la belle Ève.

— Peut-être t'ai-je, au contraire, sacrifié ma maîtresse, s'écria Lucien.

— Que veux-tu dire ?

— Malgré mon amour, malgré les divers intérêts qui me portent à m'impatroniser chez elle, je lui ai dit que je n'y retournerais jamais si un homme de qui les talents étaient supérieurs aux miens, dont l'avenir devait être glorieux, si David Séchard, mon frère, mon ami, n'y était reçu. Je dois trouver une réponse à la maison. Mais quoique tous les aristocrates soient invités ce soir pour m'entendre lire des vers, si la réponse est négative, je ne remettrai jamais les pieds chez madame de Bageton.

David serra violemment la main de Lucien, après s'être essuyé les yeux. Six heures sonnèrent.

— Ève doit être inquiète, adieu, dit brusquement Lucien.

Il s'échappa, laissant David en proie à l'une de ces émotions que l'on ne se sent aussi complétement qu'à cet âge, surtout dans la situation où trouvaient ces deux jeunes cygnes auxquels la vie de province n'avait pas encore coupé les ailes.

— Cœur d'or ! s'écria David en accompagnant de l'œil Lucien qui traversait l'atelier.

Lucien descendit à l'Houmeau par la belle promenade de Beaulieu, par la rue du Minage et la porte Saint-Pierre. S'il prenait ainsi le chemin le plus long, dites-vous que la maison de madame de Bargeton était située sur cette route. Il éprouvait tant de plaisir à passer sous les fenêtres de cette femme, même à son insu, que depuis deux mois il ne revenait plus à l'Houmeau par la porte Palet.

En arrivant sous les arbres de Beaulieu, il contempla la distance qui séparait Angoulême de l'Houmeau. Les mœurs du pays avaient élevé des barrières morales bien autrement difficiles à franchir que les rampes par où descendait Lucien. Le jeune ambitieux qui venait de s'introduire dans l'hôtel de Bargeton en jetant la gloire comme un pont volant entre la ville et le faubourg, était inquiet de la décision de sa maîtresse comme un favori qui craint une disgrâce après avoir essayé d'étendre son pouvoir. Ces paroles doivent paraître obscures à ceux qui n'ont pas encore observé les mœurs particulières aux cités divisées en ville haute et ville basse ; mais il est d'autant plus nécessaire d'entrer ici dans quelques explications sur Angoulême, qu'elles feront comprendre madame de Bargeton, un des personnages les plus importants de cette histoire.

Angoulême est une vieille ville, bâtie au sommet d'une roche en pain de sucre qui domine les prairies où se roule la Charente. Ce rocher tient vers le Périgord à une longue colline qu'il termine brusquement sur la route de Paris à

Bordeaux, en formant une sorte de promontoire dessiné par trois pittoresques vallées. L'importance qu'avait cette ville au temps des guerres religieuses est attestée par ses remparts, par ses portes et par les restes d'une forteresse assise sur le piton du rocher. Sa situation en faisait jadis un point stratégique également précieux aux catholiques et aux calvinistes ; mais sa force d'autrefois constitue sa faiblesse aujourd'hui ; en l'empêchant de s'étaler sur la Charente, ses remparts et la pente trop rapide du rocher ont condamnée à la plus funeste immobilité. Vers le temps où cette histoire s'y passa, le gouvernement essayait de pousser la ville vers le Périgord en bâtissant le long de la colline le palais de la préfecture, une école de marine, des établissements militaires, en préparant des routes. Mais le commerce avait pris les devants ailleurs. Depuis longtemps le bourg de l'Houmeau s'était agrandi comme une couche de champignons au pied du rocher et sur les bords de la rivière, le long de laquelle passe la grande route de Paris à Bordeaux. Personne n'ignore la célébrité des papeteries d'Angoulême, qui, depuis trois siècles, s'étaient forcément établies sur la Charente et sur ses affluents où elles trouvèrent des chutes d'eau. L'État avait fondé à Ruelle sa plus considérable fonderie de canons pour la marine. Le roulage, la poste, les auberges, le charronnage, les entreprises de voitures publiques, toutes les industries qui vivent par la route et par la rivière, se groupèrent au bas d'Angoulême pour éviter les difficultés que présentent ses abords. Naturellement les brasseries, les blanchisseries, tous les commerces aquatiques restèrent à la portée de la Charente ; puis les magasins d'eaux-de-vie, les dépôts de toutes les matières premières voiturées par la rivière, enfin tout le transit borda la Charente de ses établissements. Le faubourg de l'Houmeau devint donc une ville industrieuse et riche, une seconde Angoulême que jalousa la ville haute où restèrent le gouvernement, l'évêché, la justice, l'aristocratie. Ainsi, l'Houmeau, malgré son active

et croissante puissance, ne fut qu'une annexe d'Angoulêm
En haut la noblesse et le pouvoir, en bas le commerce
l'argent; deux zônes sociales constamment ennemies e
tous lieux; aussi est-il difficile de deviner qui des deu
villes hait le plus sa rivale. La Restauration avait depu
neuf ans aggravé cet état de choses, assez calme sous l'Em
pire. La plupart des maisons du haut Angoulême sont ha
bitées ou par des familles nobles ou par d'antiques famille
bourgeoises qui vivent de leurs revenus, et composent un
sorte de nation autochthone dans laquelle des étrangers n
sont jamais reçus. A peine si, après deux cents ans d'hab
tation, si après une alliance avec l'une des familles primo
diales, une famille venue de quelque province voisine s
voit adoptée; aux yeux des indigènes elle semble êtr
arrivée d'hier dans le pays. Les préfets, les receveurs géné
raux, les administrations qui se sont succédé depuis qua
rante ans ont tenté de civiliser ces vieilles familles per
chées sur leur roche comme des corbeaux défiants : le
familles ont accepté leurs fêtes et leurs dîners; mais quan
à les admettres chez elles, elles s'y sont refusées constam
ment. Moqueuses, dénigrantes, jalouses, avares, ces mai
sons se marient entre elles, se forment en bataillon serr
pour ne laisser ni sortir ni entrer personne; les création
du luxe moderne, elles les ignorent; pour elles, envoye
un enfant à Paris, c'est vouloir le perdre. Cette prudenc
peint les mœurs et les coutumes arriérées de ces famille
atteintes d'un royalisme inintelligent, entichées de dévotio
plutôt que religieuses, qui toutes vivent immobiles comm
leur ville et son rocher. Angoulême jouit cependant d'un
grande réputation dans les provinces adjacentes pour l'édu
cation qu'on y reçoit. Les villes voisines y envoient leur
filles dans les pensions et dans les couvents. Il est facile d
concevoir combien l'esprit de caste influe sur les sentiment
qui divisent Angoulême et l'Houmeau. Le commerce es
riche, la noblesse est généralement pauvre. L'une se veng

de l'autre par un mépris égal des deux côtés. La bourgeoisie d'Angoulême épouse cette querelle. Le marchand de la haute ville dit d'un négociant du faubourg, avec un accent indéfinissable : — C'est un homme de l'Houmeau ? En dessinant la position de la noblesse en France et lui donnant des espérances qui ne pouvaient se réaliser sans un bouleversement général, la Restauration étendit la distance morale qui séparait, encore plus fortement que la distance locale, Angoulême de l'Houmeau. La société noble, unie alors au gouvernement, devint là plus exclusive qu'en tout autre endroit de la France. L'habitant de l'Houmeau ressemble assez à un paria. De là procédaient ces haines sourdes et profondes qui donnèrent une effroyable unanimité à l'insurrection de 1830, et détruisirent les éléments d'un durable état social en France. La morgue de la noblesse de cour désaffectionna du trône la noblesse de province, autant que celle-ci désaffectionnait la bourgoisie en en froissant toutes les vanités. Un homme de l'Houmeau, fils d'un pharmacien, introduit chez madame de Bargeton, était donc une petite révolution. Quels en étaient les auteurs ? Lamartine et Victor Hugo, Casimir Delavigne et Jouy, Béranger et Châteaubriand, Villemain et M. Aignan, Soumet et Tissot, Étienne et Davrigny, Benjamin Constant et Lamennais, Cousin et Michaud, enfin les vieilles aussi bien que les jeunes illustrations littéraires, les libéraux comme les royalistes. Madame de Bargeton aimait les arts et les lettres, goût extravagant, manie hautement déplorée dans Angoulême, mais qu'il est nécessaire de justifier en esquissant la vie de cette femme née pour être célèbre, maintenue dans l'obscurité par de fatales circonstances, et dont l'influence détermina la destinée de Lucien.

Monsieur de Bargeton était l'arrière-petit-fils d'un jurat de Bordeaux, nommé Mirault, anobli sous Louis XIII par suite d'un long exercice en sa charge. Sous Louis XIV, son

fils, devenu Mirault de Bargeton, fut officier dans les gardes
de la porte, et fit un si grand mariage d'argent, que,
sous Louis XV, son fils fut appelé purement et simplement M. de Bargeton. Ce monsieur de Bargeton, petit-fils
de M. Mirault le Jurat, tint si fort à se conduire en parfait gentilhomme, qu'il mangea tous les biens de la famille, et en arrêta la fortune. Deux de ces frères, grands-
oncles du Bargeton actuel, redevinrent négociants, en sorte
qu'il se trouve des Mirault dans le commerce à Bordeaux.
Comme la terre de Bargeton, située en Angoumois dans la
mouvance du fief de la Rochefoucauld, était substituée,
ainsi qu'une maison d'Angoulême, appelée l'hôtel de Bargeton, le petit-fils de M. de Bargeton le mangeur hé-
rita de ces deux biens. En 1789 il perdit ses droits utiles, et
n'eut plus que le revenu de la terre, qui valait environ six
mille livres de rente. Si son grand-père eût suivi les glorieux exemples de Bargeton Ier et de Bargeton II, Bargeton V, qui peut se surnommer le Muet, aurait été marquis
de Bargeton; il se fût allié à quelque grande famille, se serait trouvé duc et pair comme tant d'autres; tandis qu'en
1805, il fut très-flatté d'épouser mademoiselle Marie-Louise-
Anaïs de Nègrepelisse, fille d'un gentilhomme oublié depuis longtemps dans sa gentilhommière, quoiqu'il appar-
tînt à la branche cadette d'une des plus antiques familles
du midi de la France. Il y eut un Négrepelisse parmi les
otages de saint Louis; mais le chef de la branche aînée
porte l'illustre nom d'Espard, acquis sous Henri IV par un
mariage avec l'héritière de cette famille. Ce gentilhomme,
cadet d'un cadet, vivait sur le bien de sa femme, petite
terre située près de Barbezieux, qu'il exploitait à merveille
en allant vendre son blé au marché, brûlant lui-même son
vin, et se moquant des railleries pourvu qu'il entassât des
écus, et que de temps en temps il pût amplifier son domaine. Des circonstances assez rares au fond des provinces
avaient inspiré à madame de Bargeton le goût de la musi-

que et de la littérature. Pendant la Révolution, un abbé Niollant, le meilleur élève de l'abbé Roze, se cacha dans le petit castel d'Escarbas, en y apportant son bagage de compositeur. Il avait largement payé l'hospitalité du vieux gentilhomme en faisant l'éducation de sa fille Anaïs, nommée Naïs par abréviation, et qui, sans cette aventure, eût été abandonnée à elle-même ou, par un plus grand malheur, à quelque mauvaise femme de chambre. Non-seulement l'abbé était musicien, mais il possédait des connaissances étendues en littérature, il savait l'italien et l'allemand. Il enseigna donc ces deux langues et le contre-point à mademoiselle de Nègrepelisse; il lui expliqua les grandes œuvres littéraires de la France, de l'Italie et de l'Allemagne, en déchiffrant avec elle la musique de tous les maîtres. Enfin, pour combattre le désœuvrement de la profonde solitude à laquelle les condamnaient les événements politiques, il lui apprit le grec et le latin, et lui donna quelque teinture des sciences naturelles. La présence d'une mère ne modifia point cette mâle éducation chez une jeune personne déjà trop portée à l'indépendance par la vie champêtre. L'abbé Niollant, âme enthousiaste et poétique, était surtout remarquable par l'esprit particulier aux artistes qui comporte plusieurs prisables qualités, mais qui s'élève au-dessus des idées bourgeoises par la liberté des jugements et par l'étendue des aperçus. Si, dans le monde, cet esprit se fait pardonner ses témérités par son originale profondeur, il peut sembler nuisible dans la vie privée par les écarts qu'il inspire. L'abbé ne manquait point de cœur, ses idées furent donc contagieuses pour une jeune fille chez qui l'exaltation naturelle aux jeunes personnes se trouvait corroborée par la solitude de la campagne. L'abbé Niollant communiqua sa hardiesse d'examen et sa facilité de jugement à son élève, sans songer que ces qualités si nécessaires à un homme deviennent des défauts chez une femme destinée aux humbles occupations d'une mère de famille. Quoique l'abbé recommandât continuellement à son élève d'être d'autant plus gracieuse et modeste, que son savoir était plus étendu, mademoiselle de Négrepelisse prit une excellente opinion d'elle-même, et conçut un robuste mépris pour l'humanité. Ne voyant autour d'elle que des inférieurs et des gens empressés de lui obéir, elle eut la hauteur des grandes dames, sans avoir les douces fourberies de leur politesse. Flattée dans toutes ses vanités par un pauvre abbé qui s'admirait en elle comme un auteur dans son œuvre, elle eut le malheur de ne rencontrer aucun point de comparaison qui l'aidât à se juger. Le manque de compagnie est un des plus grands inconvénients de la vie de campagne. Faute de rapporter aux autres les petits sacrifices exigés par le maintien et la toilette, on perd l'habitude de se gêner pour autrui. Tout en nous se vicie alors, la forme et l'esprit. N'étant pas réprimée par le commerce de la société, la hardiesse des idées de mademoiselle de Négrepelisse passa dans ses manières, dans son regard; elle eut cet air cavalier qui paraît au premier abord original, mais qui ne sied qu'aux femmes de vie aventureuse. Ainsi cette éducation, dont les aspérités se seraient polies dans les hautes régions sociales, devait la rendre ridicule à Angoulême, alors que ses adorateurs cesseraient de diviniser des erreurs, gracieuses pendant la jeunesse seulement. Quant à M. de Négrepelisse, il aurait donné tous les livres de sa fille pour sauver un bœuf malade; car il était si avare qu'il ne lui aurait pas accordé deux liards au delà du revenu auquel elle avait droit, quand même il eût été question de lui acheter la bagatelle la plus nécessaire à son éducation. L'abbé mourut en 1802, avant le mariage de sa chère enfant, mariage qu'il aurait sans doute déconseillé. Le vieux gentilhomme se trouva bien empêché de sa fille quand l'abbé fut mort. Il se sentit trop faible pour soutenir la lutte qui allait éclater entre son avarice et l'esprit indépen-

dant de sa fille inoccupée. Comme toutes les jeunes personnes sorties de la route tracée où doivent cheminer les
femmes, Naïs avait jugé le mariage et s'en souciait peu.
Elle répugnait à soumettre son intelligence et sa personne
aux hommes sans valeur et sans grandeur personnelle
qu'elle avait pu rencontrer. Elle voulait commander, et
devait obéir. Entre obéir à des caprices grossiers, à des
esprits sans indulgence pour ses goûts, et s'enfuir avec un
amant qui lui plairait, elle n'aurait pas hésité. M. de Nègrepelisse était encore assez gentilhomme pour craindre
une mésalliance. Comme beaucoup de pères, il se résolut
à marier sa fille, moins pour elle que pour sa propre
tranquillité. Il lui fallait un noble ou un gentilhomme
peu spirituel, incapable de chicaner sur le compte de tu-
telle qu'il voulait rendre à sa fille, assez nul d'esprit et de
volonté pour que Naïs pût se conduire à sa fantaisie, assez
désintéressé pour l'épouser sans dot. Mais comment trouver un gendre qui convient également au père et à la fille ?
Un pareil homme était le phénix des gendres. Dans ce
double intérêt, M. de Négrepelisse étudia les hommes de
la province, et M. de Bargeton lui parut être le seul qui
répondît à son programme. M. de Bargeton, quadragénaire
fort endommagé par les dissipations amoureuses de sa jeunesse, était accusé d'une remarquable impuissance d'esprit ; mais il lui restait précisément assez de bon sens pour
gérer sa fortune, et assez de manières pour demeurer dans
le monde d'Angoulême sans y commettre ni gaucheries ni
sottises. M. de Négrepelisse expliqua tout crûment à sa fille
la valeur négative du mari modèle qu'il lui proposait, et lui
fit apercevoir le parti qu'elle en pouvait tirer pour son propre bonheur ; elle épousait des armes déjà vieilles de deux
cents ans, les Bargeton *écartelent d'or à trois massacres de
cerf de gueules, deux et un croisés de trois rencontres de
bœuf de sable, un et deux et fascé d'azur et d'argent de six
pièces, l'azur chargé de six coquilles d'or, trois, deux et un.*

Munie d'un chaperon, elle conduirait à son gré sa fortune
à l'abri d'une raison sociale, et à l'aide des liaisons que
son esprit et sa beauté lui procureraient à Paris. Naïs fut
séduite par la perspective d'une semblable liberté. M. de
Bargeton crut faire un brillant mariage, en estimant que
son beau-père ne tarderait pas à lui laisser la terre qu'il
arrondissait avec amour; mais, en ce moment, M. de
Nègrepelisse paraissait devoir écrire l'épitaphe de son
gendre.

Madame de Bargeton se trouvait alors âgée de trente-six
ans, et son mari en avait cinquante-huit. Cette disparité
choquait d'autant plus, que M. de Bargeton semblait
avoir soixante et dix ans, tandis que sa femme pouvait
impunément jouer à la jeune fille, se mettre en rose, ou
se coiffer à l'enfant. Quoique leur fortune n'excédât pas
douze mille livres de rente, elle était classée parmi les six
fortunes les plus considérables de la vieille ville, les négociants et les administrateurs exceptés. La nécessité de cultiver leur père, dont madame de Bargeton attendait l'héritage pour aller à Paris, et qui le fit si bien attendre que
son fils mourut avant lui, força monsieur et madame de
Bargeton d'habiter Angoulême, où les brillantes qualités
d'esprit et les richesses brutes cachées dans le cœur de Naïs
devaient se perdre sans fruit, et se changer avec le temps
en ridicules. En effet, nos ridicules sont en grande partie
causés par un beau sentiment, par des vertus ou par des
facultés portées à l'extrême. La fierté que ne modifie pas
l'usage du grand monde devient de la roideur en se déployant sur de petites choses au lieu de s'agrandir dans
un cercle de sentiments élevés. L'exaltation, cette vertu
dans la vertu, qui engendre les craintes, qui inspire les dévouements cachés et les éclatantes poésies, devient de
l'exagération en se prenant aux riens de la province. Loin
du centre où brillent les grands esprits, où l'air est chargé
de pensées, où tout se renouvelle, l'instruction vieillit, le

goût se dénature comme une eau stagnante. Faute d'exercice, les passions se rapetissent en grandissant des choses minimes. Là est la raison de l'avarice et du commérage qui empestent la vie de province. Bientôt, l'imitation des idées étroites et des manières mesquines gagne la personne la plus distinguée. Ainsi périssent des hommes nés grands, des femmes qui, redressées par les enseignements du monde et formées par des esprits supérieurs, eussent été charmantes. Madame de Bargeton prenait la lyre à propos d'une bagatelle, sans distinguer les poésies personnelles des poésies publiques. Il est, en effet, des sensations incomprises qu'il faut garder pour soi-même. Certes un coucher de soleil est un grand poëme, mais une femme n'est-elle pas ridicule en le dépeignant à grands mots devant des gens matériels? Il s'y rencontre de ces voluptés qui ne peuvent se savourer qu'à deux, poëte à poëte, cœur à cœur. Elle avait le défaut d'employer de ces immenses phrases bardées de mots emphatiques, si ingénieusement nommées des *tartines* dans l'argot du journalisme qui tous les matins en taille à ses abonnés de fort peu digérables, et que néanmoins ils avalent. Elle prodiguait démesurément des superlatifs qui chargeaient sa conversation, ou les moindres choses prenaient des proportions gigantesques. Dès cette époque elle commençait à tout *typiser, individualiser, synthétiser, dramatiser, supérioriser, analyser, poétiser, prosaïser, colossifier, angéliser, néologiser et tragiquer*; car il faut violer pour un moment la langue, afin de peindre des travers nouveaux que partagent quelques femmes. Son esprit s'enflammait d'ailleurs comme son langage. Le dityrambe était dans son cœur et sur ses lèvres. Elle palpitait, elle se pâmait, elle s'enthousiasmait pour tout événement : pour le dévouemnt d'une sœur grise et l'exécution des frères Faucher, pour l'Ipsiboé de M. d'Arlincourt comme pour l'Anaconda de Lewis, pour l'évasion de la Valette comme pour une

de ses amies qui avait mis des voleurs en fuite en faisant
la grosse voix. Pour elle, tout était sublime, extraordinaire,
étrange, divin, merveilleux. Elle s'animait, se courrouçait,
s'abattait sur elle-même, s'élançait, retombait, regardait le
ciel ou la terre; ses yeux se remplissaient de larmes. Elle
usait sa vie en de perpétuelles admirations et se consumait
en d'étranges dédains. Elle concevait le pacha de Janina,
elle aurait voulu lutter avec lui dans son sérail, et trouvait
quelque chose de grand à être cousue dans un sac et jetée
à l'eau. Elle enviait lady Esther Stanhope, ce bas-bleu du
désert. Il lui prenait envie de se faire sœur de Sainte-Ca-
mille et d'aller mourir de la fièvre jaune à Barcelone en
soignant les malades : c'était là une grande, une noble destinée ! Enfin elle avait soif de tout ce qui n'était pas l'eau
claire de sa vie, cachée entre les herbes. Elle adorait lord Byron, Jean-Jacques Rousseau, toutes les existences poétiques et dramatiques. Elle avait des larmes
pour tous les malheurs et des fanfares pour toutes les victoires. Elle sympathisait avec Napoléon vaincu, elle sympathisait avec Méhémet-Ali massacrant les tyrans de l'É-
gypte. Enfin elle revêtait les gens de génie d'une auréole,
et croyait qu'ils vivaient de parfums et de lumière. A beaucoup de personnes, elle paraissait une folle dont la folie
était sans danger; mais, certes, à quelque perspicace
observateur, ces choses eussent semblé les débris d'un
magnifique amour écroulé aussitôt que bâti, les restes d'une
Jérusalem céleste, enfin l'amour sans l'amant. Et c'était
vrai. L'histoire des dix-huit premières années du mariage
de madame de Bargeton peut s'écrire en peu de mots. Elle
vécut pendant quelque temps de sa propre substance et
d'espérances lointaines. Puis, après avoir reconnu que la
vie de Paris, à laquelle elle aspirait, lui était interdite par
la médiocrité de sa fortune, elle se prit à examiner les personnes qui l'entouraient, et frémit de sa solitude. Il ne se
trouvait autour d'elle aucun homme qui pût lui inspirer

une de ces folies auxquelles les femmes se livrent,
poussées par le désespoir que leur cause une vie sans
issue, sans événement, sans intérêt. Elle ne pouvait
compter sur rien, pas même sur le hasard, car il y a des
vies sans hasard. Au temps où l'Empire brillait de toute sa
gloire, lors du passage de Napoléon en Espagne, où il envoyait la fleur de ses troupes, les espérances de cette
femme, trompées jusqu'alors, se réveillèrent. La curiosité
la poussa naturellement à contempler ces héros qui con-
quéraient l'Europe sur un mot mis à l'ordre du jour, et qui
renouvelaient les fabuleux exploits de la chevalerie. Les
villes les plus avaricieuses et les plus réfractaires étaient
obligées de fêter la garde impériale, au-devant de laquelle
allaient les maires et les préfets, une harangue en bouche,
comme pour la royauté. Madame de Bargeton, venue à une
redoute offerte par un régiment à la ville, s'éprit d'un
gentilhomme ; simple sous-lieutenant à qui le rusé Napoléon avait montré le bâton de maréchal de France. Cette
passion contenue, noble, grande, et qui contrastait avec les
passions alors si facilement nouées et dénouées, fut chastement consacrée par la main de la mort. A Wagram, un
boulet de canon écrasa sur le cœur du marquis de Cante-
Croix le seul portrait qui attestât la beauté de madame de
Bargeton. Elle pleura longtemps ce beau jeune homme,
qui en deux campagnes était devenu colonel, échauffé par
la gloire, par l'amour, et qui mettait une lettre de Naïs au-
dessus des distinctions impériales. La douleur jeta sur la
figure de cette femme un voile de tristesse. Ce nuage ne
se dissipa qu'à l'âge terrible où la femme commence à regretter ses belles années passées sans qu'elle en ait joui, où
elle voit ses roses se faner, où les désirs d'amour renaissent
avec l'envie de prolonger les derniers souvenirs de la jeunesse. Toutes ses supériorités firent plaie dans son âme au
moment où le froid de la province la saisit. Comme l'her-
mine, elle serait morte de chagrin si, par hasard, elle se

fût souillée au contact d'hommes qui ne pensaient qu'à jouer quelques sous, le soir, après avoir bien dîné. Sa fierté la préserva des tristes amours de la province. Entre la nullité des hommes qui l'entouraient et le néant, une femme si supérieure dut préférer le néant. Le mariage et le monde furent donc pour elle un monastère. Elle vécut par la poésie, comme la carmélite vit par la religion. Les ouvrages des illustres étrangers jusqu'alors inconnus qui se publièrent de 1815 à 1821, les grands traités de M. de Bonald et ceux de M. de Maistre, ces deux aigles penseurs, enfin les œuvres moins grandioses de la littérature française qui poussa si vigoureusement ses premiers rameaux, lui embellirent sa solitude, mais n'assouplirent ni son esprit ni sa personne. Elle resta droite et forte comme un arbre qui a soutenu un coup de foudre sans en être abattu. Sa dignité se guinda, sa royauté la rendit précieuse et quintessenciée. Comme tous ceux qui se laissent adorer par des courtisans quelconques, elle trônait avec ses défauts. Tel était le passé de madame de Bargeton, froide histoire, nécessaire à dire pour faire comprendre sa liaison avec Lucien, qui fut assez singulièrement introduit chez elle. Pendant ce dernier hiver, il était survenu dans la ville une personne qui avait animé la vie monotone que menait madame de Bargeton. La place de directeur des contributions indirectes était venue à vaquer, M. de Barante envoya pour l'occuper un homme de qui la destinée aventureuse plaidait assez en sa faveur pour que la curiosité féminine lui servît de passe-port chez la reine du pays.

M. du Châtelet, venu au monde Sixte Châtelet tout court, mais qui dès 1806 avait eu le bon esprit de se qualifier, était un de ces agréables jeunes gens qui, sous Napoléon, échappèrent à toutes les conscriptions en demeurant auprès du soleil impérial. Il avait commencé sa carrière par la place de secrétaire des commandements d'une princesse impériale. M. du Châtelet possédait toutes les incapacités exigées par sa place. Bien fait, joli homme, bon danseur, savant joueur de billard, adroit à tous les exercices, médiocre acteur de société, chanteur de romances, applaudisseur de bons mots, prêt à tout, souple, envieux, il savait et ignorait tout. Ignorant en musique, il accompagnait au piano tant bien que mal une femme qui voulait chanter par complaisance une romance apprise avec mille peine pendant un mois. Incapable de sentir la poésie, il demandait hardiment la permission de se promener pendant dix minutes pour faire un impromptu, quelque quatrain plat comme un soufflet, et où la rime remplaçait l'idée. M. du Châtelet était encore doué du talent de remplir la tapisserie dont les fleurs avaient été commencées par la princesse; il tenait avec une grâce infinie les écheveaux de soie qu'elle dévidait, en lui disant des riens où la gravelure se cachait sous une gaze plus ou moins trouée. Ignorant en peinture, il savait copier un paysage, crayonner un profil, croquer un costume et le colorier. Enfin il avait tous ces petits talents qui étaient de si grands véhicules de fortune dans un temps où les femmes ont eu plus d'influence qu'on ne le croit sur les affaires. Il se prétendait fort en diplomatie, la science de ceux qui n'en ont aucune et qui sont plus profonds par leur vide, science d'ailleurs fort commode, en ce sens qu'elle se démontre par l'exercice même de ses hauts emplois; que voulant des hommes discrets, elle permet aux ignorants de ne rien dire, de se retrancher dans des hochements de tête mystérieux; et qu'enfin l'homme le plus fort en cette science est celui qui nage en tenant sa tête au-dessus du fleuve des événements qu'il semble alors conduire, ce qui devient une question de légèreté spécifique. Là, comme dans les arts, il se rencontre mille médiocrités pour un homme de génie. Malgré son service ordinaire et extraordinaire auprès de l'Altesse Impériale, le crédit de sa protectrice n'avait pu le placer au conseil d'État ; non qu'il n'eût fait un délicieux maître des requêtes comme tant d'autres, mais la princesse le trouvai mieux placé près d'elle que partout ailleurs. Cependant il fut nommé baron, vint à Cassel comme envoyé extraordinaire, et y parut en effet très-extraordinaire. En d'autres termes, Napoléon s'en servit au milieu d'une crise comme d'un courrier diplomatique. Au moment où l'Empire tomba, le baron du Châtelet avait la promesse d'être nommé ministre en Westphalie, près de Jérôme. Après avoir manqué ce qu'il nommait une ambassade de famille, le désespoir le prit ; il fit un voyage en Égypte avec le général Armand de Montriveau. Séparé de son compagnon par des événements bizarres, il avait erré pendant deux ans de désert en désert, de tribu en tribu, captif des Arabes qui se le revendaient les uns aux autres sans pouvoir tirer le moindre parti de ses talents. Enfin, il atteignit les possessions de l'iman de Mascate, pendant que Montriveau se dirigeait sur Tanger ; mais il eut le bonheur de trouver à Mascate un bâtiment anglais qui mettait à la voile et put revenir à Paris un an avant son compagnon de voyage. Ses malheurs récents, quelques liaisons d'ancienne date, des services rendus à des personnages alors en faveur, le recommandèrent au président du conseil qui le plaça près de M. de Barante, en attendant la première direction libre. Le rôle rempli par M. du Châtelet auprès de l'Altesse Impériale, sa réputation d'hommes à bonnes fortunes, les événements singuliers de son voyage, ses souffrances, tout excita la curiosité des femmes d'Angoulême. Ayant appris les mœurs de la haute ville, M. le baron Sixte du Châtelet se conduisit en conséquence. Il fit le malade, joua l'homme dégoûté, blasé.

A tout propos, il se prit la tête comme si ses souffrances ne lui laissaient pas un moment de relâche, petite manœuvre qui rappelait son voyage et le rendait intéressant. Il alla chez les autorités supérieures, le général, le préfet, le receveur général et l'évêque; mais il se montra partout poli, froid, légèrement dédaigneux comme les hommes qui ne sont pas à leur place et qui attendent les faveurs du pouvoir. Il laissa deviner ses talents de société, qui gagnèrent à ne pas être connus; puis, après s'être fait désirer, sans avoir lassé la curiosité, après avoir reconnu la nullité des hommes et savamment examiné les femmes pendant plusieurs dimanches à la cathédrale, il reconnut en madame de Bargeton la personne dont l'intimité lui convenait. Il compta sur la musique pour s'ouvrir les portes de cet hôtel impénétrable aux étrangers. Il se procura secrètement une messe de Miroir, l'étudia au piano; puis, un beau dimanche où toute la société d'Angoulême était à la messe, il extasia les ignorants en touchant l'orgue, et réveilla l'intérêt qui s'était attaché à sa personne en faisant indiscrètement circuler son nom par les gens du bas clergé. Au sortir de l'église, madame de Bargeton le complimenta, regretta de ne pas avoir l'occasion de faire de la musique avec lui; pendant cette rencontre cherchée, il se fit naturellement offrir le passe-port qu'il n'eût pas obtenu s'il l'eût demandé. L'adroit baron vint chez la reine d'Angoulême, à laquelle il rendit des soins compromettants. Ce vieux beau, car il avait quarante-cinq ans, reconnut dans cette femme toute une jeunesse à ranimer, des trésors à faire valoir, peut-être une veuve riche en espérance à épouser, enfin une alliance avec la famille des Nègrepelisse, qui lui permettrait d'aborder à Paris la marquise d'Espard, dont le crédit pouvait lui rouvrir la carrière politique. Malgré le gui sombre et luxuriant qui gâtait ce bel arbre, il résolut de s'y attacher, de l'émonder, de le cultiver, d'en obtenir de beaux fruits. L'Angoulême noble cria contre l'introduction d'un giaour dans la casba, car le salon de madame de Bargeton était le cénacle d'une société pure de tout alliage. L'évêque seul y venait habituellement, le préfet y était reçu deux ou trois fois dans l'an;

le receveur général n'y pénétrait point ; madame de Bargeton allait à ses soirées, à ses concerts, et ne dînait jamais chez lui. Ne pas voir le receveur général et agréer un simple directeur des contributions, ce renversement de la hiérarchie parut inconcevable aux autorités dédaignées.

Ceux qui peuvent s'initier par la pensée à des petitesses, qui se retrouvent d'ailleurs dans chaque sphère sociale, doivent comprendre combien l'hôtel de Bargeton était imposant dans la bourgeoisie d'Angoulême. Quant à l'Houmeau, les grandeurs de ce Louvre au petit pied, la gloire de cet hôtel de Rambouillet angoumoisin brillait à une distance solitaire. Tous ceux qui s'y rassemblaient étaient les plus pitoyables esprits, les plus mesquines intelligences, les plus pauvres sires à vingt lieues à la ronde. La politique se répandait en banalités verbeuses et passionnées ; *la Quotidienne* y paraissait tiède, Louis XVIII y était traité de jacobin. Quant aux femmes, la plupart, sottes et sans grâce, se mettaient mal, toutes avaient quelque imperfection qui les faussait, rien n'y était complet, ni la conversation ni la toilette, ni l'esprit ni la chair. Sans ses projets sur madame de Bargeton, Châtelet n'y eût pas tenu. Néanmoins, les manières et l'esprit de caste, l'air gentilhomme, la fierté du noble au petit castel, la connaissance des lois de la politesse y couvraient tout ce vide. La noblesse des sentiments y était beaucoup plus réelle que dans la sphère des grandeurs parisiennes ; il y éclatait un respectable attachement *quand même* aux Bourbons. Cette société pouvait se comparer, si cette image est admissible, à une argenterie de vieille forme, noircie, mais pesante. L'immobilité de ses opinions politiques ressemblait à de la fidélité. L'espace mis entre elle et la bourgeoisie, la difficulté d'y parvenir simulaient une sorte d'élévation et lui donnaient une valeur de convention. Chacun de ces nobles avait son prix pour les habitants, comme le cauris représente l'argent chez les nègres du Bambarra. Plusieurs femmes, flattées par M. du Châtelet et reconnaissant en lui des supériorités qui manquaient aux hommes de leur société, calmèrent l'insurrection des amours-propres : toutes espéraient s'approprier la succession de l'Altesse Impériale. Les puristes pensèrent qu'on verrait l'intrus chez madame de Bargeton, mais qu'il ne serait reçu dans aucune autre maison. Du Châtelet essuya plusieurs impertinences, mais il se maintint dans sa position en cultivant le clergé. Puis il caressa les défauts que le terroir avait donnés à la reine d'Angoulême, il lui apporta tous les livres nouveaux, il lui lisait les poésies qui paraissaient. Ils s'extasiaient ensemble sur les œuvres des jeunes poëtes, elle de bonne foi, lui s'ennuyant, mais prenant en patience les poëtes romantiques, qu'en homme de l'école Impériale il comprenait peu. Madame de Bargeton, enthousiasmée de la renaissance due à l'influence des lis, aimait M. de Châteaubriand de ce qu'il avait nommé Victor Hugo un enfant sublime. Triste de ne connaître le génie que de loin, elle soupirait après Paris, où vivaient les grands hommes. M. du Châtelet crut alors faire merveille en lui apprenant qu'il existait à Angoulême *un autre enfant sublime*, un jeune poëte qui, sans le savoir, surpassait en éclat le lever sidéral des constellations parisiennes. Un grand homme futur était né dans l'Houmeau ! Le proviseur du collége avait montré d'admirables pièces de vers au baron. Pauvre et modeste, l'enfant était un Chatterton sans lâcheté politique, sans la haine féroce contre les grandeurs sociales qui poussa le poëte anglais à écrire des pamphlets contre ses bienfaiteurs. Au milieu des cinq ou six personnes qui partageaient son goût pour les arts et les lettres, celui-ci parce qu'il râclait un violon, celui-là parce qu'il tachait plus ou moins le papier blanc de quelque sépia, l'un en sa qualité de président de la société d'agriculture, l'autre en vertu d'une voix de basse

qui lui permettait de chanter en manière d'hallali le *Se
fiato in corpo avete;* parmi ces figures fantasques, madame
de Bargeton se trouvait comme un affamé devant un
dîner de théâtre où les mets sont en carton. Aussi rien
ne pourrait-il peindre sa joie au moment où elle apprit
cette nouvelle. Elle voulut voir ce poëte, cet ange ! elle en
raffola, elle s'enthousiasma, elle en parla pendant des
heures entières. Le surlendemain, l'ancien courrier diplomatique avait négocié par le proviseur la présentation de
Lucien chez madame de Bargeton.

Vous seuls, pauvres ilotes de province pour qui les distances sociales sont plus longues à parcourir que pour les
Parisiens aux yeux desquels elles se raccourcissent de jour
en jour, vous sur qui pèsent si durement les grilles entre
lesquelles chacun des différents mondes du monde s'ana-
thématise et se dit *Raca*, vous seuls comprendrez le bouleversement qui laboura la cervelle et le cœur de Lucien
Chardon, quand son imposant proviseur lui dit que les
portes de l'hôtel de Bargeton allaient s'ouvrir pour lui ! la
gloire les avait fait tourner sur leurs gonds ! il serait bien
accueilli dans cette maison dont les vieux pignons attiraient
son regard quand il se promenait le soir à Beaulieu avec
David, en se disant que leurs noms ne parviendraient peut-
être jamais à ces oreilles dures à la science lorsqu'elle partait de trop bas. Sa sœur fut seule initiée à ce secret. En
bonne ménagère, en divine devineresse, Ève sortit quelques louis du trésor pour aller acheter à Lucien des souliers
fins chez le meilleur bottier d'Angoulême, un habillement
neuf chez le plus célèbre tailleur. Elle lui garnit sa meilleure chemise d'un jabot qu'elle blanchit et plissa elle-
même. Quelle joie, quand elle le vit ainsi vêtu ; combien
elle fut fière de son frère ! combien de recommandations !
Elle devina mille petites niaiseries. L'entraînement de la
méditation avait donné à Lucien l'habitude de s'accouder
aussitôt qu'il était assis, il allait jusqu'à attirer une table

pour s'y appuyer ; Ève lui défendit de se laisser aller dans
le sanctuaire aristocratique à des mouvements sans gêne.
Elle l'accompagna jusqu'à la porte Saint-Pierre, arriva
presque en face de la cathédrale, le regarda prenant par la
rue de Beaulieu, pour aller sur la promenade où l'attendait M. du Châtelet. Puis la pauvre fille demeura tout
émue comme si quelque grand événement se fût accom-
pli. Lucien chez madame de Bargeton, c'était pour Ève
l'aurore de la fortune. La sainte créature, elle ignorait que
là où l'ambition commence, les naïfs sentiments cessent.
En arrivant dans la rue du Minage, les choses extérieures
n'étonnèrent point Lucien. Le Louvre tant agrandi par ses
idées était une maison bâtie en pierre tendre particulière
au pays, et dorée par le temps. L'aspect, assez triste sur la
rue, était intérieurement fort simple : c'était la cour de
province, froide et proprette ; une architecture sobre, quasi
monastique, bien conservée. Lucien monta par un vieil escalier à balustres de châtaignier, dont les marches ces-
saient d'être en pierre à partir du premier étage. Après avoir
traversé une antichambre mesquine, un grand salon peu
éclairé, il trouva la souveraine dans un petit salon lam-
brissé de boiseries sculptées dans le goût du dernier siècle
et peintes en gris. Le dessus des portes était en camaïeu.
Un vieux damas rouge, maigrement accompagné, décorait
les panneaux. Les meubles de vieille forme se cachaient piteusement sous des housses à carreaux rouges et blancs. Le
poëte aperçut madame de Bargeton assise sur un canapé à
petit matelas piqué, devant une table ronde couverte d'un
tapis vert, éclairée par un flambeau de vieille forme, à
deux bougies et à garde-vue. La reine ne se leva point, elle
se tortilla fort agréablement sur son siége, en souriant au
poëte, que ce trémoussement serpentin émut beaucoup, il
le trouva distingué. L'excessive beauté de Lucien, la timi-
dité de ses manières, sa voix, tout en lui saisit madame de
Bargeton. Le poëte était déjà la poésie. Le jeune homme

examina, par de discrètes œillades, cette femme qui lui parut en harmonie avec son renom : elle ne trompait aucune de ses idées sur la grande dame. Madame de Bargeton portait, suivant une mode nouvelle, un béret tailladé en velours noir. Cette coiffure comporte un souvenir du moyen âge, qui impose à un jeune homme en amplifiant pour ainsi dire la femme; il s'en échappait une folle chevelure d'un blond rouge, dorée à la lumière, ardente au contour des boucles. La noble dame avait le teint éclatant par lequel une femme rachète les prétendus inconvénients de cette fauve couleur. Ses yeux gris étincelaient, son front déjà ridé les couronnait bien par sa masse blanche hardiment taillée; ils étaient cernés par une marge nacrée où, de chaque côté du nez, deux veines bleues faisaient ressortir la blancheur de ce délicat encadrement. Le nez offrait une courbure bourbonnienne, qui ajoutait au feu d'un visage long en présentant comme un point brillant où se peignait le royal entraînement des Condé. Les cheveux ne cachaient pas entièrement le cou. La robe, négligemment croisée, laissait voir une poitrine de neige, où l'œil devinait une gorge intacte et bien placée. De ses doigts effilés et soignés, mais un peu secs, madame de Bargeton fit au jeune poëte un geste amical, pour lui indiquer la chaise qui était près d'elle. M. du Châtelet prit un fauteuil. Lucien s'aperçut alors qu'ils étaient seuls. La conversation de madame de Bargeton enivra le poëte de l'Houmeau. Les trois heures passées près d'elle furent pour Lucien un de ces rêves que l'on voudrait rendre éternels. Il trouva cette femme plutôt maigrie que maigre, amoureuse sans amour, maladive malgré sa force; ses défauts, que ses manières exagéraient, lui plurent, car les jeunes gens commencent par aimer l'exagération, ce mensonge des belles âmes. Il ne remarqua point la flétrissure des joues couperosées sur les pommettes, et auxquelles les ennuis et quelques souffrances avaient donné des tons de brique. Son imagination s'empara d'abord de ces yeux de feu, de ces boucles élégantes où ruisselait la lumière, de cette éclatante blancheur, points lumineux auxquels il se prit comme un papillon aux bougies. Puis cette âme parla trop à la sienne pour qu'il pût juger la femme. L'entrain de cette exaltation féminine, la verve des phrases un peu vieilles que répétait depuis longtemps madame de Bargeton, mais qui lui parurent neuves, le fascinèrent d'autant mieux qu'il voulait trouver tout bien. Il n'avait point apporté de poésie à lire; mais il n'en fut pas question : il avait oublié ses vers pour avoir le droit de revenir; madame de Bargeton n'en avait point parlé pour l'engager à lui faire quelque lecture un autre jour. N'était-ce pas une première entente ? M. Sixte du Châtelet fut mécontent de cette réception. Il aperçut tardivement un rival dans ce beau jeune homme, qu'il reconduisit jusqu'au détour de la première rampe au-dessous de Beaulieu, dans le dessein de le soumettre à sa diplomatie. Lucien ne fut pas médiocrement étonné d'entendre le directeur des contributions indirectes se vantant de l'avoir introduit, et lui donnant à ce titre des conseils.

— Plût à Dieu qu'il fût mieux traité que lui, disait M. du Châtelet. La cour était moins impertinente que cette société de ganaches. On y recevait des blessures mortelles, on y essuyait d'affreux dédains. La révolution de 1789 recommencerait si ces gens-là ne se réformaient pas. Quant à lui, s'il continuait d'aller dans cette maison, c'était par goût pour madame de Bargeton, la seule femme un peu propre qu'il y eût à Angoulême, à laquelle il avait fait la cour par désœuvrement, et de laquelle il était devenu follement amoureux. Il allait bientôt la posséder, il était aimé, tout le lui présageait. La soumission de cette reine orgueilleuse serait la seule vengeance qu'il tirerait de cette sotte maisonnée de hobereaux.

Châtelet exprima sa passion en homme capable de tuer un rival s'il en rencontrait un. Le vieux papillon impérial

tomba de tout son poids sur le pauvre poëte, en essayant
de l'écraser sous son importance et de lui faire peur. Il se
grandit en racontant les périls de son voyage grossis; mais,
s'il imposa à l'imagination du poëte, il n'effraya point
l'amant.

Depuis cette soirée, nonobstant le vieux fat, malgré ses
menaces et sa contenance de spadassin bourgeois, Lucien
était revenu chez madame de Bargeton, d'abord avec la
discrétion d'un homme de l'Houmeau; puis il se familiarisa bientôt avec ce qui lui avait paru d'abord une énorme
faveur, et vint la voir de plus en plus souvent. Le fils d'un
pharmacien fut pris, par les gens de cette société, pour un
être sans conséquence. Dans les commencements, si quelque gentilhomme ou quelques femmes venus en visite chez
Naïs rencontraient Lucien, tous avaient pour lui l'acca-
blante politesse dont usent les gens comme il faut avec
leurs inférieurs. Lucien trouva d'abord ce monde fort gracieux; mais, plus tard, il reconnut le sentiment d'où procédaient ces fallacieux égards. Bientôt il surprit quelques
airs protecteurs, qui remuèrent son fiel et le confirmèrent
dans les haineuses idées républicaines par lesquelles beaucoup de ces futurs patriciens préludent avec la haute société. Mais combien de souffrances n'aurait-il pas endurées
pour Naïs, qu'il entendait nommer ainsi, car entre eux les
intimes de ce clan, de même que les grands d'Espagne et
les personnages de la *crème* à Vienne, s'appelaient, hommes
et femmes, par leurs petits noms, dernière nuance inventée pour mettre une distinction au cœur de l'aristocratie
angoumoisine.

Naïs fut aimée comme tout jeune homme aime la première femme qui la flatte, car Naïs pronostiquait un grand
avenir, une gloire immense à Lucien. Madame de Bargeton
usa de toute son adresse pour établir chez elle son poëte:
non-seulement elle l'exaltait outre mesure, mais elle le représentait comme un enfant sans fortune qu'elle voulait

placer; elle le rapetissait pour le regarder; elle en faisait son lecteur, son secrétaire; mais elle l'aimait plus qu'elle ne croyait pouvoir aimer après l'affreux malheur qui lui était advenu. Elle se traitait fort mal intérieurement, elle se disait que ce serait une folie d'aimer un jeune homme de vingt ans, qui par sa position était déjà si loin d'elle. Ses familiarités étaient capricieusement démenties par les fiertés que lui inspiraient ses scrupules. Elle se montrait tour à tour altière et protectrice, tendre et flatteuse. D'abord intimidé par le haut rang de cette femme, Lucien eut donc toutes les terreurs, les espoirs et les désespérances qui martellent le premier amour et le mettent si avant dans le cœur par les coups que frappent alternativement la douleur et le plaisir. Pendant deux mois il vit en elle une bienfaitrice qui allait s'occuper de lui maternellement. Mais les confidences commencèrent. Madame de Bargeton appela son poëte cher Lucien; puis cher, tout court. Le poëte enhardi nomma cette grande dame Naïs. En l'entendant lui donner ce nom, elle eut une de ces colères qui séduisent tant un enfant; elle lui reprocha de prendre le nom dont se servait tout le monde. La fière et noble Nègrepelisse offrit à ce bel ange celui de ses noms qui se trouvait encore neuf, elle voulut être Louise pour lui. Lucien atteignit au troisième ciel de l'amour. Un soir, Lucien étant entré pendant que Louise contemplait un portrait qu'elle serra promptement, il voulut le voir. Pour calmer le désespoir d'un premier accès de jalousie, Louise montra le portrait du jeune Cante-Croix et raconta, non sans larmes, la douloureuse histoire de ses amours, si purs et si cruellement étouffés. S'essayait-elle à quelque infidélité envers son mort, ou avait-elle inventé de faire à Lucien un rival de ce portrait? Lucien était trop jeune pour analyser sa maîtresse, il se désespéra naïvement, car elle ouvrit la campagne pendant laquelle les femmes font battre en brèche des scrupules plus ou moins ingénieusement

fortifiés. Leurs discussions sur les devoirs, sur les convenances, sur la religion, sont comme des places fortes
qu'elles aiment à voir prendre d'assaut. L'innocent Lucien
n'avait pas besoin de ses coquetteries, il eût guerroyé tout
naturellement.

— Je ne mourrai pas, moi, je vivrai pour vous, dit audacieusement un soir Lucien qui voulut en finir avec M. de
Cante-Croix, et qui jeta sur Louise un regard où se peignait
une passion arrivée à terme.

Effrayée des progrès que ce nouvel amour faisait chez
elle et chez son poëte, elle lui demanda les vers promis
pour la première page de son album, en cherchant un sujet de querelle dans le retard qu'il mettait à les faire. Que
devint-elle en lisant les deux stances suivantes, qu'elle
trouva naturellement plus belles que les meilleures de
M. de Lamartine?

> Le magique pinceau, les muses mensongères
> N'orneront pas toujours de mes feuilles légères
>   Le fidèle vélin;
> Et le crayon furtif de ma belle maîtresse
> Me confiera souvent sa secrète allégresse
>   Ou son muet chagrin.
>
> Ah! quand ses doigts plus lourds à mes pages fanées
> Demanderont raison des riches destinées
>   Que lui tient l'avenir;
> Alors veuille l'Amour que de ce beau voyage
>   Le fécond souvenir
> Soit doux à contempler comme un ciel sans nuage!

— Est-ce bien moi qui vous les ai dictés? dit-elle.

Ce soupçon, inspiré par la coquetterie d'une femme qui
se plaisait à jouer avec le feu, fit venir une larme aux
yeux de Lucien; elle le calma en le baisant au front pour

la première fois. Lucien fut décidément un grand homme qu'elle voulut former; elle imagina de lui apprendre l'italien et l'allemand, de perfectionner ses manières; elle trouva là des prétextes pour l'avoir toujours chez elle, à la barbe de ses ennuyeux courtisans. Quel intérêt dans sa vie! Elle se remit à la musique pour son poëte à qui elle révéla le monde musical, elle lui joua quelques beaux morceaux de Beethoven et le ravit; heureuse de sa joie, elle lui disait hypocritement en le voyant à demi pâmé : — Ne peut-on pas se contenter de ce bonheur? Le pauvre poëte avait la bêtise de répondre : — Oui.

Enfin, les choses arrivèrent à un tel point que Louise avait fait dîner Lucien avec elle dans la semaine précédente, en tiers avec M. de Bargeton. Malgré cette précaution, toute la ville sut le fait et le tint pour si exorbitant que chacun se demanda s'il était vrai. Ce fut une rumeur affreuse. A plusieurs, la société parut à la veille d'un bouleversement. D'autres s'écrièrent : « Voilà le fruit des doctrines libérales! » Le jaloux du Châtelet apprit alors que madame Charlotte, qui gardait les femmes en couches, était madame Chardon, mère du Châteaubriand de l'Houmeau, disait-il. Cette expression passa pour un bon mot. Madame de Chandour accourut la première chez madame de Bargeton.

— Savez-vous, chère Naïs, ce dont tout Angoulême parle! lui dit-elle, ce petit poétriau a pour mère madame Charlotte, qui gardait il y a deux mois ma belle-sœur en couche.

— Ma chère, dit madame de Bargeton en prenant un air tout à fait royal, qu'y a-t-il d'extraordinaire à ceci? n'est-elle pas la veuve d'un apothicaire? une pauvre destinée pour une demoiselle de Rubempré. Supposons-nous sans un sou vaillant... que ferions-nous pour vivre, nous? comment nourririez-vous vos enfants?

Le sang-froid de madame de Bargeton tua les lamentations de la noblesse. Les âmes grandes sont toujours dispo-

sées à faire une vertu d'un malheur. Puis, dans la persistance
à faire un bien qu'on incrimine, il se trouve d'invincibles
attraits : l'innocence a le piquant du vice. Dans la soirée,
le salon de madame de Bargeton fut plein de ses amis, venus pour lui faire des remontrances. Elle déploya toute la
causticité de son esprit : elle dit que si les gentilshommes
ne pouvaient être ni Molière, ni Racine, ni Rousseau, ni
Voltaire, ni Massillon, ni Beaumarchais, ni Diderot, il fallait bien accepter les tapissiers, les horlogers, les couteliers
dont les enfants devenaient des grands hommes. Elle dit
que le génie était toujours gentilhomme. Elle gourmanda
les hobereaux sur le peu d'entente de leurs vrais intérêts.
Enfin elle dit beaucoup de bêtises qui auraient éclairé des
gens moins niais, mais ils en firent honneur à son originalité. Elle conjura donc l'orage à coups de canon. Quand
Lucien, mandé par elle, entra pour la première fois dans
le vieux salon fané où l'on jouait au whist à quatre tables,
elle lui fit un gracieux accueil, et le présenta en reine qui
voulait être obéie. Elle appela le directeur des contributions M. Châtelet, et le pétrifia en lui faisant comprendre
qu'elle connaissait l'illégale superfétation de sa particule.
Lucien fut dès ce soir violemment introduit dans la société
de madame de Bargeton; mais y fut accepté comme une
substance vénéneuse que chacun se promit d'expulser en
la soumettant aux réactifs de l'impertinence. Malgré ce
triomphe, Naïs perdit de son empire : il y eut des dissidents
qui tentèrent d'émigrer. Par le conseil de M. Châtelet,
Amélie, qui était madame de Chandour, résolut d'élever
autel contre autel en recevant chez elle les mercredis.
Madame de Bargeton ouvrait son salon tous les soirs, et les
gens qui venaient chez elle étaient si routiniers, si bien
habitués à se retrouver devant les mêmes tapis, à jouer aux
mêmes trictracs, à voir les gens, les flambeaux, à mettre
leurs manteaux, leurs doubles souliers, leurs chapeaux dans
le même couloir, qu'ils aimaient les marches de l'escalier

autant que la maîtresse de la maison. Tous se résignèrent à subir le chardonneret du sacré bocage, dit Alexandre de Brébian, autre bon mot. Enfin le président de la société d'agriculture apaisa la sédition par une observation magistrale.

— Avant la Révolution, dit-il, les plus grands seigneurs recevaient Duclos, Grimm, Crébillon, tous gens qui, comme ce petit poëte de l'Houmeau, étaient sans conséquence; mais ils n'admettaient point les receveurs des tailles, ce qu'est, après tout, Châtelet.

Du Châtelet paya pour Chardon, chacun lui remarqua de la froideur. En se sentant attaqué, le directeur des contributions, qui, depuis le moment où elle l'avait appelé Châtelet, s'était juré à lui-même de posséder madame de Bargeton, entra dans les vues de la maîtresse du logis : il soutint le jeune poëte en se déclarant son ami. Ce grand diplomate dont s'était si maladroitement privé l'empereur caressa Lucien, il se dit son ami. Pour lancer le poëte, il donna un dîner où se trouvèrent le préfet, le receveur général, le colonel du régiment en garnison, le directeur de l'école de marine, le président du tribunal, enfin toutes les sommités administratives. Le pauvre poëte fût fêté si grandement, que tout autre qu'un jeune homme de vingt-deux ans aurait véhémentement soupçonné de mystification les louanges au moyen desquelles on abusa de lui. Au dessert, Châtelet fit réciter à son rival une ode de Sardanapale mourant, le chef-d'œuvre du moment. En l'entendant, le proviseur du collége, homme flegmatique, battit des mains en disant que Jean-Baptiste Rousseau n'avait pas mieux fait. Le baron Sixte Châtelet pensa que le petite rimeur crèverait tôt ou tard dans la serre chaude des louanges, ou que, dans l'ivresse de sa gloire anticipée, il se permettrait quelques impertinences qui le feraient rentrer dans son obscurité primitive. En attendant le décès de ce génie, il parut immoler ses prétentions aux pieds de madame de Bargeton; mais, avec

l'habileté des roués, il avait arrêté son plan, et suivit
avec une attention stratégique la marche des deux amants,
en épiant l'occasion d'exterminer Lucien. Il s'éleva dès
lors dans Angoulême et dans les environs un bruit sourd
qui proclamait l'existence d'un grand homme en Angoumois. Madame de Bargeton était généralement louée pour
les soins qu'elle prodiguait à ce jeune aigle. Une fois sa
conduite approuvée, elle voulut obtenir une sanction générale. Elle tambourina dans le département une soirée à
glaces, à gâteaux et à thé, grande innovation dans une
ville où le thé se vendait encore chez les apothicaires,
comme une drogue employée contre les indigestions. La
fleur de l'aristocratie fut conviée pour entendre une grande
œuvre que devait lire Lucien. Louise avait caché les difficultés vaincues à son ami, mais elle lui toucha quelques
mots de la conjuration formée contre lui par le monde :
car elle ne voulait pas lui laisser ignorer les dangers de la
carrière que doivent parcourir les hommes de génie, et
où se rencontrent des obstacles infranchissables aux courages médiocres. Elle fit de cette victoire un enseignement.
De ses blanches mains, elle lui montra la gloire achetée
par de continuels supplices, elle lui parla du bûcher des
martyrs à traverser, elle lui beurra ses plus belles tartines
et les panacha de ses plus pompeuses expressions. Ce fut
une contrefaçon des improvisations qui déparent le roman
de Corinne. Louise se trouva si grande par son éloquence,
qu'elle aima davantage le Benjamin qui la lui inspirait;
elle lui conseilla de répudier audacieusement son père en
prenant le noble nom de Rubempré, sans se soucier des
criailleries soulevées par un échange que d'ailleurs le roi
légitimerait. Apparentée à la marquise d'Espard, une demoiselle de Blamont–Chauvry, fort en crédit à la cour, elle
se chargerait d'obtenir cette faveur. A ces mots, le roi, la
marquise d'Espard, la cour, Lucien vit comme un feu d'artifice, et la nécessité de ce baptême lui fut prouvée.

— Cher petit, lui dit Louise d'une voix tendrement moqueuse, plus tôt il se fera, plus vite il sera sanctionné.

Elle souleva l'une après l'autre les couches successives de l'état social, et fit compter au poëte les échelons qu'il franchissait soudain par cette habile détermination. En un instant, elle fit abjurer à Lucien ses idées populacières sur la chimérique égalité de 1793, elle réveilla chez lui la soif des distinctions que la froide raison de David avait calmée, elle lui montra la haute société comme le seul théâtre sur lequel il devait se tenir. Le haineux libéral devint monarchique *in petto*. Lucien mordit à la pomme du luxe aristocratique et de la gloire. Il jura d'apporter aux pieds de sa dame une couronne, fut-elle ensanglantée ; il la conquerrait à tout prix, *quibuscumque viis*. Pour prouver son courage, il raconta ses souffrances actuelles qu'il avait cachées à Louise, conseillé par cette indéfinissable pudeur attachée aux premiers sentiments, et qui défend au jeune homme d'étaler ses grandeurs, tant il aime à voir apprécier son âme dans son *incognito*. Il peignit les étreintes d'une misère supportée avec orgueil, ses travaux chez David, ses nuits employées à l'étude. Cette jeune ardeur rappela le colonel de vingt-six ans à madame de Bargeton, dont le regard s'amollit. En voyant la faiblesse gagner son imposante maîtresse, Lucien prit une main qu'on laissa prendre, et la baisa avec la furie du poëte, du jeune homme, de l'amant. Louise alla jusqu'à permettre au fils de l'apothicaire d'atteindre à son front et d'y imprimer ses lèvres palpitantes.

— Enfant ! enfant ! si l'on nous voyait, je serais bien ridicule, dit-elle en se réveillant d'une torpeur extatique.

Pendant cette soirée, l'esprit de madame de Bargeton fit de grands ravages dans ce qu'elle nommait les préjugés de Lucien. A l'entendre, les hommes de génie n'avaient ni frères ni sœurs, ni pères ni mères ; les grandes œuvres qu'ils devaient édifier leur imposaient un apparent égoïsme en les obligeant de tout sacrifier à leur grandeur. Si la famille souffrait d'abord des dévorantes exactions perçues par un cerveau gigantesque, plus tard elle recevait au centuple le prix des sacrifices de tout genre exigés par les premières luttes d'une royauté contrariée, en partageant les fruits de la victoire. Le génie ne relevait que de lui-même ; il était seul juge de ses moyens, car lui seul connaissait la fin : il devait donc se mettre au-dessus des lois, appelé qu'il était à les refaire ; d'ailleurs, qui s'empare de son siècle peut tout prendre, tout risquer, car tout est à lui. Elle citait les commencements de la vie de Bernard Palissy, de Louis XI, de Fox, de Napoléon, de Christophe Colomb, de César, de tous les illustres joueurs, d'abord criblés de dettes ou misérables, incompris, tenus pour fous, pour mauvais fils, mauvais pères, mauvais frères, mais qui plus tard devenaient l'orgueil de la famille, du pays, du monde. Ces raisonnements abondaient dans les vices secrets de Lucien et avançaient la corruption de son cœur ; car, dans l'ardeur de ses désirs, il admettait les moyens à *priori*. Mais ne pas réussir est un crime de lèse-majesté sociale. Un vaincu n'a-t-il pas alors assassiné toutes les vertus bourgeoises sur lesquelles repose la société qui chasse avec horreur les Marius assis devant leurs ruines ? Lucien, qui ne se savait pas entre l'infamie des bagnes et les palmes du génie, planait sur le Sinaï des prophètes sans voir au bas de la mer Morte, l'horrible suaire de Gomorrhe.

Louise débrida si bien le cœur et l'esprit de son poëte des langes dont les avait enveloppés la vie de province, que Lucien voulut éprouver madame de Bargeton afin de savoir s'il pouvait, sans éprouver la honte d'un refus, conquérir cette haute proie. La soirée annoncée lui donna l'occasion de cette épreuve. L'ambition se mêlait à son amour. Il aimait et voulait s'élever, double désir bien naturel chez les jeunes gens qui ont un cœur à satisfaire et l'indigence à combattre. En conviant aujourd'hui tous ses enfants à un même festin, la société réveille leurs ambitions dès le matin de la vie. Elle destitue la jeunesse de ses grâces et vicie la plupart de ses sentiments généreux en y mêlant des calculs. La poésie voudrait qu'il en fût autrement; mais le fait vient trop souvent démentir la fiction à laquelle on voudrait croire, pour qu'on puisse se permettre de représenter le jeune homme autrement qu'il est au dix-neuvième siècle. Le calcul de Lucien lui parut fait au profit d'un beau sentiment, de son amitié pour David.

Lucien écrivit une longue lettre à sa Louise, car il se trouva plus hardi la plume à la main que la parole à la bouche. En douze feuillets trois fois recopiés, il raconta le génie de son père, ses espérances perdues, et la misère horrible à laquelle il était en proie. Il peignit sa chère sœur comme un ange. David comme un Cuvier futur, qui, avant d'être un grand homme, était un père, un frère, un ami pour lui ; il se croirait indigne d'être aimé de Louise, si première gloire, s'il ne lui demandait pas de faire pour David ce qu'elle faisait pour lui-même. Il renoncerait à tout plutôt que de trahir David Séchard, il voulait que David assistât à son succès. Il écrivit une de ces lettres folles où les jeunes gens opposent le pistolet à un refus, où tourne le casuisme de l'enfance, où parle la logique insensée des belles âmes; délicieux verbiage brodé de ces déclarations naïves échappées du cœur à l'insu de l'écrivain, et que les femmes aiment tant. Après avoir remis cette lettre à la femme de chambre, Lucien était venu passer la journée à corriger des épreuves, à diriger quelques travaux, à mettre en ordre les petites affaires de l'imprimerie, sans rien dire à David. Dans les jours où le cœur est encore enfant, les jeunes gens ont de ces sublimes distractions. D'ailleurs peut-être Lucien commençait-il à redouter la hache de Phocion, que savait manier David; peut-être craignait-il la clarté d'un regard qui allait au fond de l'âme. Après la lecture de Chénier, son secret avait passé de son cœur sur ses lè-

vres, atteint par un reproche qu'il sentit comme le doigt
que pose un médecin sur une plaie.

Maintenant embrassez les pensées qui durent assaillir
Lucien pendant qu'il descendait d'Angoulême à l'Houmeau.
Cette grande dame s'était-elle fachée ? allait-elle recevoir
David chez elle ? l'ambitieux ne serait-il pas précipité dans
son trou à l'Houmeau ? Quoique avant de baiser Louise au
front, Lucien eût pu mesurer la distance qui sépare une
reine de son favori, il ne se disait pas que David ne pouvait
franchir en un clin d'œil l'espace qu'il avait mis cinq mois
à parcourir. Ignorant combien était absolu l'ostracisme prononcé sur les petits gens, il ne savait pas qu'une seconde
tentative de ce genre serait la perte de madame de Bargeton. Atteinte et convaincue de s'être encanaillée, Louise
serait obligée de quitter la ville, où sa caste la fuirait
comme au moyen âge on fuyait un lépreux. Le clan de
fine aristocratie et le clergé lui-même défendraient Naïs
enver et contre tous, au cas où elle se permettrait une
faute ; mais le crime de voir mauvaise compagnie ne lui
serait jamais remis ; car si l'on excuse les fautes du pouvoir, on le condamne après son abdication. Or recevoir
David, n'était-ce pas abdiquer ? Si Lucien n'embrassait
pas ce côté de la question, son instinct aristocratique lui
faisait pressentir bien d'autres difficultés qui l'épouvan-
taient. La noblesse des sentiments ne donne pas inévita-
blement la noblesse des manières. Si Racine avait l'air du
plus noble courtisan, Corneille ressemblait fort à un marchand de bœufs. Descartes avait la tournure d'un bon négociant hollandais. Souvent, en rencontrant Montesquieu son
râteau sur l'épaule, son bonnet de nuit sur la tête, les visiteurs de la Brède le prirent pour un vulgaire jardinier. L'u-
sage du monde, quand il n'est pas un don de haute naissance, une science sucée avec le lait ou transmise par le
sang, constitue une éducation que le hasard doit seconder
par une certaine élégance de formes, par une distinction

dans les traits, par un timbre de voix. Toutes ces grandes petites choses manquaient à David, tandis que la nature en avait doué son ami. Gentilhomme par sa mère, Lucien avait jusqu'au pied haut courbé du Franc ; tandis que David Séchard avait les pieds plats du Welche et l'encolure de son père le pressier. Lucien entendait les railleries qui pleuvraient sur David, il lui semblait voir le sourire que réprimerait madame de Bargeton. Enfin, sans avoir précisément honte de son frère, il se promettait de ne plus écouter ainsi son premier mouvement, et de le discuter à l'avenir. Donc, après l'heure de la poésie et du dévouement, après une lecture qui venait de montrer aux deux amis les campagnes littéraires éclairées par un nouveau soleil, l'heure de la politique et des calculs sonnait pour Lucien. En rentrant dans l'Houmeau il se repentait de sa lettre, il aurait voulu la reprendre ; car il apercevait par une échappée les impitoyables lois du monde. En devinant combien la fortune acquise favorisait l'ambition, il lui coûtait de retirer son pied du premier bâton de l'échelle par laquelle il devait monter à l'assaut des grandeurs. Puis les images de la vie simple et tranquille, parée des plus vives fleurs du sentiment ; ce David plein de génie qui l'avait si noblement aidé, qui lui donnerait au besoin sa vie ; sa mère, si grande dame dans son abaissement, et qui le croyait aussi bon qu'il était spirituel ; sa sœur, cette fille si gracieuse dans sa résignation, son enfance si pure et sa conscience encore blanche ; ses espérances, qu'aucune bise n'avait effeuillées, tout refleurissait dans son souvenir. Il se disait alors qu'il était plus beau de percer les épais bataillons de la tourbe aristocratique ou bourgeoise à coups de succès que de parvenir par les faveurs d'une femme. Son génie luirait tôt ou tard comme celui de tant d'hommes, ses prédécesseurs, qui avaient dompté la société ; les femmes l'aimeraient alors ! L'exemple de Napoléon, si fatal au dix-neuvième siècle par les prétentions qu'il inspire à tant de

1 5

gens médiocres, apparut à Lucien, qui jeta ses calculs au vent en se les reprochant. Ainsi était fait Lucien, il allait du mal au bien, du bien au mal avec un égale facilité. Au lieu de l'amour que le savant porte à sa retraite, Lucien éprouvait depuis un mois une sorte de honte en apercevant la boutique où se lisait en lettres jaunes sur un fond ver

Pharmacie de POSTEL, *successeur de* CHARDON.

Le nom de son père, écrit ainsi dans un lieu par où passaient tous les voitures, lui blessait la vue. Le soir où il franchit sa porte ornée d'une petite grille à barreaux de mauvais goût, pour se produire à Beaulieu, parmi les jeunes gens les plus élégants de la haute ville, en donnant le bras à madame de Bargeton, il avait étrangement déploré le désaccord qu'il reconnaissait entre cette habitation et sa bonne fortune.

— Aimer madame de Bargeton, la posséder bientôt peut-être, et loger dans ce nid à rats ! se disait-il en débouchant par l'allée dans la petite cour où plusieurs paquets d'herbes bouillies étaient étalés le long des murs, où l'apprenti ré-curait les chaudrons du laboratoire, où monsieur Postel, ceint d'un tablier de préparateur, une cornue à la main, examinait un produit chimique tout en rejetant l'œil sur sa boutique; et s'il regardait trop attentivement sa drogue, il avait l'oreille à la sonnette. L'odeur des camomilles, des menthes, de plusieurs plantes distillées, remplissait la cour et le modeste appartement où l'on montait par un de ces escaliers droits appelés des escaliers de meunier, sans autre rampe que deux cordes. Au-dessus était l'unique chambre en mansarde où demeurait Lucien.

— Bonjour, mon fiston, lui dit monsieur Postel, le vérita-ble type du boutiquier de province. Comment va notre petite santé ? Moi, je viens de faire une expérience sur la mélasse, mais il aurait fallu votre père pour trouver ce que je cher-che. C'était un fameux homme, celui-là ! Si j'avais connu

son secret contre la goutte, nous roulerions tous deux car-
rosse aujourd'hui ?

Il ne se passait pas de semaine que le pharmacien, aussi
bête qu'il était bon homme, ne donnât un coup de poignard à Lucien, en lui parlant de la fatale discrétion que
son père avait gardée sur sa découverte.

— C'est un grand malheur, répondit brièvement Lucien
qui commençait à trouver l'élève de son père prodigieusement commun après l'avoir souvent béni; car plus d'une
fois l'honnête Postel avait secouru la veuve et les enfants
de son maître.

— Qu'avez-vous donc ? demanda monsieur Postel en
postant son éprouvette sur la table du laboratoire.

— Est-il venu quelque lettre pour moi ?

— Oui, une qui flaire comme baume ! elle est auprès de
mon pupitre, sur le comptoir.

La lettre de madame de Bargeton mêlée aux bocaux de
la pharmacie ! Lucien s'élança dans la boutique.

— Dépêche-toi, Lucien ! ton dîner t'attend depuis une
heure, il sera froid, cria doucement une jolie voix à travers une fenêtre entr'ouverte et que Lucien n'entendit pas.

— Il est toqué, votre frère, mademoiselle, dit Postel en
levant le nez.

Ce célibataire, assez semblable à une petite tonne d'eau-
de-vie sur laquelle la fantaisie d'un peintre aurait mis une
grosse figure grêlée de petite vérole et rougeaude, prit en
regardant Ève un air cérémonieux et agréable qui prouvait
qu'il pensait à épouser la fille de son prédécesseur, sans
pouvoir mettre fin au combat que l'amour et l'intérêt se
livraient dans son cœur. Aussi disait-il souvent à Lucien
en souriant la phrase qu'il lui redit quand le jeune homme
repassa près de lui : — Elle est fameusement jolie, votre
sœur ! Vous n'êtes pas mal non plus ! Votre père faisait
tout bien.

Ève était une grande brune, aux cheveux noirs, aux

yeux bleus. Quoiqu'elle offrît les symptômes d'un caractère viril, elle était douce, tendre et dévouée. Sa candeur, sa naïveté, sa tranquille résignation à une vie laborieuse, sa sagesse que nulle médisanse n'attaquait, avait dû séduire David Séchard. Aussi, depuis leur première entrevue, une sourde et simple passion s'était-elle émue entre eux, à l'allemande, sans manifestations bruyantes ni déclarations empressées. Chacun d'eux avait pensé secrètement à l'autre, comme s'ils eussent été séparés par quelque mari jaloux que ce sentiment aurait offensé. Tous deux se cachaient de Lucien, à qui peut-être ils croyaient porter quelque dommage. David avait peur de ne pas plaire à Ève, qui, de son côté, se laissait aller aux timidités de l'indigence. Une véritable ouvrière aurait eu de la hardiesse, mais une enfant bien élevée et déchue se conformait à sa triste fortune. Modeste en apparence, fière en réalité, Ève ne voulait pas courir sus au fils d'un homme qui passait pour riche. En ce moment, les gens au fait de la valeur croissante des propriétés, estimaient à plus de quatre-vingt mille francs le domaine de Marsac, sans compter les terres que le vieux Séchard, riche d'économies, heureux à la récolte, habile à la vente, devait y joindre en guettant les occasions. David était peut-être la seule personne qui ne sût rien de la fortune de son père. Pour lui, Marsac était une bicoque achetée en 1810 quinze ou seize mille francs, où il allait une fois par an au temps des vendanges, et où son père le pomenait à travers les vignes, en lui vantant des récoltes que l'imprimeur ne voyait jamais, et dont il se souciait fort peu. L'amour d'un savant habitué à la solitude et qui grandit encore les sentiments en s'en exagérant les difficultés, voulait être encouragé; car, pour David, Ève était une femme plus imposante que ne l'est une grande dame pour un simple clerc. Gauche et inquiet près de son idole, aussi pressé de partir que d'arriver, l'imprimeur contenait sa passion au lieu de l'exprimer. Souvent, le soir, après avoir forgé quelque prétexte pour consulter Lucien, il descendait de la place du Mûrier jusqu'à l'Houmeau, par la porte Palet ; mais en atteignant la porte verte à barreaux de fer, il s'enfuyait, craignant de venir trop tard ou de paraître importun à Ève, qui sans doute était couchée. Quoique ce grand amour ne se révélât que par de petites choses, Ève l'avait bien compris ; elle était flattée sans orgueil de se voir l'objet d'un profond respect empreint dans les regards, dans les paroles, dans les manières de David ; mais la plus grande séduction de l'imprimeur était son fanatisme pour Lucien : il avait deviné le meilleur moyen de plaire à Ève. Pour dire en quoi les muettes délices de cet amour différaient des passions tumultueuses, il faudrait le comparer aux fleurs champêtres opposées aux éclatantes fleurs des parterres. C'était des regards doux et délicats comme les lotos bleus qui nagent sur les eaux, des expressions fugitives comme les faibles parfums de l'églantine, des mélancolies tendres comme le velours des mousses ; fleurs de deux belles âmes qui naissent d'une terre riche ; féconde, immuable. Ève avait plusieurs fois déjà deviné la force cachée sous cette faiblesse ; elle tenait si bien compte à David de tout ce qu'il n'osait pas, que le plus léger incident pouvait amener une plus intime union de leurs âmes.

Lucien trouva la porte ouverte par Ève, et s'assit, sans lui rien dire, à une petite table posée sur un X, sans linge, où son couvert était mis. Le pauvre petit ménage ne possédait que trois couverts d'argent, Ève les employait tous pour le frère chéri.

— Que lis-tu donc là ? dit-elle après avoir mis sur la table un plat qu'elle retira du feu, et après avoir éteint son fourneau mobile en le couvrant de l'étouffoir.

Lucien ne répondit pas. Ève prit une petite assiette coquettement arrangée avec des feuilles de vigne, et la mit sur la table avec une jatte pleine de crème.

— Tiens, Lucien, je t'ai eu des fraises.

Lucien prêtait tant d'attention à sa lecture qu'il n'entendit point. Ève vint alors s'asseoir près de lui. sans laisser échapper un murmure ; car il entre dans le sentiment d'une sœur pour son frère un plaisir immense à être traitée sans façon.

— Mais qu'as-tu donc ? s'écria-t-elle en voyant briller des larmes dans les yeux de son frère.

— Rien, rien, Ève, dit-il en la prenant par la taille, l'attirant à lui, la baisant au front et sur les cheveux, puis sur le cou, avec une effervescence surprenante.

— Tu te caches de moi.

— Eh bien ! elle m'aime !

— Je savais bien que ce n'était pas moi que tu embrassais, dit d'un ton boudeur la pauvre sœur en rougissant

— Nous serons tous heureux ! s'écria Lucien en avalan son potage à grandes cuillerées.

— Nous ? répéta Ève. Inspirée par le même pressentiment qui s'était emparé de David, elle ajouta : — Tu vas nous aimer moins.

— Comment peux-tu croire cela, si tu me connais ?

Ève lui tendit la main pour presser la sienne ; puis elle ôta l'assiette vide, la soupière en terre brune, et avança le plat qu'elle avait fait. Au lieu de manger, Lucien relut la lettre de madame de Bargeton, que la discrète Ève ne demanda point à voir, tant elle avait de respect pour son frère : s'il voulait la lui communiquer, elle devait attendre ; et s'il ne le voulait pas, pouvait-elle l'exiger ? Elle attendit. Voici cette lettre :

« Mon ami, pourquoi refuserais-je à votre frère en science
» l'appui que je vous ai prêté ? A mes yeux, les talents ont
» des droits égaux ; mais vous ignorez les préjugés des
» personnes qui composent ma société. Nous ne ferons pas
» reconnaître l'anoblissement de l'esprit à ceux qui sont

» l'aristocratie de l'ignorance. Si je ne suis pas assez puis-
» sante pour leur imposer monsieur David Séchard, je vous
» ferai volontiers le sacrifice de ces pauvres gens. Ce sera
» comme une hécatombe antique. Mais, cher ami, vous ne
» voulez sans doute pas me faire accepter la compagnie
» d'une personne dont l'esprit ou les manières pourraient
» ne pas me plaire. Vos flatteries m'ont appris combien
» l'amitié s'aveugle facilement ! m'en voudrez-vous, si je
» mets à mon consentement une restriction ? Je veux voir
» votre ami, le juger, savoir par moi-même, dans l'intérêt
» de votre avenir, si vous ne vous abusez point. N'est-ce
» pas un de ces soins maternels que doit avoir pour vous,
» mon cher poëte,

» LOUISE DE NÈGREPELISSE. »

Lucien ignorait avec quel art le oui s'emploie dans le
beau monde pour arriver au non, et le non pour amener
un oui. Cette lettre fut un triomphe pour lui. David irait
chez madame de Bargeton, il y brillerait de la majesté du
génie. Dans l'ivresse que lui causait une victoire qui lui fit
croire à la puissance de son ascendant sur les hommes, il
prit une attitude si fière, tant d'espérances se reflétèrent
sur son visage en y produisant un éclat radieux, que sa
sœur ne put s'empêcher de lui dire qu'il était beau.

— Si elle a de l'esprit, elle doit bien t'aimer, cette femme !
Et alors ce soir elle sera chagrine, car toutes les femmes
vont te faire mille coquetteries. Tu seras bien beau en lisant
ton *Saint Jean dans Pathmos !* Je voudrais être souris pour
me glisser là ! Viens, j'ai apprêté ta toilette dans la chambre
de notre mère.

Cette chambre était celle d'une misère décente. Il s'y
trouvait un lit en noyer, garni de rideaux blancs, et au bas
duquel s'étendait un maigre tapis vert. Puis une commode
à dessus de bois, ornée d'un miroir, et des chaises en noyer
complétaient le mobilier. Sur la cheminée, une pendule

rappelait les jours de l'ancienne aisance disparue. La fenêtre avait des rideaux blancs. Les murs étaient tendus d'un papier gris à fleurs grises. Le carreau, mis en couleur et frotté par Ève, brillait de propreté. Au milieu de cette chambre était un guéridon où, sur un plateau rouge à rosaces dorées, se voyaient trois tasses et un sucrier en porcelaine de Limoges. Ève couchait dans un cabinet contigu qui contenait un lit étroit, une vieille bergère et une table à ouvrage près de la fenêtre. L'exiguïté de cette cabine de marin exigeait que la porte vitrée restât toujours ouverte, afin d'y donner de l'air. Malgré la détresse qui se révélait dans les choses, la modestie d'une vie studieuse respirait là. Pour ceux qui connaissaient la mère et ses deux enfants, ce spectacle offrait d'attendrissantes harmonies.

Lucien mettait sa cravate quand le pas de David se fit entendre dans la petite cour, et l'imprimeur parut aussitôt avec la démarche et les façons d'un homme pressé d'arriver.

— Eh bien, David, s'écria l'ambitieux, nous triomphons ! elle m'aime ! tu iras.

— Non, dit l'imprimeur d'un air confus ; je viens te remercier de cette preuve d'amitié qui m'a fait faire de sérieuses réflexions. Ma vie, à moi, Lucien, est arrêtée. Je suis David Séchard, imprimeur du roi à Angoulême, et dont le nom se lit sur tous les murs au bas des affiches. Pour les personnes de cette caste, je suis un artisan, un négociant, si tu veux, mais un industriel établi en boutique, rue de Beaulieu, au coin de la place du Mûrier. Je n'ai encore ni la fortune d'un Keller, ni le renom d'un Desplein, deux sortes de puissances que les nobles essayent encore de nier, mais qui, je suis d'accord avec eux en ceci, ne sont rien sans le savoir-vivre et les manières d'un gentilhomme. Par quoi puis-je légitimer cette subite élévation ? Je me ferais moquer de moi par les bourgeois autant que par les nobles. Toi, tu te trouves dans une situation différente. Un prote n'est engagé à rien. Tu travailles à acquérir des connaissances indispensables pour réussir, tu peux expliquer tes occupations actuelles par ton avenir. D'ailleurs, tu peux demain entreprendre autre chose, étudier le droit, la diplomatie, entrer dans l'administration. Enfin tu n'es ni chiffré ni casé. Profite de ta virginité sociale, marche seul et mets la main sur les honneurs ! Savoure joyeusement tous les plaisirs, même ceux que procure la vanité. Sois heureux, je jouirai de tes succès, tu seras un second moi-même. Oui, ma pensée me permettra de vivre de ta vie. A toi les fêtes, l'éclat du monde et les rapides ressorts de ses intrigues. A moi la vie sobre, laborieuse, du commerçant, et les lentes occupations de la science. Tu seras notre aristocratie, dit-il en regardant Ève. Quand tu chancelleras, tu trouveras mon bras pour te soutenir. Si tu as à te plaindre de quelque trahison, tu pourras te réfugier dans nos cœurs, tu y trouveras un amour inaltérable. La protection, la faveur, le bon vouloir des gens, divisé sur deux têtes, pourraient se lasser, nous nous nuirions à deux ; marche devant, tu nous remorqueras s'il le faut. Loin de t'envier, je me consacre à toi. Ce que tu viens de faire pour moi, en risquant de perdre ta bienfaitrice, ta maîtresse peut-être, plutôt que de m'abandonner, que de me renier, cette simple chose, si grande, eh bien, Lucien, elle me lierait à jamais à toi, si nous n'étions déjà comme deux frères. N'aie ni remords ni soucis de paraître prendre la plus forte part. Ce partage à la Montgommery est dans mes goûts. Enfin, quand tu me causerais quelques tourments, qui sait si je ne serais pas toujours ton obligé ? En disant ces mots, il coula le plus timide des regards vers Ève, qui avait les yeux pleins de larmes, car elle devinait tout. — Enfin, dit-il à Lucien étonné, tu es bien fait, tu as une jolie taille, tu portes bien tes habits, tu as l'air d'un gentilhomme dans ton habit bleu à boutons jaunes, avec un simple pantalon de nankin ; moi, j'aurais l'air d'un ou

vrier au milieu de ce monde, je serais gauche, gêné,
je dirais des sottises ou je ne dirais rien du tout : toi, tu
peux, pour obéir au préjugé des noms, prendre celui de
ta mère, te faire appeler Lucien de Rubempré; moi, je
suis et serai toujours David Séchard. Tout te sert et tout me
nuit dans le monde où tu vas. Tu es fait pour y réussir.
Les femmes adoreront ta figure d'ange. N'est-ce pas, Ève ?

Lucien sauta au cou de David et l'embrassa. Cette modestie coupait court à bien des doutes, à bien des difficultés. Comment n'eût-il pas redoublé de tendresse pour
uu homme qui arrivait à faire par amitié les mêmes réflexions qu'il venait de faire par ambition ? L'ambitieux
et l'amoureux sentaient la route aplanie, le cœur du jeune
homme et de l'amant s'épanouissait. Ce fut un de ces moments rares dans la vie où toutes les forces sont doucement tendues, où toutes les cordes vibrent en rendant des
sons pleins. Mais cette sagesse d'une belle âme excitait encore en Lucien la tendance qui porte l'homme à rapporter
tout à lui. Nous disons tous, plus ou moins, comme
Louis XIV : « L'État, c'est moi ! » L'exclusive tendresse de
sa mère et de sa sœur, le dévouement de David, l'habitude
qu'il avait de se voir l'objet des efforts secrets de ces trois
êtres, lui donnait les vices de l'enfant de famille, engen-
draient en lui cet égoïsme qui dévore le noble, et que madame de Bargeton caressait en l'incitant à oublier ses obligations envers sa sœur, sa mère et David. Il n'en était rien
encore ; mais n'y avait-il pas à craindre qu'en étendant
autour de lui le cercle de son ambition, il fût contraint de
ne penser qu'à lui pour s'y maintenir ?

Cette émotion passée, David fit observer à Lucien que
son poëme de *Saint Jean dans Pathmos* était peut-être trop
biblique pour être lu devant un monde à qui la poésie apo-
calyptique devait être peu familière, Lucien, qui se produisait devant le public le plus difficile de la Charente,
parut inquiet. David lui conseilla d'emporter André de

Chénier, et de remplacer un plaisir douteux pour un plaisir certain. Lucien lisait en perfection, il plairait nécessairement et montrerait une modestie qui le servirait sans doute. Comme la plupart des jeunes gens, ils donnaient aux gens du monde leur intelligence et leurs vertus. Si la jeunesse, qui n'a encore failli, est sans indulgence pour les fautes des autres, elle leur prête aussi ses magnifiques croyances. Il faut en effet avoir bien expérimenté la vie avant de reconnaître que, suivant un beau mot de Raphaël, comprendre c'est égaler. En général, le sens nécessaire à l'intelligence de la poésie est rare en France, où l'esprit dessèche promptement la source des saintes larmes de l'extase, où personne ne veut prendre la peine de déchiffrer le sublime, de le sonder pour en percevoir l'infini. Lucien allait faire sa première expérience des ignorances et des froideurs mondaines ! Il passa chez David pour y prendre le volume de poésie.

Quand les deux amants furent seuls, David se trouva plus embarrassé qu'en aucun moment de sa vie. En proie à mille terreurs, il voulait et redoutait un éloge, il désirait s'enfuir, car la pudeur a sa coquetterie aussi ! Le pauvre amant n'osait dire un mot qui aurait eu l'air de quêter un remerciment ; il trouvait toutes les paroles compromettantes, et se taisait en gardant une attitude de criminel. Ève, qui devinait les tortures de cette modestie, se plut à jouir de ce silence ; mais quand David tortilla son chapeau pour s'en aller, elle sourit.

— Monsieur David, lui dit-elle, si vous ne passez pas la soirée chez madame de Bargeton, nous pouvons la passer ensemble. Il fait beau, voulez-vous aller nous promener le long de la Charente ? nous causerons de Lucien.

David eut envie de se prosterner devant cette délicieuse jeune fille Ève avait mis dans le son de sa voix des récompenses inespérées ; elle avait, par la tendresse de l'accent, résolu les difficultés de cette situation ; sa proposition était plus qu'un éloge, c'était la première faveur de l'amour.

— Seulement, dit-elle à un geste que fit David, laissez-moi quelques instants pour m'habiller.

David, qui de sa vie n'avait su ce qu'était un air, sortit en chanteronnant, ce qui surprit l'honnête Postel, et lui donna de violents soupçons sur les relations d'Ève et de l'imprimeur.

Les plus petites circonstances de cette soirée agirent beaucoup sur Lucien, que son caractère portait à écouter les premières impressions. Comme tous les amants inexpérimentés, il arriva de si bonne heure que Louise n'était pas encore au salon. Monsieur de Bargeton s'y trouvait seul. Lucien avait déjà commencé son apprentissage des petites lâchetés par lesquelles l'amant d'une femme mariée achète son bonheur, et qui donne aux femmes la mesure de ce qu'elles peuvent exiger ; mais il ne s'était pas encore trouvé face à face avec monsieur de Bargeton.

Ce gentilhomme était un de ces petits esprits doucement établis entre l'offensive nullité qui comprend encore, et la fière stupidité qui ne veut ni rien accepter ni rien rendre. Pénétré de ses devoirs envers le monde, et s'efforçant de lui être agréable, il avait adopté le sourire du danseur pour unique langage. Content ou mécontent, il souriait. Il souriait à une nouvelle désastreuse aussi bien qu'à l'annonce d'un heureux événement. Ce sourire répondait à tout par les expressions que lui donnait monsieur de Bargeton. S'il fallait absolument une approbation directe, il renforçait son sourire par un rire complaisant, en ne lâchant une parole qu'à la dernière extrémité. Un tête-à-tête lui faisait éprouver le seul embarras qui compliquait sa vie végétative, il était alors obligé de chercher quelque chose dans l'immensité de son vide intérieur. La plupart du temps il se tirait de peine en reprenant les naïves coutumes de son enfance : il pensait tout haut, il vous initiait aux moindres détails de sa vie ; il vous exprimait ses besoins, ses petites sensations. qui, pour lui, ressemblaient à des idées. Il ne parlait ni de la pluie ni du beau temps, il ne donnait pas dans les lieux communs de la conversation par où se sauvent les imbéciles, il s'adressait aux plus intimes intérêts de la vie. — Par complaisance pour madame de Bargeton, j'ai mangé ce matin du veau qu'elle aime beaucoup, et mon estomac me fait bien souffrir, disait-il. Je sais cela, j'y suis toujours pris! expliquez-moi cela? Ou bien : — Je vais sonner pour demander un verre d'eau sucrée, en voulez-vous un par la même occasion? Ou bien : — Je monterai demain à cheval, et j'irai voir mon beau-père. Ces petites phrases, qui ne supportaient pas la discussion, arrachaient un non ou un oui à l'interlocuteur, et la conversation tombait à plat. Monsieur de Bargeton implorait alors l'assistance de son visiteur en mettant à l'ouest son nez de vieux carlin poussif; il vous regardait de ces gros yeux vairons d'une façon qui signifiait : *Vous dites?* Les ennuyeux empressés de parler d'eux-mêmes, il les chérissait, il les écoutait avec une probe et délicate attention qui le leur rendait si précieux que les bavards d'Angoulême lui accordaient une sournoise intelligence, et le prétendaient mal jugé. Aussi, quand ils n'avaient plus d'auditeurs, ces gens venaient-ils achever leurs récits ou leurs raisonnements auprès du gentilhomme, sûrs de trouver son sourire élogieux. Le salon de sa femme étant toujours plein, il s'y trouvait généralement à l'aise. Il s'occupait des plus petits détails : il regardait qui entrait, saluait en souriant et conduisait à sa femme le nouvel arrivé; il guettait ceux qui partaient, et leur faisait la conduite en accueillant leurs adieux par son éternel sourire. Quand la soirée était animée et qu'il voyait chacun à son affaire, l'heureux muet restait planté sur ses deux hautes jambes comme une cigogne sur ses pattes, ayant l'air d'écouter une conversation poli tique; ou il venait

étudier les cartes d'un joueur sans y rien comprendre,
car il ne savait aucun jeu; ou il se promenait en humant
son tabac et souffrant sa digestion. Anaïs était le beau
côté de sa vie, elle lui donnait des jouissances infinies.
Lorsqu'elle jouait son rôle de maîtresse de maison, il s'é-
tendait dans une bergère en l'admirant; car elle parlait
pour lui ; puis il s'était fait un plaisir de chercher l'esprit
de ses phrases; et comme souvent il ne les comprenait que
longtemps après qu'elles étaient dites, il se permettait des
sourires qui partaient comme des boulets enterrés qui se
réveillent. Son respect pour elle allait d'ailleurs jusqu'à
l'adoration. Une adoration quelconque ne suffit-elle pas au
bonheur de la vie? En personne spirituelle et généreuse,
Anaïs n'avait pas abusé de ses avantages en reconnaissant
chez son mari la nature facile d'un enfant qui ne demandait pas mieux que d'être gouverné. Elle avait pris soin
de lui comme on prend soin d'un manteau; elle le tenait
propre, le brossait, le serrait, le ménageait; et se sentant
ménagé, brossé, soigné, monsieur de Bargeton avait con-
tracté pour sa femme une affection canine. Il est si facile
de donner un bonheur qui ne coûte rien! Madame de
Bargeton ne connaissant à son mari aucun autre plaisir
que celui de la bonne chère, lui faisait faire d'excellents
dîners; elle avait pitié de lui; jamais elle ne s'en était
plainte; et quelques personnes, ne comprenant pas le silence de sa fierté, prêtaient à monsieur de Bargeton des
vertus cachées. Elle l'avait d'ailleurs discipliné militaire-
ment, et l'obéissance de cet homme aux volontés de sa
femme était passive. Elle lui disait : — Faites une visite à
monsieur ou à madame une telle, il y allait comme un
soldat à sa faction. Aussi devant elle se tenait-il au port
d'armes et immobile. Il était en ce moment question de
nommer ce muet député. Lucien ne pratiquait pas depuis
assez longtemps la maison pour avoir soulevé le voile sous
lequel se cachait ce caractère inimaginable. Monsieur de

Bargeton enseveli dans sa bergère, paraissant tout voir et tout comprendre, se faisant une dignité de son silence, lui semblait prodigieusement imposant. Au lieu de le prendre pour une borne de granit, Lucien fit de ce gentilhomme un sphinx redoutable, par suite du penchant qui porte les hommes d'imagination à tout grandir ou à prêter une âme à toutes les formes, et il crut nécessaire de le flatter.

— J'arrive le premier, dit-il en le saluant avec un peu plus de respect que l'on n'en accordait à ce bonhomme.

— C'est assez naturel, répondit monsieur de Bargeton.

Lucien prit ce mot pour l'épigramme d'un mari jaloux, il devint rouge et se regarda dans la glace en cherchant une contenance.

— Vous habitez l'Houmeau, dit monsieur de Bargeton, les personnes qui demeurent loin arrivent toujours plus tôt que celles qui demeurent près.

— A quoi cela tient-il? dit Lucien en prenant un air agréable.

— Je ne sais pas, répondit monsieur de Bargeton qui rentra dans son immobilité.

— Vous n'avez pas voulu le chercher, reprit Lucien. Un homme capable de faire l'observation peut trouver la cause.

— Ah! fit monsieur de Bargeton, les causes finales! Hé! hé!...

Lucien se creusa la cervelle pour ranimer la conversation qui tomba là.

— Madame de Bargeton s'habille sans doute? dit-il en frémissant de la niaiserie de cette demande.

— Oui, elle s'habille, répondit naturellement le mari.

Lucien leva les yeux pour regarder les deux solives saillantes, peintes en gris, et dont les entre-deux étaient plafonnés, sans trouver une phrase de rentrée, mais il ne vit pas alors sans terreur le petit lustre à vieilles pendeloques de cristal, dépouillé de sa gaze et garni de bougies. Les housses du meuble avaient été ôtées, et le lampas rouge montrait ses fleurs fanées. Ces apprêts annonçaient une réunion extraordinaire. Le poëte conçut des doutes sur la convenance de son costume, car il était en bottes. Il alla regarder avec la stupeur de la crainte un vase du Japon qui ornait une console à guirlandes du temps de Louis XV ; puis il eut peur de déplaire à ce mari en ne le courtisant pas, et il résolut de chercher si le bonhomme avait un dada que l'on pût caresser.

— Vous quittez rarement la ville, monsieur ? dit-il à monsieur de Bargeton vers lequel il revint.

— Rarement.

Le silence recommança. Monsieur de Bargeton épia comme une chatte soupçonneuse les moindres mouvements de Lucien qui troublait son repos. Chacun d'eux avait peur de l'autre.

— Aurait-il conçu des soupçons sur mes assiduités ? pensa Lucien, car il paraît bien hostile !

En ce moment, heureusement pour Lucien fort embarrassé de soutenir les regards inquiets avec lesquels monsieur de Bargeton l'examinait allant et venant, le vieux domestique, qui avait mis une livrée, annonça du Châtelet. Le baron entra fort aisément, salua son ami Bargeton, et fit à Lucien une petite inclination de tête qui était alors à la mode, mais que le poëte trouva financièrement impertinente. Sixte du Châtelet portait un pantalon d'une blancheur éblouissante, à sous-pieds intérieurs qui le maintenaient dans ses plis. Il avait des souliers fins et des bas de fil écossais. Sur son gilet blanc flottait le ruban noir de son lorgnon. Enfin son habit noir se recommandait par une coupe et une forme parisiennes. C'était bien le bellâtre que ses antécédents annonçaient ; mais l'âge l'avait déjà doté d'un petit ventre rond assez difficile à contenir dans les bornes de l'élégance. Il teignait ses cheveux et ses favoris

blanchis par les souffrances de son voyage, ce qui lui donnait un air dur. Son teint autrefois très-délicat avait pris la
couleur cuivrée des gens qui reviennent de l'Inde ; mais sa
tournure, quoique ridicule par les prétentions qu'il conservait, révélait néanmoins l'agréable secrétaire des commandements d'une Altesse impériale. Il prit son lorgnon, regarda le pantalon de nankin, les bottes, le gilet, l'habit bleu
fait à Angoulême de Lucien, enfin tout son rival. Puis il
remit froidement le lorgnon dans la poche de son gilet
comme s'il eût dit : — Je suis content. Écrasé déjà par l'é-
légance du financier, Lucien pensa qu'il aurait sa revanche quand il montrerait à l'assemblée son visage animé par
la poésie ; mais il n'en éprouva pas moins une vive souffrance qui continua le malaise intérieur que la prétendue
hostilité de monsieur de Bargeton lui avait donné. Le baron semblait faire peser sur Lucien tout le poids de sa fortune pour mieux humilier cette misère. Monsieur de Bargeton, qui croyait n'avoir plus rien à dire, fut consterné du
silence que gardèrent les deux rivaux en s'examinant ; mais,
quand il se trouvait au bout de ses efforts, il avait une
question qu'il se réservait comme une poire pour la
soif, et il jugea nécessaire de la lâcher en prenant un air
affairé.

— Eh bien, monsieur, dit-il à du Châtelet, qu'y a-t-il de
nouveau ? dit-on quelque chose ?

— Mais, répondit méchamment le directeur des contributions, le nouveau, c'est monsieur Chardon. Adressez-vous
à lui. Nous apportez-vous quelque joli poëme ? demanda le
sémillant baron en redressant la boucle majeure d'une de
ses faces qui lui parut dérangée.

— Pour savoir si j'ai réussi, j'aurais dû vous consulter
répondit Lucien. Vous avez pratiqué la poésie avant moi.

— Bah ! quelques vaudevilles assez agréables faits par
complaisance, des chansons de circonstance, des romances
que la musique a fait valoir, ma grande épître à une

sœur de Buonaparte (l'ingrat!) ne sont pas des titres à la postérité !

En ce moment madame de Bargeton se montra dans tout l'éclat d'une toilette étudiée. Elle portait un turban juif enrichi d'une agrafe orientale. Une écharpe de gaze sous laquelle brillaient les camées d'un collier était gracieusement tournée à son cou. Sa robe de mousseline peinte, à manches courtes, lui permettait de montrer plusieurs bracelets étagés sur ses beaux bras blancs. Cette mise théâtrale charma Lucien. Monsieur du Châtelet adressa galamment à cette reine des compliments nauséabonds qui la firent sourire de plaisir, tant elle fut heureuse d'être louée devant Lucien. Elle n'échangea qu'un regard avec son cher poëte, et répondit au directeur des contributions en le mortifiant par une politesse qui l'exceptait de son intimité.

En ce moment, les personnes invitées commencèrent à venir. En premier lieu se produisirent l'évêque et son grand vicaire, deux figures dignes et solennelles, mais qui formaient un violent contraste : monseigneur était grand et maigre, son acolyte était court et gras. Tous deux, ils avaient des yeux brillants, mais l'évêque était pâle et son grand vicaire offrait un visage empourpré par la plus riche santé. Chez l'un et chez l'autre, les gestes et les mouvements étaient rares. Tous deux paraissaient prudents, leur réserve et leur silence intimidaient, ils passaient pour avoir beaucoup d'esprit.

Les deux prêtres furent suivis par madame de Chandour et son mari, personnages extraordinaires que les gens auxquels la province est inconnue seraient tentés de croire une fantaisie. Le mari d'Amélie, la femme qui se posait comme l'antagoniste de madame de Bargeton, monsieur de Chandour, qu'on nommait Stanislas, était un ci-devant jeune homme, encore mince à quarante-cinq ans, et dont la figure ressemblait à un crible. Sa cravate était toujours nouée de manière à présenter deux pointes menaçantes, l'une à la hauteur de l'oreille droite, l'autre abaissée vers le ruban rouge de sa croix. Les basques de son habit étaient violemment renversées. Son gilet très-ouvert laissait voir une chemise gonflée, empesée, fermée par des épingles surchargées d'orfévrerie. Enfin tout son vêtement avait un caractère exagéré qui lui donnait une si grande ressemblance avec les caricatures, qu'en le voyant les étrangers ne pouvaient s'empêcher de sourire. Stanislas se regardait continuellement avec une sorte de satisfaction de haut en bas, en vérifiant le nombre des boutons de son gilet, en suivant les lignes onduleuses que dessinait son pantalon collant, en caressant ses jambes par un regard qui s'arrêtait amoureusement sur les pointes de ses bottes. Quand il cessait de se contempler ainsi, ses yeux cherchaient une glace, il examinait si ses cheveux tenaient la frisure ; il interrogeait les femmes d'un œil heureux et mettant un de ses doigts dans la poche de son gilet, se penchant en arrière et se posant de trois quarts, agaceries de coq qui lui réussissaient dans la société aristocratique de laquelle il était le beau. La plupart du temps, ses discours comportaient des gravelures comme il s'en disait au dix-huitième siècle. Ce détestable genre de conversation lui procurait quelques succès auprès des femmes, il les faisait rire Monsieur du Châtelet commençait à lui donner des inquiétudes. En effet, intriguées par le dédain du fat des contributions indirectes, stimulées par son affectation à prétendre qu'il était impossible de le faire sortir de son marasme, et piquées par son ton de sultan blasé, les femmes le recherchaient encore plus vivement qu'à son arrivée depuis que madame de Bargeton s'était éprise du Byron d'Angoulême. Amélie était une petite femme maladroitement comédienne, grasse, blanche, à cheveux noirs, outrant tout, parlant haut, faisant la roue avec sa tête chargée de plumes en été, de fleurs en hiver ; belle parleuse, mais ne pouvant achever sa période sans lui donner

pour accompagnement les sifflements d'un asthme ina-
voué.

Monsieur de Saintot, nommé Astolphe, le président de
la société d'agriculture, homme haut en couleur, grand et
gros, apparut remorqué par sa femme, espèce de figure
assez semblable à une fougère desséchée, qu'on appelait
Lili, abréviation d'Élisa. Ce nom, qui supposait dans la
personne quelque chose d'enfantin, jurait avec le caractère
et les manières de madame de Saintot, femme solennelle,
extrêmement pieuse, joueuse difficile et tracassière. Astolphe passait pour être un savant du premier ordre. Ignorant comme une carpe, il n'en avait pas moins écrit les
articles sucre et eau-de-vie dans un dictionnaire d'agriculture, deux œuvres pillées en détail dans tous les articles
de journaux et dans les anciens ouvrages où il était question de ces deux produits. Tout le département le croyait
occupé d'un traité sur la culture moderne. Quoiqu'il restât
enfermé pendant toute la matinée dans son cabinet, il
n'avait pas encore écrit deux pages depuis douze ans. Si
quelqu'un venait le voir, il se laissait surprendre brouillant
des papiers, cherchant une note égarée ou taillant sa
plume ; mais il employait en niaiseries tout le temps qu'il
demeurait dans son cabinet : il y lisait longuement le journal, il sculptait des bouchons avec son canif, il traçait des
dessins fantastiques sur son garde-main, il feuilletait
Cicéron pour y prendre à la volée une phrase ou des passages
dont le sens pouvait s'appliquer aux événements du jour ;
puis le soir il s'efforçait d'amener la conversation sur un
sujet qui lui permît de dire : — Il se trouve dans Cicéron
une page qui semble avoir été écrite pour ce qui se passe
de nos jours. Il récitait alors son passage au grand étonnement des auditeurs, qui se redisaient entre eux : —
Vraiment, Astolphe est un puits de science. Ce fait curieux
se contait par toute la ville, et l'entretenait dans ses flatteuses croyances sur monsieur de Saintot.

Après ce couple, vint monsieur de Bartas, nommé Adrien, l'homme qui chantait les airs de basse-taille et qui avait d'énormes prétentions en musique. L'amour-propre l'avait assis sur le solfége : il avait commencé par s'admirer lui-même en chantant, puis il s'était mis à parler musique, et avait fini par s'en occuper exclusivement. L'art musical était devenu chez lui comme une monomanie ; il ne s'animait qu'en parlant de musique, il souffrait pendant une soirée jusqu'à ce qu'on le priât de chanter. Une fois qu'il avvait beuglé un de ses airs, sa vie commençait : il paradait, il se haussait sur ses talons en recevant des compliments, il faisait le modeste, mais il allait néanmoins de groupe en groupe pour y recueillir des éloges ; puis, quand tout était dit, il revenait à la musique en entamant une discussion à propos des difficultés de son air ou en vantant le compositeur.

Monsieur Alexandre de Brebian, le héros de la sépia, le dessinateur qui infestait les chambres de ses amis par des productions saugrenues et gâtait tous les albums du département, accompagnait monsieur de Bartas. Chacun d'eux donnait le bras à la femme de l'autre. Au dire de la chronique scandaleuse, cette transposition était complète. Les deux femmes, Lolotte (madame Charlotte de Brebian) et Fifine (madame Joséphine de Bartas), également préoccupées d'un fichu, d'une garniture, de l'assortiment de quelques couleurs hétérogènes, étaient dévorées du désir de paraître Parisiennes, et négligeaient leur maison, où tout allait à mal. Si les deux femmes, serrées comme des poupées dans des robes économiquement établies, offraient sur elles une exposition de couleurs outrageusement bizarres, les maris se permettaient, en leur qualité d'artistes, un laisser-aller de province qui les rendait curieux à voir. Leurs habits fripés leur donnaient l'air des comparses qui dans les petits théâtres figurent la haute société invitée aux noces.

Parmi les figures qui débarquèrent dans le salon, l'une des plus originales fut celle de monsieur le comte de Senonches, aristocratiquement nommé Jacques, grand chasseur, hautain, sec, à figure hâlée, aimable comme un sanglier, défiant comme un Vénitien, jaloux comme un More, et vivant en très-bonne intelligence avec monsieur du Hautoy, autrement dit Francis, l'ami de la maison.

Madame de Senonches (Zéphirine) était grande et belle, mais couperosée déjà par une certaine ardeur de foie qui la faisait passer pour une femme exigeante. Sa taille fine, ses délicates proportions lui permettaient d'avoir des manières langoureuses qui sentaient l'affectation, mais qui peignaient la passion et les caprices toujours satisfaits d'une personne aimée.

Francis était un homme assez distingué, qui avait quitté le consulat de Valence et ses espérances dans la diplomatie, pour venir vivre à Angoulême auprès de Zéphirine, dite aussi Zizine. L'ancien consul prenait soin du ménage, faisait l'éducation des enfants, leur apprenait les langues étrangères, et dirigeait la fortune de monsieur et de madame de Senonches avec un entier dévouement. L'Angoulême noble, l'Angoulême administratif, l'Angoulême bourgeois avaient longtemps glosé sur la parfaite unité de ce ménage en trois personnes; mais, à la longue, ce mystère de trinité conjugale parut si rare et si joli, que monsieur du Hautoy eût semblé prodigieusement immoral s'il avait fait mine de se marier. D'ailleurs, on commençait à soupçonner, dans l'attachement de madame de Senonches pour une filleule appelée mademoiselle de la Haye, qui lui servait de demoiselle de compagnie, des mystères inquiétants, et malgré quelques impossibilités apparentes offertes par des dates, on trouvait des ressemblances frappantes entre Françoise de la Haye et Francis du Hautoy. Quand Jacques chassait aux environs, chacun lui demandait des nouvelles de Francis, et il racontait les

petites indispositions de son intendant volontaire en lui
donnant le pas sur sa femme. Cet aveuglement paraissait
si curieux chez un homme jaloux, que ses meilleurs amis
s'amusaient à le faire poser, et l'annonçaient à ceux qui
ne connaissaient pas le mystère afin de les amuser. Monsieur du Hautoy était un précieux dandy dont les petits
soins personnels avaient tourné à la mignardise et à l'enfantillage. Il s'occupait de sa toux, de son sommeil, de sa
digestion et de son manger. Zéphirine avait amené son fac-
totum à faire l'homme de petite santé : elle le ouatait, l'em-
béguinait, le médicinait; elle l'empâtait de mets choisis
comme un bichon de marquise; elle lui ordonnait ou lui
défendait tel ou tel aliment; elle lui brodait des gilets, des
bouts de cravate et des mouchoirs; elle avait fini par l'habituer à porter de si jolies choses qu'elle le métamorphosait
en une sorte d'idole japonaise. Leur entente était d'ailleurs
sans mécompte : Zizine regardait à tout propos Francis, et
Francis semblait prendre ses idées dans les yeux de Zizine.
Ils blâmaient, ils souriaient ensemble, et semblaient se consulter pour dire le plus simple bonjour.

Le plus riche propriétaire des environs, l'homme envié
de tous, monsieur le marquis de Pimentel et sa femme,
qui réunissaient à eux deux quarante mille livres de rente,
et passaient l'hiver à Paris, vinrent de la campagne en
calèche avec leurs voisins, monsieur le baron et madame
la baronne de Rastignac, accompagnés de la tante de la
baronne, et de leurs filles, deux charmantes jeunes personnes, bien élevées, pauvres, mais mises avec cette simplicité qui fait tant valoir les beautés naturelles. Ces personnes, qui certes étaient l'élite de la compagnie, furent
reçues par un froid silence et par un respect plein de jalousie, surtout quand chacun vit la distinction de l'accueil
que leur fit madame de Bargeton. Ces deux familles appartenaient à ce petit nombre de gens qui, dans les provinces, se tiennent au-dessus des commérages, ne se

mêlent à aucune société, vivent dans une retraite silencieuse et gardent une imposante dignité. Monsieur de Pimentel et monsieur de Rastignac étaient appelés par leurs titres ; aucune familiarité ne mêlait leurs femmes ni leurs filles à la haute coterie d'Angoulême, ils approchaient trop la noblesse de cour pour se commettre avec les niaiseries de la province.

Le préfet et le général arrivèrent les derniers, accompagnés du gentilhomme campagnard qui, le matin, avait apporté son mémoire sur les vers à soie chez David. C'était sans doute quelque maire de canton recommandable par de belles propriétés ; mais sa tournure et sa mise trahissaient une désuétude complète de la société : il ne savait où mettre ses mains, il tournait autour de son interlocuteur en parlant, il se levait et se rasseyait pour répondre quand on lui parlait, il semblait prêt à rendre un service domestique ; il se montrait tour à tour obséquieux, inquiet, grave, il s'empressait de rire d'une plaisanterie, il écoutait d'une façon servile, et parfois il prenait un air sournois en croyant qu'on se moquait de lui. Plusieurs fois dans la soirée, oppressé par son mémoire, il essaya de parler vers à soie ; mais l'infortuné monsieur de Séverac tomba sur monsieur de Bartas qui lui répondit musique, et sur monsieur de Saintot qui lui cita Cicéron. Vers le milieu de la soirée, le pauvre maire finit par s'entendre avec une veuve et sa fille, madame et mademoiselle du Brossard, qui n'étaient pas les deux figures les moins intéressantes de cette société. Un seul mot dira tout : elles étaient aussi pauvres que nobles. Elles avaient dans leur mise cette prétention à la parure qui révèle une secrète misère. Madame du Brossard vantait fort maladroitement et à tout propos sa grande et grosse fille, âgée de vingt-sept ans, qui passait pour être forte sur le piano ; elle lui faisait officiellement partager tous les goûts des gens à marier, et, dans son désir d'établir sa chère Camille, elle avait dans une même

soirée prétendu que Camille aimait la vie errante des gar-
nisons, et la vie tranquille des propriétaires qui cultivent
leur bien Toutes deux, elles avaient la dignité pincée, ai-
gre-douce des personnes que chacun est enchanté de plaindre, auxquelles on s'intéresse par égoïsme, et qui ont sondé
le vide des phrases consolatrices par lesquelles le monde
se fait un plaisir d'accueillir les malheureux. Monsieur de
Séverac avait cinquante-neuf ans, il était veuf et sans
enfants; la mère et la fille écoutèrent donc avec une dévo-
tieuse admiration les détails qu'il leur donna sur ses ma-
gnaneries.

— Ma fille a toujours aimé les animaux, dit la mère.
Aussi, comme la soie que font ces petites bêtes intéresse les
femmes, je vous demanderai la permission d'aller à Séverac montrer à Camille comment ça se récolte. Camille
a tant d'intelligence qu'elle saisira sur-le-champ tout ce
que vous lui direz. N'a-t-elle pas compris un jour la raison
inverse du carré des distances !

Cette phrase termina glorieusement la conversation entre
monsieur de Séverac et madame du Brossard, après la lecture de Lucien.

Quelques habitués se coulèrent familièrement dans l'assemblée, ainsi que deux ou trois fils de famille, timides,
silencieux, parés comme des châsses, heureux d'avoir été
conviés à cette solennité littéraire et dont le plus hardi s'é-
mancipa au point de causer beaucoup avec mademoiselle
de la Haye. Toutes les femmes se rangèrent sérieusement
en un cercle derrière lequel les hommes se tinrent debout.
Cette assemblée de personnages bizarres, aux costumes
hétéroclites, aux visages grimés, devint très-imposante pour
Lucien, dont le cœur palpita quand il se vit l'objet de tous
les regards. Quelque hardi qu'il fût, il ne soutint pas facilement cette première épreuve, malgré les encourage-
ments de sa maîtresse, qui déploya le faste de ses révé-
rences et ses plus précieuses grâces en recevant les illustres

sommités de l'Angoumois. Le malaise auquel il était en
proie fut continué par une circonstance facile à prévoir,
mais qui devait effaroucher un jeune homme encore peu
familiarisé avec la tactique du monde. Lucien, tout yeux
et tout oreilles, s'entendait appeler monsieur de Rubempré
par Louise, par monsieur de Bargeton, par l'évêque, par
quelques complaisants de la maitresse du logis, et monsieur
Chardon par la majorité de ce redouté public. Intimidé
par les œillades interrogatives du curieux, il pressentait
son nom bourgeois au seul mouvement des lèvres; il devinait les jugements anticipés que l'on portait sur lui avec
cette franchise provinciale, souvent un peu trop près de
l'impolitesse. Ces continuels coups d'épingle inattendus le
mirent encore plus mal avec lui-même. Il attendit avec
impatience le moment de commencer sa lecture, afin de
prendre une attitude qui fit cesser son supplice intérieur:
mais Jacques racontait sa dernière chasse à madame de Pimentel; Adrien s'entretenait du nouvel astre musical, de
Rossini, avec mademoiselle Laure de Rastignac; Astolphe,
qui avait appris par cœur dans un journal la description d'une
nouvelle charrue, en parlait au baron. Lucien ne savait pas,
le pauvre poëte, qu'aucune de ces intelligences, excepté celle
de madame de Bargeton, ne pouvait comprendre la poésie.
Toutes ces personnes, privées d'émotions, étaient accourues
en se trompant elles-mêmes sur la nature du spectacle qui les
attendait. Il est des mots qui, semblables aux trompettes,
aux cymbales, à la grosse caisse des saltimbanques, atti-
rent toujours le public. Les mots beauté, gloire, poésie,
ont des sortiléges qui séduisent les esprits les plus grossiers. Quand tout le monde fut arrivé, quand les causeries
eurent cessé, non sans mille avertissements donnés aux in-
terrupteurs par monsieur de Bargeton, que sa femme envoya comme un suisse d'église qui fait retentir sa canne
sur les dalles, Lucien se mit à la table ronde, près de madame de Bargeton, en éprouvant une violente secousse

d'âme. Il annonça d'une voix troublée que, pour ne tromper l'attente de personne, il allait lire les chefs-d'œuvre récemment retrouvés d'un grand poëte inconnu. Quoique les poésies d'André de Chénier eussent été publiées dès 1819, personne, à Angoulême, n'avait encore entendu parler d'André de Chénier. Chacun voulut voir, dans cette annonce, un biais trouvé par madame de Bargeton pour ménager l'amour-propre du poëte et mettre les auditeurs à l'aise. Lucien lut d'abord *le Jeune Malade,* qui fut accueilli par des murmures flatteurs ; puis *l'Aveugle,* poëme que ces esprits médiocres trouvèrent long. Pendant sa lecture, Lucien fut en proie à l'une de ces souffrances infernales qui ne peuvent être parfaitement comprises que par d'éminents artistes, ou par ceux que l'enthousiasme et une haute intelligence mettent à leur niveau. Pour être traduite par la voix, comme pour être saisie, la poésie exige une sainte attention. Il doit se faire entre le lecteur et l'auditoire une alliance intime, sans laquelle les électriques communications des sentiments n'ont plus lieu. Cette cohésion des âmes manque-t-elle, le poëte se trouve alors comme un ange essayant de chanter une hymne céleste au milieu des ricanements de l'enfer. Or, dans la sphère où se développent leurs facultés, les hommes d'intelligence possèdent la vue circumspective du colimaçon, le flair du chien et l'oreille de la taupe ; ils voient, ils sentent, ils entendent tout autour d'eux. Le musicien et le poëte se savent aussi promptement admirés ou incompris, qu'une plante se sèche ou se ravive dans une atmosphère amie ou ennemie. Les murmures des hommes qui n'étaient venus là que pour leurs femmes, et qui se parlaient de leurs affaires, retentissaient à l'oreille de Lucien par les lois de cette acoustique particulière ; de même qu'il voyait les hiatus sympathiques de quelques mâchoires violemment entrebâillées, et dont les dents le narguaient. Lorsque, semblable à la colombe du déluge, il cherchait un coin favorable où son regard pût s'arrêter, il rencontrait les yeux impatientés de gens qui pensaient évidemment à profiter de cette réunion pour s'interroger sur quelques intérêts positifs. A l'exception de Rose de Rastignac, de deux ou trois jeune gens et de l'évêque, tous les assistants s'ennuyaient. En effet, ceux qui comprennent la poésie cherchent à développer dans leur âme ce que l'auteur a mis en germe dans ses vers; mais ces auditeurs glacés, loin d'aspirer l'âme du poëte, n'écoutaient même pas ses accents. Lucien éprouva donc un si profond découragement, qu'une sueur froide mouilla sa chemise. Un regard de feu lancé par Louise, vers laquelle il se tourna, lui donna le courage d'achever; mais son cœur de poëte saignait de mille blessures.

— Trouvez-vous cela bien amusant, Fifine? dit à sa voisine la sèche Lili qui s'attendait peut-être à des tours de force.

— Ne me demandez pas mon avis, ma chère, mes yeux se ferment aussitôt que j'entends lire.

— J'espère que Naïs ne nous donnera pas souvent des vers le soir, dit Francis. Quand j'écoute lire après mon dîner, l'attention que je suis forcé d'avoir trouble ma digestion.

— Pauvre chat, dit Zéphirine à voix basse, buvez un verre d'eau sucrée.

— C'est fort bien déclamé, dit Alexandre; mais j'aime mieux le whist.

En entendant cette réponse, qui passa pour spirituelle à cause de la signification anglaise du mot, quelques joueuses prétendirent que le lecteur avait besoin de repos. Sous ce prétexte, un ou deux couples s'esquivèrent dans le boudoir. Lucien, supplié par Louise, par la charmante Laure de Rastignac et par l'évêque, réveilla l'attention, grâce à la verve contre-révolutionnaire des Iambes que plusieurs personnes, entraînées par la chaleur du débit, applaudirent sans les comprendre. Ces sortes de gens sont influençables par la vocifération comme les palais grossiers sont excités par les liqueurs fortes. Pendant un moment où l'on prit des glaces, Zéphirine envoya Francis voir le volume, et dit à sa voisine Amélie que les vers lus par Lucien étaient imprimés.

— Mais, répondit Amélie avec un visible bonheur, c'est bien simple, monsieur de Rubempré travaille chez un imprimeur. C'est, dit-elle en regardant Lolotte, comme si une jolie femme faisait elle-même ses robes.

— Il a imprimé ses poésies lui-même, se dirent les femmes.

— Pourquoi s'appelle-t-il donc alors monsieur de Rubempré? demanda Jacques. Quand il travaille de ses mains, un noble doit quitter son nom.

— Il a effectivement quitté le sien, qui était roturier, dit Zizine, mais pour prendre celui de sa mère qui est noble.

— Puisque ses vers (en province on nomme *verse*) sont imprimés, nous pouvons les lire nous-mêmes, dit Astolphe.

Cette stupidité compliqua la question jusqu'à ce que Sixte du Châtelet eût daigné dire à cette ignorante assemblée que l'annonce n'était pas une précaution oratoire, et que ces belles poésies appartenaient à un frère royaliste du révolutionnaire Marie-Joseph Chénier. La société d'Angoulême, à l'exception de l'évêque, de madame de Rastignac et de ses deux filles, que cette grande poésie avait saisis, se crut mystifiée et s'offensa de cette surpercherie. Un sourd murmure s'éleva; mais Lucien ne l'entendit pas. Isolé de ce monde odieux par l'enivrement que produisait une mélodie intérieure, il s'efforçait de la répéter, et voyait les figures comme à travers un nuage. Il lut la sobre élégie sur le suicide, celle dans le goût ancien où respire une mélancolie sublime; puis celle où est ce vers:

Tes vers sont doux, j'aime à les répéter.

Enfin, il termina par la suave idylle intitulée *Néère*.

Plongée dans une délicieuse rêverie, une main dans s
boucles, qu'elle avait défrisées sans s'en apercevoir, l'au
pendante, les yeux distraits, seule au milieu de son salo
madame d~ Bargeton se sentait pour la première fois de
vie transportée dans la sphère qui lui était propre. Jug
combien elle fut désagréablement distraite par Amélie, q
s'était chargée de lui exprimer les vœux publics.

— Naïs, nous étions venues pour entendre les poésies
monsieur Chardon, et vous nous donnez des vers (*ver*
imprimés. Quoique ces morceaux soient fort jolis, par p
triotisme ces dames aimeraient mieux le vin du cru.

— Ne trouvez-vous pas que la langue française se pré
peu à la poésie ? dit Astolphe au directeur des contribu
tions. Je trouve la prose de Cicéron mille fois plus poétiqu

— La vraie poésie française est la poésie légère, la char
son, répondit du Châtelet.

— La chanson prouve que notre langue est très-musi
cale, dit Adrien.

— Je voudrais bien connaître les vers (*verse*) qui or
causé la perte de Naïs, dit Zéphirine; mais d'après la ma
nière dont elle accueille la demande d'Amélie, elle n'es
pas disposée à nous en donner un échantillon.

— Elle se doit à elle-même de les lui faire dire, répond
Francis, car le génie de ce petit bonhomme est sa jus
tification.

— Vous qui avez été dans la diplomatie, obtenez-nou
cela, dit Amélie à monsieur du Châtelet.

— Rien de plus aisé, dit le baron.

L'ancien secrétaire des commandements, habitué à ce
petits manéges, alla trouver l'évêque et sut le mettre e
avant. Priée par monseigneur, Naïs fut obligée de demande
à Lucien quelque morceau qu'il sût par cœur. Le promp

succès du baron dans cette négociation lui valut un langoureux sourire d'Amélie.

— Décidément ce baron est bien spirituel, dit-elle à Lolotte.

Lolotte se souvenait du propos aigre-doux d'Amélie sur les femmes qui faisaient elles-mêmes leurs robes.

— Depuis quand reconnaissez-vous les barons de l'Empire ? lui répondit-elle en souriant.

Lucien avait essayé de déifier sa maîtresse dans une ode qui lui était adressée sous un titre inventé par tous les jeunes gens au sortir du collége. Cette ode, si complaisamment caressée, embellie de tout l'amour qu'il se sentait au cœur, lui parut la seule œuvre capable de lutter avec la poésie de Chénier. Il regarda d'un air passablement fat madame de Bargeton, en disant : — A ELLE ! Puis il se posa fièrement pour dérouler cette pièce ambitieuse, car son amour-propre d'auteur se sentit à l'aise derrière la jupe de madame de Bargeton. En ce moment, Naïs laissa échapper son secret aux yeux des femmes. Malgré l'habitude qu'elle avait de dominer ce monde de toute la hauteur de son intelligence, elle ne put s'empêcher de trembler pour Lucien. Sa contenance fut gênée, ses regards demandèrent en quelque sorte l'indulgence; puis elle fut obligée de rester les yeux baissés, et de cacher son contentement à mesure que se déployèrent les strophes suivantes :

A ELLE.

Du sein de ces torrents de gloire et de lumière,
Où, sur des sistres d'or, les anges attentifs,
Aux pieds de Jéhovah, redisent la prière
    De nos astres plaintifs;

Souvent un chérubin à chevelure blonde
Voilant l'éclat de Dieu sur son front arrêté,
Laisse aux parvis des cieux son plumage argenté,
    Et descend sur le monde.

Il a compris de Dieu le bienfaisant regard :
Du génie aux abois il endort la souffrance;
Jeune fille adorée, il berce le vieillard
　　　Dans les fleurs de l'enfance;

Il inscrit des méchants les tardifs repentirs;
A la mère inquiète il dit en rève : Espère !
Et, le cœur plein de joie, il compte les soupirs
　　　Qu'on donne à la misère.

De ces beaux messagers un seul est parmi nous,
Que la terre amoureuse arrête dans sa route;
Mais il pleure, et poursuit d'un regard triste et doux
　　　La paternelle voûte.

Ce n'est point de son front l'éclatante blancheur
Qui m'a dit le secret de sa noble origine,
Ni l'éclair de ses yeux, ni la féconde ardeur
　　　De sa vertu divine.

Mais par tant de lueur mon amour ébloui
A tenté de s'unir à sa sainte nature,
Et du terrible archange il a heurté sur lui
　　　L'impénétrable armure.

Ah ! gardez, gardez bien de lui laisser revoir
Le brillant séraphin qui vers les cieux revole;
Trop tôt il en saurait la magique parole
　　　Qui se chante le soir !

Vous les verriez alors, des nuits perçant les voiles,
Comme un point de l'aurore, atteindre les étoiles
　　　Par un vol fraternel;
Et le marin qui veille, attendant un présage,
De leurs pieds lumineux montrerait le passage,
　　　Comme un phare éternel.

— Comprenez-vous ce calembour ? dit Amélie à monsieur du Châtelet en lui adressant un regard de coquetterie.

— C'est des vers comme nous en avons tous plus ou moins fait au sortir du collége, répondit le baron d'un air ennuyé pour obéir à son rôle de jugeur que rien n'étonnait. Autrefois nous donnions dans les brumes ossianiques. C'était des Malvina, des Fingal, des apparitions nuageuses, des guerriers qui sortaient de leurs tombes avec des étoiles au-dessus de leurs têtes. Aujourd'hui, cette friperie poétique est remplacée par Jéhovah, par les sistres, par les anges, par les plumes des séraphins, par toute la garde-robe du paradis remise à neuf aves les mots immense, infini, solitude, intelligence. C'est des lacs, des paroles de Dieu, une espèce de panthéisme christianisé, enrichi de rimes rares, péniblement cherchées, comme émeraude et fraude, aïeul et glaïeul, etc. Enfin, nous avons changé de latitude : au lieu d'être au nord, nous sommes dans l'Orient : mais les ténèbres y sont tout aussi épaisses.

— Si l'ode est obscure, dit Zéphirine, la déclaration me semble très-claire.

— Et l'armure de l'archange est une robe de mousseline assez légère, dit Francis.

Quoique la politesse voulût que l'on trouvât ostensiblement l'ode ravissante à cause de madame de Bargeton, les femmes, furieuses de ne pas avoir de poëte à leur service pour les traiter d'anges, se levèrent comme ennuyées, en murmurant d'un air glacial : *très-bien, joli, parfait.*

— Si vous m'aimez, vous ne complimenterez ni l'auteur ni son ange, dit Lolotte à son cher Adrien d'un air despotique auquel il dut obéir.

— Après tout, c'est des phrases, dit Zéphirine à Francis, et l'amour est une poésie en action.

— Vous avez dit là, Zizine, une chose que je pensais, mais que je n'aurais pas aussi finement exprimée, repartit Stanislas en s'épluchant de la tête aux pieds par un regard caressant

— Je ne sais pas ce que je donnerais, dit Amélie à du Châtelet, pour voir rabaisser la fierté de Naïs qui se fait traiter d'archange, comme si elle était plus que nous, et

1   7

qui nous encanaille avec le fils d'un apothicaire et d'une garde-malade, dont la sœur est une grisette, et qui travaille chez un imprimeur.

— Puisque le père vendait des biscuits contre les vers, dit Jacques, il aurait dû en faire manger à son fils.

— Il continue le métier de son père, car ce qu'il vient de nous donner me semble de la drogue, dit Stanislas en prenant une de ses poses les plus agaçantes. Drogue pour drogue, j'aime mieux autre chose.

En un moment chacun s'entendit pour humilier Lucien par quelque mot d'ironie aristocratique. Lili, la femme pieuse, y vit une action charitable en disant qu'il était temps d'éclairer Naïs, bien près de faire une folie. Francis, le diplomate, se chargea de mener à bien cette sotte conspiration à laquelle tous ces petits esprits s'intéressèrent comme au dénoûment d'un drame, et dans laquelle ils virent une aventure à raconter le lendemain. L'ancien consul, peu soucieux d'avoir à se battre avec un jeune poëte qui, sous les yeux de sa maîtresse, enragerait d'un mot insultant, comprit qu'il fallait assassiner Lucien avec un fer sacré contre lequel la vengeance fût impossible. Il imita l'exemple que lui avait donné l'adroit du Châtelet quand il avait été question de faire dire des vers à Lucien. Il vint causer avec l'évêque en feignant de partager l'enthousiasme que l'ode de Lucien avait inspiré à Sa Grandeur ; puis il le mystifia en lui faisant croire que la mère de Lucien était une femme supérieure et d'une excessive modestie, qui fournissait à son fils les sujets de toutes ses compositions. Le plus grand plaisir de Lucien était de voir rendre justice à sa mère, qu'il adorait. Une fois cette idée inculquée à l'évêque, Francis s'en remit sur les hasards de la conversation pour amener le mot blessant qu'il avait médité de faire dire par monseigneur. Quand Francis et l'évêque revinrent dans le cercle au centre duquel était Lucien, l'attention redoubla parmi les personnes qui déjà lui faisaient

boire la ciguë à petits coups. Tout à fait étranger au manége des salons, le pauvre poëte ne savait que regarder
madame de Bargeton, et répondre gauchement aux gauches
questions qui lui étaient adressées. Il ignorait les noms et
les qualités de la plupart des personnes présentes, et ne
savait quelle conversation tenir avec des femmes qui lui
disaient des niaiseries dont il avait honte. Il se sentait
d'ailleurs à mille lieues de ces divinités angoumoisines en
s'entendant nommer tantôt monsieur Chardon, tantôt monsieur de Rubempré, tandis qu'elles s'appelaient Lolotte,
Adrien, Astolphe, Lili, Fifine. Sa confusion fut extrême
quand, ayant pris Lili pour un nom d'homme, il appela
monsieur Lili le brutal monsieur de Senonches. Le Nem-
rod interrompit Lucien par un : — Monsieur Lulu ? qui
fit rougir madame de Bargeton jusqu'aux oreilles.

— Il faut être bien aveuglée pour admettre ici et nous
présenter ce petit bonhomme, dit-il à demi-voix.

— Madame la marquise, dit Zéphirine à madame de
Pimentel à voix basse, mais de manière à se faire entendre,
ne trouvez-vous pas une grande ressemblance entre monsieur Chardon et monsieur de Cante-Croix ?

— La ressemblance est idéale, répondit en souriant madame de Pimentel.

— La gloire a des séductions que l'on peut avouer, dit
madame de Bargeton à la marquise. Il est des femmes qui
s'éprennent de la grandeur comme d'autres de la petitesse,
ajouta-t-elle en regardant Francis.

Zéphirine ne comprit pas, car elle trouvait son consu
très-grand ; mais la marquise se rangea du côté de Naïs en
se mettant à rire.

— Vous êtes bien heureux, monsieur, dit à Lucien monsieur de Pimentel qui se reprit pour le nommer monsieur
de Rubempré après l'avoir appelé Chardon, vous ne devez
jamais vous ennuyer ?

— Travaillez-vous promptement ? lui demanda Lolotte de

l'air dont elle eût dit à un menuisier : Êtes-vous longtemps à faire une boite ?

Lucien resta tout abasourdi sous ce coup d'assommoir ; mais il releva la tête en entendant madame de Bargeton répondre en souriant : — Ma chère, la poésie ne pousse pas dans la tête de monsieur de Rubempré comme l'herbe dans nos cours.

— Madame, dit l'évêque à Lolotte, nous ne saurions avoir trop de respect pour les nobles esprits en qui Dieu met un de ses rayons. Oui, la poésie est chose sainte. Qui dit poésie, dit souffrance. Combien de nuits silencieuses n'ont pas values les strophes que vous admirez ! Saluez avec amour le poëte qui mène presque toujours une vie malheureuse, et à qui Dieu réserve sans doute une place dans le ciel parmi ses prophètes. Ce jeune homme est un poëte, ajouta-t-il en posant la main sur la tête de Lucien, ne voyez-vous pas quelque fatalité imprimée sur ce beau front ?

Heureux d'être si noblement défendu ; Lucien salua l'évêque par un regard suave, sans savoir que le digne prélat allait être son bourreau. Madame de Bargeton lança sur le cercle ennemi des regards pleins de triomphe qui s'enfoncèrent, comme autant de dards, dans le cœur de ses rivales, dont la rage redoubla.

— Ah ! monseigneur, répondit le poëte en espérant frapper ces têtes imbéciles de son sceptre d'or, le vulgaire n'a ni votre esprit, ni votre charité. Nos douleurs sont ignorées, personne ne sait nos travaux. Le mineur a moins de peine à extraire l'or de la mine, que nous n'en avons à arracher nos images aux entrailles de la plus ingrate des langues. Si le but de la poésie est de mettre les idées au point précis où tout le monde peut les voir et les sentir, le poëte doit incessamment parcourir l'échelle des intelligences humaines afin de les satisfaire toutes ; il doit cacher sous les plus vives couleurs la logique et le sentiment, deux puissances ennemies ; il lui faut enfermer tout un monde de pensées dans un mot, résumer des philosophies entières par une peinture ; enfin ses vers sont des graines dont les fleurs doivent éclore dans les cœurs, en y cherchant les sillons creusés par les sentiments personnels. Ne faut-il pas avoir tout senti pour tout rendre ? Et sentir vivement, n'est-ce pas souffrir ? Aussi les poésies ne s'enfantent-elles qu'après de pénibles voyages entrepris dans les vastes régions de la pensée et de la société. N'est-ce pas des travaux immortels que ceux auxquels nous devons des créatures dont la vie devient plus authentique que celle des êtres qui ont véritablement vécu, comme la *Clarisse* de Richardson, la *Camille* de Chénier, la *Délie* de Tibulle, l'*Angélique* de l'Arioste, la *Francesca* du Dante, l'*Alceste* de Molière, le *Figaro* de Beaumarchais, la *Rebecca* de Walter Scott, le *Don Quichotte* de Cervantès !

— Et que nous créerez-vous ? demanda du Châtelet.

— Annoncer de telles conceptions, répondit Lucien, n'est-ce pas se donner un brevet d'homme de génie ? D'ailleurs ces enfantements sublimes veulent une longue expérience du monde, une étude des passions et des intérêts humains que je ne saurais avoir faite ; mais je commence, dit-il avec amertume en jetant un regard vengeur sur ce cercle. Le cerveau porte longtemps...

— Votre accouchement sera laborieux, dit monsieur du Hautoy en l'interrompant.

— Votre excellente mère pourra vous aider, dit l'évêque.

Ce mot si habilement préparé, cette vengeance attendue alluma dans tous les yeux un éclair de joie. Sur toutes les bouches il courut un sourire de satisfaction aristocratique, augmentée par l'imbécilité de monsieur de Bargeton qui se mit à rire après coup.

— Monseigneur, vous êtes un peu trop spirituel pour nous en ce moment, ces dames ne vous comprennent pas, dit madame de Bargeton qui par ce seul mot paralysa les rires et attira sur elle les regards étonnés. Un poëte qui prend toutes ses inspirations dans la Bible a dans l'Église une véritable mère. Monsieur de Rubempré, dites-nous *Saint Jean dans Pathmos*, ou *le festin de Balthazar*, pour montrer à monseigneur que Rome est toujours la *Magna parens* de Virgile.

Les femmes échangèrent un sourire en entendant Naïs disant les deux mots latins.

Au début de la vie, les plus fiers courages ne sont pas exempts d'abattement. Ce coup avait envoyé tout d'abord Lucien au fond de l'eau ; mais il frappa du pied et revint à la surface, en se jurant de dominer ce monde. Comme le taureau piqué de mille flèches, il se releva furieux, et allait obéir à la voix de Louise en déclamant *Saint Jean dans Pathmos*; mais la plupart des tables de jeu avaient attiré leurs joueurs qui retombaient dans l'ornière de leurs habitudes en y trouvant un plaisir que la poésie ne leurs avait pas donné. Puis la vengeance de tant d'amours-propres irrités n'eût pas été complète sans le dédain négatif que l'on témoigna pour la poésie indigène, en désertant Lucien et madame de Bargeton. Chacun parut préoccupé : celui-ci alla causer d'un chemin cantonal avec le préfet, celle-là parla de varier les plaisirs de la soirée en faisant un peu de musique. La haute société d'Angoulême, se sentant mauvais juge en fait de poésie, était surtout curieuse de connaître l'opinion des Rastignac, des Pimentel sur Lucien, et plusieurs personnes allèrent autour d'eux. La haute influence que ces deux familles exerçaient dans le département était toujours reconnue dans les grandes circonstances; chacun les jalousait et les courtisait, car tout le monde prévoyait avoir besoin de leur protection.

— Comment trouvez-vous notre poëte et sa poésie? dit Jacques à la marquise chez laquelle il chassait.

— Mais pour des vers de province, dit-elle en souriant, ils ne sont pas mal; d'ailleurs un si beau poëte ne peut rien faire mal.

Chacun trouva l'arrêt adorable, il l'alla répéter en y mettant plus de méchanceté que la marquise n'y en voulait mettre. Du Châtelet fut alors requis d'accompagner monsieur de Bartas, qui massacra le grand air de Figaro. Une fois la porte ouverte à la musique, il fallut écouter la romance chevaleresque faite sous l'Empire par Chateaubriand, chantée par Châtelet. Puis vinrent les morceaux à quatre mains exécutés par des petites filles, et réclamés par madame du Brossard qui voulait faire briller le talent de sa chère Camille aux yeux de monsieur de Séverac.

Madame de Bargeton, blessée du mépris que chacun marquait à son poëte, rendit dédain pour dédain en s'en allant dans son boudoir pendant le temps que l'on fit de la musique. Elle fut suivie de l'évêque à qui son grand vicaire avait expliqué la profonde ironie de son involontaire épigramme, et qui voulait la racheter. Mademoiselle de Rastignac, que la poésie avait séduite, se coula dans le boudoir à l'insu de sa mère. En s'asseyant sur son canapé à matelas piqué où elle entraîna Lucien, Louise put, sans être entendue ni vue, lui dire à l'oreille : — Cher ange, ils ne t'ont pas compris ! mais...

Tes vers sont doux, j'aime à les répéter.

Lucien, consolé par cette flatterie, oublia pour un moment ses douleurs.

— Il n'y a pas de gloire à bon marché, lui dit madame de Bargeton en lui prenant la main et en la lui serrant. Souffrez, souffrez, mon ami, vous serez grand, vos douleurs seront le prix de votre immortalité. Je voudrais bien avoir à supporter les travaux d'une lutte. Dieu vous garde d'une vie atone et sans combats, où les ailes de l'aigle ne trouvent pas assez d'espace. J'envie vos souffrances, car vous vivez au moins, vous ! Vous déploierez vos forces, vous espérerez une victoire ! Votre lutte sera glorieuse. Quand vous serez arrivé dans la sphère impériale où trônent les grandes intelligences, souvenez-vous des pauvres gens déshérités par le sort, dont l'intelligence s'annihile sous l'oppression d'un azote moral et qui périssent après avoir constamment su ce qu'était la vie sans pouvoir vivre, qui ont eu des yeux perçants et n'ont rien vu, de qui l'odorat était délicat et qui n'ont senti que des fleurs empestées. Chantez alors la plante qui se dessèche au fond d'une forêt, étouffée par des lianes, par des végétations gourmandes, touffues, sans avoir été aimée par le soleil, et qui meurt sans avoir fleuri ! Ne serait-ce pas un poëme d'horrible mélancolie, un sujet tout fantastique ? Quelle composition sublime que la peinture d'une jeune fille née sous les cieux de l'Asie, ou de quelque fille du désert transportée dans quelque froid pays d'Occident, appelant son soleil bien-aimé, mourant de douleurs incomprises, également accablée de froid et d'amour ! Ce serait le type de beaucoup d'existences.

— Vous peindriez ainsi l'âme qui se souvient du ciel, dit l'évêque, un poëme qui doit avoir été fait jadis, je me suis plu à en voir un fragment dans le Cantique des cantiques.

— Entreprenez cela, dit Laure de Rastignac en exprimant une naïve croyance au génie de Lucien.

— Il manque à la France un grand poëme sacré, dit l'évêque. Croyez-moi, la gloire et la fortune appartiendront à l'homme de talent qui travaillera pour la religion.

— Il l'entreprendra, monseigneur, dit madame de Bargeton avec emphase. Ne voyez-vous pas l'idée du poëme poindant déjà comme une flamme de l'aurore dans ses yeux ?

— Naïs nous traite bien mal, disait Fifine. Que fait-elle donc ?

— Ne l'entendez-vous pas ? répondit Stanislas. Elle est à cheval sur ses grands mots qui n'ont ni queue ni tête.

Amélie, Fifine, Adrien et Francis apparurent à la porte
du boudoir, en accompagnant madame de Rastignac qui
venait chercher sa fille pour partir.

— Naïs, dirent les deux femmes enchantées de troubler
l'aparté du boudoir, vous seriez bien aimable de nous jouer
quelque morceau.

— Ma chère enfant, répondit madame de Bargeton,
monsieur de Rubempré va nous dire son *Saint Jean dans
Pathmos*, un magnifique poëme biblique.

— Biblique ! répéta Fifine étonnée.

Amélie et Fifine rentrèrent dans le salon en y apportant
ce mot comme une pâture à moquerie. Lucien s'excusa de
dire le poëme en objectant son défaut de mémoire. Quand
il reparut, il n'excita plus le moindre intérêt. Chacun causait ou jouait. Le poëte avait été dépouillé de tous ses
rayons, les propriétaires ne voyaient en lui rien de bien
utile, les gens à prétentions le craignaient comme un pouvoir hostile à leur ignorance ; les femmes jalouses de madame de Bargeton, la Béatrix de ce nouveau Dante, selon
le vicaire général, lui jetaient des regards froidement dédaigneux.

— Voilà donc le monde ! se dit Lucien en descendant à
l'Houmeau par les rampes de Beaulieu, car il est des instants
dans la vie où l'on aime à prendre le plus long, afin d'entretenir par la marche le mouvement d'idées où l'on se
trouve, et au courant desquelles on veut se livrer. Loin de
le décourager, la rage de l'ambitieux repoussé donnait à
Lucien de nouvelles forces. Comme tous les gens emme-
nés par leur instinct dans une sphère élevée où ils arrivent
avant de pouvoir s'y soutenir, il se promettait de tout sacrifier pour demeurer dans la haute société. Chemin faisant, il ôtait un à un les traits envenimés qu'il avait reçus,
il se parlait tout haut à lui-même, il gourmandait les niais
auxquels il avait eu affaire ; il trouvait des réponses fines
aux sottes demandes qu'on lui avait faites, et se désespé-

rait d'avoir ainsi de l'esprit après coup. En arrivant sur la
route de Bordeaux qui serpente au bas de la montagne et
côtoie les rives de la Charente, il crut voir, au clair de la
lune, Ève et David assis sur une solive au bord de la rivière, près d'une fabrique, et descendit vers eux par un
sentier.

Pendant que Lucien courait à sa torture chez madame
de Bargeton, sa sœur avait pris une robe de percaline rose
à milles raies, son chapeau de paille cousue, un petit châle
de soie; mise simple qui faisait croire qu'elle était parée
comme il arrive à toutes les personnes chez lesquelles une
grandeur naturelle rehausse les moindres accessoires. Aussi,
quand elle quittait son costume d'ouvrière, intimidait-
elle prodigieusement David. Quoique l'imprimeur se fût
résolu à parler de lui-même, il ne trouva plus rien à dire
quand il donna le bras à la belle Ève pour traverser l'Houmeau. L'amour se plaît dans ces respectueuses terreurs,
semblables à celles que la gloire de Dieu cause aux fidèles.
Les deux amants marchèrent silencieusement vers le pont
Sainte-Anne afin de gagner la rive gauche de la Charente.
Ève, qui trouva ce silence gênant, s'arrêta vers le milieu
du pont pour contempler la rivière qui, de là jusqu'à l'endroit où se construisait la poudrerie, forme une longue
nappe où le soleil couchant jetait alors une joyeuse traînée de lumière.

— La belle soirée ! dit-elle en cherchant un sujet de
conversation, l'air est à la fois tiède et frais, les fleurs em-
baument, le ciel est magnifique.

— Tout parle au cœur, répondit David en essayant d'arriver à son amour par analogie. Il y a pour les gens aimants
un plaisir infini à trouver dans les accidents d'un paysage,
dans la transparence de l'air, dans les parfums de la terre,
la poésie qu'ils ont dans l'âme. La nature parle pour
eux.

— Et elle leur délie aussi la langue, dit Ève en riant.

Vous étiez bien silencieux en traversant l'Houmeau. Savez-vous que j'étais embarrassée...

— Je vous trouvais si belle que j'étais saisi, répondit naïvement David.

— Je suis donc moins belle en ce moment? lui demanda-t-elle.

— Non; mais je suis si heureux de me promener seul avec vous, que...

Il s'arrêta tout interdit et regarda les collines par où descend la route de Saintes.

— Si vous trouvez quelque plaisir à cette promenade, j'en suis ravie, car je me crois obligée à vous donner une soirée en échange de celle que vous m'avez sacrifiée. En refusant d'aller chez madame de Bargeton, vous avez été tout aussi généreux que l'était Lucien en risquant de la fâcher par sa demande.

— Non pas généreux, mais sage, répondit David. Puisque nous sommes seuls sous le ciel, sans autres témoins que les roseaux et les buissons qui bordent la Charente, permettez-moi, chère Ève, de vous exprimer quelques-unes des inquiétudes que me cause la marche continuelle de Lucien. Après ce que je viens de lui dire, mes craintes vous paraîtront, je l'espère, un raffinement d'amitié. Vous et votre mère, vous avez tout fait pour le mettre au-dessus de sa position; mais en excitant son ambition, ne l'avez-vous pas imprudemment voué à de grandes souffrances? Comment se soutiendra-t-il dans le monde où le portent ses goûts? Je le connais! il est de nature à aimer les récoltes sans le travail. Les devoirs de société lui dévoreront son temps, et le temps est le principal capital des gens qui n'ont que leur intelligence pour fortune; il aime à briller, le monde irritera ses désirs qu'aucune somme ne pourra satisfaire, il dépensera de l'argent et n'en gagnera pas, enfin, vous l'avez habitué à se croire grand; mais avant de reconnaître une supériorité quelconque, le

monde demande d'éclatants succès. Or les succès littéraires ne se conquièrent que dans la solitude et par d'ob-
stinés travaux. Que donnera madame de Bargeton à votre
frère en retour de tant de journées passées à ses pieds ?
Lucien est trop ner pour accepter des secours, et nous le
savons encore trop pauvre pour continuer à voir sa société,
qui est doublement ruineuse. Tôt ou tard cette femme
abandonnera notre cher frère après lui avoir fait perdre le
goût du travail, après avoir développé chez lui le goût du
luxe, le mépris de notre vie sobre, l'amour des jouissances,
son penchant à l'oisiveté, cette débauche des âmes poétiques. Oui, je tremble que cette grande dame ne s'amuse
de Lucien comme d'un jouet : ou elle l'aime sincèrement
et lui fera tout oublier, ou elle ne l'aime pas et le rendra
malheureux, car il en est fou.

— Vous me glacez le cœur, dit Ève en s'arrêtant au barrage de la Charente. Mais, tant que ma mère aura la force
de faire son pénible métier et tant que je vivrai, les produits de notre travail suffiront peut-être aux dépenses de
Lucien, et lui permettront d'attendre le moment où sa fortune commencera. Je ne manquerai jamais de courage, car
l'idée de travailler pour une personne aimée, dit Ève en
s'animant, ôte au travail toute son amertume et ses ennuis.
Je suis heureuse en songeant pour qui je me donne tant de
peine, si toutefois c'est de la peine. Oui, ne craignez rien,
nous gagnerons assez d'argent pour que Lucien puisse aller dans le beau monde. Là est sa fortune.

— Là est aussi sa perte, reprit David. Écoutez-moi,
chère Ève. La lente exécution des œuvres du génie exige
une fortune considérable toute venue, ou le sublime cynisme
d'une vie pauvre. Croyez-moi ! Lucien a une si grande
horreur des privations de la misère, il a si complaisamment savouré l'arome des festins, la fumée des succès, son
amour-propre a si bien grandi dans le boudoir de madame
de Bargeton, qu'il tentera tout plutôt que de déchoir; et

les produits de votre travail ne seront jamais en rapport avec ses besoins.

— Vous n'êtes donc qu'un faux ami ! s'écria Ève désespérée. Autrement vous ne nous décourageriez pas ainsi.

— Ève ! Ève ! répondit David, je voudrais être le frère de Lucien. Vous seul pouvez me donner ce titre, qui lui permettrait de tout accepter de moi, qui me donnerait le droit de me dévouer à lui avec le saint amour que vous mettez à vos sacrifices, mais en y portant le discernement du calculateur. Ève, chère enfant aimée, faites que Lucien ait un trésor où il puisse puiser sans honte. La bourse d'un frère ne sera-t-elle pas comme la sienne ? Si vous saviez toutes les réflexions que m'a suggérées la position nouvelle de Lucien ! S'il veut aller chez madame de Bargeton, le pauvre garçon ne doit plus être mon prote, il ne doit plus loger à l'Houmeau, vous ne devez plus rester ouvrière, votre mère ne doit plus faire son métier. Si vous consentiez à devenir ma femme, tout s'aplanirait : Lucien pourrait demeurer au second chez moi, pendant que je lui bâtirais un appartement au-dessus de l'appentis au fond de la cour, à moins que mon père ne veuille élever un second étage. Nous lui arrangerions ainsi une vie sans soucis, une vie indépendante. Mon désir de soutenir Lucien me donnera pour faire fortune un courage que je n'aurais pas s'il ne s'agissait que de moi ; mais il dépend de vous d'autoriser mon dévouement. Peut-être un jour ira-t-il à Paris, le seul théâtre où il puisse se produire, et où ses talents seront appréciés et rétribués. La vie de Paris est chère, et nous ne serons pas trop de trois pour l'y entretenir. D'ailleurs, à vous comme à votre mère, ne faudra-t-il pas un appui ? Chère Ève, épousez-moi par amour pour Lucien. Plus tard vous m'aimerez peut-être en voyant les efforts que je ferai pour le servir et pour vous rendre heureuse. Nous sommes tous deux également modestes dans nos goûts, il nous faudra peu de chose ; le bonheur de Lucien sera notre grande affaire, et son cœur sera le trésor où nous mettrons fortune, sentiments, sensations, tout!

— Les convenances nous séparent, dit Ève émue en voyant combien ce grand amour se faisait petit. Vous êtes riche et je suis pauvre. Il faut aimer beaucoup pour passer par-dessus une semblable difficulté.

— Vous ne m'aimez donc pas assez encore? s'écria David atterré.

— Mais votre père s'opposerait peut-être...

— Bien, bien, répondit David, s'il n'y a que mon père à consulter, vous serez ma femme. Ève, ma chère Ève! vous venez de me rendre la vie bien facile à porter en ce moment. J'avais, hélas! le cœur bien lourd de sentiments que je ne pouvais ni ne savais exprimer. Dites-moi seulement que vous m'aimez un peu, je prendrai le courage nécessaire pour vous parler de tout le reste.

— En vérité, dit-elle, vous me rendez toute honteuse; mais, puisque nous nous confions nos sentiments, je vous dirai que je n'ai jamais de ma vie pensé à un autre qu'à vous. J'ai vu en vous un de ces hommes auxquels une femme peut se trouver fière d'appartenir, et je n'osais espérer pour moi, pauvre ouvrière sans avenir, une si grande destinée.

— Assez, assez, dit-il en s'asseyant sur la traverse du barrage auprès duquel ils étaient revenus, car ils allaient et venaient comme des fous en parcourant le même espace.

— Qu'avez-vous? lui dit-elle en exprimant pour la première fois cette inquiétude si gracieuse que les femmes éprouvent pour un être qui leur appartient.

— Rien que de bon, dit-il. En apercevant toute une vie heureuse, l'esprit est comme ébloui, l'âme est accablée. Pourquoi suis-je le plus heureux? dit-il avec une expression de mélancolie. Mais je le sais.

Ève regarda David d'un air coquet et douteux qui voulait une explication.

— Chère Ève, je reçois plus que je ne donne. Aussi vous aimerai-je toujours mieux que vous ne m'aimerez, parce que j'ai plus de raisons de vous aimer : vous êtes un ange et je suis un homme.

— Je ne suis pas si savante, répondit Ève en souriant. Je vous aime bien...

— Autant que vous aimez Lucien ? dit-il en l'interrompant.

— Assez pour être votre femme, pour me consacrer à vous et tâcher de ne vous donner aucune peine dans la vie, d'abord un peu pénible, que nous mènerons.

— Vous êtes-vous aperçue, chère Ève, que je vous ai aimée depuis le premier jour où je vous ai vue ?

— Quelle est la femme qui ne se sent pas aimée ? demanda-t-elle.

— Laissez-moi dissiper les scrupules que vous cause ma prétendue fortune. Je suis pauvre, ma chère Ève. Oui, mon père a pris plaisir à me ruiner, il a spéculé sur mon travail, il a fait comme beaucoup de prétendus bienfaiteurs avec leurs obligés. Si je deviens riche, ce sera par vous. Ceci n'est pas une parole de l'amant, mais une réflexion du penseur. Je dois vous faire connaître mes défauts, et ils sont énormes chez un homme obligé de faire sa fortune. Mon caractère, mes habitudes, les occupations qui me plaisent me rendent impropre à tout ce qui est commerce et spéculation, et cependant nous ne pouvons devenir riches que par l'exercice de quelque industrie. Si je suis capable de découvrir une mine d'or, je suis singulièrement inhabile à l'exploiter. Mais vous, qui, par amour pour votre frère, êtes descendue aux plus petits détails, qui avez le génie de l'économie, la patiente attention du vrai commerçant, vous récolterez la moisson que j'aurai semée. Notre situation, car depuis longtemps je me suis mis au sein de votre famille, m'oppresse si fort le cœur que j'ai consumé mes jours et mes nuits à chercher une occasion de fortune,

Mes connaissances en chimie et l'observation des besoins du commerce m'ont mis sur la voie d'une découverte lucrative. Je ne puis vous en rien dire encore, je prévois trop de lenteurs. Nous souffrirons pendant quelques années peut-être . mais je finirai par trouver les procédés industriels à la piste desquels je ne suis pas seul et qui, si j'arrive le premier, nous procureront une grande fortune. Je n'ai rien dit à Lucien, car son caractère ardent gâterait tout, il convertirait mes espérances en réalités, il vivrait en grand seigneur et s'endetterait peut-être. Ainsi gardez-moi le secret. Votre douce et chère compagnie pourra seule me consoler pendant ces longues épreuves, comme le désir de vous enrichir vous et Lucien me donnera de la constance et de la ténacité...

— J'avais deviné aussi, lui dit Ève en l'interrompant, que vous étiez un de ces inventeurs auxquels il faut, comme à mon pauvre père, une femme qui prenne soin d'eux.

— Vous m'aimez donc ! Ah ! dites-le-moi sans crainte, à moi qui ai vu dans votre nom un symbole de mon amour. Ève était la seule femme qu'il y eût dans le monde, et ce qui était matériellement vrai pour Adam l'est moralement pour moi. Mon Dieu ! m'aimez-vous ?

— Oui, dit-elle en allongeant cette simple syllabe par la manière dont elle la prononça comme pour peindre l'étendue de ses sentiments.

— Eh bien, asseyons-nous là, dit-il en conduisant Ève par la main vers une longue poutre qui se trouvait au bas des roues d'une papeterie. Laissez-moi respirer l'air du soir, entendre les cris des rainettes, admirer les rayons de la lune qui tremblent sur les eaux; laissez-moi m'emparer de cette nature où je crois voir mon bonheur écrit en toute chose, et qui m'apparaît pour la première fois dans sa splendeur, éclairé par l'amour, embelli par vous. Ève, chère aimée ! voici le premier moment de joie sans mélange qne le sort m'ait donné ! Je doute que Lucien soit aussi heureux que je le suis.

En sentant la main d'Ève humide et tremblante dans la sienne, David y laissa tomber une larme.

— Ne puis-je savoir le secret ?... demanda Ève d'une voix câline.

— Vous y avez des droits, car votre père s'est occupé de cette question qui va devenir grave ; voici pourquoi : la chute de l'Empire va rendre l'usage du linge de coton presque général, à cause du bon marché de cette matière relativement au linge de fil. En ce moment le papier se fait encore avec du chiffon de chanvre et de lin, mais cet ingrédient est cher, et sa cherté retarde le grand mouvement que la presse française acquerra nécessairement. Or on ne force pas la production du chiffon. Le chiffon est le résultat de l'usage du linge, et la population d'un pays n'en donne qu'une quantité déterminée. Cette quantité ne peut s'accroître que par une augmentation dans le chiffre des naissances. Pour opérer un changement sensible dans sa population, un pays veut un quart de siècle et de grandes révolutions dans les mœurs, dans le commerce ou dans l'agriculture. Si donc, les besoins de la papeterie deviennent supérieurs à ce que la France produit de chiffon, soit du double, soit du triple, il faudra, pour maintenir le papier à bas prix, introduire dans la fabrication du papier un élément autre que le chiffon. Ce raisonnement repose sur un fait qui se passe ici ; les papeteries d'Angoulême, les dernières où se fabriqueront des papiers avec du chiffon de fil, voient le coton envahissant la pâte dans une progression effrayante.

A une question de la jeune ouvrière, qui ne savait pas ce que voulait dire ce nom de Pot, David lui donna sur la papeterie des renseignements qui ne seront point déplacés dans une œuvre dont l'existence matérielle est due autant au papier qu'à la presse ; mais cette longue parenthèse en-

tre un amant et sa maîtresse gagnera sans doute à être
d'abord résumée.

Le papier, produit non moins merveilleux que l'impression à laquelle il sert de base, existait depuis longtemps en
Chine quand, par les filières souterraines du commerce, il
parvint dans l'Asie Mineure, où, vers l'an 750, selon quelques traditions, on faisait usage d'un papier de coton broyé
et réduit en bouillie. La nécessité de remplacer le par-
chemin, dont le prix était excessif, fit trouver, par une
imitation du *papier bombycien* (tel fut le nom du papier de
coton en Orient), le papier de chiffon, les uns disent à
Bâle, en 4170, par des Grecs réfugiés; les autres disent à
Padoue, en 4304, par un Italien nommé Pax. Ainsi le papier se perfectionna lentement et obscurément; mais il est
certain que déjà sous Charles VI on fabriquait à Paris la
pâte des cartes à jouer. Lorsque les immortels Faust,
Coster et Guttenberg eurent inventé LE LIVRE, des artians,
inconnus comme tant de grands artistes de cette époque,
approprièrent la papeterie aux besoins de la typographie.
Dans ce quinzième siècle, si vigoureux et si naïf, les noms
des différents formats de papier, de même que les noms
donnés aux caractères, portèrent l'empreinte de la naïveté
du temps. Ainsi le Raisin, le Jésus, le Colombier, le papier
Pot, l'Écu, la Coquille, la Couronne, furent ainsi nommés
de la grappe, de l'image de Notre-Seigneur, de la couronne, de l'écu, du pot, enfin du filigrane marqué au milieu de la feuille, comme plus tard, sous Napoléon, on y
mit un aigle : d'où le papier dit grand aigle. De même,
on appela les caractères Cicéro, Saint-Augustin, Gros-Canon,
des livres de lithurgie, des œuvres théologiques et des traités de Cicéron auxquels ces caractères furent d'abord employés. L'*italique* fut inventé par les Alde, à Venise : de là
son nom. Avant l'invention du papier mécanique, dont la
longueur est sans limites, les plus grands formats étaient
le Grand-Jésus et le Grand-Colombier; encore ce dernier ne

rvait-il guère que pour les atlas ou pour les gravures. En
fet, les dimensions du papier d'impression étaient sou-
ises à celles des marbres de la presse. Au moment où
avid parlait, l'existence du papier continu paraissait une
imère en France, quoique déjà Denis Robert d'Essonne
it, en 1799, inventé pour le fabriquer une machine que
puis Didot-Saint-Léger essaya de perfectionner. Le papier
lin, inventé par Ambroise Didot, ne date que de 1780.
e rapide aperçu démontre invinciblement que toutes les
andes acquisitions de l'industrie et de l'intelligence se
nt faites avec une excessive lenteur et par des agrégations
aperçues, absolument comme procède la nature. Pour
river à leur perfection, l'écriture, le langage peut-être !...
t eu les mêmes tâtonnements que la typographie et la
peterie.

— Des chiffonniers ramassent dans l'Europe entière les
iffons, les vieux linges, et achètent les débris de toute
pèce de tissus, dit l'imprimeur en terminant. Ces débris,
iés par sortes, s'emmagasinent chez les marchands de
iffons en gros, qui fournissent les papeteries. Pour vous
nner une idée de ce commerce, sachez mademoiselle,
'en 1814, le banquier Cardon, propriétaire des cuves de
ges et de Langlée, où Léorier de l'Isle essaya dès 1776
solution du problème dont s'occupa votre père, avait un
ocès avec un sieur Proust à propos d'une erreur de deux
illions pesant de chiffons dans un compte de dix millions
livres, environ quatre millions de francs. Le fabricant
ve ses chiffons et les réduit en une bouillie claire qui se
sse, absolument comme une cuisinière passe une sauce à
n tamis, sur un châssis en fer appelé *forme*. et dont l'in-
rieur est rempli par une etoffe métallique au milieu de
quelle se trouve le filigrane qui donne son nom au pa-
er. De la grandeur de la *forme* dépend alors la grandeur
papier. Dans le temps où j'étais chez messieurs Didot,
s'occupait déjà de cette question et l'on s'en occupe

encore ; car le perfectionnement cherché par votre **père**
est devenu l'une des nécessités les plus impérieuses de ce
temps-ci. Voici pourquoi. Quoique la durée du fil, comparée à celle du coton, rende, en définitive, le fil moins
cher que le coton, comme il s'agit toujours pour les pauvres de sortir une somme quelconque de leur poche, ils
préfèrent donner moins que plus, et subissent, en vertu du
væ victis ! des pertes énormes. La classe bourgeoise agit
comme le pauvre. Ainsi le linge de fil manque. En Angleterre, où le coton a remplacé le fil chez les quatre cin-
quièmes de la population, on ne fabrique déjà plus que du
papier de coton. Ce papier, qui d'abord a l'inconvénient de
se couper et de se casser, se dissout dans l'eau si facilement
qu'un livre en papier de coton s'y mettrait en bouillie en y
restant un quart d'heure, tandis qu'un vieux livre ne serait
pas perdu en y restant deux heures. On ferait sécher le
vieux livre ; et, quoique jauni, passé, le texte en serait
encore lisible, l'œuvre ne serait pas détruite. Nous arrivons
à un temps où, les fortunes diminuant par leur égalisa-
tion, tout s'appauvrira : nous voudrons du linge et des livres
à bon marché, comme on commence à vouloir de petits
tableaux, faute d'espace pour en placer de grands. Les
chemises et les livres ne dureront pas, voilà tout. La solidité des produits s'en va de toutes parts. Aussi le problème
à résoudre est-il de la plus haute importance pour la littérature, pour les sciences et pour la politique. Il y eut donc
un jour dans mon cabinet une vive discussion sur les ingrédients dont on se sert en Chine pour fabriquer le papier. Là, grâce aux matières premières, la papeterie a, dès
son origine, atteint une perfection qui manque à la nôtre.
On s'occupait alors beaucoup du papier de Chine, que sa
légèreté, sa finesse rendent bien supérieur au nôtre, car
ces précieuses qualités ne l'empêchent pas d'être consis-
tant ; et, quelque mince qu'il soit, il n'offre aucune transparence. Un correcteur très-instruit (à Paris il se rencontre

des savants parmi les correcteurs : Fourier et Pierre
Leroux sont en ce moment correcteurs chez Lachevar-
dière !...), donc le comte de Saint-Simon, correcteur pour
le moment, vint nous voir au milieu de la discussion. Il
nous dit alors que, selon Kempfer et du Halde, le *broussonatia* fournissait aux Chinois la matière de leur papier
tout végétal, comme le nôtre d'ailleurs. Un autre correcteur soutint que le papier de Chine se fabriquait principalement avec une matière animale, avec la soie, si abondante en Chine. Un pari se fit devant moi. Comme messieurs
Didot sont les imprimeurs de l'Institut, naturellement le
débat fut soumis à des membres de cette assemblée de
savants. Monsieur Marcel, ancien directeur de l'imprimerie
impériale, désigné comme arbitre, renvoya les deux correcteurs par-devant monsieur l'abbé Grozier, bibliothécaire
à l'Arsenal. Au jugement de l'abbé Grozier, les correcteurs
perdirent tous deux leur pari. Le papier de Chine ne se
fabrique ni avec de la soie ni avec le *broussonatia* ; sa pâte
provient des fibres du bambou triturées. L'abbé Grozier
possédait un livre chinois, ouvrage à la fois iconographique
et technologique, où se trouvaient de nombreuses figures
représentant la fabrication du papier dans toutes ses
phases, et il nous montra les tiges de bambou peintes en
tas dans le coin d'un atelier à papier supérieurement dessiné. Quand Lucien m'a dit que votre père, par une sorte
d'intuition particulière aux hommes de talent, avait entrevu
le moyen de remplacer les débris du linge par une matière
végétale extrêmement commune, immédiatement prise à
la production territoriale, comme font les Chinois en se
servant de tiges fibreuses, j'ai classé tous les essais tentés
par mes prédécesseurs, et je me suis mis enfin à étudier la
question. Le bambou est un roseau : j'ai naturellement
pensé aux roseaux de notre pays. La main-d'œuvre n'est
rien en Chine ; une journée y vaut trois sous : aussi les
Chinois peuvent-ils, au sortir de la forme, appliquer leur

papier feuille à feuille entre des tables de porcelaine blan-che chauffées, au moyen desquelles ils le pressent et lui donnent ce lustre, cette consistance, cette légèreté, cette douceur de satin, qui en font le premier papier du monde. Eh bien, il faut remplacer mécaniquement les procédés du Chinois. On arrive par des machines à résoudre le pro-blème du bon marché que procure à la Chine le bas prix de sa main-d'œuvre. Si nous parvenions à fabriquer à bas prix du papier d'une qualité semblable à celui de la Chine, nous diminuerions de plus de moitié le poids et l'épaisseur des livres. Un Voltaire relié, qui, dans nos papiers vélins, pèse deux cent cinquante livres, n'en pèserait pas cinquante sur papier de Chine. Et voilà certes une conquête. L'em-placement nécessaire aux bibliothèques sera une question de plus en plus difficile à résoudre à une époque où le ra-petissement général des choses et des hommes atteint tout, jusqu'à leurs habitations. A Paris, les grands hôtels, les grands appartements seront tôt ou tard démolis; il n'y aura bientôt plus de fortunes en harmonie avec les construc-tions de nos pères. Quelle honte pour notre époque de fabriquer des livres sans durée! Encore dix ans, et le pa-pier de Hollande, c'est-à-dire le papier fait en chiffon de fil, sera complétement impossible.

Or, votre frère m'a communiqué l'idée qu'avait eue votre père d'employer certaines plantes fibreuses à la fabrication du papier, vous voyez que si je réussis, vous aurez droit à...

En ce moment Lucien, abordant sa sœur, interrompit la généreuse proposition de David.

— Je ne sais pas, dit-il, si vous avez trouvé cette soirée belle, mais elle a été cruelle pour moi.

— Mon pauvre Lucien, que t'est-il donc arrivé? dit Ève en remarquant l'animation du visage de son frère.

Le poëte irrité raconta ses angoisses, en versant dans ces cœurs amis les flots de pensées qui l'assaillaient. Ève et

David écoutèrent Lucien en silence, affligés de voir passer ce torrent de douleurs qui révélait autant de grandeur que de petitesse.

— Monsieur de Bargeton, dit Lucien en terminant, est un vieillard qui sera sans doute bientôt emporté par quelque indigestion ; eh bien, je dominerai ce monde orgueilleux, j'épouserai madame de Bargeton ! J'ai vu dans ses yeux, ce soir, un amour égal au mien. Oui, mes blessures, elle les a ressenties ; mes souffrances, elle les a calmées ; elle est aussi grande et noble qu'elle est belle et gracieuse ! Non, elle ne me trahira jamais !

— N'est-il pas temps de lui faire une existence tranquille dit à voix basse David à Ève.

Ève pressa silencieusement le bras de David, qui, comprenant ses pensées, s'empressa de raconter à Lucien les projets qu'il avait médités. Les deux amants étaient aussi pleins d'eux-mêmes que Lucien était plein de lui ; en sorte qu'Ève et David, empressés de faire approuver leur bonheur, n'aperçurent point le mouvement de surprise que laissa échapper l'amant de madame de Bargeton en apprenant le mariage de sa sœur et de David. Lucien, qui rêvait de faire faire à sa sœur une belle alliance quand il aurait saisi quelque haute position, afin d'étayer son ambition de l'intérêt que lui porterait une puissante famille, fut désolé de voir dans cette union un obstacle de plus à ses succès dans le monde.

— Si madame de Bargeton consent à devenir madame de Rubempré, jamais elle ne voudra se trouver être la belle-sœur de David Séchard ! Cette phrase est la formule nette et précise des idées qui tenaillèrent le cœur de Lucien. — Louise a raison ! les gens d'avenir ne sont jamais compris par leurs familles, pensa-t-il avec amertume.

Si cette union lui eût été présentée en un moment où il n'eût pas fantastiquement tué monsieur de Bargeton, il aurait sans doute fait éclater la joie la plus vive. En réflé-

chissant à sa situation actuelle, en interrogeant la destinée
d'une fille belle et sans fortune, d'Ève Chardon, il eût regardé ce mariage comme un bonheur inespéré. Mais il
habitait un de ces rêves d'or où les jeunes gens, montés sur
des *si*, franchissent toutes les barrières. Il venait de se voir
dominant la société, le poëte souffrait de tomber si vite
dans la réalité. Ève et David pensèrent que leur frère,
accablé de tant de générosité, se taisait. Pour ces deux belles
âmes, une acceptation silencieuse prouvait une amitié vraie.
L'imprimeur se mit à peindre avec une éloquence douce
et cordiale le bonheur qui les attendait tous quatre. Malgré
les interjections d'Ève, il meubla son premier étage avec
le luxe d'un amoureux; il bâtit avec une ingénue bonne
foi le second pour Lucien et le dessus de l'apprentis pour
madame Chardon, envers laquelle il voulait déployer tous
les soins d'une filiale sollicitude. Enfin, il fit la famille si
heureuse et son frère si indépendant, que Lucien, charmé
par la voix de David et par les caresses d'Ève, oublia sous
les ombrages de la route, le long de la Charente calme et
brillante, sous la voûte étoilée et dans la tiède atmosphère
de la nuit, la blessante couronne d'épines que la société
lui avait enfoncée sur la tête. Monsieur de Rubempré reconnut enfin David. La mobilité de son caractère le rejeta
bientôt dans la vie pure, travailleuse et bourgeoise qu'il
avait menée; il la vit embellie et sans soucis. Le bruit du
monde aristocratique s'éloigna de plus en plus. Enfin,
quand il atteignit le pavé de l'Houmeau, l'ambitieux serra
la main de son frère et se mit à l'unisson des heureux
amants.

— Pourvu que ton père ne contrarie pas ce mariage?
dit-il à David.

— Tu sais s'il s'inquiète de moi! le bonhomme vit pour
lui; mais j'irai demain le voir à Marsac, quand ce ne serait
que pour obtenir de lui qu'il fasse les constructions dont
nous avons besoin.

David accompagna le frère et la sœur jusque chez madame Chardon, à laquelle il demanda la main d'Ève avec l'empressement d'un homme qui ne voulait aucun retard. La mère prit la main de sa fille, la mit dans celle de David avec joie, et l'amant enhardi baisa au front sa belle promise, qui lui sourit en rougissant.

— Voilà les accordailles des gens pauvres, dit la mère en levant les yeux comme pour implorer la bénédiction de Dieu. Vous avez du courage, mon enfant, dit-elle à David, car nous sommes dans le malheur, et je tremble qu'il ne soit contagieux.

— Nous serons riches et heureux, dit gravement David. Pour commencer, vous ne ferez plus votre métier de garde-malade, et vous viendrez demeurer avec votre fille et Lucien à Angoulême.

Les trois enfants s'empressèrent alors de raconter à leur mère étonnée leur charmant projet, en se livrant à l'une de ces folles causeries de famille où l'on se plaît à engranger toutes les semailles, à jouir par avance de toutes les joies. Il fallut mettre David à la porte; il aurait voulu que cette soirée fût éternelle. Une heure du matin sonna quand Lucien reconduisit son futur beau-frère jusqu'à la porte Palet. L'honnête Postel, inquiet de ces mouvements extraordinaires, était debout derrière sa persienne; il avait ouvert la croisée et se disait, en voyant de la lumière à cette heure chez Ève : — Que se passe-t-il donc chez les Chardon ?

— Mon fiston, dit-il en voyant revenir Lucien, que vous arrive-t-il donc ? Auriez-vous besoin de moi ?

— Non, monsieur, répondit le poëte; mais comme vous êtes notre ami, je puis vous dire l'affaire : ma mère vient d'accorder la main de ma sœur à David Séchard.

Pour toute réponse, Postel ferma brusquement sa fenêtre, au désespoir de n'avoir point demandé mademoiselle Chardon.

Au lieu de rentrer à Angoulême, David prit la route de Marsac. Il alla tout en se promenant chez son père, et arriva le long du clos attenant à la maison au moment où le soleil se levait. L'amoureux aperçut sous un amandier la tête du vieil ours qui s'élevait au-dessus d'une haie.

— Bonjour, mon père, lui dit David.

— Tiens, c'est toi, mon garçon ? par quel hasard te trouves-tu sur la route à cette heure ? Entre par là, dit le vigneron en indiquant à son fils une petite porte à claire-voie. Mes vignes ont toutes passé fleur, pas un cep de gelé ! Il y aura plus de vingt poinçons à l'arpent cette année : mais aussi comme c'est fumé !

— Mon père, je viens vous parler d'une affaire importante.

— Eh bien, comment vont nos presses ? tu dois gagner de l'argent gros comme toi ?

— J'en gagnerai, mon père, mais pour le moment je ne suis pas riche.

— Ils me blâment tous ici de fumer à mort, répondit le père. Les bourgeois, c'est-à-dire monsieur le marquis, monsieur le comte, messieurs ci et ça prétendent que j'ôte de la qualité au vin. A quoi sert l'éducation ? à vous brouiller l'entendement. Écoute ! ces messieurs récoltent sept, quelquefois huit pièces à l'arpent, et les vendent soixante francs la pièce, ce qui fait au plus quatre cents francs par arpent dans les bonnes années. Moi, j'en récolte vingt pièces et les vends trente francs ! Où sont les niais ? La qualité ! la qualité ! Qu'est-ce que ça me fait, la qualité ? qu'ils la gardent pour eux, la qualité, messieurs les marquis ! pour moi, la qualité, c'est les écus. Tu dis ?...

— Mon père, je me marie, je viens vous demander...

— Me demander ? Quoi ! rien du tout, mon garçon. Marie-toi, j'y consens ; mais pour te donner quelque chose, je me trouve sans un sou. Les façons m'ont ruiné ! Depuis deux ans, j'avance des façons, des impositions, des frais de

toute nature ; le gouvernement prend tout, le plus clair
va au gouvernement ! Voilà deux ans que les pauvres vignerons ne font rien. Cette année ne se présente pas mal,
eh bien, mes gredins de poinçons valent déjà onze francs !
On récoltera pour le tonnelier. Pourquoi te marier avant
les vendanges...

— Mon père, je ne viens vous demander que votre consentement.

— Ah ! c'est une autre affaire. A l'encontre de qui te
maries-tu, sans curiosité ?

— J'épouse mademoiselle Ève Chardon.

— Qu'est-ce que c'est que ça ? qu'est-ce qu'elle mange ?

— Elle est fille de feu monsieur Chardon, le pharmacien
de l'Houmeau.

— Tu épouses une fille de l'Houmeau, toi, un bourgeois !
toi, l'imprimeur du roi à Angoulême ! Voilà les fruits de
l'éducation ! Mettez donc vos enfants au collège ! Ah ça,
elle est donc bien riche, mon garçon ? dit le vieux vigneron en se rapprochant de son fils d'un air câlin ; car si tu
épouses une fille de l'Houmeau, elle doit en avoir des mille
et des cents ! Bon ! tu me payeras mes loyers. Sais-tu, mon
garçon, que voilà deux ans trois mois de loyers dus, ce qui
fait deux mille sept cents francs, qui me viendraient bien à
point pour payer le tonnelier ? A tout autre qu'à mon fils,
je serais en droit de demander des intérêts ! car, après
tout, les affaires sont les affaires ; mais je te les remets. Eh
bien, qu'a-t-elle ?

— Mais elle a ce qu'avait ma mère.

Le vieux vigneron allait dire : — Elle n'a que dix mille
francs ! Mais il se souvint d'avoir refusé des comptes à son
fils, et s'écria : — Elle n'a rien !

— La fortune de ma mère était son intelligence et sa
beauté.

— Va donc au marché avec ça, et tu verras ce qu'on te
donnera dessus ! Nom d'une pipe, les pères sont-ils mal-

heureux dans leurs enfants ! David, quand je me suis marié j'avais sur la tête un bonnet de papier pour toute fortune et mes deux bras, j'étais un pauvre ours; mais avec
la belle imprimerie que je t'ai *donnée,* avec ton industrie
et tes connaissances, tu dois épouser une bourgeoise de la
ville, une femme riche de trente à quarante mille francs.
Laisse ta passion, et je te marierai, moi ! Nous avons à une
lieue d'ici une veuve de trente deux ans, meunière, qui a
cent mille francs de bien au soleil; voilà ton affaire. Tu
peux réunir ses biens à ceux de Marsac, ils se touchent !
Ah ! le beau domaine que nous aurions, et comme je le
gouvernerais ! On dit qu'elle va se marier avec Courtois,
son premier garçon, tu vaux encore mieux que lui ! Je mè-
nerais le moulin, tandis qu'elle ferait les beaux bras à Angoulême.

— Mon père, je suis engagé...

— David, tu n'entends rien au commerce, je te vois
ruiné. Oui, si tu te maries avec cette fille de l'Houmeau, je
me mettrai en règle vis-à-vis de toi, je t'assignerai pour
me payer mes loyers, car je ne prévois rien de bon. Ah !
mes pauvres presses ! mes presses ! il vous fallait de l'argent pour vous huiler, vous entretenir et vous faire rouler.
Il n'y a qu'une bonne année qui puisse me consoler de cela !

— Mon père, il me semble que jusqu'à présent je vous
ai causé peu de chagrin...

— Et très peu payé de loyers, répondit le vigneron.

— Je venais vous demander, outre votre consentement à
mon mariage, de me faire élever le second étage de votre
maison et de construire un logement au-dessus de l'appentis.

— Bernique ! je n'ai pas le sou, tu le sais bien. D'ailleurs,
ce serait de l'argent jeté dans l'eau, car qu'est-ce que ça
me rapporterait ? Ah ! tu te lèves dès le matin pour venir
me demander des constructions à ruiner un roi. Quoiqu'on t'ait nommé David, je n'ai pas les trésors de Salomon.

Mais tu es fou! On m'a changé mon enfant en nourrice.
En voilà-t-il un qui aura du raisin! dit-il en s'interrompant
pour montrer un cep à David. Voilà des enfants qui ne
trompent pas l'espoir de leurs parents : vous les fumez, ils
vous rapportent. Moi, je t'ai mis au lycée, j'ai payé des
sommes énormes pour faire de toi un savant, tu vas étudier chez les Didot; et toutes ces frimes aboutissent à me
donner pour bru une fille de l'Houmeau, sans un sou de
dot? Si tu n'avais pas étudié, que tu fusses resté sous mes
yeux, tu te serais conduit à ma fantaisie, et tu te marierais
aujourd'hui avec une meunière de cent mille francs, sans
compter le moulin. Ah! ton esprit te sert à croire que je
te récompenserai de ce beau sentiment, en te faisant construire des palais ?... Mais ne dirait-on pas en vérité que,
depuis deux cents ans, la maison où tu es n'a logé que des
cochons, et que ta fille de l'Houmeau ne peut pas y coucher. Ah çà! c'est donc la reine de France?

— Eh bien, mon père, je construirai le second étage à
mes frais, ce sera le fils qui enrichira le père. Quoique ce
soit le monde renversé, cela se voit quelquefois.

— Comment, mon gars, tu as de l'argent pour bâtir, et
tu n'en as pas pour payer tes loyers? Finaud, tu ruses
avec ton père!

La question ainsi posée devint difficile à résoudre, car le
bonhomme était enchanté de mettre son fils dans une position qui lui permît de ne lui rien donner tout en paraissant paternel. Aussi David ne put-il obtenir de son père
qu'un consentement pur et simple au mariage et à la permission de faire à ses frais, dans la maison paternelle,
toutes les constructions dont il pouvait avoir besoin. Le
vieil ours, ce modèle des pères conservateurs, fit à son fils
la grâce de ne pas exiger ses loyers et de ne pas lui prendre
les économies qu'il avait eu l'imprudence de laisser voir.
David revint triste : il comprit que dans le malheur il ne
pourrait pas compter sur le secours de son père.

Il ne fut question dans tout Angoulême que du mot de l'évêque et de la réponse de madame de Bargeton. Les moindres événements furent si bien dénaturés, augmentés, embellis que le poëte devint le héros du moment. De la sphère supérieure où gronda cet orage, il en tomba quelques gouttes dans la bourgeoisie. Quand Lucien passa par Beaulieu pour aller chez madame de Bargeton, il s'aperçut de l'attention envieuse avec laquelle plusieurs jeunes gens le regardèrent, et saisit quelques phrases qui l'enorgueillirent.

— Voilà un jeune homme heureux, disait un clerc d'avoué, nommé Petit-Claud, le camarade de collège de Lucien avec qui celui-ci prenait de petits airs protecteurs et qui était laid.

— Oui, certes, il est joli garçon, il a du talent, et madame de Bargeton en est folle ! répondait un fils de famille qui avait assisté à la lecture.

— La plus belle femme d'Angoulême est à lui, fut une autre phrase qui remua toutes les vanités de son cœur.

Il avait impatiemment attendu l'heure où il savait trouver Louise seule, il avait besoin de faire accepter le mariage de sa sœur à cette femme, devenue l'arbitre de ses destinées. Après la soirée de la veille, Louise serait peut-être plus tendre, et cette tendresse pouvait amener un moment de bonheur. Il ne s'était pas trompé : madame de Bargeton le reçut avec une emphase de sentiment qui parut à ce novice en amour un touchant progrès de passion. Elle abandonna ses beaux cheveux d'or, ses mains, sa tête aux baisers enflammés du poëte qui, la veille, avait tant souffert !

— Si tu avais vu ton visage pendant que tu lisais, dit-elle, car ils étaient arrivés la veille au tutoiement, à cette caresse du langage, alors que sur le canapé Louise avait de sa blanche main essuyé les gouttes de sueur qui par avance mettaient des perles sur le front où elle posait une couronne. Il s'échappait des étincelles de tes beaux yeux !

e voyais sortir de tes lèvres les chaînes d'or qui suspendent les cœurs à la bouche des poëtes. Tu me liras tout Chénier, c'est le poëte des amants Tu ne souffriras plus, e ne le veux pas ! Oui, cher ange, je te ferai une oasis où u vivras toute ta vie de poëte, active, molle, indolente, laborieuse, pensive tour à tour ; mais n'oubliez jamais que os lauriers me sont dus, que ce sera pour moi la noble ndemnité des souffrances qui m'adviendront. Pauvre cher, e monde ne m'épargnera pas plus qu'il ne t'épargne, il se renge de tous les bonheurs qu'il ne partage pas. Oui, je erai toujours jalousée, ne l'avez-vous pas vu hier ? Ces nouches buveuses de sang sont-elles accourues assez vite our s'abreuver dans les piqûres qu'elles ont faites ? Mais 'étais heureuse ! je vivais ! Il y a si longtemps que toutes es cordes de mon cœur n'ont résonné !

Des larmes coulèrent sur les joues de Louise, Lucien lui rit une main, et pour toute réponse la baisa longtemps. Les vanités de ce poëte furent donc caressées par cette emme comme elles l'avaient été par sa mère, par sa œur et par David. Chacun autour de lui continuait à exhausser le piédestal imaginaire sur lequel il se mettait. Entretenu par tout le monde, par ses amis comme par la age de ses ennemis, dans ses croyances ambitieuses, il narchait dans une atmosphère pleine de mirages. Les eunes imaginations sont si naturellement complices de es louanges et de ces idées, tout s'empresse tant à servir un jeune homme beau, plein d'avenir, qu'il faut plus d'une eçon amère et froide pour dissiper de tels prestiges.

— Tu veux donc bien, ma belle Louise, être ma Béatrix, nais une Béatrix qui se laisse aimer ?

Elle releva ses beaux yeux qu'elle avait tenus baissés, et lit en démentant sa parole par un angélique sourire : — Si vous le méritez... plus tard ! N'êtes vous pas heureux ? avoir un cœur à soi ! pouvoir tout dire avec la certitude d'être compris, n'est-ce pas le bonheur ?

— Oui, répondit-il en faisant une moue d'amoureux contrarié.

— Enfant ! dit-elle en se moquant. Allons, n'avez-vous pas quelque chose à me dire ? Tu es entré tout préoccupé, mon Lucien.

Lucien confia timidement à sa bien-aimée l'amour de David pour sa sœur, celui de sa sœur pour David, et le mariage projeté.

— Pauvre Lucien, dit-elle, il a peur d'être battu, grondé, comme si c'était lui qui se mariât ! Mais où est le mal ? reprit-elle en passant ses mains dans les cheveux de Lucien. Que me fait ta famille, où tu es une exception ? Si mon père épousait sa servante, t'en inquiéterais-tu beaucoup ? Cher enfant, les amants sont à eux seuls toute leur famille. Ai-je dans le monde un autre intérêt que mon Lucien ? Sois grand, sache conquérir de la gloire, voilà nos affaires !

Lucien fut l'homme du monde le plus heureux de cette égoïste réponse. Au moment où il écoutait les folles raisons par lesquelles Louise lui prouva qu'ils étaient seuls dans le monde, monsieur de Bargeton entra. Lucien fronça le sourcil, et parut interdit; Louise lui fit un signe et le pria de rester à dîner avec eux en lui demandant de lui lire André Chénier, jusqu'à ce que les joueurs et les habitués vinssent...

— Vous ne ferez pas seulement plaisir à elle, dit monsieur de Bargeton, mais à moi aussi. Rien ne m'arrange mieux que d'entendre lire après mon dîner.

Câliné par monsieur de Bargeton, câliné par Louise, servi par les domestiques avec le respect qu'ils ont pour les favoris de leurs maîtres, Lucien resta dans l'hôtel de Bargeton en s'identifiant à toutes les jouissances d'une fortune dont l'usufruit lui était livré. Quand le salon fut plein de monde, il se sentit si fort de la bêtise de monsieur de Bargeton et de l'amour de Louise, qu'il prit un air dominateur que sa belle maîtresse encouragea. Il savoura les plaisirs du despotisme conquis par Naïs et qu'elle aimait à lui faire partager. Enfin il s'essaya pendant cette soirée à jouer le rôle d'un héros de petite ville. En voyant la nouvelle attitude de Lucien, quelques personnes persèrent qu'il était, suivant une expression de l'ancien temps, du dernier bien avec madame de Bargeton. Amélie. venue avec M. du Châtelet, affirmait ce grand malheur dans un coin du salon où s'étaient réunis les jaloux et les envieux.

— Ne rendez pas Naïs comptable de la vanité d'un petit jeune homme tout fier de se trouver dans un monde où il ne croyait jamais pouvoir aller, dit Châtelet. Ne voyez-vous pas que ce Chardon prend les phrases gracieuses d'une femme du monde pour des avances ? Il ne sai, pas encore distinguer le silence que garde la passion vraiet du langage protecteur que lui méritent sa beauté, sa jeunesse et son talent. Les femmes seraient trop à plaindre si elles étaient coupables de tous les désirs qu'elles nous inspirent. Il est certainement amoureux, mais quant à Naïs...

— Oh ! Naïs, répéta la perfide Amélie, Naïs est très-heureuse de cette passion. A son âge, l'amour d'un jeune homme offré tant de séductions ! On redevient jeune auprès de lui, l'on se fait jeune fille, on en prend les scrupules, les manières, et l'on ne songe pas au ridicule... Voyez donc ! le fils d'un pharmacien se donne des airs de maître chez madame de Bargeton !

— L'amour ne connaît pas ces distances-là, chanteronna Adrien.

Le lendemain, il n'y eut pas une seule maison dans Angoulême où l'on ne discutât le degré d'intimité dans lequel se trouvaient M. Chardon, *alias* de Rubempré. et madame de Bargeton : à peine coupables de quelques baisers, le monde les accusait déjà du plus criminel bonheur. Madame de Bargeton portait la peine de sa royauté. Parmi les bizarreries de la société, n'avez-vous pas remarqué les caprices de ses jugements et la folie de ses exigences ? Il est des personnes auxquelles tout est permis : elles peuvent faires les choses les plus déraisonnables ; d'elles, tout est bienséant ; c'est à qui justifiera leurs actions. Mais il en est d'autres pour lesquelles le monde est d'une incroyable sévérité : celles-là doivent faire tout bien, ne jamais ni se tromper, ni faillir, ni même laisser échapper une sottise ; vous diriez des statues admirées que l'on ôte de leur piédestal dès que l'hiver leur a fait tomber un doigt ou cassé le nez ; on ne leur permet rien d'humain, elles sont tenues d'être toujours divines et parfaites. Un seul regard de madame de Bargeton à Lucien équivalait aux douze années de bonheur de Zizine et de Francis. Un serrement de main entre les deux amants allait attirer sur eux toutes les foudres de la Charente.

David avait rapporté de Paris un pécule secret qu'il destinait aux frais nécessités par son mariage et par la construction du second étage de la maison paternelle. Agrandir cette maison, n'était-ce pas travailler pour lui ? tôt ou tard elle lui reviendrait, son père avait soixante-dix-huit ans. L'imprimeur fit donc construire en colombage l'appartement de Lucien, afin de ne pas surcharger les vieux murs de cette maison lézardée. Il se plut à décorer, à meubler galamment l'appartement du premier, où la belle Ève devait passer sa vie. Ce fut un temps d'allégresse et de bonheur sans mélange pour les deux amis. Quoique las des chétives proportions de l'existence en province, et fatigué de cette sordide économie qui faisait d'une pièce de cent sous une somme énorme, Lucien supporta sans se plaindre les calculs de la misère et ses privations. Sa sombre mélancolie avait fait place à la radieuse expression de l'espérance. Il voyait briller une étoile au-dessus de sa tête ; il rêvait une belle existence en asseyant son bonheur sur la tombe de M. de Bargeton, lequel avait de temps en

temps des digestions difficiles, et l'heureuse manie de regarder l'indigestion de son dîner comme une maladie qui
devait se guérir par celle du souper.

Vers le commencement du mois du septembre, Lucien
n'était plus prote, il était M. de Rubempré, logé magnifiquement en comparaison de la misérable mansarde
à lucarne où le petit Chardon demeurait à l'Houmeau; il
n'était plus un homme de l'Houmeau, il habitait le haut
Angoulême, et dînait près de quatre fois par semaine chez
madame de Bargeton. Pris en amitié par monseigneur, il
était admis à l'évêché. Ses occupations le classaient parmi
les personnes les plus élevées. Enfin il devait prendre place
un jour parmi les illustrations de la France. Certes, en parcourant un joli salon, une charmante chambre à coucher
et un cabinet plein de goût, il pouvait se consoler de prélever trente francs par mois sur les salaires si péniblement
gagnés par sa sœur et par sa mère; car il apercevait le
jour où le roman historique auquel il travaillait depuis
deux ans, *l'Archer de Charles IX*, et un volume de poésies
intitulées *les Marguerites*, répandraient son nom dans le
monde littéraire, en lui donnant assez d'argent pour s'acquitter envers sa mère, sa sœur et David. Aussi, se trouvant
grandi, prêtant l'oreille au retentissement de son nom dans
l'avenir, acceptait-il maintenant ces sacrifices avec une noble
assurance : il souriait de sa détresse, il jouissait de ses dernières misères. Ève et David avaient fait passer le bonheur
de leur frère avant le leur. Le mariage était retardé par le
temps que demandaient encore les ouvriers pour achever
les meubles, les peintures, les papiers destinés au premier
étage : car les affaires de Lucien avaient eu la primauté. Quiconque connaissait Lucien ne se serait pas étonné de ce dévouement : il était si séduisant ! ses manières étaient si câ-
lines ! son impatience et ses désirs, il les exprimait si gracieusement ! il avait toujours gagné sa cause avant d'avoir
parlé. Ce fatal privilège perd plus de jeunes gens qu'il n'en

sauve. Habitués aux prévenances qu'inspire une jolie jeunesse, heureux de cette égoïste protection que le monde accorde à un être qui lui plaît, comme il fait l'aumône au mendiant qui réveille un sentiment et lui donne une émotion, beaucoup de ces grands enfants jouissent de cette faveur au lieu de l'exploiter. Trompés sur le sens et le mobile des relations sociales, ils croient toujours rencontrer de décevants sourires ; mais ils arrivent nus, chauves, dépouillés, sans valeur ni fortune, au moment où, comme de vieilles coquettes et de vieux haillons, le monde les laisse à la porte d'un salon et au coin d'une borne. Ève avait d'abord désiré ce retard, elle voulait établir économiquement les choses nécessaires à un jeune ménage. Que pouvaient refuser deux amants à un frère qui, voyant travailler sa sœur, disait avec un accent parti du cœur : — Je voudrais savoir coudre ! Puis le grave et observateur David avait été complice de ce dévouement. Néanmoins, depuis le triomphe de Lucien chez madame de Bargeton, il eut peur de la transformation qui s'opérait chez Lucien ; il craignit de lui voir mépriser les mœurs bourgeoises. Dans le désir d'éprouver son frère, David le mit quelquefois entre les joies patriarcales de la famille et les plaisirs du grand monde, et, voyant Lucien leur sacrifier ses vaniteuses jouissances, il s'était écrié : — On ne nous le corrompra point ! Plusieurs fois les trois amis et madame Chardon firent des parties de plaisir, comme elles se font en province : ils allaient se promener dans les bois qui avoisinent Angoulême et longent la Charente ; ils dînaient sur l'herbe avec des provisions que l'apprenti de David apportait à un certain endroit et à une heure convenue ; puis ils revenaient le soir, un peu fatigués, n'ayant pas dépensé trois francs. Dans les grandes circonstances, quand ils dînaient à ce qui se nomme un *restaurât*, espèce de restaurant champêtre qui tient le milieu entre le *bouchon* des provinces et la *guinguette* de Paris, ils allaient jusqu'à cent sous partagés entre David et les Chardon. David savait un gré infini à Lucien d'oublier, dans ces champêtres journées, les satisfactions qu'il trouvait chez madame de Bargeton et les somptueux dîners du monde. Chacun voulait alors fêter le grand homme d'Angoulême.

Dans ces conjonctures, au moment où il ne manquait presque plus rien au future ménage, pendant un voyage que David fit à Marsac pour obtenir de son père qu'il vînt assister à son mariage, en espérant que le bonhomme, séduit par sa belle-fille, contribuerait aux énormes dépenses nécessitées par l'arrangement de la maison, il arriva l'un de ces événements qui, dans une petite ville, changent entièrement la face des choses.

Lucien et Louise avaient dans du Châtelet un espion intime qui guettait avec la persistance d'une haine mêlée de passion et d'avarice l'occasion d'amener un éclat. Sixte voulait forcer madame de Bargeton à si bien se prononcer pour Lucien, qu'elle fût ce qu'on nomme *perdue*. Il s'était posé comme un humble confident de madame de Bargeton ; mais s'il admirait Lucien rue du Minage, il le démolissait partout ailleurs. Il avait insensiblement conquis les petites entrées chez Naïs, qui ne se défiait plus de son vieil adorateur ; mais il avait trop présumé des deux amants dont l'amour restait platonique, au grand désespoir de Louise et de Lucien. Il y a en effet des passions qui s'embarquent mal ou bien, comme on voudra. Deux personnes se jettent dans la tactique du sentiment, parlent au lieu d'agir, et se battent en plein champ au lieu de faire un siége. Elles se blasent ainsi d'elles-mêmes en fatiguant leurs désirs dans le vide. Deux amants se donnent alors le temps de réfléchir, de se juger. Souvent des passions qui étaient entrées en campagne, enseignes déployées, pimpantes, avec une ardeur à tout renverser, finissent alors par rentrer chez elles, sans victoire, honteuses, désarmées, sottes de leur vain bruit. Ces fatalités sont parfois explicables par les timidités de la jeunesse et par les temporisations auxquelles se plaisent les femmes qui débutent, car ces sortes de tromperies mutuelles n'arrivent ni aux fats qui connaissent la pratique, ni aux coquettes habituées aux manéges de la passion.

La vie de province est d'ailleurs singulièrement contraire aux contentements de l'amour, et favorise les débats intellectuels de la passion ; comme aussi les obstacles qu'elle oppose au doux commerce qui lie tant les amants précipitent les âmes ardentes en des partis extrêmes. Cette vie est basée sur un espionnage si méticuleux, sur une si grande transparence des intérieurs, elle admet si peu l'intimité qui console sans offenser la vertu, les relations les plus pures y sont si déraisonnablement incriminées, que beaucoup de femmes sont flétries malgré leur innocence. Certaines d'entre elles s'en veulent alors de ne pas goûter toutes les félicités d'une faute dont tous les malheurs les accablent. La société qui blâme ou critique sans aucun examen sérieux les faits patents par lesquels se terminent de longues luttes secrètes, est ainsi primitivement complice de ces éclats ; mais la plupart des gens qui déblatèrent contre les prétendus scandales offerts par quelques femmes calomniées sans raison n'ont jamais pensé aux causes qui déterminent chez elles une résolution publique. Madame de Bargeton allait se trouver dans cette bizarre situation où se sont trouvées beaucoup de femmes qui ne se sont perdues qu'après avoir été injustement accusées.

Au début de la passion, les obstacles effrayent les gens inexpérimentés ; et ceux que rencontraient les deux amants ressemblaient fort aux liens par lesquels les Lilliputiens avaient garrotté Gulliver. C'était des riens multipliés qui rendaient tout mouvement impossible et annulaient les plus violents désirs. Ainsi, madame de Bargeton devait rester toujours visible. Si elle avait fait fermer sa porte aux heures où venait Lucien, tout eût été dit autant aurait valu s'enfuir avec lui. Elle le recevait à la vérité dans ce boudoir auquel il s'était si bien accoutumé, qu'il s'en croyait le maître ; mais les portes demeuraient consciencieusement ouvertes. Tout se passait le plus vertueusement du monde. M. de Bargeton se promenait chez lui comme un hanneton, sans croire que sa femme voulût être seule avec Lucien. S'il n'y avait eu d'autre obstacle que lui, Naïs aurait très-bien pu le renvoyer ou l'occuper ; mais elle était accablée de visites, et il y avait d'autant plus de visiteurs que la curiosité était plus éveillée. Les gens de province sont naturellement taquins, ils aiment à contrarier les passions naissantes. Les domestiques allaient et venaient dans la maison sans être appelés ni sans prévenir de leur arrivée, par suite de vieilles habitudes prises, et qu'une femme qui n'avait rien à cacher leur avait laissé prendre. Changer les mœurs intérieures de sa maison, n'était-ce pas avouer l'amour dont doutait encore tout Angoulême ? Madame de Bargeton ne pouvait pas mettre le pieds hors de chez elle sans que la ville sût où elle allait. Se promener seul avec Lucien hors de la ville était une démarche décisive : il aurait été moins dangereux de s'enfermer avec lui chez elle. Si Lucien était resté après minuit chez madame de Bargeton, sans y être en compagnie, on en aurait glosé le lendemain. Ainsi, au dedans comme au dehors, madame de Bargeton vivait toujours en public. Ces détails peignent toute la province ; les fautes y sont ou avouées ou impossibles.

Louise, comme toutes les femmes entraînées par une passion sans en avoir l'expérience, reconnaissait une à une les difficultés de sa position ; elle s'en effrayait. Sa frayeur réagissait alors sur ces amoureuses discussions qui prennent les plus belles heures où deux amants se trouvent seuls. Madame de Bargeton n'avait pas de terre où elle pût emmener son cher poëte, comme font quelques femmes qui, sous un prétexte habilement forgé, vont s'en-

terrer à la campagne. Fatiguée de vivre en public, poussée
à bout par cette tyrannie dont le joug était plus dur que
ses plaisirs n'étaient doux, elle pensait à l'Escarbas, et
méditait d'y aller voir son vieux père, tant elle s'irritait
de ces misérables obstacles.

Châtelet ne croyait pas à tant d'innocence. Il guettait
les heures auxquelles Lucien venait chez madame de Bargeton, et s'y rendait quelques instants après, en se faisant
toujours accompagner de M. de Chandour, l'homme
le plus indiscret de la coterie, et auquel il cédait le pas
pour entrer, espérant toujours une surprise en cherchant
si opiniâtrément un hasard. Son rôle et la réussite de son
plan étaient d'autant plus difficiles, qu'il devait rester
neutre, afin de diriger tous les acteurs du drame qu'il voulait faire jouer. Aussi, pour endormir Lucien qu'il caressait et madame de Bargeton qui ne manquait pas de
perspicacité, s'était-il attaché par contenance à la jalouse
Amélie. Pour mieux faire espionner Louise et Lucien, il
avait réussi depuis quelques jours à établir entre M. de
Chandour et lui une controverse au sujet des deux amoureux. Du Châtelet prétendait que madame de Bargeton se
moquait de Lucien, qu'elle était trop fière, trop bien née
pour descendre jusqu'au fils d'un pharmacien. Ce rôle
d'incrédule allait au plan qu'il s'était tracé, car il désirait
passer pour le défenseur de madame de Bargeton. Stanislas
soutenait que Lucien n'était pas un amant malheureux.
Amélie aiguillonnait la discussion en souhaitant savoir la
vérité. Chacun donnait ses raisons. Comme il arrive dans
les petites villes, souvent quelques intimes de la maison
Chandour arrivaient au milieu d'une conversation où du
Châtelet et Stanislas justifiaient à l'envi leur opinion par
d'excellentes observations. Il était bien difficile que chaque
adversaire ne cherchât pas des partisans en demandant
à son voisin : — Et vous, quel est votre avis ? Cette controverse tenait madame de Bargeton et Lucien constam-

ment en vue. Enfin, un jour du Châtelet fit observer que toutes les fois que M. de Chandour et lui se présentaient chez madame de Bargeton et que Lucien s'y trouvait, aucun indice ne trahissait de relations suspectes : la porte du boudoir était ouverte, les gens allaient et venaient. rien de mystérieux n'annonçait les jolis crimes de l'amour, etc. Stanislas, qui ne manquait pas d'une certaine dose de bêtise, se promit d'arriver le lendemain sur la pointe du pied, ce à quoi la perfide Amélie l'engagea for\

Ce lendemain fut pour Lucien une de ces journées où les jeunes gens s'arrachent quelques cheveux en se jurant à eux-mêmes de ne pas continuer le sot métier de soupirant. Il s'était acoutumé à sa position. Le poëte qui avait s timidement pris une chaise dans le boudoir sacré de la rein d'Angoulême, s'était métamorphosé en amoureux exigeant. Six mois avaient suffi pour qu'il se crût l'égal de Louise, et il voulait alors en être le maître. Il partit de chez lui se promettant d'être très-déraisonnable, de mettre sa vie en jeu, d'employer toutes les ressources d'une éloquence enflammée, de dire qu'il avait la tête perdue, qu'il était incapable d'avoir une pensée ni d'écrire une ligne. Il existe chez certaines femmes une horreur des partis pris qui fait honneur à leur délicatesse, elles aiment à céder à l'entraînement, et non à des conventions. Généralement, personne ne veut d'un plaisir imposé. Madame de Bargeton remarqua sur le front de Lucien, dans ses yeux, dans sa physionomie et dans ses manières, cet *air agité* qui trahit une résolution arrêtée : elle se proposa de la déjouer, un peu par esprit de contradiction, mais aussi par une noble entente de l'amour. En femme exagérée, elle s'exagérait la valeur de sa personne. A ses yeux, madame de Bargeton était une souveraine, une Béatrix, une Laure. Elle s'asseyait, comme au moyen âge, sous le dais du tournois littéraire, et Lucien devait la mériter après plusieurs victoires, il avait à effacer *l'enfant sublime*, Lamartine, Walter Scott, Byron.

La noble créature considérait son amour comme un principe généreux : les désirs qu'elle inspirait à Lucien devaient
être une cause de gloire pour lui. Ce *donquichottisme* féminin est un sentiment qui donne à l'amour une consécration
respectable, elle l'utilise, elle l'agrandit, elle l'honore. Ob-
stinée à jouer le rôle de Dulcinée dans la vie de Lucien pen
dant sept à huit ans, madame de Bargeton voulait comme
beaucoup de femmes de province, faire acheter sa personne
par une espèce de servage, par un temps de constance qui
lui permît de juger son ami.

Quand Lucien eut engagé la lutte par une de ces fortes
bouderies dont se rient les femmes encore libres d'elles-
mêmes, et qui n'attristent que les femmes aimées, Louise
prit un air digne, et commença l'un de ses longs discours
bardés de mots pompeux.

— Est-ce là ce que vous m'aviez promis, Lucien ? dit-elle
en finissant. Ne mettez pas dans un présent si doux des remords qui plus tard empoisonneraient ma vie. Ne gâtez pas
l'avenir ! Et je le dis avec orgueil, ne gâtez pas le présent !
N'avez-vous pas tout mon cœur ? Que vous faut-il donc ?
votre amour se laisserait-il influencer par les sens, tandis
que le plus beau privilége d'une femme aimée est de leur
imposer silence ? Pour qui me prenez-vous donc ? ne suis-
je donc plus votre Béatrix ? Si je ne suis pas pour vous
quelque chose de plus qu'une femme, je suis moins qu'une
femme.

— Vous ne diriez pas autre chose à un homme que vous
n'aimeriez pas, s'écria Lucien furieux.

— Si vous ne sentez pas tout ce qu'il y a de véritable
amour dans mes idées, vous ne serez jamais digne de moi.

— Vous mettez mon amour en doute pour vous dispenser d'y répondre, dit Lucien en se jetant à ses pieds et
pleurant.

Le pauvre garçon pleura sérieusement en se voyant pour
si longtemps à la porte du paradis. Ce fut des larmes de

poëte qui se croyait humilié dans sa puissance, des larmes d'enfant au désespoir de se voir refuser le jouet qu'il demande.

— Vous ne m'avez jamais aimé, s'écria-t-il

— Vous ne croyez pas ce que vous dites, répondit-elle flattée de cette violence.

— Prouvez-moi donc que vous êtes à moi, dit Lucien échevelé.

En ce moment, Stanislas arriva sans être entendu, vit Lucien à demi renversé, les larmes aux yeux et la tête appuyée sur les genoux de Louise. Satisfait de ce tableau suffisamment suspect, Stanislas se replia brusquement sur du Châtelet, qui se tenait à la porte du salon. Madame de Bargeton s'élança vivement, mais elle n'atteignit pas les deux espions, qui s'étaient précipitamment retirés comme des gens importuns.

— Qui donc est venu ? demanda-t-elle à ses gens.

— Messieurs de Chandour et du Châtelet, répondit Gentil, son vieux valet de chambre.

Elle rentra dans son boudoir, pâle et tremblante.

— S'ils vous ont vu ainsi, je suis perdue, dit-elle à Lucien.

— Tant mieux ! s'écria le poëte.

Elle sourit à ce cri d'égoïsme plein d'amour. En province, une semblable aventure s'aggrave par la manière dont elle se raconte. En un moment, chacun sut que Lucien avait été surpris aux genoux de Naïs. M. de Chandour, heureux de l'importance que lui donnait cette affaire, alla d'abord raconter le grand événement au Cercle, puis de maison en maison. Du Châtelet s'empressa de dire partout qu'il n'avait rien vu ; mais en se mettant ainsi en dehors du fait, il excitait Stanislas à parler, il lui faisait enchérir sur les détails ; et Stanislas, se trouvant spirituel, en ajoutait de nouveaux à chaque récit. Le soir, la société afflua chez Amélie ; car le soir les versions les plus exagérées circulaient dans l'Angoulême noble, ou chaque narrateur avait imité Stanislas. Femmes et hommes étaient impatiens de connaître la vérité. Les femmes qui se voilaient la face en criant le plus au scandale, à la perversité, étaient précisément Amélie, Zéphirine, Fifine, Lolotte, qui toutes étaient plus ou moins grevées de bonheurs illicites. Le cruel thème se variait sur tous les tons.

— Eh bien, disait l'une, cette pauvre Naïs, vous savez ? Moi, je ne le crois pas, elle a devant elle toute une vie irréprochable ; elle est beaucoup trop fière pour être autre chose que la protectrice de M. Chardon. Mais si cela est, je la plains de tout mon cœur.

— Elle est d'autant plus à plaindre, qu'elle se donne un ridicule affreux ; car elle pourrait être la mère de M. Lulu, comme l'appelait Jacques. Ce poétriau a tout au plus vingt-deux ans, et Naïs, entre nous soit dit, a bien quarante ans.

— Moi, disait Châtelet, je trouve que la situation même dans laquelle était M. de Rubempré prouve l'innocence de Naïs. On ne se met pas à genoux pour redemander ce qu'on a déjà eu.

— C'est selon ! dit Francis d'un air égrillard qui lui valut de Zéphirine une œillade improbative.

— Mais dites-nous donc bien ce qui en est ? demandait-on à Stanislas en se formant en comité secret dans un coin du salon.

Stanislas avait fini par composer un petit conte plein de gravelures, et l'accompagnait de gestes et de poses qui incriminaient prodigieusement la chose.

— C'est incroyable, répétait-on.

— A midi, disait l'une.

— Naïs aurait été la dernière que j'eusse soupçonnée.

— Que va-t-elle faire ?

Puis des commentaires, des suppositions infinies !... Du Châtelet défendait madame de Bargeton ; mais il la défendait si maladroitement qu'il attisait le feu du commérage au lieu de l'éteindre. Lili, désolée de la chute du plus bel ange de l'olympe angoumoisin, alla tout en pleurs colporter la nouvelle à l'évêché. Quand la ville entière fut bien certainement en rumeur, l'heureux du Châtelet alla chez madame de Bargeton, où il n'y avait, hélas ! qu'une seule table de whist ; il demanda diplomatiquement à Naïs d'aller causer avec elle dans son boudoir. Tous deux s'assirent sur le petit canapé.

— Vous savez sans doute, dit du Châtelet à voix basse, ce dont tout Angoulême s'occupe ?...

Non, dit-elle.

— Eh bien, reprit-il, je suis trop votre ami pour vous le laisser ignorer. Je dois vous mettre à même de faire cesser des calomnies, sans doute inventées par Amélie, qui a l'outrecuidance de se croire votre rivale. Je venais ce matin vous voir avec ce singe de Stanislas, qui me précédait de quelques pas, lorsqu'en arrivant là, dit-il en montrant la porte du boudoir, il prétend vous avoir *vue* avec M. de Rubempré dans une situation qui ne lui permettait pas d'entrer ; il est revenu sur moi tout effaré en m'entraînant, sans me laisser le temps de me reconnaître ; et nous étions. à Beaulieu, quand il me dit la raison de sa retraite. Si je l'avais connue, je n'aurais pas bougé de chez vous, afin d'éclaircir cette affaire à votre avantage ; mais revenir chez vous après en être sorti ne prouvait plus rien. Maintenant, que Stanislas ait vu de travers, ou qu'il ait raison, *il doit avoir tort.* Chère Naïs, ne laissez pas jouer votre vie, votre honneur, votre avenir par un sot ; imposez-lui silence à l'instant. Vous connaissez ma situation ici ? Quoique j'y aie besoin de tout le monde, je vous suis entièrement dévoué. Disposez d'une vie qui vous appartient. Quoique vous ayez repoussé mes vœux, mon cœur sera toujours à vous, et en toute occasion je vous prouverai combien je vous aime. Oui, je veillerai sur vous comme un fidèle serviteur, sans espoir de récompense, uniquement pour le plaisir que je trouve à vous servir, même à votre insu. Ce mattin, j'ai partout dit que j'étais à la porte du salon, et que je n'avais rien vu. Si l'on vous demande qui vous a instruite des propos tenus sur vous, servez-vous de moi. Je serais bien glorieux d'être votre défenseur avoué; mais, entre nous, mensieur de Bargeton est le seul qui puisse demander raison à Stanislas... Quand ce petit Rubempré aurait fait quelque folie, l'honneur d'une femme ne saurait être à la merci du premier étourdi qui se met à ses pieds. Voilà ce que j'ai dit.

Naïs remercia du Châtelet par une inclination de tête, et demeura pensive. Elle était fatiguée, jusqu'au dégoût, de la vie de province. Au premier mot de du Châtelet, elle avait jeté les yeux sur Paris. Le silence de madame de Bargeton mettait son savant adorateur dans une situation gênante.

— Disposez de moi, dit-il, je vous le répète.

— Merci, répondit-elle.

— Que comptez-vous faire?

— Je verrai.

Long silence.

— Aimez-vous donc tant ce petit Rubempré?

Elle laissa échapper un superbe sourire, et se croisa les bras en regardant les rideaux de son boudoir. Du Châtelet sortit sans avoir pu déchiffrer ce cœur de femme altière. Quand Lucien et les quatre fidèles vieillards qui étaient venus faire leur partie sans s'émouvoir de ces cancans problématiques furent partis, madame de Bargeton arrêta son mari, qui se disposait à s'aller coucher, en ouvrant la bouche pour souhaiter une bonne nuit à sa femme.

— Venez par ici, mon cher, j'ai à vous parler, dit-elle avec une sorte de solennité.

M. de Bargeton suivit sa femme dans le boudoir.

— Monsieur, lui dit-elle, j'ai peut-être eu tort de mettre

dans mes soins protecteurs envers M. de Rubempré une chaleur aussi mal comprise par les sottes gens de cette ville que par lui-même. Ce matin, Lucien s'est jeté à mes pieds, là, en me faisant une déclaration d'amour. Stanislas est entré dans le moment où je relevais cet enfant. Au mépris des devoirs que la courtoisie impose à un gentilhomme envers une femme en toute espèce de circonstance, il a prétendu m'avoir surprise dans une situation équivoque avec ce garçon, que je traitais alors comme il le mérite. Si ce jeune écervelé savait les calomnies auxquelles sa folie donne lieu, je le connais, il irait insulter Stanislas et le forcerait à se battre. Cette action serait comme un aveu public de son amour. Je n'ai pas besoin de vous dire que votre femme est pure; mais vous penserez qu'il y a quelque chose de déshonorant pour vous et pour moi à ce que ce soit M. de Rubempré qui la défende. Allez à l'instant chez Stanislas, et demandez-lui sérieusement raison des insultants propos qu'il a tenus sur moi : songez que vous ne devez pas souffrir que l'affaire s'arrange, à moins qu'il ne se rétracte en présence de témoins nombreux et importants. Vous conquerrez ainsi l'estime de tous les honnêtes gens; vous vous conduirez en homme d'esprit, en galant homme, et vous aurez des droits à mon estime. Je vais faire partir Gentil à cheval pour l'Escarbas, mon père doit être votre témoin; malgré son âge, je le sais homme à fouler aux pieds de cette poupée qui noircit la réputation d'une Nègrepelisse. Vous avez le choix des armes, battez-vous au pistolet, vous tirez à merveille.

— J'y vais, reprit M. de Bargeton qui prit sa canne et son chapeau.

— Bien, mon ami, dit sa femme émue; voilà comme j'aime les hommes. Vous êtes un gentilhomme.

Elle lui présenta son front à baiser, que le vieillard baisa tout heureux et fier. Cette femme, qui portait une espèce de sentiment maternel à ce grand enfant, ne put réprimer une larme en entendant retentir la porte cochère quand elle se referma sur lui.

— Comme il m'aime! se dit-elle. Le pauvre homme tient à la vie, et cependant il la perdrait sans regret pour moi.

M. de Bargeton ne s'inquiétait pas d'avoir à s'aligner le lendemain devant un homme, à regarder froidement la bouche d'un pistolet dirigé sur lui; non, il n'était embarrassé que d'une seule chose, et il en frémissait tout en allant chez M. de Chandour. — Que vais-je dire? pensait-il. Naïs aurait bien dû me faire un thème! Et il se creusait la cervelle afin de formuler quelques phrases qui ne fussent point ridicules.

Mais les gens qui vivent, comme vivait M. de Bargeton, dans un silence imposé par l'étroitesse de leur esprit et leur peu de portée, ont, dans les grandes circonstances de la vie, une solennité toute faite. Parlant peu, il leur échappe naturellement peu de sottises; puis, réfléchissant beaucoup à ce qu'ils doivent dire, leur extrême défiance d'eux-mêmes les porte à si bien étudier leurs discours qu'ils s'expriment à merveille par un phénomène pareil à celui qui délia la langue à l'ânesse de Balaam. Aussi monsieur de Bargeton se comporta-t-il comme un homme supérieur. Il justifia l'opinion de ceux qui le regardaient comme un philosophe de l'école de Pythagore. Il entra chez Stanislas à onze heures du soir, et y trouva nombreuse compagnie. Il alla saluer silencieusement Amélie, et offrit à chacun son niais sourire, qui, dans les circonstances présentes, parut profondément ironique. Il se fit alors un grand silence, comme dans la nature à l'approche d'un orage. Châtelet, qui était revenu, regarda tour à tour d'une façon très-significative M. de Bargeton et Stanislas, que le mari offensé aborda poliment.

Du Châtelet comprit le sens d'une visite faite à une heure où ce vieillard était toujours couché : Naïs agitait évidemment ce bras débile; et comme sa position auprès d'Amélie lui donnait le droit de se mêler des affaires du ménage, il se leva, prit M. de Bargeton à part et lui dit : — Vous voulez parler à Stanislas ?

— Oui, dit le bonhomme heureux d'avoir un entremetteur quit peut-être prendrait la parole pour lui.

— Eh bien, allez dans la chambre à coucher d'Amélie, lui répondit le directeur des contributions, heureux de ce duel qui pouvait rendre madame de Bargeton veuve en lui interdisant d'épouser Lucien, la cause du duel.

— Stanislas, dit du Châtelet à M. de Chandour, Bargeton vient sans doute vous demander raison des propos que vous teniez sur Naïs. Venez chez votre femme, et conduisez-vous tous deux en gentilshommes. Ne faites point de bruit, affectez beaucoup de politesse, ayez enfin toute la froideur d'une dignité britannique.

En un moment Stanislas et du Châtelet vinrent trouver Bargeton.

— Monsieur, dit le mari offensé, vous prétendez avoir trouvé madame de Bargeton dans une situation équivoque avec M. de Rubempré ?

— Avec M. Chardon, reprit ironiquement Stanislas qui ne croyait pas Bargeton un homme fort.

— Soit, reprit le mari. Si vous ne démentez pas ce propos en présence de la société qui est chez vous en ce moment, je vous prie de prendre un témoin. Mon beau-père, M. de Nègrepelisse, viendra vous chercher à quatre heures du matin. Faisons chacun nos dispositions, car l'affaire ne peut s'arranger que de la manière que je viens d'indiquer. Je choisis le pistolet, je suis l'offensé.

Durant le chemin, M. de Bargeton avait ruminé ce discours, le plus long qu'il eût fait en sa vie, il le dit sans passion et de l'air le plus simple du monde. Stanislas pâlit et se dit en lui-même : — Qu'ai-je vu, après tout ? Mais, entre la honte de démentir ses propos devant toutes la ville, en présence de ce muet qui paraissait ne pas vouloir entendre raillerie, et la peur, la hideuse peur qui lui serrait le cou de ces mains brûlantes, il choisit le péril le plus éloigné.

— C'est bien. A demain, dit-il à M. de Bargeton en pensant que l'affaire pourrait s'arranger.

Les trois hommes rentrèrent, et chacun étudia leur physionomie : du Chatelet souriait, M. de Bargeton était absolument comme s'il se trouvait chez lui; mais Stanislas se montra blême. A cet aspect quelques femmes devinèrent l'objet de la conférence. Ces mots : — Ils se battent ! circulèrent d'oreille en oreille. La moitié de l'assemblée pensa que Stanislas avait tort, sa pâleur et sa contenance accusaient un mensonge; l'autre moitié admira la tenue de monsieur de Bargeton. Du Châtelet fit le grave et le mystérieux. Après être resté quelques instants à examiner les visages, M. de Bargeton se retira.

— Avez-vous des pistolets ? dit du Châtelet à l'oreille de Stanislas qui frissonna de la tête aux pieds.

Amélie comprit tout et se trouva mal, les femmes s'empressèrent de la porter dans sa chambre à coucher. Il y eut une rumeur affreuse, tout le monde parlait à la fois. Les hommes restèrent dans le salon et déclarèrent d'une voix unanime que M. de Bargeton était dans son droit.

— Auriez-vous cru le bonhomme capable de se conduire ainsi ? dit M. de Saintot.

— Mais, dit l'impitoyable Jacques, dans sa jeunesse, il était un des plus forts sous les armes. Mon père m'a souvent parlé des exploits de Bargeton.

— Bah ! vous les mettrez à vingt pas, et ils se manqueront si vous prenez des pistolets de cavalerie, dit Francis à du Châtelet.

Quand tout le monde fut parti, du Châtelet rassura Stanislas et sa femme en leur expliquant que tout irait bien, et que dans un duel entre un homme de soixante ans et un homme de trente-six, celui-ci avait tout l'avantage.

Le lendemain matin, au moment où Lucien déjeunait avec David, qui était revenu de Marsac sans son père, madame Chardon entra tout effarée.

— Eh bien, Lucien, sais-tu la nouvelle dont on parle jusque dans le marché ? M. de Bargeton a presque tué M. de Chandour, ce matin à cinq heures, dans le pré de M. Tulloye, un nom qui donne lieu à des calembours. Il paraît que M. de Chandour a dit hier qu'il t'avait surpris avec madame de Bargeton.

— C'est faux ! madame de Bargeton est innocente, s'écria Lucien.

— Un homme de la campagne à qui j'ai entendu raconter les détails avait tout vu de dessus sa charrette. M. de Nègrepelisse était venu dès trois heures du matin pour assister M. de Bargeton ; il a dit à M. de Chandour que s'il arrivait malheur à son gendre, il se chargeait de le venger. Un officier du régiment de cavalerie a prêté ses pistolets, ils ont été essayés à plusieurs reprises par M. de Nègrepelisse. M. du Châtelet voulait s'opposer à ce qu'on exerçât les pistolets, mais l'officier que l'on avait pris pour arbitre a dit qu'à moins de se conduire comme des enfants, on devait se servir d'armes en état. Les témoins ont placé les deux adversaires à vingt-cinq pas l'un de l'autre. M. de Bargeton, qui était là comme s'il se promenait, a tiré le premier, et logé une balle dans le cou de M. de Chandour, qui est tombé sans pouvoir riposter. Le chirurgien de l'hôpital a déclaré tout à l'heure que M. de Chandour aura le cou de travers pour le reste de ses jours. Je suis venue te dire l'issue de ce duel pour que tu n'ailles pas chez madame de Bargeton, ou que tu ne te montres pas dans Angoulême, car quelques amis de M. de Chandour pourraient te provoquer.

En ce moment, Gentil, le valet de chambre de M. de

« Vous avez sans doute appris, mon ami, l'issue du duel entre Chandour et mon mari. Nous ne recevrons personne aujourd'hui ; soyez prudent, ne vous montrez pas, je vous le demande au nom de l'affection que vous avez pour moi. Ne trouvez-vous pas que le meilleur emploi de cette triste journée est de venir écouter votre Béatrix, dont la vie est toute changée par cet événement et qui a mille choses à vous dire ? »

— Heureusement, dit David, mon mariage est arrêté pour après-demain ; tu auras une occasion d'aller moins souvent chez madame de Bargeton.

— Cher David, répondit Lucien, elle me demande de venir la voir aujourd'hui ; je crois qu'il faut lui obéir, elle saura mieux que nous comment je dois me conduire dans les circonstances actuelles.

— Tout est donc prêt ici ? demanda madame Chardon.

— Venez voir, s'écria David, heureux de montrer la transformation qu'avait subie l'appartement du premier étage où tout était frais et neuf.

Là respirait ce doux esprit qui règne dans les jeunes ménages où les fleurs d'oranger, le voile de la mariée couronnent encore la vie intérieure, où le printemps de l'amour se reflète dans les choses, où tout est blanc, propre et fleuri.

— Ève sera comme une princesse, dit la mère, mais vous avez dépensé trop d'argent, vous avez fait des folies !

David sourit sans rien répondre, car madame Chardon avait mis le doigt dans le vif d'une plaie secrète qui faisait cruellement souffrir le pauvre amant : ses prévisions avaient été si grandement dépassées par l'exécution, qu'il lui était impossible de bâtir au-dessus de l'appentis. Sa belle-mère ne pouvait avoir de longtemps l'appartement qu'il voulait lui donner. Les esprits généreux éprouvent les plus vives douleurs de manquer à ces sortes de promesses qui sont en quelque sorte les petites vanités de la tendresse. David cachait soigneusement sa gêne, afin de ménager le cœur de Lucien qui aurait pu se trouver accablé des sacrifices faits pour lui.

— Ève et ses amis ont bien travaillé de leur côté, disait madame Chardon. Le trousseau, le linge de ménage, tout est prêt. Ces demoiselles l'aiment tant qu'elles lui ont, sans qu'elle en sût rien, couvert les matelas en futaine blanche, bordée de lisérés roses. C'est joli ! ça donne envie de se marier.

La mère et la fille avaient employé toutes leurs économies à fournir la maison de David des choses auxquelles ne pensent jamais les jeunes gens. En sachant combien il déployait de luxe, car il était question d'un service de porcelaine demandé à Limoges, elles avaient tâché de mettre de l'harmonie entre les choses qu'elles apportaient et celles que s'achetait David. Cette petite lutte d'amour et de générosité devait amener les deux époux à se trouver gênés dès le commencement de leur mariage, au milieu de tous les symptômes d'une aisance bourgeoise qui pouvait passer pour du luxe dans une ville arriérée comme l'était alors Angoulême. Au moment où Lucien vit sa mère et David passant dans la chambre à coucher dont la tenture bleue et blanche, dont le joli moblier lui était connu, il s'esquiva chez madame de Bargeton. Il trouva Naïs déjeunant avec son mari, qui, mis en appétit par sa promenade matinale, mangeait sans aucun souci de ce qui s'était passé. Le vieux gentilhomme campagnard, M. de Nègrepelisse, cette imposante figure, reste de la vieille noblesse française, était auprès de sa fille. Quand Gentil eut annoncé M. de Rubempré, le vieillard à tête blanche lui jeta un regard inquisitif d'un père empressé de juger

l'homme que sa fille a distingué. L'excessive beauté de
Lucien le frappa si vivement, qu'il ne put retenir un regard
d'approbation ; mais il semblait voir dans la liaison de sa
fille une amourette plutôt qu'une passion, un caprice plutôt qu'une passion durable. Le déjeuner finissait, Louise
put se lever, laisser son père et M. de Bargeton, en faisant
signe à Lucien de la suivre.

— Mon ami, dit-elle d'un son de voix triste et joyeux en
même temps, je vais à Paris, et mon père emmène Bargeton à l'Escarbas, où il restera pendant mon absence. Madame d'Espard, une demoiselle de Blamont-Chauvry, à
qui nous sommes alliés par les d'Espard, les aînés de la
famille des Nègrepelisse, est en ce moment très-influente
par elle-même et par ses parents. Si elle daigne nous reconnaître, je veux la cultiver beaucoup : elle peut nous obtenir par son crédit une place pour Bargeton. Mes sollicitations pourront le faire désirer par la cour pour député de
la Charente, ce qui aidera sa nomination ici. La députation pourra plus tard favoriser mes démarches à Paris.
C'est toi, mon enfant chéri, qui m'as inspiré ce changement
d'existence. Le duel de ce matin me force à fermer ma
maison pour quelque temps, car il y aura des gens qui
prendront parti pour les Chandour contre nous. Dans la
situation où nous sommes, et dans une petite ville, une
absence est toujours nécessaire pour laisser aux haines le
temps de s'assoupir. Mais ou je réussirai et ne reverrai
plus Angoulême, ou je ne réussirai pas et veux attendre à
Paris le moment où je pourrai passer tous les étés à l'Escarbas et les hivers à Paris. C'est la seule vie d'une femme
comme il faut. j'ai trop tardé à la prendre. La journée suffira pour tous nos préparatifs, je partirai demain dans la
nuit, et vous m'accompagnerez, n'est-ce-pas ? Vous irez en
avant. Entre Mansle et Ruffec, je vous prendrai dans ma
voiture, et nous serons bientôt à Paris. Là, cher, est la vie
des gens supérieurs. On ne se trouve à l'aise qu'avec ses

pairs, partout ailleurs on souffre. D'ailleurs Paris, capitale
du monde intellectuel, est le théâtre de vos succès ! fran-
chissez promptement l'espace qui vous en sépare ! Ne laissez pas vos idées se rancir en province, communiquez
promptement avec les grands hommes qui représenteront
le dix-neuvième siècle. Rapprochez-vous de la cour et du
pouvoir. Ni les distinctions ni les dignités ne viennent
trouver le talent qui s'étiole dans une petite ville. Nom-
mez-moi d'ailleurs les belles œuvres exécutées en province !
Voyez au contraire le sublime et pauvre Jean-Jacques invinciblement attiré par ce soleil moral, qui crée les gloires en échauffant les esprits par le frottement des rivalités.
Ne devez-vous pas vous hâter de prendre votre place dans
la pléiade qui se produit à chaque époque ? Vous ne sauriez croire combien il est utile à un jeune talent d'être mis
en lumière par la haute société. Je vous ferai recevoir
chez madame d'Espard ; personne n'a facilement l'entrée
de son salon, où vous trouverez tous les grands personnages, les ministres, les ambassadeurs, les orateurs de la
Chambre, les pairs les plus influents, des gens riches ou
célèbres. Il faudrait être bien maladroit pour ne pas exciter leur intérêt, quand on est beau, jeune et plein de génie. Les grands talents n'ont pas de petitesse, ils vous prê-
teront leur appui. Quand on vous saura haut placé, vos
œuvres acquerront une immense valeur. Pour les artistes,
le grand problème à résoudre est de se mettre en vue. Il
se rencontrera donc là pour vous mille occasions de fortune, des sinécures, une pension sur la cassette. Les Bourbons aiment tant à favoriser les lettres et les arts ! aussi
soyez à la fois poëte religieux et poëte royaliste. Non-seulement ce sera bien, mais vous ferez fortune. Est-ce l'opposition, est-ce le libéralisme qui donne les places, les récompenses, et qui fait la fortune des écrivains ? Ainsi prenez la
bonne route et venez là où vont tous les hommes de génie.
Vous avez mon secret, gardez le plus profond silence, et dis-

posez-vous à me suivre. Ne le voulez-vous **pas?** ajouta-t-elle étonnée de la silencieuse attitude de son amant.

Lucien, hébété par le rapide coup d'œil qu'il jeta sur Paris en entendant ces séduisantes paroles, crut n'avoir jusqu'alors joui que de la moitié de son cerveau ; il lui sembla que l'autre moitié se découvrait, tant ses idées s'agrandirent : il se vit, dans Angoulême, comme une grenouille sous sa pierre au fond d'un marécage. Paris et ses splendeurs, Paris, qui se produit dans toutes les imaginations de province comme un Eldorado, lui apparut avec sa robe d'or, la tête ceinte de pierreries royales, les bras ouverts aux talents. Les gens illustres allaient lui donner l'accolade fraternelle. Là tout souriait au génie. Là ni gentillâtres jaloux qui lançassent des mots piquants pour humilier l'écrivain, ni sotte indifférence pour la poésie. De là jaillissaient les œuvres des poëtes, là elles étaient payées et mises en lumière. Après avoir lu les premières pages de *l'Archer de Charles IX*, les libraires ouvriraient leurs caisses et lui diraient . Combien voulez-vous? Il comprenait d'ailleurs qu'après un voyage où ils seraient mariés par les circonstances, madame de Bargeton serait à lui tout entière, qu'ils vivraient ensemble.

A ces mots : — Ne le voulez-vous pas? il répondit par une larme, saisit Louise par la taille, la serra sur son cœur et lui marbra le cou par de violents baisers. Puis il s'arrêta tout à coup comme frappé par un souvenir, et s'écria : — Mon Dieu, ma sœur se marie après-demain !

Ce cri fut le dernier soupir de l'enfant noble et pur. Les liens si puissants qui attachent les jeunes cœurs à leur famille, à leur premier ami, à tous les sentiments primitifs, allaient recevoir un terrible coup de hache.

— Eh bien ! s'écria l'altière Nègrepelisse, qu'a de commun le mariage de votre sœur et la marche de notre amour? tenez-vous tant à être le coryphée de cette noce de bourgeois et d'ouvriers que vous ne puissiez m'en sacri-

fier les nobles joies ? Le beau sacrifice ! dit-elle avec mépris.
J'ai envoyé ce matin mon mari se battre à cause de vous !
Allez, monsieur, quittez-moi ! je me suis trompée.

Elle tomba pâmée sur son canapé. Lucien l'y suivit en
demandant pardon, en maudissant sa famille, David et sa
sœur.

— Je croyais tant en vous ! dit-elle. Monsieur de Cante-
Croix avait une mère qu'il idolâtrait, mais pour obtenir
une lettre où je lui disais : *Je suis contente !* il est mort
au milieu du feu. Et vous, quand il s'agit de voyager
avec moi, vous ne savez point renoncer à un repas de
noces !

Lucien voulut se tuer, et son désespoir fut si vrai, si
profond, que Louise pardonna, mais en faisant sentir à
Lucien qu'il aurait à racheter cette faute.

— Allez donc, dit-elle enfin, soyez discret, et trouvez-
vous demain soir à minuit à une centaine de pas après
Mansle.

Lucien sentit la terre petite sous ses pieds, il revint
chez David suivi de ses espérances comme Oreste l'était
par ses furies, car il entrevoyait mille difficultés qui se
comprenaient toutes dans ce mot terrible : — Et de l'argent ? La perspicacité de David l'épouvantait si fort, qu'il
s'enferma dans son joli cabinet pour se remettre de l'é-
tourdissement que lui causait sa nouvelle position. Il fallait
donc quitter cet appartement si chèrement établi, rendre
inutiles tant de sacrifices. Lucien pensa que sa mère pourrait loger là, David économiserait ainsi la coûteuse bâtisse
qu'il avait projeté de faire au fond de la cour. Ce départ
devait arranger sa famille, il trouva mille raisons péremp-
toires à sa fuite, car il n'y a rien de jésuite comme un
désir. Aussitôt il courut à l'Houmeau chez sa sœur, pour
lui apprendre sa nouvelle destinée et se concerter avec
elle. En arrivant devant la boutique de Postel, il pensa
que, s'il n'y avait pas d'autres moyens, il emprunterait au

successeur de son père la somme nécessaire à son séjour durant un an.

— Si je vis avec Louise, un écu par jour sera pour moi comme une fortune, et cela ne fait que mille francs pour un an, se dit-il. Or, dans six mois, je serai riche !

Ève et sa mère entendirent, sous la promesse d'un profond secret, les confidences de Lucien. Toutes deux pleurèrent en écoutant l'ambitieux ; et, quand il voulut savoir la cause de ce chagrin, elles lui apprirent que tout ce qu'elles possédaient avait été absorbé par le linge de table et de maison, par le trousseau d'Ève, par une multitude d'acquisitions auxquelles n'avait pas pensé David, et qu'elles étaient heureuses d'avoir faites, car l'imprimeur reconnaissait à Ève une dot de dix mille francs. Lucien leur fit part alors de son idée d'emprunt, et madame Chardon se chargea d'aller demander à M. Postel mille francs pour un an.

— Mais, Lucien, dit Ève avec un serrement de cœur, tu n'assisteras donc pas à mon mariage ? Oh ! reviens, j'attendrai quelques jours ! Elle te laissera bien revenir ici dans une quinzaine, une fois que tu l'auras accompagnée ! Elle nous accordera bien huit jours, à nous qui t'avons élevé pour elle ! Notre union tournera mal si tu n'y es pas... Mais auras-tu assez de mille francs ? dit-elle en s'interrompant tout à coup. Quoique ton habit t'aille divinement, tu n'en as qu'un ! Tu n'as que deux chemises fines, et les six autres sont en grosse toile. Tu n'as que trois cravates de batiste, les trois autres sont en jaconas commun ; et puis tes mouchoirs ne sont pas beaux. Trouveras-tu dans Paris une sœur pour te blanchir ton linge dans la journée où tu en auras besoin ? il t'en faut bien d'avantage. Tu n'as qu'un pantalon de nankin fait cette année, ceux de l'année dernière te sont justes, il faudra donc te faire habiller à Paris, les prix de Paris ne sont pas ceux d'Angoulême. Tu n'as que deux gilets blancs de mettables, j'ai déjà raccom-

modé les autres. Tiens, je te conseille d'emporter deux
mille francs.

En ce moment David, qui entrait, parut avoir entendu
ces deux derniers mots, car il examina le frère et la sœur
en gardant le silence.

— Ne me cachez rien, dit-il.

— Eh bien, s'écria Ève, il part avec elle !

—Postel, dit madame Chardon en entrant sans voir David, consent à prêter les mille francs, mais pour six mois
seulement, et il veut une lettre de change de toi acceptée
par ton beau-frère, car il dit que tu n'offres aucune garantie.

La mère se retourna, vit son gendre, et ces quatres personnes gardèrent un profond silence. La famille Chardon
sentait combien elle avait abusé de David. Tous étaient
honteux. Une larme roula dans les yeux de l'imprimeur.

— Tu ne seras donc pas à mon mariage ? dit-il, tu ne
resteras donc pas avec nous ? Et moi qui ai dissipé tout ce
que j'avais ! Ah ! Lucien, moi qui apportais à Ève ses pauvres petits bijoux de mariée, je ne savais pas, dit-il en
essuyant ses yeux et tirant des écrins de sa poche, avoir à
regretter de les avoir achetés.

Il posa plusieurs boîtes couvertes en maroquin sur la
table, devant sa belle-mère.

— Pourquoi pensez-vous tant à moi ? dit Ève avec un
sourire d'ange qui corrigeait sa parole.

— Chère maman, dit l'imprimeur, allez dire à M. Postel
que je consens à donner ma signature, car je vois sur ta
figure, Lucien, que tu es bien décidé à partir.

Lucien inclina mollement et tristement la tête en ajoutant un moment après : — Ne me jugez pas mal, mes anges
aimés. Il prit Ève et David, les embrassa, les rapprocha de
lui, les serra en disant : — Attendez les résultats, et vous
saurez combien je vous aime. David, à quoi servirait notre
hauteur de pensée, si elle ne nous permettait pas de faire

abstraction des petites cérémonies dans lesquelles les lois entortillent les sentiments ? Malgré la distance, mon âme ne sera-t-elle pas ici ? la pensée ne nous réunira-t-elle pas? N'ai-je pas une destinée à accomplir? Les libraires viendront-ils chercher ici mon *Archer de Charles IX*, et *les Marguerites* ? Un peu plus tôt, un peu plus tard, ne faut-il pas toujours faire ce que je fais aujourd'hui, puis-je jamais rencontrer des circonstances plus favorables? N'est-ce pas toute ma fortune que d'entrer pour mon début à Paris dans le salon de la marquise d'Espard?

— Il a raison, dit Ève. Vous-même ne me disiez-vous pas qu'il devait aller promptement à Paris?

David prit Ève par la main, l'emmena dans cet étroit cabinet où elle dormait depuis sept années, et lui dit à l'oreille : — Il a besoin de deux mille francs, disais-tu, mon amour ? Postel n'en prête que mille.

Ève regarda son prétendu par un regard affreux qui disait toutes ses souffrances.

— Écoute, mon Ève adorée, nous allons mal commencer la vie. Oui, mes dépenses ont absorbé tout ce que je possédais. Il ne me reste que deux mille francs, et la moitié est indispensable pour faire aller l'imprimerie. Donner mille francs à ton frère, c'est donner notre pain, compromettre notre tranquillité. Si j'étais seul, je sais ce que je ferais; mais nous sommes deux. Décide.

Ève éperdue se jeta dans les bras de son amant, le baisa tendrement et lui dit à l'oreille, tout en pleurs: — Fais comme si tu étais seul, je travaillerai pour regagner cette somme!

Malgré le plus ardent baiser que deux fiancés aient jamais échangé, David laissa Ève abattue et revint trouver Lucien.

— Ne te chagrine pas, dui dit-il, tu auras tes deux mille francs.

— Allez voir Postel, dit madame Chardon, car vous devez signer tous deux le papier.

Quand les deux amis remontèrent, ils surprirent Ève et sa mère à genoux, qui priaient Dieu. Si elles savaient combien d'espérances le retour devait réaliser, elles sentaient en ce moment tout ce qu'elles perdaient dans cet adieu ; car elles trouvaient le bonheur à venir payé trop cher par une absence qui allait briser leur vie, et les jeter dans mille craintes sur les destinées de Lucien.

— Si jamais tu oubliais cette scène, dit David à l'oreille de Lucien, tu serais le dernier des hommes.

L'imprimeur jugea sans doute ces graves paroles nécessaires, l'influence de madame de Bargeton ne l'épouvantait pas moins que la funeste mobilité de caractère qui pouvait tout aussi bien jeter Lucien dans une mauvaise comme dans une bonne voie. Ève eut bientôt fait le paquet de Lucien. Ce Fernand Cortès littéraire emportait peu de chose. Il garda sur lui sa meilleure redingote, son meilleur gilet et l'une de ses deux chemises fines. Tout son linge, son fameux habit, ses effets et ses manuscrits formèrent un si mince paquet, que, pour le cacher aux regards de madame de Bargeton, David proposa de l'envoyer par la diligence à son correspondant, un marchand de papier, auquel il écrirait de le tenir à la disposition de Lucien.

Malgré les précautions prises par madame de Bargeton pour cacher son départ, M. du Châtelet l'apprit et voulut savoir si elle ferait le voyage seule ou accompagnée de Lucien ; il envoya son valet de chambre à Ruffec, avec la mission d'examiner toutes les voitures qui relayeraient à la poste.

— Si elle enlève son poëte, pensa-t-il, elle est à moi.

Lucien partit le lendemain au petit jour, accompagné de David qui s'était procuré un cabriolet et un cheval en annonçant qu'il allait traiter d'affaires avec son père, petit mensonge qui, dans les circonstances actuelles, était probable. Les deux amis se rendirent à Marsac, où ils passèrent une partie de la journée chez le vieil ours ; puis le soir ils allèrent au delà de Mansle attendre madame de Bargeton, qui arriva vers le matin. En voyant la vieille calèche sexagénaire qu'il avait tant de fois regardée sous la remise, Lucien éprouva l'une des plus vives émotions de sa vie, il se jeta dans les bras de David, qui lui dit : — Dieu veuille que ce soit pour ton bien !

L'imprimeur remonta dans son méchant cabriolet, et disparut le cœur serré, car il avait d'horribles pressentiments sur les destinées de Lucien à Paris.

DEUXIÈME PARTIE

—

UN GRAND HOMME DE PROVINCE A PARIS

Ni Lucien, ni madame de Bargeton, ni Gentil, ni Albertine, la femme de chambre, ne parlèrent jamais des événements de ce voyage ; mais il est à croire que la présence continuelle des gens le rendit fort maussade pour un amoureux qui s'attendait à tous les plaisirs d'un enlèvement. Lucien, qui allait en poste pour la première fois de sa vie, fut très-ébahi de voir semer sur la route d'Angoulême à Paris presque toute la somme qu'il destinait à sa vie d'une année. Comme les hommes qui unissent les grâces de l'enfance à la force du talent, il eut le tort d'exprimer ses naïfs étonnements à l'aspect des choses nouvelles pour lui. Un homme doit bien étudier une femme avant de lui laisser voir ses émotions et ses pensées comme elles se produisent. Une maîtresse aussi tendre que grande sourit aux enfantillages et les comprend ; mais pour peu qu'elle ait de la

vanité, elle ne pardonne pas à son amant de s'être montré
enfant, vain ou petit. Beaucoup de femmes portent une si
grande exagération dans leur culte, qu'elles veulent toujours trouver un dieu dans leur idole ; tandis que celles qui
aiment un homme pour lui-même avant de l'aimer pour
elles, adorent ses petitesses autant que ses grandeurs. Lucien
n'avait pas encore deviné que chez madame de Bargeton
l'amour était greffé sur l'orgueil. Il eut le tort de ne pas s'expliquer certains sourires qui échappèrent à Louise durant
ce voyage, quand, au lieu de les contenir, il se laissait aller
à s 3 gentillesses de jeune rat sorti de son trou.

Les voyageurs débarquèrent à l'hôtel du Gaillard-Bois,
rue de l'Échelle, avant le jour. Les deux amants étaient si
fatigués l'un et l'autre, qu'avant tout Louise voulut se coucher et se coucha, non sans avoir ordonné à Lucien de demander une chambre au-dessus de l'appartement qu'elle
prit. Lucien dormit jusqu'à quatre heures du soir. Madame
de Bargeton le fit éveiller, pour dîner, il s'habilla précipitamment en apprenant l'heure, et trouva Louise dans une
de ces ignobles chambres qui sont la honte de Paris, où,
malgré tant de prétentions à l'élégance, il n'existe pas encore un seul hôtel où tout voyageur riche puisse retrouver
son chez soi. Quoiqu'il eût sur les yeux ces nuages que
laisse un brusque réveil, Lucien ne reconnut pas sa Louise
dans cette chambre froide, sans soleil, à rideaux passés,
dont le carreau frotté semblait misérable, où le meuble
était usé, de mauvais goût, vieux ou d'occasion. Il est en
effet certaines personnes qui n'ont ni le même aspect ni la
même valeur, une fois séparées des figures, des choses, des
lieux qui leur servent de cadre. Les physionomies vivantes
ont une sorte d'atmosphère qui leur est propre, comme le
clair-obscur des tableaux flamands est nécessaire à la vie
des figures qu'y a placées le génie des peintres. Les gens
de province sont presque tous ainsi. Puis madame de Bargeton parut plus digne, plus pensive qu'elle ne devait l'être

en un moment où commençait un bonheur sans entraves.
Lucien ne pouvait se plaindre : Gentil et Albertine les servaient. Le dîner n'avait plus ce caractère d'abondance et
d'essentielle bonté qui distingue la vie en province. Les
plats coupés par la spéculation sortaient d'un restaurant
voisin, ils étaient maigrement servis, ils sentaient la portion congrue. Paris n'est pas beau dans ces petites choses
auxquelles sont condamnés les gens à fortune médiocre.
Lucien attendit la fin du repas pour interroger Louise, dont
le changement lui semblait inexplicable. Il ne se trompait
point. Un événement grave, car les réflexions sont les
événements de la vie morale, était survenu pendant son
sommeil.

Sur les deux heures après midi, Sixte du Châtelet s'était
présenté à l'hôtel, avait fait éveiller Albertine, avait manifesté le désir de parler à sa maîtresse, et il était revenu
après avoir à peine laissé le temps à madame de Bargeton
de faire sa toilette. Anaïs, dont la curiosité fut excité par
cette singulière apparition de M. du Châtelet, elle qui
se croyait si bien cachée, l'avait reçu vers trois heures,

— Je vous ai suivie en risquant d'avoir une réprimande
à l'administration, dit-il en la saluant, car je prévoyais ce
qui vous arrive. Mais dussé-je perdre ma place, au moins
vous ne serez pas perdue, vous !

— Que voulez-vous dire ? s'écria madame de Bargeton.

— Je vois bien que vous aimez Lucien, reprit-il d'un air
tendrement résigné, car il faut bien aimer un homme pour
ne réfléchir à rien, pour oublier toutes les convenances,
vous qui les connaissez si bien! Croyez-vous donc, chère
Naïs adorée, que vous serez reçue chez madame de d'Espard
ou dans quelque salon de Paris que ce soit, du moment
où l'on saura que vous vous êtes comme enfuie d'Angoulême avec un jeune homme, et surtout après le duel
de M. de Bargeton et de M. de Chandour? Le séjour de
votre mari à l'Escarbas a l'air d'une séparation. En

cas semblable, les gens comme il faut commencent par
se battre pour leurs femmes, et les laissent libres après.
Aimez monsieur de Rubempré, protégez-le, faites-en tout
ce que vous voudrez, mais ne demeurez pas ensemble ! Si
quelqu'un ici savait que vous avez fait le voyage dans la
même voiture, vous seriez mise à l'index par le monde que
vous voulez voir. Dailleurs, Naïs, ne faites pas encore de
ces sacrifices à un jeune homme que vous n'avez encore
comparé à personne, qui n'a été soumis à aucune épreuve,
et qui peut vous oublier ici pour une parisienne en la
croyant plus nécessaire que vous à ses ambitions. Je ne
veux pas nuire à celui que vous aimez, mais vous me permettrez de faire passer vos intérêts avant les siens, et de
vous dire : « Étudiez-le ! Connaissez bien toute l'importance de votre démarche. » Si vous trouvez les portes fer-
mées, si les femmes refusent de vous recevoir, au moins
n'ayez aucun regret de tant de sacrifices, en songeant que
celui auquel vous les faites en sera toujours digne, et les
comprendra. Madame d'Espard est d'autant plus prude et
sévère, qu'elle-même est séparée de son mari, sans que le
monde ait pu pénétrer la cause de leur désunion ; mais les
Navarreins, les Blamont-Chauvry, les Lenoncourt, tous ses
parents l'ont entourée, les femmes les plus collet-monté
vont chez elle et l'accueillent avec respect, en sorte que le
marquis d'Espard a tort. Dès la première visite que vous
lui ferez, vous reconnaîtrez la justesse de mes avis. Certes,
je puis vous le prédire, moi qui connais Paris : en entrant
chez la maquise vous seriez au désespoir qu'elle sût que
vous êtes à l'hôtel du Gaillard-Bois avec le fils d'un apothicaire, tout monsieur de Rubempré qu'il veut être. Vous
aurez ici des rivales bien autrement astucieuses et rusées
qu'Amélie, elles ne manqueront pas de savoir qui vous
êtes, où vous êtes, d'où vous venez, et ce que vous faites.
Vous avez compté sur l'incognito, je le vois ; mais vous
êtes de ces personnes pour lesquelles l'incognito n'existe

point. Ne rencontrerez vous pas Angoulême partout ? c'est
les députés de la Charente qui viennent pour l'ouverture
des Chambres ; c'est le général qui est à Paris en congé ;
mais il suffira d'un seul habitant d'Angoulême qui vous
aperçoive pour que votre vie soit arrêtée d'une étrange
manière : vous ne seriez plus que la maîtresse de Lucien.
Si vous avez besoin de moi pour quoi que ce soit, je suis
chez le receveur général, rue du faubourg-Saint-Honoré,
à deux pas de chez madame d'Espard. Je connais assez la
maréchale de Carigliano, madame de Sérizy et le président
du conseil pour vous y présenter ; mais vous verrez tant de
monde chez madame d'Espard, que vous n'avez pas besoin
de moi. Loin d'avoir à désirer d'aller dans tel ou tel salon,
vous serez désirée dans les salons.

Du Châtelet put parler sans que madame de Bargeton
l'interrompît : elle était saisie par la justesse de ces observations. La reine d'Angoulême avait en effet compté sur
l'incognito.

— Vous avez raison, cher ami, dit-elle ; mais comment
faire ?

— Laissez-moi, répondit Châtelet, vous chercher un appartement tout meublé, convenable ; vous mènerez ainsi
une vie moins chère que la vie des hôtels, et vous serez
chez vous ; et, si vous m'en croyez, vous y coucherez ce
soir.

— Mais comment avez-vous connu mon adresse ? dit-
elle.

— Votre voiture était facile à reconnaître, et d'ailleurs je
vous suivais. A Sèvres, le postillon qui vous a menée a dit
votre adresse au mien. Me permettrez-vous d'être votre maréchal des logis ? je vous écrirai bientôt pour vous dire où
je vous aurai casée.

— Eh bien, faites, dit-elle.

Ce mot ne semblait rien, et c'était tout. Le baron du Châtelet avait parlé la langue du monde à une femme du

monde. Il s'était montré dans toute l'élégance d'une mise parisienne ; un joli cabriolet bien attelé l'avait amené. Par hasard, madame de Bargeton se mit à la croisée pour réfléchir à sa position, et vit partir le vieux dandy. Quelques instants après, Lucien, brusquement éveillé, brusquement habillé, se produisit à ses regards dans son pantalon de nankin de l'an dernier, avec sa méchante petite redingote. Il était beau, mais ridiculement mis. Habillez l'Apollon du Belvédère ou l'Antinoüs en porteur d'eau, reconnaîtrez-vous alors la divine création du ciseau grec ou romain ? Les yeux comparent avant que le cœur ait rectifié ce rapide jugement machinal. Le contraste entre Lucien et Châtelet fut trop brusque pour ne pas frapper les yeux de Louise. Lorsque vers six heures le dîner fut terminé, madame de Bargeton fit signe à Lucien de venir près d'elle sur un méchant canapé de calicot rouge à fleurs jaunes, où elle s'était assise.

— Mon Lucien, dit-elle, n'es-tu pas d'avis que si nous avons fait une folie qui nous tue également, il y a de la raison à la réparer ? Nous ne devons, cher enfant, ni demeurer ensemble à Paris, ni laisser soupçonner que nous y soyons venus de compagnie. Ton avenir dépend beaucoup de ma position, et je ne dois la gâter d'aucune manière. Ainsi, dès ce soir, je vais aller me loger à quelques pas d'ici ; mais tu demeureras dans cet hôtel, et nous pourrons nous voir tous les jours sans que personne y trouve à redire.

Louise expliqua les lois du monde à Lucien, qui ouvrit de grands yeux. Sans savoir que les femmes qui reviennent sur leurs folies reviennent sur leur amour, il comprit qu'il n'était plus le Lucien d'Angoulême. Louise ne lui parlait que d'elle, de ses intérêts, de sa réputation, du monde ; et pour excuser son égoïsme, elle essayait de lui faire croire qu'il s'agissait de lui-même. Il n'avait aucun droit sur Louise, si promptement redevenue madame de Bargeton, et, chose plus grave ! il n'avait aucun pouvoir. Aussi ne put-il retenir de grosses larmes qui roulèrent dans ses yeux.

— Si je suis votre gloire, vous êtes encore plus pour moi, vous êtes ma seule espérance et tout mon avenir. J'ai compris que si vous épousiez mes succès, vous deviez épouser mon infortune, et voilà que déjà nous nous séparons.

— Vous jugez ma conduite, dit-elle, vous ne m'aimez pas. Lucien la regarda avec une expression si douloureuse qu'elle ne put s'empêcher de lui dire : — Cher petit, je resterai si tu veux, nous nous perdrons et resterons sans appui. Mais quand nous serons également misérables et tous deux repoussés, quand l'insuccès, car il faut tout prévoir, nous aura rejetés à l'Escarbas, souviens-toi, mon amour, que j'aurai prévu cette fin, et que je t'aurai proposé d'abord de parvenir selon les lois du monde en leur obéissant.

— Louise répondit-il en l'embrassant, je suis effrayé de te voir si sage. Songe que je suis un enfant, que je me suis abandonné tout entier à ta chère volonté. Moi, je voulais triompher des hommes et des choses de vive force ; mais si je puis arriver plus promptement par ton aide que seul, je serai bien heureux de te devoir toutes mes fortunes. Pardonne ! j'ai trop mis en toi pour ne pas tout craindre. Pour moi, une séparation est l'avant-coureur de l'abandon ; et l'abandon, c'est la mort.

— Mais, cher enfant, le monde te demande peu de chose, répondit-elle. Il s'agit seulement de coucher ici, et tu demeureras tout le jour chez moi sans qu'on y trouve à redire.

Quelques caresses achevèrent de calmer Lucien. Une heure après, Gentil apporta un mot par lequel Châtelet apprenait à madame de Bargeton qu'il lui avait trouvé un appartement rue Neuve-de-Luxembourg. Elle se fit expliquer la situation de cette rue, qui n'était pas très-éloignée de la rue de l'Échelle, et dit à Lucien : — Nous sommes

voisins. Deux heures après, Louise monta dans une voiture
que lui envoyait du Châtelet pour se rendre chez elle. L'appartement, un de ceux où les tapissiers mettent des meubles et qu'ils louent à de riches députés ou à de grands
personnages venus pour peu de temps à Paris, était somptueux, mais incommode. Lucien retourna sur les onze
heures à son petit hôtel du Gaillard-Bois, n'ayant encore vu
de Paris que la partie de la rue Saint-Honoré qui se trouve
entre la rue Neuve-de-Luxembourg et la rue de l'Échelle.
Il se coucha dans sa misérable petite chambre, qu'il ne
put s'empêcher de comparer au magnifique appartement
de Louise. Au moment où il sortit de chez madame de
Bargeton, le baron Châtelet y arriva, revenant de chez le
ministre des affaires étrangères, dans la splendeur d'une
mise de bal. Il venait rendre compte de toutes les conventions qu'il avait faites pour madame de Bargeton. Louise
était inquiète, ce luxe l'épouvantait. Les mœurs de la province avaient fini par réagir sur elle, elle était devenue
méticuleuse dans ses comptes; elle avait tant d'ordre, qu'à
Paris elle allait passer pour avare. Elle avait emporté près
de vingt mille francs en un bon du receveur général, en
destinant cette somme à couvrir l'excédant de ses dépenses
pendant quatre années; elle craignait déjà de ne pas avoir
assez et de faire des dettes. Châtelet lui apprit que son appartement ne lui coûtait que six cents francs par mois.

— Une misère, dit-il en voyant le haut-le-corps que fit
Naïs. — Vous avez à vos ordres une voiture pour cinq cents
francs par mois, ce qui fait en tout cinquante louis. Vous
n'aurez plus qu'à penser à votre toilette. Une femme qui
voit le grand monde ne saurait s'arranger autrement. Si
vous voulez faire de monsieur de Bargeton un receveur général, ou lui obtenir un place dans la maison du roi, vous
ne devez pas avoir un air misérable. Ici l'on ne donne
qu'aux riches. Il est fort heureux, dit-il, que vous ayez
Gentil pour vous accompagner, et Albertine pour vous

habiller, car les domestiques sont une ruine à Paris. Vous mangerez rarement chez vous, lancée comme vous allez l'être.

Madame de Bargeton et le baron causèrent de Paris. Du Châtelet raconta les nouvelles du jour, les mille riens qu'on doit savoir sous peine de ne pas être de Paris. Il donna bientôt à Naïs des conseils sur les magasins où elle devait se fournir ; il lui indiqua Herbault pour les toques, Juliette pour les chapeaux et les bonnets ; il lui donna l'adresse de la couturière qui pouvait remplacer Victorine ; enfin il lui fit sentir la nécessité de se *désangoulémer*. Puis il partit sur le dernier trait d'esprit qu'il eut le bonheur de trouver.

— Demain, dit-il négligemment, j'aurai sans doute une loge à quelque spectacle, je viendrai vous prendre vous et monsieur de Rubempré, car vous me permettrez de vous faire à vous deux les honneurs de Paris.

— Il a dans le caractère plus de générosité que je ne le pensais, se dit madame de Bargeton en lui voyant inviter Lucien.

Au mois de juin, les ministres ne savent que faire de leurs loges aux théâtres : les députés ministériels et leurs commettants font leurs vendanges ou veillent à leurs moissons, leurs connaissances les plus exigeantes sont à la campagne ou en voyage ; aussi, vers cette époque, les plus belles loges des théâtres de Paris reçoivent-elles des hôtes hétéroclites que les habitués ne revoient plus et qui donnent au public l'air d'une tapisserie usée. Du Châtelet avait déjà pensé que, grâce à cette circonstance, il pourrait, sans dépenser beaucoup d'argent, procurer à Naïs les amusements qui affriandent le plus les provinciaux. Le lendemain, pour la première fois qu'il venait, Lucien ne trouva pas Louise. Madame de Bargeton était sortie pour quelques emplettes indispensables. Elle était allée tenir conseil avec les graves et illustres autorités en matière de

toilette féminine que Châtelet lui avait cités, car elle avait
écrit son arrivée à la marquise d'Espard. Quoique madame
de Bargeton eût en elle-même cette confiance que donne
une longue domination, elle avait singulièrement peur de
paraître provinciale. Elle avait assez de tact pour savoir
combien les relations entre femmes dépendent des premières impressions ; et, quoiqu'elle se sût de force à se mettre
promptement au niveau des femmes supérieures comme
madame d'Espard, elle sentait avoir besoin de bienveillance
à son début, et voulait surtout ne manquer d'aucun élément de succès. Aussi sut-elle à Châtelet un gré infini de
lui avoir indiqué les moyens de se mettre à l'unisson du
beau monde parisien. Par un singulier hasard, la marquise
se trouvait dans une situation à être enchantée de rendre
service à une personne de la famille de son mari. Sans
cause apparente, le marquis d'Espard s'était retiré du
monde ; il ne s'occupait ni de ses affaires, ni des affaires
politiques, ni de sa famille, ni de sa femme. Devenue ainsi
maîtresse d'elle-même, la marquise sentait le besoin d'être
approuvée par le monde ; elle était donc heureuse de remplacer le marquis en cette circonstance en se faisant la protectrice de sa famille. Elle allait mettre de l'ostentation à
son patronage afin de rendre les torts de son mari plus
évidents. Dans la journée même, elle écrivit à *madame
de Bargeton, née Négrepelisse,* un de ces charmants billets
où la forme est si jolie, qu'il faut bien du temps avant d'y
reconnaître le manque de fond :

« Elle était heureuse d'une circonstance qui rapprochait
de la famille une personne de qui elle avait entendu parler,
et qu'elle souhaitait connaître, car les amitiés de Paris
n'étaient pas si solides qu'elle ne désirât avoir quelqu'un
de plus à aimer sur la terre ; et si cela ne devait pas avoir
lieu, ce ne serait qu'une illusion à ensevelir avec les autres. Elle se mettait tout entière à la disposition de sa cousine, qu'elle serait allée voir sans une indisposition qui

la retenait chez elle : mais elle se regardait déjà comme
son obligée de ce qu'elle eût songé à elle. »

Pendant sa première promenade vagabonde à travers les
boulevards et la rue de la Paix, Lucien, comme tous les
nouveaux venus, s'occupa beaucoup plus des choses que des
personnes. A Paris, les masses s'emparent tout d'abord de
l'attention : le luxe des boutiques, la hauteur des maisons,
l'affluence des voitures, les constantes oppositions que présentent un extrême luxe et une extrême misère saisissent
avant tout. Surpris de cette foule à laquelle il était étranger,
cet homme d'imagination éprouva comme une immense
diminution de lui-même. Les personnes qui jouissent en
province d'une considération quelconque, et qui y rencontrent à chaque pas une preuve de leur importance, ne
s'accoutument point à cette perte totale et subite de leur
valeur. Être quelque chose dans son pays et n'être rien à
Paris, sont deux états qui veulent des transitions ; et ceux
qui passent trop brusquement de l'un à l'autre tombent
dans une espèce d'anéantissement. Pour un jeune poëte qui
trouvait un écho à tous ses sentiments, un confident pour
toutes ses idées, une âme pour partager ses moindres sensations, Paris allait être un affreux désert. Lucien n'était
pas allé chercher son bel habit bleu, en sorte qu'il fut gêné
par la mesquinerie, pour ne pas dire le délabrement de son
costume en se rendant chez madame de Bargeton à l'heure
où elle devait être rentrée ; il y trouva le baron du Châtelet,
qui les emmena tous deux dîner au Rocher de Cancale.
Lucien, étourdi de la rapidité du tournoiement parisien,
ne pouvait rien dire à Louise, ils étaient tous les trois dans
la voiture ; mais il lui pressa la main, elle répondit amicalement à toutes les pensées qu'il exprimait ainsi. Après le
dîner, Châtelet conduisit ses deux convives au Vaudeville.
Lucien éprouvait un secret mécontentement à l'aspect de du
Châtelet, il maudissait le hasard qui l'avait conduit à Paris.
Le directeur des contributions mit le sujet de son voyage

sur le compte de son ambition : il espérait être nommé secrétaire général d'une administration, et entrer au conseil d'État comme maître des requêtes; il venait demander raison des promesses qui lui avaient été faites, car un homme comme lui ne pouvait pas rester directeur des contributions; il aimait mieux ne rien être, devenir député, rentrer dans la diplomatie. Il se grandissait; Lucien reconnaissait vaguement dans ce vieux beau la supériorité de l'homme du monde au fait de la vie parisienne; il était surtout honteux de lui devoir ses jouissances. Là où le poëte était inquiet et gêné, l'ancien secrétaire des commandements se trouvait comme un poisson dans l'eau. Du Châtelet souriait aux hésitations, aux étonnements, aux questions, aux petites fautes que le manque d'usage arrachait à son rival, comme les vieux loups de mer se moquent des novices qui n'ont pas le pied marin. Le plaisir qu'éprouvait Lucien, en voyant pour la première fois le spectacle à Paris, compensa le déplaisir que lui causaient ses confusions. Cette soirée fut remarquable par la répudiation secrète d'une grande quantité de ses idées sur la vie de province. Le cercle s'élargissait, la société prenait d'autres proportions. Le voisinage de plusieurs jolies Parisiennes si élégamment, si fraîchement mises, lui fit remarquer la vieillerie de la toilette de madame de Bargeton, quoiqu'elle fût passablement ambitieuse : ni les étoffes, ni les façons, ni les couleurs n'étaient de mode. La coiffure qui le séduisait tant à Angoulême lui parut d'un goût affreux comparée aux délicates inventions par lesquelles se recommandait chaque femme. — Va-t-elle rester comme ça? se dit-il, sans savoir que la journée avait été employée à préparer une transformation. En province, il n'y a ni choix ni comparaison à faire : l'habitude de voir les physionomies leur donne une beauté conventionnelle. Transporté à Paris, une femme qui passe pour jolie en province n'obtient pas la moindre attention, car elle n'est belle que par l'application du proverbe *Dans le royaume des aveugles, les borgnes sont rois*. Les yeux de Lucien faisaient la comparaison que madame de Bargeton avait faite la veille entre lui et Châtelet. De son côté, madame de Bargeton se permettait d'étranges réflexions sur son amant. Malgré son étrange beauté, le pauvre poëte n'avait point de tournure. Sa redingote dont les manches étaient trop courtes, ses méchants gants de province, son gilet étriqué, le rendaient prodigieusement ridicule auprès des jeunes gens du balcon : madame de Bargeton lui trouvait un air piteux. Châtelet, occupé d'elle sans prétention, veillant sur elle avec un soin qui trahissait une passion profonde ; Châtelet, élégant et à son aise comme un acteur qui retrouve les planches de son théâtre, regagnait en deux jours le terrain qu'il avait perdu en six mois. Quoique le vulgaire n'admette pas que les sentiments changent brusquement, il est certain que deux amants se séparent plus vite qu'ils ne se sont liés. Il se préparait chez madame de Bargeton et chez Lucien un désenchantement sur eux-mêmes dont la cause était Paris. La vie s'y agrandissait aux yeux du poëte, comme la société prenait une face nouvelle aux yeux de Louise. A l'un et à l'autre, il ne fallait plus qu'un accident pour trancher les liens qui les unissaient. Ce coup de hache, terrible pour Lucien, ne se fit pas longtemps attendre. Madame de Bargeton mit le poëte à son hôtel, et retourna chez elle accompagnée de du Châtelet, ce qui déplut horriblement au pauvre amoureux.

— Que vont-ils dire de moi ? pensait-il en montant dans sa triste chambre.

— Ce pauvre garçon est singulièrement ennuyeux, dit du Châtelet en souriant quand la portière fut refermée.

— Il en est ainsi de tous ceux qui ont un monde de pensées dans le cœur et dans le cerveau. Les hommes qui ont tant de choses à exprimer en de belles œuvres longtemps rêvées professent un certain mépris pour la conversation, commerce où l'esprit s'amoindrit en se monnayant, dit la fière Nègrepelisse qui eut encore le courage de défendre Lucien, moins pour Lucien que pour elle-même.

— Je vous accorde volontiers ceci, reprit le baron, mais nous vivons avec les personnes et non avec les livres. Tenez, chère Naïs, je le vois, il n'y a encore rien entre vous et lui, j'en suis ravi. Si vous vous décidez à mettre dans votre vie un intérêt qui vous a manqué jusqu'à présent, je vous en supplie, que ce ne soit pas pour ce prétendu homme de génie. Si vous vous trompiez ! si dans quelques jours, en le comparant aux véritables talents, aux hommes sérieusement remarquables que vous allez voir, vous reconnaissiez, chère belle sirène, avoir pris sur votre dos éblouissant et conduit au port, au lieu d'un homme armé de la lyre, un petit singe, sans manières, sans portée, sot et avantageux, qui peut avoir de l'esprit à l'Houmeau, mais qui devient à Paris un garçon extrêmement ordinaire ? Après tout, il se publie ici par semaine des volumes de vers dont le moindre vaut encore mieux que toute la poésie de monsieur Chardon. De grâce, attendez et comparez ! Demain, vendredi, il y a opéra, dit-il en voyant la voiture entrant dans la rue Neuve-de-Luxembourg, madame d'Espard dispose de la loge des premiers gentilshommes de la chambre, et vous y mènera sans doute. Pour vous voir dans votre gloire, j'irai dans la loge de madame de Sérizy. On donne *les Danaïdes*.

— Adieu, dit-elle.

Le lendemain, madame de Bargeton tâcha de se composer une mise du matin convenable pour aller voir sa cousine, madame d'Espard. Il faisait légèrement froid, elle ne trouva rien de mieux dans ses vieilleries d'Angoulême qu'une certaine robe de velours vert, garnie d'une manière assez extravagante. De son côté, Lucien sentit la nécessité d'aller chercher son fameux habit bleu, car il avait pris en horreur sa maigre redingote, et il voulait se montrer toujours bien mis en songeant qu'il pourrait rencontrer la marquise d'Espard, ou aller chez elle à l'improviste. Il monta dans un fiacre afin de rapporter immédiatement son paquet. En deux heures de temps, il dépensa trois ou quatre francs, ce qui lui donna beaucoup à penser sur les proportions financières de la vie parisienne. Après être arrivé au superlatif de sa toilette, il vint rue Neuve-de-Luxembourg, où, sur le pas de la porte, il rencontra Gentil en compagnie d'un chasseur magnifiquement emplumé.

— J'allais chez vous, monsieur ; madame m'envoie ce petit mot pour vous, dit Gentil qui ne connaissait pas les formules du respect parisien, habitué qu'il était à la bonhomie des mœurs provinciales.

Le chasseur prit le poëte pour un domestique. Lucien décacheta le billet, par lequel il apprit que madame de Bargeton passait la journée chez la marquise d'Espard et allait le soir à l'Opéra ; mais elle disait à Lucien de s'y trouver, sa cousine lui permettait de donner une place dans sa loge au jeune poëte, à qui la marquise était enchantée de procurer ce plaisir.

— Elle m'aime donc ! mes craintes sont folles, se dit Lucien, elle me présente à sa cousine dès ce soir.

Il bondit de joie, et voulut passer joyeusement le temps qui le séparait de cette heureuse soirée. Il s'élança vers les Tuileries en rêvant de s'y promener jusqu'à l'heure où il irait dîner chez Véry. Voilà Lucien, gambadant, sautillant, léger de bonheur, qui débouche sur la terrasse des Feuillants et la parcourt en examinant les promeneurs, les jolies femmes avec leurs adorateurs, les élégants deux par deux, bras dessus bras dessous, se saluant les uns les autres par un coup d'œil en passant. Quelles différence de cette terrasse avec Beaulieu ! Les oiseaux de ce magnifique perchoir étaient autrement jolis que ceux d'Angoulême ! C'était tout le luxe de couleurs qui brille sur les familles ornithologiques des Indes ou de l'Amérique, comparé aux couleurs grises des oiseaux de l'Europe. Lucien passa deux cruelles heures dans les Tuileries : il y fit un violent retour sur lui-même et se jugea. D'abord il ne vit pas un seul habit à ces jeunes élégants. S'il apercevait un homme en habit, c'était un vieillard hors la loi, quelque pauvre diable, un rentier venu du Marais, ou quelque garçon de bureau. Après avoir reconnu qu'il y avait une mise du matin et une mise du soir, le poëte aux émotions vives, au regard pénétrant, reconnut la laideur de sa défroque, les défectuosités qui frappaient de ridicule son habit dont la coupe était passée de mode, dont le bleu était faux, dont le collet était outrageusement disgracieux, dont les basques de devant, trop longtemps portées, penchaient l'une vers l'autre; les boutons avaient rougi, les plis dessinaient de fatales lignes blanches. Puis son gilet était trop court et la façon si grotesquement provinciale que, pour le cacher, il boutonna brusquement son habit. Enfin il ne voyait de pantalon de nankin qu'aux gens communs. Les gens comme il faut portaient de délicieuses étoffes de fantaisie ou le blanc toujours irréprochable ! D'ailleurs tous les pantalons étaient à sous-pieds, et le sien se mariait très-mal avec les talons de ses bottes, pour lesquels les bords de l'étoffe recroquevillée manifestaient une violente antipathie. Il avait une cravate blanche à bouts brodés par sa sœur, qui, après en avoir vu de semblables à monsieur de Hautoy, à monsieur de Chandour, s'était empressée d'en faire de pareilles à son frère. Non-seulement personne, excepté les gens graves, quelques vieux financiers, quelques sévères administrateurs, ne portaient de cravate blanche le matin; mais encore le pauvre Lucien vit passer de l'autre côté de la grille, sur le trottoir de la rue de Rivoli, un garçon épicier tenant un panier sur sa tête, et sur qui l'homme d'Angoulême surprit deux bouts de cravate brodés par la main de quelque grisette adorée.

A cet aspect, Lucien reçut un coup à la poitrine, à cet organe encore mal défini où se réfugie notre sensibilité, où, depuis qu'il existe des sentiments, les hommes portent la main, dans les joies comme dans les douleurs excessives. Ne taxez pas ce récit de puérilité ! Certes, pour les riches qui n'ont jamais connu ces sortes de souffrances, il se trouve ici quelque chose de mesquin et d'incroyable ; mais les angoisses des malheureux ne méritent pas moins d'attention que les crises qui révolutionnent la vie des puissants et des privilégiés de la terre. Puis, ne se rencontre-t-il pas autant de douleur de part et d'autre ? La souffrance agrandit tout. Enfin, changez les termes : au lieu d'un costume plus ou moins beau, mettez un ruban, une distinction, un titre. Ces apparentes petites choses n'ont-elles pas tourmenté de brillantes existences ? La question du costume est d'ailleurs énorme chez ceux qui veulent paraître avoir ce qu'ils n'ont pas ; car c'est souvent le meilleur moyen de le posséder plus tard. Lucien eut une sueur froide en pensant que le soir il allait comparaître ainsi vêtu devant la marquise d'Espard, la parente d'un premier gentilhomme de la chambre du roi, devant une femme chez laquelle allaient les illustrations de tous les genres, des illustrations choisies.

— J'ai l'air du fils d'un apothicaire, d'un vrai courtaud de boutique ! se dit-il à lui-même avec rage en voyant passer les gracieux, les coquets, les élégants jeunes gens des familles du faubourg Saint-Germain, qui tous avaient une manière à eux qui les rendait tous semblables par la finesse des contours, par la noblesse de la tenue, par l'air du visage ; et tous différents par le cadre que chacun s'était choisi pour se faire valoir. Tous faisaient ressortir leurs avantages par un espèce de mise en scène que les jeunes gens entendent à Paris aussi bien que les femmes. Lucien tenait de sa mère les précieuses distinctions physiques dont les priviléges éclataient à ses yeux ; mais cet or était dans

sa gangue, et non mis en œuvre. Ses cheveux étaient mal
coupés. Au lieu de maintenir sa figure haute par une souple baleine, il se sentait enseveli dans un vilain col de
chemise ; et sa cravate, n'offrant pas de résistance, lui
laissait pencher sa tête attristée. Quelle femme eût deviné
ses jolis pieds dans la botte ignoble qu'il avait apportée
d'Angoulême ? Quel jeune homme eût envié sa jolie taille
déguisée par le sac bleu qu'il avait cru jusqu'alors être un
habit ? Il voyait de ravissants boutons sur des chemises
étincelantes de blancheur, la sienne était rousse ! Tous ces
élégants gentilshommes étaient merveilleusement gantés, et
il avait des gants de gendarme ! Celui-ci badinait avec une
canne délicieusement montée. Celui-là portait une chemise
à poignets retenus par de mignons boutons d'or. En parlant à une femme, l'un tordait une charmante cravache, et
les plis abondants de son pantalon tacheté de quelques
petites éclaboussures, ses éperons retentissants, sa petite
redingote serrée montraient qu'il allait remonter sur un
des deux chevaux tenus par un tigre gros comme le poing.
Un autre tirait de la poche de son gilet une montre plate
comme une pièce de cent sous, et regardait l'heure en
homme qui avait avancé ou manqué l'heure d'un rendez-
vous. En regardant ces jolies bagatelles que Lucien ne
soupçonnait pas, le monde des superfluités nécessaires lui
apparut, et il frissonna en pensant qu'il fallait un capital
énorme pour exercer l'état de joli garçon ! Plus il admirait
ces jeunes gens à l'air heureux et dégagé, plus il avait
conscience de son air étrange, l'air d'un homme qui ignore
où aboutit le chemin qu'il suit, qui ne sait où se trouve le
Palais-Royal quand il y touche, et qui demande où est le
Louvre à un passant qui répond : — Vous y êtes. Lucien
se voyait séparé de ce monde par un abîme, il se demandait par quels moyens il pouvait le franchir, car il voulait
être semblable à cette svelte et délicate jeunesse parisienne.
Tous ces patriciens saluaient des femmes divinement mises

et divinement belles, des femmes pour lesquelles Lucien se serait fait hacher pour prix d'un seul baiser, comme le page de la comtesse de Konismarck. Dans les ténèbres de sa mémoire, Louise, comparée à ces souveraines, se dessina comme une vieille femme. Il rencontra plusieurs de ces femmes dont on parlera dans l'histoire du dix-neuvième siècle, de qui l'esprit, la beauté, les amours ne seront pas moins célèbres que celles des reines du temps passé. Il vit passer une fille sublime, mademoiselle des Touches, si connue sous le nom de Camille Maupin, écrivain éminent, aussi grande par sa beauté que par un esprit supérieur, et dont le nom fut répété tout bas par les promeneurs et par les femmes.

— Ah ! se dit-il, voilà la poésie.

Qu'était madame de Bargeton auprès de cet ange brillant de jeunesse, d'espoir, d'avenir, au doux sourire et dont l'œil noir était vaste comme le ciel, ardent comme le soleil ! Elle riait en causant avec madame Firmiani, l'une des plus charmantes femmes de Paris. Une voix lui cria bien : « L'intelligence est le levier avec lequel on remue le monde. » Mais une autre voix lui cria que le point d'appui de l'intelligence était l'argent. Il ne voulut pas rester au milieu de ses ruines et sur le théâtre de sa défaite, il prit la route du Palais-Royal, après l'avoir demandée, car il ne connaissait pas encore la topographie de son quartier. Il entra chez Véry, commanda, pour s'initier aux plaisirs de Paris, un dîner qui le consolât de son désespoir. Une bouteille de vin de Bordeaux, des huîtres d'Ostende, un poisson, une perdrix, un macaroni, des fruits furent le *nec-plus-ultra* de ses désirs. Il savoura cette petite débauche en pensant à faire preuve d'esprit ce soir auprès de la marquise d'Espard, et à racheter la mesquinerie de son bizarre accoutrement par le déploiement de ses richesses intellectuelles. Il fut tiré de ses rêves par le total de sa carte qui lui enleva les cinquante francs avec lesquels il croyait aller fort loin dans Paris. Ce dîner coutait un mois de son existence d'Angoulème. Aussi ferma-t-il respectueusement la porte de ce palais, en pensant qu'il n'y remettrait jamais les pieds.

— Ève avait raison, se dit-il en s'en allant par la galerie de pierre chez lui pour y reprendre de l'argent, les prix de Paris ne sont pas ceux de l'Houmeau.

Chemin faisant, il admira les boutiques des tailleurs, et songeant aux toilettes qu'il avait vues le matin : — Non, s'écria-t-il, je ne paraîtrai pas fagoté comme je le suis devant madame d'Espard. Il courut avec une vélocité de cerf jusqu'à l'hôtel du Gaillard-Bois, monta dans sa chambre, y prit cent écus, et redescendit au Palais-Royal pour s'y habiller de pied en cap. Il avait vu des bottiers, des lingers, des giletiers, des coiffeurs au Palais-Royal où sa future élégance était éparse dans dix boutiques. Le premier tailleur chez lequel il entra lui fit essayer autant d'habits qu'il en voulut mettre, et lui persuada qu'ils étaient tous de la dernière mode. Lucien sortit possédant un habit vert, un pantalon blanc et un gilet de fantaisie pour la somme de deux cents francs. Il eut bientôt trouvé une paire de bottes fort élégante et à son pied. Enfin, après avoir fait emplette de tout ce qui lui était nécessaire, il demanda le coiffeur chez lui où chaque fournisseur apporta sa marchandise. A sept heures du soir, il monta dans un fiacre et se fit conduire à l'Opéra, frisé comme un saint Jean de procession, bien gileté, bien cravaté, mais un peu gêné dans cette espèce d'étui où il se trouvait pour la première fois. Suivant la recommandation de madame de Bargeton, il demanda la loge des premiers gentilshommes de la chambre. A l'aspect d'un homme dont l'élégance empruntée le faisait ressembler à un premier garçon de noces, le contrôleur le pria de montrer son coupon.

— Je n'en ai pas.

— Vous ne pouvez pas entrer, lui répondit-on sèchement.

— Mais je suis de la société de madame d'Espard, dit-il.

— Nous ne sommes pas tenus de savoir cela, dit l'employé qui ne put s'empêcher d'échanger un imperceptible sourire avec ses collègues du contrôle.

En ce moment une voiture s'arrêta sous le péristyle. Un chasseur, que Lucien ne reconnut pas, déplia le marche-pied d'un coupé d'où sortirent deux femmes parées. Lucien, qui ne voulut pas recevoir du contrôleur quelque impertinent avis pour se ranger, fit place aux deux femmes.

— Mais cette dame est la marquise d'Espard que vous prétendez connaître, monsieur, dit ironiquement le contrôleur à Lucien.

Lucien fut d'autant plus abasourdi que madame de Bargeton n'avait pas l'air de le reconnaître dans son nouveau plumage; mais quand il l'aborda, elle lui sourit et lui dit :

— Cela se trouve à merveille, venez !

Les gens du contrôle étaient redevenus sérieux. Lucien suivit madame de Bargeton, qui, tout en montant le vaste escalier de l'Opéra, présenta son Rubempré à sa cousine. La loge des premiers gentilshommes est celle qui se trouve dans l'un des deux pans coupés au fond de la salle : on y est vu comme on y voit de tous côtés. Lucien se mit derrière sa cousine, sur une chaise, heureux d'être dans l'ombre.

— Monsieur de Rubempré, lui la marquise d'un ton de voix flatteur, vous venez pour la première fois à l'Opéra, ayez-en tout le coup d'œil, prenez ce siége, mettez-vous sur le devant, nous vous le permettons.

Lucien obéit, le premier acte d'opéra finissait.

— Vous avez bien employé votre temps, lui dit Louise à l'oreille, dans le premier moment de surprise que lui causa le changement de Lucien.

—

Louise était restée la même. Le voisinage d'une femme
à la mode, de la marquise d'Espard, cette madame de Bargeton de Paris, lui nuisait tant; la brillante Parisienne
faisait si bien ressortir les imperfections de la femme de
province, que Lucien, doublement éclairé par le beau
monde de cette pompeuse salle et par cette femme émi-
nente, vit enfin dans la pauvre Anaïs de Nègrepelisse la
femme réelle, la femme que les gens de Paris voyaient :
une femme grande, sèche, couperosée, fanée, plus que
rousse, anguleuse, guindée, précieuse, prétentieuse, provinciale dans son parler, mal arrangée sourtout ! En effet,
les plis d'une vieille robe de Paris attestent encore du
goût, on se l'explique, on devine ce qu'elle fut; mais une
vieille robe de province est inexplicable, elle est risible.
La robe et la femme étaient sans grâces ni fraîcheur, le velours était miroité comme le teint. Lucien, honteux d'avoir
aimé cet os de seiche, se promit de profiter du premier
accès de vertu de sa Louise pour la quitter. Son excellente
vue lui permettait de voir les lorgnettes braquées sur la
loge aristocratique par excellence. Les femmes les plus
élégantes examinaient certainement madame de Bargeton,
car elles souriaient toutes en se parlant. Si madame d'Espard reconnut, aux gestes et aux sourires féminins, la
cause des sarcasmes, elle y fut tout à fait insensible. D'a-
bord chacun devait reconnaître dans sa compagne la
pauvre parente venue de province, de laquelle peut être
affligée toute famille parisienne. Puis sa cousine lui avait
parlé toilette en lui manifestant quelque crainte; elle
l'avait rassurée en s'apercevant qu'Anaïs, une fois habillée,
aurait bientôt pris les manières parisiennes. Si madame de
Bargeton manquait d'usage, elle avait la hauteur native
d'une femme noble et ce *je ne sais quoi* que l'on peut
nommer la *race*. Le lundi suivant elle prendrait donc sa
revanche. D'ailleurs, une fois que le public aurait appris
que cette femme était sa cousine, la marquise savait qu'il

suspendrait le cours de ses railleries et attendrait un nouvel examen avant de la juger. Lucien ne devinait pas le changement que feraient dans la personne de Louise une écharpe roulée autour du cou, une jolie robe, une élégante coiffure et les conseils de madame d'Espard. En montant l'escalier, la marquise avait déjà dit à sa cousine de ne pas tenir son mouchoir déplié à la main. Le bon ou mauvais goût tiennent à mille petites nuances de ce genre, qu'une femme d'esprit saisit promptement, et que certaines femmes ne comprendront jamais, Madame de Bargeton, déjà pleine de bon vouloir, était plus spirituelle qu'il ne le fallait pour reconnaître en quoi elle péchait. Madame d'Espard, sûre que son élève lui ferait honneur, ne s'était pas refusée à la former. Enfin il s'était fait entre ces deux femmes un pacte cimenté par leur mutuel intérêt. Madame de Bargeton avait soudain voué un culte à l'idole du jour, dont les manières, l'esprit et l'entourage l'avaient séduite, éblouie, fascinée. Elle avait reconnu chez madame d'Espard l'occulte pouvoir de la grande dame ambitieuse, et s'était dit qu'elle parviendrait en se faisant la satellite de cet astre : elle l'avait donc franchement admirée. La marquise avait été sensible à cette naïve conquête, elle s'était intéressée à sa cousine en la trouvant faible et pauvre ; puis elle s'était assez bien arrangée d'avoir une élève pour faire école, et ne demandait pas mieux que d'acquérir en madame de Bargeton une espèce de dame d'atour, une esclave qui chanterait ses louanges, trésor encore plus rare parmi les femmes de Paris qu'un critique dévoué dans la gent littéraire. Cependant le mouvement de curiosité devenait trop visible pour que la nouvelle débarquée ne s'en aperçût pas, et madame d'Espard voulut poliment lui faire prendre le change sur cet émoi.

— S'il nous vient des visites, lui dit-elle, nous saurons peut-être à quoi nous devons l'honneur d'occuper ces dames...

— Je soupçonne fort ma vieille robe de velours et ma figure angoumoisine d'amuser les Parisiennes, dit en riant madame de Bargeton.

— Non, ce n'est pas vous, il y a quelque chose que je ne m'explique pas, ajouta-t-elle en regardant le poëte qu'elle regarda pour la première fois et qu'elle parut trouver singulièrement mis.

— Voici monsieur du Châtelet, dit en ce moment Lucien en levant le doigt pour montrer la loge de madame de Sérizy où le vieux beau remis à neuf venait d'entrer.

A ce signe, madame de Bargeton se mordit les lèvres de dépit, car la marquise ne put retenir un regard et un sourire d'étonnement, qui disait si dédaigneusement : — D'où sort ce jeune homme ? que Louise se sentit humiliée dans son amour, la sensation la plus piquante pour une Française, et qu'elle ne pardonne pas à son amant de lui causer. Dans ce monde où les petites choses deviennent grandes, un geste, un mot perdent un débutant. Le principal mérite des belles manières et du ton de la haute compagnie est d'offrir un ensemble harmonieux où tout est si bien fondu, que rien ne choque. Ceux mêmes qui, soit par ignorance, soit par un emportement quelconque de la pensée, n'observent pas les lois de cette science, comprendront tous qu'en cette matière une seule dissonance est, comme en musique, une négation complète de l'art lui-même, dont toutes les conditions doivent être exécutées dans la moindre choses sous peine de ne pas être.

— Qui est ce monsieur ? demanda la marquise en montrant Châtelet. Connaissez-vous donc déjà madame de Sérizy ?

— Ah ! cette personne est la fameuse madame de Sérizy qui a eu tant d'aventures, et qui néanmoins est reçue partout !

— Une chose inouïe, ma chère, répondit la marquise, une chose explicable, mais inexpliquée ! Les hommes les plus redoutables sont ses amis, et pourquoi? Personne n'ose sonder ce mystère. Ce monsieur est-il donc le lion d'Angoulême?

— Mais monsieur le baron du Châtelet, dit Aaaïs, qui par vanité rendit à Paris le titre qu'elle contestait à son adorateur, est un homme qui a fait beaucoup parler de lui. C'est le compagnon de monsieur de Montriveau,

— Ah! fit la marquise, je n'entends jamais ce nom sans penser à la pauvre duchesse de Langeais, qui a disparue comme une étoile filante. Voici, reprit-elle en montrant une loge, monsieur de Rastignac et madame de Nucingen, la femme d'un fournisseur, banquier, homme d'affaires, brocanteur en grand, un homme qui s'impose au monde de Paris par sa fortune, et qu'on dit peu scrupuleux sur les moyens de l'augmenter; il se donne mille peines pour faire croire à son dévouement pour les Bourbons, il a déjà tenté de venir chez moi. En prenant la loge de madame de Langeais, sa femme a cru qu'elle en aurait les grâces, l'esprit et le succès! Toujours la fable du geai qui prend les plumes du paon!

— Comment font monsieur et madame de Rastignac, à qui nous ne connaissons pas mille écus de rente, pour soutenir leur fils à Paris? dit Lucien à madame de Bargeton en s'étonnant de l'élégance et du luxe que révélait la mise de ce jeune homme.

— Il est facile de voir que vous venez d'Angoulême, répondit la marquise assez ironiquement sans quitter sa lorgnette.

Lucien ne comprit pas, il était tout entier à l'aspect des loges où il devinait les jugements qui s'y portaient sur madame de Bargeton et la curiosité dont il était l'objet. De son côté, Louise était singulièrement mortifiée du peu d'estime que la marquise faisait de la beauté de Lucien. — Il n'est donc pas si beau que je le croyais! se disait-elle. De là à le trouver moins spirituel, il n'y avait qu'un pas. La

toile était baissée. Châtelet, qui était venu faire une visite
à la duchesse de Carigliano, dont la loge avoisinait celle de
madame d'Espard, y salua madame de Bargeton, qui répondit pas une inclination de téte. Une femme du monde
voit tout, et la marquise remarqua la tenue supérieure de
du Châtelet. En ce moment quatre personnes entrèrent
successivement dans la loge de la marquise, quatre célébrités parisiennes.

Le premier était Monsieur de Marsay, homme fameux
par les passions qu'il inspirait, remarquable surtout par
une beauté de jeune fille, beauté molle, efféminée, mais
corrigée par un regard fixe, calme, fauve et rigide comme
celui d'un tigre : on l'aimait, et il effrayait. Lucien était
aussi beau ; mais chez lui le regard était si doux, son œil
bleu était si limpide, qu'il ne paraissait pas susceptible
d'avoir cette force et cette puissance à laquelle s'attachent
tant de femmes. D'ailleurs, rien ne faisait encore valoir le
poëte, tandis que de Marsay avait un entrain d'esprit, une
certitude de plaire, une toilette appropriée à sa nature
qui écrasait autour de lui tous ses rivaux. Jugez de ce que
pouvait être dans son voisinage Lucien, gourmé, gommé,
raide et neuf comme ses habits. De Marsay avait conquis le
droit de dire des impertinences par l'esprit qu'il leur donnait et par la grâce de manière dont il les accompagnait.
L'accueil de la marquise indiqua soudain à madame de
Bargeton la puissance de ce personnage. Le second était
l'un des deux Vandenesse, celui qui avait causé l'éclat de
lady Dudley, un jeune homme doux, spirituel, modeste,
qui réussissait par des qualités tout opposées à celle dont
se glorifiait de Marsay, et que la cousine de la marquise,
madame de Mortsauf, lui avait chaudement recommandé.
Le troisième était le général Montriveau, l'auteur de la
perte de .a duchesse ne Langeais. Le quatrième était
monsieur de Canalis, un des plus illustres poëtes de cette
époque, un jeune homme encore à l'aube de sa gloire, et

qai, plus fier d'être gentilhomme que grand poëte, se posait comme l'*attentif* de madame d'Espard, pour cacher sa passion pour la duchesse de Chaulieu. On devinait, malgré ses grâces entachées déjà d'affectation, l'immense ambition qui plus tard le lança dans les orages de la vie politique. Sa beauté, presque mignarde, ses manières caressantes, déguisaient mal un profond égoïsme et les calculs perpétuels d'une existence alors problématique, mais le choix qu'il avait fait de madame de Chaulieu, femme de quarante ans passés, lui valait en ce moment les bienfaits de la cour, les applaudissements du faubourg Saint-Germain et les injures des libéraux, qui le nommaient un poëte de sacristie.

En voyant ces quatre figures si remarquables, madame de Bargeton s'expliqua le peu d'attention de la marquise pour Lucien. Puis, quand la conversation commença, quand chacun de ces esprits si fins, si délicats, se révéla par des traits qui avaient plus de sens, plus de profondeur que ce qu'Anaïs entendait durant un mois en province; quand surtout le grand poëte fit entendre une parole vibrante où se retrouvait le positif de cette époque, mais doré de poésie, Louise comprit ce que du Châtelet lui avait dit la veille : Lucien ne fut plus rien. Chacun regardait le pauvre inconnu avec une si cruelle indifférence, il était si bien là comme un étranger qui ne savait pas la langue, que la marquise en eut pitié.

—Permettez-moi, monsieur, dit-elle à Canalis, de vous présenter monsieur de Rubempré. Vous occupez une position trop haute dans le monde littéraire pour ne pas accueillir un débutant. Monsieur de Rubempré arrive d'Angoulême, il aura sans doute besoin de votre protection auprès de ceux qui mettent ici le génie en lumière. Il n'a pas encore d'ennemis qui puissent faire sa fortune en attaquant. N'est-ce pas une entreprise assez originale pour la tenter, que de lui faire obtenir par l'amitié ce que vous tenez de la haine ?

Les quatre personnages regardèrent alors Lucien pendant le temps que la marquise parla. Quoique à deux pas du nouveau venu, de Marsay prit son lorgnon pour le voir; son regard allait de Lucien à madame de Bargeton, et de madame de Bargeton à Lucien, en les appareillant par une pensée moqueuse qui les mortifia cruellement l'un et l'autre; il les examinait comme deux bêtes curieuses, et il souriait. Ce sourire fut un coup de poignard pour le grand homme de province. Félix de Vandenesse eut un air charitable. Montriveau jeta sur Lucien un regard pour le sonder jusqu'au tuf.

— Madame, dit monsieur de Canalis en s'inclinant, je vous obéirai, malgré l'intérêt personnel qui nous porte à ne pas favoriser nos rivaux; mais vous nous avez habitués aux miracles.

— Eh bien! faites-moi le plaisir de venir dîner lundi chez moi avec monsieur de Rubempré, vous causerez plus à l'aise qu'ici des affaires littéraires; je tâcherai de racoler quelques-uns des tyrans de la littérature et les célébrités qui la protégent, l'auteur d'*Ourika* et quelques jeunes poëtes bien pensants.

— Madame la marquise, dit de Marsay, si vous patronnez monsieur pour son esprit, moi je le protégerai pour sa beauté; je lui donnerai des conseils qui en feront le plus heureux dandy de Paris. Après cela, il sera poëte s'il veut.

Madame de Bargeton remercia sa cousine par un regard plein de reconnaissance.

— Je ne vous savais pas jaloux des gens d'esprit, dit Montriveau à de Marsay. Le bonheur tue les poëtes.

— Est-ce pour cela que monsieur cherche à se marier? reprit le dandy en s'adressant à Canalis, afin de voir si madame d'Espard sera atteinte par ce mot.

Canalis haussa les épaules, et madame d'Espard, nièce de madame de Chaulieu, se mit à rire.

Lucien, qui se sentait dans ses habits comme une statue

égyptienne dans sa gaine, était honteux de ne rien répondre. Enfin il dit de sa voix tendre à la marquise : — Vos bontés, madame, me condamnent à n'avoir que des succès

Du Châtelet entra dans ce moment, en saisissant aux cheveux l'occasion de se faire appuyer auprès de la marquise par Montriveau, un des rois de Paris. Il salua madame de Bargeton, et pria madame d'Espard de lui pardonner la liberté qu'il prenait d'envahir sa loge : il était séparé depuis si longtemps de son compagnon de voyage ! Montriveau et lui se revoyaient pour la première fois après s'être quittés au milieu du désert.

— Se quitter dans le désert et se retrouver à l'Opéra ! dit Lucien.

— C'est une véritable reconnaissance de théâtre, dit Canalis.

Montriveau présenta le baron du Châtelet à la marquise, et la marquise fit à l'ancien secrétaire des commandements de l'Altesse impériale un accueil d'autant plus flatteur, qu'elle l'avait déjà vu bien reçu dans trois loges, que madame de Sérizy n'admettait que des gens bien posés, et qu'enfin il était le compagnon de Montriveau. Ce dernier titre avait une si grande valeur, que madame de Bargeton put remarquer dans le ton, dans les regards et dans les manières des quatre personnages qu'ils reconnaissaient du Châtelet pour un des leurs sans discussion. La conduite sultanesque tenue par Châtelet en province fut tout à coup expliquée à Naïs. Enfin du Châtelet vit Lucien, et lui fit un de ces petits saluts secs et froids par lesquels un homme en déconsidère un autre, en indiquant aux gens du monde la place infime qu'il occupe dans la société. Il accompagna son salut d'un air sardonique par lequel il semblait dire : Par quel hasard se trouve-t-il là ? Du Châtelet fut bien compris, car de Marsay se pencha vers Montriveau pour lui dire à l'oreille, de manière à se faire entendre du baron : — De-

mandez-lui donc quel est ce singulier jeune homme qui a
l'air d'un mannequin habillé à la porte d'un tailleur.

Du Châtelet parla pendant un moment à l'oreille de son
compagnon, en ayant l'air de renouveler connaissance, et
sans doute il coupa son rival en quatre. Surpris par l'esprit
d'à-propos, par la finesse avec laquelle ces hommes formu-
laient leurs réponses, Lucien était étourdi par ce qu'on
nomme le trait, le mot, surtout par la désinvolture de la parole et l'aisance des manières. Le luxe qui l'avait épouvanté
le matin dans les choses, il le retrouvait dans les idées. Il se
demandait par quel mystère ces gens trouvaient à brûle-
pourpoint des réflexions piquantes, des reparties qu'il n'aurait imaginées qu'après de longues méditations. Puis, non-
seulement ces cinq hommes du monde étaient à l'aise par
la parole, mais ils l'étaient dans leurs habits : ils n'avaient
rien de neuf ni rien de vieux. En eux, rien ne brillait, et
tout attirait le regard. Leur luxe d'aujourd'hui était celui
d'hier, il devait être celui du lendemain. Lucien devina
qu'il avait l'air d'un homme qui s'était habillé pour la première fois de sa vie.

— Mon cher, disait de Marsay à Félix de Vandenesse,
ce petit Rastignac se lance comme un cerf-volant ! le voilà
chez la marquise de Listomère, il fait des progrès, il nous
lorgne ! il connaît sans doute monsieur ? reprit le dandy en
s'adressant à Lucien mais sans le regarder.

— Il est difficile, répondit madame de Bargeton, que le
nom du grand homme dont nous sommes fiers ne soit pas
venu jusqu'à lui; sa sœur a entendu dernièrement monsieur de Rubempré nous lire de très-beaux vers.

Félix de Vandenesse et de Marsay saluèrent la marquise
et se rendirent chez madame de Listomère, la sœur des
Vandenesse. Le second acte commença, et chacun laissa
madame d'Espard, sa cousine et Lucien seuls. Les uns allèrent expliquer madame de Bargeton aux femmes intriguées de sa présence, les autres racontèrent l'arrivée du

poëte et se moquèrent de sa toilette. Canalis regagna la loge de la duchesse de Chaulieu et ne revint plus. Lucien fut heureux de la diversion que produisait le spectacle. Toutes les craintes de madame de Bargeton relativement à Lucien furent augmentées par l'attention que sa cousine avait accordée au baron du Châtelet, et qui avait un tout autre caractère que celui de sa politesse protectrice envers Lucien. Pendant le second acte, la loge de madame de Listomère resta pleine de monde, et parut agitée par une conversation où il s'agissait de madame de Bargeton et de Lucien. Le jeune Rastignac était évidemment l'*amuseur* de cette loge, il donnait le branle à ce rire parisien qui, se portant chaque jour sur une nouvelle pâture, s'empresse d'épuiser le sujet présent en en faisant quelque chose de vieux et d'usé dans un seul moment. Madame d'Espard, inquiète, savait qu'on ne laisse pas ignorer longtemps une médisance à ceux qu'elle blesse, elle attendit la fin de l'acte. Quand les sentiments se sont retournés sur eux-mêmes, comme chez Lucien et chez madame de Bargeton, il se passe d'étranges choses en peu de temps ; les révolutions morales s'opèrent par des lois d'un effet rapide. Louise avait présentes à la mémoire les paroles sages et politiques que du Châtelet lui avait dites sur Lucien en revenant du Vaudeville. Chaque phrase était une prophétie, et Lucien prit à tâche de les accomplir toutes. En perdant ses illusions sur madame de Bargeton, comme madame de Bargeton perdait les siennes sur lui, le pauvre enfant, de qui la destinée ressemblait un peu à celle de J.-J. Rousseau, l'imita en ce point qu'il fut fasciné par madame d'Espard ; et il s'amouracha d'elle aussitôt. Les jeunes gens ou les hommes qui se souviennent de leurs émotions de jeunesse comprendront que cette passion était extrêmement probable et naturelle. Les jolies petites manières, ce parler délicat, ce son de voix fin, cette femme fluette, si noble, si haut placée, si enviée, cette reine apparaissait au

poëte comme madame de Bargeton lui était apparue à
Angoulême. La mobilité de son caractère le poussa prompt-
tement à désirer cette haute protection ; le plus sûr moyen
était de posséder la femme, il aurait tout alors ! Il avait
réussi à Angoulême, pourquoi ne réussirait-il pas à Paris ? Involontairement et malgré les magies de l'Opéra,
toutes nouvelles pour lui, son regard, attiré par cette magnifique Célimène, se coulait à tout moment vers elle ; et
plus il la voyait, plus il avait envie de la voir ! Madame de
Bargeton surprit un des regards pétillants de Lucien ; elle
l'observa et le vit plus occupé de la marquise que du
spectacle. Elle se serait de bonne grâce résignée à être
délaissée pour les cinquante filles de Danaüs ; mais quand
un regard plus ambitieux, plus ardent, plus significatif
que les autres lui expliqua ce qui se passait dans le cœur
de Lucien, elle devint jalouse, mais moins pour l'avenir
que pour le passé. — Il ne m'a jamais regardée ainsi,
pensa-t-elle. Mon Dieu, Châtelet avait raison ! Elle reconnut alors l'erreur de son amour. Quand une femme arrive
à se repentir de ses faiblesses, elle passe comme une
éponge sur sa vie, afin d'en effacer tout. Quoique chaque
regard de Lucien la courrouçat, elle demeura calme. De
Marsay revint à l'entr'acte en amenant monsieur de Listomère. L'homme grave et le jeune fat apprirent bientôt à
l'altière marquise que le garçon de noces endimanché
qu'elle avait eu le malheur d'admettre dans sa loge ne se
nommait pas plus monsieur de Rubempré qu'un juif n'a
de nom de baptême. Lucien était le fils d'un apothicaire
nommé Chardon. Monsieur de Rastignac, très au fait des
affaires d'Angoulême, avait fait rire déjà deux loges aux
dépens de cette espèce de momie que la marquise nommait sa cousine, et de la précaution que cette dame prenait
d'avoir près d'elle un pharmacien pour pouvoir sans doute
entretenir par des drogues sa vie artificielle. Enfin de
Marsay rapporta quelques-unes des mille plaisanteries aux-

quelles se livrent en un instant les Parisiens, et qui sont aussi promptement oubliées que dites, mais derrière lesquelles était Châtelet, l'artisan de cette trahison carthaginoise.

— Ma chère, dit sous l'éventail madame d'Espard à madame de Bargeton, de grâce, dites-moi si votre protégé se nomme réellement monsieur de Rubempré ?

— Il a pris le nom de sa mère, dit Anaïs embarrassée.

— Mais quel est le nom de son père ?

— Chardon.

— Et que faisait ce Chardon ?

— Il était pharmacien.

— J'étais bien sûre, ma chère amie, que tout Paris ne pouvait se moquer d'une femme que j'adopte. Je ne me soucie pas de voir venir ici des plaisants enchantés de me trouver avec le fils d'un apothicaire ; si vous m'en croyez, nous nous en irons ensemble, et à l'instant.

Madame d'Espard prit un air assez impertinent, sans que Lucien pût deviner en quoi il avait donné lieu à ce changement de visage. Il pensa que son gilet était de mauvais goût, ce qui était vrai ; que la façon de son habit était d'une mode exagérée, ce qui était encore vrai. Il reconnut avec une sincère amertume qu'il fallait se faire habiller par un habile tailleur, et il se promit bien le lendemain d'aller chez le plus célèbre, afin de pouvoir, lundi prochain, rivaliser avec les hommes qu'il trouverait chez la marquise. Quoique perdu dans ses réflexions, ses yeux, attentifs au troisième acte, ne quittaient pas la scène. Tout en regardant les pompes de ce spectacle unique, il se livrait à son rêve sur madame d'Espard. Il fut au désespoir de cette subite froideur qui contrariait étrangement l'ardeur intellectuelle avec laquelle il attaquait ce nouvel amour, insouciant des difficultés immenses qu'il apercevait, et qu'il se promettait de vaincre. Il sortit de sa profonde contemplation pour revoir sa nouvelle idole ; mais en tournant la tête. il se vit seul; il avait entendu quelque léger bruit, la porte se fermait, madame d'Espard entraînait sa cousine. Lucien fut surpris au dernier point de ce brusque abandon, mais il n'y pensa pas longtemps, précisément parce qu'il le trouvait inexplicable.

Quand les deux femmes furent montées dans leur voiture et qu'elle roula par la rue de Richelieu vers le faubourg Sain-Honoré, la marquise dit avec un ton de colère déguisée : — Ma chère enfant, à quoi pensez-vous ? mais attendez donc que le fils d'un apothicaire soit réellement célèbre avant de vous y intéresser. La duchesse de Chaulieu n'avoue pas encore Canalis, et il est célèbre, et il est gentilhomme. Ce garcon n'est ni votre fils ni votre amant, n'est-ce pas ? dit cet femme hautaine en jetant à sa cousine un regard inquisitif et clair.

— Quel bonheur pour moi d'avoir tenu ce petit drôle a distance et de ne lui avoir rien accordé ! pensa madame de Bargeton.

— Eh bien, reprit la marquise qui prit l'expression des yeux de sa cousine pour une réponse, laissez-le là, je vous en conjure. S'arroger un nom illustre ?... mais c'est une audace que la société punit. J'admets que ce soit celui de sa mère; mais songez donc, ma chère, qu'au roi seul appartient le droit de conférer, par une ordonnance, le nom des Rubempré au fils d'une demoiselle de cette maison; si elle s'est mésalliée, la faveur serait énorme, et, pour l'obtenir, il faut une immense fortune, des services rendus, de très-hautes protections. Cette mise de boutiquier endimanché prouve que ce garçon n'est ni riche ni gentilhomme; sa figure est belle, mais il me parait fort sot, il ne sait ni se tenir ni parler; enfin il n'est pas *élevé*. Par quel hasard le protégez-vous ?

Madame de Bargeton, qui renia Lucien comme Lucien l'avait reniée en lui-même, eut une effroyable peur que sa cousine n'apprît la vérité sur son voyage.

— Mais, chère cousine, je suis au désespoir de vous avoir compromise.

— On ne me compromet pas, dit en souriant madame d'Espard. Je ne songe qu'à vous.

— Mais vous l'avez invité à venir dîner lundi.

— Je serai malade, répondit vivement la marquise, vous l'en préviendrez, et je le consignerai sous son double nom à ma porte.

Lucien imagina de se promener pendant l'entr'acte dans le foyer en voyant que tout le monde y allait. D'abord aucune des personnes qui étaient venues dans la loge de madame d'Espard ne le salua ni ne parut faire attention à lui, ce qui sembla fort extraordinaire au poëte de province. Puis du Châtelet, auquel il essaya de s'accrocher, le guettait du coin de l'œil, et l'évita constamment. Après s'être convaincu, en voyant les hommes qui vaguaient dans le foyer, que sa mise était assez ridicule, Lucien vint se replacer au coin de sa loge et demeura, pendant le reste de la représentation, absorbé tour à tour par le pompeux spectacle du ballet du cinquième acte, si célèbre par son *Enfer,* par l'aspect de la salle dans laquelle son regard alla de loge en loge, et par ses propres réflexions qui furent profondes en présence de la société parisienne. — Voilà donc mon royaume ! se dit-il, voilà le monde que je dois dompter. Il retourna chez lui à pied en pensant à tout ce qu'avaient dit les personnages qui étaient venus faire leur cour à madame d'Espard; leurs manières, leurs gestes, la façon d'entrer et de sortir, tout revint à sa mémoire avec une étonnante fidélité. Le lendemain, vers midi, sa première occupation fut de se rendre chez Staub, le tailleur le plus célèbre de cette époque. Il obtint, à force de prières et par la vertu de l'argent comptant, que ses habits fussent faits pour le fameux lundi. Staub alla jusqu'à lui promettre une délicieuse redingote, un gilet et un pantalon pour le jour décisif. Lucien se commanda des chemises, des mouchoirs, enfin tout un petit trousseau, chez une lingère, et se fit prendre mesure de souliers et de bottes par un cordonnier célèbre. Il acheta une jolie canne chez Verdier, des gants et des boutons de chemise chez madame Irlande; enfin il tâcha de se mettre à la hauteur des dandies. Quand il eut satisfait ses fantaisies, il alla rue Neuve-de-Luxembourg, et trouva Louise sortie.

— Elle dîne chez madame la marquise d'Espard, et reviendra tard, lui dit Albertine.

Lucien alla dîner dans un restaurant à quarante sous au Palais-Royal, et se coucha de bonne heure. Le dimanche, il alla dès onze heures chez Louise; elle n'était pas levée. A deux heures il revint.

— Madame ne reçoit pas encore, lui dit Albertine, mais elle m'a donné un petit mot pour vous.

— Elle ne reçoit pas encore, répéta Lucien; mais je ne suis pas quelqu'un...

— Je ne sais pas, dit Albertine d'un air fort impertinent.

Lucien, moins surpris de la réponse d'Albertine que de recevoir une lettre de madame de Bargeton, prit le billet et lut dans la rue ces lignes désespérantes :

« Madame d'Espard est indisposée, elle ne pourra pas » vous recevoir lundi; moi-même je ne suis pas bien, et » cependant je vais m'habiller pour aller lui tenir compa- » gnie. Je suis désespérée de cette petite contrariété; mais » vos talents me rassurent, et vous percerez sans charla- » tanisme. »

— Et pas de signature ! se dit Lucien, qui se trouva dans les Tuileries sans croire avoir marché. Le don de seconde vue que possèdent les gens de talent lui fit soupçonner la catastrophe annoncée par ce froid billet. Il allait, perdu dans ses pensées, il allait devant lui, regardant les monuments de la place Louis XV. Il faisait beau. De belles

voitures passaient incessamment sous ses yeux en se dirigeant vert la grande avenue des Champs-Élysées. Il suivit
la foule des promeneurs et vit alors les trois ou quatre
mille voitures qui, par une belle journée, affluent en cet
endroit le dimanche, et improvisent un Lonchamp. Étourdi
par le luxe des chevaux, des toilettes et des livrées, il allait toujours, et arriva devant l'arc de triomphe commencé. Que devint-il quand, en revenant, il vit venir à
lui madame d'Espard et madame de Bargeton dans une
calèche admirablement attelée, et derrière laquelle ondu-
laient les plumes du chasseur dont l'habit vert brodé d'or
les lui fit reconnaître ! La file s'arrêta par suite d'un en-
combrement, Lucien put voir Louise dans sa transformation, elle n'était pas reconnaissable : les couleurs de sa
toilette étaient choisies de manière à faire valoir son teint;
sa robe était délicieuse; ses cheveux arrangés gracieusement lui seyaient bien, et son chapeau, d'un goût exquis,
était remarquable à côté de celui de madame d'Espard, qui
commandait à la mode. Il y a une indéfinissable façon de
porter un chapeau : mettez le chapeau un peu trop en arrière, vous avez l'air effronté; mettez-le trop en avant,
vous avez l'air sournois; de côté, l'air devient cavalier;
les femmes comme il faut posent leurs chapeaux comme
elles veulent et ont toujours bon air. Madame de Bargeton
avait sur-le-champ résolu cet étrange problème. Une jolie
ceinture dessinait sa taille svelte. Elle avait pris les gestes
et les façons de sa cousine; assise comme elle, elle jouait
avec une élégante cassolette attachée à l'un des doigts de
sa main droite par une petite chaîne, et montrait ainsi sa
main fine et bien gantée sans avoir l'air de vouloir la montrer. Enfin elle s'était faite semblable à madame d'Espard
sans la singer; elle était la digne cousine de la marquise, qui paraissait être fière de son élève. Les femmes et
les hommes qui se promenaient sur la chaussée et regardaient la brillante voiture aux armes des d'Espard et des

Blamont-Chauvry, dont les deux écussons étaient adossés. Lucien fut étonné du grand nombre de personnes qui saluaient les deux cousines; il ignorait que tout ce Paris, qui consiste en vingt salons, savait déjà la parenté de madame de Bargeton et de madame d'Espard. Des jeunes gens à cheval, parmi lesquels Lucien remarqua de Marsay et Rastignac, se joignirent à la calèche pour conduire les deux cousines au bois. Il fut facile à Lucien de voir, au geste des deux fats, qu'ils complimentaient madame de Bargeton sur sa métamorphose. Madame d'Espard pétillait de grâce et de santé : ainsi son indisposition était un prétexte pour ne pas recevoir Lucien, puisqu'elle ne remettait pas son dîner à un autre jour. Le poëte furieux s'approcha de la calèche, alla lentement, et, quand il fut en vue des deux femmes, il les salua : madame de Bargeton ne voulut pas le voir, la marquise le lorgna et ne répondit pas à son salut. La réprobation de l'aristocratie parisienne n'était pas comme celle des souverains d'Angoulême : en s'efforçant de blesser Lucien, les hobereaux admettaient son pouvoir et le tenaient pour un homme; tandis que, pour madame d'Espard, il n'existait même pas. Ce n'était pas un arrêt, mais un déni de justice. Un froid mortel saisit le pauvre poëte quand de Marsay le lorgna; le lion parisien laissa retomber son lorgnon si singulièrement qu'il semblait à Lucien que ce fût le couteau de la guillotine. La calèche passa. La rage, le désir de la vengeance s'emparèrent de cet homme dédaigné : s'il avait tenu madame de Bargeton, il l'aurait égorgée; il se fit Fouquier-Tinville pour se donner la jouissance d'envoyer madame d'Espard à l'échafaud; il aurait voulu pouvoir faire subir à de Marsay un de ces supplices raffinés qu'ont inventés les sauvages. Il vit passer Canalis à cheval, élégant comme devait l'être le plus câlin des poëtes, et saluant les femmes les plus jolies.

— Mon Dieu ! de l'or à tout prix ! se disait Lucien, l'or

est la seule puissance devant laquelle ce monde s'age-
nouille. Non ! lui cria sa conscience, mais la gloire, et la
gloire, c'est le travail ! Du travail ! c'est le mot de David.
Mon Dieu ! pourquoi suis-je ici ? Mais je triompherai ! je
passerai dans cette avenue en calèche à chasseur ! j'aurai
des marquises d'Espard !

En lançant ces paroles enragées, il dînait chez Hurbain
à quarant sous. Le lendemain, à neuf heures, il alla chez
Louise dans l'intention de lui reprocher sa barbarie : non-
seulement madame de Bargeton n'y était pas pour lui,
mais encore le portier ne le laissa pas monter ; il resta
dans la rue, faisant le guet, jusqu'à midi. A midi, du Châtelet sortit de chez madame de Bargeton, vit le poëte du
coin de l'œil et l'évita. Lucien, piqué au vif, poursuivit
son rival ; du Châtelet, se sentant serré, se retourna et le
salua dans l'intention évidente d'aller au large après cette
politesse.

— De grâce, monsieur, dit Lucien, accordez-moi une
seconde, j'ai deux mots à vous dire. Vous m'avez témoigné
de l'amitié, je l'invoque pour vous demander le plus léger
des services. Vous sortez de chez madame de Bargeton,
expliquez-moi la cause de ma disgrâce auprès d'elle et de
madame d'Espard ?

— Monsieur Chardon, répondit du Châtelet avec une
fausse bonhomie, savez-vous pourquoi ces dames vous ont
quitté à l'Opéra ?

— Non, dit le pauvre poëte.

— Eh bien, vous avez été desservi dès votre début par
monsieur de Rastignac. Le jeune dandy, questionné sur
vous, a purement et simplement dit que vous vous nommiez
monsieur Chardon et non monsieur de Rubempré ; que
votre mère gardait les femmes en couche, que votre père
était en son vivant apothicaire à l'Houmeau, faubourg
d'Angoulême ; que votre sœur était une charmante jeune
fille qui repassait admirablement les chemises, et qu'elle

allait épouser un imprimeur d'Angoulême nommé Séchard.
Voilà le monde. Mettez-vous en vue ? il vous discute.
M. de Marsay est venu rire de vous avec madame d'Espard, et aussitôt ces deux dames se sont enfuies en se
croyant compromises auprès de vous. N'essayez pas d'aller
chez l'une ou chez l'autre. Madame de Bargeton ne serait
pas reçue par sa cousine si elle continuait à vous voir.
Vous avez du génie, tâchez de prendre votre revanche. Le
monde vous dédaigne, dédaignez le monde. Réfugiez-vous
dans une mansarde, faites-y des chefs-d'œuvre, saisissez
un pouvoir quelconque, et vous verrez le monde à vos
pieds ; vous lui rendrez alors les meurtrissures qu'il vous
aura faites là où il vous les aura faites. Plus madame de
Bargeton vous aura marqué d'amitié, plus elle aura d'éloignement pour vous. Ainsi vont les sentiments féminins.
Mais il ne s'agit pas en ce moment de reconquérir l'amitié
d'Anaïs, il s'agit de ne pas l'avoir pour ennemie, et je vais
vous en donner le moyen. Elle vous a écrit, renvoyez-lui
toutes ses lettres, elle sera sensible à ce procédé de gentilhomme ; plus tard, si vous avez besoin d'elle, elle ne vous
sera pas hostile. Quant à moi, j'ai une si haute opinion de
votre avenir, que je vous ai partout défendu, et que dès à
présent, si je puis ici faire quelque chose pour vous, vous
me trouverez toujours prêt à vous rendre service.

Lucien était si morne, si pâle, si défait, qu'il ne rendit
pas au vieux beau rajeuni par l'atmosphère parisienne le
salut sèchement poli qu'il reçut de lui. Il revint à son hôtel,
où il trouva Staub lui-même, venu moins pour lui essayer
ses habits, qu'il lui essaya, que pour savoir de l'hôtesse du
Gaillard-Bois ce qu'était sous le rapport financier sa pratique inconnue. Lucien était arrivé en poste, madame de
Bargeton l'avait ramené du Vaudeville jeudi dernier en
voiture. Ces renseignements étaient bons. Staub nomma
Lucien monsieur le comte, et lui fit voir avec quel talent
il avait mis ses charmantes formes en lumière.

— Un jeune homme mis ainsi, dit-il, peut s'en aller promener aux Tuileries, il épousera une riche Anglaise au
bout de quinze jours.

Cette plaisanterie de tailleur allemand et la perfection
de ses habits, la finesse du drap, la grâce qu'il se trouvait
à lui-même en se regardant dans la glace, ces petites choses
rendirent Lucien moins triste. Il se dit vaguement que Paris
était la capitale du hasard, et il crut au hasard pour un
moment. N'avait-il pas un volume de poésies et un magnifique roman, *l'Archer de Charles IX*, en manuscrit ? il espéra dans sa destinée. Staub promit la redingote et le reste
des habillements pour le lendemain.

Le lendemain, le bottier, la lingère et le tailleur revinrent, tous munis de leurs factures. Lucien ignorant la
manière de les congédier, Lucien encore sous le charme
des costumes de province, les solda ; mais après les avoir
payés, il ne lui resta plus que trois cent soixante francs sur
les deux mille francs qu'il avait apportés à Paris : il y était
depuis une semaine ! Néanmoins il s'habilla et alla faire
un tour sur la terrasse des Feuillants. Il y prit une revanche. Il était si bien mis, si gracieux, si beau, que plusieurs femmes le regardèrent, et deux ou trois furent assez
saisies par sa beauté pour se retourner. Lucien étudia la
démarche et les manières des jeunes gens, et fit son cours
de belles manières tout en pensant à ses trois cent soixante
francs. Le soir, seul dans sa chambre, il lui vint à l'idée
d'éclaircir le problème de sa vie à l'hôtel du *Gaillard-Bois*,
où il déjeunait des mets les plus simples, en croyant éco-
nomiser. Il demanda son mémoire en homme qui voulait
déménager, il se vit débiteur d'une centaine de francs. Le
lendemain, il courut au pays latin, que David lui avait recommandé pour le bon marché. Après avoir cherché pendant longtemps, il finit par rencontrer rue de Cluny, près
de la Sorbonne, un misérable hôtel garni, où il eut une
chambre pour le prix qu'il voulut y mettre. Aussitôt il

paya son hôtesse du *Gaillard–Bois*, et vint s'installer rue de Cluny, dans la journée. Son déménagement ne lui coûta qu'une course de fiacre.

Après avoir pris possession de sa pauvre chambre, il rassembla toutes les lettres de madame de Bargeton, en fit un paquet, le posa sur sa table, et, avant de lui écrire, il se mit à penser à cette fatale semaine. Il ne se dit pas qu'il avait, lui le premier, étourdiment renié son amour, sans savoir ce que deviendrait sa Louise à Paris; il ne vit pas ses torts, il vit sa position actuelle, il accusa madame de Bargeton : au lieu de l'éclairer, elle l'avait perdu. Il se courrouça, il devint fier, et se mit à écrire la lettre suivante, dans le paroxysme de sa colère :

« Que diriez-vous madame, d'une femme à qui aurait
» plu quelque pauvre enfant timide, plein de ces croyances
» nobles que plus tard l'homme appelle illusions, et qui
» aurait employé les grâces de la coquetterie, les finesses
» de son esprit, et les plus beaux semblants de l'amour
» maternel pour détourner cet enfant? Ni les promesses
» les plus caressantes, ni les châteaux de cartes dont il s'é-
» merveille ne lui coûtent; elle l'emmène, elle s'en em-
» pare, elle le gronde de son peu de confiance, elle le flatte
» tour à tour ; quand l'enfant abandonne sa famille, et la
» suit aveuglément, elle le conduit au bord d'une mer im-
« mense, le fait entrer par un sourire dans un frêle esquif,
» et le lance seul, sans secours, à travers les orages; puis
» du rocher où elle reste, elle se met à rire et lui souhaite
» bonne chance. Cette femme, c'est vous; cet enfant, c'est
» moi. Aux mains de cet enfant se trouve un souvenir qui
» pourrait trahir les crimes de votre bienfaisance et les
» faveurs de votre abandon. Vous pourriez avoir à rougir
» en rencontrant l'enfant aux prises avec les vagues, si
» vous songiez que vous l'avez tenu sur votre sein. Quand
» vous lirez cette lettre, vous aurez le souvenir en votre

» pouvoir. Libre à vous de tout oublier. Après les belles
» espérances que votre doigt m'a montrées dans le ciel,
» j'aperçois les réalités de la misère dans la boue de Paris.
» Pendant que vous irez, brillante et adorée, à travers les
» grandeurs de ce monde, sur le seuil duquel vous m'avez
» amené, je grelotterai dans le misérable grenier où vous
» m'avez jeté. Mais peut-être un remords viendra-t-il vous
» saisir au sein des fêtes et des plaisirs, peut-être penserez-
» vous à l'enfant que vous avez plongé dans un abîme. Eh
» bien, madame, pensez-y sans remords! Du fond de sa
» misère, cet enfant vous offre la seule chose qui lui reste,
» son pardon dans un dernier regard. Oui, madame, grâce
» à vous, il ne me reste rien. Rien? n'est-ce pas ce qui a
» servi à faire le monde ? le génie doit imiter Dieu : je
» commence par avoir sa clémence sans savoir si j'aurai
» sa force. Vous n'aurez à trembler que si j'allais à mal, vous
» seriez complice de mes fautes. Hélas! je vous plains de ne
» pouvoir plus rien être à la gloire vers laquelle je vais
» tendre, conduit par le travail. »

Après avoir écrit cette lettre emphatique, mais pleine de
cette sombre dignité que l'artiste de vingt et un ans exagère
souvent, Lucien se reporta par la pensée au milieu de sa
famille : il revit le joli appartement que David lui avait
décoré en y sacrifiant une partie de sa fortune il eut une
vision des joies tranquilles, modestes, bourgeoises, qu'il
avait goûtées; les ombres de sa mère, de sa sœur, de David
vinrent autour de lui, il entendit de nouveau les larmes
qu'ils avaient versées au moment de son départ, et il
pleura lui-même, car il était seul dans Paris, sans amis,
sans protecteurs.

Quelques jours après, voici ce que Lucien écrivit à sa
sœur :

« Ma chère Ève, les sœurs ont le triste privilège d'épouser
» plus de chagrins que de joie en partageant l'existence

» de frères voués à l'Art, et je commence à craindre de te
» devenir bien à charge. N'ai-je pas abusé déjà de vous tous,
» qui vous êtes sacrifiés pour moi ? Ce souvenir de mon
» passé, si rempli par les joies de la famille, m'a soutenu
» contre la solitude de mon présent. Avec qu'elle rapidité
» d'aigle revenant à son nid, n'ai-je pas traversé la distance
» qui nous sépare pour me trouver dans une sphère d'af-
» fections vraies, après avoir éprouvé les premières mi-
» sères et les premières déceptions du monde parisien !
» Vos lumières ont-elles pétillé ? Les tisons de votre foyer
» ont ils roulé ? Avez-vous entendu des bruissements dans
» vos oreilles ? Ma mère a-t-elle dit : « Lucien pense à
» nous ? » David a-t-il répondu : « Il se débat avec les
» hommes et les choses ? » Mon Ève, je n'écris cette lettre
» qu'à toi seule. A toi seule j'oserai confier le bien et le mal
» qui m'adviendront en rougissant de l'un et de l'autre, car
» ici le bien est aussi rare que devrait l'être le mal. Tu vas
» apprendre beaucoup de choses en peu de mots : madame
» de Bargeton a eu honte de moi, m'a renié, congédié,
» répudié le neuvième jour de son arrivée. En me voyant,
» elle a détourné la tête, et moi, pour la suivre dans le monde
» où elle voulait me lancer, j'avais dépensé dix-sept cent
» soixante francs sur les deux mille emportés d'Angoulême
» si péniblement trouvés ? A quoi ? diras-tu. Ma pauvre sœur,
» Paris est un étrange gouffre : on y trouve à dîner pour dix-
» huit sous, et le plus simple dîner d'un *restaurât* élégant
» coûte cinquante francs ; il y a des gilets et des pantalons à
» quatre francs et quarante sous, les tailleurs à la mode
» ne vous les font pas à moins de cent francs. On donne
» un sou pour passer les ruisseaux des rues quand il pleut.
» Enfin la moindre course en voiture vaut trente-deux
» sous. Après avoir habité le beau quartier, je suis aujour-
» d'hui hôtel de Cluny, rue de Cluny, dans l'une des plus
» pauvres et des plus sombres petites rues de Paris, serrée
» entre trois églises et les vieux bâtiments de la Sorbonne.

» J'occupe une chambre garnie au quatrième étage **de cet**
» hôtel, et quoique bien sale et dénuée, je la paye encore
» quinze francs par mois. Je déjeune d'un petit pain de
» deux sous et d'un sou de lait, mais je dîne très bien pour
» vingt-deux sous au restaurât d'un nommé Flicoteaux,
» lequel est situé sur la place de la Sorbonne. Jusqu'à
» l'hiver ma dépense n'excédera pas soixante francs par
» mois, tout compris, du moins je l'espère. Ainsi mes deux
» cent quarante francs suffiront aux quatre premiers
» mois. D'ici là, j'aurai sans doute vendu *l'Archer de*
» *Charles IX* et *les Marguerites*. N'ayez donc ancune inquié-
» tude à mon sujet. Si le présent est froid, nu, mesquin,
» l'avenir est bleu, riche et splendide. La plupart des grands
» hommes ont éprouvé les vicissitudes qui m'affectent
» sans m'accabler. Plaute, un grand poëte comique, a été
» garçon de moulin. Machiavel écrivait *le Prince* le soir,
» après avoir été confondu parmi des ouvriers pendant la
» journée. Enfin le grand Cervantès, qui avait perdu le bras
» à la bataille de Lépante en contribuant au gain de cette
» fameuse journée, appelé *vieux et ignoble manchot* par les
» écrivailleurs de son temps, mit, faute de libraire, dix
» ans d'intervalle entre la première et la seconde partie
» de son sublime Don Quichotte. Nous n'en sommes pas
» là aujourd'hui. Les chagrins et la misère ne peuvent
» atteindre que les talents inconnus; mais quand ils se
» sont fait jour, les écrivains deviennent riches, et je serai
» riche. Je vis d'ailleurs par la pensée, je passe la motié
» de la journée à la bibliothèque Sainte-Geneviève, où
» j'acquiers l'instruction qui me manque et sans laquelle
» je n'irais pas loin. Aujourd'hui je me trouve donc pres-
» que heureux. En quelques jours je me suis conformé
» joyeusement à ma position. Je me livre dès le jour à un
» travail que j'aime ; la vie matérielle est assurée, je médite
» beaucomp, j'étudie, je ne vois pas où je puis être main-
» tenant blessé, après avoir renoncé au monde où ma va-

nité pouvait souffrir à tout moment. Les hommes illustres
d'une époque sont tenus de vivre à l'écart. Ne sont-ils
pas les oiseaux de la forêt ? ils chantent, ils charment la
nature, et nul ne doit les apercevoir. Ainsi ferai-je, si
tant est que je puisse réaliser les plans ambiteux de mon
esprit. Je ne regrette pas madame de Bargeton. Une
femme qui se conduit ainsi ne mérite pas un souvenir.
Je ne regrette pas non plus d'avoir quitté Angoulême.
Cette femme avait raison de me jeter dans Paris en m'y
abandonnant à mes propres forces. Ce pays est celui des
écrivains, des penseurs, des poëtes. Là seulement se cultive la gloire, et je connais les belles récoltes qu'elle
produit aujourd'hui. Là seulement les écrivains peuvent
trouver, dans les musées et dans les collections, les vivantes œuvres des génies du temps passé qui réchauffent
les imaginations et les stimulent. Là seulement d'immenses bibliothèques, sans cesse ouvertes, offrent à l'esprit des renseignements et une pâture. Enfin, à Paris, il
y a dans l'air et dans les moindres détails un esprit qui
se respire et s'empreint dans les créations littéraires. On
apprend plus de choses en conversant au café, au théâtre,
pendant une demi-heure, qu'en province en dix ans. Ici,
vraiment, tout est spectacle, comparaison et instruction.
Un excessif bon marché, une cherté excessive, voilà
Paris, où toute abeille rencontre son alvéole, où toute
âme s'assimile ce qui lui est propre. Si donc je souffre
en ce moment, je ne me repens de rien. Au contraire,
un bel avenir se déploie et réjouit mon cœur un moment
endolori. Adieu, ma chère sœur; ne t'attends pas à recevoir régulièrement mes lettres : une des particularités de
Paris est qu'on ne sait réellement pas comment le temps
passe. La vie y est d'une effrayante rapidité. J'embrasse
ma mère, David et toi plus tendrement que jamais. »

Flicoteaux est un nom inscrit dans bien des mémoires,

Il est peu d'étudiants logés au quartier latin pendant les douze premières années de la Restauration qui n'aient fréquenté ce temple de la faim et de la misère. Le dîner, composé de trois plats, coûtait dix-huit sous, avec un carafon de vin ou une bouteille de bière, et vingt-deux sous avec une bouteille de vin. Ce qui, sans doute, a empêché cet ami de la jeunesse de faire une fortune colossale, est un article de son programme imprimé en grosses lettres dans les affiches de ses concurrents et ainsi conçu : PAIN A DIS-CRÉTION, c'est-à-dire jusqu'à l'indiscrétion. Bien des gloires ont eu Flicoteaux pour père nourricier. Certes le cœur de plus d'un homme célèbre doit éprouver les jouissances de mille souvenirs indicibles à l'aspect de la devanture à petits carreaux donnant sur la place de la Sorbonne et sur la rue Neuve-de-Richelieu, que Flicoteaux II ou III avait encore respectée, avant les journées de Juillet, en leur laissant ces teintes brunes, cet air ancien et respectable qui annonçait un profond dédain pour le charlatanisme des dehors, es-pèce d'annonce faite pour les yeux aux dépens du ventre par presque tous les restaurateurs d'aujourd'hui. Au lieu de ces tas de gibier empaillé destiné à ne pas cuire, au lieu de ces poissons fantastiques qui justifient le mot du saltimbanque : « J'ai vu une belle carpe, je compte l'ache-ter dans huit jours; » au lieu de ces primeurs, qu'il faudrait appeler *postmeurs*, exposées en de fallacieux étalages pour le plaisir des caporaux et de leurs *payses*, l'honnête Flico-teaux exposait des saladiers ornés de maint raccommodage, où des tas de pruneaux cuits réjouissaient le regard du con-sommateur, sûr que ce mot, trop prodigué sur d'autres affiches, *dessert*, n'était pas une charte. Les pains de six livres, coupés en quatre tronçons, rassuraient sur la pro-messe du pain à discrétion. Tel était le luxe d'un établis-sement que, de son temps, Molière eût célébré, tant est drôlatique l'épigramme du nom. Flicoteaux subsiste, il vi-vra tant que les étudiants voudront vivre. On y mange, rien de moins, rien de plus; mais on y mange comme on travaille, avec une activité sombre ou joyeuse, selon les caractères ou les circonstances. Cet établissement célèbre consistait alors en deux salles disposées en équerre, longues, étroites et basses, éclairées l'une sur la place de la Sorbonne, l'autre sur la rue Neuve-de-Richelieu; toutes deux meublées de tables venues de quelque réfectoire abbatial, car leur longueur a quelque chose de monastique, et les couverts y sont préparés avec les serviettes des abonnés passées dans des coulants de moiré métallique numérotés. Flicoteaux Iᵉʳ ne changeait ses nappes que tous les dimanches; mais Flicoteaux II les a changées, dit-on, deux fois par semaine dès que la concurrence a menacé sa dynastie. Ce restaurant est un atelier avec ses ustensiles, et non la salle de festin avec son élégance et ses plaisirs : chacun en sort promptement. Au dedans, les mouvements intérieurs sont rapides. Les garçons y vont et viennent sans flâner, ils sont tous occupés, tous nécessaires. Les mets sont peu variés. La pomme de terre y est éternelle, il n'y aurait pas une pomme de terre en Irlande, elle manquerait partout, qu'il s'en trouverait chez Flicoteaux. Elle s'y produit depuis trente ans sous cette couleur blonde affectionnée par Titien, semée de verdure hachée, et jouit d'un privilége envié par les femmes : telle vous l'avez vue en 1814, telle vous la trouverez en 1840. Les côtelettes de mouton, le filet de bœuf sont à la carte de cet établissement ce que les coqs de bruyère, les filets d'esturgeon sont à celle de Véry, des mets extraordinaires qui exigent la commande dès le matin. La femelle du bœuf y domine, et son fils y foisonne sous les aspects les plus ingénieux. Quand le merlan, les maquereaux donnent sur les côtes de l'Océan, ils rebondissent chez Flicoteaux. Là, tout est en rapport avec les vicissitudes de l'agriculture et les caprices des saisons françaises. On y apprend des choses dont ne se doutent pas les riches, les oisifs, les indifférents aux phases de la nature. L'étudiant parqué dans le quartier latin y a la connaissance la plus exacte des temps; il sait quand les haricots et les petits pois réussissent, quand la halle regorge de choux, quelle salade y abonde, et si la betterave a manqué. Une vieille calomnie, répétée au moment où Lucien y venait, consistait à attribuer l'apparition des biftecks à quelque mortalité sur les chevaux. Peu de restaurants parisiens offrent un si beau spectacle. Là vous ne trouvez que jeunesse et foi, que misère gaiement supportée, quoique cependant les visages ardents et graves, sombres et inquiets n'y manquent pas. Les costumes sont généralement négligés. Aussi remarque-t-on les habitués qui viennent bien mis. Chacun sait que cette tenue extraordinaire signifie : maîtresse attendue, partie de spectacle, ou visite dans les sphères supérieures. Il s'y est, dit-on, formé quelques amitiés entre plusieurs étudiants devenus plus tard célèbres, comme on le verra dans cette histoire. Néanmoins, excepté les jeunes gens du même pays réunis au même bout de table, généralement les dîneurs ont une gravité qui se déride difficilement, peut-être à cause de la catholicité du vin qui s'oppose à toute expansion. Ceux qui ont cultivé Flicoteaux peuvent se rappeler plusieurs personnages sombres et mystérieux, enveloppés dans les brumes de la plus froide misère, qui ont pu dîner là pendant deux ans, et disparaître sans qu'aucune lumière ait éclairé ces farfadets parisiens aux yeux des plus curieux habitués. Les amitiés ébauchées chez Flicoteaux se scellaient dans les cafés voisins aux flammes d'un punch liquoreux, ou à la chaleur d'une demi-tasse de café bénie par un *gloria* quelconque.

Pendant les premiers jours de son installation à l'hôtel de Cluny, Lucien, comme tout néophyte, eut des allures timides et régulières. Après la triste épreuve de la vie élégante qui venait d'absorber ses capitaux, il se jeta dans le travail avec cette première ardeur que dissipent si vite les difficultés et les amusements que Paris offre à toutes les existences, aux plus luxueuses comme aux plus pauvres, et qui, pour être domptés, exigent la sauvage énergie du vrai talent ou le sombre vouloir de l'ambition. Lucien tombait chez Flicoteaux vers quatre heures et demie, après avoir remarqué l'avantage d'y arriver des premiers; les mets étaient alors plus variés, celui qu'on préférait s'y trouvait encore. Comme tous les esprits poétiques, il avait affectionné une place, et son choix annonçait assez de dicernement. Dès le premier jour de son entrée chez Flicoteaux, il avait distingué, près du comptoir, une table où les physionomies des dîneurs, autant que leurs discours saisis à la volée, lui denoncèrent des compagnons littéraires. D'ailleurs, une sorte d'instinct lui fit deviner qu'en se plaçant près du comptoir, il pourrait parlementer avec les maîtres du restaurant. A la longue, la connaissance s'établirait, et au jour des détresses financières il obtiendrait sans doute un crédit nécessaire. Il s'était donc assis à une petite table carrée à côté du comptoir, où il ne vit que deux couverts ornés de deux serviettes blanches sans coulant, et destinées probablement aux allants et venants. Le vis-à-vis de Lucien était un maigre et pâle jeune homme, vraisemblablement aussi pauvre que lui, dont le beau visage déjà flétri annonçait que des espérances envolées avaient fatigué son front et laissé dans son âme des sillons où les graines ensemencées ne germaient point. Lucien se sentit poussé vers l'inconnu par ces vestiges de poésie et par un irrésistible élan de sympathie.

Ce jeune homme, le premier avec lequel le poëte d'Angoulême put échanger quelques paroles, au bout d'une semaine de petits soins, de paroles et d'observations échangées, se nommait Étienne Lousteau. Comme Lucien, Étienne avait quitté sa province, une ville du Berry, depuis deux ans. Son geste animé, son regard brillant, sa parole brève par moments, trahissaient une amère connaissance de la

vie littéraire. Étienne était venu de Sancerre, sa tragédie
en poche, attiré par ce qui poignait Lucien : la gloire, le
pouvoir et l'argent. Ce jeune homme, qui dîna d'abord
quelques jours de suite, ne se montra bientôt plus que de
loin en loin. Après cinq ou six jours d'absence, en retrouvant une fois son poëte, Lucien espérait le revoir le lende
main; mais le lendemain la place était prise par un inconnu. Quand, entre jeunes gens, on s'est vu la veille, le
feu de la conversation d'hier se reflète sur celle d'aujour-
d'hui; mais ces intervalles obligeaient Lucien à rompre
chaque fois la glace, et retardaient d'autant une intimité
qui, durant les premières semaines, fit peu de progrès.
Après avoir interrogé la dame du comptoir, Lucien apprit
que son ami futur était rédacteur d'un petit journal, où il
faisait des articles sur les livres nouveaux, et rendait
compte des pièces jouées à l'Ambigu-Comique, à la Gaîté,
au Panorama-Dramatique. Ce jeune homme devint tout à
coup un personnage aux yeux de Lucien, qui compta bien
engager la conversation avec lui d'une manière un peu
plus intime, et faire quelques sacrifices pour obtenir une
amitié si nécessaire à un débutant. Le journaliste resta
quinze jours absent. Lucien ne savait pas encore qu'Étienne
ne dînait chez Flicoteaux que quand il était sans argent, ce
qui lui donnait cet air sombre et désenchanté, cette froideur à laquelle Lucien opposait de flatteurs sourires et de
douces paroles. Néanmoins cette liaison exigeait de mûres
réflexions, car ce journaliste obscur paraissait mener une
vie coûteuse, mélangée de petits verres, de tasses de café,
de bols de punch, de spectacles et de soupers. Or, pendant
les premiers jours de son installation dans le quartier, la
conduite de Lucien fut celle d'un pauvre enfant étourdi
par sa première expérience de la vie parisienne. Aussi,
après avoir étudié le prix des consommations et soupesé sa
bourse, Lucien n'osa-t-il pas prendre les allures d'Étienne,
en craignant de recommencer les bévues dont il se repen-

tait encore. Toujours sous le joug des religions de la province, ses deux anges gardiens, Ève et David, se dressaient à la moindre pensée mauvaise, et lui rappelaient les espérances mises en lui, le bonheur dont il était comptable à sa vieille mère, et toutes les promesses de son génie. Il passait ses matinées à la bibliothèque Sainte-Geneviève à étudier l'histoire. Ses premières recherches lui avaient fait apercevoir d'effroyables erreurs dans son roman de *l'Archer de Charles IX*. La bibliothèque fermée, il venait dans sa chambre humide et froide corriger son ouvrage, y recoudre, y supprimer des chapitres entiers. Après avoir dîné chez Flicoteaux, il descendait au passage du Commerce, lisait au cabinet littéraire de Blosse les œuvres de la littérature contemporaine, les journaux, les recueils périodiques, les livres de poésie, pour se mettre au courant du mouvement de l'intelligence, et regagnait son misérable hôtel vers minuit sans avoir usé de bois ni de lumière. Ces lectures changeaient si énormément ses idées, qu'il revit son recueil de sonnets sur les fleurs, ses chères *Marguerites,* et les retravailla si bien qu'il n'y eut pas cent vers de conservés. Ainsi, d'abord, Lucien mena la vie innocente et pure des pauvres enfants de la province qui trouvent du luxe chez Flicoteaux en le comparant à l'ordinaire de la maison paternelle, qui se récréent par de lentes promenades sous les allées du Luxembourg, en y regardant les jolies femmes d'un œil oblique et le cœur gros de sang, qui ne sortent pas du quartier, et s'adonnent saintement au travail en songeant à leur avenir. Mais Lucien, né poëte, soumis bientôt à d'immenses désirs, se trouva sans force contre les seductions des affiches de spectacle. Le Théâtre-Français. le Vaudeville, les Variétés, l'Opéra-Comique, où il allait au parterre, lui enlevèrent une soixantaine de francs. Quel étudiant pouvait résister au bonheur de voir Talma dans les rôles qu'il a illustrés? Le théâtre, ce premier amour de tous les esprits poétiques, fascina Lucien. Les acteurs et les actrices lui semblaient des personnages imposants; il ne croyait pas à la possibilité de franchir la rampe et de les voir familièrement. Ces auteurs de ses plaisirs étaient pour lui des êtres merveilleux que les journaux traitaient comme les grands intérêts de l'État. Être auteur dramatique, se faire jouer, quel rêve caressé! Ce rêve, quelques audacieux, comme Casimir Delavigne, le réalisaient! Ces fécondes pensées, ces moments de croyance en soi suivis de désespoir agitèrent Lucien et le maintinrent dans la voie du travail et de l'économie, malgré les grondements sourds de plus d'un fanatique désir. Par excès de sagesse, il se défendit de pénétrer dans le Palais-Royal, ce lieu de perdition où, pendant une seule journée, il avait dépensé cinquante francs chez Véry, et près de cinq cents francs en habits. Aussi, quand il cédait à la tentation de voir Fleury, Talma, les deux Baptiste, ou Michot, n'allait-il pas plus loin que l'obscure galerie où l'on faisait queue dès cinq heures et demie, et où les retardataires étaient obligés d'acheter pour dix sous une place auprès du bureau. Souvent, après être resté là pendant deux heures, ces mots : *Il n'y a plus de billets!* retentissaient à l'oreille de plus d'un étudiant désappointé. Après le spectacle, Lucien revenait les yeux baissés, ne regardant point dans les rues alors meublées de séductions vivantes. Peut-être lui arriva-t-il quelques-unes de ces aventures d'une excessive simplicité, mais qui prennent une place immense dans les jeunes imaginations timorées. Effrayé de la baisse de ses capitaux, un jour où il compta ses écus, Lucien eut des sueurs froides en songeant à la nécessité de s'enquérir d'un libraire et de chercher quelques travaux payés. Le jeune journaliste dont il s'était fait, à lui seul, un ami, ne venait plus chez Flicoteaux. Lucien attendait un hasard qui ne se présentait pas. A Paris, il n'y a de hasard que pour les gens extrêmement répandus; le nombre des relations y augmente les chances du succès en tout genre, et le hasard aussi est du côté des gros bataillons. En homme chez qui la prévoyance des gens de la province subsistait encore. Lucien ne voulut pas arriver au moment où il n'aurait plus que quelques écus : il résolut d'affronter les libraires.

Par une assez froide matinée du mois de septembre, il descendit la rue de la Harpe, ses deux manuscrits sous le bras. Il chemina jusqu'au quai des Augustins, se promena le long du trottoir en regardant alternativement l'eau de la Seine et les boutiques des libraires, comme si un bon génie lui conseillait de se jeter à l'eau plutôt que de se jeter dans la littérature. Après des hésitations poignantes, après un examen approfondi des figures plus ou moins tendres, récréatives, refrognées, joyeuses ou tristes qu'il observait à travers les vitres ou sur le seuil des portes, il avisa une maison devant laquelle des commis empressés emballaient des livres. Il s'y faisait des expéditions, les murs étaient couverts d'affiches. *En vente :* LE SOLITAIRE, *par M. le vicomte d'Arlincourt. Troisième édition.* LÉONIDE, *par Victor Ducange ; cinq volumes in-12 imprimés sur papier fin. Prix : 12 francs.* INDUCTIONS MORALES, *par Kératry.*

— Ils sont heureux, ceux-là ! s'écria Lucien.

L'affiche, création neuve et originale du fameux Ladvocat, florissait alors pour la première fois sur les murs. Paris fut bientôt bariolé par les imitateurs de ce procédé d'annonce, la source d'un des revenus publics. Enfin le cœur gonflé de sang et d'inquiétude, Lucien, si grand naguère à Angoulême et à Paris si petit, se coula le long des maisons et rassembla son courage pour entrer dans cette boutique encombrée de commis, de chalands, de libraires ! — Et peut-être d'auteurs, pensa Lucien.

— Je voudrais parler à monsieur Vidal ou à monsieur Porchon, dit-il à un commis.

Il avait lu sur l'enseigne en grosses lettres : VIDAL ET

PORCHON, *libraires-commissionnaires pour la France et l'étranger.*

— Ces messieurs sont tous deux en affaires, lui répondit un commis affairé.

— J'attendrai.

On laissa le poète dans la boutique, où il examina les ballots ; il resta deux heures occupé à regarder les titres, à ouvrir les livres, à lire des pages çà et là. Lucien finit par s'appuyer l'épaule à un vitrage garni de petits rideaux verts, derrière lequel il soupçonna que se tenait ou Vidal ou Porchon, et il entendit la conversation suivante :

— Voulez-vous m'en prendre cinq cents exemplaires ? je vous les passe alors à cinq francs et vous donne double treizième.

— A quel prix ça les mettrait-il ?

— A seize sous de moins.

— Quatre francs quatre sous, dit Vidal ou Porchon à celui qui offrait ses livres.

— Oui, répondit le vendeur.

— En compte ? demanda l'acheteur.

— Vieux farceur ! et vous me régleriez dans dix-huit mois, en billets à un an ?

— Non, réglés immédiatement, répondit Vidal ou Porchon.

— A quel terme, neuf mois ? demanda le libraire ou l'auteur qui offrait sans doute un livre.

— Non, mon cher, à un an, répondit l'un des deux libraires-commissionnaires.

Il y eut un moment de silence.

— Vous m'égorgez, s'écria l'inconnu.

— Mais, aurons-nous placé dans un an cinq cents exemplaires de *Léonide* ? répondit le libraire-commissionnaire à l'éditeur de Victor Ducange. Si les livres allaient au gré des éditeurs, nous serions millionnaires, mon cher maître ; mais ils vont au gré du public. On donne les romans de

Walter Scott à dix-huit sous le volume, trois livres douze sous l'exemplaire, et vous voulez que je vende vos bouquins plus cher? Si vous voulez que je vous pousse ce roman-là, faites-moi des avantages. — Vidal!

Un gros homme quitta la caisse et vint une plume passée entre son oreille et sa tête.

— Dans ton dernier voyage, combien as-tu placé de Ducange? lui demanda Porchon.

— J'ai *fait deux cents Petit Vieillard de Calais;* mais il a fallu, pour les placer, déprécier deux autres ouvrages sur lesquels on ne nous faisait pas de si fortes remises, et qui sont devenus de forts jolis *rossignols.*

Plus tard Lucien apprit que ce sobriquet de rossignol était donné par les libraires aux ouvrages qui restent perchés sur les casiers dans les profondes solitudes de leurs magasins.

— Tu sais d'ailleurs, reprit Vidal, que Picard prépare des romans. On nous promet vingt pour cent de remise sur le prix ordinaire de librairie, afin d'organiser un succès.

— Eh bien, à un an, répondit piteusement l'éditeur, foudroyé par la dernière observation confidentielle de Vidal à Porchon.

— Est-ce dit? demanda nettement Porchon à l'inconnu.

— Oui.

Le libraire sortit. Lucien entendit Porchon disant à Vidal : — Nous en avons trois cents exemplaires de demandés, nous lui allongerons son règlement, nous vendrons les *Léonide* cent sous à l'unité, nous nous les ferons régler à six mois, et...

—.Et, dit Vidal, voilà quinze cents francs de gagnés.

— Oh! j'ai bien vu qu'il était gêné.

— Il s'enfonce! il paye quatre mille francs à Ducange pour deux mille exemplaires

Lucien arrêta Vidal en bouchant la petite porte de cette cage

— Messieurs, dit-il aux deux associés, j'ai l'honneur de vous saluer.

Les libraires le saluèrent à peine.

— Je suis auteur d'un roman sur l'histoire de France, à la manière de Walter Scott, et qui a pour titre *l'Archer de Charles IX*; je vous propose d'en faire l'acquisition ?

Porchon jeta sur Lucien un regard sans chaleur en posant sa plume sur son pupitre. Vidal, lui, regarda l'auteur d'un air brutal, et lui répondit : — Monsieur, nous ne sommes pas libraires-éditeurs, nous sommes libraires-commissionnaires. Quand nous faisons des livres pour notre compte, ils constituent des opérations que nous entreprenons alors avec des *noms faits*. Nous n'achetons d'ailleurs que des livres sérieux, des histoires, des résumés.

— Mais mon livre est très-sérieux, il s'agit de peindre sous son vrai jour la lutte des catholiques qui tenaient pour le gouvernement absolu, et des protestants qui voulaient établir la république.

— Monsieur Vidal ! cria un commis.

Vidal s'esquiva.

— Je ne vous dis pas, monsieur, que votre livre ne soit pas un chef-d'œuvre, reprit Porchon en faisant un geste assez impoli, mais nous ne nous occupons que des livres fabriqués. Allez voir ceux qui achètent des manuscrits, le père Doguereau, rue du Coq, auprès du Louvre, il est un de ceux qui font le roman. Si vous aviez parlé plus tôt, vous venez de voir Pollet, le concurrent de Doguereau, et des libraires des galeries de Bois.

— Monsieur, j'ai un recueil de poésie...

— Monsieur Porchon ! cria-t-on.

— De la poésie ! s'écria Porchon en colère. Et pour qui me prenez-vous ? ajouta-t-il en lui riant au nez, et disparaissant dans son arrière-boutique.

Lucien traversa le pont Neuf en proie à mille réflexions. Ce qu'il avait compris de cet argot commercial lui fit deviner que, pour ces libraires, les livres étaient comme des bonnets de coton pour des bonnetiers, une marchandise à vendre cher, à acheter bon marché.

— Je me suis trompé, se dit-il, frappé néanmoins du brutal et matériel aspect que prenait la littérature. Il avisa rue du Coq une boutique modeste devant laquelle il avait déjà passé, sur laquelle étaient peints en lettres jaunes, sur un fond vert, ces mots : DOGUEREAU, LIBRAIRE. Il se souvint d'avoir vu ces mots répétés au bas du frontispice de plusieurs romans qu'il avait lus au cabinet littéraire de Blosse. Il entra non sans cette trépidation intérieure que cause à tous les hommes d'imagination la certitude d'une lutte. Il trouva dans la boutique un singulier vieillard, l'une des figures originales de la librairie sous l'Empire. Doguereau portait un habit noir à grandes basques carrées, et la mode taillait alors les fracs en queue de morue. Il avait un gilet d'étoffe commune à carreaux de diverses couleurs, d'où pendaient, à l'endroit du gousset, une chaîne d'acier et une clef de cuivre qui jouaient sur une vaste culotte noire. La montre devait avoir la grosseur d'un oignon. Ce costume était complété par des bas drapés, couleur gris de fer, et par des souliers ornés de boucles en argent. Le vieillard avait la tête nue, décorée de cheveux grisonnants, et assez poétiquement épars. Le père Doguereau, comme l'avait surnommé Porchon, tenait par l'habit, par la culotte et par les souliers, au professeur de belles-lettres, et au marchand par le gilet, la montre et les bas. Sa physionomie ne démentait point cette singulière alliance : il avait l'air magistral, dogmatique, la figure creusée du maître de rhétorique, et les yeux vifs, la bouche soupçonneuse, l'inquiétude vague du libraire.

— Monsieur Doguereau ? dit Lucien.

— C'est moi, monsieur...,

— Je suis auteur d'un roman, dit Lucien.

— Vous êtes bien jeune, dit le libraire.

— Mais, monsieur, mon âge ne fait rien à l'affaire.

— C'est juste, dit le vieux libraire en prenant le manuscrit. Ah diantre! *l'Archer de Charles IX,* un bon titre. Voyons, jeune homme, dites-moi votre sujet en deux mots.

— Monsieur, c'est une œuvre historique dans le genre de Walter Scott, où le caractère de la lutte entre les protestants et les catholiques est présenté comme un combat entre deux systèmes de gouvernements, et où le trône était sérieusement menacé. J'ai pris parti pour les catholiques.

— Hé! mais, jeune homme, voilà des idées. Eh bien, je lirai votre ouvrage, je vous le promets. J'aurai mieux aimé un roman dans le genre de madame Radcliffe; mais si vous êtes travailleur, si vous avez un peu de style, de la conception, des idées, l'art de la mise en scène, je ne demande pas mieux que de vous être utile. Que nous faut-il?... de bons manuscrits.

— Quand pourrai-je venir?

— Je vais ce soir à la campagne, je serai de retour après-demain, j'aurai lu votre ouvrage, et s'il me va, nous pourrons traiter le jour même.

Lucien, le voyant si bonhomme, eut la fatale idée de sortir le manuscrit des *Marguerites.*

— Monsieur, j'ai fait aussi un recueil de vers...

— Ah! vous êtes poëte, je ne veux plus de votre roman, dit le vieillard en lui tendant le manuscrit. Les rimailleurs échouent quand ils veulent faire de la prose. En prose, il n'y a pas de chevilles, il faut absolument dire quelque chose.

— Mais, monsieur, Walter Scott a fait des vers aussi...

— C'est vrai, dit Doguereau qui se radoucit, devina la pénurie du jeune homme, et garda le manuscrit. Où demeurez-vous? j'irai vous voir.

Lucien donna son adresse. sans soupçonner chez ce vieillard la moindre arrière-pensée, il ne reconnaissait pas en lui le libraire de la vieille école, un homme du temps où les libraires souhaitaient tenir dans un grenier et sous clef Voltaire et Montesquieu mourant de faim.

— Je reviens précisément par le quartier latin, lui dit le vieux libraire après avoir lu l'adresse.

— Le brave homme ! pensa Lucien en saluant le libraire. J'ai donc rencontré un ami de la jeunesse, un connaisseur qui sait quelque chose. Parlez-moi de celui-là ! Je le disais bien à David : le talent parvient facilement à Paris. Lucien revint heureux et léger, il rêvait la gloire. Sans plus songer aux sinistres paroles qui venaient de frapper son oreille dans le comptoir de Vidal et Porchon, il se voyait riche d'au moins douze cents francs. Douze cents francs représentaient une année de séjour à Paris, une année pendant laquelle il préparerait de nouveaux ouvrages. Combien de projets bâtis sur cette espérance ? Combien de douces rêveries en voyant sa vie assise sur le travail ? Il se casa, s'arrangea, peu s'en fallut qu'il ne fît quelques acquisitions. Il ne trompa son impatience que par des lectures constantes au cabinet de Blosse. Deux jours après, le vieux Doguereau, surpris du style que Lucien avait dépensé dans sa première œuvre, enchanté de l'exagération des caractères qu'admettait l'époque où se développait le drame, frappé de la fougue d'imagination avec laquelle un jeune auteur dessine toujours son premier plan, il n'était pas gâté le père Doguereau ! vint à l'hôtel où demeurait son Walter Scott en herbe. Il était décidé à payer mille francs la propriété entière de *l'Archer de Charles IX*, et à lier Lucien par un traité pour plusieurs ouvrages. En voyant l'hôtel, le vieux renard se ravisa. — Un jeune homme logé là n'a que des goûts modestes, il aime l'étude, le travail : je peux ne lui donner que huit cents francs. L'hôtesse, à laquelle il demanda monsieur Lucien de Rubempré, lui répondit : — Au quatrième ! Le libraire leva le nez et n'aperçut que le ciel au-dessus du quatrième. — Ce jeune homme, pensa-t-il, est joli garçon, il est même très-beau ; s'il gagnait trop d'argent, il se dissiperait, il ne travaillerait plus. Dans notre intérêt commun, je lui offrirai six cents francs ; mais en argent, pas de billets. Il monta l'escalier, frappa trois coups à la porte de Lucien, qui vint ouvrir. La chambre était d'une nudité désespérante. Il y avait sur la table un bol de lait et une flûte de deux sous. Ce dénûment du génie frappa le bonhomme Doguereau.

— Qu'il conserve, pensa-t-il, ces mœurs simples, cette frugalité, ces modestes besoins. J'éprouve du plaisir à vous voir, dit-il à Lucien. Voilà, monsieur, comment vivait Jean-Jacques, avec qui vous avez plus d'un rapport. Dans ces logements-ci brille le feu du génie et se composent les bons ouvrages. Voilà comment devraient vivre les gens de lettres, au lieu de faire ripaille dans les cafés, dans les restaurants, d'y perdre leur temps, leur talent et notre argent. Il s'assit. Jeune homme, votre roman n'est pas mal. J'ai été professeur de rhétorique, je connais l'histoire de France ; il y a d'excellentes choses. Enfin vous avez de l'avenir.

— Ah ! monsieur.

— Non, je vous le dis, nous pourrons faire des affaires ensemble. Je vous achète votre roman...

Le cœur de Lucien s'épanouit, il palpitait d'aise, il allait entrer dans le monde littéraire, il serait enfin imprimé.

— Je vous l'achète quatre cents francs, dit Doguereau d'un ton mielleux et en regardant Lucien d'un air qui semblait annoncer un effort de générosité.

— Le volume ? dit Lucien.

— Le roman, dit Doguereau sans s'étonner de la surprise de Lucien. Mais, ajouta-t-il, ce sera comptant. Vous vous engagerez à m'en faire deux par an pendant six ans. Si le premier s'épuise en six mois, je vous payerai les suivants six cents francs. Ainsi, à deux par an, vous aurez cent francs par mois, vous aurez votre vie assurée, vous serez heureux. J'ai des auteurs que je ne paye que trois cents francs par roman. Je donne deux cents francs pour une traduction de l'anglais. Autrefois, ce prix eût été exorbitant.

—Monsieur, nous ne pourrons pas nous entendre, je vous prie de me rendre mon manuscrit, dit Lucien glacé.

—Le voilà, dit le vieux libraire. Vous ne connaissez pas les affaires, monsieur. En publiant le premier roman d'un auteur, un éditeur doit risquer seize cents francs d'impression et de papier. Il est plus facile de faire un roman que de trouver une pareille somme. J'ai cent manuscrits de romans chez moi, et n'ai pas cent soixante mille francs dans ma caisse. Hélas! je n'ai pas gagné cette somme depuis vingt ans que je suis libraire. On ne fait donc pas fortune au métier d'imprimer des romans. Vidal et Porchon ne nous les prennent qu'à des conditions qui deviennent de jour en jour plus onéreuses pour nous. Là où vous risquez votre temps, je dois, moi, débourser deux mille francs. Si nous sommes trompés, car *habent sua fata libelli*, je perds deux mille francs; quant à vous, vous n'avez qu'à lancer une ode contre la stupidité publique. Après avoir médité sur ce que j'ai l'honneur de vous dire, vous viendrez me revoir. — Vous reviendrez à moi, répéta le libraire avec autorité pour répondre à un geste plein de superbe que Lucien laissa échapper. Loin de trouver un libraire qui veuille risquer deux mille francs pour un jeune inconnu, vous ne trouverez pas un commis qui se donne la peine de lire votre griffonnage. Moi qui l'ai lu, je puis vous y signaler plusieurs fautes de français. Vous avez mis *observer* pour *faire observer*, et *malgré que*. Malgré veut un régime direct. Lucien parut humilié. — Quand je vous reverrai, vous aurez perdu cent francs, ajouta-t-il, je ne vous donnerai plus alors que cent écus. Il se leva, salua, mais sur le pas de la porte il dit : — Si vous n'aviez pas du talent, de l'avenir, si je ne m'intéressais pas aux jeunes gens studieux, je ne vous aurais pas proposé de si belles conditions. Cent francs par mois ! songez-y. Après tout, un roman dans un tiroir, ce n'est pas un cheval à l'écurie, ça ne mange pas de pain. A la vérité, ça n'en donne pas non plus !

Lucien prit son manuscrit, le jeta par terre en s'écriant:
— J'aime mieux le brûler, monsieur !

— Vous avez une tête de poëte, dit le vieillard.

Lucien dévora sa flûte, lappa son lait et descendit. Sa chambre n'était pas assez vaste, il y aurait tourné sur lui-même comme un lion dans sa cage au jardin des Plantes. A la bibliothèque Sainte-Geneviève, où Lucien comptait aller, il avait toujours aperçu dans le même coin un jeune homme d'environ vingt-cinq ans, qui travaillait avec cette application soutenue que rien ne distrait ni dérange, et à laquelle se reconnaissent les véritables ouvriers littéraires. Ce jeune homme y venait sans doute depuis longtemps, les employés et le bibliothécaire lui-même avaient pour lui des complaisances ; le bibliothécaire lui laissait emporter des livres que Lucien voyait rapporter le lendemain par le studieux inconnu, dans lequel le poëte reconnaissait un frère de misère et d'espérance. Petit, maigre et pâle, ce travailleur cachait un beau front sous une épaisse chevelure noire assez mal tenue, il avait de belles mains, il attirait le regard des indifférents par une vague ressemblance avec le portrait de Bonaparte gravé d'après Robert Lefebvre. Cette gravure est tout un poëme de mélancolie ardente, d'ambition contenue, d'activité cachée. Examinez-là bien ! Vous y trouverez du génie et de la discrétion, de la finesse et de la grandeur. Les yeux ont de l'esprit comme des yeux de femme. Le coup d'œil est avide de l'espace et désireux de difficultés à vaincre. Le nom de Bonaparte ne serait pas écrit au-dessous, vous le contempleriez tout aussi longtemps. Le jeune homme qui réalisait cette gravure avait ordinairement un pantalon à pied dans des souliers à grosses semelles, une redingote de drap commun, une cravate noire, un gilet de drap gris mélangé de blanc, boutonné jusqu'en haut, et un chapeau à bon marché. Son dédain pour toute toilette inutile était visible. Ce mystérieux inconnu, marqué du sceau que le génie imprime au front de ses esclaves, Lucien le retrouvait chez Flicoteaux le plus régulier de tous les habitués; il y mangeait pour vivre, sans faire attention à des aliments avec lesquels il paraissait familiarisé, il buvait de l'eau. Soit à la bibliothèque, soit chez Flicoteaux, il déployait en tout une sorte de dignité qui venait sans doute de la conscience d'une vie occupée par quelque chose de grand, et qui le rendait inabordable. Son regard était penseur. La méditation habitait sur son beau front noblement coupé. Ses yeux noirs et vifs, qui voyaient bien et promptement, annonçaient une habitude d'aller au fond des choses. Simple en ses gestes, il avait une contenance grave. Lucien éprouvait un respect involontaire pour lui. Déjà, plusieurs fois, l'un et l'autre ils s'étaient mutuellement regardés comme pour se parler à l'entrée où à la sortie de la bibliothèque ou du restaurant, mais ni l'un ni l'autre ils n'avaient osé. Ce silencieux jeune homme allait au fond de la salle, dans la partie située en retour sur la place de la Sorbonne. Lucien n'avait donc pu se lier avec lui, quoiqu'il se sentît porté vers ce jeune travailleur, en qui se trahissaient les indicibles symptômes de la supériorité. L'un et l'autre, ainsi qu'ils le reconnurent plus tard, ils étaient deux natures vierges et timides, adonnées à toutes les peurs dont les émotions plaisent aux hommes solitaires. Sans leur subite rencontre au moment du désastre qui venait d'arriver à Lucien, peut-être ne se seraient-ils jamais mis en communication. Mais en entrant dans la rue des Grès, Lucien aperçut le jeune inconnu qui revenait de Sainte-Geneviève.

— La bibliothèque est fermée, je ne sais pourquoi, monsieur, lui dit-il.

En ce moment Lucien avait des larmes dans les yeux, il remercia l'inconnu par un de ces gestes qui sont plus éloquents que le discours, et qui, de jeune homme à jeune homme, ouvrent aussitôt les cœurs. Tous deux descendirent la rue des Grès en se dirigeant vers la rue de la Harpe.

— Je vais alors me promener au Luxembourg, dit Lucien. Quand on est sorti, il est difficile de revenir travailler.

— On n'est plus dans le courant d'idées nécessaire, reprit l'inconnu. Vous paraissez chagrin, monsieur?

— Il vient de m'arriver une singulière aventure, dit Lucien.

Il raconta sa visite sur le quai, puis celle au vieux libraire et les propositions qu'il venait de recevoir; il se nomma, et dit quelques mots de sa situation. Depuis un mois environ, il avait dépensé soixante francs pour vivre, trente francs à l'hôtel, vingt francs au spectacle, dix francs au cabinet littéraire, en tout cent vingt francs; il ne lui restait plus que cent vingt francs.

— Monsieur, lui dit l'inconnu, votre histoire est la mienne et celle de mille à douze cents jeunes gens qui, tous les ans, viennent de la province à Paris. Nous ne sommes pas encore les plus malheureux. Voyez-vous ce théâtre? dit-il en montrant les cimes de l'Odéon. Un jour vint se loger dans une des maisons qui sont sur la place un homme de talent qui avait roulé dans des abîmes de misère; marié, surcroît de malheur qui ne nous afflige encore ni l'un ni l'autre, à une femme qu'il aimait; pauvre ou riche, comme vous voudrez, de deux enfants; criblé de dettes, mais confiant dans sa plume. Il présente à l'Odéon une comédie en cinq actes, elle est reçue, elle obtient un tour de faveur, les comédiens la répètent, et le directeur active les répétitions. Ces cinq bonheurs constituent cinq

drames encore plus difficiles à réaliser que cinq actes à
écrire. Le pauvre auteur, logé dans un grenier que vous
pouvez voir d'ici, épuise ses denières ressources pour vivre pendant la mise en scène de sa pièce, sa femme met
ses vêtements au mont-de-piété, la famille ne mange que
du pain. Le jour de la dernière répétition, la veille de la
représentation, le ménage devait cinquante francs dans le
quartier, au boulanger, à la laitière, au portier. Le poëte
avait conservé le strict nécessaire : un habit, une chemise,
un pantalon, un gilet et des bottes. Sûr du succès, il vient
embrasser sa femme, il lui annonce la fin de leurs infortunes. — Enfin il n'y a plus rien contre nous ! s'écrie-t-il. —
Il y a le feu, dit la femme, regarde, l'Odéon brûle. Monsieur, l'Odéon brûlait. Ne vous plaignez donc pas. Vous
avez des vêtements, vous n'avez ni femme ni enfants, vous
avez pour cent vingt francs de hasard dans votre poche, et
vous ne devez rien à personne. La pièce a eu cent cinquante
représentations au théâtre Louvois. Le roi a fait une pension à l'auteur. Buffon l'a dit, le génie, c'est la patience.
La patience est en effet ce qui, chez l'homme, ressemble le
plus au procédé que la nature emploie dans ses créations.
Qu'est-ce que l'Art, monsieur ? c'est la Nature concentrée.

Les deux jeunes gens arpentaient alors le Luxembourg,
Lucien apprit bientôt le nom, devenu depuis célèbre, de
l'inconnu qui s'efforçait de le consoler. Ce jeune homme
était Daniel d'Arthez, aujourd'hui l'un des plus illustres
écrivains de notre époque, et l'un des gens rares qui, selon
la belle pensée d'un poëte, offrent

L'accord d'un beau talent et d'un beau caractère.

— On ne peut pas être grand homme à bon marché, lui
dit Daniel de sa voix douce. Le génie arrose ses œuvres de
ses larmes. Le talent est une créature morale qui a,
comme tous les êtres, une enfance sujette à des maladies.

La société repousse les talents incomplets, comme la nature emporte les créatures faibles ou mal conformées. Qui veut s'élever au-dessus des hommes doit se préparer à une lutte, ne reculer devant aucune difficulté. Un grand écrivain est un martyr qui ne mourra pas, voilà tout. Vous avez au front le sceau du génie, dit d'Arthez à Lucien en lui jetant un regard qui l'enveloppa; si vous n'en avez pas au cœur la volonté, si vous n'en avez pas la patience angélique, si à quelque distance du but que vous mettent les bizarreries de la destinée vous ne reprenez pas, comme les tortues en quelque pays qu'elles soient, le chemin de votre infini, comme elles prennent celui de leur cher Océan, renoncez dès aujourd'hui.

— Vous vous attendez donc, vous, à des supplices? dit Lucien.

— A des épreuves en tout genre, à la calomnie, à la trahison, à l'injustice de mes rivaux; aux effronteries, aux ruses, à l'âpreté du commerce, répondit le jeune homme d'une voix résignée. Si votre œuvre est belle, qu'importe une première perte...

— Voulez-vous lire et juger la mienne? dit Lucien.

— Soit, dit d'Arthez. Je demeure rue des Quatre-Vents, dans une maison où l'un des hommes les plus illustres, un des plus beaux génies de notre temps, un phénomène dans la science, Desplein, le plus grand chirurgien connu, souffrit son premier martyre en se débattant avec les premières difficultés de la vie et de la gloire à Paris. Ce souvenir me donne tous les soirs la dose de courage dont j'ai besoin tous les matins. Je suis dans cette chambre où il a souvent mangé, comme Rousseau, du pain et des cerises, mais sans Thérèse. Venez dans une heure, j'y serai.

Les deux poètes se quittèrent en se serrant la main avec une indicible effusion de tendresse mélancolique. Lucien alla chercher son manuscrit. Daniel d'Arthez alla mettre au mont-de-piété sa montre pour pouvoir acheter deux fa-

lourdes, afin que son nouvel ami trouvât du feu chez lui,
car il faisait froid. Lucien fut exact et vit d'abord une maison moins décente que son hôtel et qui avait une allée
sombre, au bout de laquelle se développait un escalier
obscur. La chambre de Daniel d'Arthez, située au cinquième étage, avait deux méchantes croisées entre lesquelles était une bibliothèque en bois noirci, pleine de
cartons étiquetés. Une maigre couchette en bois peint,
semblable aux couchettes de collège, une table de nuit
achetée d'occasion, et deux fauteuils couverts en crin occupaient le fond de cette pièce tendue d'un papier écossais
verni par la fumée et par le temps. Une longue table chargée de papiers était placée entre la cheminée et l'une des
croisées. En face de cette cheminée, il y avait une mauvaise
commode en bois d'acajou. Un tapis de hasard couvrait
entièrement le carreau. Ce luxe nécessaire évitait du chauf-
fage. Devant la table, un vulgaire fauteuil de bureau en
basane rouge blanchie par l'usage, puis six mauvaises
chaises complétaient l'ameublement. Sur la cheminée,
Lucien aperçut un vieux flambeau de bouillotte à garde-
vue, muni de quatre bougies. Quand Lucien demanda la
raison des bougies, en reconnaissant en toutes choses les
symptômes d'une âpre misère, d'Arthez lui répondit qu'il
lui était impossible de supporter l'odeur de la chandelle.
Cette circonstance indiquait un grande délicatesse de
sens, l'indice d'une exquise sensibilité. La lecture dura
sept heures. Daniel écouta religieusement, sans dire un
mot ni faire une observation, une des plus rares preuves
de bon goût que puissent donner les auteurs.

— Eh bien ? dit Lucien à Daniel en mettant le manuscrit
sur la cheminée.

— Vous êtes dans une belle et bonne voie, répondit gravement le jeune homme ; mais votre œuvre est à rema-
nier. Si vous voulez ne pas être le singe de Walter Scott,
il faut vous créer une manière différente, et vous l'avez

imité. Vous commencez, comme lui, par de longues conversations pour poser vos personnages; quand ils ont causé,
vous faites arriver la description et l'action. Cet antago-
nisme nécessaire à toute œuvre dramatique vient en dernier. Renversez-moi les termes du problème. Remplacez
ces diffuses causeries, magnifiques chez Scott, mais sans
couleur chez vous, par des descriptions auxquelles se prête
si bien notre langue. Que chez vous le dialogue soit la conséquence attendue qui couronne vos préparatifs. Entrez
tout d'abord dans l'action. Prenez-moi votre sujet tantôt en
travers, tantôt par la queue; enfin variez vos plans, pour
n'être jamais le même. Vous serez neuf tout en adaptant à
l'histoire de France la forme du drame dialogué de l'Écossais. Walter Scott est sans passion, il l'ignore, ou peut-être
lui était-elle interdite par les mœurs hypocrites de son
pays. Pour lui, la femme est le devoir incarné. A de rares
exceptions près, ses héroïnes sont absolument les mêmes,
il n'a eu pour elles qu'un seul ponsif, selon l'expression
des peintres. Elles procèdent toutes de Clarisse Harlowe;
en les ramenant toutes à une idée, il ne pouvait que tirer
des exemplaires d'un même type variés par un colorage
plus ou moins vif. La femme porte le désordre dans la
société par la passion. La passion a des accidents infinis.
Peignez donc les passions, vous aurez les ressources immenses dont s'est privé ce grand génie pour être lu dans
toutes les familles de la prude Angleterre. En France, vous
trouverez les fautes charmantes et les mœurs brillantes du
catholicisme à opposer aux sombres figures du calvinisme
pendant la période la plus passionnée de notre histoire.
Chaque règne authentique, à partir de Charlemagne, demandera tout au moins un ouvrage, et quelquefois quatre
ou cinq, comme Louis XIV, Henri IV, François 1er. Vous
ferez ainsi une histoire de France pittoresque où vous pein-
drez les costumes, les meubles, les maisons, les intérieurs,
la vie privée, tout en donnant l'esprit du temps, au lieu

de narrer péniblement des faits connus. Vous avez un moyen d'être original en relevant les erreurs populaires qui défigurent la plupart de nos rois. Osez, dans votre première œuvre, rétablir la grande et magnifique figure de Catherine que vous avez sacrifiée aux préjugés qui planent encore sur elle. Enfin peignez Charles IX comme il était, et non comme l'ont fait les écrivains protestants. Au bout de dix ans de persistance, vous aurez gloire et fortune.

Il était alors neuf heures. Lucien imita l'action secrète de son futur ami en lui offrant à dîner chez Édon, où il dépensa douze francs. Pendant ce dîner, Daniel livra le secret de ses espérances et de ses études à Lucien. D'Arthez n'admettait pas de talent hors ligne sans de profondes connaissances métaphysiques. Il procédait en ce moment au dépouillement de toutes les richesses philosophiques des temps anciens et modernes pour se les assimiler. Il voulait, comme Molière, être un profond philosophe avant de faire des comédies. Il étudiait le monde écrit et le monde vivant, la pensée et le fait. Il avait pour amis de savants naturalistes, de jeunes médecins, des écrivains politiques et des artistes, société de gens studieux, sérieux, pleins d'avenir. Il vivait d'articles consciencieux et peu payés, mis dans des dictionnaires biographiques, encyclopédiques ou de sciences naturelles; il n'en écrivait ni plus ni moins que ce qu'il en fallait pour vivre et pouvoir suivre sa pensée. D'Arthez avait une œuvre d'imagination, entreprise uniquement pour étudier les ressources de la langue. Ce livre, encore inachevé, pris et repris par caprice, il le gardait pour les jours de grande détresse. C'était une œuvre psychologique et de haute portée sous la forme du roman. Quoique Daniel se découvrît modestement, il parut gigantesque à Lucien. En sortant du restaurant, à onze heures, Lucien s'était pris d'une vive amitié pour cette vertu sans emphase, pour cette nature sublime sans le savoir. Le poëte ne discuta pas les conseils de Daniel, il les suivit à la lettre. Ce beau talent déjà mûri par la pensée et par une critique solitaire, inédite, faite pour lui, non pour autrui, lui avait tout à coup poussé la porte des plus magnifiques palais de la fantaisie. Les lèvres du provincial avaient été touchées d'un charbon ardent, et la parole du travailleur parisien trouva dans le cerveau du poëte d'Angoulême une terre préparée. Lucien se mit à refondre son œuvre.

Heureux d'avoir rencontré dans le désert de Paris un cœur où abondaient des sentiments généreux en harmonie avec les siens, le grand homme de province fit ce que font tous les jeunes gens affamés d'affection : il s'attacha comme une maladie chronique à d'Arthez, il alla le chercher pour se rendre à la bibliothèque, il se promena près de lui au Luxembourg par de belles journées, il l'accompagna tous les soirs jusque dans sa pauvre chambre, après avoir dîné près de lui chez Flicoteaux, enfin il se serra contre lui comme un soldat se pressait sur son voisin dans les plaines glacées de la Russie. Pendant les premiers jours de sa connaissance avec Daniel, Lucien ne remarqua pas sans chagrin une certaine gêne causée par sa présence dès que les intimes étaient réunis. Les discours de ces êtres supérieurs, dont lui parlait d'Arthez avec un enthousiasme concentré, se tenaient dans les bornes d'une réserve en désaccord avec les témoignages visibles de leur vive amitié. Lucien sortait alors discrètement en ressentant une sorte de peine causée par l'ostracisme dont il était l'objet et par la curiosité qu'excitaient en lui ces personnages inconnus; car tous s'appelaient par leurs noms de baptême. Tous portaient au front, comme d'Arthez, le sceau d'un génie spécial. Après de secrètes oppositions combattues à son insu par Daniel, Lucien fut enfin jugé digne d'entrer dans ce cénacle de grands esprits. Lucien put dès lors connaître ces personnes unies par les plus vives sympathies, par le sérieux de leur existence intellectuelle, et qui se réunissaient presque tous

les soirs chez d'Arthez. Tous pressentaient en lui le grand
écrivain : ils le regardaient comme leur chef depuis qu'ils
avaient perdu l'un des esprits les plus extraordinaires de ce
temps, un génie mystique, leur premier chef, qui, pour
des raisons inutiles à rapporter, était retourné dans sa province, et dont Lucien entendait souvent parler sous le nom
de Louis. On comprendra facilement combien ces personnages avaient dû réveiller l'intérêt et la curosité d'un poëte,
à l'indication de ceux qui depuis ont conquis, comme
d'Arthez, toute leur gloire ; car plusieurs succombèrent.

Parmi ceux qui vivent encore était Horace Bianchon,
alors interne à l'Hôtel-Dieu, devenu depuis l'un des flambeaux de l'École de Paris, et trop connu maintenant pour
qu'il soit nécessaire de peindre sa personne ou d'expliquer
son caractère et la nature de son esprit. Puis venait Léon
Giraud, ce profond philosophe, ce hardi théoricien qui remue tous les systèmes, les juge, les exprime, les formule
et les traîne aux pieds de son idole, l'HUMANITÉ ; toujours
grand, même dans ses erreurs, ennoblies par sa bonne foi.
Ce travailleur intrépide, ce savant consciencieux, est devenu chef d'une école morale et politique sur le mérite do
laquelle le temps seul pourra prononcer. Si ses convictions
lui ont fait une destinée en des régions étrangères à celles
où ses camarades se sont élancés, il n'en est pas moins
resté leur fidèle ami. L'Art était représenté par Joseph
Bridau, l'un des meilleurs peintres de la jeune École. Sans
les malheurs secrets auxquels le condamne une nature trop
impressionnable, Joseph, dont le dernier mot n'est d'ailleurs pas dit, aurait pu continuer les grands maîtres de
l'École italienne : il a le dessin de Rome et la couleur de
Venise ; mais l'amour le tue et ne traverse pas que son
cœur : l'amour lui lance ses flèches dans le cerveau, lui
dérange sa vie et lui fait faire les plus étranges zigzags.
Si sa maîtresse éphémère le rend ou trop heureux ou trop
misérable, Joseph enverra pour l'Exposition tantôt des es-

quisses où la couleur empâte le dessin, tantôt des **tableaux**
qu'il a voulu finir sous le poids de chagrins imaginaires, **et**
où le dessin l'a si bien préoccupé que la couleur, dont il dispose à son gré, ne s'y retrouve pas. Il trompe incessamment
et le public et ses amis. Hoffmann l'eût adoré **pour ses**
pointes poussées avec hardiesse dans le champ des **Arts**,
pour ses caprices, pour sa fantaisie. Quand il est **complet**,
il excite l'admiration, il la savoure, et s'effarouche alors
de ne plus recevoir d'éloges pour les œuvres manquées où
les yeux de son âme voient tout ce qui est absent pour l'œil
du public. Fantasque au suprème degré, ses amis lui ont
vu détruire un tableau achevé auquel il trouvait l'air **trop**
peigné. — C'est trop fait, disait-il, c'est trop écolier. Original et sublime parfois, il a tous les malheurs et **toutes**
les félicités des organisations nerveuses, chez lesquelles la
perfection tourne en maladie. Son esprit est frère de celui
de Sterne, mais sans le travail littéraire. Ses mots, ses jets
de pensée ont une saveur inouïe. Il est éloquent et sait
aimer, mais avec ses caprices, qu'il porte dans les sentiments comme dans son *faire*. Il était cher au cénacle précisément à cause de ce que le monde bourgeois eût appelé
ses défauts. Enfin Fulgence Ridal, l'un des auteurs de **notre**
temps qui ont le plus de verve comique, un poëte insouciant de gloire, ne jetant sur le théâtre que ses productions
les plus vulgaires, et gardant dans le sérail de son cerveau,
pour lui, pour ses amis, les plus jolies scènes ; ne demandant au public que l'argent nécessaire à son indépendance,
et ne voulant plus rien faire dès qu'il l'aura obtenu. Paresseux et fécond comme Rossini, obligé, comme les grands
poëtes comiques, comme Molière et Rabelais, de considérer
toute chose à l'endroit du pour et à l'envers du contre, il
était sceptique, il pouvait rire et riait de tout. Fulgence
Ridal est un grand philosophe pratique. Sa science du
monde, son génie d'observation, son dédain de la gloire,
ne lui ont point desséché le cœur. Aussi actif pour autrui

qu'il est indifférent à ses intérêts, s'il marche, c'est pour un ami. Pour ne pas mentir à son masque vraiment rabelaisien, il ne hait pas la bonne chère et ne la recherche point, il est à la fois mélancolique et gai. Ses amis le nomment le *chien du régiment*, rien ne le peint mieux que ce sobriquet. Trois autres, au moins aussi supérieurs que ces quatre amis peints de profil, devaient succomber par intervalles : Meyraux d'abord, qui mourut après avoir ému la célèbre dispute entre Cuvier et Geoffroy-Saint-Hilaire, grande question qui devait partager le monde scientifique entre ces deux génies rivaux, quelques mois avant la mort de celui qui tenait pour une science étroite et analyste contre le panthéiste qui vit encore et que l'Allemagne révère. Meyraux était l'ami de Louis qu'une mort anticipée allait bientôt ravir au monde intellectuel. A ces deux hommes, tous deux marqués par la mort, tous deux obscurs aujourd'hui malgré l'immense portée de leur savoir et de leur génie, il faut joindre Michel Chrestien, républicain d'une haute portée, qui rêvait la fondation de l'Europe et qui fut en 1830 pour beaucoup dans le mouvement moral des saints-simoniens. Homme politique de la force de Saint-Just et de Danton, mais simple et doux comme une jeune fille, plein d'illusions et d'amour, doué d'une voix mélodieuse qui aurait ravi Mozart, Weber ou Rossini, et chantant certaines chansons de Béranger à enivrer le cœur de poésie, d'amour ou d'espérance, Michel Chrestien, pauvre comme Lucien, comme Daniel, comme tous ses amis, gagnait sa vie avec une insouciance diogénique. Il faisait des tables de matières pour de grands ouvrages, des prospectus pour les libraires, muet d'ailleurs sur ses doctrines comme est muette une tombe sur les secrets de la mort. Ce gai bohémien de l'intelligence, ce grand homme d'État, qui peut-être eût changé la face du monde, mourut au cloître Saint-Merri comme un simple soldat. La balle de quelque négociant tua là l'une des plus nobles créatures qui foulassent le sol français. Michel Chrestien périt pour d'autres doctrines que les siennes. Sa fédération menaçait beaucoup plus que la propagande républicaine l'aristocratie européenne ; elle était plus rationnelle et moins folle que les affreuses idées de liberté indéfinie proclamées par les jeunes insensés qui se portent héritiers de la Convention. Ce noble plébéien fut pleuré de tous ceux qui la connaissaient ; il n'est aucun d'eux qui ne songe, et souvent, à ce grand homme politique inconnu.

Ces neuf personnes composaient un cénacle où l'estime et l'amitié faisaient régner la paix entre les idées et les doctrines les plus opposées. Daniel d'Arthez, gentilhomme picard, tenait pour la Monarchie avec une conviction égale à celle qui faisait tenir Michel Chrestien à son fédéralisme européen. Fulgence Ridal se moquait des doctrines philosophiques de Léon Giraud, qui lui-même prédisait à d'Arthez la fin du Christianisme et de la Famille. Michel Chrestien, qui croyait à la religion du Christ, le divin législateur de l'Égalité, défendait l'immortalité de l'âme contre le scalpel de Bianchon, l'analyste par excellence. Tous discutaient sans disputer. Ils n'avaient point de vanité, étant eux-mêmes leur auditoire. Ils se communiquaient leurs travaux, et se consultaient avec l'adorable bonne foi de la jeunesse. S'agissait-il d'une affaire sérieuse ? l'opposant quittait son opinion pour entrer dans les idées de son ami, d'autant plus apte à l'aider, qu'il était impartial dans une cause ou dans une œuvre en dehors de ses idées. Presque tous avaient l'esprit doux et tolérant, deux qualités qui prouvaient leur supériorité. L'Envie, cet horrible trésor de nos espérances trompées, de nos talents avortés, de nos succès manqués, de nos prétentions blessées. leur était inconnue. Tous marchaient d'ailleurs dans les voies différentes. Aussi ceux qui furent admis, comme Lucien, dans leur société, se sentaient-ils à l'aise. Le vrai talent est toujours bon enfant et candide, ouvert, point gourmé ; chez lui, l'épigramme caresse l'esprit, et ne vise jamais l'amour-propre. Une fois la première émotion que cause le respect dissipée, on éprouvait des douceurs infinies auprès de ces jeunes gens d'élite. La familiarité n'excluait pas la conscience que chacun avait de sa valeur, chacun sentait une profonde estime pour son voisin ; enfin, chacun se sentant de force d'être à son tour le bienfaiteur ou l'obligé, tout le monde acceptait sans façons. Les conversations, pleines de charmes et sans fatigue, embrassaient les sujets les plus variés. Légers à la manière des flèches, les mots allaient à fond tout en allant vite. La grande misère extérieure et la splendeur des richesses intellectuelles produisaient un singulier contraste. Là, personne ne pensait aux réalités de la vie que pour en tirer d'amicales plaisanteries. Par une journée où le froid se fit prématurément sentir, cinq des amis de d'Arthez arrivèrent ayant eu chacun la même pensée, tous apportaient du bois sous leurs manteaux, comme dans ces repas champêtres où chaque invité devant fournir son plat, tout le monde donne un pâté. Tous doués de cette beauté morale qui réagit sur la forme, et qui, non moins que les travaux et les veilles, dore les jeunes visages d'une teinte divine, ils offraient ces traits un peu tourmentés que la pureté de la vie et le feu de la pensée régularisent et purifient. Leurs fronts se recommandaient par une ampleur poétique. Les yeux vifs et brillants déposaient d'une vie sans souillures. Les souffrances de la misère, quand elles se faisaient sentir, étaient si gaiement supportées, épousées avec une telle ardeur par tous qu'elles n'altéraient point la sérénité particulière aux visages des jeunes gens encore exempts de fautes graves, qui ne se sont amoindris dans aucune des lâches transactions qu'arrachent la misère mal supportée, l'envie de parvenir sans aucun choix de moyens, et la facile complaisance avec laquelle les gens de lettres accueillent ou pardonnent les trahisons. Ce qui rend les amitiés indissolubles et double leur charme est un sentiment qui manque à l'amour, la certitude. Ces jeunes gens étaient sûrs d'eux-mêmes : l'ennemi de l'un devenait l'ennemi de tous, ils eussent brisé leurs intérêts les plus urgents pour obéir à la sainte solidarité de leurs cœurs. Incapables tous d'une lâcheté, ils pouvaient opposer un *non* formidable à toute accusation, et se défendre les uns les autres avec sécurité. Également nobles par le cœur et d'égale force dans les choses de sentiment, il pouvaient tout penser et se tout dire sur le terrain de la science et de l'intelligence ; de là, l'innocence de leur commerce, la gaieté de leur parole. Certains de se comprendre, leur esprit divaguait à l'aise ; aussi ne faisaient-ils point de façons entre eux, ils se confiaient leurs peines et leurs joies, ils pensaient et souffraient à plein cœur. Les charmantes délicatesses qui font de la fable des *Deux Amis* un trésor pour les grandes âmes étaient habituelles chez eux. Leur sévérité pour admettre dans leur sphère un nouvel habitant se conçoit. Ils avaient trop la conscience de leur grandeur et de leur bonheur pour le troubler en y laissant entrer des éléments nouveaux et inconnus.

Cette fédération de sentiments et d'intérêts dura sans choc ni mécomptes pendant vingt années. La mort, qui leur enleva Louis Lambert, Meyraux et Michel Chrestien, put seule diminuer cette noble pléiade. Quand, en 1832, ce dernier succomba, Horace Bianchon, Daniel d'Arthez, Léon Giraud, Joseph Bridau, Fulgence Ridal allèrent, malgré le péril de la démarche, retirer son corps à Saint-Merri pour lui rendre les derniers devoirs à la face brûlante de la Politique. Ils accompagnèrent ces restes chéris jusqu'au cimetière du Père-Lachaise pendant la nuit. Horace Bianchon leva toutes les difficultés à ce sujet, et ne recula devant aucune, il sollicita les ministres en leur confessant sa vieille amitié pour le fédéraliste expiré. Ce fut une scène touchante gravée dans la mémoire des amis peu nombreux qui assistèrent les cinq hommes célèbres. En vous promenant dans cet élégant cimetière, vous verrez un terrain acheté à perpétuité, où s'élève une tombe de gazon surmontée d'une croix en bois noir sur laquelle sont gravés en lettres rouges ces deux noms : MICHEL CHRESTIEN. C'est le seul monument qui soit dans ce style. Les cinq amis ont pensé qu'il fallait rendre hommage à cet homme simple par cette simplicité.

Dans cette froide mansarde se réalisaient donc les plus beaux rêves du sentiment. Là des frères, tous également forts en différentes régions de la science, s'éclairaient mutuellement avec bonne foi, se disant tout, même leurs pensées mauvaises, tous d'une instruction immense et tous éprouvés au creuset de la misère. Une fois admis parmi ces êtres d'élite et pris pour un égal, Lucien y représenta la poésie et la beauté. Il y lut des sonnets qui furent admirés. On lui demandait un sonnet, comme il priait Michel Chrestien de lui chanter une chanson. Dans le désert de Paris, Lucien trouva donc une oasis rue des Quatre-Vents.

Au commencement du mois d'octobre, Lucien, après avoir employé le reste de son argent pour se procurer un peu de bois, resta sans ressources au milieu du plus ardent travail, celui du remaniement de son œuvre. Daniel d'Arthez, lui, brûlait des mottes, et supportait héroïquement la misère : il ne se plaignait point, il était rangé comme une vieille fille, et ressemblait à un avare, tant il avait de méthode. Ce courage excitait celui de Lucien, qui, nouveau venu dans le cénacle, éprouvait une invincible répugnance à parler de sa détresse. Un matin, il alla jusqu'à la rue du Coq pour vendre *l'Archer de Charles IX* à Doguereau, qu'il ne rencontra pas. Lucien ignorait combien les grands esprits ont d'indulgence. Chacun de ses amis concevait les faiblesses particulières aux hommes de poésie, les abattements qui suivent les efforts de l'âme surexcitée par les contemplations de la nature qu'ils ont mission de reproduire. Ces hommes si forts contre leurs propres maux étaient tendres pour les douleurs de Lucien. Ils avaient compris son manque d'argent. Le cénacle couronna donc les douces soirées de causeries, de profondes méditations, de poésies, de confidences, de courses à pleines ailes dans les champs de l'intelligence, dans l'avenir des nations, dans les domaines de l'histoire, par un trait qui prouve combien Lucien avait peu compris ses nouveaux amis.

— Lucien, mon ami, lui dit Daniel, tu n'es pas venu dîner hier chez Flicoteaux, et nous savons pourquoi.

Lucien ne put retenir des larmes qui coulèrent sur ses joues.

— Tu as manqué de confiance en nous, lui dit Michel Chrestien, nous ferons une croix à la cheminée, et quand nous serons à dix...

— Nous avons tous, dit Bianchon, trouvé quelque travail extraordinaire : moi j'ai gardé pour le compte de Desplein un riche malade ; d'Arthez a fait un article pour la *Revue encyclopédique* ; Chrestien a voulu aller chanter un soir dans les Champs-Élysées avec un mouchoir et quatre chandelles ; mais il a trouvé une brochure à faire pour un homme qui veut devenir un homme politique, et il lui a donné pour six cents francs de Machiavel ; Léon Giraud a emprunté cinquante francs à son libraire, Joseph a vendu des croquis, et Fulgence a fait donner sa pièce dimanche, il a eu salle pleine.

— Voilà deux cents francs, dit Daniel, accepte-les, et qu'on ne t'y reprenne plus.

— Allons, ne va-t-il pas nous embrasser, comme si nous avions fait quelque chose d'extraordinaire ? dit Chrestien.

Pour faire comprendre quelles délices ressentait Lucien au milieu de cette vivante encyclopédie d'esprits angéliques, de jeunes gens empreints des originalités diverses que chacun d'eux tirait de la science qu'il cultivait, il suf-

fira de rapporter les réponses que Lucien reçut, le lendemain, à une lettre écrite à sa famille, chef-d'œuvre de
sensibilité, de bon vouloir, un horrible cri que lui avait
arraché sa détresse.

DAVID SÉCHARD A LUCIEN.

» Mon cher Lucien, tu trouveras ci-joint un effet à
» quatre-vingt-dix jours et à ton ordre de deux cents francs.
» Tu pourras le négocier chez monsieur Métivier, mar-
» chand de papier, notre correspondant à Paris, rue Ser-
» pente. Mon bon Lucien, nous n'avons absolument rien.
» Ma femme s'est mise à diriger l'imprimerie, et s'acquitte
» de sa tâche avec un dévouement, une patience, une ac-
» tivité qui me font bénir le ciel de m'avoir donné pour
» femme un pareil ange. Elle-même a constaté l'impossibilité
» où nous sommes de t'envoyer le plus léger secours. Mais,
» mon ami, je te crois dans un si beau chemin, accompagné
» de cœurs si grands et si nobles, que tu ne saurais faillir
» à ta belle destinée en te trouvant aidé par les intelligen-
» ces presques divines de messieurs Daniel d'Arthez, Michel
» Chrestien et Léon Giraud, conseillé par messieurs Meyraux,
» Bianchon et Ridal que ta chère lettre nous a fait con-
» naître. A l'insu d'Ève, je t'ai donc souscrit cet effet, que
» je trouverai moyen d'acquitter à l'échéance. Ne sors pas
» de ta voie : elle est rude ; mais elle sera glorieuse. Je
» préférerais souffrir mille maux à l'idée de te savoir
» tombé dans quelques bourbiers de Paris où j'en ai tant
» vu. Aie le courage d'éviter, comme tu le fais, les mauvais
» endroits, les méchantes gens, les étourdis et certains gens
» de lettres que j'ai appris à estimer à leur juste valeur
» pendant mon séjour à Paris. Enfin, sois le digne émule
» de ces esprits célestes que tu m'as rendus chers. Ta con-
» duite sera bientôt récompensée. Adieu, mon frère bien-
» aimé, tu m'as ravi le cœur, je n'avais pas attendu de toi
» tant de courage.

» DAVID. »

ÈVE SÉCHARD A LUCIEN.

» Mon ami, ta lettre nous a fait pleurer tous. Que ces
» nobles cœurs vers lesquels ton bon ange te guide le sa-
» chent : une mère, une pauvre jeune femme prieront Dieu
» soir et matin pour eux ; et si les prières les plus fer-
» ventes montent jusqu'à son trône, elles obtiendront quel-
» ques faveurs pour vous tous. Oui, mon frère, leurs noms
» sont gravés dans mon cœur. Ah ! je les verrai quelque
» jour. J'irai, dussé-je faire la route à pied, les remercier
» de leur amitié pour toi, car elle a répandu comme un
» baume sur mes plaies vives. Ici, mon ami, nous travail-
» lons comme de pauvres ouvriers. Mon mari, ce grand
» homme inconnu que j'aime chaque jour davantage en
» découvrant de moments en moments de nouvelles ri-
» chesses dans son cœur, délaisse son imprimerie, et je
» devine pourquoi : ta misère, la nôtre, celle de notre mère
» l'assassinent. Notre adoré David est comme Prométhée
» dévoré par un vautour, un chagrin jaune à bec aigu..
» Quant à lui, le noble homme, il n'y pense guère, il
» a l'espoir d'une fortune. Il passe toutes ses journées
» à faire des expériences sur la fabrication du papier ; il
» m'a priée de m'occuper à sa place des affaires, dans
» lesquelles il m'aide autant que lui permet sa préoc-
» cupation. Hélas ! je suis grosse. Cet événement, qui m'eût
» comblée de joie, m'attriste dans la situation où nous
» sommes tous. Ma pauvre mère est redevenue jeune, elle
» a retrouvé des forces pour son fatigant métier de garde-
» malade. Aux soucis de fortune près, nous serions heureux.
» Le vieux père Séchard ne veut pas donner un liard à son
» fils ; David est allé le voir pour lui emprunter quelques
» deniers afin de te secourir, car ta lettre l'avait mis au
» désespoir. « Je connais Lucien, il perdra la tête, et fera
» des sottises, » disait-il. Je l'ai bien grondé. — Mon frère.

» manquer à quoi que ce soit !... lui ai-je répondu, Lucien
» sait que j'en mourrais de douleur. Ma mère et moi, sans
» que David s'en doute, nous avons engagé quelques ob-
» jets ; ma mère les retirera dès qu'elle rentrera dans
» quelque argent. Nous avons pu faire ainsi cent francs que
» je t'envoie par les messageries. Si je n'ai pas répondu à
» ta première lettre, ne m'en veux pas, mon ami. Nous
» étions dans une situation à passer les nuits, je travaillais
» comme un homme. Ah ! je ne me savais pas autant de
» force. Madame de Bargeton est une femme sans âme ni
» cœur ; elle se devait toujours à elle-même, en ne t'ai-
» mant plus même, de te protéger et de t'aider après t'avoir
» arraché de nos bras pour te jeter dans cette affreuse
» mer parisienne où il faut une bénédiction de Dieu pour
» rencontrer des amitiés vraies entre ces flots d'hommes et
» d'intérêts. Elle n'est pas à regretter. Je te voulais au-
» près de toi quelque femme dévouée, une seconde moi-
» même, mais maintenant que je te sais des amis qui con-
» tinuent nos sentiments, me voilà tranquille. Déploie tes
» ailes, mon beau génie aimé ! Tu seras notre gloire,
» comme tu es déjà notre amour.

» ÈVE. »

» Mon enfant chéri, je ne puis que te bénir après ce
» que te dit ta sœur, et t'assurer que mes prières et mes pen-
» sées ne sont, hélas ! pleines que de toi, au détriment de
» ceux que je vois ; car il est des cœurs où les absents ont
» raison, et il en est ainsi dans le cœur de

» TA MÈRE. »

Ainsi, deux jours après, Lucien put rendre à ses amis
leur prêt si gracieusement offert. Jamais peut-être la vie ne
lui sembla plus belle, mais le mouvement de son amour-

propre n'échappa point aux regards profonds de ses amis et à leur délicate sensibilité.

— On dirait que tu as peur de nous devoir quelque chose, s'écria Fulgence.

— Oh! le plaisir qu'il manifeste est bien grave à mes yeux, dit Michel Chrestien, il confirme les observations que j'ai faites : Lucien a de la vanité.

— Il est poëte, dit d'Arthez.

— M'en voulez-vous d'un sentiment aussi naturel que le mien ?

— Il faut lui tenir compte de ce qu'il ne nous l'a pas caché, dit Léon Giraud, il est encore franc; mais j'ai peur que plus tard il ne nous redoute.

— Eh pourquoi ? demanda Lucien.

— Nous lisons dans ton cœur, répondit Joseph Bridau.

— Il y a chez toi, lui dit Michel Chrestien, un esprit diabolique avec lequel tu justifieras à tes propres yeux les choses les plus contraires à nos principes : au lieu d'être un sophiste d'idées, tu seras un sophiste d'action.

— Ah! j'en ai peur, dit d'Arthez. Lucien, tu feras en toi-même des discussions admirables où tu seras grand, et qui aboutiront à des faits blâmables... Tu ne seras jamais d'accord avec toi-même.

— Sur quoi donc appuyez-vous votre réquisitoire ? demanda Lucien.

— Ta vanité, mon cher poëte, est si grande, que tu en mets jusque dans ton amitié ? s'écria Fulgence. Toute vanité de ce genre accuse un effroyable égoïsme, et l'égoïsme est le poisson de l'amitié.

— Oh! mon Dieu, s'écria Lucien, vous ne savez donc pas combien je vous aime.

— Si tu nous aimais comme nous nous aimons, aurais-tu mis tant d'empressement et tant d'emphase à nous rendre ce que nous avions tant de plaisir à te donner ?

— On ne se prête rien ici, on se donne, lui dit brutalement Joseph Bridau.

— Ne nous crois pas rudes, mon cher enfant, lui dit Michel Chrestien, nous sommes prévoyants. Nous avons peur de te voir un jour préférant les joies d'une petite vengeance aux joies de notre pure amitié. Lis le Tasse de Gœthe, la plus grande œuvre de ce beau génie, et tu y verras que le poëte aime les brillantes étoffes, les festins, les triomphes, l'éclat : eh bien, sois le Tasse sans sa folie. Le monde et ses plaisirs t'appelleront? reste ici... Transporte dans la région des idées tout ce que tu demandes à tes vanités. Folie pour folie, mets la vertu dans tes actions et le vice dans tes idées; au lieu, comme te le disait d'Arthez, de bien penser et de te mal conduire.

Lucien baissa la tête : ses amis avaient raison.

— J'avoue que je ne suis pas aussi fort que vous l'êtes, dit-il en leur jetant un adorable regard. Je n'ai pas des reins et des épaules à soutenir Paris, à lutter avec courage. La nature nous a donné des tempéraments et des facultés différents, et vous connaissez mieux que personne l'envers des vices et des vertus. Je suis déjà fatigué, je vous le confie.

— Nous te soutiendrons, dit d'Arthez, voilà précisément à quoi servent les amitiés fidèles.

— Le secours que je viens de recevoir est précaire, et nous sommes tous aussi pauvres les uns que les autres; le besoin me poursuivra bientôt. Chrestien, aux gages du premier venu, ne peut rien en librairie. Bianchon est en dehors de ce cercle d'affaires. D'Arthez ne connaît que les libraires de science ou de spécialités, qui n'ont aucune prise sur les éditeurs de nouveautés. Horace, Fulgence Ridal et Bridau travaillent dans un ordre d'idées qui les met à cent lieues des libraires. Je dois prendre un parti.

— Tiens-toi donc au nôtre, souffrir! dit Bianchon, souffrir courageusement et se fier au travail!

— Mais ce qui n'est que souffrance pour vous est la mort pour moi, dit vivement Lucien.

— Avant que le coq ait chanté trois fois, dit Léon Giraud en souriant, cet homme aura trahi la cause du travail pour celle de la paresse et des vices de Paris.

— Où le travail vous a-t-il menés? dit Lucien en riant.

— Quand on part de Paris pour l'Italie, on ne trouve pas Rome à moitié chemin, dit Joseph Bridau. Pour toi, les petits pois devraient pousser tout accommodés au beurre.

— Ils ne poussent ainsi que pour les fils aînés des pairs de France, dit Michel Chrestien. Mais, nous autres, nous les semons, les arrosons et les trouvons meilleurs.

La conversation devint plaisante, et changea de sujet. Ces esprits perspicaces, ces cœurs délicats cherchèrent à faire oublier cette petite querelle à Lucien, qui comprit dès lors combien il était difficile de les tromper. Il arriva bientôt à un désespoir intérieur qu'il cacha soigneusement à ses amis, en les croyant des mentors implacables. Son esprit méridional, qui parcourait si facilement le clavier des sentiments, lui faisait prendre les résolutions les plus contraires.

A plusieurs reprises il parla de se jeter dans les journaux, et toujours ses amis lui dirent :

— Gardez-vous-en bien.

— Là serait la tombe du beau, du suave Lucien que nous aimons et connaissons, dit d'Arthez.

— Tu ne résisterais pas à la constante opposition de plaisir et de travail qui se trouve dans la vie des journalistes; et, résister, c'est le fond de la vertu. Tu serais si enchanté d'exercer le pouvoir, d'avoir droit de vie et de mort sur les œuvres de la pensée, que tu serais journaliste en deux mois. Être journaliste, c'est passer proconsul dans la république des lettres. Qui peut tout dire arrive à tout faire! Cette maxime est de Napoléon et se comprend.

— Ne serez-vous pas près de moi? dit Lucien.

— Nous n'y serons plus, s'écria Fulgence. Journaliste, tu ne penserais pas plus à nous que la fille d'Opéra brillante, adorée, ne pense, dans sa voiture doublée de soie, à son village, à ses vaches, à ses sabots. Tu n'as que trop les qualités du journaliste : le brillant et la soudaineté de la pensée. Tu ne te refuserais jamais à un trait d'esprit, dût-il faire pleurer ton ami. Je vois les journalistes aux foyers de théâtre, ils me font horreur. Le journalisme est un enfer, un abîme d'iniquités, de mensonges, de trahisons, que l'on ne peut traverser et d'où l'on ne peut sortir pur, que protégé comme Dante par le divin laurier de Virgile.

Plus le cénacle défendait cette voie à Lucien, plus son désir de connaître le péril l'invitait à s'y risquer, et il commençait à discuter en lui-même : n'était-il pas ridicule de se laisser encore une fois surprendre par la détresse sans avoir rien fait contre elle? En voyant l'insuccès de ses démarches à propos de son premier roman, Lucien était peu tenté d'en composer un second. D'ailleurs, de quoi vivrait-il pendant le temps de l'écrire? Il avait épuisé sa dose de patience pendant un mois de privations. Ne pourrait-il faire noblement ce que les journalistes faisaient sans conscience ni dignité? Ses amis l'insultaient avec leurs défiances, il voulait leur prouver sa force d'esprit. Il les aiderait peut-être un jour, il serait le héraut de leurs gloires!

— D'ailleurs, qu'est donc une amitié qui recule devant la complicité? demanda-t-il un soir à Michel Chrestien, qu'il avait reconduit jusque chez lui, en compagnie de Léon Giraud.

— Nous ne reculons devant rien, répondit Michel Chrestien. Si tu avais le malheur de tuer ta maîtresse, je t'aiderais à cacher ton crime et pourrais t'estimer encore; mais, si tu devenais espion, je te fuirais avec horreur, car tu serais lâche et infâme par système. Voilà le journalisme en deux mots. L'amitié pardonne l'erreur, le mouvement irréfléchi de la passion ; elle doit être implacable pour le parti pris de trafiquer de son âme, de son esprit et de sa pensée.

— Ne puis-je me faire journaliste pour vendre mon recueil de poésies et mon roman, puis abandonner aussitôt le journal ?

— Machiavel se conduirait ainsi, mais non Lucien de Rubempré, dit Léon Giraud.

— Eh bien, s'écria Lucien, je vous prouverai que je vaux Machiavel.

— Ah ! s'écria Michel en serrant la main de Léon, tu viens de le perdre. Lucien, dit-il, tu as trois cents francs, c'est de quoi vivre pendant trois mois à ton aise ; eh bien, travaille, fais un second roman, d'Arthez et Fulgence t'aideront pour le plan, tu grandiras, tu seras un romancier. Moi, je pénétrerai dans un de ces *lupanar* de la pensée, je serai journaliste pendant trois mois, je te vendrai tes livres à quelque libraire de qui j'attaquerai les publications, j'écrirai les articles, j'en obtiendrai pour toi ; nous organiserons un succès, tu seras un grand homme, et tu resteras notre Lucien.

— Tu me méprises donc bien en croyant que je périrai là où tu te sauveras ! dit le poëte.

— Pardonnez-lui, mon Dieu, c'est un enfant ! s'écria Michel Chrestien.

Après s'être dégourdi l'esprit pendant les soirées passées chez d'Arthez, Lucien avait étudié les plaisanteries et les articles des petits journaux. Sûr d'être au moins l'égal des plus spirituels rédacteurs, il s'essaya secrètement à cette gymnastique de la pensée, et sortit un matin avec la triomphante idée d'aller demander du service à quelque colonel de ces troupes légères de la Presse. Il se mit dans sa tenue la plus distinguée et passa les ponts en pensant que des auteurs, des journalistes, des écrivains, enfin ses frères futurs auraient un peu plus de tendresse et de désintéressement que les deux genres de libraires contre lesquels s'étaient heurtées ses espérances. Il rencontrerait des sympathies, quelque bonne et douce affection comme celle qu'il trouvait au cénacle de la rue des Quatre-Vents. En proie aux émotions du pressentiment écouté, combattu, qu'aiment tous les hommes d'imagination, il arriva rue Saint-Fiacre, auprès du boulevard Montmartre, devant la maison où se trouvaient les bureaux du petit journal et dont l'aspect lui fit éprouver les palpitations du jeune homme entrant dans un mauvais lieu. Néanmoins il monta dans les bureaux situés à l'entre-sol. Dans la première pièce, que divisait en deux parties égales une cloison moitié en planches et moitié grillagée jusqu'au plafond, il trouva un invalide manchot qui de son unique main tenait plusieurs rames de papier sur la tête et avait entre ses dents le livret voulu par l'administration du Timbre. Ce pauvre homme, dont la figure était d'un ton jaune et semée de bulbes rouges, ce qui lui valait le surnom de *Coloquinte*, lui montra derrière le grillage le cerbère du journal. Ce personnage était un vieil officier décoré, le nez enveloppé de moustaches grises, un bonnet de soie noire sur la tête, et enseveli dans une ample redingote bleue comme une tortue sous sa carapace.

— De quel jour monsieur veut-il que parte son abonnement ? lui demanda l'officier de l'Empire.

— Je ne viens pas pour un abonnement, répondit Lucien. Le poëte regarda sur la porte qui correspondait à celle par laquelle il était entré, la pancarte où se lisaient ces mots : BUREAU DE RÉDACTION, et au-dessous : *Le public n'entre pas ici.*

— Une réclamation sans doute, reprit le soldat de Napoléon. Ah! oui : nous avons été durs pour Mariette. Que voulez-vous, je ne sais pas encore pourquoi. Mais si vous demandez raison, je suis prêt, ajoutat-il-il en regardant des fleurets et des pistolets, la panoplie moderne groupée en faisceau dans un coin.

— Encore moins, monsieur. Je viens pour parler au rédacteur en chef.

— Il n'y a jamais personne ici avant quatre heures.

— Voyez-vous, mon vieux Giroudeau, je trouve onze
colonnes, lesquelles à cent sous pièce font cinquante-cinq
francs ; j'en ai reçu quarante, donc vous me devez encore
quinze francs, comme je vous le disais...

Ces paroles partaient d'une petite figure chafouine, claire
comme un blanc d'œuf mal cuit, percée de deux yeux d'un
bleu tendre, mais effrayants de malice, et qui appartenait
à un jeune homme mince, caché derrière le corps opaque
de l'ancien militaire. Cette voix glaça Lucien, elle tenait du
miaulement des chats et de l'étouffement asthmatique de
l'hyène.

— Oui, mon petit milicien, répondit l'officier en retraite ;
mais vous comptez les titres et les blancs, j'ai ordre de Finot
d'additionner le total des lignes et de les diviser par le
nombre voulu pour chaque colonne. Après avoir pratiqué
cette opération strangulatoire sur votre rédaction, il s'y
trouve trois colonnes de moins.

— Il ne paye pas les blancs, l'Arabe ! et il les compte à
son associé dans le prix de sa rédaction en masse. Je vais
aller voir Étienne Lousteau, Vernou...

— Je ne puis enfreindre la consigne, mon petit, dit l'officier. Comment, pour quinze francs, vous criez contre votre
nourrice, vous qui faites des articles aussi facilement que
je fume un cigare ! Eh ! vous payerez un bol de punch de
moins à vos amis, ou vous gagnerez une partie de billard
de plus, et tout sera dit !

— Finot réalise des économies qui lui coûteront bien
cher, répondit le rédacteur qui se leva et partit.

— Ne dirait-on pas qu'il est Voltaire et Rousseau ? se dit
à lui-même le caissier en regardant le poëte de province.

— Monsieur, reprit Lucien, je reviendrai vers quatre
heures.

Pendant la discussion, Lucien avait vu sur les murs les portraits de Benjamin Constant, du général Foy, des dix-sept orateurs illustres du parti libéral, mêlés à des caricatures contre le gouvernement. Il avait surtout regardé la porte du sanctuaire où devait s'élaborer la feuille spirituelle qui l'amusait tous les jours et qui jouissait du droit de ridiculiser les rois, les événements les plus graves, enfin de mettre tout en question par un bon mot. Il alla flâner sur les boulevards, plaisir tout nouveau pour lui, mais si attrayant qu'il vit les aiguilles des pendules chez les horlogers sur quatre heures sans s'apercevoir qu'il n'avait pas déjeuné. Le poëte rabattit promptement vers la rue Saint-Fiacre, il monta l'escalier, ouvrit la porte, ne trouva plus le vieux militaire et vit l'invalide assis sur son papier timbré, mangeant une croûte de pain et gardant le poste d'un air résigné, fait au journal comme jadis à la corvée, et ne le comprenant pas plus qu'il ne connaissait le pourquoi des marches rapides ordonnées par l'empereur. Lucien conçut la pensée hardie de tromper ce redoutable fonctionnaire; il passa le chapeau sur la tête, et ouvrit, comme s'il était de la maison, la porte du sanctuaire. Le bureau de rédaction offrit à ses regards avides une table ronde couverte d'un tapis vert, et six chaises en merisier garnies de paille encore neuve. Le petit carreau de cette pièce, mis en couleur, n'avait pas encore été frotté; mais il était propre, ce qui annonçait une fréquentation publique assez rare. Sur la cheminée, une glace, une pendule d'épicier couverte de poussière, deux flambeaux où deux chandelles avaient été brutalement fichées, enfin des cartes de visite éparses. Sur la table grimaçaient de vieux journaux autour d'un encrier où l'encre séchée ressemblait à de la laque et décoré de plumes tortillées en soleils. Il lut sur de méchants bouts de papier quelques articles d'une écriture illisible et presque hiéroglyphique, déchirés en haut par les compositeurs de l'imprimerie, à qui cette marque sert à reconnaître les articles faits. Puis, çà et là, sur des papiers gris, il admira des caricatures dessinées assez spirituellement par des gens qui sans doute avaient tâché de tuer le temps en tuant quelque chose pour s'entretenir la main. Sur le petit papier de tenture couleur vert d'eau, il vit collés avec des épingles neuf dessins différents faits en charge et à la plume sur *le Solitaire*, livre qu'un succès inouï recommandait alors à l'Europe et qui devait fatiguer les journalistes. — Le Solitaire en province, paraissant, les femmes étonne. — Dans un château, le Solitaire, lu. — Effet du Solitaire sur les domestiques animaux. — Chez les sauvages, le Solitaire traduit en chinois, et présenté, par l'auteur, de Pékin à l'empereur. — Par le Mont-Sauvage, Élodie violée. Cette caricature sembla très-impudique à Lucien, mais elle le fit rire. — Par les journaux, le Solitaire sous un dais promené processionnellement. — Le Solitaire, faisant éclater une presse, les ours blesse. — Lu à l'envers, étonne le Solitaire les académiciens par des supérieures beautés. Lucien aperçut sur une bande de journal un dessin représentant un rédacteur qui tendait son chapeau, et dessous : *Finot, mes cent francs?* signé d'un nom devenu fameux, qui ne sera jamais illustre. Entre la cheminée et la croisée se trouvaient une table à secrétaire, un fauteuil d'acajou, un panier à papiers et un tapis oblong appelé *devant de cheminée;* le tout couvert d'une épaisse couche de poussière. Les fenêtres n'avaient que de petits rideaux. Sur le haut de ce secrétaire, il y avait environ vingt ouvrages déposés pendant la journée, des gravures, de la musique, des tabatières à la Charte, un exemplaire de la neuvième édition du Solitaire, toujours la grande plaisanterie du moment, et une dizaine de lettres cachetées. Quand Lucien eut inventorié cet étrange mobilier, eut fait des réflexions à perte de vue, que cinq heures eurent sonné, il revint à l'invalide pour le questionner. Coloquinte avait fini sa croûte et attendait avec la patience du factionnaire le militaire décoré qui peut-être se promenait sur le boulevard. En ce moment, une femme parut sur le seuil de la porte après avoir fait entendre le murmure de sa robe dans l'escalier et ce léger pas féminin si facile à reconnaître. Elle était assez jolie.

— Monsieur, dit-elle à Lucien, je sais pourquoi vous vantez tant les chapeaux de mademoiselle Virginie, et je viens vous demander d'abord un abonnement d'un an; mais dites-moi ses conditions...

— Madame, je ne suis pas du journal.

— Ah !

— Un abonnement à dater d'octobre? demanda l'invalide.

— Que réclame madame? dit le vieux militaire qui reparut.

Le vieil officier entra en conférence avec la belle marchande de modes. Quand Lucien, impatienté d'attendre, rentra dans la première pièce, il entendit cette phrase finale : — Mais je serai très-enchantée, monsieur. Mademoiselle Florentine pourra venir à mon magasin et choisira ce qu'elle voudra. Je tiens les rubans. Ainsi tout est bien entendu : vous ne parlerez plus de Virginie, une saveteuse incapable d'inventer une forme, tandis que j'invente, moi !

Lucien entendit tomber un certain nombre d'écus dans la caisse. Puis le militaire se mit à faire son compte journalier.

— Monsieur, je suis là depuis une heure, dit le poëte d'un air assez fâché.

— *Ils* ne sont pas venus, dit le vétéran napoléonien en manifestant un émoi par politesse. Ça ne m'étonne pas. Voici quelque temps que je ne *les* aperçois plus. Nous sommes au milieu du mois, voyez-vous. Ces lapins-là ne viennent que quand on paye, du 29 au 30.

— Et monsieur Finot? dit Lucien qui avait retenu le nom du directeur.

— Il est chez lui, rue Feydeau. Coloquinte, mon vieux, porte-lui tout ce qui est venu aujourd'hui en portant le papier à l'imprimerie.

— Où se fait donc le journal? dit Lucien en se parlant à lui-même.

— Le journal? dit l'employé qui reçut de Coloquinte le reste de l'argent du timbre, le journal?... — broum! broum! — Mon vieux, sois demain à six heures à l'imprimerie pour voir à faire filer les porteurs. Le journal, monsieur, se fait dans la rue, chez les auteurs, à l'imprimerie, entre onze heures et minuit. Du temps de l'empereur, monsieur, ces boutiques de papier gâté n'étaient pas connues. Ah! il vous aurait fait secouer ça par quatre hommes et un caporal, et ne se serait pas laissé embêter comme ceux-ci par des phrases. Mais, assez causé. Si mon neveu y trouve son compte, et que l'on écrive pour le fils de *l'autre,* — broum! broum! — après tout, ce n'est pas un mal. Ah çà! les abonnés ne m'ont pas l'air d'arriver en colonne serrée, je vais quitter le poste.

— Monsieur, vous me paraissez être au fait de la rédaction du journal?

— Sous le rapport financier, broum! broum! dit le soldat en ramassant les phlegmes qu'il avait dans le gosier. Selon les talents, cent sous ou trois francs la colonne, cinquante lignes à quarante lettres, sans blancs, voilà. Quant aux rédacteurs, c'est de singuliers pistolets, de petits jeunes gens dont je n'aurais pas voulu pour des soldats du train, et qui, parce qu'ils mettent des pattes de mouche sur du papier blanc, ont l'air de mépriser un vieux capitaine des dragons de la garde impériale, retraité chef de bataillon, entré dans toutes les capitales de l'Europe avec Napoléon...

Lucien, poussé vers la porte par le soldat de Napoléon, qui brossait sa redingote bleue et manifestait l'intention de sortir, eut le courage de se mettre en travers.

— Je viens pour être rédacteur, dit-il, et vous jure que je suis plein de respect pour un capitaine de la garde impériale. des hommes de bronze...

— Bien dit, mon petit pékin, reprit l'officier en frappant sur le ventre de Lucien. Mais dans quelle classe des rédacteurs voulez-vous entrer? répliqua le soudard en passant sur le ventre de Lucien et descendant l'escalier. Il ne s'arrêta que pour allumer son cigare chez le portier. — S'il vient des abonnements, recevez-les et prenez-en note, mère Chollet.

— Toujours l'abonnement, je ne connais que l'abonnement, reprit-il en se tournant vers Lucien qui l'avait suivi. Finot est mon neveu, le seul de ma famille qui m'ait adouci ma position. Aussi quiconque cherche querelle à Finot trouve-t-il le vieux Giroudeau, capitaine aux dragons de la garde, parti simple cavalier à l'armée de Sambre-et-Meuse, cinq ans maître d'armes au premier hussards, armée d'Italie! Une, deux, et le plaignant serait à l'ombre! ajouta-t-il en faisant le geste de se fendre. Or donc, mon petit, nous avons différents corps de rédacteurs : il y a le rédacteur qui rédige et qui a sa solde, le rédacteur qui rédige et qui n'a rien, ce que nous appelons un volontaire; enfin le rédacteur qui ne rédige rien et qui n'est pas le plus bête, il ne fait pas de fautes celui-là, il se donne pour un écrivain, il appartient au journal, il nous paye à dîner, il flâne dans les théâtres, il entretient une actrice il est très-heureux. Que voulez-vous être?

— Mais rédacteur travaillant bien, et partant bien payé.

— Vous voilà comme tous les conscrits qui veulent être maréchaux de France! Croyez-en le vieux Giroudeau, par file à gauche, pas accéléré, allez ramasser des clous dans le ruisseau comme ce brave homme qui a servi, ça se voit à sa tournure. Est-ce pas une horreur qu'un vieux soldat qui est allé mille fois à la gueule du brutal ramasse des clous dans Paris? Dieu de Dieu, tu n'es qu'un gueux, tu n'as pas soutenu l'empereur! Enfin, mon petit, ce particulier que vous avez vu ce matin a gagné quarante francs dans son mois. Ferez-vous mieux ? Et selon Finot c'est le plus spirituel de *ses* rédacteurs.

— Quand vous êtes allé dans Sambre-et-Meuse, on vous a dit qu'il y avait du danger ?

— Parbleu !

— Eh bien ?

— Eh bien, allez voir mon neveu Finot, un brave garçon, le plus loyal garçon que vous rencontrerez, si vous pouvez le rencontrer ; car il se remue comme un poisson. Dans son métier, il ne s'agit pas d'écrire, voyez-vous, mais de faire que les autres écrivent. Il paraît que les paroissiens aiment mieux se régaler avec les actrises que de barbouiller du papier. Oh ! c'est de singuliers pistolets ! A l'honneur de vous revoir.

Le caissier fit mouvoir sa redoutable canne plombée, une des protectrices de Germanicus, et laissa Lucien sur le boulevard, aussi stupéfait de ce tableau de la rédaction qu'il l'avait été des résultats définitifs de la littérature chez Vidal et Porchon. Lucien courut dix fois chez Andoche Finot, directeur du journal, rue Feydeau, sans jamais le trouver. De grand matin, Finot n'était pas rentré. A midi, Finot était en course : — il déjeunait, disait-on, à tel café. Lucien allait au café, demandait Finot à la limonadière, en surmontant des répugnances inouïes : Finot venait de sortir. Enfin Lucien, lassé, regarda Finot comme un personnage apocryphe et fabuleux ; il trouva plus simple de guetter Étienne Lousteau chez Flicoteaux. Ce jeune journaliste expliquerait sans doute le mystère qui planait sur la vie du journal auquel il était attaché.

Depuis le jour béni cent fois où Lucien fit la connaissance de Daniel d'Arthez, il avait changé de place chez Flicoteaux ; les deux amis dînaient à côté l'un de l'autre, et causaient à voix basse de haute littérature, des sujets à traiter, de la manière de les présenter, de les entamer, de les dénouer. En ce moment, Daniel d'Arthez corrigeait le manuscrit de *l'Archer de Charles IX*, il y refaisait des chapitres, il y écrivait les belles pages qui y sont, il y mettait la magnifique préface qui peut-être domine le livre, et qui jeta tant de clartés dans la jeune littérature Un jour, au moment où Lucien s'asseyait à côté de Daniel, qui l'avait attendu et dont la main était dans la sienne, il vit à la porte Étienne Lousteau qui tournait le bec de cane. Lucien quitta brusquement la main de Daniel, et dit au garçon qu'il voulait dîner à son ancienne place auprès du comptoir. D'Arthez jeta sur Lucien un de ces regards angéliques, où le pardon enveloppe le reproche, et qui tomba si vivement dans le cœur du poëte qu'il reprit la main de Daniel pour la lui serrer de nouveau.

— Il s'agit pour moi d'une affaire importante, je vous en parlerai, lui dit-il.

Lucien fut à son ancienne place au moment où Lousteau prit la sienne ; le premier, il salua, la conversation s'engagea bientôt, et fut si vivemeut poussée entre eux, que Lucien alla chercher le manuscrit des *Marguerites* pendant que Lousteau finissait de dîner. Il avait obtenu de soumettre ses sonnets au journaliste, et comptait sur sa bienveillance de parade pour avoir un éditeur ou pour entrer au journal. A son retour, Lucien vit, dans le coin du restaurant, Daniel tristement accoudé qui le regarda mélancoliquement ; mais, dévoré par la misère et poussé par l'ambition, il feignit de ne pas voir son frère du cénacle, et suivit Lousteau. Avant la chute du jour, le journaliste et le néophyte allèrent s'asseoir sous les arbres dans cette partie du Luxembourg qui de la grande allée de l'Observatoire conduit à la rue de l'Ouest. Cette rue était alors un long bourbier bordé de planches et de marais où les maisons se trouvaient seulement vers la rue de Vaugirard, et ce passage était si peu fréquenté, qu'au moment où Paris dine, deux amants pouvaient s'y quereller et s'y donner les ar-

rhes d'un raccommodement sans crainte d'y être vus. Le
seul trouble-fête possible était le vétéran en faction à la
petite grille de la rue de l'Ouest, si le vénérable soldat
s'avisait d'augmenter le nombre de pas dont se compose sa
promenade monotone. Ce fut dans cette allée, sur un banc
de bois, entre deux tilleuls, qu'Étienne écouta les sonnets
choisis pour échantillons parmi *les Marguerites*. Étienne
Lousteau, qui, depuis deux ans d'apprentissage, avait le
pied à l'étrier en qualité de rédacteur, et qui comptait
quelques amitiés parmi les célébrités de cette époque, était
un imposant personnage aux yeux de Lucien. Aussi, tout
en détortillant le manuscrit des *Marguerites*, le poëte de
province jugea-t-il nécessaire de faire une sorte de
préface.

— Le sonnet, monsieur, est une des œuvres les plus difficiles de la poésie. Ce petit poëme a été généralement
abandonné. Personne en France n'a pu rivaliser Pétrarque,
dont la langue, infiniment plus souple que la nôtre, admet
des jeux de pensée repoussés par notre *positivisme* (pardonnez-moi ce mot). Il m'a donc paru original de débuter
par un recueil de sonnets. Victor Hugo a pris l'ode, Canalis
donne dans la poésie fugitive, Béranger monopolise la
chanson, Casimir Delavigne accapare la tragédie et Lamartine la méditation.

— Êtes-vous classique ou romantique? lui demanda
Lousteau.

L'air étonné de Lucien dénotait une si complète ignorance de l'état des choses dans la république des lettres,
que Lousteau jugea nécessaire de l'éclairer.

— Mon cher, vous arrivez au milieu d'une bataille
acharnée, il faut vous décider promptement. La littérature
est partagée d'abord en plusieurs zones; mais nos grands
hommes sont divisés en deux camps. Les Royalistes sont
romantiques, les Libéraux sont classiques. La divergence
des opinions littéraires se joint à la divergence des opinions

politiques, et il s'ensuit une guerre à toutes armes, encre à torrents, bons mots à fer aiguisé, calomnies pointues, sobriquets à outrance, entre les gloires naissantes et les gloires déchues. Par une singulière bizarrerie, les Royalistes romantiques demandent la liberté littéraire et la révocation des lois qui donnent des formes convenues à notre littérature ; tandis que les Libéraux veulent maintenir les unités, l'allure de l'alexandrin et le thème classique. Les opinions littéraires sont donc en désaccord, dans chaque camp, avec les opinions politiques. Si vous êtes éclectique, vous n'aurez personne pour vous. De quel côté vous rangez-vous ?

— Quels sont les plus forts ?

— Les journaux libéraux ont beaucoup plus d'abonnés que les journaux royalistes et ministériels ; néanmoins Canalis perce, quoique monarchique et religieux, quoique protégé par la cour et par le clergé. — Bah ! des sonnets, c'est de la littérature d'avant Boileau, dit Étienne en voyant Lucien effrayé d'avoir à choisir entre deux bannières. Soyez romantique. Les romantiques se composent de jeunes gens, et les classiques sont des perruques : les romantiques l'emporteront.

Le mot perruque était le dernier mot trouvé par le journalisme romantique, qui en avait affublé les classiques.

— LA PAQUERETTE ! dit Lucien en choisissant le premier des deux sonnets qui justifiaient le titre et servaient d'inauguration.

Pâquerettes des prés, vos couleurs assorties
Ne brillent pas toujours pour égayer les yeux ;
Elles disent encor les plus chers de vos vœux
En un poème où l'homme apprend ses sympathies ;

Vos étamines d'or par de l'argent serties
Révèlent les trésors dont il fera ses dieux ;

Et vos filets, où coule un sang mystérieux,
Ce que coûte un succès en douleurs ressenties!

Est-ce pour être éclos le jour où du tombeau
Jésus, ressuscité, sur un monde plus beau
Fit pleuvoir des vertus en secouant ses ailes.

Que l'automne revoit vos courts pétales blancs
Parlant à nos regards de plaisirs infidèles,
Ou pour nous rappeler la fleur de nos vingt ans?

·Lucien fut piqué de la parfaite immobilité de Lousteau pendant qu'il écoutait ce sonnet; il ne connaissait pas encore la déconcertante impassibilité que donne l'habitude de la critique, et qui distingue les journalistes fatigués de prose, de drames et de vers. Le poëte, habitué à recevoir des applaudissements, dévora son désappointement; il lut le sonnet préféré par madame de Bargeton et par quelques-uns de ses amis du cénacle.

— Celui-ci arrachera peut-être un mot, pensa-t-il.

DEUXIÈME SONNET.

LA MARGUERITE.

Je suis la marguerite, et je suis la plus belle
Des fleurs dont s'étoilait le gazon velouté.
Heureuse, on me cherchait pour ma seule beauté,
Et mes jours se flattaient d'une aurore éternelle.

Hélas! malgré mes vœux, une vertu nouvelle
A versé sur mon front sa fatale clarté;
Le sort m'a condamnée au don de vérité,
Et je souffre et je meurs: la science est mortelle.

Je n'ai plus de silence et n'ai plus de repos;
L'amour vient m'arracher l'avenir en deux mots,
Il déchire mon cœur pour y lire qu'on l'aime.

Je suis la seule fleur qu'on jette sans regret :
On dépouille mon front de son blanc diadème,
Et l'on me foule aux pieds dès qu'on a mon secret.

Quand il eut fini, le poëte regarda son aristarque, Étienne Lousteau contemplait les arbres de la pépinière.

— Eh bien ? lui dit Lucien.

— Eh bien, mon cher, allez ! Ne vous écouté-je pas ? A Paris, écouter sans mot dire est un éloge.

— En avez-vous assez ? dit Lucien.

— Continuez, répondit assez brusquement le journaliste.

Lucien lut le sonnet suivant; mais il le lut la mort au cœur, car le sang-froid impénétrable de Lousteau lui glaça son débit. Plus avancé dans la vie littéraire, il aurait su que, chez les auteurs, le silence et la brusquerie en pareille circonstance trahissent la jalousie que cause une belle œuvre, de même que leur admiration annonce le plaisir inspiré par une œuvre médiocre qui rassure leur amour-propre.

TRENTIÈME SONNET.

LE CAMÉLIA

Chaque fleur dit un mot du livre de nature :
La rose est à l'amour et fête la beauté,
La violette exhale une âme aimante et pure,
Et le lis resplendit de sa simplicité.

Mais le camélia, monstre de la culture,
Rose sans ambroisie et lis sans majesté,
Semble s'épanouir, aux saisons de froidure,
Pour les ennuis coquets de la virginité.

Cependant au rebord des loges de théâtre,
J'aime à voir, évasant leurs pétales d'albâtre,
Couronne de pudeur, de blancs camélias

Parmi les cheveux noirs des belles jeunes femmes
Qui savent inspirer un amour pur aux âmes,
Comme les marbres grecs du sculpteur Phidias.

— Que pensez-vous de mes pauvres sonnets? demanda formellement Lucien..

— Voulez-vous la vérité? dit Lousteau.

— Je suis assez jeune pour l'aimer, et je veux trop réussir pour ne pas l'entendre sans me fâcher, mais non sans désespoir, répondit Lucien.

— Eh bien, mon cher, les entortillages du premier annoncent une œuvre faite à Angoulême et qui vous a sans doute trop coûté pour y renoncer; le second et le troisième sentent déjà Paris; mais lisez-m'en un autre encore? ajouta-t-il en faisant un geste qui parut charmant au grand homme de province.

Encouragé par cette demande, Lucien lut avec plus de confiance le sonnet que préféraient d'Arthez et Bridau, peut-être à cause de sa couleur.

CINQUANTIÈME SONNET

LA TULIPE

Moi, je suis la tulipe, une fleur de Hollande;
Et telle est ma beauté que l'avare Flamand
Paye un de mes oignons plus cher qu'un diamant,
Si mes fonds sont bien purs, si je suis droite et grande.

Mon air est féodal, et, comme une Yolande
Dans sa jupe à longs plis étoffée amplement,
Je porte des blasons peints sur mon vêtement;
Gueules fascé d'argent, or avec pourpre en bande.

Le jardinier divin a filé de ses doigts
Les rayons du soleil et la pourpre des rois
Pour me faire une robe à trame douce et fine.

Nulle fleur du jardin n'égale ma splendeur,
Mais la nature, hélas! n'a pas versé d'odeur
Dans mon calice fait comme un vase de Chine.

— Eh bien ? dit Lucien, après un moment de silence qui lui sembla d'une longueur démesurée.

— Mon cher, dit gravement Étienne Lousteau, en voyant le bout des bottes que Lucien avait apportées d'Angoulême et qu'il achevait d'user, je vous engage à noircir vos bottes avec votre encre afin de ménager votre cirage, à faire des cure-dents de vos plumes pour vous donner l'air d'avoir dîné quand vous vous promenez, en sortant de chez Flicoteaux, dans la belle allée de ce jardin, et à chercher une place quelconque. Devenez petit-clerc d'huissier si vous avez du cœur, commis si vous avez du plomb dans la reine, ou soldat si vous aimez la musique militaire. Vous avez l'étoffe de trois poëtes ; mais, avant d'avoir percé, vous avez six fois le temps de mourir de faim, si vous comptez sur les produits de votre poésie pour vivre. Or vos intentions sont, d'après vos trop jeunes discours, de battre monnaie avec votre encrier. Je ne juge pas votre poésie, elle est de beaucoup supérieure à toutes les poésies qui encombrent les magasins de la librairie. Ces élégants rossignols, vendus un peu plus cher que les autres à cause de leur papier vélin, viennent presque tous s'abattre sur les rives de la Seine, où vous pouvez aller étudier leurs chants, si vous voulez faire un jour quelque pèlerinage instructif sur les quais de Paris, depuis l'étalage du père Jérôme, au pont Notre-Dame, jusqu'au pont Royal. Vous rencontrerez tous les Essais poétiques, les Inspirations, les Élévations, les Hymnes, les Chants, les Ballades, les Odes, enfin toutes les couvées écloses depuis sept années, des muses couvertes de poussière, éclaboussées par les fiacres, violées par tous les passants qui veulent voir la vignette du titre. Vous ne connaissez personne, vous n'avez d'accès dans aucun journal, vos *Marguerites* resteront chastement pliées comme vous les tenez, elles n'écloront jamais au soleil de la publicité dans la prairie des grandes marges, émaillée des fleurons que prodigue l'illustre Dauriat, le libraire des célébrités, le roi des galeries de Bois. Mon pauvre enfant, je suis venu comme vous le cœur plein d'illusions, poussé par l'amour de l'Art, porté par d'invincibles élans vers la gloire : j'ai trouvé les réalités du métier, les difficultés de la librairie et le positif de la misère. Mon exaltation, maintenant comprimée, mon effervescence première me cachaient le mécanisme du monde ; il a fallu le voir, se cogner à tous les rouages, heurter les pivots, me graisser aux huiles, entendre le cliquetis des chaînes et des volants. Comme moi, vous allez savoir que, sous toutes ces belles choses rêvées, s'agitent des hommes, des passions et des nécessités. Vous vous mêlerez forcément à d'horribles luttes, d'œuvre à œuvre, d'homme à homme, de parti à parti, où il faut se battre systématiquement pour ne pas être abandonné par les siens. Ces combats ignobles désenchantent l'âme, dépravent le cœur et fatiguent en pure perte ; car vos efforts servent souvent à faire couronner un homme que vous haïssez, un talent secondaire présenté malgré vous comme un génie. La vie littéraire a ses coulisses. Les succès surpris ou mérités, voilà ce qu'applaudit le parterre ; les moyens, toujours hideux, les comparses enluminés, les claqueurs et les garçons de service, voilà ce que recèlent les coulisses. Vous êtes encore au parterre. Il en est temps, abdiquez avant de mettre un pied sur la première marche du trône que se disputent tant d'ambitions, et ne vous déshonorez pas comme je le fais pour vivre. (Une larme mouilla les yeux d'Étienne Lousteau.) Savez-vous comment je vis ? reprit-il avec un accent de rage. Le peu d'argent que pouvait me donner ma famille fut bientôt mangé. Je me trouvai sans ressource après avoir fait recevoir une pièce au Théâtre-Français. Au Théâtre-Français, la protection d'un prince ou d'un premier gentilhomme de la chambre du roi ne suffit pas pour faire obtenir un tour de faveur : les comédiens ne cèdent qu'à ceux qui menacent leur amour-propre. Si vous aviez le pouvoir de faire dire que le jeune premier a un asthme, la jeune première une fistule où vous voudrez, que la soubrette tue les mouches au vol, vous seriez joué demain. Je ne sais pas si dans deux ans d'ici je serai, moi qui vous parle, en état d'obtenir un semblable pouvoir : il faut trop d'amis. Où, comment et par quoi gagner mon pain ? fut une question que je me suis faite en sentant les atteintes de la faim. Après bien des tentatives, après avoir écrit un roman anonyme payé deux cents francs par Doguereau, qui n'y a pas gagné grand'chose, il m'a été prouvé que le journalisme seul pourrait me nourrir. Mais comment entrer dans ces boutiques ? Je ne vous raconterai pas mes démarches et mes sollicitations inutiles, ni six mois passés à travailler comme surnuméraire, à m'entendre dire que j'effarouchais l'abonné, quand au contraire je l'apprivoisais. Passons sur ces avanies. Je rends compte aujourd'hui des théâtres du boulevard, presque gratis, dans le journal qui appartient à Finot, ce gros garçon qui déjeune encore deux ou trois fois par mois au café Voltaire (mais vous n'y allez pas !). Finot est rédacteur en chef. Je vis en vendant les billets que me donnent les directeurs de ces théâtres pour solder ma sous-bienveillance au journal, les livres que m'envoient les libraires et dont je dois parler. Enfin je trafique, une fois Finot satisfait, des tributs en nature qu'apportent les industriels pour lesquels ou contre lesquels il me permet de lancer des articles. L'*Eau carminative,* la *Pâte des sultanes,* l'*Huile céphalique,* la *Mixture brésilienne* payent un article goguenard vingt ou trente francs. Je suis forcé d'aboyer après le libraire qui donne peu d'exemplaires au journal : le journal en prend deux que vend Finot, il m'en faut deux à vendre. Publiât-il un chef-d'œuvre, le libraire avare d'exemplaires est assommé. C'est ignoble, mais je vis de ce métier, moi comme cent autres! Ne croyez pas le monde politique beaucoup plus beau que ce métier littéraire : tout dans ces deux mondes est corruption, chaque homme y est ou corrupteur ou corrompu. Quand il s'agit d'une entreprise de librairie un peu considérable, le libraire me paye, de peur d'être attaqué. Aussi mes revenus sont-ils en rapport avec les prospectus. Quand le prospectus sort en éruptions militaires, l'argent entre à flots dans mon gousset, je régale alors mes amis. Pas d'affaires en librairie, je dîne chez Flicoteaux. Les actrices payent aussi les éloges, mais les plus habiles payent les critiques, le silence est ce qu'elles redoutent le plus. Aussi une critique, faite pour être rétorquée ailleurs, vaut-elle mieux et se paye-t-elle plus cher qu'un éloge tout sec, oublié le lendemain. La polémique, mon cher, est le piédestal des célébrités. A ce métier de spadassin des idées et des réputations industrielles, littéraires et dramatiques, je gagne cinquante écus par mois, je puis vendre un roman cinq cents francs, et je commence à passer pour un homme redoutable. Quand au lieu de vivre chez Florine aux dépens d'un droguiste qui se donne des airs de milord, je serai dans mes meubles, que je passerai dans un grand journal où j'aurai un feuilleton, ce jour-là, mon cher, Florine deviendra une grande actrice ; quant à moi, je ne sais pas alors ce que je puis devenir : ministre ou honnête homme, tout est encore possible. (Il releva sa tête humiliée, jeta vers le feuillage un regard de désespoir accusateur terrible.) Et j'ai une belle tragédie reçue ! et j'ai dans mes papiers un poëme qui mourra ! Et j'étais bon ! J'avais le cœur pur : j'ai pour maîtresse une actrice du Panorama-Dramatique, moi qui rêvai de belles amours parmi les femmes les plus distinguées du grand monde ! Enfin, pour un exemplaire refusé par le libraire à mon journal, je dis du mal d'un livre que je trouve beau !

Lucien, ému aux larmes, serra la main d'Étienne.

— En dehors du monde littéraire, dit le journaliste en se levant et se dirigeant vers la grande allée de l'Observatoire où les deux poètes se promenèrent comme pour donner plus d'air à leurs poumons, il n'existe pas une seule personne qui connaisse l'horrible odyssée par laquelle on arrive à ce qu'il faut nommer, selon les talents, la vogue, la mode, la réputation, la renommée, la célébrité, la faveur publique, ces différents échelons qui mènent à la gloire et qui ne la remplacent jamais. Ce phénomène moral, si brillant, se compose de mille incidents qui varient avec tant de rapidité, qu'il n'y a pas exemple de deux hommes parvenus par une même voie. Canalis et Nathan sont deux faits dissemblables et qui ne se renouvelleront pas. D'Arthez, qui s'éreinta à travailler, deviendra célèbre par un autre hasard. Cette réputation tant désirée est presque toujours une prostituée couronnée. Oui, pour les basses œuvres de la littérature, elle représente la pauvre fille qui gèle au coin des bornes; pour la littérature secondaire, c'est la femme entretenue qui sort des mauvais lieux du journalisme et à qui je sers de souteneur; pour la littérature heureuse, c'est la brillante courtisane insolente, qui a des meubles, paye des contributions à l'État, reçoit les grands seigneurs, les traite et les maltraite, a sa livrée, sa voiture, et qui peut faire attendre ses créanciers altérés! Ah! ceux pour qui elle est, pour moi jadis, pour vous aujourd'hui, un ange aux ailes diaprées, revêtu de sa tunique blanche, montrant une palme verte dans sa main, une flamboyante épée dans l'autre, tenant à la fois de l'abstraction mythologique qui vit au fond d'un puits et de la pauvre fille vertueuse exilée dans un faubourg, ne s'enrichissant qu'aux clartés de la vertu par les efforts d'un noble courage, et revolant aux cieux avec un caractère immaculé, quand elle ne décède pas souillée, fouillée, violée, oubliée, dans le char des pauvres ; ces hommes à cervelle cerclée de bronze, aux cœurs encore chauds sous les tombées de neige de l'expérience, ils sont rares dans le pays que vous voyez à nos pieds! dit-il en montrant la grande ville qui fumait au déclin du jour.

Une vision du cénacle passa rapidement aux yeux de Lucien et l'émut, mais il fut entraîné par Lousteau, qui continua son effroyable lamentation.

— Ils sont rares et clair-semés dans cette cuve en fermentation, rares comme les vrais amants dans le monde amoureux, rares commes les fortunes honnêtes dans le monde financier, rares comme un homme pur dans le journalisme. L'expérience du premier qui m'a dit ce que je vous dis a été perdue, comme la mienne sera sans doute inutile pour vous. Toujours la même ardeur précipite chaque année, de la province ici, un nombre égal, pour ne pas dire croissant, d'ambitions imberbes qui s'élancent la tête haute, le cœur altier, à l'assaut de la Mode, cette espèce de princesse Tourandocte des *Mille et un Jours* pour qui chacun veut-être le prince Calaf! Mais aucun ne devine l'énigme. Tous tombent dans la fosse du malheur, dans la boue du journal, dans les marais de la librairie. Ils glanent, ces mendiants, des articles biographiques, des tartines, des faits-Paris aux journaux, ou des livres commandés par de logiques marchands de papier noirci qui préfèrent une bêtise débitée en quinze jours à un chef-d'œuvre qui veut du temps pour se vendre. Ces chenilles, écrasées avant d'être papillons, vivent de honte et d'infamie, prêtes à mordre ou à vanter un talent naissant, sur l'ordre d'un pacha du *Constitutionnel,* de la *Quotidienne,* des *Débats,* au signal des libraires, à la prière d'un camarade jaloux, souvent pour un dîner. Ceux qui surmontent les obstacles oublient les misères de leur début. Moi qui vous parle, j'ai fait pendant six mois des articles où j'ai mis la fleur de mon esprit pour un misérable qui les disait de lui, et qui sur ces échantillons a passé rédacteur d'un feuilleton : il ne m'a pas pris pour collaborateur, il ne m'a pas même donné cent sous, je suis forcé de lui tendre la main et de lui serrer la sienne.

— Et pourquoi? dit fièrement Lucien.

— Je puis avoir besoin de mettre dix lignes dans son feuilleton, répondit froidement Lousteau. Enfin, mon cher, travailler n'est pas le secret de la fortune en littérature, il s'agit d'exploiter 'e travail d'autrui. Les propriétaires de journaux sont des entrepreneurs, nous sommes des maçons. Aussi, plus un homme est médiocre, plus promptement arrive-t-il ; il peut avaler des crapauds, se résigner à tout, flatter les petites passions basses des sultans littéraires, comme un nouveau venu de Limoges, Hector Merlin, qui fait déjà de la politique dans un journal du centre droit, et qui travaille à notre petit journal : je lui ai vu ramasser le chapeau tombé d'un rédacteur en chef. En n'offusquant personne, ce garçon-là passera entre les ambitions rivales pendant qu'elles se battront. Vous me faites pitié. Je me vois en vous comme j'étais, et je suis sûr que vous serez, dans un ou deux ans, comme je suis. Vous croirez à quelque jalousie secrète, à quelque intérêt personnel dans ces conseils amers ; mais ils sont dictés par le désespoir du damné qui ne peut plus quitter l'enfer. Personne n'ose dire ce que je vous crie avec la douleur de l'homme atteint au cœur et comme un autre Job sur le fumier : Voici mes ulcères !

— Lutter sur ce champ ou ailleurs, je dois lutter, dit Lucien.

— Sachez-le donc ! reprit Lousteau, cette lutte sera sans trêve si vous avez du talent, car votre meilleure chance serait de n'en pas avoir. L'austérité de votre conscience aujourd'hui pure fléchira devant ceux à qui vous verrez votre succès entre les mains ; qui, d'un mot, peuvent vous donner la vie et qui ne voudront pas le dire : car, croyez-moi, l'écrivain à la mode est plus insolent, plus dur envers les nouveaux venus que ne l'est le plus brutal libraire. Où le libraire ne voit qu'une perte, l'auteur redoute un rival : l'un vous éconduit, l'autre vous écrase. Pour faire de belles œuvres, mon pauvre enfant, vous puiserez à pleines plumées d'encre dans votre cœur la tendresse, la séve, l'énergie, et vous l'étalerez en passions, en sentiments, en phrases! Oui, vous écrirez au lieu d'agir, vous chanterez au lieu de combattre, vous aimerez, vous haïrez, vous vivrez dans vos livres; mais quand vous aurez réservé vos richesses pour votre style, votre or, votre pourpre pour vos personnages, que vous vous promènerez en guenilles dans les rues de Paris, heureux d'avoir lancé, en rivalisant avec l'état civil, un être nommé Adolphe, Corinne, Clarisse, René ou Manon, que vous aurez gâté votre vie et votre estomac pour donner la vie à cette création, vous la verrez calomniée, trahie, vendue, déportée dans les lagunes de l'oubli par les journalistes, ensevelie par vos meilleurs amis. Pourrez-vous attendre le jour où votre créature s'élancera réveillée par qui? quand? comment? Il existe un magnifique livre, le *pianto* de l'incrédulité, *Obermann*, qui se promène solitaire dans le désert des magasins, et que dès lors les libraires appellent ironiquement un rossignol : quand Pâques arrivera-t-il pour lui? personne ne le sait! Avant tout, essayez de trouver un libraire assez osé pour imprimer *les Marguerites*. Il ne s'agit pas de vous les faire payer, mais de les imprimer. Vous verrez alors des scènes curieuses.

Cette rude tirade, prononcée avec les accents divers des passions qu'elle exprimait, tomba comme une avalanche de neige dans le cœur de Lucien et y mit un froid glacial. Il demeura debout et silencieux pendant un moment. Enfin son cœur, comme stimulé par l'horrible poésie des difficultés, éclata. Lucien serra la main de Lousteau, et lui cria : — Je triompherai!

— Bon! dit le journaliste, encore un chrétien qui descend dans l'arène pour se livrer aux bêtes. Mon cher, il y a ce soir une première représentation au Panorama-Dramatique, elle ne commencera qu'à huit heures, il est six heures, allez mettre votre meilleur habit, enfin soyez con-

venable. Venez me prendre. Je demeure rue de la Harpe,
au-dessus du café Servel, au quatrième étage. Nous passe-
rons chez Dauriat d'abord. Vous persistez, n'est-ce pas?
Eh bien, je vous ferai connaître ce soir un des rois de
la librairie et quelques journalistes. Après le spectacle,
nous souperons chez ma maîtresse avec des amis, car
notre dîner ne peut pas compter pour un repas. Vous
y trouverez Finot, le rédacteur en chef et le propriétaire de mon journal. Vous savez le mot de Minette du
Vaudeville : *Le temps est un grand maigre?* Eh bien,
pour nous le hasard est aussi un grand maigre, il faut le
tenter.

— Je n'oublierai jamais cette journée, dit Lucien.

— Munissez-vous de votre manuscrit, et soyez en tenue,
moins à cause de Florine que du libraire.

La bonhomie de camarade, qui succédait au cri violent
du poëte peignant la guerre littéraire, toucha Lucien tout
aussi vivement qu'il l'avait été naguère à la même place
par la parole grave et religieuse de d'Arthez. Animé par la
perspective d'une lutte immédiate entre les hommes et lui,
l'inexpérimenté jeune homme ne soupçonna point la réalité
des malheurs moraux que lui dénonçait le journalisme. Il ne
se savait pas placé entre deux voies distinctes, entre deux
systèmes représentés par le cénacle et par le journalisme,
dont l'un était long, honorable, sûr; l'autre semé d'écueils
et périlleux, plein de ruisseaux fangueux où devait se crotter
sa conscience. Son caractère le portait à prendre le chemin
le plus court, en apparence le plus agréable, à saisir les
moyens décisifs et rapides. Il ne vit en ce moment aucune
différence entre la noble amitié de d'Arthez et la facile camaraderie de Lousteau. Cet esprit mobile aperçut dans le
journal une arme à sa portée, il se sentait habile à la manier, il la voulut prendre. Ébloui par les offres de son nouvel ami dont la main frappa la sienne avec un laisser-aller
qui lui parut gracieux, pouvait-il savoir que, dans l'armée

de la presse, chacun a besoin d'amis, comme les généraux ont besoin de soldats ? Lousteau, lui voyant de la résolution, le racolait en espérant se l'attacher. Le journaliste en était à son premier ami, comme Lucien à son premier protecteur : l'un voulait passer caporal, l'autre voulait être soldat. Le néophyte revint joyeusement à son hôtel, où il fit une toilette aussi soignée que le jour néfaste où il avait voulu se produire dans la loge de la marquise d'Espard à l'Opéra, mais déjà ses habits lui allaient mieux, il se les était appropriés. Il mit son beau pantalon collant de couleur claire, de jolies bottes à glands qui lui avaient coûté quarante francs, et son habit de bal. Ses abondants et fins cheveux blonds, il les fit friser, parfumer, ruisseler en boucles brillantes. Son front se para d'une audace puisée dans le sentiment de sa valeur et de son avenir. Ses mains de femme furent soignées, leurs ongles en amande devinrent nets et rosés. Sur son col de satin noir, les blanches rondeurs de son menton étincelèrent. Jamais un plus joli jeune homme ne descendit la montagne du pays latin. Beau comme un dieu grec, Lucien prit un fiacre, et fut à sept heures moins un quart à la porte de la maison du café Servel. La portière l'invita à grimper quatre étages en lui donnant des notions topographiques assez compliquées. Armé de ces renseignements, il trouva, non sans peine, une porte ouverte au bout d'un long corridor obscur, et reconnut la chambre classique du quartier latin. La misère des jeunes gens le poursuivait là comme rue de Cluny, chez d'Arthez, chez Chrestien, partout ! Mais, partout, elle se recommande par l'empreinte que lui donne le caractère du patient. Là cette misère était sinistre. Un lit en noyer, sans rideaux, au bas duquel grimaçait un méchant tapis d'occasion ; aux fenêtres, des rideaux jaunis par la fumée d'une cheminée, qui n'allait pas et par celle du cigare, sur la cheminée, une lampe Carcel donnée par Florine et encore échappée au mont-de-piété ; puis, une commode d'acajou terni, une

table chargée de papiers, deux ou trois plumes ébouriffées
là-dessus, pas d'autres livres que ceux apportés la veille ou
pendant la journée : tel était le mobilier de cette chambre
dénuée d'objets de valeur, mais qui offrait un ignoble assemblage de mauvaises bottes bâillant dans un coin, de
vieilles chaussettes à l'état de dentelle ; dans un autre, des
cigares écrasés, des mouchoirs sales, des chemises en deux
volumes, des cravates à trois éditions. C'était enfin un bi-
vouac littéraire meublé de choses négatives et de la plus
étrange nudité qui se puisse imaginer. Sur la table de nuit,
chargée des livres lus pendant la matinée, brillait le rouleau rouge de Fumade. Sur le manteau de la cheminée
erraient un rasoir, une paire de pistolets, une boîte à cigares. Dans un panneau, Lucien vit des fleurets croisés
sous un masque. Trois chaises et deux fauteuils, à peine
dignes du plus méchant hôtel garni de cette rue, complétaient cet ameublement. Cette chambre, à la fois sale et
triste, annonçait une vie sans repos et sans dignité : on y
dormait, on y travaillait à la hâte, elle était habitée par
force, on éprouvait le besoin de la quitter. Quelle différence entre ce désordre cynique et la propre, la décente
misère de d'Arthez !... Ce conseil enveloppé dans un souvenir, Lucien ne l'écouta pas, car Étienne lui fit une plaisanterie pour masquer le nu du vice.

— Voilà mon chenil, ma grande représentation est rue
de Bondy, dans le nouvel appartement que notre droguiste a meublé pour Florine, et que nous inaugurons ce
soir.

Étienne Lousteau avait un pantalon noir, des bottes bien
cirées, un habit boutonné jusqu'au cou ; sa chemise, que
Florine devait sans doute lui changer, était cachée par un
col de velours, et il brossait son chapeau pour lui donner
l'apparence du neuf.

— Partons, dit Lucien.

— Pas encore, j'attends un libraire pour avoir de la

monnaie, on jouera peut-être. Je n'ai pas un liard ; et, d'ailleurs il me faut des gants.

En ce moment les deux nouveaux amis entendirent les pas d'un homme dans le corridor.

— C'est lui, dit Lousteau. Vous allez voir, mon cher, là tournure que prend la providence quand elle se manifeste aux poëtes. Avant de contempler dans sa gloire Dauriat le libraire fashionable, vous aurez vu le libraire du quai des Augustins, le libraire escompteur, le marchand de ferraille littéraire, le Normand ex-vendeur de salade. Arrivez donc, vieux Tartare ! cria Lousteau.

— Me voilà, dit une voix fêlée comme celle d'une cloche cassée.

— Avec de l'argent ?

— De l'argent ? il n'y en a plus en librairie, répondit un jeune homme qui entra en regardant Lucien d'un air curieux.

— Vous me devez cinquante francs d'abord, reprit Lousteau. Puis voici deux exemplaires d'un *Voyage en Égypte* qu'on dit une merveille, il y foisonne des gravures, il se vendra : Finot a été payé pour deux articles que je dois faire. *Item*, deux des derniers romans de Victor Ducange, un auteur illustre au Marais. *Item*, deux exemplaires du second ouvrage d'un commençant, Paul de Kock, qui travaille dans le même genre. *Item*, deux d'*Yseult de Dôle,* un joli ouvrage de province. En tout cent francs, au prix fort. Ainsi vous me devez cent francs, mon petit Bardet.

Bardet regarda les livres en en examinant les tranches et les couvertures avec soin.

— Oh ! il sont dans un parfait état de conservation, s'écria Lousteau. Le *Voyage* n'est pas coupé, ni le Paul de Kock, ni le Ducange, ni celui-là sur la cheminée, *Considérations sur la symbolique,* je vous l'abandonne, le mythe est si ennuyeux, que je le donne pour ne pas en voir sortir des milliers de mites.

— Eh bien, dit Lucien, comment ferez-vous vos articles?

Barbet jeta sur Lucien un regard de profond étonnement, et reporta ses yeux sur Étienne en ricanant — On voit que monsieur n'a pas le malheur d'être homme de lettres.

— Non, Barbet, non, Monsieur est un poëte, un grand poëte qui enfoncera Canalis, Béranger et Delavigne. Il ira loin, à moins qu'il ne se jette a l'eau, encore irait-il jusqu'à Saint-Cloud.

— Si j'avais un conseil à donner à monsieur, dit Barbet, ce serait de laisser les vers et de se mettre à la prose. On ne veut plus de vers sur le quai.

Barbet avait une méchante redingote boutonnée par un seul bouton, son col était gras, il gardait son chapeau sur la tête, il portait des souliers, son gilet entr'ouvert laissait voir une bonne chemise de toile forte. Sa figure ronde, percée de deux yeux avides, ne manquait pas de bonhomie; mais il avait dans le regard l'inquiétude vague des gens habitués à s'entendre demander de l'argent et qui en ont. Il paraissait rond et facile, tant sa finesse était cotonnée d'embonpoint. Après avoir été commis, il avait pris depuis deux ans une misérable petite boutique sur le quai, d'où il s'élançait chez les journalistes, chez les auteurs, chez les imprimeurs, y achetant à bas prix les livres qui leur étaient donnés, et gagnant ainsi quelques dix ou vingt francs par jour. Riche de ses économies, il flairait les besoins de chacun, il espionnait quelque bonne affaire, il escomptait au taux de quinze ou vingt pour cent, chez les auteurs gênés, les effet des libraires auxquels il allait le lendemain acheter, à prix débattus au comptant, quelques bons livres demandés; puis il leur rendait leurs propres effets au lieu d'agent. Il avait fait ses études, et son instruction lui servait à éviter soigneusement la poésie et les romans modernes. Il affectionnait les petites entreprises, les livres d'utilité dont l'entière propriété coûtait mille francs et qu'il pouvait exploiter à son gré, tels que l'*Histoire de France mise à la portée des enfants,* la *Tenue des livres en vingt leçons,* la *Botanique des jeunes filles.* Il avait laissé échapper déjà deux ou trois bons livres, après avoir fait revenir vingt fois les auteurs chez lui, sans se décider à leur acheter un manuscrit. Quand on lui reprochait sa couardise, il montrait la relation d'un fameux procès dont le manuscrit, pris dans les journaux, ne lui coûtait rien, et lui avait rapporté deux ou trois mille francs. Barbet était le libraire trembleur, qui vit de noix et de pain, qui souscrit peu de billets, qui grappille sur les factures, les réduit, colporte lui-même ses livres on ne sait où, mais qui les place et se les fait payer. Il était la terreur des imprimeurs, qui ne savaient comment le prendre : il les payait sous escompte et rognait leurs factures en devinant des besoins urgents ; puis il ne se servait plus de ceux qu'il avait étrillés, en craignant quelque piége.

— Eh bien, continuons-nous nos affaires ? dit Lousteau.

— Eh ! mon petit, dit familièrement Barbet, j'ai dans ma boutique six mille volumes à vendre. Or, selon le mot d'un vieux libraire, les *livres* ne sont pas des *francs.* La librairie va mal.

— Si vous alliez dans sa boutique, mon cher Lucien, dit Étienne, vous trouveriez sur un comptoir en bois de chêne, qui vient de la vente après fallitte de quelque marchand de vin, une chandelle non mouchée, elle se consume alors moins vite. A peine éclairé par cette lueur anonyme, vous apercevriez des casiers vides. Pour garder ce néant, un petit garçon en veste bleue souffle dans ses doigts, bat la semelle, ou se brasse comme un cocher de fiacre sur son siége. Regardez ! pas plus de livres que je n'en ai ici. Personne ne peut deviner le commerce qui se fait là.

— Voici un billet de cent francs à trois mois, dit Barbet qui ne put s'empêcher de sourire en sortant un papier timbré de sa poche, et j'emporterai vos bouquins. Voyez-vous, je ne peux plus donner d'argent comptant, les ventes sont trop difficiles, j'ai pensé que vous aviez besoin de moi, j'étais sans le sou, j'ai souscrit un effet pour vous obliger, car je n'aime pas à donner ma signature.

— Ainsi vous voulez encore mon estime et des remercîments ? dit Lousteau.

— Quoiqu'on ne paye pas ses billets avec des sentiments, j'accepterai tout de même votre estime, répondit Barbet

— Mais il me faut des gants, et les parfumeurs auront la lâcheté de refuser votre papier, dit Lousteau. Tenez, voilà une superbe gravure, là, dans le premier tiroir le la commode, elle vaut quatre-vingts francs, elle est avant lalettre et après l'article, car j'en ai fait un assez bouffon. Il y avait à mordre sur Hippocrate refusant les présents d'Artaxercès. Hein! cette belle planche convient à tous les médecins qui refusent les dons exagérés des satrapes parisiens. Vous trouverez encore sous la gravure une centaine de romances. Allons, prenez le tout, et donnez-moi quarante francs.

— Quarante francs ! dit le libraire en jetant un cri de poule effrayée; tout au plus vingt ! Encore puis-je les perdre, ajouta Barbet.

— Où sont les vingt francs? dit Lousteau.

— Ma foi, je ne sais pas si je les ai, dit Barbet en se fouillant. Les voilà. Vous me dépouillez, vous avez sur moi un ascendant...

— Allons, partons, dit Lousteau qui prit le manuscrit de Lucien et fit un trait à l'encre sous la corde.

— Avez-vous encore quelque chose ? demanda Barbet.

— Rien, mon petit Shylock. Je te ferai faire une affaire excellente (où tu perdras mille écus, pour t'apprendre à me voler ainsi) dit à voix basse Étienne à Lucien.

— Et vos articles ? dit Lucien en roulant vers le Palais-Royal.

— Bah ! vous ne savez pas comment cela se bâcle. Quant au *Voyage en Egypte*, j'ai ouvert le livre et lu des endroits ça et la sans le couper, j'y ai découvert onze fautes de Français. Je ferai une colonne en disant que si l'auteur a appris le langage des canards gravés sur les cailloux égyptiens appelés des obélisques, il ne connaît pas sa langue, et je le lui prouverai. Je dirai qu'au lieu de nous parler d'histoire naturelle et d'antiquités, il aurait dû ne s'occuper que de l'avenir de l'Égypte, du progrès de la civilisation, des moyens de rallier l'Égypte à la France, qui, après l'avoir conquise et perdue, peut se l'attacher encore par l'ascendant moral. Là-dessus une tartine patriotique, tout entrelardée de tirades sur Marseille, sur le Levant, sur notre commerce.

— Mais s'il avait fait cela, que diriez-vous ?

— Eh bien, je dirais qu'au lieu de nous ennuyer de politique, il aurait dû s'occuper de l'Art, nous peindre le pays sous son côté pittoresque et territorial. Le critique se lamente alors. La politique, dit-il, nous déborde, elle nous ennuie, on la trouve partout. Je regretterais ces charmants voyages où l'on nous expliquait les difficultés de la navigation, le charme des débouquements, les délices du passage de la Ligne, enfin ce qu'ont besoin de savoir ceux qui ne voyageront jamais. Tout en les approuvant, on se moque des voyageurs qui célèbrent comme de grands événements un oiseau qui passe, un poisson volant, une pêche, les points géographiques relevés, les bas-fonds reconnus. On redemande ces choses scientifiques parfaitement inintelligibles, qui fascinent comme tout ce qui est profond, mystérieux, incompréhensible. L'abonné rit, il est servi. Quant aux romans, Florine est la plus grande liseuse de romans qu'il y ait au monde, elle m'en fait l'analyse, et je broche mon article d'après son opinion. Quand elle a été ennuyée par ce qu'elle nomme les *phrases d'auteur*, je prends le livre en considération, et fais redemander un exemplaire au libraire qui l'envoie, enchanté d'avoir un article favorable.

— Bon Dieu ! mais la critique, la sainte critique ? dit Lucien imbu des doctrines de son cénacle.

— Mon cher, dit Lousteau, la critique est une brosse qui ne peut pas s'employer sur les étoffes légères, où elle emporterait tout. Écoutez, laissons là le métier. Voyez-vous cette marque ? lui dit-il en lui montrant le manuscrit des *Marguerites*. J'ai uni par un peu d'encre votre corde au papier. Si Dauriat lit votre manuscrit, il lui sera certes impossible de remettre la corde exactement. Ainsi votre manuscrit est comme scellé. Ceci n'est pas inutile pour l'expérience que vous voulez faire. Encore, remarquez que vous n'arriverez pas, seul et sans parrain, dans cette boutique, comme ces petits jeunes gens qui se présentent chez dix libraires avant d'en trouver un qui leur présente une chaise...

Lucien avait éprouvé déjà la vérité de ce détail. Lousteau paya le fiacre en lui donnant trois francs, au grand ébahissement de Lucien surpris de la prodigalité qui succédait à tant de misère. Puis les deux amis entrèrent dans les galeries de Bois, où trônait alors la librairie dite de Nouveauté. A cette époque, les galeries de Bois constituaient une des curiosités parisiennes les plus illustres. Il n'est pas inutile de peindre ce bazar ignoble; car, pendant trente-six ans, il a joué dans la vie parisienne un si grand rôle, qu'il est peu d'hommes âgés de quarante ans à qui cette description, incroyable pour les jeunes gens, ne fasse encore plaisir. En place de la froide, haute et large galerie d'Orléans, espèce de serre sans fleurs, se trouvaient des baraques, ou, pour être plus exact, des huttes en planches, assez mal couvertes, petites, mal éclairées sur la cour et sur le jardin par des jours de souffrance appelés croisées, mais qui ressemblaient aux plus sales ouvertures des guinguettes hors barrière. Une triple rangée de boutiques y formaient deux galeries, hautes d'environ douze pieds. Les boutiques sises au milieu donnaient sur les deux galeries dont l'atmosphère leur livrait un air méphitique, et dont la toiture laissait passer peu de jour à travers des vitres toujours sales. Ces alvéoles avaient acquis un tel prix par suite de l'affluence du monde, que malgré l'étroitesse de certaines, à peine larges de six pieds et longues de huit à dix, leur locations coûtait mille écus. Les boutiques éclairées sur le jardin et sur la cour étaient protégées par de petits treillages verts, peut-être pour empêcher la foule de démolir, par son contact, les murs en mauvais plâtras qui formaient le derrière des magasins. Là donc se trouvait un espace de deux ou trois pieds où végétaient les produits les plus bizarres d'une botanique inconnue à la science, mêlés à ceux de diverses industries non moins florissantes. Une maculature coiffait un rosier, en sorte que les fleurs de rhétorique étaient embaumées par les fleurs avortées de ce jardin mal soigné, mais fétidement arrosé. Des rubans de toutes les couleurs ou des prospectus fleurissaient dans les feuillages. Les débris de modes étouffaient la végétation : vous trouviez un nœud de rubans sur une touffe de verdure, et vous étiez déçu dans vos idées sur la fleur que vous veniez admirer en apercevant une coque de satin qui figurait un dahlia. Du côté de la cour, comme du côté du jardin, l'aspect de ce palais fantasque offrait tout ce que la saleté parisienne a produit de plus bizarre : des badigeonnages lavés, des plâtras refaits, de vieilles peintures, des écriteaux fantastiques. Enfin le public parisien salissait énormément les treillages vert, soit sur le jardin, soit sur la cour. Ainsi, des deux côtés, une bordure infâme et nauséabonde semblait défendre l'approche des galeries aux

ens délicats ; mais les gens délicats ne reculaient pas plus
levant ces horribles choses que les princes des contes de
ées ne reculent devant les dragons et les obstacles inter-
osés par un mauvais génie entre eux et les princesses.
les galeries étaient comme aujourd'hui percées au milieu
ar un passage, et comme aujourd'hui l'on y pénétrait en-
ore par les deux péristyles actuels commencés avant la
lévolution et abandonnés faute d'argent. La belle galerie
e pierre qui mène au Théâtre-Français formait alors un
assage étroit d'une hauteur démesurée et si mal couvert
u'il y pleuvait souvent. On la nommait galerie Vitrée,
our la distinguer des galeries de Bois. Les toitures de ces
ouges étaient toutes d'ailleurs en si mauvais état, que la
aison d'Orléans eut un procès avec un célèbre marchand
e cachemires et d'étoffes qui, pendant une nuit, trouva
es marchandises avariées pour une somme considérable,
e marchand eut gain de cause. Une double toile gou-
ronnée servait de couverture en quelques endroits. Le
l de la galerie Vitrée, où Chevet commença sa fortune,
celui des galeries de Bois étaient de sol naturel de Paris,
igmenté du sol factice amené par les bottes et les souliers
es passants. En tout temps, les pieds heurtaient des mon-
gnes et des vallées de boue durcie, incessamment ba-
yées par les marchands, et qui demandaient aux nou-
aux-venus une certaine habitude pour y marcher.
Ce sinistre amas de crotte, ces vitrages encrassés par la
uie et par la poussière, ces huttes plates et couvertes de
iillons au dehors, la saleté des murailles commencées,
t ensemble de choses qui tenait du camp des bohémiens,
es baraques d'une foire, des constructions provisoires avec
squelles on entoure à Paris les monuments qu'on ne bâtit
is, cette physionomie grimaçante allait admirablement
ix différents commerces qui grouillaient sous ce hangar
ipudique, effronté, plein de gazouillements et d'une gaieté
lle, où depuis la révolution de 1789 jusqu'à la révolu-

tion de 1830, il s'est fait d'immenses affaires. Pendant
vingt années, la bourse s'est tenue en face, au rez-de-
chaussée du palais. Ainsi, l'opinion publique, les réputations se faisaient et se défaisaient là, aussi bien que les affaires politiques et financières. On se donnait rendez-vous
dans ces galeries avant et après la Bourse. Le Paris des
banquiers et des commerçants encombrait souvent la cour
du Palais-Royal, et refluait sous ces abris par les temps de
pluie. La nature de ce bâtiment, surgi sur ce point on ne
sait comment, le rendait d'une étrange sonorité. Les éclats
de rire y foisonnaient. Il n'arrivait pas une querelle à un
bout, qu'on ne sût à l'autre de quoi il s'agissait. Il n'y
avait là que des libraires, de la poésie, de la politique et
de la prose, des marchandes de modes, enfin des filles de
joie qui venaient seulement le soir. Là fleurissaient les nouvelles et les livres, les jeunes et les vieilles gloires, les
conspirations de la tribune et les mensonges de la librairie. Là se vendaient les nouveautés au public, qui
s'obstinait à ne les acheter que là. Là se sont vendus dans
une seule soirée plusieurs milliers de tel ou tel pamphlet
de Paul-Louis Courier, ou des *Aventures de la fille d'un
roi*, le premier coup de feu tiré par la maison d'Orléans
sur la charte de Louis XVIII. A l'époque où Lucien s'y produisait, quelques boutiques avaient des devantures, des
vitrages assez élégants; ces boutiques appartenaient aux
rangées donnant sur le jardin ou sur la cour. Jusqu'au jour
où périt cette étrange colonie sous le marteau de l'architecte Fontaine, les boutiques sises entre les deux galeries
furent entièrement ouvertes, soutenues par des piliers
comme les boutiques des foires de province, et l'œil plon-
geait sur les deux galeries à travers les marchandises ou
les portes vitrées. Comme il était impossible d'y avoir du
feu, les marchands n'avaient que des chaufferettes et faisaient eux-mêmes la police du feu, car une imprudence
pouvait enflammer en un quart d'heure cette république

de planches desséchées par le soleil et comme enflammées déjà par la prostitution, encombrées de gaze, de mousse-line, de papiers, quelquefois ventilées par des courants d'air. Les boutiques des modistes étaient pleines de cha-peaux inconcevables, qui semblaient être là moins pour la vente que pour l'étalage, tous accrochés par centaines à des broches de fer terminées en champignon, et pavoisant les galeries de leurs mille couleurs. Pendant vingt ans, tous les promeneurs se sont demandé sur quelles têtes ces chapeaux poudreux achevaient leur carrière. Des ouvrières généralement laides, mais égrillardes, raccrochaient les femmes par des paroles astucieuses, suivant la coutume et avec le langage de la halle. Une grisette, dont la langue était aussi déliée que ses yeux étaient actifs, se tenait sur un tabouret et harcelait les passants : — Achetez-vous un joli chapeau, madame ? — Laissez-moi donc vous vendre quelque chose, monsieur ? Leur vocabulaire fécond et pittoresque était varié par les inflexions de voix, par des regards et par des critiques sur les passants. Les libraires et les marchandes de modes vivaient en bonne intelligence. Dans le passage nommé si fastueusement la galerie Vitrée se trouvaient les commerces les plus singuliers. Là s'établissaient les ven-triloques, les charlatans de toute espèce, les spectacles où l'on ne voit rien et ceux où l'on vous montre le monde en-tier. Là s'est établi pour la première fois un homme qui a gagné sept ou huit cent mille francs à parcourir les foires. Il avait pour enseigne un soleil tournant dans un cadre noir, autour duquel éclataient ces mots écrits en rouge : *Ici l'homme voit ce que Dieu ne saurait voir. Prix : deux sous.* L'aboyeur ne vous admettait jamais seul, ni jamais plus de deux. Une fois entré, vous vous trouviez nez à nez avec une grande glace. Tout à coup une voix, qui eût épouvanté Hoffmann le Berlinois, partait comme une mé-canique dont le ressort est poussé. » Vous voyez là, mes-sieurs, ce que dans toute l'éternité Dieu ne saurait

voir, c'est à dire votre semblable. Dieu n'a pas son semblable ! » Vous vous en alliez honteux sans oser avouer votre
stupidité. De toutes les petites portes partaient des voix
semblables qui vous vantaient des Cosmoramas, des vues
de Constantinople, des spectacles de marionnettes, des
automates qui jouaient aux échecs, des chiens qui dis-
tinguaient la plus belle femme de la société. Le ven-
triloque Fitz-James a fleuri dans le café Borel, avant
d'aller mourir à Montmartre, mêlé aux élèves de l'É-
cole polytechnique. Il y avait des fruitières et des marchandes de bouquets, un fameux tailleur dont les broderies
militaires reluisaient le soir comme des soleils. Le matin,
jusqu'à deux heures après midi, les galeries de Bois étaient
muettes, sombres et désertes. Les marchands y causaient
comme chez eux. Le rendez-vous que s'y est donné la population parisienne ne commençait que vers trois heures,
à l'heure de la Bourse. Dès que la foule venait, il se pratiquait des lectures gratuites à l'étalage des libraires par
les jeunes gens affamés de littérature et dénués d'argent.
Les commis chargés de veiller sur les livres exposés laissaient charitablement les pauvres gens tournant les pages.
Quand il s'agissait d'un in-12 de deux cents pages comme
Smarra, Pierre Schlémilh, Jean Sbogar, Jocko, en deux
séances il était dévoré. En ce temps-là les cabinets de lecture n'existaient pas, il fallait acheter un livre pour le lire;
aussi les romans se vendaient-ils alors à des nombres qui
paraitraient fabuleux aujourd'hui. Il y avait donc je ne sais
quoi de français dans cette aumône faite à l'intelligence
jeune, avide et pauvre. La poésie de ce terrible bazar éclatait à la tombée du jour. De toutes les rues adjacentes allaient
et venaient un grand nombre de filles qui pouvaient s'y
promener sans rétribution. De tous les points de Paris, une
fille de joie accourait *faire son Palais*. Les galeries de
pierre appartenaient à des maisons privilégiées qui payaient
le droit d'exposer des créatures habillées comme des prin-

cesses, entre telle ou telle arcade, et à la place correspon-
dante dans le jardin ; tandis que les galeries de Bois étaient
pour la prostitution un terrain public, le Palais par excellence, mot qui signifiait alors le temple de la prostitution. Une femme pouvait y venir, en sortir accompagnée
de sa proie, et l'emmener où bon lui semblait. Ces femmes
attiraient donc le soir aux galeries de Bois une foule si considérable qu'on y marchait au pas, comme à la procession ou
au bal masqué. Cette lenteur, qui ne gênait personne, servait à l'examen. Ces femmes avaient une mise qui n'existe
plus ; la manière dont elles se tenaient décolletées jusqu'au
milieu du dos, et très-bas aussi par devant ; leurs bizarres
coiffures inventées pour attirer les regards : celle-ci en
Cauchoise, celle-là en Espagnole ; l'une bouclée comme un
caniche, l'autre en bandeaux lisses ; leurs jambes serrées
par des bas blancs et montrées on ne sait comment, mais
toujours à propos, toute cette infâme poésie est perdue. La
licence des interrogations et des réponses, ce cynisme public en harmonie avec le lieu, ne se retrouve plus, ni au
bal masqué, ni dans les bals si célèbres qui se donnent
aujourd'hui. C'était horrible et gai. La chair éclatante des
épaules et des gorges étincelait au milieu des vêtements
d'hommes presque toujours sombres, et produisait les plus
magnifiques oppositions. Le brouhaha des voix et le bruit
de la promenade formait un murmure qui s'entendait dès
le milieu du jardin, comme une basse continue brodée des
éclats de rire des filles ou des cris de quelque rare dispute.
Les personnes comme il faut, les hommes les plus marquants
y étaient coudoyés par des gens à figure patibulaire. Ces
monstrueux assemblages avaient, ne sais quoi de piquant.
les hommes les plus insensibles étaient émus. Aussi tout
Paris est-il venu là jusqu'au dernier moment ; il s'y est
promené sur le plancher de bois que l'architecte a fait au-
dessus des caves pendant qu'il les bâtissait. Des regrets im-

menses et unanimes ont accompagné la chute de ces ignobles morceaux de bois.

Le libraire Ladvocat s'était établi depuis quelques jours à l'angle du passage qui partageait ces galeries par le milieu, devant Dauriat, jeune homme maintenant oublié, mais audacieux, et qui défricha la route où brilla depuis son concurrent. La boutique de Dauriat se trouvait sur une des rangées donnant sur le jardin, et celle de Ladvocat était sur la cour. Divisée en deux parties, la boutique de Dauriat offrait un vaste magasin à sa librairie, et l'autre portion lui servait de cabinet. Lucien, qui venait là pour la première fois le soir, fut étourdi de cet aspect, auquel ne résistaient pas les provinciaux ni les jeunes gens. Il perdit bientôt son introducteur.

— Si tu étais beau comme ce garçon-là, je te donnerais du retour, dit une créature à un vieillard en lui montrant Lucien.

Lucien devint honteux comme le chien d'un aveugle, il suivit le torrent dans un état d'hébétement et d'excitation difficile à décrire. Harcelé par les regards des femmes, sollicité par des rondeurs blanches, par des gorges audacieuses qui l'éblouissaient, il se raccrochait à son manuscrit qu'il serrait pour qu'on ne le lui volât point, l'innocent !

— Eh bien, monsieur ! cria-t-il en se sentant pris par un bras et croyant que sa poésie avait alléché quelque auteur. Il reconnut son ami Lousteau qui lui dit : — Je savais bien que vous finiriez par passer là ! Le poëte était sur la porte du magasin où Lousteau le fit entrer, et qui était plein de gens attendant le moment de parler au sultan de la librairie. Les imprimeurs, les papetiers et les dessinateurs, groupés autour des commis, les quetionnaient sur des affaires en train ou qui se méditaient.

— Tenez, voilà Finot, le directeur de mon journal ; il cause avec un jeune homme qui a du talent, Félicien Vernon, un petit drôle méchant comme une maladie secrète.

— Eh bien, tu as une première représentation, mon vieux, dit Finot en venant avec Vernou à Lousteau. J'ai disposé de la loge.

— Tu l'as vendue à Braulard ?

— Eh bien, après ? tu te feras placer. Que viens-tu demander à Dauriat ? Ah ! il est convenu que nous pousserons Paul de Kock, Dauriat en a pris deux cents exemplaires et Victor Ducange lui refuse un roman. Dauriat veut, dit-il, faire un nouvel auteur dans le même genre. Tu mettras Paul de Kock au-dessus de Ducange.

— Mais j'ai une pièce avec Ducange à la Gaîté, dit Lousteau.

— Eh bien, tu lui diras que l'article est de moi, je serai censé l'avoir fait atroce, tu l'auras adouci, il te devra des remerciments.

— Ne pourrais-tu me faire escompter ce petit bon de cent francs par le caissier de Dauriat ? dit Étienne à Finot. Tu sais ! nous soupons ensemble pour inaugurer le nouvel appartement de Florine.

— Ah ! oui, tu nous traites, dit Finot en ayant l'air de faire un effort de mémoire. Eh bien, Gabusson, dit Finot en prenant le billet de Barbet et le présentant au caissier, donnez quatre-vingt-dix francs pour moi à cet homme-là. Endosse le billet, mon vieux.

Lousteau prit la plume du caissier pendant que le caissier comptait l'argent, et signa. Lucien, tout yeux et tout oreilles, ne perdit pas une syllabe de cette conversation.

— Ce n'est pas tout, mon cher ami, reprit Étienne, je ne te dis pas merci, c'est entre nous à la vie et à la mort. Je dois présenter monsieur à Dauriat, et tu devrais le disposer à nous écouter.

— De quoi s'agit-il ? demanda Finot.

— D'un recueil de poésies, répondit Lucien.

— Ah ! dit Finot en faisant un haut-le-corps.

— Monsieur, dit Vernou en regardant Lucien, ne pratique pas depuis longtemps la librairie, il aurait déjà serré son manuscrit dans les coins les plus sauvages de son domicile.

En ce moment un beau jeune homme, Émile Blondet, qui venait de débuter au *Journal des Débats* par des articles de la plus grande portée, entra, donna la main à Finot, à Lousteau, et salua légèrement Vernou.

— Viens souper avec nous, à minuit, chez Florine, lui dit Lousteau.

— J'en suis, dit le jeune homme. Mais qu'y a-t-il ?

— Ah ! il y a, dit Lousteau, Florine et Matifat le droguiste ; Du Bruel, l'auteur qui a donné un rôle à Florine pour son début ; un petit vieux, le père Cardot, et son gendre Camusot ; puis Finot.

— Fait-il les choses convenablement, ton droguiste ?

— Il ne nous donnera pas de drogues, dit Lucien.

— Monsieur a beaucoup d'esprit, dit sérieusement Blondet en regardant Lucien. Il est du souper, Lousteau ?

— Oui.

— Nous rirons bien.

Lucien avait rougi jusqu'aux oreilles.

— En as-tu pour longtemps, Dauriat ? dit Blondet en frappant à la vitre qui donnait au-dessus du bureau de Dauriat.

— Mon ami, je suis à toi.

— Bon, dit Lousteau à son protégé. Ce jeune homme, presque aussi jeune que vous, est aux *Débats*. Il est un des princes de la critique : il est redouté, Dauriat viendra le cajoler, et nous pourrons alors dire notre affaire au pacha des vignettes et de l'imprimerie. Autrement, à onze heures notre tour ne serait pas venu. L'audience se grossira de moment en moment.

Lucien et Lousteau s'approchèrent alors de Blondet, de

Finot, de Vernou, et allèrent former un groupe à l'extrémité de la boutique.

— Que fait-il ? dit Blondet à Gabusson, le premier commis qui se leva pour venir le saluer.

— Il achète un journal hebdomadaire qu'il veut restaurer afin de l'opposer à l'influence de la *Minerve* qui sert trop exclusivement Eymery, et au *Conservateur* qui est trop aveuglément romantique.

— Payera-t-il bien ?

— Mais comme toujours... trop! dit le caissier.

En ce moment un jeune homme entra, qui venait de faire paraître un magnifique roman, vendu rapidement et couronné par le plus beau succès, un roman dont la seconde édition s'imprimait pour Dauriat. Ce jeune homme, doué de cette tournure extraordinaire et bizarre qui signale les natures artistes, frappa vivement Lucien.

— Voilà Nathan, dit Lousteau à l'oreille du poëte de province.

Nathan, malgré la sauvage fierté de sa physionomie, alors dans toute sa jeunesse, aborda les journalistes chapeau bas, et se tint presque humble devant Blondet qu'il ne connaissait encore que de vue. Blondet et Finot gardèrent leurs chapeaux sur la tête.

— Monsieur, je suis heureux de l'occasion que me présente le hasard...

— Il est si troublé qu'il fait un pléonasme, dit Félicien à Lousteau.

— ... De vous peindre ma reconnaissance pour le bel article que vous avez bien voulu me faire au *Journal des Débats*. Vous êtes pour la moitié dans le succès de mon livre.

— Non, mon cher, non, dit Blondet d'un air où la protection se cachait sous la bonhomie. Vous avez du talent, le diable m'emporte, et je suis enchanté de faire votre connaissance

— Comme votre article a paru, je ne paraîtrai plus être le flatteur du pouvoir : nous sommes maintenant à l'aise vis-à-vis l'un de l'autre. Voulez-vous me faire l'honneur et le plaisir de dîner avec moi demain ? Finot en sera. Lousteau, mon vieux, tu ne me refuseras pas ? ajouta Nathan en donnant une poignée de main à Étienne. Ah ! vous êtes dans un beau chemin, monsieur, dit-il à Blondet, vous continuez les Dussault, les Fiévée, les Geoffroi ! Hoffmann a parlé de vous à Claude Vignon, son élève, un de mes amis, et lui a dit qu'il mourrait tranquille, que le *Journal des Débats* vivrait éternellement. On doit vous payer énormément ?

— Cent francs la colonne, reprit Blondet. Ce prix est peu de chose quand on est obligé de lire les livres, d'en lire cent pour en trouver un dont on peut s'occuper, comme le vôtre. Votre œuvre m'a fait plaisir, parole d'honneur.

— Et il lui a rapporté quinze cents francs, dit Lousteau à Lucien.

— Mais vous faites de la politique ? reprit Nathan.

— Oui, par-ci, par-là, répondit Blondet.

Lucien, qui se trouvait là comme un embryon, avait admiré le livre de Nathan, il révérait l'auteur à l'égal d'un dieu, et il fut stupide de tant de lâcheté devant ce critique dont le nom et la portée lui étaient inconnus. — Me conduirais-je jamais ainsi ? faut-il donc abdiquer sa dignité ! se dit-il. Mets donc ton chapeau, Nathan ! tu as fait un beau livre et le critique n'a fait qu'un article. Ces pensées lui fouettaient le sang dans les veines. Il apercevait, de moment en moment, des jeunes gens timides, des auteurs besoigneux qui demandaient à parler à Dauriat; mais qui, voyant la boutique pleine, désespéraient d'avoir audience et disaient en sortant : — Je reviendrai. Deux ou trois hommes politiques causaient de la convocation des Chambres et des affaires politiques au milieu d'un groupe composé de célébrités politiques. Le journal hebdomadaire duquel traitait Dauriat avait le droit de parler politique. Dans ce temps, les tribunes du papier timbré devenaient rares Un journal était un privilége aussi couru que celui d'un théâtre. Un des actionnaires les plus influents du *Constitutionnel* se trouvait au milieu du groupe politique. Lousteau s'acquittait à merveille de son office de cicerone. Aussi, de phrase en phrase, Dauriat grandissait-il dans l'esprit de Lucien, qui voyait la politique et la littérature convergeant dans cette boutique. A l'aspect d'un poëte éminent y prostituant la muse à un journaliste, y humiliant l'Art, comme la femme était humiliée, prostituée sous ces galeries ignobles, le grand homme de province recevait des enseignements terribles. L'argent ! était le mot de toute énigme. Lucien se sentait seul, inconnu, rattaché par le fil d'une amitié douteuse au succès et à la fortune. Il accusait ses tendres, ses vrais amis du cénacle de lui avoir peint le monde sous de fausses couleurs, de l'avoir empêché de se jeter dans cette mêlée, sa plume à la main. — Je serais déjà Blondet ! s'écria-t-il en lui-même. Lousteau, qui venait de crier sur les sommets du Luxembourg comme un aigle blessé, qui lui avait paru si grand, n'eut plus alors que des proportions minimes. Là, le libraire fashionable, le moyen de toutes ces existences, lui parut être l'homme important. Le poëte ressentit, son manuscrit à la main, une trépidation qui ressemblait à de la peur. Au milieu de cette boutique, sur des piédestaux de bois peint en marbre, il vit des bustes, celui de Byron, celui de Gœthe et celui de M. de Canalis, de qui Dauriat espérait obtenir un volume, et qui, le jour où il vint dans cette boutique, avait pu mesurer la hauteur à laquelle le mettait la librairie. Involontairement, Lucien perdait de sa propre valeur, son courage faiblissait. Il entrevoyait quelle était l'influence de ce Dauriat sur sa destinée et il en attendait impatiemment l'apparition.

— Eh bien, mes enfants, dit un petit homme gros et gras à figure assez semblable à celle d'un proconsul romain, mais adoucie par un air de bonhomie auquel se prenaient les gens superficiels, me voilà propriétaire du seul journal hebdomadaire qui pût être acheté et qui a deux mille abonnés.

— Farceur ! le Timbre en accuse sept cents, et c'est déjà bien joli, dit Blondet.

— Ma parole d'honneur la plus sacrée, il y en a douze cents. J'ai dit deux mille, ajouta-t-il à voix basse, à cause des papetiers et des imprimeurs qui sont là. Je te croyais plus de tact, mon petit, reprit-il à haute voix.

— Prenez-vous des associés ? demanda Finot.

— C'est selon, dit Dauriat. Veux-tu d'un tiers pour quarante mille francs ?

— Ça va, si vous acceptez pour rédacteurs Émile Blondet que voici, Claude Vignon, Scribe, Théodore Leclercq, Félicien Vernou, Jay, Jouy, Lousteau...

— Et pourquoi pas Lucien de Rubempré ! dit hardiment le poëte de province en interrompant Finot.

— Et Nathan ? dit Finot en terminant.

— Et pourquoi pas les gens qui se promènent ? dit le libraire en fronçant le sourcil et se tournant vers l'auteur des *Marguerites*. A qui ai-je l'honneur de parler ? dit-il en regardant Lucien d'un air impertinent.

— Un moment, Dauriat, répondit Lousteau. C'est moi qui vous amène monsieur. Pendant que Finot réfléchit à votre proposition, écoutez-moi.

Lucien eut sa chemise mouillée dans le dos en voyant l'air froid et mécontent de ce redoutable padischa de la librairie, qui tutoyait Finot quoique Finot lui dît vous, qui appelait le redouté Blondet *mon petit*, qui avait tendu royalement sa main à Nathan en lui faisant un signe de familiarité.

— Une nouvelle affaire, mon petit, s'écria Dauriat. Mais

tu le sais, j'ai onze cents manuscrits? Oui, messieurs,
cria-t-il, on m'a offert onze cents manuscrits, demandez à
Gabusson? Enfin j'aurai bientôt besoin d'une administration pour régir le dépôt des manuscrits, un bureau de lecture pour les examiner; il y aura des séances pour voter
sur leur mérite, avec des jetons de présence, et un secrétaire perpétuel pour me présenter les rapports. Ce sera la
succursale de l'Académie française, et les académiciens
seront mieux payés aux galeries de Bois qu'à l'Institut.

— C'est une idée, dit Blondet.

— Une mauvaise idée, reprit Dauriat. Mon affaire n'est
pas de procéder au dépouillement des élucubrations de
ceux d'entre vous qui se mettent littérateurs quand ils ne
peuvent être ni capitalistes, ni bottiers, ni caporaux, ni
domestiques, ni administrateurs, ni huissiers! On n'entre
ici qu'avec une réputation faite! Devenez célèbre, et vous
y trouverez des flots d'or. Voilà, depuis deux ans, trois
grands hommes de ma façon, j'ai fait trois ingrats! Nathan
parle de six mille francs pour la seconde édition de son
livre qui m'a coûté trois mille francs d'articles et ne m'a
pas rapporté mille francs. Les deux articles de Blondet,
je les ai payés mille francs et un dîner de cinq cents
francs...

— Mais, monsieur, si tous les libraires disent ce que vous
dites, comment peut-on publier un premier livre? demanda
Lucien aux yeux de qui Blondet perdit énormément de sa
valeur quand il apprit le chiffre auquel Dauriat devait les
articles des *Débats*.

— Cela ne me regarde pas, dit Dauriat en plongeant un
regard assassin sur le beau Lucien qui le regarda d'un air
agréable. Moi, je ne m'amuse pas à publier un livre, à risquer deux mille francs pour en gagner deux mille; je fais
des spéculations en littérature : je publie quarante volumes
à dix mille exemplaires, comme font Panckoucke et les
Beaudouin. Ma puissance et les articles que j'obtiens pous-

sent une affaire de cent mille écus au lieu de pousser un volume de deux mille francs. Il faut autant de peine pour faire prendre un nom nouveau, un auteur et son livre, que pour faire réussir les *Théâtres Étrangers, Victoires et Conquêtes*, ou les *Mémoires sur la Révolution*, qui sont une fortune. Je ne suis pas ici pour être le marchepied des gloires à venir, mais pour gagner de l'argent et pour en donner aux hommes célèbres. Le manuscrit que j'achète cent mille francs est moins cher que celui dont l'auteur inconnu me demande six cents francs ! Si je ne suis pas tout à fait un Mécène, j'ai droit à la reconnaissance de la littérature : j'ai déjà fait hausser de plus du double le prix des manuscrits. Je vous donne ces raisons, parce que vous êtes l'ami de Lousteau, mon petit, dit Dauriat au poëte en le frappant sur l'épaule par un geste d'une révoltante familiarité. Si je causais avec tous les auteurs qui veulent que je sois leur éditeur, il faudrait fermer ma boutique, car je passerais mon temps en conversations extrêmement agréables, mais beaucoup trop chères. Je ne suis pas encore assez riche pour écouter les monologues de chaque amour-propre. Ça ne se voit qu'au théâtre, dans les tragédies classiques.

Le luxe de la toilette de ce terrible Dauriat appuyait, aux yeux du poëte de province, ce discours cruellement logique.

— Qu'est-ce que c'est que ç ? dit-il à Lousteau.

— Un magnifique volume de vers.

En entendant ce mot, Dauriat se tourna vers Gabusson par un mouvement digne de Talma : — Gabusson, mon ami, à compter d'aujourd'hui, quiconque viendra ici pour me proposer des manuscrits... Entendez-vous ça, vous autres ? dit-il en s'adressant à trois commis qui sortirent de dessous les piles de livres à la voix colérique de leur patron qui regardait ses ongles et sa main qu'il avait belle. A quiconque m'apportera des manuscrits, vous demanderez si c'est des vers ou de la prose. En cas de vers, congédiez-le vers dévoreront la librairie !

— Bravo! Il a bien dit cela, Dauriat, crièrent les journalistes.

— C'est vrai, s'écria le libraire en arpentant sa boutique le manuscrit de Lucien à la main, vous ne connaissez pas, messieurs, le mal que les succès de lord Byron, de Lamartine, de Victor Hugo, de Casimir Delavigne, de Canalis et de Béranger ont produit. Leur gloire nous vaut une invasion de barbares. Je suis sûr qu'il y a dans ce moment en librairie mille volumes de vers proposés qui commencent par des histoires interrompues, et sans queue ni tête, à l'imitation du *Corsaire* et de *Lara*. Sous prétexte d'originalité, les jeunes gens se livrent à des strophes incompréhensibles, à des poëmes descriptifs où la jeune école se croit nouvelle en inventant Delille! Depuis deux ans, les poëtes ont pullulé comme les hannetons. J'y ai perdu vingt mille francs l'année dernière! Demandez à Gabusson? Il peut y avoir dans le monde des poëtes immortels, j'en connais de roses et de frais qui ne se font pas encore la barbe, dit-il à Lucien; mais en librairie, jeune homme, il n'y a que quatre poëtes : Béranger, Casimir Delavigne, Lamartine et Victor Hugo ; car Canalis!... c'est un poëte fait à coup d'articles.

Lucien ne se sentit pas le courage de se redresser et de faire de la fierté devant ces hommes influents qui riaient de bon cœur. Il comprit qu'il serait perdu de ridicule, mais il éprouvait une démangeaison violente de sauter à la gorge du libraire, de lui déranger l'insultante harmonie de son nœud de cravate, de briser la chaîne d'or qui brillait sur sa poitrine, de fouler sa montre et de le déchirer. L'amour-propre irrité ouvrit la porte à la vengeance, il jura une haine mortelle à ce libraire auquel il souriait.

— La poésie est comme le soleil qui fait pousser les forêts éternelles et qui engendre les cousins, les moucherons, les moustiques, dit Blondet. Il n'y a pas une vertu qui ne soit doublée d'un vice. La littérature engendre bien les libraires.

— Et les journalistes! dit Lousteau.

Dauriat partit d'un éclat de rire.

— Qu'est-ce que ça, enfin? dit-il en montrant le manuscrit.

— Un recueil de sonnets à faire honte à Pétrarque,
dit Lousteau.

— Comment l'entends-tu? demanda Dauriat.

— Comme tout le monde, dit Lousteau qui vit un sourire
fin sur toutes les lèvres.

Lucien ne pouvait se fâcher, mais il suait dans son harnais.

— Eh bien, je le lirai, dit Dauriat en faisant un geste
royal qui montrait toute l'étendue de cette concession. Si
tes sonnets sont à la hauteur du dix-neuvième siècle, je
ferai de toi, mon petit, un grand poëte.

— S'il a autant d'esprit qu'il est beau, vous ne courrez
pas de grands risques, dit un des plus fameux orateurs de
la Chambre qui causait avec un des rédacteurs du *Constitutionnel* et le directeur de la *Minerve.*

— Général, dit Dauriat, la gloire c'est douze mille francs
d'articles et mille écus de dîners, demandez à l'auteur du
Solitaire? Si M. Benjamin de Constant veut faire un article sur ce jeune poëte, je ne serai pas longtemps à conclure l'affaire.

Au mot de général et en entendant nommer l'illustre
Benjamin Constant, la boutique prit aux yeux du grand
homme de province les proportions de l'Olympe.

— Lousteau, j'ai à te parler, dit Finot; mais je te retrou-
verai au théâtre. Dauriat, je fais l'affaire, mais à des conditions. Entrons dans votre cabinet.

— Viens, mon petit, dit Dauriat en laissant passer Finot
devant lui et faisant un geste d'homme occupé à dix personnes qui attendaient; il allait disparaître, quand Lucien,
impatient, l'arrêta.

— Vous gardez mon manuscrit, à quand la réponse?

— Mais, mon petit poëte, reviens dans trois ou quatre jours, nous verrons.

Lucien fut entraîné par Lousteau, qui ne lui laissa pas le temps de saluer Vernou, ni Blondet, ni Raoul Nathan, ni le général Foy, ni Benjamain Constant dont l'ouvrage sur les Cent-Jours venait de paraître. Lucien entrevit à peine cette tête blonde et fine, ce visage oblong, ces yeux spirituels, cette bouche agréable, enfin l'homme qui pendant vingt ans avait été le Potemkin de madame de Staël, et qui faisait la guerre aux Bourbons après l'avoir faite à Napoléon, mais qui devait mourir atterré de sa victoire.

— Quelle boutique! s'écria Lucien quand il fut assis dans un cabriolet de place à côté de Lousteau.

— Au Panorama-Dramatique, et du train! tu as trente sous pour ta course, dit Étienne au cocher. Dauriat est un drôle qui vend pour quinze ou seize cent mille francs de livres par an, il est comme le ministre de la littérature, répondit Lousteau dont l'amour-propre était agréablement chatouillé et qui se posait en maître devant Lucien. Son avidité, tout aussi grande que celle de Barbet, s'exerce sur des masses. Dauriat a des formes, il est généreux, mais il est vain; quant à son esprit, ça se compose de tout ce qu'il entend dire autour de lui; sa boutique est un lieu très-excellent à fréquenter. On peut y causer avec les gens supérieurs de l'époque. Là, mon cher, un jeune homme en apprend plus en une heure qu'à pâlir sur des livres pendant dix ans. On y discute des articles, on y brasse des sujets, on s'y lie avec des gens célèbres ou influents qui peuvent être utiles. Aujourd'hui, pour réussir, il est nécessaire d'avoir des relations. Tout est hasard, vous le voyez. Ce qu'il y a de plus dangereux est d'avoir de l'esprit tout seul dans son coin.

— Mais quelle impertinence! dit Lucien.

— Bah! nous nous moquons tous de Dauriat, répondit Étienne. Vous avez besoin de lui, il vous marche sur le ventre ; il a besoin du *Journal des Débats*, Émile Blondet le fait tourner comme une toupie. Oh! si vous entrez dans la littérature, vous en verrez bien d'autres! Eh bien, que vous disais-je?

— Oui, vous avez raison, répondit Lucien. J'ai souffert dans cette boutique encore plus cruellement que je ne m'y attendais, d'après votre programme.

— Et pourquoi vous livrer à la souffrance? ce qui nous coûte notre vie, le sujet qui durant des nuits studieuses, a ravagé notre cerveau ; toutes ces courses à travers les champs de la pensée, notre monument construit avec notre sang devient pour les éditeurs une affaire bonne ou mauvaise. Les libraires vendront ou ne vendront pas votre manuscrit. Voilà pour eux tout le problème. Un livre, pour eux, représente des capitaux à risquer. Plus le livre est beau, moins il a de chances d'être vendu. Tout homme supérieur s'élève au-dessus des masses, son succès est donc en raison directe avec le temps nécessaire pour apprécier l'œuvre. Aucun libraire ne veut attendre. Le livre d'aujourd'hui doit être vendu demain. Dans ce système-là, les libraires refusent les livres substantiels auxquels il faut de hautes, de lentes approbations.

— D'Arthez a raison! s'écria Lucien.

— Vous connaissez d'Arthez? dit Lousteau. Je ne sais rien de plus dangereux que les esprits solitaires qui pensent, comme ce garçon-là, pouvoir attirer le monde à eux. En fanatisant les jeunes imaginations par une croyance qui flatte la force immense que nous sentons d'abord en nous-mêmes, ces gens à gloire posthume les empêchent de se remuer à l'âge où le mouvement est possible et profitable. Je suis pour le système de Mahomet, qui, après avoir commandé à la montagne de venir à lui, s'est écrié : — Si tu ne viens à moi, j'irai donc vers toi!

Cette saillie, où la raison prenait une force incisive, était de nature à faire hésiter Lucien entre le système de pau-

vreté soumise que prêchait le cénacle, et la doctrine mi-
litante que Lousteau lui exposait. Aussi le poëte d'Angoulême garda-t-il le silence jusqu'au boulevard du Temple.

Le Panorama-Dramatique, aujourd'hui remplacé par une
maison, était une charmante salle de spectacle située vis-
à-vis de la rue Charlot, sur le boulevard du Temple, et où
deux administrations succombèrent sans obtenir un seul
succès, quoique Bouffé, l'un des acteurs qui se sont partagé la succession de Potier, y ait débuté, ainsi que Florine,
actrice qui, cinq ans plus tard, devint célèbre. Les théâtres,
comme les hommes, sont soumis à des fatalités. Le Panorama-Dramatique avait à rivaliser avec l'Ambigu, la Gaîté,
la Porte-Saint-Martin et les théâtres de vaudeville; il ne
put résister à leurs manœuvres, aux restrictions de son
privilége et au manque de bonnes pièces. Les auteurs ne
voulurent pas se brouiller avec les théâtres existants pour
un théâtre dont la vie semblait problématique. Cependant l'administration comptait sur la pièce nouvelle, espèce de mélodrame comique d'un jeune auteur, collaborateur de quelques célébrités, nommé Du Bruel, qui disait
l'avoir faite à lui seul. Cette pièce avait été composée pour
le début de Florine, jusqu'alors comparse à la Gaîté, où
depuis un an elle jouait des petits rôles dans lesquels
elle s'était fait remarquer, sans pouvoir obtenir d'engage-
gement, en sorte que le Panorama l'avait enlevée à son
voisin. Coralie, une autre actrice, devait y débuter aussi.
Quand les deux amis arrivèrent, Lucien fut stupéfait par
l'exercice du pouvoir de la presse.

— Monsieur est avec moi, dit Étienne au contrôle, qui
s'inclina tout entier.

— Vous trouverez bien difficilement à vous placer, dit
le contrôleur en chef. Il n'y a plus de disponible que la
loge du directeur.

Étienne et Lucien perdirent un certain temps à errer
dans les corridors et à parlementer avec les ouvreuses.

— Allons dans la salle, nous parlerons au directeur, qui nous prendra dans sa loge. D'ailleurs je vous présenterai à l'héroïne de la soirée, à Florine.

Sur un signe de Lousteau, le portier de l'orchestre prit une petite clef et ouvrit une porte perdue dans un gros mur, Lucien suivit son ami, et passa soudain du corridor illuminé au trou noir qui, dans presque tous les théâtres, sert de communication entre la salle et les coulisses. Puis, en montant quelques marches humides, le poëte de province aborda la coulisse, où l'attendait le spectacle le plus étrange. L'étroitesse des *portants*, la hauteur du théâtre, les échelles à quinquets, les décorations si horribles vues de près, les acteurs plâtrés, leurs costumes si bizzares et faits d'étoffes si grossières, les garçons à vestes huileuses, les cordes qui pendent, le régisseur qui se promène son chapeau sur la tête, les comparses assises, les toiles de fond suspendues, les pompiers, cet ensemble de choses bouffonnes, tristes, sales, affreuses, éclatantes ressemblait si peu à ce que Lucien avait vu de sa place au théâtre, que son étonnement fut sans bornes. On achevait un gros bon mélodrame intitulé *Bertram*, pièce imitée d'une tragédie de Maturin qu'estimaient infiniment Nodier, lord Byron et Walter Scott, mais qui n'obtint aucun succès à Paris.

— Ne quittez pas mon bras si vous ne voulez pas tomber dans une trappe, recevoir une forêt sur la tête, renverser un palais ou accrocher une chaumière, dit Étienne à Lucien. Florine est-elle dans sa loge, mon bijou? dit-il à une actrice qui se préparait à son entrée en scène en écoutant les acteurs.

— Oui, mon amour. Je te remercie de ce que tu as dit de moi. Tu es d'autant plus gentil que Florine entrait ici.

— Allons, ne manque pas ton effet, ma petite, lui dit Lousteau. Précipite-toi, haut la patte! dis-moi bien : *Arrête, malheureux!* car il v a deux mille francs de recette.

Lucien stupéfait vit l'actrice se composant et s'écriant : *Arrête, malheureux !* de manière à le glacer d'effroi. Ce n'était plus la même femme.

— Voilà donc le théâtre, dit-il à Lousteau.

— C'est comme la boutique des galeries de Bois et comme un journal pour la littérature, une vraie cuisine, répondit son nouvel ami.

Nathan parut.

— Pour qui venez-vous donc ici ? lui demanda Lousteau.

— Mais je fais les petits théâtres à la *Gazette*, en attendant mieux, répondit Nathan.

— Eh ! soupez donc avec nous ce soir, et traitez bien Florine, à charge de revanche, lui dit Lousteau.

— Tout à votre service, répondit Nathan.

— Vous savez, elle demeure maintenant rue de Bondy.

— Qui donc est ce beau jeune homme avec qui tu es, mon petit Lousteau ? dit l'actrice en rentrant de la scène dans la coulisse.

— Ah ! ma chère, un grand poëte, un homme qui sera célèbre. Comme vous devez souper ensemble, monsieur Nathan, je vous présente monsieur Lucien de Rubempré.

— Vous portez un beau nom, monsieur, dit Raoul à Lucien.

— Lucien ? monsieur Raoul Nathan, fit Étienne à son nouvel ami.

— Ma foi, monsieur, je vous lisais il y a deux jours, et je n'ai pas conçu, quand on a fait votre livre et votre recueil de poésies, que vous soyez si humble devant un journaliste.

— Je vous attends à votre premier livre, répondit Nathan en laissant échapper un fin sourire.

— Tiens, tiens, les ultras et les libéraux se donnent donc des poignées de main, s'écria Vernou en voyant ce trio.

— Le matin je suis des opinions de mon journal, dit

Nathan; mais le soir je pense ce que je veux, *la nuit tous les rédacteurs sont gris.*

— Étienne, dit Félicien en s'adressant à Lousteau, Finot est venu avec moi, il te cherche. Et... le voilà.

— Ah çà ! il n'y a donc pas une place ? dit Finot.

— Vous en avez toujours une dans nos cœurs, lui dit l'actrice qui lui adressa le plus agréable sourire.

— Tiens, ma petite Florville, te voilà déjà guérie de ton amour. On te disait enlevée par un prince russe.

— Est-ce qu'on enlève les femmes aujourd'hui ? dit la Florville, qui était l'actrice d'*Arrête, malheureux*. Nous sommes restés dix jours à Saint-Mandé, mon prince en a été quitte pour une indemnité payée à l'administration. Le directeur, reprit Florville en riant, va prier Dieu qu'il vienne beaucoup de princes russes, leurs indemnités lui feraient des recettes sans frais.

— Et toi, ma petite, dit Finot à une jolie paysanne qui les écoutait, où donc as-tu volé les boutons de diamants que tu as aux oreilles ? As-tu *fait* un prince indien ?

— Non, mais un marchand de cirage, un Anglais qui est déjà parti ! N'a pas qui veut, comme Florine et Coralie, des négociants millionnaires ennuyés de leur ménage : sont-elles heureuses ?

— Tu vas manquer ton entrée, Florville, s'écria Lousteau, le cirage de ton amie te monte à la tête.

— Si tu veux avoir du succès, lui dit Nathan, au lieu de crier comme une furie : *Il est sauvé !* entre tout uniment, arrive jusqu'à la rampe et dis d'une voix de poitrine : *Il est sauvé*, comme la Pasta dit : *O patria !* dans *Tancrède*. Va donc ! ajouta-t-il en la poussant.

— Il n'est plus temps, elle rate son effet ! dit Vernou.

— Qu'a-t-elle fait ? la salle applaudit à tout rompre, dit Lousteau.

— Elle leur a montré sa gorge en se mettant à genoux, c'est sa grande ressource, dit l'actrice veuve du cirage.

— Le directeur nous donne sa loge, tu m'y retrouveras, dit Finot à Étienne.

Lousteau conduisit alors Lucien derrière le théâtre à travers le dédale des coulisses, des corridors et des escaliers jusqu'au troisième étage, à une petite chambre où ils arrivèrent suivis de Nathan et de Félicien Vernou.

— Bonjour ou bonsoir, messieurs, dit Florine. Monsieur, dit-elle en se tournant vers un homme gros et court qui se tenait dans un coin, ces messieurs sont les arbitres de mes destinées, mon avenir est entre leurs mains ; mais ils seront, je l'espère, sous notre table demain matin, si monsieur Lousteau n'a rien oublié...

— Comment ! vous aurez Blondet des *Débats*, lui dit Étienne, le vrai Blondet, Blondet lui-même, enfin Blondet.

— Oh ! mon petit Lousteau, tiens, il faut que je t'embrasse, dit-elle en lui sautant au cou.

A cette démonstration, Matifat, le gros homme, prit un air sérieux. A seize ans, Florine était maigre. Sa beauté, comme un bouton de fleur plein de promesses, ne pouvait plaire qu'aux artistes qui préfèrent les esquisses aux tableaux. Cette charmante actrice avait dans les traits toute la finesse qui la caractérise, et ressemblait alors à la Mignon de Gœthe. Matifat, riche droguiste de la rue des Lombards, avait pensé qu'une petite actrice des boulevards serait peu dispendieuse ; mais, en onze mois, Florine lui coûta soixante mille francs. Rien ne parut plus extraordinaire à Lucien que cet honnête et probe négociant posé là comme un dieu Terme dans un coin de ce réduit de dix pieds carrés, tendu d'un joli papier, décoré d'une psyché, d'un divan, de deux chaises, d'un tapis, d'une cheminée et plein d'armoires. Une femme de chambre achevait d'habiller l'actrice en espagnol. La pièce était un imbroglio où Florine faisait le rôle d'une comtesse.

— Cette créature sera dans cinq ans la plus belle actrice de Paris, dit Nathan à Félicien.

— Ah çà ! mes amours, dit Florine en se retournant vers les trois journalistes, soignez-moi demain : d'abord, j'ai fait garder des voitures cette nuit, car je vous renverrai soûls comme des mardi gras. Matifat a eu des vins, oh ! mais des vins dignes de Louis XVIII, et il a pris le cuisinier du ministre de Prusse.

— Nous nous attendons à des choses énormes en voyant monsieur, dit Nathan.

— Mais il sait qu'il traite les hommes les plus dangereux de Paris, répondit Florine.

Matifat regardait Lucien d'un air inquiet, car la grande beauté de ce jeune homme excitait sa jalousie.

— Mais en voilà un que je ne connais pas, dit Florine en avisant Lucien. Qui de vous a ramené de Florence l'Apollon du Belvédère ? Monsieur est gentil comme une figure de Girodet.

— Mademoiselle, dit Lousteau, monsieur est un poëte de province que j'ai oublié de vous présenter. Vous êtes si belle ce soir qu'il est impossible de songer à la civilité puérile et honnête...

— Est-il riche, qu'il fait de la poésie ? demanda Florine.

— Pauvre comme Job, répondit Lucien.

— C'est bien tentant pour nous autres, dit l'actrice.

Du Bruel, l'auteur de la pièce, un jeune homme en redingote, petit, délié, tenant à la fois du bureaucrate, du propriétaire et de l'agent de change entra soudain.

— Ma petite Florine, vous savez bien votre rôle, hein ? pas de défaut de mémoire. Soignez la scène du second acte, du mordant, de la finesse ! Dites bien : *Je ne vous aime pas*, comme nous en sommes convenus.

— Pourquoi prenez-vous des rôles où il y a de pareilles phrases ? dit Matifat à Florine.

Un rire universel accueillit l'observation du droguiste.

— Qu'est-ce que cela vous fait, lui dit-elle, puisque ce n'est pas à vous que je parle, animal-bête ? Oh ! il fait mon bonheur avec ses niaiseries, ajouta-t-elle en regardant les auteurs. Foi d'honnête fille, je lui payerais tant par bêtise, si ça ne devait pas me ruiner.

— Oui, mais vous me regarderez en disant cela comme quand vous répétez votre rôle, et ça me fait peur, répondit la droguiste.

— Eh bien, je regarderai mon petit Lousteau, répondit-elle.

Une cloche retentit dans le corridors.

— Allez-vous-en tous, dit Florine; laissez-moi relire mon rôle et tâcher de le comprendre.

Lucien et Lousteau partirent les derniers. Lousteau baisa les épaules de Florine, et Lucien entendit l'actrice disant :

— Impossible pour ce soir. Cette vieille bête a dit à sa femme qu'il allait à la campagne.

— La trouvez-vous gentille ! dit Étienne à Lucien.

— Mais, mon cher, ce Matifat... s'écria Lucien.

— Eh ! mon enfant, vous ne savez rien encore de la vie parisienne, répondit Lousteau. Il est des nécessités qu'il faut subir ! C'est comme si vous aimiez une femme mariée, voilà tout. On se fait une raison.

Étienne et Lucien entrèrent dans une loge d'avant-scène, au rez-de-chaussée, où ils trouvèrent le directeur du théâtre et Finot. En face, Matifat était dans la loge opposée, avec un de ses amis nommé Camusot, un marchand de soieries qui protégeait Coralie, et accompagné d'un honnête petit vieillard, son beau-père. Ces trois bourgeois nettoyaient le verre de leurs lorgnettes en regardant le parterre dont les agitations les inquiétaient. Les loges offraient la société bizarre des premières représentations : des journalistes et leurs maîtresses, des femmes entretenues et leurs amants, quelques vieux habitués des théâtres friands de premières représentations, des personnes du beau monde qui aiment ces sortes d'émotions. Dans une première loge se trouvait le directeur général et sa famille qui avait casé Du Bruel

dans une administration financière ou le faiseur de vaudevilles touchait les appointements d'une sinécure. Lucien,
depuis son dîner, voyageait d'étonnements en étonnements.
La vie littéraire, depuis deux mois si pauvre, si dénuée à
ses yeux, si horrible dans la chambre de Lousteau, si
humble et si insolente à la fois aux galeries de Bois, se dé-
roulait avec d'étranges magnificences et sous des aspects
singuliers. Ce mélange de hauts et de bas, de compromis
avec la conscience, de suprématies et de lâchetés, de trahisons et de plaisirs, de grandeurs et de servitudes, le
rendait hébété comme un homme attentif à un spectacle
inouï.

— Croyez-vous que la pièce de Du Bruel vous fasse de
l'argent ? dit Finot au directeur.

— La pièce est une pièce d'intrigue où Du Bruel a voulu
faire du Beaumarchais. Le public des boulevards n'aime
pas ce genre, il veut être bourré d'émotions. L'esprit n'est
pas apprécié ici. Tout, ce soir, dépend de Florine et de Coralie, qui sont ravissantes de grâce, de beauté. Ces deux
créatures ont des jupes très-courtes, elles dansent un pas
espagnol, elles peuvent enlever le public. Cette représentation est un coup de cartes. Si les journaux me font quelques articles spirituels, en cas de réussite, je puis gagner
cent mille écus.

— Allons, je le vois, ce ne sera qu'un succès d'estime,
dit Finot.

— Il y a une cabale montée par les trois théâtres voisins, on va siffler quand même ; mais je me suis mis en
mesure de déjouer ces mauvaises intentions. J'ai surpayé
les claqueurs envoyés contre moi, ils siffleront maladroitement. Voilà deux négociants qui, pour procurer un triomphe
à Coralie et à Florine, ont pris chacun cent billets et les
ont donnés à des connaissances capables de faire mettre la
cabale à la porte. La cabale, deux fois payée, se laissera
renvoyer, et cette exécution dispose toujours bien le public.

— Deux cents billets ! quels gens précieux ! s'écria Finot.

— Oui ! avec deux autres jolies actrices aussi richement entretenues que Florine et Coralie, je me tirerais d'affaire.

Depuis deux heures, aux oreilles de Lucien, tout se résolvait par de l'argent. Au théâtre comme en librairie, en librairie comme au journal, de l'art et de la gloire, il n'en était pas question. Ces coups du grand balancier de la Monnaie, répétés sur sa tête et sur son cœur, les lui martelaient. Pendant que l'orchestre jouait l'ouverture, il ne put s'empêcher d'opposer aux applaudissements et aux sifflets du parterre en émeute les scènes de poésie calme et pure qu'il avait goûtées dans l'imprimerie de David, quand tous deux ils voyaient les merveilles de l'art, les nobles triomphes du génie, la gloire aux ailes blanches. En se rappelant les soirées du cénacle, une larme brilla dans les yeux du poëte.

— Qu'avez-vous ? lui dit Étienne Lousteau.

— Je vois la poésie dans un bourbier, dit-il.

— Eh ! mon cher, vous avez encore des illusions.

— Mais faut-il donc ramper et subir ici ces gros Matifat et Camusot, comme les actrices subissent les journalistes, comme nous subissons les libraires ?

— Mon petit, lui dit à l'oreille Étienne en lui montrant Finot, vous voyez ce lourd garçon, sans esprit ni talent, mais avide, voulant la fortune à tout prix et habile en affaires, qui, dans la boutique de Dauriat, m'a pris quarante pour cent en ayant l'air de m'obliger ?... eh bien, il a des lettres où plusieurs génies en herbe sont à genoux devant lui pour cent francs.

Une contraction causée par le dégoût serra le cœur de Lucien qui se rappela : *Finot, mes cent francs ?* ce dessin laissé sur le tapis vert de la rédaction.

— Plutôt mourir, dit-il.

— Plutôt vivre, lui répondit Étienne.

Au moment où la toile se leva, le directeur sortit et alla dans les coulisses pour donner quelques ordres.

— Mon cher, dit alors Finot à Étienne, j'ai la parole de Dauriat, je suis pour un tiers dans la propriété du journal hebdomadaire. J'ai traité pour trente mille francs comptant à condition d'être fait rédacteur en chef et directeur. C'est une affaire superbe. Blondet m'a dit qu'il se prépare des lois restrictives contre la presse, les journaux existants seront seuls conservés. Dans six mois, il faudra un million pour entreprendre un nouveau journal. J'ai donc conclu sans avoir à moi plus de dix mille francs. Écoute-moi. Si tu peux faire acheter la moitié de ma part, un sixième, à Matifat, pour trente mille franc, je te donnerai la rédaction en chef de mon petit journal, avec deux cent cinquante francs par mois. Tu seras mon prête-nom. Je veux pouvoir toujours diriger la rédaction, y garder tous mes intérêts et ne pas avoir l'air d'y être pour quelque chose. Tous les articles te seront payés à raison de cent sous la colonne; ainsi tu peux te faire un boni de quinze francs par jour en ne les payant que trois francs, et en profitant de la rédaction gratuite. C'est encore quatre cent cinquante francs par mois. Mais je veux rester maître de faire attaquer ou défendre les hommes et les affaires à mon gré dans le journal, tout en te laissant satisfaire les haines et les amitiés qui ne gêneront point ma politique. Peut-être serai-je ministériel ou ultra, je ne sais pas encore; mais je veux conserver, sous main, mes relations libérales. Je te dis tout, à toi qui es un bon enfant. Peut-être te ferai-je avoir les Chambres dans le journal où je les fais, je ne pourrai sans doute pas les garder. Ainsi, emploie Florine à ce petit maquignonnage, et dis-lui de presser vivement le bouton au droguiste : je n'ai que quarante-huit heures pour me dédire, si je ne peux pas payer. Dauriat a vendu l'autre tiers trente mille francs à son imprimeur et à son marchand de papier. Il a, lui, son tiers *gratis*, et gagne dix mille francs, puisque le tout ne lui en coûte que cinquante mille. Mais dans un an le recueil vaudra deux cent mille francs à vendre à la cou., si elle a, comme on le prétend, le bon sens d'amortir les journaux.

— Tu as du bonheur, s'écria Lousteau.

— Si tu avais passé par les jours de misère que j'ai connus, tu ne dirais pas ce mot-là. Mais dans ce temps-ci, vois-tu, je jouis d'un malheur sans remède : je suis fils d'un chapelier qui vend encore des chapeaux rue du Coq. Il n'y a qu'une révolution qui puisse me faire arriver ; et, faute d'un bouleversement social, je dois avoir des millions. Je ne sais pas si, de ces deux choses, la révolution n'est pas la plus facile. Si je portais le nom de ton ami, je serais dans une belle passe. Silence, voici le directeur. Adieu, dit Finot en se levant. Je vais à l'Opéra, j'aurai peut-être un duel demain : je fais et signe d'un F un article foudroyant contre deux danseuses qui ont des généraux pour amis. J'attaque, et raide, l'Opéra.

— Ah bah! dit le directeur.

— Oui, chacun lésine avec moi, répondit Finot. Celui-ci me retranche mes loges, celui-là refuse de me prendre cinquante abonnements. J'ai donné mon ultimatum à l'Opéra : je veux maintenant cent abonnements et quatre loges par mois. S'ils acceptent, mon journal aura huit cents abonnés servis et mille payants. Je sais les moyens d'avoir encore deux cents autres abonnements : nous serons à douze cents en janvier...

— Vous finirez par nous ruiner, dit le directeur.

— Vous êtes bien malade, vous, avec vos dix abonnements. Je vous ai fait faire deux bons articles au *Constitutionnel*.

— Oh! je ne me plains pas de vous, s'écria le directeur.

— A demain soir, Lousteau, reprit Finot. Tu me donneras

I

réponse aux Français, où il y a une première représentation ; et comme je ne pourrai pas faire l'article, tu prendras ma loge au journal. Je te donne la préférence : tu t'es échiné pour moi, je suis reconnaissant. Félicien Vernou m'offre de me faire remise des appointements pendant un an et me propose vingt mille francs pour un tiers dans la propriété du journal; mais j'y veux rester maître absolu. Adieu.

— Il ne se nomme pas Finot pour rien, celui-là, dit Lucien à Lousteau.

— Oh! c'est un pendu qui fera son chemin, lui répondit Étienne sans se soucier d'être ou non entendu par l'homme habile qui fermait la porte de la loge.

— Lui?... dit le directeur, il sera millionnaire, il jouira de la considération générale, et peut-être aura-t-il des amis...

— Bon Dieu! dit Lucien, quelle caverne! Et vous allez faire entamer par cette délicieuse fille une pareille négociation? dit-il en montrant Florine qui leur lançait des œillades.

— Et elle réussira. Vous ne connaissez pas le dévouement et la finesse de ces chères créatures, répondit Lousteau.

— Elles rachètent tous leurs défauts, elles effacent toutes leurs fautes par l'étendue, par l'infini de leur amour quand elles aiment, dit le directeur en continuant. La passion d'une actrice est une chose d'autant plus belle qu'elle produit un plus violent contraste avec son entourage.

— C'est trouver dans la boue un diamant digne d'orner la couronne la plus orgueilleuse, répliqua Lousteau.

— Mais, reprit le directeur, Coralie est distraite. Votre ami *fait* Coralie sans s'en douter, et va lui faire manquer tous ses effets; elle n'est plus à ses répliques, voilà deux fois qu'elle n'entend pas le souffleur. Monsieur, je vous en prie, mettez-vous dans ce coin, dit-il à Lucien. Si Coralie est amoureuse de vous, je vais aller lui dire que vous êtes parti.

— Eh non, s'écria Lousteau, dites-lui que monsieur est du souper, qu'elle en fera ce qu'elle voudra, et elle jouera comme mademoiselle Mars.

Le directeur partit.

— Mon ami, dit Lucien à Étienne, comment! vous n'avez aucun scrupule de faire demander par mademoiselle Florine trente mille francs à ce droguiste pour la moitié d'une chose que Finot vient d'acheter à ce prix-là?

Lousteau ne laissa pas à Lucien le temps de finir son raisonnement.

— Mais de quel pays êtes-vous donc, mon cher enfant? ce droguiste n'est pas un homme, c'est un coffre-fort donné par l'amour.

— Mais votre conscience?

— La conscience, mon cher, est un des bâtons que chacun prend pour battre son voisin, et dont il ne se sert jamais pour lui. Ah çà! à qui diable en avez-vous? Le hasard fait pour vous en un jour un miracle que j'ai attendu pendant deux ans, et vous vous amusez à en discuter les moyens? Comment! vous qui me paraissez avoir de l'esprit, qui arrivez à l'indépendance d'idées que doivent avoir les aventuriers intellectuels dans le monde où nous sommes, vous barbotez dans des scrupules de religieuse qui s'accuse d'avoir mangé son œuf avec concupiscence?... Si Florine réussit, je deviens rédacteur en chef, je gagne deux cent cinquante francs de fixe, je prends les grands théâtres, je laisse à Vernou les théâtres de vaudeville, vous mettez le pied à l'étrier en me succédant dans tous les théâtres des boulevards. Vous aurez alors trois francs par colonne, et vous en écrirez une par jour, trente par mois qui vous produiront quatre-vingt-dix francs; vous aurez

pour soixante francs de livres à vendre à Barbet; puis
vous pouvez demander mensuellement à vos théâtres dix
billets, en tout quarante billets, que vous vendrez quarante francs au Barbet des théâtres, un homme avec qui
je vous mettrai en relation. Ainsi je vous vois deux cents
francs par mois. Vous pourriez, en vous rendant utile à
Finot, placer un article de cent francs dans son nouveau
journal hebdomadaire, au cas où vous déploieriez un
talent trascendant; car là on signe, et il ne faut plus
rien *lâcher* comme dans le petit journal. Vous auriez
alors cent écus par mois. Mon cher, il y a des gens de talent, comme ce pauvre d'Arthez qui dîne tous les jours
chez Flicoteaux, ils sont dix ans avant de gagner cent
écus. Vous vous ferez avec votre plume quatre mille francs
par an, sans compter les revenus de la librairie, si vous
écrivez pour elle. Or, un sous-préfet n'a que mille écus
d'appointements, et s'amuse comme un bâton de chaise
dans son arrondissement. Je ne vous parle pas du plaisir
d'aller au spectacle sans payer, car ce plaisir deviendra
bientôt une fatigue; mais vous aurez vos entrées dans les
coulisses de quatre théâtres. Soyez dur et spirituel pendant
un ou deux mois, vous serez accablé d'invitations, de parties avec les actrices; vous serez courtisé par leurs amants;
vous ne dînerez chez Flicoteaux qu'aux jours où vous n'aurez pas trente sous dans votre poche, ni pas un dîner en
ville. Vous ne saviez où donner de la tête à cinq heures
dans le Luxembourg, vous êtes à la veille de devenir une
des cent personnes privilégiées qui imposent des opinions
à la France. Dans trois jours, si nous réussissons. vous
pouvez, avec trente bons mots imprimés à raison de trois
par jour, faire maudire la vie à un homme; vous pouvez
vous créer des rentes de plaisir chez toutes les actrices de
vos théâtres; vous pouvez faire tomber une bonne pièce et
faire courir tout Paris à une mauvaise. Si Dauriat refuse
d'imprimer *les Marguerites* sans vous en rien donner, vous   .

pouvez le faire venir, humble et soumis, chez vous, vous les acheter deux mille francs. Ayez du talent, et flanquez dans trois journaux différents trois articles qui menacent de tuer quelques-unes des spéculations de Dauriat ou un livre sur lequel il compte, vous le verrez grimpant à votre marsarde et y séjournant comme une clématite. Enfin votre roman, les libraires, qui dans ce moment vous mettraient tous à la porte plus ou moins poliment, feront queue chez vous, et le manuscrit, que le père Doguereau vous estimerait quatre cents francs, sera surenchéri jusqu'à quatre mille francs ! Voilà les bénéfices du métier de journaliste. Aussi défendons-nous l'approche des journaux à tous les nouveaux-venus ; non-seulement il faut un immense talent, mais encore bien du bonheur pour y pénétrer. Et vous chicanez votre bonheur !... Voyez ! si nous ne nous étions pas rencontrés aujourd'hui chez Flicoteaux, vous pouviez faire le pied de grue encore pendant trois ans ou mourir de faim, comme d'Arthez, dans un grenier. Quand d'Arthez sera devenu aussi instruit que Bayle et aussi grand écrivain que Rousseu, nous aurons fait notre fortune, nous serons maîtres de la sienne et de sa gloire. Finot sera député, propriétaire d'un grand journal; et nous serons, nous, ce que nous aurons voulu être : pairs de France ou détenus à Sainte-Pélagie pour dettes.

— Et Finot vendra son grand journal aux ministres qui lui donneront le plus d'argent, comme il vend ses éloges à madame Bastienne en dénigrant mademoiselle Virginie, et prouvant que les chapeaux de la première sont supérieurs à ceux que le journal vantait d'abord ! s'écria Lucien en se rappelant la scène dont il avait été témoin.

— Vous êtes un niais, mon cher, répondit Lousteau d'un ton sec. Finot, il y a trois ans, marchait sur les tiges de ses bottes, dînait chez Tabar à dix-huit sous, brochait un prospectus pour dix francs, et son habit lui tenait sur le corps par un mystère aussi impénétrable que celui de l'immaculée conception. Finot a maintenant à lui seul son journal estimé cent mille francs; avec les abonnements payés et non servis, avec les abonnements réels et les contri' utions indirectes perçues par son oncle, il gagne vingt mille francs par an; il a tous les jours les plus somptueux dîners du monde, il a cabriolet depuis un mois; enfin le voilà demain à la tête d'un journal hebdomadaire, avec un sixième de propriété pour rien, avec cinq cents francs par mois de traitement auxquels il ajoutera mille francs de rédaction obtenue gratis et qu'il fera payer à ses associés: Vous le premier, si Finot consent à vous payer cinquante francs la feuille, serez trop heureux de lui apporter trois articles pour rien. Quand vous serez dans une position analogue, vous pourrez juger Finot; on ne peut être jugé que par ses pairs. N'avez-vous pas un immense avenir, si vous obéissez aveuglement aux haines de position, si vous attaquez quand Finot vous dira : Attaque! si vous louez quand il vous dira : Loue! Lorsque vous aurez une vengeance à exercer contre quelqu'un, vous pourrez rouer votre ami ou votre ennemi par une phrase insérée tous les matins à notre journal en me disant : Lousteau, tuons cet homme-là! Vous réassassinerez votre victime par un grand article dans le journal hebdomadaire. Enfin, si l'affaire est capitale pour vous, Finot, à qui vous vous serez rendu nécessaire, vous laissera porter un dernier coup d'assommoir dans un grand journal qui aura dix ou douze mille abonnés.

— Ainsi vous croyez que Florine pourra décider son droguiste à faire le marché? dit Lucien ébloui.

— Je le crois bien! Voici l'entr'acte, je vais déjà lui en aller dire deux mots, cela se conclura cette nuit. Une fois sa leçon faite, Florine aura tout mon esprit et le sien.

— Et cet honnête négociant qui est là, bouche béante, admirant Florine, sans se douter qu'on va lui extirper trente mille francs!...

— Encore une autre sottise! Ne dirait-on pas qu'on le vole? s'écria Lousteau. Mais, mon cher, si le ministère achète le journal, dans six mois le droguiste aura peut-être cinquante mille francs de ses trente mille. Puis, Matifat ne verra pas le journal, mais les intérêts de Florine. Quand on saura que Matifat et Camusot (car ils se partageront l'affaire) sont propriétaires d'une revue, il aura dans tous les journaux des articles bienveillants pour Florine et Coralie. Florine va devenir célèbre, elle y aura peut-être un engagement de douze mille francs dans un autre théâtre. Enfin, Matifat économisera les mille francs par mois que lui coûteraient les cadeaux et les dîners aux journalistes. Vous ne connaissez ni les hommes, ni les affaires.

— Pauvre homme! dit Lucien, il compte avoir une nuit agréable.

— Et, reprit Lousteau, il sera scié en deux par mille raisonnements jusqu'à ce qu'il ait montré à Florine l'acquisition du sixième acheté à Finot. Et moi le lendemain je serai rédacteur en chef, et je gagnerai mille francs par mois. Voici donc la fin de mes misères! s'écria l'amant de Florine.

Lousteau sortit laissant Lucien abasourdi, perdu dans un abîme de pensées, volant au-dessus du monde comme il est. Après avoir vu aux galeries de Bois les ficelles de la librairie et la cuisine de la gloire, après s'être promené dans les coulisses du théâtre, le poëte apercevait l'envers des consciences, le jeu des rouages de la vie parisienne, le mécanisme de toute chose. Il avait envié le bonheur de Lousteau en admirant Florine en scène. Déjà, pendant quelques instants, il avait oublié Matifat. Il demeura là durant un temps inappréciable, peut-être cinq minutes. Ce fut une éternité. Des pensées ardentes enflammaient son âme, comme ses sens étaient embrasés par le spectacle de ces actrices aux yeux lascifs et relevés par le rouge, à gorges étincelantes, vêtues

de basquines voluptueuses à plis licencieux, à jupes courtes,
montrant leurs jambes en bas rouges à coins verts, chaussées de manière a mettre un parterre en émoi. Deux corr-
ruptions marchaient sur deux lignes parallèles, comme
deux nappes qui, dans une inondation, veulent se rejoindre;
elles dévoraient le poëte accoudé dans le coin de la loge
le bras sur le velours rouge de l'appui, la main pendante,
les yeux fixés sur la toile, et d'autant plus accessible aux
enchantements de cette vie mélangée d'éclairs et de nuages
qu'elle brillait comme un feu d'artifice après la nuit profonde de sa vie travailleuse, obscure, monotone. Tout à
coup la lumière amoureuse d'un œil ruissela sur les yeux
inattentifs de Lucien, en trouant le rideau du théâtre. Le
poëte, réveillé de son engourdissement, reconnut l'œil de
Coralie qui le brûlait ; il baissa la tête, et regarda Camusot
qui rentrait alors dans la loge en face. Cet amateur était
un bon gros et gras marchand de soieries de la rue des
Bourdonnais, juge au tribunal de commerce, père de quatre
enfants, marié pour la seconde fois, riche de quatre-vingt
mille livres de rente, mais âgé de cinquante-six ans, ayant
comme un bonnet de cheveux gris sur la tête, l'air pape-
lard d'un homme qui jouissait de son reste, et qui ne
voulait pas quitter la vie sans son compte de bonne joie,
après avoir avalé les mille et une couleuvres du commerce.
Ce front couleur beurre frais, ces joues monastiques et
fleuries semblaient n'être pas assez larges pour contenir
l'épanouissement d'une jubilation superlative; Camusot
était sans sa femme, et entendait applaudir Coralie à tout
rompre. Coralie était toutes les vanités réunies de ce riche
bourgeois, il tranchait chez elle du grand seigneur d'autrefois. En ce moment il se croyait de moitié dans le succès
de l'actrice, et il le croyait d'autant mieux qu'il l'avait
soldé. Cette conduite était sanctionnée par la présence du
beau-père de Camusot, un petit vieux, à cheveux poudrés,
aux yeux égrillards, et néanmoins très-digne. Les répu-

gnances de Lucien se réveillèrent, il se souvint de l'amour pur, exalté, qu'il avait ressenti pendant un an pour madame de Bargeton. Aussitôt l'amour des poëtes déplia ses ailes blanches : mille souvenirs environnèrent de leurs horizons bleuâtres le grand homme d'Angoulême, qui retomba dans la rêverie. La toile se leva. Coralie et Florine étaient en scène.

— Ma chère, il pense à toi comme au grand Turc! dit Florine à voix basse pendant que Coralie débitait une réplique,

Lucien ne put s'empêcher de rire, et regarda Coralie. Cette femme, une des plus charmantes et des plus délicieuses actrices de Paris, la rivale de madame Perrin et de mademoiselle Fleuriet, auxquelles elle ressemblait et dont le sort devait être le sien, était le type des filles qui exercent à volonté la fascination sur les hommes. Coralie offrait le type sublime de la figure juive, ce long visage ovale d'un ton d'ivoire blond, à bouche rouge comme une grenade, à menton fin comme le bord d'une coupe. Sous des paupières brûlées par une prunelle de jais, sous des cils recourbés, on devinait un regard languissant où scintillaient à propos les ardeurs du désert. Ces yeux obombrés par un cercle olivâtre, étaient surmontés de soucils arqués et fournis. Sur un front brun, couronné de deux bandeaux d'ébène où brillaient alors les lumières comme sur du vernis, siégait une magnificence de pensée qui aurait pu faire croire a du génie. Mais, semblable à beaucoup d'actrices, Coralie, sans esprit malgré son irononie de coulisses, sans instruction malgré son expérience de boudoir, n'avait que l'esprit des sens et la bonté des femmes amoureuses. Pouvait-on d'ailleurs s'occuper du moral, quand elle éblouissait le regard avec ses bras ronds et polis, ses doigts tournés en fuseau, ses épaules dorées, avec la gorge chantée par le Cantique des Cantiques, avec un col mobile et recourbé, avec des jambes d'une élégance adorable, et

chaussées en soie rouge ? Ces beautés d'une poésie vraiment orientale étaient encore mises en relief par le costume espagnol convenu dans nos théâtres. Coralie faisait
la joie de la salle où tous les yeux serraient sa taille bien
prise dans sa basquine, et flattaient sa croupe andalouse
qui imprimait des torsions lascives à la jupe. Il y eut un
moment où Lucien, en voyant cette créature jouant pour
lui seul, se souciant de Camusot autant que le gamin du
paradis se soucie de la pelure d'une pomme, mit l'amour
sensuel au-dessus de l'amour pur, la jouissance au-dessus
du désir, et le démon de la luxure lui souffla d'atroces
pensées. « J'ignore tout de l'amour qui se roule dans la
bonne chère, dans le vin, dans les joies de la matière, se
dit-il. J'ai plus encore vécu par la pensée que par le fait.
Un homme qui veut tout peindre doit tout connaître. Voici
mon premier souper fastueux, ma première orgie avec un
monde étrange, pourquoi ne goûterais-je pas une fois ces
délices si célèbres où se ruaient les grands seigneurs du
dernier siècle en vivant avec des impures ? Quand ce ne
serait que pour les transporter dans les belles régions de
l'amour vrai, ne faut-il pas apprendre les joies, les perfections, les transports, les ressources, les finesses de l'a-
mour des courtisanes et des actrices ? N'est-ce pas, après
tout, la poésie des sens ? Il y a deux mois, ces femmes me
semblaient des divinités gardées par des dragons inabor-
dables ; en voilà une dont la beauté surpasse celle de Florine que j'enviais à Lousteau ; pourquoi ne pas profiter de
sa fantaisie, quand les plus grands seigneurs achètent de
leurs plus riches trésors une nuit à ces femmes-là ? Les
ambassadeurs, quand ils mettent le pied dans ces gouffres,
ne se soucient ni de la veille ni du lendemain. Je serais
un niais d'avoir plus de délicatesse que les princes, surtout
quand je n'aime encore personne. Lucien ne pensait plus
à Camusot. Après avoir manifesté à Lousteau le plus profond dégoût pour le plus odieux partage, il tombait dans

cette fosse, il nageait dans un désir, entraîné par le jésuitisme de la passion.

— Coralie est folle de vous, lui dit Lousteau en entrant. Votre beauté, digne des plus illustres marbres de la Grèce, fait un ravage inouï dans les coulisses. Vous êtes heureux, mon cher. A dix-huit ans, Coralie pourra dans quelques jours avoir soixante mille francs par an pour sa beauté. Elle est encore très-sage. Vendue par sa mère, il y a trois ans, soixante mille francs, elle n'a encore récolté que des chagrins, et cherche le bonheur. Elle est entrée au théâtre par désespoir, elle avait eu horreur de de Marsay, son premier acquéreur ; et, au sortir de la galère, car elle a été bientôt lâchée par le roi de nos dandies, elle a trouvé ce bon Camusot qu'elle n'aime guère : mais il est comme un père pour elle, elle le souffre et se laisse aimer. Elle a refusé déjà les plus riches propositions, et se tient à Camusot qui ne la tourmente pas. Vous êtes donc son premier amour. Oh ! elle a reçu comme un coup de pistolet dans le cœur en vous voyant, et Florine est allée l'arraisonner dans sa loge, où elle pleure de votre froideur. La pièce va tomber, Coralie ne sait plus son rôle, et adieu l'engagement au Gymnase que Camusot lui préparait !

— Bah ?... pauvre fille ! dit Lucien dont toutes les vanités furent caressées par ces paroles et qui se sentit le cœur gonflé d'amour-propre. Il m'arrive, mon cher, dans une soirée, plus d'événements que dans les dix-huit premières années de ma vie.

Et Lucien raconta ses amours avec madame de Bargeton, et sa haine contre le baron Châtelet.

— Tiens, le journal manque de bête noire, nous allons l'empoigner. Ce baron est un beau de l'Empire, il est ministériel, il nous va, je l'ai vu souvent à l'Opéra. J'aperçois d'ici votre grande dame, elle est souvent dans la loge de la marquise d'Espard. Le baron fait la cour à votre ex-maîtresse, un os de seiche. Attendez ! Finot vient de m'envoyer un exprès me dire que le journal est sans *copie,* un tour que lui joue un de nos rédacteurs, un drôle, le petit Hector Merlin, à qui l'on a retranché ses blancs. Finot au désespoir broche un article contre l'Opéra. Eh bien, mon cher, faites l'article sur cette pièce, écoutez-la, pensez-y. Moi, je vais aller dans le cabinet du directeur méditer trois colonnes sur votre homme et sur votre belle dédaigneuse qui ne seront pas à la noce demain...

— Voilà donc où et comment se fait le journal? dit Lucien.

— Toujours comme ça, répondit Lousteau. Depuis dix mois que j'y suis, le journal est toujours sans copie à huit heures du soir.

On nomme, en argot typographique, Copie, le manusscrit à composer, sans doute parce que les auteurs sont censés n'envoyer que la copie de leur œuvre. Peut-être aussi est-ce une ironique traduction du mot latin *copia* (abondance), car la copie manque toujours!...

— Le grand projet qui se réalisera jamais est d'avoir quelques numéros d'avance, reprit Lousteau. Voilà dix heures, et il n'y a pas une ligne. Je vais dire à Vernou et à Nathan, pour finir brillamment le numéro, de nous prêter une vingtaine d'épigrammes sur les députés, sur le chancelier *Cruzoé,* sur les ministres, et sur nos amis au besoin. Dans ce cas-là, on massacrerait son père, on est comme un corsaire qui charge ses canons avec les écus de sa prise pour ne pas mourir. Soyez spirituel dans votre article, et vous aurez fait un grand pas dans l'esprit de Finot : il est reconnaissant par le calcul. C'est la meilleure et le plus solide des reconnaissances, après toutefois celle du mont-de piété...

— Quels hommes sont donc les journalistes?... s'écria Lucien. Comment, il faut se mettre à une table et avoir de l'esprit...

— Absolument comme on allume un quinquet... jusqu'à ce que l'huile manque.

Au moment où Lousteau ouvrait la porte de la loge, le directeur et du Bruel entrèrent.

— Monsieur, dit l'auteur de la pièce à Lucien, laissez-moi dire de votre part à Coralie que vous vous en irez avec elle après souper, ou ma pièce va tomber. La pauvre fille ne sait plus ce qu'elle dit ni ce qu'elle fait, elle va pleurer quand il faudra rire, et rira quand il faudra pleurer. On a déjà sifflé. Vous pouvez encore sauver la pièce. Ce n'est pourtant pas un malheur que le plaisir qui vous attend.

— Monsieur, je n'ai pas l'habitude d'avoir des rivaux, répondit Lucien.

— Ne lui répétez pas ce propos, s'écria le directeur en regardant l'auteur, Coralie est fille à jeter Camusot par la fenêtre, et se ruinerait très-bien. Ce digne propriétaire du Cocon-d'Or donne à Coralie deux mille francs par mois, paye tous ses costumes et ses claqueurs,

— Comme votre promesse ne m'engage à rien, sauvez votre pièce, dit sultanesquement Lucien.

— Mais n'ayez pas l'air de rebuter cette charmante fille, dit le suppliant Du Bruel.

— Allons, il faut que j'écrive l'article sur votre pièce, et que je sourie à votre jeune première, soit! s'écria le poëte.

L'auteur disparut, après avoir fait un signe à Coralie qui joua dès lors merveilleusement. Bouffé, qui remplissait le rôle d'un vieil alcade dans lequel il révéla pour la première fois son talent pour se grimer en vieillard, vint au milieu d'un tonnerre d'applaudissement dire : *Messieurs, la pièce que nous avons eu l'honneur de représenter devant vous est de messieurs Raoul et de Cursy.*

— Tiens, Nathan est de la pièce, dit Lousteau, je ne m'étonne plus de sa présence.

— Coralie ! Coralie ! s'écria le parterre soulevé. De la

loge où étaient les deux négociants, il partit une voix de tonnerre qui cria : — Et Florine! Florine et Coralie! répétèrent alors quelques voix. Le rideau se releva, Bouffé reparut avec les deux actrices à qui Matifat et Camusot jetèrent chacun une couronne; Coralie ramassa la sienne et la tendit à Lucien. Pour Lucien, ces deux heures passées au théâtre furent comme un rêve. Les coulisses, malgré leurs horreurs, avaient commencé l'œuvre de cette fascination. Le poëte, encore innocent, y avait respiré le vent du désordre et l'air de la volupté. Dans ces sales couloirs encombrés de machines et où fument des quinquets huileux, il règne comme une peste qui dévore l'âme. La vie n'y est plus ni sainte ni réelle. On y rit de toutes les choses sérieuses, et les choses impossibles paraissent vraies. Ce fut comme un narcotique pour Lucien, et Coralie acheva de le plonger dans une ivresse joyeuse. Le lustre s'éteignit. Il n'y avait plus alors dans la salle que des ouvreuses qui faisaient un singulier bruit en ôtant les petits bancs et fermant les loges. La rampe, soufflée comme une seule chandelle, répandit une odeur infecte. Le rideau se leva. Une lanterne descendit du cintre. Les pompiers commencèrent leur ronde avec les garçons de service. A la féerie de la scène, au spectacle des loges pleines de jolies femmes, aux étourdissantes lumières, à la splendide magie des décorations et des costumes neufs succédaient le froid, l'horreur, l'obscurité, le vide. Ce fut hideux.

— Eh bien, viens-tu, mon petit? dit Lousteau de dessus le théâtre.

Lucien était dans une suprise indicible. — Saute de la loge ici, lui cria le journaliste.

D'un bond, Lucien se trouva sur la scène. A peine reconnut-il Florine et Coralie déshabillées, enveloppées dans leurs manteaux et dans des douillettes communes, la tête couverte de chapeaux à voiles noirs, semblables enfin à des papillons rentrés dans leurs larves.

— Me ferez-vous l'honneur de me donner le bras? lui dit Coralie en tremblant.

— Volontiers, dit Lucien, qui sentit le cœur de l'actrice palpitant sur le sien comme celui d'un oiseau quand il l'eut prise.

L'actrice, en se serrant contre le poëte, eut la volupté d'une chatte qui se frotte à la jambe de son maître avec une moelleuse ardeur.

— Nous allons donc souper ensemble ! lui dit-elle.

Tous quatre sortirent et virent deux fiacres à la porte des acteurs qui donnait sur la rue des Fossés-du-Temple. Coralie fit monter Lucien dans la voiture où se trouvaient déjà Camusot et son beau-père, le bonhomme Cardot. Elle offrit la quatrième place à du Bruel. Le directeur partit avec Florine, Matifat et Lousteau.

— Ces fiacres sont infâmes ! dit Coralie.

— Pourquoi n'avez-vous pas un équipage ? répliqua Du Bruel.

— Pourquoi ? s'écria-t-elle avec humeur, je ne veux pas le dire devant M. Cardot, qui sans doute a formé son gendre. Croiriez-vous que, petit et vieux comme il est, M. Cardot ne donne que cinq cents francs par mois à Florentine, juste de quoi payer son loyer, sa pâtée et ses socques ? Le vieux marquis de Rochegude, qui a six cent mille livres de rente, m'offre un coupé depuis deux mois. Mais je suis une artiste, et non une fille.

— Vous aurez une voiture après-demain, mademoiselle, dit gracieusement Camusot; mais vous ne me l'aviez jamais demandée.

— Est-ce que ça se demande? Comment, quand on aime une femme, la laisse-t-on patauger dans la crotte et risquer de se casser les jambes en allant à pied ? Il n'y a que ces chevaliers de l'Aune pour aimer la boue au bas d'une robe.

En disant ces paroles avec une aigreur qui brisa le cœur

de Camusot, Coralie trouvait la jambe de Lucien et la pressait entre les siennes, elle lui prit la main et la lui serra. Elle se tut alors et parut concentrée dans une de ces jouissances infinies qui récompensent ces pauvres créatures de tous leurs chagrins passées, de leurs malheurs, et qui développent dans leur âme une poésie inconnue aux autres femmes à qui ces violents contrastes manquent, heureusement.

— Vous avez fini par jouer aussi bien que mademoiselle Mars, dit Du Bruel à Coralie.

— Oui, dit Camusot, mademoiselle a eu quelque chose au commencement qui la chiffonnait ; mais dès le milieu du second acte, elle a été délirante. Elle est pour la moitié dans votre succès.

— Et moi pour la moitié dans le sien, dit Du Bruel.

— Vous vous battez de la chape de l'évêque, dit-elle d'une voix altérée.

L'actrice profita d'un moment d'obscurité pour porter à ses lèvres la main de Lucien, et la baisa en la mouillant de pleurs. Lucien fut alors ému jusque dans la moelle de ses os. L'humanité de la courtisanne amoureuse comporte des magnificences qui en remontrent aux anges.

— Monsieur va faire l'article, dit Du Bruel en parlant à Lucien, il peut écrire un charmant paragraphe sur notre chère Coralie.

— Oh ! rendez-nous ce petit service, dit Camusot avec la voix d'un homme à genoux devant Lucien, vous trouverez en moi un serviteur bien disposé pour vous, en tout temps.

— Mais laissez donc à monsieur son indépendance, cria l'actrice enragée, il écrira ce qu'il voudra. Papa Camusot, achetez-moi des voitures, et non pas des éloges.

— Vous les aurez à très-bon marché, répondit poliment Lucien. Je n'ai jamais rien écrit dans les journaux, je ne suis pas au fait de leurs mœurs, vous aurez la virginité de ma plume...

— Ce sera drôle, dit Du Bruel.

— Nous voilà rue de Bondy, dit le père Cardot que la sortie de Coralie avait atterré.

— Si j'ai les prémices de ta plume, tu auras celles de mon cœur, dit Coralie pendant le rapide instant où elle resta seule avec Lucien dans la voiture.

Coralie alla rejoindre Florine dans sa chambre à coucher pour y prendre la toilette qu'elle y avait envoyé. Lucien ne connaissait pas le luxe que déploient chez les actrices ou chez leurs maîtresses les négociants enrichis qui veulent jouir de la vie. Quoique Matifat, qui n'avait pas une fortune aussi considérable que celle de son ami Camusot, eût fait les choses assez mesquinement, Lucien fut surpris en voyant une salle à manger artistement décorée, tapissée en drap vert garni de clous à têtes dorées, éclairée par de belles lampes, meublée de jardinières pleines de fleurs, et un salon tendu de soie jaune relevée par des agréments bruns, où resplendissaient les meubles alors à la mode, un lustre de Thomire, un tapis à dessins perses. La pendule, les candélabres, le feu, tout était de bon goût. Matifat avait laissé tout ordonner par Grindot, un jeune architecte qui lui bâtissait une maison, et qui, sachant la destination de cet appartement, y mit un soin particulier. Aussi Matifat, toujours négociant, prenait-il des précautions pour toucher aux moindres choses, il semblait avoir sans cesse devant lui le chiffre des mémoires, et regardait ces magnificences comme des bijoux imprudemment sortis d'un écrin.

— Voilà pourtant ce que je serai forcé de faire pour Florentine, était une pensée qui se lisait dans les yeux du père Cardot.

Lucien comprit soudain que l'état de la chambre où demeurait Lousteau n'inquiétait guère le journaliste aimé. Roi secret de ces fêtes, Étienne jouissait de toutes ces belles choses. Aussi se carrait-il en maître de maison, devant la cheminée, en causant avec le directeur qui félicitait Du Bruel.

— La copie ! la copie ! cria Finot en entrant. Rien dans la boîte du journal. Les compositeurs tiennent mon article, et l'auront bientôt fini.

— Nous arrivons, dit Étienne. Nous trouverons une table et du feu dans le boudoir de Florine. Si monsieur Matifat veut nous procurer du papier et de l'encre, nous brocherons le journal pendant que Florine et Coralie s'habillent.

Cardot, Camusot et Matifat disparurent, empressés de chercher les plumes, les canifs et tout ce qu'il fallait aux deux écrivains. En ce moment une des plus jolies danseuses de ce temps, Tullia, se précipita dans le salon.

— Mon cher enfant, dit-elle à Finot, on t'accorde tes cent abonnements, ils ne coûteront rien à la Direction, ils sont déjà placés, imposés au Chant, à l'Orchestre et au Corps de ballet. Ton journal est si spirituel que personne ne se plaindra. Tu auras tes loges. Enfin voici le prix du premier trimestre, dit-elle en présentant deux billets de banque. Ainsi, ne m'échine pas !

— Je suis perdu, s'écria Finot. Je n'ai plus d'article de tête pour mon numéro, car il faut aller supprimer mon infâme diatribe.

— Quel beau mouvement ! ma divine Laïs, s'écria Blondet qui suivait la danseuse avec Nathan, Vernou et Claude Vignon amenés par lui. Tu resteras à souper avec nous, cher amour, ou je te fais écraser comme un papillon que tu es. En ta qualité de danseuse, tu n'exciteras ici aucune rivalité de talent. Quant à la beauté, vous avez toutes trop d'esprit pour être jalouses en public.

— Mon Dieu ! mes amis, Du Bruel, Nathan, Blondet, sauvez-moi ! cria Finot. J'ai besoin de cinq colonnes.

— J'en ferai deux avec la pièce, dit Lucien.

— Mon sujet en fournit une, dit Lousteau.

— Eh bien, Nathan, Vernou, Du Bruel, faites-moi les plaisanteries de la fin. Ce brave Blondet pourra bien m'octroyer les deux petites colonnes de la première page. Je cours à l'imprimerie. Heureusement, Tullia, tu es venue avec la voiture.

— Oui, mais le duc y est avec un ministre allemand, dit-elle.

— Invitons le duc et le ministre, dit Nathan.

— Un Allemand, ça boit bien, ça écoute, nous lui dirons tant de hardiesses, qu'il en écrira à sa cour, s'écria Blondet.

— Quel est, de nous tous, le personnage assez sérieux pour descendre lui parler? dit Finot. Allons, Du Bruel, tu es un bureaucrate, amène le duc de Rhétoré, le ministre, et donne le bras à Tullia. Mon Dieu! Tullia est-elle belle ce soir!...

— Nous allons être treize! dit Matifat en pâlissant.

— Non, quatorze, s'écria Florentine en arrivant, je veux surveiller milord Cardot (*maye laurde Guerdôte*).

— D'ailleurs, dit Lousteau, Blondet est accompagné de Claude Vignon.

— Je l'ai mené boire, répondit Blondet en prenant un encrier. Ah çà! vous autres, ayez de l'esprit pour les cinquante-six bouteilles de vin que nous boirons, dit-il à Nathan et à Vernou. Surtout stimulez Du Bruel, c'est un vaudevilliste, il est capable de faire quelques méchantes pointes, poussez-le jusqu'au bon mot.

Lucien, animé par le désir de faire ses preuves devant des personnages si remarquables, écrivit son premier article sur la table ronde du boudoir de Florine, à la lueur des bougies roses allumées par Matifat.

PANORAMA-DRAMATIQUE.

Première représentation de l'Alcade dans l'embarras, *imbroglio en trois actes. — Début de mademoiselle Florine. — Mademoiselle Coralie. — Bouffé.*

« On entre, on sort, on parle, on se promène, on cherche
» quelque chose et l'on ne trouve rien, tout est en rumeur.
» L'alcade a perdu sa fille et retrouve son bonnet ; mais le
» bonnet ne lui va pas, ce doit être le bonnet d'un voleur.
» Où est le voleur ? On entre, on sort, on parle, on se pro-
» mène, on cherche de plus belle. L'alcade finit par trou-
» ver un homme sans sa fille, et sa fille sans un homme,
» ce qui est satisfaisant pour le magistrat, et non pour le
» public. Le calme renaît, l'alcade veut interroger l'homme.
» Ce vieil alcade s'assied dans un grand fauteuil d'alcade
» en arrangeant ses manches d'alcade. L'Espagne est le
» seul pays où il y ait des alcades attachés à de grandes
» manches, où se voient autour du cou des alcades ces
» fraises qui, sur les théâtres de Paris, sont la moitié de
» leurs fonctions. Cet alcade qui a tant trottiné d'un petit
» pas de vieillard poussif, est Bouffé, Bouffé le successeur
» de Potier, un jeune acteur qui fait si bien les vieillards
» qu'il a fait rire les plus vieux vieillards. Il y a un avenir
» de cent vieillards dans ce front chauve, dans cette voix
» chevrotante, dans ces fuseaux tremblants sous un corps
» de Géronte. Il est si vieux, ce jeune acteur, qu'il effraye,
» on a peur que sa vieillesse ne se communique comme
» une maladie contagieuse. Et quel admirable alcade !
» Quel charmant sourire inquiet ! quelle bêtise importante !
» quelle dignité stupide ! quelle hésitation judiciaire !
» Comme cet homme sait bien que tout peut devenir al-
» ternativement faux et vrai ! Comme il est digne d'être
» le ministre d'un roi constitutionnel ! A chacune des de-
» mandes de l'alcade, l'inconnu l'interroge ; Bouffé répond,

» en sorte que, questionné par la réponse, l'alcaoe éclaircit
» tout par ses demandes. Cette scène éminemment comique
» où respire un parfum de Molière a mis la salle en joie.
» Tout le monde sur la scène a paru d'accord; mais je
» suis hors d'état de vous dire ce qui est clair et ce qui est
» obscur; la fille de l'alcade était là, représentée par une
» véritable Andalouse, une Espagnole aux yeux espagnols,
» au teint espagnol, à la taille espagnole, à la démarche
» espagnole, une Espagnole de pied en cap, avec son
» poignard dans sa jarretière, son amour au cœur, sa
» croix au bout d'un ruban sur la gorge. A la fin de l'acte,
» quelqu'un m'a demandé comment allait la pièce, je lui
» ai dit : Elle a des bas rouges à coins verts, un pied grand
» comme ça, dans des souliers vernis, et la plus belle
» jambe de l'Andalousie ! Ah ! cette fille d'alcade, elle fait
» venir l'amour à la bouche, elle vous donne des désirs
» horribles, on a envie de sauter dessus la scène et de lui
» offrir sa chaumière et son cœur, ou trente mille livres
» de rente et sa plume. Cette Andalouse est la plus belle
» actrice de Paris. Coralie, puisqu'il faut l'appeler par son
» nom, est capable d'être comtesse ou grisette. On ne sait
» sous quelle forme elle plairait davantage. Elle sera ce
» quelle voudra être, elle est née pour tout faire, n'est-ce
» pas ce qu'il y a de mieux à dire d'une actrice au boule-
» vard ?

» Au second acte est arrivée une Espagnole de Paris,
» avec sa figure de camée et ses yeux assassins. J'ai de-
» mandé à mon tour d'où elle venait, on m'a répondu
» qu'elle sortait de la coulisse et se nommait mademoiselle
» Florine; mais, ma foi, je n'en ai rien pu croire, tant
» elle avait de feu dans les mouvements, de fureur dans
» son amour. Cette rivale de la fille de l'alcade est la
» femme d'un seigneur taillé dans le manteau d'Almaviva,
» où il y a de l'étoffe pour cent grands seigneurs du bou-
» levard. Si Florine n'avait ni bas rouges à coins verts, ni

» souliers vernis, elle avait une mantille, un voile dont
» elle se servait admirablement, la grande dame qu'elle
» est ! Elle a fait voir à merveille que la tigresse peut deve-
» nir chatte. J'ai compris qu'il y avait là quelque drame
» de jalousie, aux mots piquants que ces deux Espagnoles
» se sont dits. Puis, quand tout allait s'arranger, la bêtise
» de l'alcade a tout rebrouillé. Tout ce monde de flam-
» beaux, de riches, de valets, de Figaros, de sei neurs,
» d'alcades, de filles et de femmes, s'est remis à chercher,
» aller, venir, tourner. L'intrigue s'est alors renouée et je
» l'ai laissé se renouer, car ces deux femmes, Florine la
» jalouse et l'heureuse Coralie, m'ont entortillé de nouveau
» dans les plis de leur basquine, de leur mantille, et m'ont
» fourré leurs petits pieds dans l'œil.

» J'ai pu gagner le troisième acte sans avoir fait de mal-
» heur, sans avoir nécessité l'intervention du commissaire
» de police, ni scandalisé la salle, et je crois dès lors à la
» puissance de la morale publique et religieuse dont on
» s'occupe tant à la chambre des députés, qu'on dirait qu'il
» n'y a plus de morale en France. J'ai pu comprendre qu'il
» s'agit d'un homme qui aime deux femmes sans en être
» aimé, ou qui en est aimé sans les aimer, qui n'aime pas
» les alcades ou que les alcades n'aiment pas ; mais qui, à
» coup sûr, est un brave seigneur qui aime quelqu'un,
» lui-même ou Dieu, comme pis-aller, car il se fait moine.
» Si vous voulez en savoir davantage, courez au Panorama-
» Dramatique. Vous voilà suffisamment prévenu qu'il faut
» y aller une première fois pour se faire à ces triomphants
» bas rouges à coins verts, à ce petit pied plein de pro-
» messes, à ces yeux par où filtre un rayon de soleil, à ces
» finesses de femme parisienne déguisée en Andalouse, et
» d'Andalouse déguisée en parisienne ; puis une seconde
» fois pour jouir de la pièce qui fait mourir de rire sous
» forme de vieillard, pleurer sous forme de seigneur amou-
» reux. La pièce a réussi sous les deux espèces. L'auteur,

» qui, dit-on, a pour collaborateur un de nos grands
» poëtes, a visé le succès avec une fille amoureuse dans
» chaque main; aussi a-t-il failli tuer de plaisir son par-
» terre en émoi. Les jambes de ces deux filles semblaient
» avoir plus d'esprit que l'auteur. Néanmoins, quand les
» deux rivales s'en allàient, on trouvait le dialogue spiri-
» tuel, ce qui prouve assez victorieusement l'excellence de
» la pièce. L'auteur a été nommé au milieu d'applaudis-
» sements qui ont donné des inquiétudes à l'architecte de
» la salle; mais l'auteur, habitué aux mouvements du Vé-
» suve aviné qui bout sous le lustre, ne tremblait pas :
» c'est M. de Cursy. Quant aux deux actrices, elles ont
» dansé le fameux boléro de Séville qui a trouvé grâce
» devant les pères du concile autrefois, et que la cen-
» sure a permis, malgré la dangereuse lasciveté des poses.
» Ce boléro suffit à attirer tous les vieillards qui ne savent
» que faire de leur reste d'amour, et j'ai la charité de
» les avertir de tenir le verre de leur lorgnette très-
» limpide. »

Pendant que Lucien écrivait cette page, qui fit révolution dans le journalisme par la révélation d'une manière
neuve et originale, Lousteau écrivait un article, dit de
mœurs, intitulé l'*Ex-beau*, et qui commençait ainsi :

» Le beau de l'Empire est toujours un homme long et
» mince, bien conservé, qui porte un corset et qui a la
» croix de la Légion d'honneur. Il s'appelle quelque chose
» comme Potelet; et, pour se mettre bien en cour aujour-
» d'hui, le baron de l'Empire s'est gratifié d'un *du* : il est
» du Potelet, quitte à redevenir Potelet en cas de révolu-
» tion. Homme à deux fins d'ailleurs, comme son nom, il
» fait la cour au faubourg Saint-Germain après avoir été le
» glorieux, l'utile et l'agréable porte-queue d'une sœur de
» cet homme que la pudeur m'empêche de nommer. Si du

» Potelet renie son service auprès de l'Altesse impériale,
» il chante encore les romances de sa bienfaitrice in-
» time... »

L'article était un tissu de personnalités assez sottes
comme on en faisait à cette époque, car ce genre fut étrangement perfectionné depuis, notamment par le *Figaro*.
Lousteau imaginait entre madame de Bargeton, à qui le
baron Châtelet faisait la cour, et un os de seiche un paral-
lèle bouffon qui plaisait sans qu'on eût besoin de connaître
les deux personnes desquelles on se moquait. Châtelet
était comparé à un héron. Les amours de ce héron ne
pouvant avaler seiche, qui se cassait en trois quand il la
laissait tomber, provoquaient irrésistiblement le rire.
Cette plaisanterie, qui se divisa en plusieurs articles, eut,
comme on sait, un retentissement énorme dans le faubourg Saint-Germain, et fut une des mille et une causes
des rigueurs apportées à la législation de la presse. Une
heure après, Blondet, Lousteau, Lucien revinrent au salon
où causaient les convives, le duc, le ministre et les quatre
femmes, les trois négociants, le directeur du théâtre, Finot
et les trois auteurs. Un apprenti, coiffé de son bonnet de
papier, était déjà venu chercher la copie pour le journal.

— Les ouvriers vont quitter si je ne leur rapporte rien,
dit-il.

— Tiens, voilà dix francs et qu'ils attendent, répondit
Finot.

— Si je les leur donne, monsieur, ils feront de la soûlographie, et adieu le journal.

— Le bon sens de cet enfant m'épouvante, dit Finot.

Ce fut au moment où le ministre prédisait un brillant
avenir à ce gamin que les trois auteurs entrèrent. Blondet
lut un article exessivement spirituel contre les romantiques. L'article de Lousteau fit rire. Le duc de Rhétoré
recommanda, pour ne pas trop indisposer le faubourg

Saint-Germain, d'y glisser un éloge indirect pour madame d'Espard.

— Et vous, lisez-nous ce que vous avez fait, dit Finot à Lucien.

Quand Lucien, qui tremblait de peur, eut fini, le salon retentissait d'applaudissements, les actrices embrassaient le néophyte, les trois négociants le serraient à l'étouffer, Du Bruel lui prenait la main et avait une larme à l'œil, enfin, le directeur l'invitait à dîner.

— Il n'y a plus d'enfants, dit Blondet. Comme monsieur de Chateaubriand a déjà fait le mot *d'enfant sublime* pour Victor Hugo, je suis obligé de vous dire tout simplement que vous êtes un homme d'esprit, de cœur et de style.

— Monsieur est du journal, dit Finot en remerciant Étienne et lui jetant le fin regard de l'exploiteur.

— Quels mots avez-vous faits ? dit Lousteau à Blondet et à Du Bruel.

— Voilà ceux de Du Bruel, dit Nathan.

** *En voyant combien monsieur le vicomte d'A....... occupe le public, monsieur le vicomte Démosthène a dit hier :*
— *Ils vont peut-être me laisser tranquille.*

** *Une dame dit à un Ultra qui blâmait le discours de monsieur Pasquier comme continuant le système de Decazes :*
— *Oui, mais il a des mollets bien monarchiques.*

— Si ça commence ainsi, je ne vous en demande pas davantage ; tout va bien, dit Finot. Cours leur porter cela, dit-il à l'apprenti. Le journal est un peu plaqué, mais c'est notre meilleur numéro, dit-il en se tournant vers le groupe des écrivains qui déjà regardaient Lucien avec une sorte de sournoiserie.

— Il a de l'esprit ce gars-là, dit Blondet.

— Son article est bien, dit Claude Vignon.

— A table ! cria Matifat.

Le duc donna le bras à Florine, Coralie prit celui de Lucien, et la danseuse eut d'un côté Blondet, de l'autre le ministre allemand.

— Je ne comprends pas pourquoi vous attaquez madame de Bargeton et le baron Châtelet, qui est, dit-on, nommé préfet de la Charente et maître des requêtes.

— Madame de Bargeton a mis Lucien à la porte comme un drôle, dit Lousteau.

— Un si beau jeune homme! fit le ministre.

Le souper, servi dans une argenterie neuve, dans une porcelaine de Sèvres, sur du linge damassé, respirait une magnificence cossue. Chevet avait fait le souper, les vins avaient été choisis par le plus fameux négociant du quai Saint-Bernard, ami de Camusot, de Matifat et de Cardot. Lucien, qui vit pour la première fois le luxe parisien fonctionnant, marchait ainsi de surprise en surprise, et cachait son étonnement en homme d'esprit, de cœur et de style qu'il était, selon le mot de Blondet.

En traversant le salon, Coralie avait dit à l'oreille de Florine : — Fais-moi si bien griser Camusot qu'il soit obligé de rester endormi chez toi.

— Tu as donc *fait* ton journaliste? répondit Florine en employant un mot du langage particulier à ces filles.

— Non, ma chère, je l'aime! répliqua Coralie en faisant un admirable petit mouvement d'épaules.

Ces paroles avaient retenti dans l'oreille de Lucien, apportées par le cinquième péché capital. Coralie était admirablement bien habillée, et sa toilette mettait savamment en relief ses beautés spéciales; car toute femme a des perfections qui lui sont propres. Sa robe, comme celle de Florine, avait le mérite d'être d'une délicieuse étoffe inédite nommée *mousseline de soie*, dont la primeur appartenait pour quelques jours à Camusot, l'une des providences parisiennes des fabriques de Lyon, en sa qualité de chef du Cocon-d'Or. Ainsi l'amour et la toilette, ce fard

et ce parfum de la femme, rehaussaient les séductions de
l'heureuse Coralie. Un plaisir attendu, et qui ne nous
échappera pas, excerce des séductions immenses sur les
jeunes gens. Peut-être la certitude est-elle à leurs yeux
tout l'attrait des mauvais lieux, peut-être est-elle le secret
des longues fidélités? L'amour pur, sincère, le premier
amour enfin, joint à l'une de ces rages fantasques qui pi-
quent ces pauvres créatures, et aussi l'admiration causée
par la grande beauté de Lucien, donnèrent l'esprit du cœur
à Coralie.

— Je t'aimerais laid et malade! dit elle à l'oreille de Lucien en se mettant à table.

Quel mot pour un poëte! Camusot disparut et Lucien ne
le vit plus en voyant Coralie. Était-ce un homme tout
jouissance et tout sensation, ennuyé de la monotonie de la
province, attiré par les abîmes de Paris, lassé de misère,
harcelé par sa continence forcée, fatigué de sa vie mona-
cale rue de Cluny, de ses travaux sans résultat, qui pouvait se retirer de ce festin brillant? Lucien avait un pied
dans le lit de Coralie et l'autre dans la glu du journal, au-
devant duquel il avait tant couru sans pouvoir le joindre.
Après tant de factions montées en vain rue du Sentier, il
trouvait le journal attablé, buvant frais, joyeux, bon garçon. Il venait d'être vengé de toutes ses douleurs par un
article qui devait le lendemain même percer deux cœurs
où il avait voulu, mais en vain, verser la rage et la douleur dont on l'avait abreuvé. En regardant Lousteau, il se
disait : — Voilà un ami! sans se douter que déjà Lousteau
le craignait comme un dangereux rival. Lucien avait eu le
tort de montrer tout son esprit : un article terne l'eût
admirablement bien servi. Blondet contre-balança l'envie
qui dévorait Lousteau en disant à Finot qu'il fallait capituler avec le talent quand il était de cette force-là. Cet
arrêt dicta la conduite de Lousteau qui résolut de rester
l'ami de Lucien et de s'entendre avec Finot pour exploiter

un nouveau venu si dangereux en le maintenant dans le besoin. Ce fut un parti pris rapidement et compris dans toute son étendue entre ces deux hommes par deux phrases dites d'oreille à oreille : — Il a du talent. — Il sera exigeant. — Oh! — Bon!

— Je ne soupe jamais sans effroi avec des journalistes français, dit le diplomate allemand avec une bonhomie calme et digne en regardant Blondet qu'il avait vu chez la comtesse de Montcornet. Il y a un mot de Blucher que vous êtes chargés de réaliser.

— Quel mot? dit Nathan.

— Quand Blucher arriva sur les hauteurs de Montmartre avec Saacken, en 1814, pardonnez-moi, messieurs, de vous reporter à ce jour fatal pour vous, Saacken, qui était un brutal, dit : Nous allons donc brûler Paris! — Gardez-vous en bien, la France ne mourra que de ça! répondit Blucher en montrant ce grand chancre qu'ils voyaient étendu à leur pieds, ardent et fumeux, dans la vallée de la Seine. Je bénis Dieu de ce qu'il n'y a pas de journaux dans mon pays, reprit le ministre après une pause. Je ne suis pas encore remis de l'effroi que m'a causé ce petit bonhomme coiffé de papier, qui, à dix ans, possède la raison d'un vieux diplomate. Aussi, ce soir, me semble-t-il que je soupe avec des lions et des panthères qui me font l'honneur de velouter leurs pattes.

— Il est clair, dit Blondet, que nous pouvons dire et prouver à l'Europe que Votre Excellence a vomi un serpent ce soir, qu'elle a manqué l'inoculer à mademoiselle Tullia, la plus jolie de nos danseuses, et là-dessus faire des commentaires sur Ève, la Bible, le premier et le dernier péché. Mais rassurez-vous, vous êtes notre hôte.

— Ce serait drôle, dit Finot.

— Nous ferions imprimer des dissertations scientifiques sur tous les serpents trouvés dans le cœur et dans le corps humain pour arriver au corps diplomatique, dit Lousteau.

— Nous pourrions montrer un serpent quelconque dans ce bocal de cerises à l'eau-de-vie, dit Vernou.

— Vous finiriez par le croire vous-même, dit Vignon au diplomate.

— Messieurs, ne réveillez pas vos griffes qui dorment, s'écria le duc de Rhétoré.

— L'influence et le pouvoir du journal n'est qu'à son aurore, dit Finot, le journalisme est dans l'enfance, il grandira. Tout, dans dix ans d'ici, sera soumis à la publicité. La pensée éclairera tout, elle...

— Elle flétrira tout, dit Blondet en interrompant Finot.

— C'est un mot, dit Claude Vignon.

— Elle fera des rois, dit Lousteau.

— Elle défera des monarchies, dit le diplomate.

— Aussi, dit Blondet, si la presse n'existait point, faudrait-il ne pas l'inventer; mais la voilà, nous en vivons.

— Vous en mourrez, dit le diplomate. Ne voyez-vous pas que la supériorité des masses, en supposant que vous les éclairiez, rendra la grandeur de l'individu plus difficile; qu'en semant le raisonnement au cœur des basses classes, vous récolterez la révolte, et que vous en serez les premières victimes? Que casse-t-on à Paris quand il y a une émeute?

— Les réverbères, dit Nathan; mais nous sommes trop modestes pour avoir des craintes, nous ne serons que fêlés.

— Vous êtes un peuple trop spirituel pour permettre à quelque gouvernement que ce soit de se développer, dit le ministre. Sans cela vous recommenceriez avec vos plumes la conquête de l'Europe que votre épée n'a pas su garder.

— Les journaux sont un mal, dit Claude Vignon. On pouvait utiliser ce mal, mais le gouvernement veut le combattre. Une lutte s'ensuivra. Qui succombera? voilà la question.

— Le gouvernement, dit Blondet, je me tue à le crier.

En France, l'esprit est plus fort que tout, et les journaux ont de plus que l'esprit de tous les hommes spirituels, l'hypocrisie de Tartufe.

— Blondet, Blondet, dit Finot, tu vas trop loin : il y a des abonnés ici.

— Tu es propriétaire d'un de ces entrepôts de venins, tu dois avoir peur ; mais moi je me moque de toutes vos boutiques, quoique j'en vive !

— Blondet a raison, dit Claude Vignon. Le journal, au lieu d'être un sacerdoce, est devenu un moyen pour les partis ; de moyen, il s'est fait commerce ; et comme tous les commerces, il est sans foi ni loi. Tout journal est, comme le dit Blondet, une boutique où l'on vend au public des paroles de la couleur dont il les veut. S'il existait un journal des bossus, il prouverait soir et matin la beauté, la bonté, la nécessité des bossus. Un journal n'est plus fait pour éclairer, mais pour flatter les opinions. Ainsi, tous les journaux seront, dans un temps donné, lâches, hypocrites, infâmes, menteurs, assassins ; ils tueront les idées, les systèmes, les hommes, et fleuriront par cela même. Ils auront le bénéfice de tous les êtres de raison : le mal sera fait sans que personne en soit coupable. Je serai, moi Vignon ; vous serez, toi Lousteau, toi Blondet, toi Finot, des Aristides, des Platons, des Catons, des hommes de Plutarque ; nous serons tous innocents, nous pourrons nous laver les mains de toute infamie. Napoléon a donné raison de ce phénomène moral ou immoral, comme il vous plaira, dans un mot sublime que lui ont dicté ses études sur la Convention : *Les crimes collectifs n'engagent personne*. Le journal peut se permettre la conduite la plus atroce, personne ne s'en croit sali personnellement.

— Mais le pouvoir fera des lois répressives, dit Du Bruel, il en prépare.

— Bah ! que peut la loi contre l'esprit français, dit Nathan, le plus subtil de tous les dissolvants ?

— Les idées ne peuvent être neutralisées que par des idées, reprit Vignon. La terreur, le despotisme peuvent seuls étouffer le génie français dont la langue se prête admirablement à l'allusion, à la double entente. Plus la loi sera répressive, plus l'esprit éclatera, comme la vapeur dans une machine à soupape. Ainsi, le roi fait du bien ; si le journal est contre lui, ce sera le ministre qui aura tout fait, et réciproquement. Si le journal invente une infâme calomnie, on la lui a dite. A l'individu qui se plaint, il sera quitte pour demander pardon de la liberté grande. S'il est traîné devant les tribunaux, il se plaint qu'on ne soit pas venu lui demander une rectification ; mais demandez-la-lui ? il la refuse en riant, il traite son crime de bagatelle. Enfin, il bafoue sa victime quand elle triomphe. S'il est puni, s'il a trop d'amende à payer, il vous signalera le plaignant comme un ennemi des libertés, du pays et des lumières. Il dira que monsieur un tel est un voleur en expliquant comment il est le plus honnête homme du royaume. Ainsi, ses crimes, bagatelles ! ses agresseurs, des monstres ! et il peut en un temps donné faire croire ce qu'il veut à des gens qui le lisent tous les jours. Puis rien de ce qui lui déplaît ne sera patriotique, et jamais il n'aura tort. Il se servira de la religion contre la religion, de la charte contre le roi ; il bafouera la magistrature quand la magistrature le froissera ; il la louera quand elle aura servi les passions populaires. Pour gagner des abonnés, il inventera les fables les plus émouvantes, il fera la parade comme Bobêche. Le journal servirait son père tout cru à la croque au sel de ses plaisanteries, plutôt que de ne pas intéresser ou amuser son public. Ce sera l'acteur mettant les cendres de son fils dans l'urne pour pleurer véritablement, la maîtresse sacrifiant tout à son ami.

— C'est enfin le peuple in-folio, s'écria Blondet en interrompant Vignon.

— Le peuple hypocrite et sans générosité, reprit Vignon, il bannira de son sein le talent comme Athènes a banni Aristide. Nous verrons les journaux, dirigés d'abord par des hommes d'honneur, tomber plus tard sous le gouvernement des plus médiocres qui auront la patience et la lâcheté de gomme élastique qui manquent aux beaux génies, ou à des épiciers qui auront de l'argent pour acheter des plumes. Nous voyons déjà ces choses-là ! Mais dans dix ans le premier gamin sorti du collége se croira un grand homme, il montera sur la colonne d'un journal pour souffleter ses devanciers, il les tirera par les pieds pour avoir leur place. Napoléon avait bien raison de museler la presse ! Je gagerais que sous un gouvernement élevé par elles, les feuilles de l'opposition battraient en brèche, par les mêmes raisons et par les mêmes articles qui se font aujourd'hui contre celui du roi, ce même gouvernement au moment où il leur refuserait quoi que ce fût. Plus on fera de concessions aux journalistes, plus les journaux seront exigeants. Les journalistes parvenus seront remplacés par des journalistes affamés et pauvres. La plaie est incurable, elle sera de plus en plus maligne, de plus en plus insolente; et plus le mal sera grand, plus il sera toléré, jusqu'au jour où la confusion se mettra dans les journaux par leur abondance, comme à Babylone. Nous savons tous, tant que nous sommes, que les journaux iront plus loin que les rois en ingratitude, plus loin que le plus sale commerce en spéculations et en calculs, qu'ils dévoreront nos intelligences à vendre tous les matins leur trois-six cérébral ; mais nous y écrirons tous, comme ces gens qui exploitent une mine de vif-argent en sachant qu'ils y mourront. Voilà làbas, à côté de Coralie, un homme... comment se nomme-t-il ? Lucien ! il est beau, il est poëte, et, ce qui vaut mieux pour lui, homme d'esprit; eh bien, il entrera dans quelques-uns de ces mauvais lieux de la pensée appelés journaux, il y jettera ses plus belles idées, il y desséchera son cerveau, il y corrompra son âme, il y commettra ces lâchetés anonymes qui, dans la guerre des idées, remplacent les stratagèmes, les pillages, les incendies, les revirements de bord dans la guerre des *condottieri*. Qand il aura, lui comme mille autres, dépensé quelque beau génie au profit des actionnaires, ces marchands de poison le laisseront mourir de faim s'il a soif et de soif s'il a faim.

— Merci, dit Finot.

— Mais, mon Dieu, dit Claude Vignon, je savais cela, je suis dans le bagne, et l'arrivée d'un nouveau forçat me fait plaisir. Blondet et moi, nous sommes plus forts que messieurs tels et tels qui spéculent sur nos talents, et nous serons néanmoins toujours exploités par eux. Nous avons du cœur sous notre intelligence, il nous manque les féroces qualités de l'exploitant. Nous sommes paresseux, contemplateurs, méditatifs, jugeurs : on boira notre cervelle et l'on nous accusera d'inconduite !

— J'ai cru que vous seriez plus drôles, s'écria Florine.

— Florine a raison, dit Blondet, laissons la cure des maladies publiques à ces charlatans d'hommes d'État. Comme dit Charlet : Cracher sur la vendange? jamais !

— Savez-vous de quoi Vignon me fait l'effet? dit Lousteau en montrant Lucien, d'une de ces grosses femmes de la rue du Pélican, qui dirait à un collégien : Mon petit, tu es trop jeune pour voir ici...

Cette saillie fit rire, mais elle plut à Coralie. Les négociants buvaient et mangeaient en écoutant.

— Quelle nation que celle où il se rencontre tant de bien et tant de mal! dit le ministre au duc de Rhétoré. Messieurs, vous êtes des prodigues qui ne pouvez pas vous ruiner.

Ainsi, par la bénédiction du hasard, aucun enseignement ne manquait à Lucien sur la pente du précipice où il devait tomber. D'Arthez avait mis le poëte dans la noble voie du travail en réveillant le sentiment sous lequel disparaissent les obstacles. Lousteau lui-même avait essayé de l'éloigner par une pensée égoïste, en lui dépeignant le journalisme et la littérature sous leur vrai jour. Lucien n'avait pas voulu croire à tant de corruptions cachées; mais il entendait enfin des journalistes criant de leur mal, il les voyait à l'œuvre, éventrant leur nourrice pour prédire l'avenir. Il avait pendant cette soirée vu les choses comme elles sont. Au lieu d'être saisi d'horreur à l'aspect du cœur même de cette corruption parisienne si bien qualifiée par Blucher, il jouissait avec ivresse de cette société spirituelle. Ces hommes extraordinaires sous l'armure damasquinée de leurs vices et le casque brillant de leur froide analyse, il les trouvait supérieurs aux hommes graves et sérieux du cénacle. Puis il savourait les premières délices de la richesse, il était sous le charme du luxe, sous l'empire de la bonne chère; ses instincts capricieux se réveillaient, il buvait pour la première fois des vins d'élite, il faisait connaissance avec les mets exquis de la haute cuisine; il voyait un ministre, un duc et sa danseuse, mêlés aux journalistes, admirant leur atroce pouvoir; il sentit une horrible démangeaison de dominer ce monde de rois, il se trouvait la force de les vaincre. Enfin, cette Coralie qu'il venait de rendre heureuse par quelques phrases, il l'avait examinée à la lueur des bougies du festin, à travers la fumée des plats et le brouillard de l'ivresse, elle lui paraissait sublime, l'amour la rendait si belle! Cette fille était d'ailleurs la plus jolie, la plus belle actrice de Paris. Le cénacle, ce ciel de l'intelligence noble, dut succomber sous une tentation si complète. La vanité particulière aux auteurs venait d'être caressée chez Lucien par des connaisseurs, il avait été loué par ses futurs rivaux. Le succès de son article et la conquête de Coralie étaient deux triomphes à tourner une tête moins jeune que la sienne. Pendant cette discussion, tout le monde avait remarquablement bien mangé, supérieurement bu. Lousteau, le voisin de Camusot, lui versa deux ou trois fois du kirsch dans son vin, sans que personne y fît attention, et il stimula son amour-propre pour l'engager à boire. Cette manœuvre fut si bien menée, que le négociant ne s'en aperçut pas, il se croyait dans son genre aussi malicieux que les journalistes. Les plaisanteries acerbes commencèrent au moment où les friandises du dessert et les vins circulèrent. Le diplomate, en homme de beaucoup d'esprit, fit un signe au duc et à la danseuse dès qu'il entendit ronfler les bêtises qui annoncèrent cnez ces hommes d'esprit les scènes grotesques par lesquelles finissent les orgies, et tous trois ils disparurent. Dès que Camusot eut perdu la tête, Coralie et Lucien, qui, durant tout le souper, se comportèrent en amoureux de quinze ans, s'enfuirent par les escaliers et se jetèrent dans un fiacre. Comme Camusot était sous la table, Matifat crut qu'il avait disparu de compagnie avec l'actrice; il laissa ses hôtes fumant, buvant, riant, disputant, et suivit Florine quand elle alla se coucher. Le jour surprit les combattants, ou plutôt Blondet, buveur intrépide, le seul qui pût parler et qui proposait aux dormeurs un toast à l'Aurore aux doigts de rose.

Lucien n'avait pas l'habitude des orgies parisiennes; il jouissait bien encore de sa raison quand il descendit les escaliers, mais le grand air détermina son ivresse, qui fut hideuse. Coralie et sa femme de chambre furent obligées de monter le poëte au premier étage de la belle maison où logeait l'actrice, rue de Vendôme. Dans l'escalier, Lucien faillit se trouver mal, et fut ignoblement malade.

— Vite, Bérénice, s'écria Coralie, du thé! Fais du thé!

— Ce n'est rien, c'est l'air, disait Lucien. Et puis, je n'ai jamais tant bu.

— Pauvre enfant! c'est innocent comme un agneau, dit Bérénice, grosse Normande aussi laide que Coralie était belle.

Enfin Lucien fut mis à son insu dans le lit de Coralie.

Aidée par Bérénice, l'actrice avait déshabillé avec le soin
et l'amour d'une mère pour un petit enfant son poëte, qui
disait toujours : — C'est rien ! c'est l'air. Merci, maman.

— Comme il dit bien maman ! s'écria Coralie en le baisant dans les cheveux.

— Quel plaisir d'aimer un pareil ange, mademoiselle,
et où l'avez-vous péché ? Je ne croyais pas qu'il pût exister
un homme aussi joli que vous êtes belle, dit Bérénice.

Lucien voulait dormir, il ne savait où il était et ne voyait
rien, Coralie lui fit avaler plusieurs tasses de thé, puis elle
le laissa dormant.

— La portière ni personne ne nous a vus ? dit Coralie.

— Non, je vous attendais.

— Victoire ne sait rien ?

— Plus souvent ! dit Bérénice.

Dix heures après, vers midi, Lucien se réveilla sous les
yeux de Coralie, qui l'avait regardé dormant ! Il comprit
cela, le poëte. L'actrice était encore dans sa belle robe
abominablement tachée, et de laquelle elle allait faire une
relique. Lucien reconnut les dévouements, les délicatesses
de l'amour vrai qui voulait sa récompense : il regarda Coralie. Coralie fut déshabillée en un moment, et se coula
comme une coulœuvre auprès de Lucien. A cinq heures,
le poëte dormait bercé par des voluptés divines, il avait
entrevu la chambre de l'actrice, une ravissante création du
luxe, toute blanche et rose, un monde de merveilles et de
coquettes recherches qui surpassait ce que Lucien avait
admiré déjà chez Florine. Coralie était debout. Pour jouer
son rôle d'Andalouse, elle devait être à sept heures au théâtre. Elle avait encore contemplé son poëte endormi dans le
plaisir, elle s'était enivrée sans pouvoir se repaître de ce
noble amour, qui réunissait les sens au cœur, et le cœur
aux sens pour les exalter ensemble. Cette divinisation, qui
permet d'être deux ici-bas pour sentir, un seul dans le
ciel pour aimer, était son absolution. A qui d'ailleurs la

beauté surhumaine de Lucien n'aurait-elle pas servi d'excuse? Agenouillée à ce lit, heureuse de l'amour en lui-même, l'actrice se sentait sanctifiée. Ces délices furent troublées par Bérénice.

— Voici le Camusot, il vous sait ici, cria-t-elle.

Lucien se dressa, pensant avec une générosité innée à ne pas nuire à Coralie. Bérénice leva un rideau. Lucien entra dans un délicieux cabinet de toilette, où Bérénice et sa maîtresse apportèrent avec une prestesse inouïe les vêtements de Lucien. Quand le négociant apparut, les bottes du poëte frappèrent les regards de Coralie; Bérénice les avait mises devant le feu pour les chauffer après les avoir cirées en secret. La servante et la maîtresse avaient oublié ces bottes accusatrices. Bérénice partit après avoir échangé un regard d'inquiétude avec sa maîtresse. Coralie se plongea dans sa causeuse, et dit à Camusot de s'asseoir dans une gondole en face d'elle. Le brave homme, qui adorait Coralie, regardait les bottes et n'osait lever les yeux vers sa maîtresse.

— Dois-je prendre la mouche pour cette paire de bottes et quitter Coralie? Ce serait se fâcher pour peu de chose. Il y a des bottes partout. Celles-ci seraient mieux placées dans l'étalage d'un bottier, ou sur les boulevards à se promener aux jambes d'un homme. Cependant, ici, sans jambes, elles disent bien des choses contraires à la fidélité. J'ai cinquante ans, il est vrai; je dois être aveugle comme l'amour.

Ce lâche monologue était sans excuse. La paire de bottes n'était pas de ces bottes en usage aujourd'hui, et que jusqu'à un certain point un homme distrait pourrait ne pas voir; c'était, comme la mode ordonnait alors de les porter, une paire de bottes entières, très-élégantes, et à glands, qui reluisaient sur des pantalons collants presque toujours de couleur claire, et où se reflétaient les objets comme dans un miroir. Ainsi, les bottes crevaient les yeux de l'honnête marchand de soierie, et, disons-le, elles lui crevaient le cœur.

— Qu'avez-vous ? lui dit Coralie.

— Rien dit-il.

— Sonnez, dit Coralie en souriant de la lâcheté de Camusot. — Bérénice, dit-elle à la Normande dès qu'elle arriva, ayez-moi donc des crochets pour que je mette encore ces damnées bottes. Vous n'oublierez pas de les apporter ce soir dans ma loge.

— Comment?... vos bottes?... dit Camusot qui respira plus à l'aise.

— Eh! que croyez-vous donc? demanda-t-elle d'un air hautain. Grosse bête. n'allez-vous pas croire... Oh! il le croirait! dit-elle à Bérénice. J'ai un rôle d'homme dans la pièce de Chose, et je ne me suis jamais mise en homme. Le bottier du théâtre m'a apporté ces bottes-là pour essayer à marcher, en attendant la paire de laquelle il m'a pris mesure; il me les a mises, mais j'ai tant souffert que je les ai ôtées, et je dois cependant les remettre.

— Ne les remettez pas si elles vous gênent, dit Camusot que les bottes avaient tant gêné.

— Mademoiselle, dit Bérénice, ferait mieux, au lieu de se martyriser comme tout à l'heure; elle en pleurait, monsieur! et si j'étais homme, jamais une femme que j'aimerais ne pleurerait! elle ferait mieux de les porter en maroquin bien mince. Mais l'administration est si ladre! Monsieur, vous devriez aller lui en commander...

— Oui, oui, dit le négociant. Vous vous levez? dit-il à Coralie.

— A l'instant, je ne suis rentrée qu'à six heures, après vous avoir cherché partout, vous m'avez fait garder mon fiacre pendant sept heures. Voilà de vos soins! m'oublier pour des bouteilles. J'ai dû me soigner, moi qui vais jouer maintenant tous les soirs, tant que l'*Alcade* fera de l'argent. Je n'ai pas envie de mentir à l'article de ce jeune homme!

— Il est beau, cet enfant-là dit, Camusot.

— Vous trouvez? je n'aime pas ces hommes-là, ils ressemblent trop à une femme; et puis ça ne sait pas aim r comme vous autres, vieilles bêtes du commerce. Vous vous ennuyez tant !

— Monsieur dîne-t-il avec madame ? demanda Bérénice.

— Non, j'ai la bouche empâtée.

— Vous avez été joliment paf, hier. Ah ! papa Camusot, d'abord, moi je n'aime pas les hommes qui boivent...

— Tu feras un cadeau à ce jeune homme, dit le négociant.

— Ah ! oui, j'aime mieux les payer ainsi, que de faire ce que fait Florine. Allons, mauvaise race qu'on aime, allez-vous-en, ou donnez-moi une voiture, que je ne perde plus de temps.

— Vous l'aurez demain pour dîner avec votre directeur au Rocher de Cancale. On ne jouera pas la pièce nouvelle dimanche.

— Venez, je vais dîner, dit Coralie en emmenant Camusot.

Une heure après, Lucien fut délivré par Bérénice, la compagne d'enfance de Coralie, une créature aussi fine, aussi déliée d'esprit qu'elle était corpulente.

— Restez ici, Coralie viendra seule, elle veut même congédier Camusot s'il vous ennuie, dit Bérénice à Lucien; mais, cher enfant de son cœur, vous êtes trop ange pour la ruiner. Elle me l'a dit, elle est décidée à tout planter là, à sortir de ce paradis pour aller vivre dans votre mansarde. Oh ! les jaloux, les envieux ne lui ont-ils pas expliqué que vous n'aviez ni sou ni maille, que vous viviez au quartier latin ! Je vous suivrais, voyez-vous, je vous ferais votre ménage. Mais je viens de consoler la pauvre enfant. Pas vrai, monsieur, que vous avez trop d'esprit pour donner dans de pareilles bêtises ? Ah ! vous verrez bien que l'autre gros n'a rien que le cadavre et que vous êtes le chéri, le bien-aimé, la divinité à laquelle on abandonne l'âme. Si vous saviez comme ma Coralie est gentille quand je lui fais ré-

péter ses rôles! un amour d'enfant, quoi! Elle méritait bien
que Dieu lui envoyât un de ses anges, elle avait le dégoût
de la vie. Elle a été si malheureuse avec sa mère, qui la
battait, qui l'a vendue! Oui, monsieur, une mère, sa propre
enfant! Si j'avais une fille, je la servirais comme ma petite
Coralie, de qui je me suis fait une enfant. Voilà le premier
bon temps que je lui ai vu, la première fois qu'elle a été
bien applaudie. Il paraît que, vu ce que vous avez écrit, on
a monté une fameuse claque pour la seconde représentation.
Pendant que vous dormiez, Braulard est venu travailler
avec elle.

— Qui! Braulard? demanda Lucien, qui crut avoir entendu déjà ce nom.

— Le chef des claqueurs, qui, de concert avec elle, est
convenu des endroits du rôle où elle serait soignée. Quoiqu'elle se dise son amie, Florine pourrait vouloir lui jouer
un mauvais tour, et prendre tout pour elle. Tout le boulevard est en rumeur à cause de votre article. Quel lit
arrangé pour les amours d'un prince!... dit-elle en mettant
sur le lit un couvre-pied en dentelle.

Elle alluma les bougies. Aux lumières, Lucien étourdi
se crut en effet dans un palais du Cabinet des fées. Les plus
riches étoffes du Cocon-d'Or avaient été choisies par Camusot pour servir aux tentures et aux draperies des fenêtres.
Le poëte marchait sur un tapis royal. Le palissandre arrêtait dans les tailles de ses sculptures des frissons de lumière
qui y papillotaient. La cheminée en marbre blanc resplen-
dissait des plus coûteuses bagatelles. La descente du lit
était en cygne bordé de martre. Des pantoufles en velours
noir, doublées de soie pourpre, y parlaient des plaisirs qui
attendaient le poëte des *Marguerites*. Une délicieuse lampe
pendait du plafond tendu de soie. Partout des jardinières
merveilleuses montraient des fleurs choisies, de jolies
bruyères blanches, des camellias sans parfum. Partout vivaient les images de l'innocence. Comment imaginer là

une actrice et les mœurs du théâtre? Bérénice remarqua l'ébahissement de Lucien.

— Est-ce gentil ? lui dit-elle d'une voix câline. Ne serez-vous pas mieux là pour aimer que dans un grenier ? Empêchez son coup de tête, reprit-elle en amenant devant Lucien un magnifique guéridon chargé de mets dérobés au dîner de sa maîtresse, afin que la cuisinière ne pût soupçonner la présence d'un amant.

Lucien dîna très-bien, servi par Bénérice dans une argenterie sculptée, dans des assiettes peintes à un louis la pièce. Ce luxe agissait sur son âme comme une fille des rues agit avec des chairs nues et ses bas blancs bien tirés sur un lycéen.

— Est-il heureux, ce Camusot ! s'écria-t-il.

— Heureux ? reprit Bérénice. Ah ! il donnerait bien sa fortune pour être à votre place, et pour troquer ses vieux cheveux gris contre votre chevelure blonde.

Elle engagea Lucien, à qui elle donna le plus délicieux vin que Bordeaux ait soigné pour le plus riche Anglais, à se recoucher en attendant Coralie, à faire un petit somme provisoire, et Lucien avait en effet envie de se coucher dans ce lit qu'il admirait. Bérénice, qui avait lu ce désir dans les yeux du poëte, en était heureuse pour sa maîtresse. A dix heures et demie, Lucien s'éveilla sous un regard trempé d'amour. Coralie était là dans la plus voluptueuse toilette de nuit. Lucien avait dormi. Lucien n'était plus ivre que d'amour. Bérénice se retira, demandant : — A quelle heure demain ?

— Onze heures, tu nous apporteras notre déjeuner au lit. Je n'y serai pour personne avant deux heures.

A deux heures le lendemain, l'actrice et son amant étaient habillés et en présence, comme si le poëte fût venu faire une visite à sa protégée. Coralie avait baigné, peigné, coiffé, habillé Lucien ; elle lui avait envoyé chercher douze belles chemises, douze cravates, douze mouchoirs chez

Colliau, une douzaine de gants dans une boîte de cèdre. Quand elle entendit le bruit d'une voiture à sa porte, elle se précipita vers la fenêtre avec Lucien. Tous deux virent Camusot descendant d'un coupé magnifique.

— Je ne croyais pas, dit-elle, qu'on pût haïr tant un homme et le luxe...

— Je suis trop pauvre pour consentir à ce que vous vous ruiniez, dit Lucien en passant ainsi sous les fourches Caudines.

— Pauvre petit chat ! dit-elle en pressant Lucien sur son cœur, tu m'aimes donc bien ? — J'ai engagé monsieur, dit-elle en montrant Lucien à Camusot, à venir me voir ce matin, en pensant que nous irions nous promener aux Champs-Élysées pour essayer la voiture.

— Allez-y seuls, dit tristement Camusot, je ne dîne pas avec vous, c'est la fête de ma femme, je l'avais oublié.

— Pauvre Musot ! comme tu t'ennuieras, dit-elle en sautant au cou du marchand.

Elle était ivre de bonheur en pensant qu'elle étrennerait seule avec Lucien ce beau coupé, qu'elle irait seule avec lui au bois ; et, dans son accès de joie, elle eut l'air d'aimer Camusot, à qui elle fit mille caresses.

— Je voudrais pouvoir vous donner une voiture tous les jours, dit le pauvre homme.

— Allons, monsieur, il est deux heures, dit l'actrice à Lucien qu'elle vit honteux et qu'elle consola par un geste adorable.

Coralie dégringola par les escaliers en entraînant Lucien qui entendit le négociant se traînant comme un phoque après eux, sans pouvoir les rejoindre. Le poëte éprouva la plus enivrante des jouissances : Coralie, que le bonheur rendait sublime, offrit à tous les yeux ravis une toilette pleine de goût et d'élégance. Le Paris des Champs-Élysées admira ses deux amants. Dans une allée du Bois de Boulogne, leur coupé rencontra la calèche de mesdames d'Es-

pard et de Bargeton qui regardèrent Lucien d'un air étonné,
mais auxquelles il lança le coup d'œil méprisant du poëte
qui pressent sa gloire et va user de son pouvoir. Le moment où il put échanger par un coup d'œil avec ces deux
femmes quelques-unes des pensées de vengeance qu'elles
lui avaient mises au cœur pour le ronger, fut un des plus
doux de sa vie et décida peut-être de sa destinée. Lucien
fut repris par les furies de l'orgueil : il veut reparaître
dans le monde, y prendre une éclatante revanche, et toutes
les petitesses sociales, naguère foulées aux pieds du travailleur, de l'ami du cénacle, rentrèrent dans son âme. Il
comprit alors toute la portée de l'attaque faite pour lui par
Lousteau : Lousteau venait de servir ses passions ; tandis
que le cénacle, ce mentor collectif, avait l'air de les mater
au profit des vertus ennuyeuses et de travaux que Lucien
commençait à trouver inutiles. Travailler ! n'est-ce pas la
mort pour les âmes avides de jouissances ? Aussi avec
quelle facilité les écrivains ne glissent-ils pas dans le *far
niente*, dans la bonne chère et les délices de la vie luxueuse
des actrices et des femmes faciles ! Lucien sentit une irrésistible envie de continuer la vie de ces deux folles journées. Le dîner au Rocher de Cancale fut exquis. Lucien
trouva les convives de Florine, moins le ministre, moins
le duc et la danseuse, moins Camusot, remplacés par deux
acteurs célèbres et par Hector Merlin accompagné de sa
maîtresse, une délicieuse femme qui se faisait appeler madame du Val-Noble, la plus belle et la plus élégante des
femmes qui composaient alors à Paris le monde exceptionnel, de ces femmes qu'aujourd'hui l'on a décemment nommées des *lorettes*. Lucien, qui vivait depuis quarante-
huit heures dans un paradis, apprit le succès de son article.
En se voyant fêté, envié, le poëte trouva son aplomb : son
esprit scintilla, il fut le Lucien de Rubempré qui pendant
plusieurs mois brilla dans la littérature et dans le monde
artiste. Finot, cet homme d'une incontestable adresse à dé-

viner le talent, et qui le flairait comme un ogre sent la chair fraîche, cajola Lucien en essayant de l'embaucher dans l'escouade de journalistes qu'il commandait. Lucien mordit à ces flatteries. Coralie observa le manége de ce consommateur d'esprit, et voulut mettre Lucien en garde contre lui.

— Ne t'engage pas, mon petit, dit-elle à son poëte, attends, ils veulent t'exploiter, nous causerons de cela ce soir.

— Bah ! lui répondit Lucien, je me sens assez fort pour être aussi méchant et aussi fin qu'ils peuvent l'être.

Finot, qui ne s'était sans doute pas brouillé pour les plancs avec Hector Merlin, présenta à Merlin Lucien et Lucien à Merlin. Coralie et madame du Val-Noble fraternisèrent, se comblèrent de caresses et de prévenances. Madame du Val-Noble invita Lucien et Coralie à dîner. Hector Merlin, le plus dangereux de tous les journalistes présents à ce dîner, était un petit homme sec, à lèvres pincées, couvant une ambition démesurée, d'une jalousie sans bornes, heureux de tous les maux qui se faisaient autour de lui, profitant des divisions qu'il fomentait, ayant beaucoup d'esprit, peu de vouloir, mais remplaçant la volonté par l'instinct qui mène les parvenus vers les endroits éclairés par l'or et par le pouvoir. Lucien et lui se déplurent mutuellement. Il n'est pas difficile d'expliquer pourquoi. Merlin eut le malheur de parler à haute voix comme Lucien pensait tout bas. Au dessert, les liens de la plus touchante amitié semblaient unir ces hommes, qui tous se croyaient supérieurs l'un à l'autre. Lucien, le nouveau venu, était l'objet de leurs coquetteries. On causait à cœur ouvert. Hector Merlin seul ne riait pas. Lucien lui demanda la raison de sa réserve.

— Mais je vous vois entrant dans le monde littéraire et journaliste avec des illusions. Vous croyez aux amis. Nous sommes tous amis ou ennemis selon les circonstances.

Nous nous frappons les premiers avec l'arme qui devrait-
ne nous servir qu'à frapper les autres. Vous vous aperce-
vrez avant peu que vous n'obtiendrez rien par les beaux
sentiments. Si vous êtes bon, faites-vous méchant. Soyez
hargneux par calcul. Si personne ne vous a dit cette loi
suprême, je vous la confie et je ne vous aurai pas fait une
médiocre confidence. Pour être aimé, ne quittez jamais
votre maîtresse sans l'avoir fait pleurer un peu ; pour faire
fortune en littérature, blessez toujours le monde, même
vos amis, faites pleurer les amours-propres : tout le monde
vous caressera.

Hector Merlin fut heureux en voyant à l'air de Lucien
que sa parole entrait chez le néophyte comme la lame
d'un poignard dans un cœur. On joua. Lucien perdit tout
son argent. Il fut emmené par Coralie, et les délices de
l'amour lui firent oublier les terribles émotions du jeu
qui, plus tard, devait trouver en lui une de ses victimes.
Le lendemain, en sortant de chez elle et revenant au quartier latin, il trouva dans sa bourse l'argent qu'il avait
perdu. Cette attention l'attrista d'abord, il voulut revenir
chez l'actrice et lui rendre un don qui l'humiliait ; mais il
était déjà rue de la Harpe, il continua son chemin vers
l'hôtel Cluny. Tout en marchant, il s'occupa de ce soin de
Coralie, il y vit une preuve de cet amour maternel que ces
sortes de femmes mêlent à leurs passions. Chez elles, la
passion comporte tous les sentiments. De pensée en pensée,
Lucien finit par trouver une raison d'accepter en se disant :
— Je l'aime, nous vivrons ensemble comme mari et femme,
et je ne la quitterai jamais ! A moins d'être Diogène, qui
ne comprendrait alors les sensations de Lucien en montant l'escalier boueux et puant de son hôtel, en faisant
grincer la serrure de sa porte, en revoyant le carreau sale
et la piteuse cheminée de sa chambre horrible de misère
et de nudité ? Il trouva sur sa table le manuscrit de son
roman et ce mot de Daniel d'Arthez :

« Nos amis sont presque contents de votre œuvre, cher
» poëte. Vous pourrez la présenter avec plus de confiance,
» disent-ils, à vos amis et à vos ennemis. Nous avons lu
» votre charmant article sur le Panorama-Dramatique, et
» vous devez exciter autant d'envie dans la littérature que
» de regrets chez nous.

» Daniel. »

— Regrets ! que veut-il dire ? s'écria Lucien surpris du
ton de politesse qui régnait dans ce billet. Était-il donc un
étranger pour le cénacle ? Après avoir dévoré les fruits délicieux que lui avait tendus l'Ève des coulisses, il tenait
encore plus à l'estime et à l'amitié de ses amis de la rue
des Quatre-Vents. Il resta pendant quelques instants plongé
dans une méditation par laquelle il embrassait son présent
dans cette chambre et son avenir dans celle de Coralie. En
proie à des hésitations alternativement honorables et dé-
pravantes, il s'assit et se mit à examiner l'état dans lequel
ses amis lui rendaient son œuvre. Quel étonnement fut le
sien ! De chapitre en chapitre, la plume habile et dévouée
de ces grands hommes encore inconnus avait changé ses
pauvretés en richesses. Un dialogue plein, serré, concis,
nerveux, remplaçait ses conversations qu'ils comprit alors
n'être que des bavardages en les comparant à des discours
où respirait l'esprit du temps. Ses portraits, un peu mous
de dessin, avaient été vigoureusement accusés et colorés ;
tous se rattachaient aux phénomènes curieux de la vie humaine par des observations physiologiques dues sans doute
à Bianchon, exprimées avec finesse, et qui les faisaient
vivre. Ses descriptions verbeuses étaient devenues substan-
tielles et vives. Il avait donné une enfant mal faite, mal
vêtue, et il retrouvait une délicieuse fille en robe blanche,
à ceinture, à écharpe roses, une création ravissante. La
nuit le surprit, les yeux en pleurs, atterré de cette grandeur, sentant le prix d'une pareille leçon, admirant ces cor-

rections qui lui en apprenaient plus sur la littérature et
sur l'art que ses quatre années de lectures, de comparai-
sons et d'études. Le redressement d'un carton mal conçu,
un trait magistral sur le vif en disent toujours plus que
les théories et les observations.

— Quels amis ! quels cœurs ! suis-je heureux ! s'écria-
t-il en serrant le manuscrit.

Entraîné par l'emportement naturel aux natures poétiques et mobiles, il courut chez Daniel. En montant l'escalier, il se crut cependant moins digne de ces cœurs que
rien ne pouvait faire dévier du sentier de l'honneur. Une
voix lui disait que, si Daniel avait aimé Coralie, il ne l'aurait pas acceptée avec Camusot. Il connaissait aussi la profonde horreur du cénacle pour les journalistes, et il se savait déjà quelque peu journaliste. Il trouva ses amis,
moins Meyraux, qui venait de sortir, en proie à un désespoir peint sur toutes les figures.

— Qu'avez-vous, mes amis ? dit Lucien.

— Nous venons d'apprendre un horrible catastrophe :
le plus grand esprit de notre époque, notre ami le plus
aimé, celui qui pendant deux ans a été notre lumière...

— Louis Lambert, dit Lucien.

— Il est dans un état de catalepsie qui ne laisse aucun
espoir, dit Bianchon.

— Il mourra le corps insensible et la tête dans les cieux,
ajouta solennellement Michel Chrestien.

— Il mourra comme il a vécu, dit d'Arthez.

— L'amour jeté comme un feu dans le vaste empire de
son cerveau, l'a incendié, dit Léon Giraud.

— Oui, dit Joseph Bridau, l'a exalté à un point où nous
perdons de vue.

— C'est nous qui sommes à plaindre, dit Fulgence Ridal.

— Il se guérira peut-être, s'écria Lucien.

— D'après ce que nous a dit Meyraux, la cure est im-

possible, répondit Bianchon. Sa tête est le théâtre de phénomènes sur lesquels la médecine n'a nul pouvoir...

— Il existe cependant des agents, dit d'Arthez...

— Oui, dit Bianchon, il n'est que cataleptique, nous
pouvons le rendre imbécile.

— Ne pouvoir offrir au génie du mal une tête en remplace-
ment de celle-là ! Moi, je donnerais la mienne ! s'écria
Michel Chrestien.

— Et que deviendrait la fédération européenne ? dit
d'Arthez.

— Ah ! c'est vrai, reprit Michel Chrestien ; avant d'être
à un homme, on appartient à l'humanité.

— Je venais ici le cœur plein de remercîments pour
vous tous, dit Lucien. Vous avez changé mon billon en
louis d'or.

— Des remercîments ! Pour qui nous prends-tu ? dit
Bianchon.

— Le plaisir a été pour nous, reprit Fulgence.

— Eh bien, vous voilà journaliste ! lui dit Léon Giraud.
Le bruit de votre début est arrivé jusque dans le quartier
latin.

— Pas encore, répondit Lucien.

— Ah ! tant mieux ! dit Michel Chrestien.

— Je vous le disais bien, reprit d'Arthez. Lucien est un
de ces cœurs qui connaissent le prix d'une conscience pure.
N'est-ce pas un viatique fortifiant que de poser le soir sa
tête sur l'oreiller en pouvant se dire : Je n'ai pas jugé les
œuvres d'autrui, je n'ai causé d'affliction à personne ; mon
esprit, comme un poignard, n'a fouillé l'âme d'aucun innocent ; ma plaisanterie n'a immolé aucun bonheur, elle
n'a même pas troublé la sottise heureuse, elle n'a pas injustement fatigué le génie ; j'ai dédaigné les faciles triomphes de l'épigramme ; enfin je n'ai jamais menti à mes convictions ?

— Mais, dit Lucien, on peut, je crois, être ainsi tout en

travaillant à un journal. Si je n'avais décidément que ce
moyen d'exister, il faudrait bien y venir.

— Oh! oh! oh! fit Fulgence en montant d'un ton à chaque exclamation, nous capitulons.

— Il sera journaliste, dit gravement Léon Giraud. Ah!
Lucien, si tu voulais l'être avec nous, qui allons publier
un journal où jamais ni la vérité ni la justice ne seront
outragées, où nous répandrons les doctrines utiles à l'humanité, peut-être...

— Vous n'aurez pas un abonné, répliqua machiavélique-
ment Lucien en interrompant Léon.

— Ils en auront cinq cents qui en vaudront cinq cent
mille, répondit Michel Chrestien.

— Il vous faudra bien des capitaux, reprit Lucien.

— Non, dit d'Arthez, mais du dévouement.

— On dirait d'une boutique de parfumeur, s'écria Michel
Chrestien en flairant par un geste comique la tête de Lucien. On t'a vu dans une voiture supérieurement astiquée,
traînée par des chevaux de dandy, avec une maîtresse de
prince, Coralie.

— Eh bien, dit Lucien, y a-t-il du mal à cela?

— Tu dis cela comme s'il y en avait, lui cria Bianchon.

— J'aurais voulu à Lucien, dit d'Arthez, une Béatrix,
une noble femme qui l'aurait soutenu dans la vie...

— Mais, Daniel, est-ce que l'amour n'est pas partout
semblable à lui-même? dit le poëte.

— Ah! dit le républicain, en ceci je suis aristocrate. Je
ne pourrais pas aimer une femme qu'un acteur baise sur la
joue en face du public, une femme tutoyée dans les coulisses, qui s'abaisse devant un parterre et lui sourit, qui
danse des pas en relevant ses jupes et qui se met en
homme pour montrer ce que je veux être seul à voir. Ou,
si j'aimais une pareille femme, elle quitterait le théâtre,
et je la purifierais par mon amour.

— Et si elle ne pouvait pas quitter le théâtre?

— Je mourrais de chagrin, de jalousie, de mille maux. On ne peut pas arracher son amour de son cœur comme on arrache une dent.

Lucien devint sombre et pensif. — Quand ils apprendront que je subis Camusot, ils me mépriseront, se disait-il.

— Tiens, lui dit le sauvage républicain avec une affreuse bonhomie, tu pourras être un grand écrivain, mais tu ne seras jamais qu'un petit farceur.

Il prit son chapeau et sortit.

— Il est dur, Michel Chrestien, dit le poëte.

— Dur et salutaire comme le davier du dentiste, dit Bianchon. Michel voit ton avenir, et peut-être en ce moment pleure-t-il sur toi dans la rue.

D'Arthez fut doux et consolant, il essaya de relever Lucien. Au bout d'une heure le poëte quitta le cénacle, maltraité par sa conscience qui lui criait : — Tu seras journaliste ! comme la sorcière crie à Macbeth : Tu seras roi ! Dans la rue, il regarda les croisées du patient d'Arthez, éclairées par une faible lumière, et revint chez lui le cœur attristé, l'âme inquiète. Une sorte de pressentiment lui disait qu'il avait été serré sur le cœur de ses vrais amis pour la dernière fois. En entrant dans la rue de Cluny par la place de la Sorbonne, il reconnut l'équipage de Coralie. Pour venir voir son poëte un moment, pour lui dire un simple bonsoir, l'actrice avait frachi l'espace du boulevard du Temple à la Sorbonne. Lucien trouva sa maîtresse tout en larmes à l'aspect de sa mansarde, elle voulait être misérable comme son amant, elle pleurait en rangeant les chemises, les gants, les cravates et les mouchoirs dans l'affreuse commode de l'hôtel. Ce désespoir était si vrai, si grand, il exprimait tant d'amour, que Lucien, à qui l'on avait reproché d'avoir une actrice, vit dans Coralie une sainte bien près d'endosser le cilice de la misère. Pour venir, cette adorable créature avait pris le prétexte d'avertir son ami que la société Camusot, Coralie et Lucien rendrait à la société Matifat, Florine et Lousteau leur souper, et de demander à Lucien s'il avait quelque invitation à faire qui lui fût utile; Lucien lui répondit qu'il en causerait avec Lousteau. L'actrice, après quelques moments, se sauva en cachant à Lucien que Camusot l'attendait en bas. Le lendemain, dès huit heures, Lucien alla chez Étienne, ne le trouva pas, et courut chez Florine. Le journaliste et l'actrice reçurent leur ami dans la jolie chambre à coucher où ils étaient maritalement établis, et tous trois ils y déjeunèrent splendidement.

— Mais, mon petit, lui dit Lousteau quand ils furent attablés et que Lucien lui eut parlé du souper que donnerait Coralie, je te conseille de venir avec moi voir Félicien Vernou, de l'inviter, et de te lier avec lui autant qu'on peut se lier avec un pareil drôle. Félicien te donnera peut-être accès dans le journal politique où il cuisine le feuilleton, et où tu pourras fleurir à ton aise en grands articles dans le haut de ce journal. Cette feuille, comme la nôtre, appartient au parti libéral, c'est le parti populaire; d'ailleurs, si tu voulais passer du côté ministériel, tu y entrerais avec d'autant plus d'avantages que tu te serais fait redouter. Hector Merlin et sa madame du Val-Noble, chez qui vont quelques grands seigneurs, les jeunes dandies et les millionnaires, ne t'on-ils pas prié, toi et Coralie, à dîner?

— Oui, répondit Lucien, et tu en es avec Florine.

Lucien et Lousteau, dans leur griserie de vendredi et pendant leur dîner du dimanche, en étaient arrivés à se tutoyer.

— Eh bien, nous rencontrerons Merlin au journal, c'est un gars qui suivra Finot de près; tu feras bien de le soigner, de le mettre de ton souper avec ta maîtresse : il te sera peut-être utile avant peu, car les gens haineux ont besoin de tout le monde, et il te rendra service pour avoir ta plume au besoin.

— Votre début a fait assez de sensation pour que vous

n'éprouviez aucun obstacle, dit Florine à Lucien, hâtez-vous d'en profiter, autrement vous seriez promptement oublié.

— L'affaire, reprit Lousteau, la grande affaire est consommée ! Ce Finot, un homme sans aucun talent, est directeur et rédacteur en chef du journal hebdomadaire de Dauriat, propriétaire d'un sixième qui ne lui coûte rien, et il a six cents francs d'appointements par mois. Je suis, de ce matin, mon cher, rédacteur en chef de notre petit journal. Tout s'est passé comme je le présumais l'autre soir : Florine a été superbe, elle rendrait des points au prince de Talleyrand.

— Nous tenons les hommes par leur plaisir, dit Florine, les diplomates ne les prennent que par l'amour-propre ; les diplomates leur voient faire des façons et nous leur voyons faire des bêtises ; nous sommes donc les plus fortes.

— En concluant, dit Lousteau, Matifat a commis le seul bon mot qu'il prononcera dans sa vie de droguiste : « L'affaire, a-t-il dit, ne sort pas de mon commerce ! »

— Je soupçonne Florine de le lui avoir soufflé, s'écria Lucien.

— Ainsi, mon cher amour, reprit Lousteau, tu as le pied à l'étrier.

— Vous êtes né coiffé, dit Florine. Combien voyons-nous de petits jeunes gens qui *droguent* dans Paris pendant des années sans arriver à pouvoir insérer un article dans un journal ! Il en aura été de vous comme d'Émile Blondet. Dans six mois d'ici, je vous vois *faisant votre tête*, ajouta-t-elle en se servant d'un mot de son argot et en lui jetant un sourire moqueur.

— Ne suis-je pas à Paris depuis trois ans, dit Lousteau, et depuis hier seulement Finot me donne trois cents francs de fixe par mois pour la rédaction en chef, me paye cent sous la colonne, et cent francs la feuille à son journal hebdomadaire ?

— Eh bien, vous ne dites rien? s'écria Florine en regardant Lucien.

— Nous verrons, dit Lucien.

— Mon cher, répondit Lousteau d'un air piqué, j'ai tout arrangé pour toi comme si tu étais mon frère; mais je ne te réponds pas de Finot. Finot sera sollicité par soixante drôles qui, d'ici à deux jours, vont venir lui faire des propositions au rabais. J'ai promis pour toi, tu lui diras non, si tu veux. Tu ne te doutes pas de ton bonheur, reprit le journaliste après une pause. Tu feras partie d'une coterie dont les camarades attaquent leurs ennemis dans plusieurs journaux et s'y servent mutuellement.

— Allons d'abord voir Félicien Vernou, dit Lucien qui avait hâte de se lier avec ces redoutables oiseaux de proie.

Lousteau envoya chercher un cabriolet, et les deux amis allèrent rue Mandar, où demeurait Vernou, dans une maison à allée; il y occupait un appartement au deuxième étage. Lucien fut très-étonné de trouver ce critique acerbe, dédaigneux et gourmé, dans une salle à manger de la dernière vulgarité, tendue d'un mauvais petit papier briqueté, chargé de mousses par intervalles égaux, ornée de gravures à l'aqua-tinta dans des cadres dorés, attablé avec une femme trop laide pour ne pas être légitime, et deux enfants en bas âge perchés sur ces chaises à pieds très-élevés et à barrière, destinées à maintenir ces petits drôles. Surpris dans une robe de chambre confectionnée avec les restes d'une robe d'indienne à sa femme, Félicien eut un air assez mécontent.

— As-tu déjeuné, Lousteau? dit-il en offrant une chaise à Lucien.

— Nous sortons de chez Florine, dit Étienne, et nous y avons déjeuné.

Lucien ne cessait d'examiner madame Vernou, qui ressemblait à une bonne grosse cuisinière, assez blanche, mais superlativement commune. Madame Vernou portait un foulard par-dessus un bonnet de nuit à brides que ses joues pressées débordaient. Sa robe de chambre, sans ceinture, attachée au col par un bouton, descendait à grands plis et l'enveloppait si mal, qu'il était impossible de ne pas la comparer à une borne. D'une santé désespérante, elle avait les joues presque violettes, et des mains à doigts en forme de boudins. Cette femme expliqua soudain à Lucien l'attitude gênée de Vernou dans le monde. Malade de son mariage, sans force pour abandonner femme et enfants, mais assez poëte pour en toujours souffrir, cet auteur ne devait pardonner à personne un succès, il devait être mécontent de tout, en se sentant toujours mécontent de lui-même. Lucien comprit l'air aigre qui glaçait cette figure envieuse, l'âcreté des reparties que ce journaliste semait dans sa conversation, l'acerbité de sa phrase, toujours pointue et travaillée comme un stylet.

— Passons dans mon cabinet, dit Félicien en se levant, il s'agit sans doute d'affaires littéraires.

— Oui et non, lui répondit Lousteau. Mon vieux, il s'agit d'un souper.

— Je venais, dit Lucien, vous prier de la part de Coralie...

A ce nom, madame Vernou leva la tête.

— ... A souper d'aujourd'hui en huit, dit Lucien en continuant. Vous trouverez chez elle la société que vous avez eue chez Florine, et augmentée de madame du Val-Noble, de Merlin et de quelques autres. Nous jouerons.

— Mais, mon ami, ce jour-là nous devons aller chez madame Mahoudeau, dit la femme.

— Eh! qu'est-ce que cela fait? dit Vernou.

— Si nous n'y allions pas, elle se choquerait, et tu es bien aise de la trouver pour escompter tes effets de librairie.

— Mon cher, voilà une femme qui ne comprend pas qu'un souper qui commence à minuit n'empêche pas d'aller à une soirée qui finit à onze heures. Je travaille à côté d'elle, ajouta-t-il.

— Vous avez tant d'imagination ! répondit Lucien qui se fit un ennemi mortel de Vernou par ce seul mot.

— Eh bien, reprit Lousteau, tu viens, mais ce n'est pas tout. M. de Rubempré devient un des nôtres, ainsi pousse-le à ton journal ; présente-le comme un gars capable de faire la haute littérature, afin qu'il puisse mettre au moins deux articles par mois.

— Oui, s'il veut être des nôtres, attaquer nos ennemis comme nous attaquerons les siens, et défendre nos amis, je parlerai de lui ce soir à l'Opéra, répondit Vernou.

— Eh bien, à demain, mon petit, dit Lousteau en serrant la main de Vernou avec les signes de la plus vive amitié. Quand paraît ton livre ?

— Mais, dit le père de famille, cela dépend de Dauriat, j'ai fini.

— Es-tu content ?...

— Mais oui et non...

— Nous chaufferons le succès, dit Lousteau en se levant et saluant la femme de son confrère.

Cette brusque sortie fut nécessitée par les criailleries des deux enfants qui se disputaient et se donnaient des coups de cuiller en s'envoyant de la panade par la figure.

Tu viens de voir, mon enfant, dit Étienne à Lucien, une femme qui, sans le savoir, fera bien des ravages en littérature. Ce pauvre Vernou ne nous pardonne pas sa femme. On devrait l'en débarrasser, dans l'intérêt public bien entendu. Nous éviterions un déluge d'articles atroces, d'épigrammes contre tous les succès et contre toutes les fortunes. Que devenir avec une pareille femme accompagnée de ces deux horribles moutards ? Vous avez vu le Rigaudin de la *Maison en loterie*, la pièce de Picard... eh bien, comme Rigaudin, Vernou ne se battra pas, mais il fera battre les autres ; il est capable de se crever un œil pour en crever deux à son meilleur ami ; vous le verrez posant le pied sur tous les cadavres, souriant à tous les malheu.s, attaquant les princes, les ducs, les marquis, les nobles, parce qu'il est roturier ; attaquant les renommées célibataires à cause de sa femme, et parlant toujours morale, plaidant pour les joies domestiques et pour les devoirs de citoyen. Enfin, ce critique si moral ne sera doux pour personne, pas même pour les enfants. Il vit dans la rue Mandar entre une femme qui pourrait faire le mamamouchi du *Bourgeois gentilhomme* et deux petits Vernou laids comme des teignes ; il veut se moquer du faubourg Saint-Germain, où il ne mettra jamais le pied, et fera parler les duchesses comme parle sa femme. Voilà l'homme qui va hurler après les jésuites, insulter la cour, lui prêter l'intention de rétablir les droits féodaux, le droit d'aînesse, et qui prêchera quelque croisade en faveur de l'égalité, lui qui ne se croit l'égal de personne. S'il était garçon, s'il allait dans le monde, s'il avait les allures des poëtes royalistes pensionnés, ornés de la croix de la Légion d'honneur, ce serait un optimiste. Le journalisme a mille points de départ semblables. C'est une grande catapulte mise en mouvement par de petites haines. As-tu maintenant envie de te marier ? Vernou n'a plus de cœur, le fiel a tout envahi. Aussi est-ce le journalisme par excellence, un tigre à deux mains qui déchire tout comme si ses plumes avaient la rage.

— Il est gunophobe, dit Lucien. A-t-il du talent ?

— Il a de l'esprit, c'est un *articlier.* Vernou porte des articles, fera toujours des articles, et rien que des articles. Le travail le plus obstiné ne pourra jamais greffer un livre sur sa prose. Félicien est incapable de concevoir une œuvre, d'en disposer les masses, d'en réunir harmonieusement les personnages dans un plan qui commence, se noue et marche vers un fait capital; il a des idées, mais il ne connaît pas les faits; ses héros seront des utopies philosophiques ou libérales; enfin, son style est d'une originalité cherchée, sa phrase ballonnée tomberait si la critique lui donnait un coup d'épingle. Aussi craint-il énormément les journaux, comme tous ceux qui ont besoin des gourdes et des bourdes de l'éloge pour se soutenir au-dessus de l'eau.

— Quel article tu fais! s'écria Lucien.

— Ceux-là, mon enfant, il faut se les dire et jamais les écrire.

— Tu deviens rédacteur en chef, dit Lucien.

— Où veux-tu que je te jette? lui demanda Lousteau.

— Chez Coralie.

— Ah! nous sommes amoureux, dit Lousteau. Quelle faute! Fais de Coralie ce que je fais de Florine, une ménagère, mais la liberté sur la montagne!

— Tu ferais damner les saints, dit Lucien en riant.

— On ne damne pas les démons, répondit Lousteau.

Le ton léger, brillant de son nouvel ami, la manière dont il traitait la vie, ses paradoxes mêlés aux maximes vraies du machiavélisme parisien agissaient sur Lucien à son insu. En théorie, le poëte reconnaissait le danger de ces pensées, et les trouvait utiles à l'application. En arrivant sur le boulevard du Temple, les deux amis convinrent de se retrouver, entre quatre et cinq heures, au bureau du journal, où sans doute Hector Merlin viendrait. Lucien était, en effet, saisi par les voluptés de l'amour vrai des courtisanes qui attachent leurs grappins aux endroits les plus tendres de l'âme en se pliant avec une incroyable souplesse à tous les désirs, en favorisant les molles habitudes d'où elles tirent leur force. Il avait déjà soif des plaisirs parisiens, il aimait la vie facile, abondante et magnifique que lui faisait l'actrice chez elle. Il trouva Coralie et Camusot ivres de joie. Le Gymnase proposait pour Pâques prochain un engagement dont les conditions, nettement formulées, surpassaient les espérances de Coralie.

— Nous vous devons ce triomphe, dit Camusot.

— Oh ! certes, sans lui *l'Alcade* tombait, s'écria Coralie, il n'y avait pas d'article, et j'étais encore au boulevard pour six ans.

Elle lui sauta au cou devant Camusot. L'effusion de l'actrice avait je ne sais quoi de moelleux dans sa rapidité, de suave dans son entraînement : elle aimait ! Comme tous les hommes dans leurs grandes douleurs Camusot abaissa ses yeux à terre, et reconnut, le long de la couture des bottes de Lucien, le fil de couleur employé par les bottiers célèbres et qui se dessinait en jaune foncé sur le noir luisant de la tige. La couleur originale de ce fil l'avait préoccupé pendant son monologue sur la présence inexplicable d'une paire de bottes devant la cheminée de Coralie. Il avait lu en lettres noires imprimées sur le cuir blanc et doux de la doublure l'adresse d'un bottier fameux à cette époque : Gay, rue de la Michodière.

— Monsieur, dit-il à Lucien, vous avez de bien belles bottes.

— Il a tout beau, répondit Coralie.

Je voudrais bien me fournir chez votre bottier.

— Oh ! dit Coralie, comme c'est rue des Bourdonnais de demander les adresses des fournisseurs ! Allez-vous porter des bottes de jeune homme ? vous seriez joli garçon ! Gardez donc vos bottes à revers, qui conviennent à un homme établi, qui a femme, enfant et maîtresse.

— Enfin, si monsieur voulait tirer une de ses bottes, il me rendrait un service signalé, dit l'obstiné Camusot.

— Je ne pourrais la remettre sans crochets, dit Lucien en rougissant.

— Bérénice en ira chercher, ils ne seront pas de trop ici, dit le marchand d'un air horriblement goguenard.

— Papa Camusot, dit Coralie en lui jetant un regard empreint d'un atroce mépris, ayez le courage de votre lâcheté! Allons, dites toute votre pensée. Vous trouvez que les bottes de monsieur ressemblent aux miennes? Je vous défends d'ôter vos bottes, dit-elle à Lucien. Oui, monsieur Camusot, oui, ces bottes sont absolument les mêmes que celles qui se croisaient les bras devant mon foyer l'autre jour, et monsieur, caché dans mon cabinet de toilette, les attendait, il avait passé la nuit ici. Voilà ce que vous pensez, hein? Pensez-le, je le veux. C'est la vérité pure. Je vous trompe. Après? Cela me plaît, à moi!

Elle s'assit sans colère et de l'air le plus dégagé du monde en regardant Camusot et Lucien, qui n'osaient se regarder.

— Je ne croirai que ce que vous voudrez que je croie, dit Camusot. Ne plaisantez pas, j'ai tort.

— Ou je suis une infâme dévergondée qui dans un moment s'est amourachée de monsieur, ou je suis une pauvre misérable créature qui à senti pour la première fois le véritable amour après lequel courent toutes les femmes. Dans les deux cas, il faut me quitter ou me prendre comme je suis, dit-elle en faisant un geste de souveraine par lequel elle écrasa le négociant.

— Serait-ce vrai? dit Camusot, qui vit à la contenance de Lucien que Coralie ne riait pas, et qui mendiait une tromperie.

— J'aime mademoiselle, dit Lucien.

En entendant ce mot dit d'une voix émue, Coralie sauta au cou de son poëte, le pressa dans ses bras et tourna la tête vers le marchand de soiries en lui montrant l'admirable groupe d'amour qu'elle faisait avec Lucien.

— Pauvre Musot, reprends tout ce que tu m'as donné, je ne veux rien de toi, j'aime comme une folle cet enfant-là, non pour son esprit, mais pour sa beauté. Je préfère la misère avec lui, à des millions avec toi.

Camusot tomba sur un fauteil, se mit la tête dans les mains, et demeura silencieux.

—Voulez-vous que nous nous en allions ? lui dit-elle avec une incroyable férocité.

Lucien eut froid dans le dos en se voyant chargé d'une femme, d'une actrice et d'un ménage.

— Reste ici, garde tout, Coralie, dit le marchand d'une voix faible et douloureuse qui partait de l'âme, je ne veux rien reprendre. Il y a pourtant là soixante mille francs de mobilier, mais je ne saurais me faire à l'idée de ma Coralie dans la misère. Quelque grands que soient les talents de monsieur, ils ne peuvent pas te donner une existence. Voilà ce qui nous attend tous, nous autres vieillards ! Laisse-moi, Coralie, le droit de venir te voir quelquefois : je puis t'être utile. D'ailleurs, je l'avoue, il me serait impossible de vivre sans toi.

La douceur de ce pauvre homme, dépossédé de tout son bonheur au moment où il se croyait le plus heureux, toucha vivement Lucien, mais non Coralie.

— Viens, mon pauvre Musot, viens tant que tu voudras, dit-elle, je t'aimerai mieux en ne te trompant point.

Camusot parut content de n'être point chassé de son paradis terrestre où sans doute il devait souffrir, mais où il espéra rentrer plus tard dans tous ses droits en se fiant sur les hasards de la vie parisienne et sur les séductions qui allaient entourer Lucien. Le vieux marchand matois pensa que tôt ou tard ce beau jeune homme se permettrait des infidélités, et pour l'espionner, pour le perdre dans l'esprit de Coralie, il voulait rester leur ami. Cette lâcheté de la passion vraie effraya Lucien. Camusot offrit à dîner au Palais-Royal, chez Véry, ce qui fut accepté.

— Quel bonheur, cria Coralie quand Camusot fut parti, plus de mansarde au quartier latin, tu demeureras ici, nous ne nous quitterons pas ; tu prendras, pour conserver les apparences, un petit appartement rue Charlot, et vogue la galère !

Elle se mit à danser son pas espagnol avec un entrain qui peignit une indomptable passion.

— Je puis gagner cinq cents francs par mois en travaillant beaucoup, dit Lucien.

— J'en ai tout autant au théâtre, sans compter les feux. Camusot m'habillera toujours, il m'aime ! Avec quinze cents francs par mois, nous vivrons comme des Crésus.

— Et les chevaux, et le cocher, et le domestique ? dit Bérénice.

— Je ferai des dettes, s'écria Coralie.

Elle se remit à danser une gigue avec Lucien.

— Il faut dès lors accepter les propositions de Finot, s'écria Lucien.

— Allons, dit Coralie, je m'habille et te mène à ton journal, je t'attendrai en voiture sur le boulevard.

Lucien s'assit sur un sofa, regarda l'actrice faisant sa toilette, et se livra aux plus graves réflexions. Il eût mieux aimé laisser Coralie libre que d'être jeté dans les obligations d'un pareil mariage ; mais il la vit si belle, si bien faite, si attrayante, qu'il fut saisi par les pittoresques aspects de cette vie de bohême, et jeta le gant à la face de la fortune. Bérénice eut ordre de veiller au déménagement et à l'installation de Lucien. Puis, la triomphante, la belle, l'heureuse Coralie entraîna son amant aimé, son poëte, et traversa tout Paris pour aller rue Saint-Fiacre. Lucien grimpa l'escalier, et se produisit en maître dans les bureaux du journal. Coloquinte ayant toujours son papier timbré sur la tête et le vieux Giroudeau lui dirent encore assez hypocritement que personne n'était venu.

— Mais les rédacteurs doivent se voir quelque part pour convenir du journal, dit-il.

— Probablement, mais la rédaction ne me regarde pas, dit le capitaine de la garde impériale qui se remit à vérifier ses bandes en faisant son éternel broum ! broum.

En ce moment, par un hasard, doit-on dire heureux ou

malheureux ? Finot vint pour annoncer à Giroudeau sa fausse abdication, et lui recommander de veiller à ses intérêts.

— Pas de diplomatie avec monsieur, il est du journal, dit Finot à son oncle en prenant la main de Lucien et la lui serrant.

— Ah ! monsieur est du journal, s'écria Giroudeau surpris du geste de son neveu. Eh bien, monsieur, vous n'avez pas eu de peine à y entrer.

— Je veux y faire votre lit pour que vous ne soyez pas *jobardé* par Étienne, dit Finot en regardant Lucien d'un air fin. Monsieur aura trois francs par colonne pour toute sa rédaction, y compris les comptes rendus de théâtre.

— Tu n'as jamais fait ces conditions à personne, dit Giroudeau en regardant Lucien avec étonnement.

— Il aura les quatre théâtres du boulevard, tu auras soin que ses loges ne lui soient pas *chippées,* et que ses billets de spectacle lui soient remis. Je vous conseille néanmoins de vous les faire adresser chez vous, dit-il en se tournant vers Lucien. Monsieur s'engage à faire, en outre de sa critique, dix articles variétés d'environ deux colonnes pour cinquante francs par mois pendant un an. Cela vous va-t-il ?

— Oui, dit Lucien qui avait la main forcée par les circonstances.

— Mon oncle, dit Finot au caissier, tu rédigeras le traité que nous signerons en descendant.

— Qui est monsieur ? demanda Giroudeau en se levant et ôtant son bonnet de soie noire.

— Monsieur Lucien de Rubempré, l'auteur de l'article sur l'*Alcade*, dit Finot.

— Jeune homme, s'écria le vieux militaire en frappant sur le front de Lucien, vous avez là des mines d'or. Je ne suis pas littéraire, mais votre article, je l'ai lu, il m'a fait plaisir. Parlez-moi de cela ! Voilà de la gaieté. Aussi ai-je dit : — Ça nous amènera des abonnés ! Et il en est venu. Nous avons vendu cinquante numéros.

— Mon traité avec Étienne Lousteau est-il copié double et prêt à signer ? dit Finot à son oncle.

— Oui, dit Giroudeau.

— Mets à celui que je signe avec monsieur la date d'hier, afin que Lousteau soit sous l'empire de ces conventions. Finot prit le bras de son nouveau rédacteur avec un semblant de camaraderie qui séduisit le poëte, et l'entraîna dans l'escalier en lui disant : — Vous avez ainsi une position faite. Je vous présenterai moi-même à *mes* rédacteurs. Puis, ce soir, Lousteau vous fera reconnaître aux théâtres. Vous pouvez gagner cent cinquante francs par mois à notre petit journal que va diriger Lousteau ; aussi tâchez de bien vivre avec lui. Déjà le drôle m'en voudra de lui avoir lié les mains en votre endroit, mais vous avez du talent, et je ne veux pas que vous soyez en butte aux caprices d'un rédacteur en chef. Entre nous, vous pouvez m'apporter jusqu'à deux feuilles par mois pour ma revue hebdomadaire, je vous les payerai deux cents francs. Ne parlez de cet arrangement à personne, je serais en proie à la vengeance de tous ces amours-propres blessés de la fortune d'un nouveau venu. Faites quatre articles de vos deux feuilles, signez-en deux de votre nom et deux d'un pseudonyme, afin de ne pas avoir l'air de manger le pain des autres. Vous devez votre position à Blondet et à Vignon qui vous trouvent de l'avenir. Ainsi, ne vous galvaudez pas. Surtout, défiez-vous de vos amis. Quant à nous deux, entendons-nous bien toujours. Servez-moi, je vous servirai. Vous avez pour quarante francs de loges et de billets à vendre, et pour soixante francs de livres à *laver*. Ça et votre rédaction vous donneront quatre cent cinquante francs par mois. Avec de l'esprit, vous saurez trouver au moins deux cents francs en sus chez les libraires qui vous payeront des articles et des prospectus. Mais vous êtes à moi, n'est-ce pas ? Je puis compter sur vous.

Lucien serra la main de Finot avec un transport de joie inouï.

— N'ayons pas l'air de nous entendre, lui dit Finot à l'oreille en poussant la porte d'une mansarde au cinquième étage de la maison, et située au fond d'un long corridor.

Lucien aperçut alors Lousteau, Félicien Vernou, Hector Merlin et deux autres rédacteurs qu'il ne connaissait pas, tous réunis à une table couverte d'un tapis vert, devant un bon feu, sur des chaises ou des fauteuils, fumant ou riant. La table était chargée de papiers, il s'y trouvait un véritable encrier plein d'encre, des plumes assez mauvaises, mais qui servaient aux rédacteurs. Il fut démontré au nouveau journaliste que là s'élaborait le grand œuvre.

— Messieurs, dit Finot, l'objet de la réunion est l'installation en mon lieu et place de notre cher Lousteau comme rédacteur en chef du journal que je suis obligé de quitter. Mais, quoique mes opinions subissent une transformation nécessaire pour que je puisse passer rédacteur en chef de la revue dont les destinées vous sont connues, mes convictions sont les mêmes et nous restons amis. Je suis tout à vous, comme vous serez à moi. Les circonstances sont variables, les principes sont fixes. Les principes sont le pivot sur lequel marchent les aiguilles du baromètre politique.

Tous les rédacteurs partirent d'un éclat de rire.

— Qui t'a donné ces phrases-là ? demanda Lousteau.

— Blondet, répondit Finot.

— Vent, pluie, tempête, beau fixe, dit Merlin, nous parcourrons tout ensemble.

— Enfin, reprit Finot, ne nous embarbouillons pas dans les métaphores : tous ceux qui auront quelques articles à m'apporter retrouveront Finot. Monsieur, dit-il en présentant Lucien, est des vôtres. J'ai traité avec lui, Lousteau.

Chacun complimenta Finot sur son élévation et sur ses nouvelles destinées.

— Te voilà à cheval sur nous et sur les autres, lui dit l'un des rédacteurs inconnus à Lucien, tu deviens Janus...

— Pourvu qu'il ne soit pas Janot, dit Vernou.

— Tu nous laisses attaquer nos bêtes noires?

— Tout ce que vous voudrez ! dit Finot.

— Ah ! mais, dit Lousteau, le journal ne peut pas reculer. Monsieur Châtelet s'est fâché, nous n'allons pas le lâcher pendant une semaine.

— Que s'est-il passé? dit Lucien.

— Il est venu demander raison, dit Vernou. L'ex-beau de l'Empire a trouvé le père Giroudeau, qui, du plus beau sang-froid du monde, a montré dans Philippe Bridau l'auteur de l'article, et Philippe a demandé au baron son heure et ses armes. L'affaire en est restée là. Nous sommes occupés à présenter des excuses au baron dans le numéro de demain. Chaque phrase est un coup de poignard.

— Mordez-le ferme, il viendra me trouver, dit Finot. J'aurai l'air de lui rendre service en vous apaisant; il tient au ministère, et nous accrocherons là quelque chose, une place de professeur suppléant ou quelque bureau de tabac. Nous sommes heureux qu'il se soit piqué au jeu. Qui de vous veut faire dans mon nouveau journal un article de fond sur Nathan ?

— Donnez-le à Lucien, dit Lousteau. Hector et Vernou feront des articles dans leurs journaux respectifs...

— Adieu, messieurs, nous nous reverrons seul à seul Chez Barbin, dit Finot en riant.

Lucien reçut quelques compliments sur son admission dans le corps redoutable des journalistes, et Lousteau le présenta comme un homme sur qui l'on pouvait compter.

— Lucien vous invite en masse, messieurs, à souper chez sa maîtresse, la belle Coralie.

— Coralie va au Gymnase, dit Lucien à Étienne.

— Eh bien, messieurs, il est entendu que nous pousserons Coralie, hein? Dans tous vos journaux, mettez quelques lignes sur son engagement, et parlez de son talent. Vous donnerez du tact, de l'habileté à l'administration du Gymnase; pouvons-nous lui donner de l'esprit?

— Nous lui donnerons de l'esprit, répondit Merlin, Frédéric a une pièce avec Scribe.

— Oh! le directeur du Gymnase est alors le plus prévoyant et le plus perspicace des spéculateurs, dit Vernou.

— Ah çà! ne faites pas vos articles sur le livre de Nathan que nous ne nous soyons concertés, vous saurez pourquoi, dit Lousteau. Nous devons être utile à notre nouveau camarade. Lucien a deux livres à placer, un recueil de sonnets et un roman. Par la vertu de l'entre-filet! il doit être un grand poëte à trois mois d'échéance. Nous nous servirons de ses *Marguerites* pour rabaisser les Odes, les Ballades, les Méditations, toute la poésie romantique.

— Ça serait drôle si les sonnets ne valaient rien, dit Vernou. Que pensez-vous de vos sonnets, Lucien?

— Là, comment les trouvez-vous? dit un des rédacteurs inconnus.

— Messieurs, ils sont bien, dit Lousteau, parole d'honneur.

— Eh bien, j'en suis content, dit Vernou, je les jetterai dans les jambes de ces poëtes de sacristie qui me fatiguent.

— Si Dauriat, ce soir, ne prend pas les *Marguerites*, nous lui flanquerons article sur article contre Nathan.

— Et Nathan, que dira-t-il ? s'écria Lucien.

Les cinq rédacteurs éclatèrent de rire.

— Il sera enchanté, dit Vernou. Vous verrez comment nous arrangerons les choses.

— Ainsi, monsieur est des nôtres ? dit un des deux rédacteurs que Lucien ne connaissait pas.

— Oui, oui, Frédéric, pas de farces. Tu vois, Lucien, dit Étienne, au néophyte, comment nous agissons avec toi, tu ne reculeras pas dans l'occasion. Nous aimons tous Nathan, et nous allons l'attaquer. Maintenant, partageons-nous l'empire d'Alexandre. Frédéric, veux-tu les Français et l'Odéon ?

— Si ces messieurs y consentent, dit Frédéric.

— Tous inclinèrent la tête, mais Lucien vit briller des regards d'envie.

— Je garde l'Opéra, les Italiens et l'Opéra-Comique, dit Vernou.

— Eh bien, Hector prendra les théâtres de Vaudeville, dit Lousteau.

— Et moi, je n'ai donc pas de théâtres ? s'écria l'autre rédacteur que ne connaissait pas Lucien.

— Eh bien, Hector te laissera les Variétés, et Lucien la Porte-Saint-Martin, dit Étienne. Abandonne-lui la Porte-Saint-Martin, il est fou de Fanny Beaupré, dit-il à Lucien, tu prendras le Cirque-Olympique en échange. Moi, j'aurai Bobino, les Funambules et madame Saqui. Qu'avons-nous pour le journal de demain ?

— Rien.

— Rien.

— Rien !

— Messieurs, soyez brillants pour mon premier numéro Le baron Châtelet et sa seiche ne dureront pas huit jours L'auteur du *Solitaire* est bien usé.

— Sosthène-Démosthène n'est plus drôle, dit Vernou, tout le monde nous l'a pris.

— Oh! il nous faut de nouveaux morts, dit Frédéric.

— Messieurs, si nous prêtions des ridicules aux hommes vertueux de la Droite? Si nous disions que monsieur de Bonald pue des pieds? s'écria Lousteau.

— Commençons une série de portraits des orateurs ministériels? dit Hector Merlin.

— Fais cela, mon petit, dit Lousteau, tu les connais, ils sont de ton parti, tu pourras satisfaire quelques haines intestines. Empoigne Beugnot, Syrieys de Mayrinhac et autres. Les articles peuvent être prêts à l'avance, nous ne serons pas embarrassés pour le journal.

— Si nous inventions quelques refus de sépulture avec des circonstances plus ou moins aggravantes? dit Hector.

— N'allons pas sur les brisées des grands journaux constitutionnels qui ont leurs *cartons aux curés* pleins de *canards*, répondit Vernou.

— De canards? dit Lucien.

— Nous appelons un canard, lui répondit Hector, un fait qui a l'air d'être vrai, mais qu'on invente pour relever les faits-Paris quand ils sont pâles. Le canard est une trouvaille de Franklin, qui a inventé le paratonnerre, le canard et la république. Ce journaliste trompa si bien les encyclopédistes par ses canards d'outre-mer, que, dans l'*Histoire philosophique des Indes,* Raynal a donné deux de ces canards pour des faits authentiques.

— Je ne savais pas cela, dit Vernou. Quels sont les deux canards?

— L'histoire relative à l'Anglais qui vend sa libératrice, une négresse, après l'avoir rendue mère afin d'en tirer plus d'argent. Puis le plaidoyer sublime de la jeune fille grosse gagnant sa cause. Quand Franklin vint à Paris, il avoua ses canards chez Necker, à la grande confusion des philosophes français. Et voilà comment le nouveau monde a deux fois corrompu l'ancien.

— Le journal, dit Lousteau, tient pour vrai tout ce qui est probable. Nous partons de là.

— La justice criminelle ne procède pas autrement, dit Vernou.

— Eh bien, à ce soir, neuf heures, ici, dit Merlin.

Chacun se leva, se serra les mains, et la séance fut levée au milieu des témoignages de la plus touchante familiarité.

— Qu'as-tu donc fait à Finot, dit Étienne à Lucien en descendant, pour qu'il ait passé un marché avec toi ? Tu es le seul avec lequel il se soit lié.

— Moi, rien, il me l'a proposé, dit Lucien.

— Enfin, tu aurais avec lui des arrangements, j'en serais enchanté, nous n'en serions que plus forts tous deux.

Au rez-de-chausée, Étienne et Lucien trouvèrent Finot qui prit à part Lousteau dans le cabinet ostensible de la rédaction.

— Signez votre traité pour que le nouveau directeur croie la chose faite d'hier, dit Giroudeau qui présentait à Lucien deux papiers timbrés.

En lisant ce traité, Lucien entendit entre Étienne et Finot une discussion assez vive qui roulait sur les produits en nature du journal. Étienne voulait sa part de ces impôts perçus par Giroudeau. Il y eut sans doute une transaction entre Finot et Lousteau, car les deux amis sortirent entièrement d'accord.

— A huit heures, aux galeries de Bois, chez Dauriat, dit Étienne à Lucien.

Un jeune homme se présenta pour être rédacteur de l'air timide et inquiet qu'avait Lucien naguère. Lucien vit avec un plaisir secret Giroudeau pratiquant sur le néophyte les plaisanteries par lesquelles le vieux militaire l'avait abusé ; son intérêt lui fit parfaitement comprendre la nécessité de ce manége, qui mettait des barrières presque infranchissables entre les débutants et la mansarde où pénétraient les élus.

— Il n'y a pas déjà tant d'argent pour les rédacteurs, dit-il à Giroudeau.

— Si vous étiez plus de monde, chacun de vous en aurait moins, répondit le capitaine. Et donc !

L'ancien militaire fit tourner sa canne plombée, sortit en *broumbroumant*, et parut stupéfait de voir Lucien montant dans le bel équipage qui stationnait sur les boulevards.

— Vous êtes maintenant les militaires, et nous sommes les péquins lui dit le soldat.

— Ma parole d'honneur, ces jeunes gens me paraissent être les meilleurs enfants du monde, dit Lucien à Coralie. Me voilà journaliste avec la certitude de pouvoir gagner six cents francs par mois, en travaillant comme un cheval; mais je placerai mes deux premiers ouvrages et j'en ferai d'autres, car mes amis vont m'organiser un succès ! Ainsi, je dis comme toi, Coralie : Vogue la galère !

— Tu réussiras, mon petit; mais ne sois pas aussi bon que tu es beau, tu te perdrais. Sois méchant avec les hommes, c'est bon genre.

Coralie et Lucien allèrent se promener au bois de Boulogne, ils y rencontrèrent encore la marquise d'Espard, madame de Bargeton et le baron Châtelet. Madame de Bargeton regarda Lucien d'un air séduisant qui pouvait passer pour un salut. Camusot avait commandé le meilleur dîner du monde. Coralie, en se sachant débarrassée de lui, fut si charmante pour le pauvre marchand de soieries qu'il ne se souvint pas, durant les quatorze mois de leur liaison, de l'avoir vue si gracieuse ni si attrayante.

— Allons, se dit-il, restons avec elle, *quand même !*

Camusot proposa secrètement à Coralie une inscription de six mille livres de rente sur le grand-livre, que ne connaissait pas sa femme, si elle voulait rester sa maîtresse,

1 consentant à fermer les yeux sur ses amours avec
ucien.

— Trahir un pareil ange ?... mais regarde-le donc, pau-
e magot, et regarde-toi ! dit-elle en lui montrant le poëte
1e Camusot avait légèrement étourdi en le faisant boire.

Camusot résolut d'attendre que la misère lui rendît la
mme que la misère lui avait déjà livrée.

— Je ne serai donc que ton ami, dit-il en la baisant au
ont.

FIN DU PREMIER VOLUME.

IMPRIMERIE CHAIX (s.-O.). 23988-3.

ŒUVRES COMPLÈTES DE BALZAC

———

ILLUSIONS PERDUES

II

IMPRIMERIE CHAIX (S.-O.). 23986-3.

H. DE BALZAC

— ŒUVRES COMPLÈTES —

SCÈNES DE LA VIE DE PROVINCE

ILLUSIONS PERDUES

UN GRAND HOMME DE PROVINCE

ÉVE ET DAVID

TOME SECOND

NOUVELLE ÉDITION

PARIS

CALMANN LÉVY, ÉDITEUR

ANCIENNE MAISON MICHEL LÉVY FRÈRES

3, RUE AUBER, 3

1884.

ILLUSIONS PERDUES

Lucien laissa Coralie et Camusot pour aller aux galeries de Bois. Quel changement son initiation aux mystères du journal avait produit dans son esprit ! Il se mêla sans peur à la foule qui ondoyait dans les galeries, il eut l'air impertinent parce qu'il avait une maîtresse, il entra chez Dauriat d'un air dégagé parce qu'il était journaliste. Il y trouva grande société, il y donna la main à Blondet, à Nathan, à Finot, à toute la littérature avec laquelle il avait fraternisé depuis une semaine ; il se crut un personnage, et se flatta de surpasser ses camarades ; la petite pointe de vin qui l'animait le servit à merveille, il fut spirituel, et montra qu'il savait hurler avec les loups. Néanmoins, Lucien ne recueillit pas les approbations tacites, muettes ou parlées sur lesquelles il comptait ; il aperçut un premier mouvement de jalousie parmi ce monde, moins inquiet que curieux peut-être de savoir quelle place prendrait une supériorité nouvelle, et ce qu'elle avalerait dans le partage général des produits de la presse. Finot, qui trouvait en Lucien une mine à exploiter ; Lousteau, qui croyait avoir des droits sur lui, furent les seuls que le poëte vit souriant.

Lousteau, qui avait déjà pris les allures d'un rédacteur en chef, frappa vivement aux carreaux du cabinet de Dauriat.

— Dans un moment, mon ami, lui répondit le libraire en levant la tête au-dessus des rideaux verts et en le reconnaissant.

Le moment dura une heure, après laquelle Lucien et son ami entrèrent dans le sanctuaire.

— Eh bien, avez-vous pensé à l'affaire de notre ami ? dit le nouveau rédacteur en chef.

— Certes, dit Dauriat en se penchant sultanesquement dans son fauteuil. J'ai parcouru le recueil, je l'ai fait lire à un homme de goût, à un bon juge, car je n'ai pas la prétention de m'y connaître. Moi, mon ami, j'achète la gloire toute faite comme cet Anglais achetait l'amour. Vous êtes aussi grand poëte que vous êtes joli garçon, mon petit, dit Dauriat. Foi d'honnête homme, je ne dis pas de libraire, remarquez ! vos sonnets sont magnifiques, on n'y sent pas le travail, ce qui est rare quand on a l'inspiration et de la verve. Enfin, vous savez rimer, une des qualités de la nouvelle école. Vos *Marguerites* sont un beau livre, mais ce n'est pas une affaire, et je ne peux m'occuper que de vastes entreprises. Par conscience, je ne veux pas prendre vos sonnets, il me serait impossible de les pousser, il n'y a pas assez à gagner pour faire les dépenses d'un succès. D'ailleurs vous ne continuerez pas la poésie, votre livre est un livre isolé. Vous êtes jeune, jeune homme ! vous m'apportez l'éternel recueil des premiers vers que font au sortir du collége tous les gens de lettres, auquel ils tiennent tout d'abord, et dont ils se moquent plus tard. Lousteau, votre ami, doit avoir un poëme caché dans ses vieilles chaussettes. N'as-tu pas un poëme auquel tu as cru, Lousteau ? dit Dauriat en jetant sur Étienne un fin regard de compère.

— Eh ! comment pourrais-je écrire en prose ? dit Lousteau.

— Eh bien, vous le voyez, il ne m'en a jamais parlé ; mais notre ami connaît la librairie et les affaires, reprit Dauriat. Pour moi, la question, dit-il en câlinant Lucien, n'est pas de savoir si vous êtes un grand poëte ; vous avez beaucoup, mais beaucoup de mérite ; si je commençais la librairie, je commettrais la faute de vous éditer. Mais d'abord, aujourd'hui, mes commanditaires et mes bailleurs de fonds me couperaient les vivres ; il suffit que j'y aie perdu plus de vingt mille francs l'année dernière pour qu'ils ne veuillent entendre à aucune poésie, et ils sont mes maîtres. Néanmoins la question n'est pas là. J'admets que vous soyez un grand poëte, serez-vous fécond ? Pondrez-vous régulièrement des sonnets ? Deviendrez-vous dix volumes ? serez-vous une affaire ? Eh bien, non, vous serez un délicieux prosateur ; vous avez trop d'esprit pour le gâter par des chevilles, vous avez à gagner trente mille francs par an dans les journaux, et vous ne les troquerez pas contre trois mille francs que vous donneront très-difficilement vos hémistiches, vos strophes et autres ficharades !

— Vous savez, Dauriat, que monsieur est du journal ? dit Lousteau.

— Oui, répondit Dauriat, j'ai lu son article ; et, dans son intérêt bien entendu, je lui refuse *les Marguerites !* Oui, monsieur, je vous aurai donné plus d'argent dans six mois d'ici pour les articles que j'irai vous demander que pour votre poésie invendable !

— Et la gloire ? s'écria Lucien.

Dauriat et Lousteau se mirent à rire.

— Dame ! dit Lousteau, ça conserve des illusions.

— La gloire, répondit Dauriat, c'est dix ans de persistance et une alternative de cent mille francs de perte ou de gain pour le libraire. Si vous trouvez des fous qui impriment vos poésies, dans un an d'ici vous aurez de l'estime pour moi en apprenant le résultat de leur opération.

— Vous avez là le manuscrit ? dit Lucien froidement.

— Le voici, mon ami, répondit Dauriat dont les façons avec Lucien s'étaient déjà singulièrement édulcorées.

Lucien prit le rouleau sans regarder l'état dans lequel était la ficelle, tant Dauriat avait l'air d'avoir lu *les Marguerites*. Il sortit avec Lousteau sans paraître ni consterné ni mécontent. Dauriat accompagna les deux amis dans la boutique en parlant de son journal et de celui de Lousteau. Lucien jouait négligemment avec le manuscrit des *Marguerites*.

— Tu crois que Dauriat a lu ou fait lire tes sonnets ? lui dit Étienne à l'oreille.

— Oui, dit Lucien.

— Regarde les scellés.

Lucien aperçut l'encre et la ficelle dans un état de conjonction parfaite.

— Quel sonnet avez-vous le plus particulièrement remarqué ? dit Lucien au libraire en pâlissant de colère et de rage.

— Ils sont tous remarquables, mon ami, répondit Dauriat, mais celui sur la marguerite est délicieux, il se termine par une pensée fine et délicate. Là, j'ai deviné le succès que votre prose doit obtenir. Aussi vous ai-je recommandé sur-le-champ à Finot. Faites-nous des articles, nous les payerons bien. Voyez-vous, penser à la gloire, c'est fort bien, mais n'oubliez pas le solide, et prenez tout ce qui se présentera. Quand vous serez riche, vous ferez des vers.

Le poëte sortit brusquement dans les galeries pour ne pas éclater ; il était furieux.

— Eh bien, enfant, dit Lousteau qui le suivit, sois donc calme, accepte les hommes pour ce qu'ils sont, des moyens. Veux-tu prendre ta revanche ?

— A tout prix, dit le poëte.

— Voici un exemplaire du livre de Nathan que Dauriat vient de me donner, la seconde édition paraît demain, relis

cet ouvrage et broche un article qui le démolisse. Félicien
Vernou ne peut souffrir Nathan dont le succès nuit, à ce
qu'il croit, au futur succès de son ouvrage. Une des ma-
nies de ces petits esprits est d'imaginer que sous le soleil
il n'y a pas place pour deux succès. Aussi fera-t-il mettre
ton article dans le grand journal auquel il travaille.

— Mais que peut-on dire contre ce livre ? Il est beau,
s'écria Lucien.

— Ah çà ! mon cher, apprends ton métier, dit en riant
Lousteau. Le livre, fût-il un chef-d'œuvre, doit devenir
sous ta plume une stupide niaiserie, une œuvre dangereuse
et malsaine.

— Mais comment ?

— Tu changeras les beautés en défauts.

— Je suis incapable d'un pareil tour de force.

— Mon cher, un journaliste est un acrobate, il faut t'habituer aux inconvénients de l'état. Tiens, je suis bon enfant, moi ! voici la manière de procéder en semblable
occurrence. Attention, mon petit ! Tu commenceras par
trouver l'œuvre belle, et tu peux t'amuser à écrire alors
ce que tu en penses. Le public se dira : Ce critique est sans
jalousie, il sera sans doute impartial. Dès lors le public
tiendra ta critique pour consciencieuse. Après avoir conquis l'estime de ton lecteur, tu regretteras d'avoir à blâ-
mer le système dans lequel de semblables livres vont faire
entrer la littérature française. La France, diras-tu, ne
gouverne-t-elle pas l'intelligence du monde entier ? Jusqu'aujourd'hui, de siècle en siècle, les écrivains français
maintenaient l'Europe dans la voie de l'analyse, de l'examen
philosophique, par la puissance du style et par la forme
originale qu'ils donnaient aux idées. Ici tu places, pour le
bourgeois, un éloge de Voltaire, de Rousseau, de Diderot,
de Montesquieu, de Buffon. Tu expliqueras combien en
France la langue est impitoyable, tu prouveras qu'elle est
un vernis étendu sur la pensée. Tu lâcheras des axiomes,

comme : Un grand écrivain en France est toujours un grand homme, il est tenu par la langue à toujours penser ; il n'en est pas ainsi dans les autres pays, etc. Tu démontreras ta proposition en comparant Rabener, un moraliste satirique allemand, à la Bruyère. Il n'y a rien qui pose un critique comme de parler d'un auteur étranger inconnu. Kant est le piédestal de Cousin. Une fois sur ce terrain, tu lances un mot qui résume et explique aux niais le système de nos hommes de génie du dernier siècle, en appelant leur littérature une *littérature idée*. Armé de ce mot, tu jettes tous les morts illustres à la tête des auteurs vivants. Tu expliques alors que de nos jours il se produit une nouvelle littérature où l'on abuse du dialogue (la plus facile de formes littéraires), et des descriptions qui dispensent de penser. Tu opposeras les romans de Voltaire, de Diderot, de Sterne, de Lesage, si substantiels, si incisifs, au roman moderne où tout se traduit par des images, et que Walter Scott a beaucoup trop *dramatisé*. Dans un pareil genre, il n'y a place que pour l'inventeur. Le roman à la Walter Scott est un genre et non un système, diras-tu. Tu foudroieras ce genre funeste où l'on délaye les idées, où elles sont passées au laminoir, genre accessible à tous les esprits, genre où chacun peut devenir auteur à bon marché, genre que tu nommeras enfin la *littérature imaginée*. Tu feras tomber cette argumentation sur Nathan, en démontrant qu'il est un imitateur et n'a que l'apparence du talent. Le grand style serré du dix-huitième siècle manque à son livre, tu prouveras que l'auteur y a substitué les événements aux sentiments. Le mouvement n'est pas la vie, le tableau n'est pas l'idée ! Lâche de ces sentences-là, le public les répète. Malgré le mérite de cette œuvre, elle te paraît alors fatale et dangereuse, elle ouvre les portes du temple de la Gloire à la foule, et tu feras apercevoir dans le lointain une armée de petits auteurs empressés d'imiter cette forme. Ici tu pourras te livrer dès lors à de tonnantes lamentations sur la décadence du goût, et tu glisseras l'éloge de messieurs Étienne, Jouy, Tissot, Gosse, Duval, Jay, Benjamin Constant, Aignan, Baour-Lormian, Villemain, les coryphées du parti libéral napoléonien, sous la protection desquels se trouve le journal de Vernou. Tu montreras cette glorieuse phalange résistant à l'invasion des romantiques, tenant pour l'idée et le style contre l'image et le bavardage, continuant l'école voltairienne et s'opposant à l'école anglaise et allemande, de même que les dix-sept orateurs de la gauche combattent pour la nation contre les ultras de la Droite. Protégé par ces noms révérés de l'immense majorité des Français qui seront toujours pour l'opposition de la Gauche, tu peux écraser Nathan dont l'ouvrage, quoique renfermant des beautés supérieures, donne en France droit de bourgeoisie à une littérature sans idées. Dès lors, il ne s'agit plus de Nathan ni de son livre, comprends-tu ? mais de la gloire de la France. Le devoir des plumes honnêtes et courageuses est de s'opposer vivement à ces importations étrangères. Là, tu flattes l'abonné. Selon toi, la France est une fine commère, il n'est pas facile de la surprendre. Si le libraire a par des raisons dans lesquelles tu ne peux pas entrer, escamoté un succès, le vrai public a bientôt fait justice des erreurs causées par les cinq cents niais qui composent son avant-garde. Tu diras qu'après avoir eu le bonheur de vendre une édition de ce livre, le libraire est bien audacieux d'en faire une seconde, et tu regretteras qu'un si habile éditeur connaisse si peu les instincts du pays. Voilà tes masses. Saupoudre-moi d'esprit ces raisonnements, relève-les par un petit filet de vinaigre, et Dauriat est frit dans la poêle aux articles. Mais n'oublie pas de terminer en ayant l'air de plaindre dans Nathan l'erreur d'un homme à qui, s'il quitte cette voie, la littérature contemporaine devra de belles œuvres.

Lucien fut stupéfait en entendant parler Lousteau : à la parole du journaliste, il lui tombait des écailles des yeux il découvrait des vérités littéraires qu'il n'avait même pas soupçonnées.

— Mais ce que tu me dis, s'écria-t-il, est plein de raison et de justesse.

— Sans cela, pourrais-tu battre en brèche le livre de Nathan ? dit Lousteau. Voilà, mon petit, une première forme d'article qu'on emploie pour démolir un ouvrage. C'est le pic du critique. Mais il y a bien d'autres formules ! ton éducation se fera. Quand tu seras obligé de parler absolument d'un homme que tu n'aimeras pas, quelquefois les propriétaires, les rédacteurs en chef d'un journal ont la main forcée, tu déploieras les négations de ce que nous appelons l'article de fonds. On met en tête de l'article, le titre du livre dont on veut que vous vous occupiez; on commence par des considérations générales dans lesquelles on peut parler des Grecs et des Romains, puis on dit à la fin : Ces considérations nous ramènent au livre de monsieur un tel, qui sera la matière d'un second article. Et le second article ne paraît jamais. On étouffe ainsi le livre entre deux promesses. Ici, tu ne fais pas un article contre Nathan, mais contre Dauriat; il faut un coup de pic. Sur un bel ouvrage, le pic n'entame rien, et il entre dans un mauvais livre jusqu'au cœur : au premier cas, il ne blesse que le libraire; et dans le second, il rend service au public. Ces formes de critique littéraire s'emploient également dans la critique politique.

La cruelle leçon d'Étienne ouvrait des cases dans l'imagination de Lucien qui comprit admirablement ce métier.

— Allons au journal, dit Lousteau, nous y trouverons nos amis, et nous conviendrons d'une charge à fond de train contre Nathan, et ça les fera rire, tu verras.

Arrivés rue Saint-Fiacre, ils montèrent ensemble à la mansarde où se faisait le journal, et Lucien fut aussi surpris que ravi de voir l'espèce de joie avec laquelle ses camarades convinrent de démolir le livre de Nathan. Hector

Merlin prit un carré de papier, et il écrivit ces lignes qu'il alla porter à son journal.

On annonce une seconde édition du livre de monsieur Nathan. Nous comptions garder le silence sur cet ouvrage, mais cette apparence du succès nous oblige à publier un article, moins sur l'œuvre que sur la tendance de la jeune littérature.

En tête des plaisanteries pour le numéro du lendemain, Lousteau mit cette phrase :

*** Le libraire Dauriat publie une seconde édition du livre de monsieur Nathan ? Il ne connaît donc pas le proverbe du palais : NON BIS IN IDEM ? *Honneur au courage malheureux !*

Les paroles d'Étienne avaient été comme un flambeau pour Lucien, à qui le désir de se venger de Dauriat tint lieu de conscience et d'inspiration. Trois jours après, pendant lesquels il ne sortit pas de la chambre de Coralie où il travaillait au coin du feu, servi par Bérénice et caressé dans ses moments de lassitude par l'attentive et silencieuse Coralie, Lucien mit au net un article critique d'environ trois colonnes, où il s'était élevé à une hauteur surprenante. Il courut au journal, il était neuf heures du soir, il y trouva les rédacteurs et leur lut son travail. Il fut écouté sérieusement. Félicien ne dit pas un mot, il prit le manuscrit et dégringola les escaliers.

— Que lui prend-il ? s'écria Lucien.

— Il porte ton article à l'imprimerie ! dit Hector Merlin, c'est un chef-d'œuvre où il n'y a ni un mot à retrancher, ni une ligne à ajouter.

— Il ne faut que te montrer le chemin ! dit Lousteau.

— Je voudrais voir la mine que fera Nathan demain en lisant cela, dit un autre rédacteur sur la figure duquel éclatait une douce satisfaction.

— Il faut être votre ami, dit Hector Merlin.

— C'est donc bien ? demanda vivement Lucien.

— Blondet et Vignon s'en trouveront mal, dit Lousteau.

— Voici, reprit Lucien, un petit article que j'ai broché pour vous, et qui peut, en cas de succès, fournir une série de compositions semblables.

— Lisez-nous cela, dit Lousteau.

Lucien leur lut alors un de ces délicieux articles qui firent la fortune de ce petit journal, et où en deux colonnes il peignait un des menus détails de la vie parisienne, une figure, un type, un événement normal, ou quelques singularités. Cet échantillon, intitulé : *les Passants de Paris* était écrit dans cette manière neuve et originale où la pensée résultait du choc des mots, où le cliquetis des adverbes et des adjectifs réveillait l'attention. Cet article était aussi différent de l'article grave et profond sur Nathan, que *les Lettres persanes* diffèrent de l'*Esprit des lois*.

— Tu es né journaliste, lui dit Lousteau. Cela passera demain, fais-en tant que tu voudras.

— Ah çà, dit Merlin, Dauriat est furieux des deux obus que nous lui avons lancés dans son magasin. Je viens de chez lui; il fulminait des imprécations, il s'emportait contre Finot qui lui disait t'avoir vendu son journal. Moi, je l'ai pris à part, et je lui ai coulé ces mots dans l'oreille:

— *Les Marguerites* vous coûteront cher ! Il vous arrive un homme de talent et vous l'envoyez promener quand nous l'accueillons à bras ouverts.

— Dauriat sera foudroyé par l'article que nous venons d'entendre, dit Lousteau à Lucien. Tu vois, mon enfant, ce qu'est le journal ? Mais ta vengeance marche! Le baron Châtelet est venu demander ce matin ton adresse, il y a eu ce matin un article sanglant contre lui, l'ex-beau a une tête faible, il est au désespoir. Tu n'as pas lu le journal ? l'article est drôle. Vois ! *Convoi du Héron pleuré par la Seiche*. Madame de Bargeton est décidément appelée l'*os de seiche* dans le monde et Châtelet n'est plus nommé que le *baron Héron*.

Lucien prit le journal et ne put s'empêcher de rire en lisant ce petit chef-d'œuvre de plaisanterie dû à Vernou.

— Ils vont capituler, dit Hector Merlin.

Lucien participa joyeusement à quelques-uns des bons mots et des traits avec lesquels on terminait le journal, en causant et fumant, en racontant les aventures de la journée, les ridicules des camarades ou quelques nouveaux détails sur leur caractère. Cette conversation éminemment moqueuse, spirituelle, méchante, mit Lucien au courant des mœurs et du personnel de la littérature.

— Pendant que l'on compose le journal, dit Lousteau, je vais aller faire un tour avec toi, te présenter à tous les contrôles et à toutes les coulisses des théâtres où tu as tes entrées ; puis nous irons retrouver Florine et Coralie au Panorama-Dramatique où nous *folichonnerons* avec elles dans leurs loges.

Tous deux donc, bras dessus, bras dessous, ils allèrent de théâtre en théâtre, où Lucien fut intronisé comme rédacteur, complimenté par les directeurs, lorgné par les actrices qui toutes avaient su l'importance qu'un seul article de lui venait de donner à Coralie et à Florine, engagées, l'une au Gymnase à douze mille francs par an, et l'autre à huit mille francs au Panorama. Ce fut autant de petites ovations qui grandirent Lucien à ses propres yeux et lui donnèrent la mesure de sa puissance. A onze heures, les deux amis arrivèrent au Panorama-Dramatique où Lucien eut un air dégagé qui fit merveille. Nathan y était, Nathan tendit la main à Lucien qui la prit et la serra.

— Ah çà ! mes maîtres, dit-il en regardant Lucien et Lousteau, vous voulez donc m'enterrer ?

— Attends donc à demain, mon cher, tu verras comment Lucien t'a empoigné ! Parole d'honneur, tu seras content. Quand la critique est aussi sérieuse que celle-là, un livre y gagne.

Lucien était rouge de honte.

— Est-ce dur ? demanda Nathan.

— C'est grave, dit Lousteau.

— Il n'y aura donc pas de mal ? reprit Nathan. Hector Merlin disait au foyer du Vaudeville que j'étais échiné.

— Laissez-le dire, et attendez, s'écria Lucien qui se sauva dans la loge de Coralie en suivant l'actrice au moment où elle quittait la scène dans son attrayant costume.

Le lendemain, au moment où Lucien déjeunait avec Coralie, il entendit un cabriolet dont le bruit net dans sa rue assez solitaire annonçait une élégante voiture, et dont le cheval avait cette allure déliée et cette manière d'arrêter qui trahit la race pure. De sa fenêtre, Lucien aperçut en effet le magnifique cheval anglais de Dauriat, et Dauriat qui tendait les guides à son groom avant de descendre.

— C'est le libraire, cria Lucien à sa maîtresse.

— Faites attendre, dit aussitôt Coralie à Bérénice.

Lucien sourit de l'aplomb de cette jeune fille qui s'identifiait si admirablement à ses intérêts, et revint l'embrasser avec une effusion vraie : elle avait eu de l'esprit. La promptitude de l'impertinent libraire, l'abaissement subit de ce prince des charlatans tenait à des circonstances presque entièrement oubliées, tant le commerce de la librairie s'est violemment transformé depuis quinze ans. De 1816 à 1827, époque à laquelle les cabinets littéraires, d'abord établis pour la lecture des journaux, entreprirent de donner à lire les livres nouveaux moyennant une rétribution, et où l'aggravation des lois fiscales sur la presse périodique fit créer l'Annonce, la librairie n'avait pas d'autres moyens de publication que les articles insérés ou dans les feuilletons ou dans le corps des journaux. Jusqu'en 1822, les journaux français paraissaient en feuilles d'une si médiocre étendue, que les grands journaux dépassaient à peine les dimensions des petits journaux d'aujourd'hui. Pour résister à la tyrannie des journalistes, Dauriat et Ladvocat, les premiers, inventèrent les affiches par lesquelles ils captèrent l'attention de Paris, en y déployant des caractères de fantaisie, des coloriages bizarres, des vignettes, et plus tard des lithographies qui firent de l'affiche un poëme pour les yeux et souvent une déception pour la bourse des amateurs. Les affiches devinrent si originales, qu'un de ces maniaques appelés *collectionneurs* possède un recueil complet des affiches parisiennes. Ce moyen d'annonce, d'abord restreint aux vitres des boutiques et aux étalages des boulevards, mais plus tard étendu à la France entière, fut abandonné pour l'annonce. Néanmoins l'affiche, qui frappe encore les yeux quand l'annonce et souvent l'œuvre sont oubliées, subsistera toujours, surtout depuis qu'on a trouvé le moyen de la peindre sur les murs. L'annonce, accessible à tous moyennant finances, et qui a converti la quatrième page des journaux en un champ aussi fertile pour le fisc que pour les spéculateurs, naquit sous les rigueurs du timbre, de la poste et des cautionnements. Ces restrictions inventées du temps de monsieur de Villèle, qui aurait pu tuer alors les journaux en les vulgarisant, créèrent au contraire des espèces de priviléges en rendant la fondation d'un journal presque impossible. En 1821, les journaux avaient donc droit de vie et de mort sur les conceptions de la pensée et sur les entreprises de la librairie. Une annonce de quelques lignes insérée aux faits-Paris se payait horriblement cher. Les intrigues étaient si multipliées au sein des bureaux de rédaction, et le soir sur le champ de bataille des imprimeries, à l'heure où la *mise en pages* décidait de l'admission ou du rejet de tel ou tel article, que les fortes maisons de librairie avaient à leur solde un homme de lettres pour rédiger ces petits articles où il fallait faire entrer beaucoup d'idées en peu de mots. Ces journalistes obscurs, payés seulement après l'insertion, restaient souvent pendant la nuit aux imprimeries pour voir mettre sous presse, soit les grands articles obtenus, Dieu sait comme ! soit ces quelques lignes qui prirent depuis le nom de *réclames*. Aujourd'hui, les mœurs de la littérature et de la librairie ont si fort changé, que beaucoup de gens traiteraient de fables les immenses efforts, les séductions, les lâchetés, les intrigues que la nécessité d'obtenir ces réclames inspirait aux libraires, aux auteurs, aux martyrs de la gloire, à tous les forçats condamnés au succès à perpétuité. Dîners, cajoleries, présents, tout était mis en usage auprès des journalistes. L'anecdote suivante expliquera mieux que toutes les assertions l'étroite alliance de la critique et de la librairie.

Un homme de haut style et visant à devenir homme d'État, dans ce temps-là jeune, galant et rédacteur d'un grand journal, devint le bien-aimé d'une fameuse maison de librairie. Un jour, un dimanche, à la campagne où l'opulent libraire fêtait les principaux rédacteurs des journaux, la maîtresse de la maison, alors jeune et jolie, emmena dans son parc l'illustre écrivain. Le premier commis, Allemand froid, grave et méthodique, ne pensant qu'aux affaires, se promenait un feuilletoniste sous le bras, en causant d'une entreprise sur laquelle il le consultait ; la causerie les mène hors du parc, ils atteignent les bois. Au fond d'un fourré, l'Allemand voit quelque chose qui ressemble à sa patrone ; il prend son lorgnon, fait signe au jeune rédacteur de se taire, de s'en aller, et retourne lui-même avec précaution sur ses pas. — Qu'avez-vous vu ? lui demanda l'écrivain. — Presque rien, répondit-il. Notre grand article passe. Demain nous aurons au moins trois colonnes aux *Débats*.

Un autre fait expliquera cette puissance des articles. Un ivre de monsieur de Châteaubriand sur le dernier des Stuarts était dans un magasin à l'état de rossignol. Un seul article écrit par un jeune homme dans le *Journal des Débats* fit vendre ce livre en une semaine. Par un temps où, pour lire un livre, il fallait l'acheter et non le louer, on débitait dix mille exemplaires de certains ouvrages libéraux vantés par toutes les feuilles de l'opposition ; mais aussi la contrefaçon belge n'existait pas encore. Les attaques préparatoires des amis de Lucien et son article avaient la vertu d'arrêter la vente du livre de Nathan. Nathan ne souffrait que dans son amour-propre, il n'avait rien à perdre, il était payé ; mais Dauriat pouvait perdre trente mille francs. En effet, le commerce de la librairie dite de *nouveautés* se résume dans ce théorème commercial : une rame de papier blanc vaut quinze francs ; imprimée, elle vaut, selon le succès, ou cent sous ou cent écus. Un article pour ou contre, dans ce temps-là, décidait souvent cette question financière. Dauriat, qui avait cinq cents rames à vendre, accourait donc pour capituler avec Lucien. De sultan, le libraire devenait esclave. Après avoir attendu pendant quelque temps en murmurant, en faisant le plus de bruit possible et parlementant avec Bérénice, il obtint de parler à Lucien. Ce fier libraire prit l'air riant des courtisans quand ils entrent à la cour, mais mêlé de suffisance et de bonhomie.

— Ne vous dérangez pas, mes chers amours ! dit-il. Sont-ils gentils, ces deux tourtereaux ! vous me faites l'effet de deux colombes ! Qui dirait, mademoiselle, que cet homme, qui a l'air d'une jeune fille, est un tigre à griffes d'acier qui vous déchire une réputation comme il doit déchirer vos peignoirs quand vous tardez à les ôter. Et il se mit à rire sans achever sa plaisanterie. Mon petit, dit-il en continuant et s'asseyant auprès de Lucien... Mademoiselle, je suis Dauriat, dit-il en s'interrompant.

Le libraire jugea nécessaire de lâcher le coup de pistolet de son nom, en ne se trouvant pas assez bien reçu par Coralie.

— Monsieur, avez-vous déjeuné, voulez-vous nous tenir compagnie? dit l'actrice.

— Mais oui, nous causerons mieux à table, répondit Dauriat. D'ailleurs, en acceptant votre déjeuner, j'aurai le droit de vous avoir à dîner avec mon ami Lucien, car nous devons maintenant être amis comme le gant et la main.

— Bérénice! des huîtres, des citrons, du beurre frais, et du vin de Champagne, dit Coralie.

— Vous êtes homme de trop d'esprit pour ne pas savoir ce qui m'amène, dit Dauriat en regardant Lucien.

— Vous venez acheter mon recueil de sonnets?

— Précisément, répondit Dauriat. Avant tout, déposons les armes de part et d'autre.

Il tira de sa poche un élégant portefeuille, prit trois billets de mille francs, les mit sur une assiette, et les offrit à Lucien d'un air courtisanesque en lui disant :

— Monsieur est-il content?

— Oui, dit le poëte qui se sentit inondé par une béatitude inconnue à l'aspect de cette somme inespérée.

Lucien se contint, mais il avait envie de chanter, de sauter, il croyait à la lampe merveilleuse, aux enchanteurs; il croyait enfin à son génie.

— Ainsi, *les Marguerites* sont à moi? dit le libraire. Mais vous n'attaquerez jamais aucune de mes publications.

— *Les Marguerites* sont à vous, mais je ne puis engager ma plume, elle est à mes amis, comme la leur est à moi.

— Mais enfin, vous devenez un de mes auteurs. Tous mes auteurs sont mes amis. Ainsi vous ne nuirez pas à mes affaires sans que je sois averti des attaques, afin que je puisse les prévenir.

— D'accord.

— A votre gloire! dit Dauriat en haussant son verre.

— Je vois bien que vous avez lu *les Marguerites*, dit Lucien.

Daurait ne se déconcerta pas.

— Mon petit, acheter *les Marguerites* sans les connaître est la plus belle flatterie que puisse se permettre un libraire. Dans six mois, vous serez un grand poëte ; vous aurez des articles, on vous craint, je n'aurai rien à faire pour vendre votre livre. Je suis aujourd'hui le même négociant d'il y a quatre jours. Ce n'est pas moi qui ai changé, mais vous : la semaine dernière, vos sonnets étaient pour moi comme des feuilles de choux, aujourd'hui votre position en a fait des *Messéniennes*.

— Eh bien, dit Lucien que le plaisir sultanesque d'avoir une belle maîtresse et que la certitude de son succès rendait railleur et adorablement impertinent, si vous n'avez pas lu mes sonnets, vous avez lu mon article.

— Oui, mon ami, sans cela serais-je venu si promptement ? Il est malheureusement très-beau, ce terrible article. Ah ! vous avez un immense talent, mon petit. Croyez-moi, profitez de la vogue, dit-il avec une bonhomie qui cachait la profonde impertince du mot. Mais avez-vous reçu le journal, l'avez-vous lu ?

— Pas encore, dit Lucien, et cependant voilà la première fois que je publie un grand morceau de prose ; mais Hector l'aura fait adresser chez moi, rue Charlot.

— Tiens, lis, dit Dauriat en imitant Talma dans *Manlius*.

Lucien prit la feuille que Coralie lui arracha.

— A moi les prémices de votre plume, vous savez bien, dit-elle en riant.

Dauriat fut étrangement flatteur et courtisan, il craignait Lucien, il l'invita donc avec Coralie à un grand dîner qu'il donnait aux journalistes vers la fin de la semaine. Il emporta le manuscrit des *Marguerites* en disant à *son* poëte de passer quand il lui plairait aux galeries de Bois pour signer le traité qu'il tiendrait prêt. Toujours fidèle aux façons royales par lesquelles il essayait d'en imposer aux gens superficiels, et de passer plutôt pour un Mécène que pour un libraire, il laissa les trois mille francs sans en prendre de reçu, refusa la quittance offerte par Lucien en faisant un geste de nonchalance, et partit en baisant la main à Coralie.

— Eh bien, mon amour, aurais-tu vu beaucoup de ces chiffons-là, si tu étais resté dans ton trou de la rue de Cluny à marauder dans tes bouquins de la bibliothèque Sainte-Geneviève? dit Coralie à Lucien qui lui avait raconté toute son existence. Tiens, tes petits amis de la rue des Quatre-Vents me font l'effet d'être de grands *jobards!*

Ses frères du cénacle étaient des jobards! et Lucien entendit cet arrêt en riant. Il avait lu son article imprimé, il venait de goûter cette ineffable joie des auteurs, ce premier plaisir d'amour-propre qui ne caresse l'esprit qu'une seule fois. En lisant et relisant son article, il en sentait mieux la portée et l'étendue. L'impression est aux manuscrits ce que le théâtre est aux femmes, elle met en lumière les beautés et les défauts; elle tue aussi bien qu'elle fait vivre ; une faute saute alors aux yeux aussi vivement que les belles pensées. Lucien enivré ne songeait plus à Nathan, Nathan était son marchepied, il nageait dans la joie, il se voyait riche. Pour un enfant qui naguère descendait modestement les rampes de Beaulieu à Angoulême, revenait à l'Houmeau dans le grenier de Postel où toute la famille vivait avec douze cents francs par an, la somme apportée par Dauriat était le Potose. Un souvenir, bien vif encore, mais que les continuelles jouissances de la vie parisienne devaient éteindre, le ramena sur la place du Mûrier. Il se rappela sa belle, sa noble sœur Ève, son David et sa pauvre mère ; aussitôt il envoya Bérénice aux messageries en craignant de ne pouvoir, s'il tardait, donner les cinq cents francs qu'il adressait à sa mère. Pour lui, pour Coralie, cette restitution paraissait être une bonne action. L'actrice embrassa Lucien, elle le trouva le modèle des fils

et des frères, elle le combla de caresses, car ces sortes de
traits enchantent ces bonnes filles qui toutes ont le cœur
sur la main.

— Nous avons maintenant, lui dit-elle, un dîner tous les
jours pendant une semaine, nous allons faire un petit car-
naval, tu as bien assez travaillé.

Coralie, en femme qui voulait jouir de la beauté d'un
homme que toutes les femmes allaient lui envier, le ramena chez Staub; elle ne trouvait pas Lucien assez bien
habillé. De là, les deux amants allèrent au bois de Boulogne et revinrent dîner chez madame du Val-Noble où Lucien trouva Rastignac, Bixiou, des Lupeaulx, Finot, Blondet, Vignon, le baron de Nucingen, Beaudenord, Philippe
Bridau, Conti le grand musicien, tout le monde des artistes, des spéculateurs, des gens qui veulent opposer de
grandes émotions à de grands travaux, et qui tous accueil-
lirent Lucien à merveille. Lucien, sûr de lui, déploya son
esprit comme s'il n'en faisait pas commerce, et fut pro-
clamé *homme fort*, éloge alors à la mode entre ces demi-
camarades.

— Oh ! il faudra voir ce qu'il a dans le ventre, dit Théodore Gaillard à l'un des poëtes protégés par la cour qui
songeait à fonder un petit journal royaliste appelé plus
tard le RÉVEIL.

Après le dîner, les deux journalistes accompagnèrent
leurs maîtresses à l'Opéra, où Merlin avait une loge, et où
toute la compagnie se rendit. Ainsi Lucien reparut triomphant là où, quelques mois auparavant, il était lourdement
tombé. Il se produisit au foyer, donnant le bras à Merlin et
à Blondet, regardant en face les dandies qui naguère l'a-
vaient mystifié. Il tenait Châtelet sous ses pieds ! De Marsay, Vandenesse, Manerville, les lions de cette époque,
échangèrent alors quelques airs insolents avec lui. Certes,
il avait été question du beau, de l'élégant Lucien dans la
loge de madame d'Espard, où Rastignac fit une longue vi-

site, car la marquise et madame de Bargeton lorgnèrent Coralie. Lucien excitait-il un regret dans le cœur de madame de Bargeton ? Cette pensée préoccupa le poëte : en voyant la Corinne d'Angoulême, un désir de vengeance agitait son cœur comme au jour où il avait essuyé le mépris de cette femme et de sa cousine aux Champs-Élysées.

— Êtes-vous venu de votre province avec une amulette ? dit Blondet à Lucien en entrant, quelques jours après, vers onze heures, chez Lucien qui n'était pas encore levé. Sa beauté, dit-il en montrant Lucien à Coralie qu'il baisa au front, fait des ravages depuis la cave jusqu'au grenier, en haut, en bas. Je viens vous mettre en réquisition, mon cher, dit-il en serrant la main au poëte : hier, aux Italiens, madame la comtesse de Montcornet a voulu que je vous présentasse chez elle. Vous ne refuserez pas une femme charmante, jeune, et chez qui vous trouverez l'élite du beau monde ?

— Si Lucien est gentil, dit Coralie, il n'ira pas chez votre comtesse. Qu'a-t-il besoin de traîner sa cravate dans le monde ? Il s'y ennuierait.

— Voulez-vous le tenir en charte privée ? dit Blondet. Êtes-vous jalouse des femmes comme il faut ?

— Oui, s'écria Coralie, elles sont pires que nous.

— Comment le sais-tu, ma petite chatte ? dit Blondet.

— Par leurs maris, répondit-elle. Vous oubliez que j'ai eu de Marsay pendant six mois.

— Croyez-vous, mon enfant, dit Blondet, que je tienne beaucoup à introduire chez madame de Montcornet un homme aussi beau que le vôtre ? Si vous vous y opposez, prenons que je n'ai rien dit. Mais il s'agit moins, je crois, de femme que d'obtenir paix et miséricorde de Lucien à propos d'un pauvre diable, le plastron de son journal. Le baron Châtelet a la sottise de prendre des articles au sérieux. La marquise d'Espard, madame de Bargeton et le salon de la comtesse de Montcornet s'intéressent au Héron, et j'ai promis de réconcilier Laure et Pétrarque.

— Ah! s'écria Lucien dont toutes les veines reçurent un sang plus frais et qui sentit l'enivrante jouissance de la vengeance satisfaite, j'ai donc le pied sur leur ventre! Vous me faites adorer ma plume, adorer mes amis, adorer la fatale puissance de la presse. Je n'ai pas encore fait d'article sur la Seiche et le Héron. J'irai, mon petit, dit-il en prenant Blondet par la taille, oui, j'irai, mais quand ce couple aura senti le poids de cette chose si légère! Il prit la plume avec laquelle il avait écrit l'article sur Nathan et la brandit. Demain je leur lance deux petites colonnes à la tête. Après, nous verrons. Ne t'inquiète de rien, Coralie; il ne s'agit pas d'amour, mais de vengeance, et je la veux complète.

— Voilà un homme! dit Blondet. Si tu savais, Lucien, combien il est rare de trouver une explosion semblable dans le monde blasé de Paris, tu pourrais t'apprécier. Tu seras un fier drôle, dit-il en se servant d'une expression un peu plus énergique, tu es dans la voie qui mène au pouvoir.

— Il arrivera, dit Coralie.

— Mais il a déjà fait bien du chemin en six semaines.

— Et quand il ne sera séparé de quelque sceptre que par l'épaisseur d'un cadavre, il pourra se faire un marche-pied du corps de Coralie.

— Vous vous aimez comme au temps de l'âge d'or, dit Blondet. Je te fais mon compliment sur ton grand article, reprit-il en regardant Lucien, il est plein de choses neuves. Te voilà passé maître.

Lousteau vint avec Hector Merlin et Vernou voir Lucien, qui fut prodigieusement flatté d'être l'objet de leurs attentions. Félicien apportait cent francs à Lucien pour le prix de son article. Le journal avait senti la nécessité de rétribuer un travail si bien fait, afin de s'attacher l'auteur. Co-

ralie, en voyant ce chapitre de journalistes, avait envoyé
commander un déjeuner au Cadran-Bleu, le restaurant le
plus voisin · elle les invita tous à passer dans sa belle salle
à manger quand Bérénice vint lui dire que tout était prêt.
Au milieu du repas, quand le vin de Champagne eut monté
toutes les têtes, la raison de la visite que faisaient à Lucien
ses camarades se dévoila.

— Tu ne veux pas, lui dit Lousteau, te faire un ennemi
de Nathan ? Nathan est journaliste, il a des amis, il te
jouerait un mauvais tour à ta première publication. N'as-
tu pas *l'Archer de Charles IX* à vendre ? Nous avons vu
Nathan ce matin, il est au désespoir ; mais tu vas lui faire
un article où tu lui seringueras des éloges par la figure.

— Comment ! après mon article contre son livre, vous
voulez... demanda Lucien.

Émile Blondet, Hector Merlin, Étienne Lousteau, Félicien
Vernou, tous interrompirent Lucien par un éclat de rire.

— Tu l'as invité à souper ici pour après-demain ! lui dit
Blondet.

— Ton article, lui dit Lousteau, n'est pas signé. Félicien,
qui n'est pas si neuf que toi, n'a pas manqué d'y mettre
au bas un C, avec lequel tu pourras désormais signer tes
articles dans son journal, qui est Gauche pure. Nous sommes tous de l'opposition. Félicien a eu la délicatesse de ne
pas engager tes futures opinions. Dans la boutique d'Hector, dont le journal est Centre droit, tu pourras signer par
un L. On est anonyme pour l'attaque, mais on signe très-
bien l'éloge.

— Les signatures ne m'inquiètent pas, dit Lucien ; mais
je ne vois rien à dire en faveur du livre.

— Tu pensais donc ce que tu as écrit ? dit Hector à Lucien.

— Oui.

— Ah ! mon petit, dit Blondet, je te croyais plus fort !
Non, ma parole d'honneur, en regardant ton front, je te

douais d'une omnipotence semblable à celle des grands
esprits, tous assez puissamment constitués pour pouvoir
considérer toute chose dans sa double forme. Mon petit, en
littérature, chaque idée a son envers et son endroit; personne ne peut prendre sur lui d'affirmer quel est l'envers.
Tout est bilatéral dans le domaine de la pensée. Les idées
sont binaires. Janus est le mythe de la critique et le symbole du génie. Il n'y a que Dieu de triangulaire ! Ce qui
met Molière et Corneille hors ligne, n'est-ce pas la faculté
de faire dire *oui* à Alceste et *non* à Philinte, à Octave et à
Cinna ? Rousseau, dans la *Nouvelle Héloïse*, a écrit une lettre pour et une lettre contre le duel, oserais-tu prendre
sur toi de déterminer sa véritable opinion ? Qui de nous
pourrait prononcer entre Clarisse et Lovelace, entre Hector
et Achille ? Quel est le héros d'Homère ? quelle fut l'intention de Richardson ? La critique doit contempler les œuvres
sous tous leurs aspects. Enfin nous sommes de grands rap-
porteurs.

— Vous tenez donc à ce que vous écrivez ? lui dit Vernou
d'un air railleur. Mais nous sommes des marchands de
phrases, et nous vivons de notre commerce. Quand vous
voudrez faire une grande et belle œuvre, un livre enfin,
vous pourrez y jeter vos pensées, votre âme, vous y attacher, le défendre; mais des articles lus aujourd'hui,
oubliés demain, ça ne vaut à mes yeux que ce qu'on les
paye. Si vous mettez de l'importance à de pareilles stupidités, vous ferez donc le signe de la croix et vous invo-
querez l'Esprit saint pour écrire un prospectus ?

Tous parurent étonnés de trouver à Lucien des scrupules
et achevèrent de mettre en lambeaux sa robe prétexte pour
lui passer la robe virile des journalistes.

— Sais-tu par quel mot s'est consolé Nathan après avoir
lu ton article ? dit Lousteau.

— Comment le saurais-je ?

— Nathan s'est écrié : « Les petits articles passent, les

grands ouvrages restent ! » Cet homme viendra souper ici
dans deux jours, il doit se prosterner à tes pieds, baiser
ton ergot, et te dire que tu es un grand homme.

— Ce serait drôle, dit Lucien.

— Drôle ! reprit Blondet, c'est nécessaire.

— Mes amis, je veux bien, dit Lucien un peu gris, mais
comment faire ?

— Eh bien, dit Lousteau, écris pour le journal de Merlin trois belles colonnes où tu te réfuteras toi-même. Après
avoir joui de la fureur de Nathan, nous venons de lui dire
qu'il nous devrait bientôt des remercîments pour la polémique serrée à l'aide de laquelle nous allions faire enlever
son livre en huit jours. Dans ce moment-ci tu es, à ses
yeux, un espion, une canaille, un drôle ; après-demain tu
seras un grand homme, une tête forte, un homme de Plutarque ! Nathan t'embrassera comme son meilleur ami.
Dauriat est venu, tu as trois billets de mille francs ; le tour
est fait. Maintenant il te faut l'estime et l'amitié de Nathan.
Il ne doit y avoir d'attrapé que le libraire. Nous ne devons
immoler et poursuivre que nos ennemis. S'il s'agissait
d'un homme qui eût conquis un nom sans nous, d'un talent incommode et qu'il fallût annuler, nous ne ferions
pas de réplique semblable ; mais Nathan est un de nos
amis, Blondet l'avait fait attaquer dans le *Mercure* pour se
donner le plaisir de répondre dans les *Débats*. Aussi la première édition du livre s'est-elle enlevée !

— Mes amis, foi d'honnête homme, je suis incapable
d'écrire deux mots d'éloge sur ce livre...

— Tu auras encore cent francs, dit Merlin, Nathan
t'aura déjà rapporté dix louis, sans compter un article que
tu peux faire dans la revue de Finot, et qui te sera payé
cent francs par Dauriat et cent francs par la revue : total,
vingt louis !

— Mais que dire ? demanda Lucien.

— Voici comment tu peux t'en tirer, mon enfant, répondit Blondet en se recueillant. L'envie, qui s'attache à toutes les belles œuvres comme le ver aux bons fruits, a essayé de mordre sur ce livre, diras-tu. Pour y trouver des défauts, la critique a été forcée d'inventer des théories à propos de ce livre, de distinguer deux littératures : celle qui se livre aux idées et celle qui s'adonne aux images. Là, mon petit, tu diras que le dernier degré de l'art littéraire est d'empreindre l'idée dans l'image. En essayant de prouver que l'image est toute la poésie, tu te plaindras du peu de poésie que comporte notre langue, tu parleras des reproches que nous font les étrangers sur le *positivisme* de notre style, et tu loueras M. de Canalis et Nathan des services qu'ils rendent à la France en déproïsant son langage. Accable ta précédente argumentation en faisant voir que nous sommes en progrès sur le dix-huitième siècle. Invente le *progrès* (une admirable mystification à faire aux bourgeois)! Notre jeune littérature procède par tableaux où se concentrent tous les genres, la comédie et le drame, les descriptions, les caractères, le dialogue, sertis par les nœuds brillants d'une intrigue intéressante. Le roman, qui veut le sentiment, le style et l'image, est la création moderne la plus immense. Il succède à la comédie qui, dans les mœurs modernes, n'est plus possible avec ses vieilles lois. Il embrasse le fait et l'idée dans ses inventions qui exigent et l'esprit de la Bruyère et sa morale incisive, les caractères traités comme l'entendait Molière, les grandes machines de Shakspeare et la peinture des nuances les plus délicates de la passion, unique trésor que nous aient laissé nos devanciers. Aussi le roman est-il bien supérieur à la discussion froide et mathématique, à la sèche analyse du dix-huitième siècle. Le roman, diras-tu sentencieusement, est une épopée amusante. Cite Corinne, appuie-toi sur madame de Staël. Le dix-huitième siècle a tout mis en question, le dix-neuvième est chargé de conclure : aussi conclut-il par des réalités ; mais par des réalités qui vivent et qui marchent; enfin il met en joue la passion, élément inconnu à Voltaire. Tirade contre Voltaire. Quant à Rousseau, il n'a fait qu'habiller des raisonnements et des systèmes. Julie et Claire sont des entéléchies, elles n'ont ni chair ni os. Tu peux démancher sur ce thème et dire que nous devons à la paix, aux Bourbons, une littérature jeune et originale, car tu écris dans un journal Centre droit. Moque-toi des faiseurs de systèmes. Enfin tu peux t'écrier par un beau mouvement : Voilà bien des erreurs, bien des mensonges chez notre confrère ? et pourquoi ? pour déprécier une belle œuvre, pour tromper le public et arriver à cette conclusion : Un livre qui se vend ne se vend pas. *Proh pudor !* lâche *Proh pudor !* ce juron honnête anime le lecteur. Enfin annonce la décadence de la critique ! Conclusion : il n'y a qu'une seule littérature, celle des livres amusants. Nathan est entré dans une voie nouvelle, il a compris son époque et répond à ses besoins. Le besoin de l'époque est le drame. Le drame est le vœu d'un siècle où la politique est un mimodrame perpétuel. N'avons-nous pas vu en vingt ans, diras-tu, les quatre drames de la Révolution, du Directoire, de l'Empire et de la Restauration? De là, tu roules dans le dithyrambe de l'éloge, et la seconde édition s'enlève. Voici comme : samedi prochain, tu feras une feuille dans notre revue, et tu la signeras DE RUBEMPRÉ en toutes lettres. Dans ce dernier article, tu diras : Le propre des belles œuvres est de soulever d'amples discussions. Cette semaine, tel journal a dit telle chose du livre de Nathan, tel autre lui a vigoureusement répondu. Tu critiques les deux critiques *C.* et *L.*, tu me dis en passant une politesse à propos du premier article que j'ai fait aux *Débats*, et tu finis en affirmant que l'œuvre de Nathan est le plus beau livre de l'époque. C'est comme si tu ne disais rien, on dit cela de tous les livres. Tu auras gagné quatre cents francs dans ta semaine, outre le plaisir d'écrire la vérité quelque part. Les gens sensés donneront raison ou à C, ou à L, où à Rubempré, peut-être à tous trois! La mythologie, qui certes est une des plus grandes inventions humaines, a mis la Vérité dans le fond d'un puits, ne faut-il pas des seaux pour l'en tirer? tu en auras donné trois pour un au public. Voilà, mon enfant. Marche!

Lucien fut étourdi, Blondet l'embrassa sur les deux joues en lui disant : — Je vais à ma boutique.

Chacun s'en alla à sa boutique. Pour ces hommes forts, le journal n'était qu'une boutique. Tous devaient se revoir le soir aux galeries de Bois, où Lucien irait signer son traité chez Dauriat. Florine et Lousteau, Lucien et Coralie, Blondet et Finot dînaient au Palais-Royal, ou Du Bruel traitait le directeur du Panorama-Dramatique.

— Ils ont raison! s'écria Lucien quand il fut seul avec Coralie, les hommes doivent être des moyens entre les mains des gens forts. Quatre cents francs pour trois articles! Doguereau me les donnait à peine pour un livre qui m'a coûté deux ans de travail.

— Fais de la critique, dit Coralie, amuse-toi! Est-ce que je ne suis pas ce soir en Andalouse? demain ne me mettrai-je pas en bohémienne, un autre jour en homme? Fais comme moi, donne-leur des grimaces pour leur argent, et vivons heureux.

Lucien, épris du paradoxe, fit monter son esprit sur ce mulet capricieux, fils de Pégase et de l'ânesse de Balaam. Il se mit à galoper dans les champs de la pensée pendant sa promenade au bois, et découvrit des beautés originales dans la thèse de Blondet. Il dîna comme dînent les gens heureux, il signa chez Dauriat un traité par lequel il lui cédait en toute propriété le manuscrit des *Marguerites*, sans y apercevoir aucun inconvénient; puis il alla faire un tour au journal, où il brocha deux colonnes, et revint rue de Vendôme. Le lendemain matin, il se trouva que les idées de la veille avaient germé dans sa tête, comme il arrive chez tous les esprits pleins de séve dont les facultés ont encore peu servi. Lucien éprouva du plaisir à méditer ce nouvel article, il s'y mit avec ardeur. Sous sa plume se rencontrèrent les beautés que fait naître la contradiction. Il fut spirituel et moqueur, il s'éleva même à des considérations neuves sur le sentiment et l'image en littérature. Ingénieux et fin, il retrouva, pour louer Nathan, ses premières impressions à la lecture du livre au cabinet littéraire de la cour du Commerce. De sanglant et âpre critique, de moqueur comique, il devint poëte en quelques phrases finales qui se balancèrent majestueusement comme un encensoir chargé de parfums vers l'autel.

— Cent francs, Coralie ! dit-il en montrant les huit feuillets de papier écrits pendant qu'elle s'habillait.

Dans la verve où il était, il fit à petites plumées l'article terrible promis à Blondet contre Châtelet et madame de Bargeton. Il goûta pendant cette matinée l'un des plaisirs secrets les plus vifs des journalistes, celui d'aiguiser l'épigramme, d'en polir la lame froide qui trouve sa gaîne dans le cœur de la victime, et de sculpter le manche pour les lecteurs. Le public admire le travail spirituel de cette poignée, il n'y entend pas malice, il ignore que l'acier du bon mot altéré de vengeance barbote dans un amour-propre fouillé savamment, blessé de mille coups. Cet horrible plaisir, sombre et solitaire, dégusté sans témoins, est comme un duel avec un absent, tué à distance avec le tuyau d'une plume, comme si le journaliste avait la puissance fantastique accordée aux désirs de ceux qui possèdent des talismans dans les contes arabes L'épigramme est l'esprit de la haine, de la haine qui hérite de toutes les mauvaises passions de l'homme, de même que l'amour concentre toutes ses bonnes qualités. Aussi n'est-il pas d'homme qui ne soit spirituel en se vengeant, par la raison qu'il n'en est pas un à qui l'amour ne donne des jouissances. Malgré la facilité, la vulgarité de cet esprit en France, il est toujours bien accueilli. L'article de Lucien devait mettre et mit le comble à la réputation de malice et de méchanceté du journal ; il entra jusqu'au fond de deux cœurs, il blessa grièvement madame de Bargeton, son ex-Laure, et le baron Châtelet, son rival.

— Eh bien, allons faire une promenade au Bois, les chevaux sont mis, et ils piaffent, lui dit Coralie ; il ne faut pas se tuer.

— Portons l'article sur Nathan chez Hector. Décidément le journal est comme la lance d'Achille qui guérissait les blessures qu'elle avait faites, dit Lucien en corrigeant quelques expressions.

Les deux amants partirent et se montrèrent dans leur splendeur à ce Paris qui, naguère, avait renié Lucien, et qui maintenant commençait à s'en occuper. Occuper Paris de soi quand on a compris l'immensité de cette ville et la difficulté d'y être quelque chose, cause d'enivrantes jouissances qui grisèrent Lucien.

— Mon petit, dit l'actrice, passons chez ton tailleur presser tes habits ou les essayer s'ils sont prêts. Si tu vas chez tes belles madames, je veux que tu effaces ce monstre de de Marsay, le petit Rastignac, les Ajuda-Pinto, les Maxime de Trailles, les Vandenesse, enfin tous les élégants. Songe que ta maîtresse est Coralie ! Mais ne me fais pas de traits, hein ?

Deux jours après, la veille du souper offert par Lucien et Coralie à leurs amis, l'Ambigu donnait une pièce nouvelle dont le compte devait être rendu par Lucien. Après leur dîner, Lucien et Coralie allèrent à pied de la rue de Vendôme au Panorama-Dramatique, par le boulevard du Temple du côté du café Turc, qui, dans ce temps-là, était un lieu de promenade en faveur. Lucien entendit vanter son bonheur et la beauté de sa maîtresse. Les uns disaient que Coralie était la plus belle femme de Paris, les autres trouvaient Lucien digne d'elle. Le poëte se sentit dans son milieu. Cette vie était sa vie. Le cénacle, à peine l'apercevait-il. Ces grands esprits qu'il admirait tant deux mois auparavant, il se demandait s'ils n'étaient pas un peu niais avec leurs idées et leur puritanisme. Le mot de jobards, dit insouciamment par Coralie, avait germé dans l'esprit de Lucien et portait déjà ses fruits. Il mit Coralie dans sa loge, flâna dans les coulisses du théâtre où il se promenait en sultan, où toutes les actrices le caressaient par des regards brûlants et par des mots flatteurs.

— Il faut que j'aille à l'Ambigu faire mon métier, dit-il.

A l'Ambigu, la salle était pleine. Il ne s'y trouva pas de place pour Lucien. Lucien alla dans les coulisses et se plaignit amèrement de ne pas être placé. Le régisseur, qui ne le connaissait pas encore, lui dit qu'on avait envoyé deux loges à son journal, et l'envoya promener.

— Je parlerai de la pièce selon ce que j'en aurai entendu, dit Lucien d'un air piqué.

— Êtes-vous bête ? dit la jeune première au régiss c'est l'amant de Coralie !

Aussitôt le régisseur se retourna vers Lucien et lui

— Monsieur je vais parler au directeur.

Ainsi les moindres détails prouvaient à Lucien l'imi sité du pouvoir du journal et caressaient sa vanité directeur vint et obtint du duc de Rhétoré et de Tulli premier sujet, qui se trouvaient dans une loge d'av scène, de prendre Lucien avec eux. Le duc y consent reconnaissant Lucien.

— Vous avez réduit deux personnes au désespoir, l le jeune homme en lui parlant du baron Châtelet et de madame de Bargeton.

— Que sera-ce donc demain ? dit Lucien. Jusqu'à présent mes amis se sont portés contre eux en voltigeurs, mais je tire à boulet rouge cette nuit. Demain, vous verrez pourquoi nous nous moquons de Potelet. L'article est intitulé :

Potelet de 1811 à Potelet de 1821. Châtelet sera le type des gens qui ont renié leur bienfaiteur en se ralliant aux Bourbons. Après avoir fait sentir tout ce que je puis, j'irai chez madame de Montcornet.

Lucien eut avec le jeune duc une conversation étincelante d'esprit; il était jaloux de prouver à ce grand seigneur combien mesdames d'Espard et de Bargeton s'étaient grossièrement trompées en le méprisant; mais il montra le bout de l'oreille en essayant d'établir ses droits à porter le nom de Rubempré, quand, par malice, le duc de Rhétoré l'appela Chardon.

— Vous devriez, lui dit le duc, vous faire royaliste. Vous vous êtes montré homme d'esprit, soyez maintenant homme de bon sens. La seule manière d'obtenir une ordonnance du roi qui vous rende le titre et le nom de vos ancêtres maternels, est de le demander en récompense des services que vous rendrez au château. Les libéraux ne vous feront jamais comte ! Voyez-vous, la Restauration finira par avoir raison de la presse, la seule puissance à craindre. On a trop attendu, elle devrait être muselée. Profitez de ses derniers moments de liberté pour vous rendre redoutable. Dans quelques années, un nom et un titre seront en France des richesses plus sûres que le talent. Vous pouvez ainsi tout avoir : esprit, noblesse, et beauté, vous arriverez à tout. Ne soyez donc en ce moment libéral que pour vendre avec avantage votre royalisme.

Le duc pria Lucien d'accepter l'invitation à dîner que devait lui envoyer le ministre avec lequel il avait soupé chez Florine. Lucien fut en un moment séduit par les réflexions du gentilhomme, et charmé de voir s'ouvrir devant lui les portes des salons d'où il se croyait à jamais banni quelques mois auparavant. Il admira le pouvoir de la pensée. La presse et l'intelligence étaient donc le moyen de la société présente. Lucien comprit que peut-être Lousteau se repentait de lui avoir ouvert les portes du temple, il sen-

tait déjà pour son propre compte la nécessité d'opposer
des barrières difficiles à franchir aux ambitions de ceux
qui s'élançaient de la province vers Paris. Un poëte serait
venu vers lui comme s'il s'était jeté dans les bras d'Étienne,
il n'osait se demander quel accueil il lui ferait. Le jeune
duc aperçut chez Lucien les traces d'une méditation profonde et ne se trompa point en en cherchant la cause : il
avait découvert à cet ambitieux, sans volonté fixe, mais
non sans désir, tout l'horizon politique comme les journalistes lui avaient montré en haut du temple, ainsi que le
démon à Jésus, le monde littéraire et ses richesses. Lucien
ignorait la petite conspiration ourdie contre lui par les gens
que blessait en ce moment le journal, et dans laquelle
M. de Rhétoré trempait. Le jeune duc avait effrayé la
société de madame d'Espard en leur parlant de l'esprit de
Lucien. Chargé par madame de Bargeton de sonder le
journaliste, il avait espéré le rencontrer à l'Ambigu-Comique. Ni le monde, ni les journalistes n'étaient profonds, ne
croyez pas à des trahisons ourdies. Ni l'un ni les autre ils
n'arrêtent de plan ; leur machiavélisme va pour ainsi dire
au jour le jour, et consiste à toujours être là prêts à tout,
prêts à profiter du mal comme du bien, à épier les moments où la passion leur livre un homme. Pendant le souper de Florine, le jeune duc avait reconnu le caractère de
Lucien, il venait de le prendre par ses vanités, et s'essayait
sur lui à devenir diplomate. Lucien, la pièce jouée, courut
à la rue Saint-Fiacre y faire son article sur la pièce. Sa critique fut, par calcul, âpre et mordante ; il se plut à essayer
son pouvoir. Le mélodrame valait mieux que celui du Panorama-Dramatique ; mais il voulait savoir s'il pouvait,
comme on le lui avait dit, tuer une bonne et faire réussir
une mauvaise pièce. Le lendemain, en déjeunant avec
Coralie, il déplia le journal, après lui avoir dit qu'il y éreint-
tait l'Ambigu-Comique. Lucien ne fut pas médiocrement
étonné de lire, après son article sur madame de Bargeton

et sur Châtelet, un compte rendu de l'Ambigu si bien édul-
coré durant la nuit, que, tout en conservant sa spirituelle
analyse, il en sortait une conclusion favorable. La pièce
devait remplir la caisse du théâtre. Sa fureur ne saurait se
décrire ; il se proposa de dire deux mots à Lousteau. Il se
croyait déjà nécessaire, et se promettait de ne pas se laisser
dominer, exploiter comme un niais. Pour établir définiti-
vement sa puissance, il écrivit l'article où il résumait et
balançait toutes les opinions émises à propos du livre de
Nathan pour la revue de Dauriat et de Finot. Puis, une
fois monté, il brocha l'un de ses articles *Variétés* dus au
petit journal. Dans leur première effervescence, les jeunes
journalistes pondent des articles avec amour et livrent
ainsi très-imprudemment toutes leurs fleurs. Le directeur
du Panorama-Dramatique donnait la première représentation d'un vaudeville, afin de laisser à Florine et à Coralie
leur soirée. On devait jouer avant le souper. Lousteau vint
chercher l'article de Lucien, fait d'avance sur cette petite
pièce, dont il avait vu la répétition générale, afin de n'a-
voir aucune inquiétude relativement à la composition du
numéro. Quand Lucien lui eut lu l'un de ces petits charmants articles sur les particularités parisiennes, qui firent
la fortune du journal, Étienne l'embrassa sur les deux yeux
et le nomma la providence des journaux.

— Pourquoi donc t'amuses-tu à changer l'esprit de mes
articles? dit Lucien qui n'avait fait ce brillant article que
pour donner plus de force à ses griefs.

— Moi ! s'écria Lousteau.

— Eh bien, qui donc a changé mon article ?

— Mon cher, répondit Étienne en riant, tu n'es pas encore au courant des affaires. L'Ambigu nous prend vingt
abonnements, dont neuf seulement sont servis au directeur, au chef d'orchestre, au régisseur, à leurs maîtresses
et à trois copropriétaires du théâtre. Chacun des théâtres du boulevard paye ainsi huit cents francs au jour-

nal. Il y a pour tout autant d'argent en loges données à Finot, sans compter les abonnements des acteurs et des auteurs Le drôle se fait donc huit mille francs aux boulevards. Par les petits théâtres, juge des grands ! Comprends-tu ? Nous sommes tenus à beaucoup d'indulgence.

— Je comprends que je ne suis pas libre d'écrire ce que je pense...

— Eh ! que t'importe, si tu y fais tes orges, s'écria Lousteau. D'ailleurs, mon cher, quel grief as-tu contre le théâtre ? Il te faut une raison pour échiner la pièce d'hier. Échiner pour échiner, nous compromettrions le journal. Quand le journal frapperait avec justice, il ne produirait plus aucun effet. Le directeur t'a-t-il manqué ?

— Il ne m'avait pas réservé de place.

— Bon, fit Lousteau. Je montrerai ton article au directeur, je lui dirai que je t'ai adouci, tu t'en trouveras mieux que de l'avoir fait paraître. Demande-lui demain des billets, il t'en signera quarante en blanc tous les mois, et je te mènerai chez un homme avec qui tu t'entendras pour les placer ; il te les achètera tous à cinquante pour cent de remise sur le prix des places. On fait sur les billets de spectacle le même trafic que sur les livres. Tu verras un autre Barbet, un chef de claque, il ne demeure pas loin d'ici, nous avons le temps, viens.

— Mais, mon cher, Finot fait un infâme métier à lever ainsi sur le champ de la pensée des contributions indirectes. Tôt ou tard...

— Ah ça ! d'où viens-tu ? s'écria Lousteau. Pour qui prends-tu Finot ? Sous sa fausse bonhomie, sous cet air Turcaret, sous son ignorance et sa bêtise, il y a toute la finesse du marchand de chapeaux dont il est issu. N'as-tu pas vu dans sa cage, au bureau du journal, un vieux soldat de l'Empire, l'oncle de Finot ? Cet oncle est non-seulement un honnête homme, mais il a le bonheur de passer pour un niais. Il est l'homme compromis dans toutes les transac tions précuniaires. À Paris, un ambitieux est bien riche quand il a près de lui une créature qui consent à être compromise. Il est en politique comme en journalisme une foule de cas où les chefs ne doivent jamais être mis en cause. Si Finot devenait un personnage politique, son oncle deviendrait son secrétaire et recevrait pour son compte les contributions qui se lèvent dans les bureaux sur les grandes affaires. Giroudeau, qu'au premier abord on prendrait pour un niais, a précisément assez de finesse pour être un compère indéchiffrable. Il est en vedette pour empêcher que nous ne soyons assommés par les criailleries, par les débutants, par les réclamations, et je ne crois pas qu'il y ait son pareil dans un autre journal.

— Il joue bien son rôle, dit Lucien, je l'ai vu à l'œuvre.

Étienne et Lucien allèrent dans la rue du Faubourg-du-Temple, où le rédacteur en chef s'arrêta devant une maison de belle apparence.

— Monsieur Braulard y est-il ? demanda-t-il au portier.

— Comment, monsieur ! dit Lucien. Le chef des claqueurs est donc *monsieur ?*

— Mon cher, Braulard a vingt mille livres de rente, il a la griffe des auteurs dramatiques du boulevard qui tous ont un compte courant chez lui, comme chez un banquier. Les billets d'auteur et de faveur se vendent. Cette marchandise, Braulard la place. Fais un peu de statistique, science assez utile quand on n'en abuse pas. À cinquante billets de faveur par soirée à chaque spectacle, tu trouveras deux cents cinquante billets par jour ; si, l'un dans l'autre, ils valent quarante sous, Braulard paye cent vingt-cinq francs par jour aux auteurs et court la chance d'en gagner autant. Ainsi, les seuls billets des auteurs lui procurent près de quatre mille francs par mois, au total quarante-huit mille francs par an. Suppose vingt mille francs de perte, car il ne peut pas toujours placer ses billets.

— Pourquoi

— Ah! les gens qui viennent payer leurs places au bureau passent concurremment avec les billets de faveur qui n'ont pas de places réservées. Enfin le théâtre garde ses droits de location. Il y a les jours de beau temps et de mauvais spectacles. Ainsi, Braulard gagne peut-être trente mille francs par an sur cet article. Puis il a ses claqueurs, autre industrie. Florine et Coralie sont ses tributaires; si elles ne le subventionnaient pas, elle ne seraient point applaudies à toutes leurs entrées et leurs sorties.

Lousteau donnait cette explication à voix basse en montant l'escalier.

— Paris est un singulier pays, dit Lucien en trouvant l'intérêt accroupi dans tous les coins.

Une servante proprette introduisit les deux journalistes chez monsieur Braulard. Le marchand de billets, qui siégeait sur un fauteuil de cabinet, devant un grand secrétaire à cylindre, se leva en voyant Lousteau. Braulard, enveloppé d'une redingote de molleton gris, portait un pantalon à pieds et des pantoufles rouges, absolument comme un médecin ou comme un avoué. Lucien vit en lui l'homme du peuple enrichi : un visage commun, des yeux gris pleins de finesse, des mains de claqueur, un teint sur lequel les orgies avaient passé comme la pluie sur les toits, des cheveux grisonnants, et une voix assez étouffée.

— Vous venez, sans doute, pour mademoiselle Florine, et monsieur pour mademoiselle Coralie, dit-il, je vous connais bien. Soyez tranquille, monsieur, dit-il à Lucien, j'achète la clientèle du Gymnase; je soignerai votre maîtresse et je l'avertirai des farces qu'on voudrait lui faire.

— Ce n'est pas de refus, mon cher Braulard, dit Lousteau : mais nous venons pour les billets du journal à tous les théâtres des boulevards : moi comme rédacteur en chef, monsieur comme rédacteur de chaque théâtre.

— Ah oui, Finot a vendu son journal. J'ai su l'affaire. Il

va bien, Finot. Je lui donne à dîner à la fin de la semaine. Si vous voulez me faire l'honneur et le plaisir de venir, vous pouvez amener vos épouses, il y aura noces et festins, nous avons Adèle Dupuis, Ducange, Frédéric Du Petit-Méré, mademoiselle Millot ma maîtresse, nous rirons bien ! nous boirons mieux !

— Il doit être gêné, Ducange, il a perdu son procès.

— Je lui ai prêté dix mille francs, le succès de *Calas* va me les rendre; aussi l'ai-je chauffé ! Ducange est un homme d'esprit, il a des moyens... Lucien croyait rêver en entendant cet homme apprécier les talents des auteurs. — Coralie a gagné, lui dit Braulard de l'air d'un juge compétent. Si elle est bonne enfant, je la soutiendrai secrètement contre la cabale à son début au Gymnase. Écoutez. Pour elle, j'aurai des hommes bien mis aux galeries qui souriront et qui feront de petits murmures afin d'entraîner l'applaudissement. Voilà un manége qui pose une femme. Elle me plaît, Coralie, et vous devez être content d'elle, elle a des sentiments. Ah ! je puis faire chuter qui je veux...

— Mais réglons d'abord l'affaire des billets, dit Lousteau.

— Eh bien, j'irai les prendre chez monsieur, vers les premiers jours de chaque mois. Monsieur est votre ami, je le traiterai comme vous. Vous avez cinq théâtres, on vous donnera trente billets; ce sera quelque chose comme soixante-quinze francs par mois. Peut-être désirez-vous une avance ? dit le marchand de billets en revenant à son secrétaire et tirant sa caisse pleine d'écus.

— Non, non, dit Lousteau, nous garderons cette ressource pour les mauvais jours...

— Monsieur, reprit Braulard en s'adressant à Lucien, j'irai travailler avec Coralie ces jours-ci, nous nous entendrons bien.

Lucien ne regardait pas sans un étonnement profond le cabinet de Braulard où il voyait une bibliothèque, des gra-

vures, un meuble convenable. En passant par le salon, il
en remarqua l'ameublement également éloigné de la mesquinerie et du trop grand luxe. La salle à manger lui parut
être la pièce la mieux tenue, il en plaisanta.

— Mais Braulard est gastronome, dit Lousteau. Ses dîners, cités dans la littérature dramatique, sont en harmonie avec sa caisse.

— J'ai de bons vins, répondit modestement Braulard.
Allons, voilà mes allumeurs, s'écria-t-il en entendant des
voix enrouées et le bruit de pas singuliers dans l'escalier.

En sortant, Lucien vit défiler devant lui la puante
escouade des claqueurs et des vendeurs de billets, tous
gens à casquettes, à pantalons mûrs, à redingotes râpées,
à figures patibulaires, bleuâtres, verdâtres, boueuses, ra-
bougries, à barbes longues, aux yeux féroces et patelins
tout à la fois, horrible population qui vit et fuisonne sur les
boulevards de Paris; qui, le matin, vend des chaines de
sûreté, des bijoux en or pour vingt-cinq sous, et qui claque
sous les lustres le soir, qui se plie enfin à toutes les fan-
geuses nécessités de Paris.

— Voilà les romains! dit Lousteau en riant, voilà la
gloire des actrices et des auteurs dramatiques! Vu de près,
ça n'est pas plus beau que la nôtre.

— Il est difficile, répondit Lucien en revenant chez lui,
d'avoir des illusions sur quelque chose à Paris. Il y a des
impôts sur tout, on y vend tout, on y fabrique tout,
même le succès.

Les convives de Lucien étaient Dauriat, le directeur du
Panorama, Matifat et Florine, Camusot, Lousteau, Finot,
Nathan, Hector Merlin et madame du Val-Noble, Félicien
Vernou, Blondet, Vignon, Philippe Bridau, Mariette, Giroudeau, Cardot et Florentine, Bixiou. Il avait invité ses
amis du cénacle. Tullia la danseuse, qui, disait-on, était
peu cruelle pour Du Bruel, fut aussi de la partie, mais sans
son duc, ainsi que les propriétaires des journaux où travail-

laient Nathan, Merlin, Vignon et Vernou. Les convives formaient une assemblée de trente personnnes, le salle à manger de Coralie ne pouvant en contenir davantage. Vers huit heures, au feu des lustres allumés, les meubles, les tentures, les fleurs de ce logis prirent cet air de fête qui prête au luxe parisien l'apparence d'un rêve. Lucien éprouva le plus indéfinissable mouvement de bonheur, de vanité satisfaite et d'espérance en se voyant le maître de ces lieux; il ne s'expliquait plus ni comment ni par qui ce coup de baguette avait été frappé. Florine et Coralie, mises avec la folle recherche et la magnificence artistes des actrices, souriaient au poëte de province comme deux anges chargés de lui ouvrir les portes du palais des Songes. Lucien songeait presque. En quelques mois sa vie avait si brusquement changé d'aspect, il était si promptement passé de l'extrême misère à l'extrême opulence, que par moments il lui prenait des inquiétudes comme aux gens qui, tout en rêvant, se savent endormis. Son œil exprimait néanmoins, à la vue de cette belle réalité, une confiance à laquelle des envieux eussent donné le nom de fatuité. Lui-même, il avait changé. Heureux tous les jours, ses couleurs avaient pâli, son regard était trempé des moites expressions de la langueur; enfin, selon le mot de madame d'Espard, il avait l'*air aimé*. Sa beauté y gagnait. La conscience de son pouvoir et de sa force perçait dans sa physionomie éclairée par l'amour et par l'expérience. Il contemplait enfin le monde littéraire et la société face à face, en croyant pouvoir s'y promener en dominateur. A ce poëte qui ne devait réfléchir que sous le poids du malheur, le présent parut être sans soucis. Le succès enflait les voiles de son esquif, il avait à ses ordres les instruments nécessaires à ses projets : une maison montée, une maîtresse que tout Paris lui enviait, un équipage, enfin des sommes incalculables dans son écritoire. Son âme, son cœur et son esprit s'étaient également métamorphosés . il ne songeait plus à discuter les moyens en présence de si beaux résultats. Ce train de maison semblera si justement suspect aux économistes qui ont pratiqué la vie parisienne, qu'il n'est pas inutile de montrer la base, quelque frêle qu'elle fût, sur laquelle reposait le bonheur matériel de l'actrice et de son poëte. Sans se compromettre, Camusot avait engagé les fournisseurs de Coralie à lui faire crédit pendant au moins trois mois. Les chevaux, les gens, tout devait donc aller comme par enchantement pour ces deux enfants empressés de jouir, et qui jouissaient de tout avec délices. Coralie vint prendre Lucien par la main et l'initia par avance au coup de théâtre de la salle à manger, parée de son couvert splendide, de ses candélabres chargés de quarante bougies, aux recherches royales du dessert, et au menu, l'œuvre de Chevet. Lucien baisa Coralie au front en la pressant sur son cœur.

— J'arriverai, mon enfant, lui dit-il, et je te récompenserai de tant d'amour et de tant de dévouement.

— Bah ! dit-elle, es-tu content ?

— Je serais bien difficile.

— Eh bien, ce sourire paye tout, répondit-elle en apportant par un mouvement de serpent ses lèvres aux lèvres et Lucien.

Ils trouvèrent Florine, Lousteau, Matifat et Camusot en train d'arranger les tables de jeu. Les amis de Lucien arrivaient, car tous ces gens s'intitulaient déjà les amis de Lucien. On joua de neuf heures à minuit. Heureusement pour lui, Lucien ne savait aucun jeu ; mais Lousteau perdit mille francs et les emprunta à Lucien qui ne crut pas pouvoir se dispenser de les prêter, son ami les lui demanda. A dix heures environ, Michel, Fulgence et Joseph se présentèrent Lucien, qui alla causer avec eux dans un coin, trouva leurs visages assez froids et sérieux, pour ne pas dire contraints. D'Arthez n'avait pu venir, il achevait son livre. Léon Giraud était occupé par la publication du premier numéro de sa revue. Le cénacle avait envoyé ses trois artistes, qui devaient se trouver moins dépaysés que les autres au milieu d'un orgie.

— Eh bien, mes enfants, dit Lucien en affichant un petit ton de supériorité, vous verrez que le *petit farceur* peut devenir un *grand politique*.

— Je ne demande pas mieux que de m'être trompé, dit Michel.

— Tu vis avec Coralie en attendant mieux? lui demanda Fulgence.

— Oui, reprit Lucien d'un air qu'il voulait rendre naïf. Coralie avait un pauvre vieux négociant qui l'adorait, elle l'a mis à la porte. Je suis plus heureux que ton frère Philippe, qui ne sait comment gouverner Mariette, ajouta-t-il en regardant Joseph Bridau.

— Enfin, dit Fulgence, tu es maintenant un homme comme un autre, tu feras ton chemin.

— Un homme qui pour vous restera le même en quelque situation qu'il se trouve, répondit Lucien.

Michel et Fulgence se regardèrent en échangeant un sourire moqueur que vit Lucien, et qui lui fit comprendre le ridicule de sa phrase.

— Coralie est bien admirablement belle, s'écria Joseph Bridau. Quel magnifique portrait à faire!

— Et bonne, répondit Lucien. Foi d'homme, elle est angélique; mais tu feras son portrait; prends-là, si tu veux, pour modèle de ta Vénitienne amenée au sénateur par une vieille femme.

— Toutes les femmes qui aiment sont angéliques, dit Michel Chrestien.

En ce moment Raoul Nathan se précipita sur Lucien avec une furie d'amitié, lui prit les mains et les lui serra.

— Mon bon ami, non-seulement vous êtes un grand homme, mais encore vous avez du cœur, ce qui est aujourd'hui plus rare que le génie, dit-il. Vous êtes dévoué à vos amis. Enfin, je suis à vous à la vie, à la mort, et je n'oublierai jamais ce que vous avez fait cette semaine pour moi.

Lucien, au comble de la joie en se voyant patéliné par un homme dont s'occupait la Renommée, regarda ses trois amis du cénacle avec une sorte de supériorité. Cette entrée de Nathan était due à la communication que Merlin lui avait faite de l'épreuve de l'article en faveur de son livre, et qui paraissait dans le journal du lendemain.

— Je n'ai consenti à écrire l'attaque, répondit Lucien à l'oreille de Nathan, qu'à la condition d'y répondre moi-même. Je suis des vôtres.

Il revint à ses trois amis du cénacle, enchanté d'une circonstance qui justifiait la phrase de laquelle avait ri Fulgence.

— Vienne le livre de d'Arthez, et je suis en position de lui être utile. Cette chance seule m'engagerait à rester dans les journaux.

— Y es-tu libre ? dit Michel.

— Autant qu'on peut l'être quand on est indispensable, répondit Lucien avec une fausse modestie.

Vers minuit, les convives furent attablés, et l'orgie commença. Les discours furent plus libres chez Lucien que chez Matifat, car personne ne soupçonna la divergence de sentiments qui existait entre les trois députés du cénacle et les représentants des journaux. Ces jeunes esprits, si dépravés par l'habitude du pour et du contre, en vinrent aux prises et se renvoyèrent les plus terribles axiômes de la jurisprudence qu'enfantait alors le journalisme. Claude Vignon, qui voulait conserver à la critique un caractère auguste, s'éleva contre la tendance des petits journaux vers la personnalité, disant que plus tard les écrivains arriveraient à se déconsidérer eux-mêmes. Lousteau, Merlin et Finot prirent alors ouvertement la défense de ce système, appelé dans l'argot du journalisme la *blague*, en soutenant que ce serait comme un poinçon à l'aide duquel on marquerait le talent.

— Tous ceux qui résisteront à cette épreuve seront des hommes réellement forts, dit Lousteau.

— D'ailleurs, s'écria Merlin, pendant les ovations des grands hommes, il faut autour d'eux, comme autour des triomphateurs romains, un concert d'injures.

— Eh! dit Lucien, tous ceux de qui l'on se moquera croiront à leur triomphe!

— Ne dirait-on pas que cela te regarde? s'écria Finot.

— Et nos sonnets! dit Michel Chrestien, ne nous vaudraient-ils pas le triomphe de Pétrarque?

— L'or (Laure) y est déjà pour quelque chose, dit Dauriat dont le calembour excita des acclamations générales.

— *Faciamus experimentum in anima vili*, répondit Lucien en souriant.

— Et malheur à ceux que le journal ne discutera pas, et auxquels il jettera des couronnes à leur début! Ceux-là seront relégués comme des saints dans leur niche, et personne n'y fera plus la moindre attention, dit Vernou.

— Ou leur dira comme Champcenetz au marquis de Genlis, qui regardait trop amoureusement sa femme : — Passez bonhomme, on vous a déjà donné, dit Blondet.

— En France, le succès tue, dit Finot. Nous y sommes trop jaloux les uns des autres pour ne pas vouloir oublier et faire oublier les triomphes d'autrui.

— C'est en effet la contradiction qui donne la vie en littérature, dit Claude Vignon.

— Comme dans la nature, où elle résulte de deux principes qui se combattent, s'écria Fulgence, le triomphe de l'un sur l'autre est la mort.

— Comme en politique, ajouta Michel Chrestien.

— Nous venons de le prouver, dit Lousteau. Dauriat vendra cette semaine deux mille exemplaires du livre de Nathan. Pourquoi? Le livre attaqué sera bien défendu.

— Comment un article semblable, dit Merlin en prenant 'épreuve de son journal du lendemain, n'enlèverait-il pas une édition.

— Lisez-moi l'article, dit Dauriat. Je suis libraire partout, même en soupant.

Merlin lut le triomphant article de Lucien, qui fut applaudi par toute l'assemblée.

— Cet article aurait-il pu se faire sans le premier? demanda Lousteau.

Dauriat tira de sa poche l'épreuve du troisième article et e lut. Finot suivit avec attention la lecture de cet article destiné au second numéro de sa revue; et, en sa qualité de rédacteur en chef, il exagéra son enthousiasme.

— Messieurs, dit-il, si Bossuet vivait dans notre siècle, il n'eût pas écrit autrement.

— Je le crois bien, dit Merlin. Bossuet aujourd'hui serait ournaliste.

— A Bossuet II! dit Claude Vignon en élevant son verre et saluant ironiquement Lucien.

— A mon Christophe Colomb! répondit Lucien en portant un toast à Dauriat.

— Bravo! cria Nathan.

— Est-ce un surnom? demanda méchamment Merlin en regardant à la fois Finot et Lucien.

— Si vous continuez ainsi, dit Dauriat, nous ne pourrons pas vous suivre, et ces messieurs, ajouta-t-il en montrant Matifat et Camusot, ne vous comprendront plus. La plaisanterie et comme le coton, qui, filé trop fin, casse, a dit Bonaparte.

— Messieurs, dit Lousteau, nous sommes témoins d'un fait grave, inconcevable, inouï, vraiment surprenant. N'admirez-vous pas la rapidité avec laquelle notre ami s'est changé de provincial en journaliste?

— Il était né journaliste, dit Dauriat.

— Mes enfants, dit alors Finot en se levant et tenant un

outeille de vin de Champagne à la main, nous avons pro-
égé tous et tous encouragé les débuts de notre jeune amphi-
ryon dans la carrière où il a surpassé nos espérances. En
leux mois il a fait ses preuves par les beaux articles que
lous connaissons : je propose de le baptiser journaliste au-
hentiquement.

— Une couronne de roses afin de constater sa double
ictoire! cria Bixiou en regardant Coralie.

Coralie fit un signe à Bérénice qui alla chercher de
ieilles fleurs artificielles dans les cartons de l'actrice. Une
ouronne de roses fut bientôt tressée dès que la grosse
emme de chambre eut apporté des fleurs avec lesquelles
e parèrent grotesquement ceux qui se trouvaient le plus
vres. Finot, le grand-prêtre, versa quelques gouttes de vin
le Champagne sur la belle tête blonde de Lucien en pro-
lonçant avec une délicieuse gravité ces paroles sacramen-
ales : — Au nom du Timbre, du Cautionnement et de
'Amende, je te baptise journaliste. Que tes articles te soient
égers !

— Et payés sans déduction des blancs! dit Merlin.

En ce moment Lucien aperçut les visages attristés de
Michel Chrestien, de Joseph Bridau et de Fulgence Ridal
qui prirent leurs chapeaux et sortirent au milieu d'un hourra
l'imprécations.

— Voilà de singuliers chrétiens! dit Merlin.

— Fulgence était un bon garçon, reprit Lousteau; mais
ls l'ont perverti de morale.

— Qui? demanda Claude Vignon.

— Des jeunes hommes graves qui s'assemblent dans un
musico philosophique et religieux de la rue des Quatre-
Vents, où l'on s'inquiète du sens général de l'humanité...
épondit Blondet.

— Oh! oh! oh!

— ... On y cherche à savoir si elle tourne sur elle-même,
lit Blondet en continuant, ou si elle est en progrès. Ils

étaient très-embarrassés entre la ligne droite et la ligne courbe, ils trouvaient un non-sens au triangle biblique, et il leur est alors apparu je ne sais quel prophète qui s'est prononcé pour la spirale.

— Des hommes réunis peuvent inventer des bêtises plus dangereuses, s'écria Lucien qui voulut défendre le cénacle.

— Tu prends ces théories-là pour des paroles oiseuses, dit Félicien Vernou, mais il vient un moment où elles se transforment en coups de fusil ou en guillotine.

— Ils n'en sont encore, dit Bixiou, qu'à chercher la pensée providentielle du vin de Champagne, le sens humanitaire des pantalons et la petite bête qui fait aller le monde. Ils ramassent des grands hommes tombés, comme Vico, Saint-Simon, Fourier. J'ai bien peur qu'ils ne tournent la tête à mon pauvre Joseph Bridau.

— Ils sont cause, dit Lousteau, que Bianchon, mon compatriote et mon camarade de collége, me bat froid...

— Y enseigne-t-on la gymnastique et l'orthopédie des esprits? demanda Merlin.

— Ça se pourrait, répondit Finot, puisque Bianchon donne dans leurs rêveries.

— Bah! il sera, dit Lousteau, tout de même un grand médecin.

— Leur chef visible n'est-il pas d'Arthez, dit Nathan, un petit jeune homme qui doit nous avaler tous?

— C'est un homme de génie! s'écria Lucien.

— J'aime mieux un verre de vin de Xérès, dit Claude Vignon en souriant.

En ce moment, chacun expliquait son caractère à son voisin. Quand les gens d'esprit en arrivent à vouloir s'expliquer eux-mêmes, à donner la clef de leurs cœurs, il est sûr que l'ivresse les a pris en croupe. Une heure après, tous les convives, devenus les meilleurs amis du monde, se traitaient de grands hommes, d'hommes forts, de gens

à qui l'avenir appartenait. Lucien, en qualité de maître de
maison, avait conservé quelque lucidité dans l'esprit : il
écouta des sophismes qui le frappèrent et achevèrent l'œuvre de sa démoralisation.

— Mes enfants, dit Finot, le parti libéral est obligé de
raviver sa polémique, car il n'a rien à dire en ce moment
contre le gouvernement, et vous comprenez dans quel
embarras se trouve alors l'opposition. Qui de vous veut
écrire une brochure pour demander le rétablissement du
droit d'aînesse, afin de faire crier contre les desseins secrets
de la cour? La brochure sera bien payée.

— Moi, dit Hector Merlin, c'est dans mes opinions.

— Ton parti dirait que tu le compromets, répliqua Finot.
Félicien, charge-toi de cette brochure, Dauriat l'éditera,
nous gardons le secret:

— Combien donne-t-on? dit Vernou.

— Six cents francs! Tu signeras : le comte C...

— Ça va! dit Vernou.

— Vous allez donc élever le canard jusqu'à la politique?
reprit Lousteau.

— C'est l'affaire de Chabot transportée dans la sphère
des idées, reprit Finot. On attribue des intentions au gouvernement, et l'on déchaîne contre lui l'opinion publique.

— Je serai toujours dans le plus profond étonnement de
voir un gouvernement abandonnant la direction des idées à
des drôles comme nous autres, dit Claude Vignon.

— Si le ministère commet la sottise de descendre dans
l'arène, reprit Finot, on le mène tambour battant; s'il se
pique, on envenime la question, on désaffectionne les masses. Le journal ne risque jamais rien là où le pouvoir a
toujours tout à perdre.

— La France est annulée jusqu'au jour où le journal
sera mis hors la loi, reprit Claude Vignon. Vous faites
d'heure. en heure des progrès, dit-il à Finot. Vous serez

les jésuites, moins la foi, la pensée fixe, la discipline et l'union.

Chacun regagna les tables de jeu. Les lueurs de l'aurore firent bientôt pâlir les bougies.

— Tes amis de la rue des Quatre-Vents étaient tristes comme des condamnés à mort, dit Coralie à son amant.

— Ils étaient les juges, répondit le poëte.

— Les juges sont plus amusants que ça, dit Coralie.

Lucien vit pendant un mois son temps pris par des soupers, des dîners, des déjeuners, des soirées, et fut entraîné par un courant invincible dans un tourbillon de plaisirs et de travaux faciles. Il ne calcula plus. La puissance du calcul au milieu des complications de la vie est le sceau des grandes volontés que les poëtes, les gens faibles ou purement spirituels ne contrefont jamais. Comme la plupart des journalistes, Lucien vécut au jour le jour, dépensant son argent à mesure qu'il le gagnait, ne songeant point aux charges périodiques de la vie parisienne, si écrasantes pour ces bohémiens. Sa mise et sa tournure rivalisaient avec celles des dandies les plus célèbres. Coralie aimait, comme tous les fanatiques, à parer son idole; elle se ruina pour donner à son cher poëte cet élégant mobilier des élégants qu'il avait tant désiré pendant sa première promenade aux Tuileries. Lucien eut alors des cannes merveilleuses, une charmante lorgnette, des boutons en diamants, des anneaux pour ses cravates du matin, des bagues à la chevalière, enfin, des gilets mirifiques en assez grand nombre pour pouvoir assortir les couleurs de sa mise. Il passa bientôt dandy. Le jour où il se rendit à l'invitation du diplomate allemand, sa métamorphose excita une sorte d'envie contenue chez les jeunes gens qui s'y trouvèrent, et qui tenaient le haut du pavé dans le royaume de la fashion, tels que de Marsay, Vandenesse, Ajuda-Pinto, Maxime de Trailles, Rastignac, le duc de Maufrigneuse, Beaudenord, Manerville, etc. Les hommes du monde sont jaloux entre eux à la manière des femmes. La comtesse de Montcornet et la marquise d'Espard, pour qui le dîner se donnait, eurent Lucien entre elles et le comblèrent de coquetteries.

— Pourquoi donc avez-vous quitté le monde? lui demanda la marquise, il était si disposé à vous bien accueillir, à vous fêter. J'ai une querelle à vous faire! vous me deviez une visite, et je l'attends encore. Je vous ai aperçu l'autre jour à l'Opéra, vous n'avez pas daigné me voir ni me saluer.

— Votre cousine, madame, m'a si positivement signifié mon congé...

— Vous ne connaissez pas les femmes, répondit madame d'Espard en interrompant Lucien. Vous avez blessé le cœur le plus angélique et l'âme la plus noble que je connaisse. Vous ignorez tout ce que Louise voulait faire pour vous, et combien elle mettait de finesse dans son plan. Oh! elle eût réussi, fit-elle à une muette dénégation de Lucien. Son mari, qui maintenant est mort, comme il devait mourir, d'une indigestion, n'allait-il pas lui rendre, tôt ou tard, sa liberté? Croyez-vous qu'elle voulût être madame Chardon? Le titre de comtesse de Rubempré valait bien la peine d'être conquis. Voyez-vous, l'amour est une grande vanité qui doit s'accorder, surtout en mariage, avec toutes les autres vanités. Je vous aimerais à la folie, c'est-à-dire assez pour vous épouser, il me serait très-dur de m'appeler madame Chardon. Convenez-en? Maintenant, vous avez vu les difficultés de la vie à Paris, vous savez combien de détours il faut faire pour arriver au but; eh bien, avouez que pour un inconnu sans fortune, Louise aspirait à une faveur presque impossible; elle devait donc ne rien négliger. Vous avez beaucoup d'esprit, mais quand nous aimons, nous en avons encore plus que l'homme le plus spirituel. Ma cousine voulait employer ce ridicule Châtelet... Je vous dois des plaisirs, vos articles contre lui m'ont fait bien rire ! dit-elle en s'interrompant.

Lucien ne savait plus que penser. Initié aux trahisons et aux perfidies du journalisme, il ignorait celles du monde ; aussi, malgré sa perspicacité, devait-il recevoir de rudes leçons.

— Comment, madame ! dit le poëte dont la curiosité fut vivement éveillée, ne protégez-vous pas le Héron ?

— Mais dans le monde on est forcé de faire des politesses à ses plus cruels ennemis, de paraître s'amuser avec les ennuyeux, et souvent on sacrifie en apparence ses amis pour les mieux servir. Vous êtes donc encore bien neuf ? Comment, vous qui voulez écrire, vous ignorez les tromperies courantes du monde ! Si ma cousine a semblé vous sacrifier au Héron, ne le fallait-il pas pour mettre cette influence à profit pour vous, car notre homme est très-bien vu par le ministère actuel ? aussi lui avons-nous démontré que jusqu'à un certain point vos attaques le servaient, afin de pouvoir vous raccommoder tous deux un jour. On a dédommagé Châtelet de vos persécutions. Comme le disait des Lupeaulx aux ministres : « Pendant que les journaux tournent Châtelet en ridicule, ils laissent en repos le ministère. »

— Monsieur Blondet m'a fait espérer que j'aurais le plaisir de vous voir chez moi, dit la comtesse de Montcornet pendant le temps que la marquise abandonna Lucien à ses reflexions. Vous y trouverez quelques artistes, des écrivains et une femme qui a le plus vif désir de vous connaître, mademoiselle des Touches, un de ces talents rares parmi notre sexe, et chez qui sans doute vous irez. Mademoiselle des Touches, Camille Maupin, si vous voulez, a l'un des salons les plus remarquables de Paris, elle est prodigieusement riche, on lui a dit que vous êtes aussi beau que spirituel, elle se meurt d'envie de vous voir.

Lucien ne put que se confondre en remercîments, et

jeta sur Blondet un regard d'envie. Il y avait autant de
différence entre une femme du genre et de la qualité de la
comtesse de Montcornet et de Coralie qu'entre Coralie et
une fille des rues. Cette comtesse, jeune, belle et spirituelle, avait pour beauté spéciale la blancheur excessive
des femmes du Nord ; sa mère était née princesse de Scher-
bellof; aussi le ministre, avant de dîner, lui avait-il prodigué ses plus respectueuses attentions. La marquise avait
alors achevé de sucer dédaigneusement une aile de poulet.

— Ma pauvre Louise, dit-elle à Lucien, avait tant d'affection pour vous! j'étais dans la confidence du bel avenir
qu'elle rêvait pour vous : elle aurait supporté bien des
choses; mais quel mépris vous lui avez marqué en lui ren-
voyant ses lettres! Nous pardonnons les cruautés, il faut
encore croire en nous pour nous blesser; mais l'indifférence! l'indifférence est comme la glace des pôles, elle
étouffe tout. Allons, convenez-en, vous avez perdu des
trésors par votre faute. Pourquoi rompre? Quand même
vous eussiez été dédaigné, n'avez-vous pas votre fortune
à faire, votre nom à reconquérir? Louise pensait à tout
cela.

— Pourquoi ne m'avoir rien dit? répondit Lucien.

— Eh mon Dieu! c'est moi qui lui ai donné le conseil
de ne pas vous mettre dans sa confidence. Tenez, entre
nous, en vous voyant si peu fait au monde, je vous crai-
gnais: j'avais peur que votre inexpérience, votre ardeur
étourdie ne détruisissent ou ne dérangeassent ses calculs
et nos plans. Pouvez-vous maintenant vous souvenir de
vous-même? Avouez-le, vous seriez de mon opinion en
voyant aujourd'hui votre Sosie. Vous ne vous ressemblez
plus. Là est le seul tort que nous ayons eu. Mais, en mille,
se rencontre-t-il un homme qui réunisse à tant d'esprit
une si merveilleuse aptitude à prendre l'unisson? Je n'ai
pas cru que vous fussiez une si surprenante exception.

Vous vous êtes métamorphosé si promptement, vous vous êtes si facilement initié aux façons parisiennes, que je ne vous ai pas reconnu au bois de Boulogne, il y a un mois.

Lucein écoutait cette grande dame avec un plaisir inexprimable : elle joignait à ses paroles flatteuses un air si confiant, si mutin, si naïf ; elle paraissait s'intéresser à lui si profondément, qu'il crut à quelque prodige semblable à celui de sa première soirée au Panorama-Dramatique. Depuis cet heureux soir, tout le monde lui souriait, il attribuait à sa jeunesse une puissance talismanique, il voulut alors éprouver la marquise en se promettant de ne pas se laisser surprendre.

— Quels étaient donc, madame, ces plans devenus aujourd'hui des chimères ?

— Louise voulait obtenir du roi une ordonnance qui vous permît de porter le nom et le titre de Rubempré. Elle voulait enterrer le Chardon. Ce premier succès, si facile à obtenir alors, et que maintenant vos opinions rendent presque impossible, était pour vous une fortune. Vous traiterez ces idées de visions et de bagatelles ; mais nous savons un peu la vie, et nous connaissons tout ce qu'il y a de solide dans un titre de comte porté par un élégant, par un ravissant jeune homme. Annoncez ici devant quelques jeunes Anglaises millionnaires ou devant des héritières : *M. Chardon ou M. le comte de Rubempré !* il se ferait deux mouvements bien différents. Fût-il endetté, le comte trouverait les cœurs ouverts ; sa beauté, mise en lumière, serait comme un diamant dans une riche monture. M. Chardon ne serait pas seulement remarqué. Nous n'avons pas créé ces idées, nous les trouvons régnant partout, même parmi les bourgeois. Vous tournez en ce moment le dos à la fortune. Regardez ce joli jeune homme, le vicomte Félix de Vandenesse, il est un des deux secrétaires particuliers du roi. Le roi aime assez les jeunes gens de talent, et celui-là, quand il est

arrivé de sa province, n'avait pas un bagage plus lourd
que le vôtre, vous avez mille fois plus d'esprit que lui ;
mais appartenez-vous à une grande famille ? avez-vous un
nom ? Vous connaissez des Lupeaulx, son nom ressemble au
vôtre ; il se nomme Chardin ; mais il ne vendrait pas pour un
million sa métairie des Lupeaulx ; il sera quelque jour comte
des Lupeaulx, et son petit-fils deviendra peut-être un grand
seigneur. Si vous continuez à marcher dans la fausse voie
où vous vous êtes engagé, vous êtes perdu. Voyez combien
monsieur Émile Blondet est plus sage que vous ? il est dans
un journal qui soutient le pouvoir, il est bien vu par toutes
les puissances du jour, il peut sans danger se mêler avec
les libéraux, il pense bien ; aussi parviendra-t-il tôt ou
tard ; mais il a su choisir et son opinion et ses protections.
Cette jolie personne, votre voisine, est une demoiselle de
Troisville qui a deux pairs de France et deux députés dans
sa famille, elle a fait un riche mariage à cause de son
nom ; elle reçoit beaucoup, elle aura de l'influence et re-
muera le monde politique pour ce petit M. Émile Blondet. A quoi vous mène une Coralie ? à vous trouver perdu
de dettes et fatigué de plaisirs dans quelques années d'ici.
Vous placez mal votre amour, et vous arrangez mal votre
vie. Voilà ce que me disait l'autre jour à l'Opéra la femme
que vous prenez plaisir à blesser. En déplorant l'abus que
vous faites de votre talent et de votre belle jeunesse, elle
ne s'occupait pas d'elle, mais de vous.

— Ah ! si vous disiez vrai, madame ! s'écria Lucien.

— Quel intérêt verriez-vous à des mensonges ? fit la
marquise en jetant sur Lucien un regard hautain et froid
qui le replongea dans le néant.

Lucien interdit ne reprit pas la conversation, la marquise offensée ne lui parla plus. Il fut piqué, mais il reconnut qu'il y avait eu de sa part maladresse et se promit
de la réparer. Il se tourna vers madame de Montcornet et
lui parla de Blondet en exaltant le mérite de ce jeune

écrivain. Il fut bien reçu par la comtesse qui l'invita, sur un signe de madame d'Espard, à sa prochaine soirée, en lui demandant s'il n'y verrait pas avec plaisir madame de Bargeton, qui, malgré son deuil, y viendrait : il ne s'agissait pas d'une grande soirée, c'était sa réunion des petits jours, on serait entre amis.

— Madame la marquise, dit Lucien, prétend que tous les torts sont de mon côté, n'est-ce pas à sa cousine à être bonne pour moi ?

— Faites cesser les attaques ridicules dont elle est l'objet, qui d'ailleurs la compromettent fortement avec un homme de qui elle se moque, et vous aurez bientôt signé la paix. Vous vous êtes cru joué par elle, m'a-t-on dit, moi je l'ai vue bien triste de votre abandon. Est-il vrai qu'elle ait quitté sa province avec vous et pour vous ?

Lucien regarda la comtesse sans oser répondre.

— Comment pouviez-vous vous défier d'une femme qui vous faisait de tels sacrifices ? Et d'ailleurs, belle et spirituelle comme elle l'est, elle devrait être aimée *quand même*. Madame de Bargeton vous aimait moins pour vous que pour vos talents. Croyez-moi, les femmes aiment l'esprit avant d'aimer la beauté, dit-elle en regardant Émile Blondet à la dérobée.

Lucien reconnut dans l'hôtel du ministre les différences qui existent entre le grand monde et le monde exceptionnel où il vivait depuis quelque temps. Ces deux magnificences n'avaient aucune similitude, aucun point de contact. La hauteur et la disposition des pièces dans cet appartement, l'un des plus riches du faubourg Saint-Germain ; les vieilles dorures des salons, l'ampleur des décorations, la richesse sérieuse des accessoires, tout lui était étranger, nouveau ; mais l'habitude si promptement prise des choses de luxe empêcha Lucien de paraître étonné. Sa contenance fut aussi éloignée de l'assurance et de la fatuité que de la complaisance et de la servilité. Le poëte eut bonne

façon et plut à ceux qui n'avaient aucune raison de lui
être hostiles, comme les jeunes gens à qui sa soudaine introduction dans le grand monde, ses succès et sa beauté
donnèrent de la jalousie. En sortant de table, il offrit le
bras à madame d'Espard qui l'accepta. En voyant Lucien
courtisé par la marquise d'Espard, Rastignac vint se recommander de leur compatriotisme, et lui rappeler leur
première entrevue chez madame du Val-Noble. Le jeune
noble parut vouloir se lier avec le grand homme de sa
province en l'invitant à venir déjeuner chez lui quelque
matin, et s'offrant à lui faire connaître les jeunes gens à
la mode. Lucien accepta cette proposition.

— Le cher Blondet en sera, dit Rastignac.

Le ministre vint se joindre au groupe formé par le marquis de Ronquerolles, le duc de Rhétoré, de Marsay, le
général Montriveau, Rastignac et Lucien.

— Très-bien, dit-il à Lucien avec la bonhomie allemande sous laquelle il cachait sa redoutable finesse,
vous avez fait la paix avec madame d'Espard, elle est
enchantée de vous, et nous savons tous, dit-il en regardant les hommes à la ronde, combien il est difficile de lui
plaire.

— Oui, mais elle adore l'esprit, dit Rastignac, et mon
illustre compatriote en vend.

— Il ne tardera pas à reconnaître le mauvais commerce
qu'il fait, dit vivement Blondet, il nous viendra, ce sera
bientôt un des nôtres.

Il y eut autour de Lucien un chorus sur ce thème. Les
hommes sérieux lancèrent quelques phrases profondes
d'un ton despotique, les jeunes gens plaisantèrent du parti
libéral.

— Il a, je suis sûr, dit Blondet, tiré à pile ou face pour
la Gauche ou la Droite; mais il va maintenant choisir.

Lucien se mit à rire en se souvenant de sa scène au
Luxembourg avec Lousteau.

— Il a pris pour cornac, dit Blondet en continuant, un Étienne Lousteau, un bretteur de petit journal qui voit une pièce de cent sous dans une colonne, dont la politique consiste à croire au retour de Napoléon, et, ce qui me semble encore plus niais, à la reconnaissance, au patriotisme de messieurs du côté gauche. Comme Rubempré, les penchants de Lucien doivent être aristocrates; comme journaliste, il doit être pour le pouvoir, ou il ne sera jamais ni Rubempré, ni secrétaire général.

Lucien, à qui le diplomate proposa une carte pour jouer le whist, excita la plus grande surprise quand il avoua ne pas savoir le jeu.

— Mon ami, lui dit à l'oreille Rastignac, arrivez de bonne heure chez moi le jour où vous y viendrez faire un méchant déjeuner, je vous apprendrai le whist, vous déshonorez notre royale ville d'Angoulême, et je répéterai un mot de M. de Talleyrand en vous disant que, si vous ne savez pas ce jeu-là, vous vous préparez une vieillesse très-malheureuse.

On annonça des Lupeaulx, un maître des requêtes en faveur et qui rendait des services secrets au ministère, homme fin et ambitieux qui se coulait partout. Il salua Lucien avec lequel il s'était déjà rencontré chez madame du Val-Noble, et il y eut dans son salut un semblant d'amitié qui devait tromper Lucien. En trouvant là le jeune journaliste, cet homme qui se faisait en politique ami de tout le monde afin de n'être pris au dépourvu par personne, comprit que Lucien allait obtenir dans le monde autant de succès que dans la littérature. Il vit un ambitieux en ce poëte, et il l'enveloppa de protestations, de témoignages d'amitié, d'intérêt, de manière à vieillir leur connaissance et tromper Lucien sur la valeur de ses promesses et de ses paroles. Des Lupeaulx avait pour principe de bien connaître ceux dont il voulait se défaire, quand il trouvait en eux des rivaux. Ainsi Lucien fut bien accueilli par le monde. Il comprit tout ce qu'il devait au duc de Rhétoré, au ministre, à madame d'Espard, à madame de Montcornet. Il alla causer avec chacune de ces femmes pendant quelques moments avant de partir, et déploya pour elles toute la grâce de son esprit.

— Quelle fatuité! dit des Lupeaulx à la marquise quand Lucien la quitta.

— Il se gâtera avant d'être mûr, dit à la marquise de Marsay en souriant. Vous devez avoir des raisons cachées pour lui tourner ainsi la tête.

Lucien trouva Coralie au fond de sa voiture dans la cour, elle était venue l'attendre; il fut touché de cette attention, et lui raconta sa soirée. A son grand étonnement, l'actrice approuva les nouvelles idées qui trottaient déjà dans la tête de Lucien, et l'engagea fortement à s'enrôler sous la bannière ministérielle.

— Tu n'as que des coups à gagner avec les libéraux, ils conspirent, ils ont tué le duc de Berry. Renverseront-ils le gouvernement? Jamais! Par eux tu n'arriveras à rien; tandis que, de l'autre côté, tu deviendras comte de Rubempré. Tu peux rendre des services, être nommé pair de France, épouser une femme riche. Sois ultra. D'ailleurs, c'est bon genre, ajouta-t-elle en lançant le mot qui pour elle était la raison suprême. La Val-Noble, chez qui je suis allée dîner, m'a dit que Théodore Gaillard fondait décidément son petit journal royaliste appelé *le Réveil*, afin de riposter aux plaisanteries du vôtre et du *Miroir*. A l'entendre, monsieur de Villèle et son parti seront au ministère avant un an. Tâche de profiter de ce changement en te mettant avec eux pendant qu'ils ne sont rien encore; mais ne dis rien à Étienne ni à tes amis qui seraient capables de te jouer quelque mauvais tour.

Huit jours après, Lucien se présenta chez madame de Montcornet, où il éprouva la plus violente agitation en revoyant la femme qu'il avait tant aimée, et à laquelle sa

plaisanterie avait percé le cœur. Louise aussi s'était méta-
morphosée ! Elle était redevenue ce qu'elle eût été sans
son séjour en province, grande dame. Il y avait dans son
deuil une grâce et une recherche qui annonçaient une
veuve heureuse. Lucien crut être pour quelque chose dans
cette coquetterie, et il ne se trompait pas ; mais il avait,
comme un ogre, goûté la chair fraîche ; il resta pendant
toute cette soirée indécis entre la belle, l'amoureuse, la
voluptueuse Coralie, et la sèche, la hautaine, la cruelle
Louise. Il ne sut pas prendre un parti, sacrifier l'actrice à
la grande dame. Ce sacrifice, madame de Bargeton, qui
ressentait alors de l'amour pour Lucien en le voyant si
spirituel et si beau, l'attendit pendant toute la soirée ; elle
en fut pour ses frais, pour ses paroles insidieuses, pour ses
mines coquettes, et sortit du salon avec un irrévocable
désir de vengeance.

— Eh bien, cher Lucien, dit-elle avec une bonté pleine
de grâce parisienne et de noblesse, vous deviez être mon
orgueil, et vous m'avez prise pour votre première victime.
Je vous ai pardonné, mon enfant, en songeant qu'il y avait
un reste d'amour dans une pareille vengeance.

Madame de Bargeton reprenait sa position par cette
phrase accompagnée d'un air royal. Lucien, qui croyait
avoir mille fois raison, se trouvait avoir tort. Il ne fut
question ni de la terrible lettre par laquelle il avait rompu,
ni des motifs de la rupture. Les femmes du grand monde
ont un talent merveilleux pour amoindrir leurs torts en
plaisantant. Elles peuvent et savent tout effacer par un
sourire, par une question qui joue la surprise. Elles ne se
souviennent de rien, elles expliquent tout, elles s'étonnent,
elles interrogent, elles commentent, elles amplifient, elles
querellent, et finissent par enlever leurs torts comme on
enlève une tache par un petit savonnage : vous les saviez
noires, elles deviennent en un moment blanches et inno-
centes. Quant à vous, vous êtes bien heureux de ne pas vous

trouver coupable de quelque crime irrémissible. En un moment, Lucien et Louise avaient repris leurs illusions sur eux-mêmes, parlaient le langage de l'amitié ; mais Lucien, ivre de vanité satisfaite, ivre de Coralie, qui, disons-le, lui rendait la vie facile, ne sut pas répondre nettement à ce mot que Louise accompagna d'un soupir d'hésitation : Êtes-vous heureux? Un non mélancolique eût fait sa fortune. Il crut être spirituel en expliquant Coralie ; il se dit aimé pour lui-même, enfin toutes les bêtises de l'homme épris. Madame de Bargeton se mordit les lèvres. Tout fut dit. Madame d'Espard vint auprès de sa cousine avec madame de Montcornet. Lucien se vit, pour ainsi dire, le héros de la soirée : il fut caressé, câliné, fêté par ces trois femmes qui l'entortillèrent avec un art infini. Son succès dans ce beau et brillant monde ne fut donc pas moindre qu'au sein du journalisme. La belle mademoiselle des Touches, si célèbre sous le nom de Camille Maupin, et à qui mesdames d'Espard et de Bargeton présentèrent Lucien, l'invita pour l'un de ses mercredis à dîner, et parut émue de cette beauté si justement fameuse. Lucien essaya de prouver qu'il était encore plus spirituel que beau. Mademoiselle des Touches exprima son admiration avec cette naïveté d'enjouement et cette jolie fureur d'amitié superficielle à laquelle se prennent tous ceux qui ne connaissent pas à fond la vie parisienne, où l'habitude et la continuité des jouissances rendent si avide de la nouveauté.

— Si je lui plaisais autant qu'elle me plaît, dit Lucien à Rastignac et à de Marsay, nous abrégerions le roman...

— Vous savez l'un et l'autre trop bien les écrire pour vouloir en faire, répondit Rastignac. Entre auteurs, peut-on jamais s'aimer ? Il arrive toujours un certain moment où l'on se dit de petits mots piquants.

— Vous ne feriez pas un mauvais rêve, lui dit en riant de Marsay. Cette charmante fille a trente ans, il est vrai ; mais elle a près de quatre-vingt mille livres de rente. Elle

est adorablement capricieuse, et le caractère de sa beauté
doit se soutenir fort longtemps. Coralie est une petite sotte,
mon cher, bonne pour vous poser ; car il ne faut pas qu'un
joli garçon reste sans maîtresse ; mais si vous ne faites pas
quelque belle conquête dans le monde, l'actrice vous nui-
rait à la longue. Allons, mon cher, supplantez Conti qui
va chanter avec Camille Maupin. De tout temps la poésie
a eu le pas sur la musique.

Quand Lucien entendit mademoiselle des Touches et
Conti, ses espérances s'envolèrent.

Conti chante trop bien, dit-il à des Lupeaulx.

Lucien revint à madame de Bargeton, qui l'emmena dans
le salon où était la marquise d'Espard.

— Eh bien, ne voulez-vous pas vous intéresser à lui ?
dit madame de Bargeton à sa cousine.

— Mais que monsieur Chardon, dit la marquise d'un air
à la fois impertinent et doux, se mette en position d'être
patronné sans inconvénient pour ses protecteurs. S'il veut
obtenir l'ordonnance qui lui permettra de quitter le triste
nom de son père pour celui de sa mère, ne doit-il pas être
au moins des nôtres ?

— Avant deux mois j'aurai tout arrangé, dit Lucien.

— Eh bien, dit la marquise, je verrai mon père et mon
oncle qui sont de service auprès du roi, ils parleront de
vous au chancelier.

Le diplomate et ces deux femmes avaient bien deviné
l'endroit sensible chez Lucien. Ce poëte, ravi des splendeurs aristocratiques, ressentait des mortifications indicibles à s'entendre appeler Chardon, quand il voyait n'entrer dans les salons que des hommes portant des noms
sonores enchâssés dans des titres. Cette douleur se répéta
partout où il se produisit pendant quelques jours. Il éprouvait d'ailleurs une sensation tout aussi désagréable en re-
descendant aux affaires de son métier, après être allé la
veille dans le grand monde, où il se montrait convenable-

ment avec l'équipage et les gens de Coralie. Il apprit à
monter à cheval pour pouvoir galoper à la portière des
voitures de madame d'Espard, de mademoiselle des Touches et de la comtesse de Montcornet, privilége qu'il avait
tant envié à son arrivée à Paris. Finot fut enchanté de procurer à son rédacteur essentiel une entrée de faveur à l'O-
péra où Lucien perdit bien des soirées, mais il appartint
dès lors au monde spécial des élégants de cette époque. Si
le poëte rendit à Rastignac et à ses amis du monde un
splendide déjeuner, il commit la faute de le donner chez
Coralie, car il était trop jeune, trop poëte et trop confiant
pour connaître certaines nuances de conduite. Une actrice,
excellente fille, mais sans éducation, pouvait-elle lui apprendre la vie ? Le provincial prouva de la manière la plus
évidente à ces jeunes gens, pleins de mauvaises dispositions pour lui, cette collusion d'intérêts entre l'actrice et
lui que tout jeune homme jalouse secrètement et que chacun flétrit. Celui qui le soir même en plaisanta le plus
cruellement fut Rastignac, quoiqu'il se soutînt dans le
monde par des moyens pareils, mais en gardant si bien les
apparences, qu'il pouvait traiter la médisance de calomnie. Lucien avait promptement appris le whist. Le jeu
devint une passion chez lui. Coralie, pour éviter toute rivalité, loin de désapprouver Lucien, en favorisait les dissipations avec l'aveuglement particulier aux sentiments entiers
qui ne voient jamais que le présent et qui sacrifient tout,
même l'avenir, à la jouissance du moment. Le caractère
de l'amour véritable offre de constantes similitudes avec
l'enfance : il en a l'irréflexion, l'imprudence, la dissipation,
le rire et les pleurs.

A cette époque florissait une société de jeunes gens riches
ou pauvres, tous désœuvrés, appelés *viveurs,* et qui vivaient
en effet avec une incroyable insouciance, intrépides man-
geurs, buveurs plus intrépides encore. Tous bourreaux
d'argent et mêlant les plus rudes plaisanteries à cette

existence, non pas folle, mais enragée, ils ne reculaient
devant aucune impossibilité, se faisaient gloire de leurs
méfaits, contenus néanmoins en de certaines bornes ; l'esprit le plus original couvrait leurs escapades, il était impossible de ne pas les leur pardonner. Aucun fait n'accuse
si hautement l'ilotisme auquel la Restauration avait condamné la jeunesse. Les jeunes gens, qui ne savaient à quoi
employer leurs forces, ne les jetaient pas seulement dans
le journalisme, dans les conspirations, dans la littérature
et dans l'art, ils les dissipaient dans les plus étranges excès,
tant il y a de sève et de luxuriante puissance dans la
jeune France. Travailleuse, cette belle jeunesse voulait le
pouvoir et le plaisir ; artiste, elle voulait des trésors ; oisive,
elle voulait animer ses passions ; de toute manière elle
voulait une place, et la politique ne lui en faisait nulle
part. Les viveurs étaient des gens presque tous doués de
facultés éminentes ; quelques-uns les ont perdues dans cette
vie énervante, quelques autres y ont résisté. Le plus célèbre de ces viveurs, le plus spirituel, Rastignac a fini par
entrer, conduit par de Marsay, dans une carrière sérieuse
où il s'est distingué. Les plaisanteries auxquelles ces jeunes
gens se sont livrés sont devenues si fameuses qu'elles ont
fourni le sujet de plusieurs vaudevilles. Lucien, lancé par
Blondet dans cette société de dissipateurs, y brilla près de
Bixiou, l'un des esprits les plus méchants et le plus infatigable railleur de ce temps. Pendant tout l'hiver, la vie de
Lucien fut donc une longue ivresse coupée par les faciles
travaux du journalisme ; il continua la série de ses petits
articles, et fit des efforts énormes pour produire de temps
en temps quelques belles pages de critique fortement pensée.
Mais l'étude était une exception, le poëte ne s'y adonnait
que contraint par la nécessité : les déjeuners, les dîners,
les parties de plaisir, les soirées du monde, le jeu prenaient
tout son temps, et Coralie dévorait le reste. Lucien se défendait de songer au lendemain. Il voyait d'ailleurs ses

prétendus amis se conduisant tous comme lui, défrayés par des prospectus de librairie chèrement payés, par des primes données à certains articles nécessaires aux spéculations hasardées, mangeant à même et peu soucieux de l'avenir. Une fois admis dans le journalisme et dans la littérature sur un pied d'égalité, Lucien aperçut des difficultés énormes à vaincre au cas où il voudrait s'élever : chacun consentait à l'avoir pour égal, nul ne le voulait pour supérieur. Insensiblement il renonça donc à la gloire littéraire en croyant la fortune politique plus facile à obtenir.

— L'intrigue soulève moins de passions contraires que le talent, ses menées sourdes n'éveillent l'attention de personne, lui dit un jour Châtelet avec qui Lucien s'était raccommodé. L'intrigue est d'ailleurs supérieure au talent; de rien elle fait quelque chose, tandis que la plupart du temps les immenses ressources du talent ne servent qu'à faire le malheur de l'homme.

A travers cette vie abondante, pleine de luxe, où toujours le lendemain marchait sur les talons de la veille au milieu d'une orgie et ne trouvait point le travail promis, Lucien poursuivit donc sa pensée principale : il était assidu dans le monde, il courtisait madame de Bargeton, la marquise d'Espard, la comtesse de Montcornet, et ne manquait pas une seule des soirées de mademoiselle des Touches; il arrivait dans le monde avant une partie de plaisir, après quelque dîner donné par les auteurs ou par les libraires; il quittait les salons pour un souper, fruit de quelque pari; les frais de la conversation parisienne et le jeu absorbaient le peu d'idées et de forces que lui laissaient ses excès. Le poëte n'eut plus alors cette lucidité d'esprit, cette froideur de tête nécessaires pour observer autour de lui, pour déployer le tact exquis que les parvenus doivent employer à tout instant; il lui fut impossible de reconnaître les moments où madame de Bargeton revenait à lui, s'éloignait blessée, lui faisait grâce ou le condamnait de nouveau. Châtelet aperçut les chances qui restaient à son rival, et devint l'ami de Lucien pour le maintenir dans la dissipation où se perdait son énergie. Rastignac, jaloux de son compatriote et qui trouvait d'ailleurs dans le baron un allié plus sûr et plus utile que Lucien, épousa la cause de Châtelet. Aussi, quelques jours après l'entrevue du Pétrarque et de la Laure d'Angoulême, Rastignac avait-il réconcilié le poëte et le vieux beau de l'Empire au milieu d'un magnifique souper au Rocher de Cancale. Lucien, qui rentrait toujours le matin et se levait au milieu de la journée, ne savait pas résister à un amour à domicile et toujours prêt. Ainsi le ressort de sa volonté, sans cesse assoupli par une paresse qui le rendait indifférent aux belles résolutions prises dans les moments où il entrevoyait sa position sous son vrai jour, devint nul, et ne répondit bientôt plus aux plus fortes pressions de la misère. Après avoir été très-heureuse de voir Lucien s'amusant, après l'avoir encouragé en voyant dans cette dissipation des gages pour la durée de son attachement et des liens dans les nécessités qu'elle créait, la douce et tendre Coralie eut le courage de recommander à son amant de ne pas oublier le travail, et fut plusieurs fois obligée de lui dire qu'il avait gagné peu de chose dans son mois. L'amant et la maîtresse s'endettèrent avec une effrayante rapidité. Les quinze cents francs restant sur le prix des *Marguerites*, les premiers cinq cents francs gagnés par Lucien avaient été promptement dévorés. En trois mois, ses articles ne produisirent pas au poëte plus de mille francs, et il crut avoir énormément travaillé. Mais Lucien avait adopté déjà la jurisprudence plaisante des viveurs sur les dettes. Les dettes sont jolies chez les jeunes gens de vingt-cinq ans; plus tard, personne ne les leur pardonne. Il est à remarquer que certaines âmes vraiment poétiques, mais où la volonté faiblit, occupées à sentir pour rendre leurs sensations par des images, manquent essentiellement du sens moral qui doit acccompagner toute observation. Les poëtes aiment plutôt à recevoir en eux des impressions que d'entrer chez les autres y étudier lo mécanisme des sentiments. Ainsi Lucien ne demanda pas compte aux viveurs de ceux d'entre eux qui disparaissaient, il ne vit pas l'avenir de ces prétendus amis qui les uns avaient des héritages, les autres des espérances certaines, ceux-ci des talents reconnus, ceux-là la foi la plus intrépide en leur destinée et le dessein prémédité de tourner les lois. Lucien crut à son avenir en se fiant à ces profonds axiomes de Blondet : « Tout finit par s'arranger. — Rien ne se dérange chez les gens qui n'ont rien. — Nous ne pouvons perdre que la fortune que nous cherchons ! — En allant avec le courant, on finit par arriver quelque part. — Un homme d'esprit qui a pied dans le monde fait fortune quand il veut ! »

Cet hiver, rempli par tant de plaisirs, fut nécessaire à Théodore Gaillard et à Hector Merlin pour trouver les capitaux qu'exigeait la fondation du *Réveil*, dont le premier numéro ne parut qu'en mars 1822. Cette affaire se traitait chez madame du Val-Noble. Cette élégante et spirituelle courtisane qui disait, en montrant ces magnifiques appartements : — Voilà les comptes des mille et une nuits ! exerçait une certaine influence sur les banquiers, les grands seigneurs et les écrivains du parti royaliste, tous habitués à se réunir dans son salon pour traiter certaines affaires qui ne pouvaient être traitées que là. Hector Merlin, à qui la rédaction en chef du *Réveil* était promise, devait avoir pour bras droit Lucien, devenu son ami intime, et à qui le feuilleton d'un des journaux ministériels fut également promis. Ce changement de front dans la position de Lucien se préparait sourdement à travers les plaisirs de sa vie. Cet enfant se croyait un grand politique en dissimulant ce coup de théâtre, et comptait beaucoup sur les largesses ministérielles pour arranger ses comptes, pour dissiper les ennuis secrets de Coralie. L'actrice, toujours souriante, ca-

chait sa détresse; mais Bérénice, plus hardie, instruisait
Lucien. Comme tous les poëtes, ce grand homme en herbe
s'apitoyait un moment sur les désastres, il promettait de
travailler, il oubliait sa promesse et noyait ce souci passa-
ger dans ses débauches. Le jour où Coralie apercevait des
nuages sur le front de son amant, elle grondait Bérénice et
disait à son poëte que tout se pacifiait. Madame d'Espard
et madame de Bargeton attendaient la conversion de Lucien pour faire demander au ministre par Châtelet, disaient-
elles, l'ordonnance tant désirée sur le changement de nom.
Lucien avait promis de dédier ses *Marguerites* à la marquise d'Espard, qui paraissait très-flattée d'une distinction
que les auteurs ont rendue rare depuis qu'ils sont devenus
un pouvoir. Quand Lucien allait le soir chez Dauriat et
demandait où en était son livre, le libraire lui opposait
d'excellentes raisons pour retarder la mise sous presse.
Dauriat avait telle ou telle opération en train qui lui prenait tout son temps, on allait publier un nouveau volume
de Canalis, contre lequel il ne fallait pas se heurter, les
secondes *Méditations* de M. de Lomartine étaient sous
presse, et deux importants recueils de poésie ne devaient
pas se rencontrer. L'auteur devait d'ailleurs se fier à l'habileté de son libraire. Cependant les besoins de Lucien
devenaient si pressants, qu'il eut recours à Finot qui lui fit
quelques avances sur des articles. Quand le soir, à souper,
le poëte-journaliste expliquait sa situation à ses amis les
viveurs, ils noyaient ses scrupules dans des flots de vin
e Champagne glacé de plaisanterie. Les dettes ! il n'y
a pas d'homme fort sans dettes ! Les dettes représentent des besoins satisfaits, des vices exigeants. Un homme
ne parvient que pressé par la main de fer de la nécessité.

— Aux grands hommes le mont-de-piété reconnaissant !
lui criait Blondet.

— Tout vouloir, c'est devoir tout, disait Bixiou.

— Non, tout devoir, c'est avoir eu tout! répondait des Lupeaulx.

Les viveurs savaient prouver à cet enfant que ses dettes seraient l'aiguillon d'or avec lequel il piquerait les chevaux attelés au char de sa fortune. Puis toujours César avec ses quarante millions de dettes, et Frédéric II recevant de son père un ducat par mois, et toujours les fameux, les corrupteurs exemples des grands hommes montrés dans leurs vices et non dans la toute-puissance de leur courage et de leurs conceptions! Enfin la voiture, les chevaux et le mobilier de Coralie furent saisis par plusieurs créanciers pour des sommes dont le total montait à quatre mille francs. Quand Lucien recourut à Lousteau pour lui redemander le billet de mille francs qu'il lui avait prêté, Lousteau lui montra des papiers timbrés qui établissaient chez Florine une position analogue à celle de Coralie; mais Lousteau reconnaissant lui proposa de faire les démarches nécessaires pour placer *l'Archer de Charles IX.*

— Comment Florine en est-elle arrivée là? demanda Lucien.

— Le Matifat s'est effrayé, répondit Lousteau, nous l'avons perdu; mais si Florine le veut, il payera cher sa trahison! Je te conterai l'affaire.

Trois jours après la démarche inutile faite par Lucien chez Lousteau, les deux amants déjeunaient tristement au coin du feu dans leur belle chambre à coucher; Bérénice leur avait cuisiné des œufs sur le plat dans la cheminée, car la cuisinière, le cocher, les gens étaient partis. Il était impossible de disposer du mobilier saisi. Il n'y avait plus dans le ménage aucun objet d'or ou d'argent, ni aucune valeur intrinsèque, mais tout était d'ailleurs représenté par des reconnaissances du mont-de-piété formant un petit volume in-octavo très-instructif. Bérénice avait conservé deux couverts. Le petit journal rendait des services inappréciables à Lucien et à Coralie en maintenant le tailleur,

la marchande de modes et la couturière, qui tous trem-
blaient de mécontenter un journaliste capable de tympa-
niser leurs établissements. Lousteau vint pendant le déjeuner en criant : — Hourra ! Vive *l'Archer de Charles IX !*
J'ai *lavé* pour cent francs de livres, mes enfants, dit-il,
partageons !

Il remit cinquante francs à Coralie, et envoya Bérénice
chercher un déjeuner substantiel.

— Hier, Hector Merlin et moi nous avons dîné avec des
libraires, et nous avons préparé la vente de ton roman par
de savantes insinuations. Tu es en marché avec Dauriat ;
mais Dauriat lésine, il ne veut pas donner plus de quatre
mille francs pour deux mille exemplaires, et tu veux six
mille francs. Nous t'avons fait deux fois plus grand que
Walter Scott. Oh ! tu as dans le ventre des romans incom-
parables ! tu n'offres pas un livre, mais une affaire ; tu n'es
pas l'auteur d'un roman plus ou moins ingénieux, tu seras
une collection ! Ce mot collection a porté coup. Ainsi n'oublie pas ton rôle, tu as en portefeuille : *la Grande mademoiselle, ou la France sous Louis XIV. — Cotillon I*ᵉʳ*, ou les
Premiers jours de Louis XV. — La Reine et le Cardinal, ou
Tableau de Paris sous la Fronde. — Le Fils de Concini, ou
une Intrigue de Richelieu !...* Ces romans seront annoncés
sur la couverture. Nous appelons cette manœuvre berner
les succès. On fait sauter ses livres sur la couverture jusqu'à
ce qu'ils deviennent célèbres, et l'on est alors bien plus
grand par les œuvres qu'on ne fait pas que par celles qu'on
a faites. Le *Sous presse* est l'hypothèque littéraire ! Allons,
rions un peu ! Voici du vin de Champagne. Tu comprends,
Lucien, que nos hommes ont ouvert des yeux grands
comme tes soucoupes... Tu as donc encore des soucoupes ?

— Elles sont saisies, dit Coralie.

— Je comprends et je reprends, reprit Lousteau. Les
libraires croiront à tous tes manuscrits, s'ils en voient un
seul. En librairie, on demande à voir le manuscrit, on a la

prétention de le lire. Laissons aux libraires leur fatuité : jamais ils ne lisent de livres, autrement ils n'en publieraient pas tant ! Hector et moi, nous avons laissé pressentir qu'à cinq mille francs tu concéderais trois mille exemplaires en deux éditions. Donne-moi le manuscrit de *l'Archer*, après demain nous déjeunerons chez les libraires et nous les enfonçons !

— Qui est-ce ? dit Lucien.

— Deux associés, deux bons garçons, assez ronds en affaires, nommés Fendant et Cavalier. L'un est un ancien premier commis de la maison Vidal et Porchon, l'autre est le plus habile voyageur du quai des Augustins, tous deux établis depuis un an. Après avoir perdu quelques légers capitaux à publier des romans traduits de l'anglais, mes gaillards veulent maintenant exploiter les romans indigènes. Le bruit court que ces deux marchands de papier noirci risquent uniquement les capitaux des autres, mais il t'est, je pense, assez indifférent de savoir à qui appartient l'argent qu'on te donnera.

Le surlendemain, les deux journalistes étaient invités à déjeuner rue Serpente, dans l'ancien quartier de Lucien, où Lousteau conservait toujours sa chambre rue de la Harpe ; et Lucien, qui vint y prendre son ami, la vit dans le même état où elle était le soir de son introduction dans le monde littéraire, mais il ne s'en étonna plus : son éducation l'avait initié aux vicissitudes de la vie des journalistes, il en concevait tout. Le grand homme de province avait reçu, joué, perdu le prix de plus d'un article en perdant aussi l'envie de le faire ; il avait écrit plus d'une colonne d'après les procédés ingénieux que lui avait décrits Lousteau quand ils avaient descendu de la rue de la Harpe au Palais-Royal. Tombé sous la dépendance de Barbet et de Braulard, il trafiquait des livres et des billets de théâtre ; enfin il ne reculait devant aucun éloge ni devant aucune attaque ; il éprouvait même en ce moment une espèce de joie à tirer de Lousteau tout le parti possible avant de tourner le dos aux libéraux, qu'il se proposait d'attaquer d'autant mieux qu'il les avait plus étudiés. De son côté, Lousteau recevait, au préjudice de Lucien, une somme de cinq cents francs en argent de Fendant et Cavalier, sous le nom de commission, pour avoir procuré ce futur Walter Scott aux deux libraires en quête d'un Scott français.

La maison Fendant et Cavalier était une de ces maisons de libraire établies sans aucune espèce de capital, comme il s'en établissait beaucoup alors, et comme il s'en établira toujours, tant que la papeterie et l'imprimerie continueront à faire crédit à la librairie, pendant le temps de jouer sept à huit coups de cartes appelés publications. Alors comme aujourd'hui, les ouvrages s'achetaient aux auteurs en billets souscrits à des échéances de six, neuf et douze mois, payement fondé sur la nature de la vente qui se solde entre libraires par des valeurs encore plus longues. Ces libraires payaient en même monnaie les papetiers et les imprimeurs, qui avaient ainsi pendant un an entre les mains, *gratis*, toute une librairie composée d'une douzaine ou d'une vingtaine d'ouvrages. En supposant deux ou trois succès, le produit des bonnes affaires soldait les mauvaises et ils se soutenaient en entant livre sur livre. Si les opérations étaient toutes douteuses, ou si, pour leur malheur, ils rencontraient de bons livres qui ne pouvaient se vendre qu'après avoir été goûtés, appréciés par le vrai public ; si les escomptes de leurs valeurs étaient onéreux, s'ils subissaient eux-mêmes des faillites, ils déposaient tranquillement leur bilan, sans nul souci, préparés par avance à ce résultat. Ainsi toutes les chances étaient en leur faveur, ils jouaient sur le grand tapis vert de la spéculation les fonds d'autrui, non les leurs. Fendant et Cavalier se trouvaient dans cette situation, Cavalier avait apporté son savoir-faire, Fendant y avait joint son industrie. Le fonds social méritait éminemment ce titre, car il consistait en

quelques milliers de francs, épargnes péniblement amas-
sées par leurs maîtresses, sur lesquels ils s'étaient attribué
l'un et l'autre des appointements assez considérables, très-
scrupuleusement dépensés en dîners offerts aux journalistes
et aux auteurs, au spectacle ou se faisaient, disaient-ils,
les affaires. Ces demi-fripons passaient tous deux pour
habiles ; mais Fendant était plus rusé que Cavalier. Digne
de son nom, Cavalier voyageait, Fendant dirigeait les
affaires à Paris. Cette association fut ce qu'elle sera toujours
entre deux libraires, un duel. Les associés occupaient le
rez-de-chaussée d'un de ces vieux hôtels de la rue Serpente,
où le cabitnet de la maison se trouvait au bout de vastes
salons convertis en magasins. Ils avaient déjà publié beaucoup de romans, tels que *la Tour du Nord, le Marchand de
Bénarès, le Fontaine du Sépulcre, Tekeli,* les romans de
Galt, auteur anglais qui n'a pas réussi en France. Le succès
de Walter Scott éveillait tant l'attention de la librairie sur
les produits de l'Angleterre, que les libraires étaient tous
préoccupés, en vrais Normands, de la conquête de l'Angleterre ; ils y cherchaient du Walter Scott, comme plus
tard on devait chercher des asphaltes dans les terrains
caillouteux, du bitume dans les marais, et réaliser des
bénéfices sur les chemins de fer en projet. Une des plus
grandes niaiseries du commerce parisien est de vouloir
trouver le succès dans les analogues, quand il est dans les
contraires. A Paris surtout, le succès tue le succès. Aussi
sous le titre de *les Strelitz, ou la Russie il y a cent ans,*
Fendant et Cavalier inséraient-ils bravement en grosses
lettres, *dans le genre de Walter Scott.* Fendant et Cavalier
avaient soif d'un sucècs : un bon livre pouvait leur servir
à écouler leurs ballots de pile, et ils avaient été affriolés par
la perspective d'avoir des articles dans les journaux, la
grande condition de la vente d'alors, car il est extrêmement rare qu'un livre soit acheté pour sa propre valeur, il
est presque toujours publié par des raisons étrangères à

son mérite. Fendant et Cavalier voyaient en Lucien le journaliste, et dans son livre une fabrication dont la première vente leur faciliterait une fin de mois. Les journalistes trouvèrent les associés dans leur cabinet, le traité tout prêt, les billets signés. Cette promptitude émerveilla Lucien. Fendant était un petit homme maigre, porteur d'une sinistre physionomie : l'air d'un Kalmouck, petit front bas, nez rentré, bouche serrée, deux petits yeux noirs éveillés, les contours du visage tourmentés, un teint aigre, un voix qui ressemblait au son que rend une cloche fêlée, enfin tous les dehors d'un fripon consommé; mais il compensait ces désavantages par le mielleux de ses discours, il arrivait à ses fins par la conversation. Cavalier, garçon, tout rond et que l'on aurait pris pour un conducteur de dilligence plutôt que pour un libraire, avait des cheveux d'un blond hasardé, le visage allumé, l'encolure épaisse et le verbe éternel du commis voyageur.

— Nous n'aurons pas de discussions, dit Fendant en s'adressant à Lucien et à Lousteau. J'ai lu l'ouvrage, il est très-littéraire et nous convient si bien que j'ai déjà remis le manuscrit à l'imprimerie. Le traité est rédigé d'après les bases convenues; d'ailleurs, nous ne sortons jamais des conditions que nous y avons stipulées. Nos effets sont à six, neuf et douze mois, vous les escompterez facilement, et nous vous rembourserons l'escompte. Nous nous sommes réservé le droit de donner un autre titre à l'ouvrage, nous n'aimons pas *l'archer de Charles IX*, il ne pique pas assez a curiosité des lecteurs, il y a plusieurs rois du nom de Charles, et dans le moyen âge il se trouvait tant d'archers ! Ah ! si vous disiez *le soldat de Napoléon !* mais *l'Archer de Charles IX ?*... Cavalier serait obligé de faire un cours d'histoire de France pour placer chaque exemplaire en province.

— Si vous connaissiez les gens à qui nous avons affaire ! s'écria Cavalier.

— *La Saint-Barthélemy* vaudrait mieux, reprit Fendant.

— *Catherine de Médicis, ou la France sous Charles IX,* dit Cavalier, ressemblerait plus à un titre de Walter Scot.

— Enfin nous le déterminerons quand l'ouvrage sera imprimé, reprit Fendant.

— Comme vous voudrez, dit Lucien, pourvu que le titre me convienne.

Le traité lu, signé, les doubles échangés, Lucien mit les billets dans sa poche avec une satisfaction sans égale. Puis tous quatre ils montèrent chez Fendant où ils firent le plus vulgaire des déjeuners : des huîtres, des biftecks, des rognons au vin de Champagne et du fromage de Brie ; mais ces mets furent accompagnés par des vins exquis, dus à Cavalier qui connaissait un voyageur du commerce des vins. Au moment de se mettre à table apparut l'imprimeur à qui était confiée l'impression du roman, et qui vint surprendre Lucien en lui apportant les deux premières feuilles de son livre en épreuves.

— Nous voulons marcher rapidement, dit Fendant à Lucien, nous comptons sur votre livre, et nous avons diantrement besoin d'un succès.

Le déjeuner, commencé vers midi, ne fut fini qu'à cinq heures.

— Où trouver de l'argent ? dit Lucien à Lousteau.

— Allons voir Barbet répondit Étienne.

Les deux amis descendirent, un peu échauffés et avinés, vers le quai des Augustins.

— Coralie est surprise au dernier point de la perte que Florine a faite, Florine ne la lui a dite qu'hier en t'attribuant ce malheur ; elle paraissait aigrie au point de te quitter, dit Lucien à Lousteau.

— C'est vrai, dit Lousteau qui ne conserva pas sa prudence et s'ouvrit à Lucien. Mon ami, car tu es mon ami, toi, Lucien, tu m'as prêté mille francs et tu ne me les as encore demandés qu'une fois. Défie-toi du jeu. Si je ne jouais pas, je serais heureux. Je dois à Dieu et au diable. J'ai dans ce moment-ci les gardes du commerce à mes trousses. Enfin je suis forcé, quand je vais au Palais-Royal, de doubler des caps dangereux.

Dans la langue des viveurs, doubler un cap dans Paris, c'est faire un détour, soit pour ne pas passer devant un créancier, soit pour éviter l'endroit où il peut être rencontré. Lucien, qui n'allait pas indifféremment par toutes les rues, connaissait la manœuvre sans en connaître le nom.

— Tu dois donc beaucoup?

— Une misère, reprit Lousteau. Mille écus me sauveraient. J'ai voulu me ranger, ne plus jouer, et, pour me liquider, j'ai fait un peu de *chantage*.

— Qu'est-ce que le chantage? dit Lucien à qui ce mot était inconnu.

— Le chantage est une invention de la presse anglaise, importée récemment en France. Les *chanteurs* sont des gens placés de manière à disposer des journaux. Jamais un directeur de journal, ni un rédacteur en chef, n'est censé tremper dans le chantage. On a des Giroudeau, des Philippe Bridau. Ces *bravi* viennent trouver un homme qui, pour une certaine raison, ne veut pas qu'on s'occupe de lui. Beaucoup de gens ont sur la conscience des peccadilles plus ou moins originales. Il y a beaucoup de fortunes suspectes à Paris, obtenues par des voies plus ou moins légales, souvent par des manœuvres criminelles, et qui fourniraient de délicieuses anecdoctes, comme la gendarmerie de Fouché cernant les espions du préfet de police qui, n'étant pas dans le secret de la fabrication des faux billets de la banque anglaise, allaient saisir les imprimeurs clandestins protégés par le ministre; puis l'histoire des diamants du prince Galathione, l'affaire Maubreuil, la succession Pombreton, etc. Le chanteur s'est procuré quelque pièce, un document important, il demande un rendez-vous à l'homme enrichi. Si l'homme compromis ne donne pas une somme quelconque, le chanteur lui montre la presse prête à l'entamer, à dévoiler ses secrets. L'homme riche a peur, il finance. Le tour est fait. Vous vous livrez à quelque opération périlleuse, elle peut succomber à une suite d'articles : on vous détache un chanteur qui vous propose le rachat des articles. Il y a des ministres à qui l'on envoie des chanteurs, et qui stipulent avec eux que le journal attaquera leurs actes politiques et non leur personne, ou qui livrent leur personne et demandent grâce pour leur maîtresse. Des Lupeaulx, ce joli maître des requêtes que tu connais, est perpétuellement occupé de ces sortes de négociations avec les journalistes. Le drôle s'est fait une position merveilleuse au centre du pouvoir par ses relations : il est à la fois le mandataire de la presse et l'ambassadeur des ministres, il maquignonne les amours-propres, il étend même ce commerce aux affaires politiques, il obtient des journaux leur silence sur tel emprunt, sur telle concession accordés sans concurrence ni publicité dans lesquels on donne une part aux loups-cerviers de la banque libérale. Tu as fait un peu de chantage avec Dauriat, il t'a donné mille écus pour t'empêcher de décrier Nathan. Dans le dix-huitième siècle, où le journalisme était au maillot, le chantage se faisait au moyen de pamphlets dont la destruction était achetée par les favorites et les grands seigneurs. L'inventeur du chantage est l'Arétin, un très-grand homme d'Italie, qui imposait les rois comme de nos jours tel journal impose les acteurs.

— Qu'as-tu pratiqué contre le Matifat pour avoir tes mille écus ?

— J'ai fait attaquer Florine dans six journaux, et Florine s'est plainte à Matifat. Matifat a prié Braulard de découvrir la raison de ces attaques. Braulard a été joué par Finot. Finot, au profit de qui je *chantais*, a dit au droguiste que

tu démolissais Florine dans l'intérêt de Coralie. Giroudeau
est venu dire confidentiellement à Matifat que tout s'arran-
gerait s'il voulait vendre son sixième de propriété dans la
revue de Finot moyennant dix mille francs. Finot me donnait mille écus en cas de succès, Matifat allait conclure
l'affaire, heureux de retrouver dix mille francs sur ses
trente mille qui lui paraissaient aventurés, car depuis quelques jours Florine lui disait que la revue de Finot ne prenait pas. Au lieu d'un dividende à recevoir, il était question d'un nouvel appel de fonds. Avant de déposer son bilan, le directeur du Panorama-Dramatique a eu besoin de
négocier quelques effets de complaisance ; et, pour les
faire placer par Matifat, il l'a prévenu du tour que lui
jouait Finot. Matifat, en fin commerçant, a quitté Florine,
a gardé son sixième, et nous voit maintenant venir. Finot
et moi, nous hurlons de désespoir. Nous avons eu le malheur d'attaquer un homme qui ne tient pas à sa maitresse,
un misérable sans cœur ni âme. Malheureusement, le
commerce que fait Matifat n'est pas justiciable de la presse,
il est inattaquable dans ses intérêts. On ne critique pas un
droguiste comme on critique des chapeaux, des choses de
mode, des théâtres ou des affaires d'art. Le cacao, le poivre,
les couleurs, les bois de teinture, l'opium ne peuvent pas
se déprécier, Florine est aux abois, le Panorama ferme demain, elle ne sait que devenir.

— Par suite de la fermeture du théâtre, Coralie débute
dans quelques jours au Gymnase, dit Lucien, elle pourra
servir Florine.

— Jamais ! dit Lousteau. Coralie n'a pas d'esprit, mais
elle n'est pas encore assez bête pour se donner une rivale !
Nos affaires sont furieusement gâtées ! Mais Finot est tellement pressé de rattraper son sixième...

— Et pourquoi ?

— L'affaire est excellente, mon cher. Il y a chance de
vendre le journal trois cent mille francs. Finot aurait alors

un tiers, plus une commission allouée par ses associés, et qu'il partage avec des Lupeaulx. Aussi vais-je lui proposer un coup de chantage.

— Mais, le chantage, c'est la bourse ou la vie ?

— Bien mieux, dit Lousteau. C'est la bourse ou l'honneur. Avant-hier, un petit journal au propriétaire duquel on avait refusé un crédit, a dit que la montre à répétition entourée de diamants appartenant à l'une des notabilités de la capitale se trouvait d'une façon bizarre entre les mains d'un soldat de la garde royale, et il promettait le récit de cette aventure digne des Mille et une Nuits. La notabilité s'est empressée d'inviter le rédacteur en chef à dîner. Le rédacteur en chef a certes gagné quelque chose, mais l'histoire contemporaine a perdu l'anecdote de la montre. Toutes les fois que tu verras la presse acharnée après quelques gens puissants, sache qu'il y a là-dessous des escomptes refusés, des services qu'on n'a pas voulu rendre. Ce chantage relatif à la vie privée est ce que craignent le plus les riches Anglais, il entre pour beaucoup dans les revenus de la presse britannique, infiniment plus dépravée que ne l'est la notre. Nous sommes des enfants ! En Angleterre, on achète une lettre compromettante cinq à six mille francs pour la revendre.

— Quel moyen as-tu trouvé d'empoigner Matifat ? dit Lucien.

— Mon cher, reprit Lousteau, ce vil épicier a écrit les lettres les plus curieuses à Florine : orthographe, style, pensées, tout est d'un comique achevé. Matifat craint beaucoup sa femme; nous pouvons, sans le nommer, sans qu'il puisse se plaindre, l'atteindre au sein de ses lares et de ses pénates où il se croit en sûreté. Juge de sa fureur en voyant le premier article d'un petit roman de mœurs intitulé *les Amours d'un droguiste*, quand il aura été loyalement prévenu du hasard qui met entre les mains des rédacteurs de tel journal des lettres où il parle du petit Cu-

pidon, où il écrit *gamet* pour jamais, où il dit de Florine
qu'elle l'aide à traverser le désert de la vie, ce qui peut
faire croire qu'il la prend pour un chameau. Enfin, il y a
de quoi désopiler la rate des abonnés pendant quinze jours
dans cette correspondance éminemment drôlatique. On lui
donnera la peur d'une lettre anonyme par laquelle on
mettrait sa femme au fait de la plaisanterie. Florine vou-
dra-t-elle prendre sur elle de paraître poursuivre Matifat?
Elle a encore des principes, c'est-à-dire des espérances.
Peut-être garde-t-elle les lettres pour elle, et veut-elle une
part. Elle est rusée, elle est mon élève. Mais quand elle
saura que le garde du commerce n'est pas une plaisanterie, quand Finot lui aura fait un présent convenable, ou
donné l'espoir d'un engagement, elle me livrera les lettres, que je remettrai contre écus à Finot. Finot remettra
la correspondance à son oncle, et Giroudeau fera capituler
le droguiste.

Cette confidence dégrisa Lucien, il pensa d'abord qu'il
avait des amis extrêmement dangereux; puis il songea
qu'il ne fallait pas se brouiller avec eux, car il pouvait
avoir besoin de leur terrible influence, au cas où madame
d'Espard, madame de Bargeton et Châtelet lui manque-
raient de parole. Étienne et Lucien étaient alors arrivés
sur le quai devant la misérable boutique de Barbet.

— Barbet, dit Étienne au libraire, nous avons cinq mille
francs de Fendant et Cavalier à six, neuf et douze mois;
voulez-vous nous escompter leurs billets?

— Je les prends pour mille écus, dit Barbet avec un
calme imperturbable.

— Mille écus! s'écria Lucien.

— Vous ne les trouverez chez personne, reprit le libraire.
Ces messieurs feront faillite avant trois mois; mais je connais chez eux de bons ouvrages dont la vente est *dure*,
ils ne peuvent pas attendre, je les achèterai comptant et

leur rendrai leurs valeurs : par ce moyen, j'aurai deux mille francs de diminution sur les marchandises.

— Veux-tu perdre deux mille francs ? dit Étienne à Lucien.

— Non ! s'écria Lucien épouvanté de cette première affaire.

— Tu as tort, répondit Étienne.

— Vous ne négocierez leur papier nulle part, dit Barbet. Le livre de monsieur est le dernier coup de cartes de Fendant et Cavalier, ils ne peuvent l'imprimer qu'en laissant les exemplaires en dépôt chez leur imprimeur, un succès ne les sauvera que pour six mois, car, tôt ou tard, ils sauteront ! Ces gens-là boivent plus de petits verres qu'ils ne vendent de livres ! Pour moi leurs effets représentent une affaire, et vous pouvez alors en trouver une valeur supérieure à celle que donneront les escompteurs qui se demanderont ce que vaut chaque signature. Le commerce de l'escompteur consiste à savoir si trois signatures donneront chacune trente pour cent en cas de faillite. D'abord, vous n'offrez que deux signatures et chacune ne vaut pas dix pour cent.

Les deux amis se regardèrent, surpris d'entendre sortir de la bouche de ce cuistre une analyse où se trouvait en peu de mots tout l'esprit de l'escompte.

— Pas de phrases, Barbet, dit Lousteau. Chez quel escompteur allons-nous aller !

— Le père Chaboisseau, quai Saint-Michel, vous savez, a fait la dernière fin de mois de Fendant. Si vous refusez ma proposition, voyez chez lui; mais vous me reviendrez, et je ne vous donnerai plus alors que deux mille cinq cents francs.

Étienne et Lucien allèrent sur le quai Saint-Michel, dans une petite maison à allée, où demeurait ce Chaboisseau, l'un des escompteurs de la librairie, et ils le trouvèrent au second étage, dans un appartement meublé de la façon la plus originale. Ce banquier subalterne, et néanmoins millionnaire, aimait le style grec. La corniche de la chambre était une grecque. Drapé par une étoffe teinte en pourpre et disposée à la grecque le long de la muraille comme le fond d'un tableau de David, le lit, d'une forme très-pure, datait du temps de l'Empire où tout se fabriquait dans ce goût. Les fauteuils, les tables, les lampes, les flambeaux, les moindres accessoires, sans doute choisis avec patience chez les marchands de meubles, respiraient la grâce fine et grêle mais élégante de l'antiquité. Ce système mythologique et léger formait une opposition bizarre avec les mœurs de l'escompteur. Il est à remarquer que les hommes les plus fantasques se trouvent parmi les gens adonnés au commerce de l'argent. Ces gens sont, en quelque sorte, les libertins de la pensée. Pouvant tout posséder, et conséquemment blasés, ils se livrent à des efforts énormes pour se sortir de leur indifférence. Qui sait les étudier trouve toujours une manie, un coin du cœur par où ils sont accessibles. Chaboisseau paraissait retranché dans l'antiquité comme dans un camp imprenable.

— Il est sans doute digne de son enseigne, dit en souriant Étienne à Lucien.

Chaboisseau, petit homme à cheveux poudrés, à redingote verdâtre, gilet couleur noisette, décoré d'une culotte noire et terminé par des bas chinés et des souliers qui craquaient sous les pieds, prit les billets, les examina ; puis il les rendit à Lucien gravement.

— Messieurs Fendant et Cavalier sont de charmants garçons, des jeunes gens pleins d'intelligence, mais je me trouve sans argent, dit-il d'une voix douce.

— Mon ami sera coulant sur l'escompte, répondit Étienne.

— Je ne prendrais ces valeurs pour aucun avantage, dit le petit homme dont les mots glissèrent sur la proposition de Lousteau comme le couteau de la guillotine sur la tête d'un homme.

Les deux amis se retirèrent; en traversant l'antichambre, jusqu'où les reconduisit prudemment Chaboisseau, Lucien aperçut un tas de bouquins que l'escompteur, ancien libraire, avait achetés, et parmi lesquels brilla tout à coup aux yeux du romancier l'ouvrage de l'architecte Ducerceau sur les maisons royales et les célèbres châteaux de France dont les plans sont dessinés dans ce livre avec une grande exactitude.

— Me céderiez-vous cet ouvrage ? dit Lucien.

— Oui, dit Chaboisseau, qui d'escompteur devint libraire.

— Quel prix ?

— Cinquante francs.

— C'est cher, mais il me le faut; et je n'aurais pour vous payer que les valeurs dont vous ne voulez pas.

— Vous avez un effet de cinq cents francs à six mois, je vous le prendrai, dit Chaboisseau qui sans doute devait à Fendant et Cavalier un reliquat de bordereau pour une somme équivalente.

Les deux amis rentrèrent dans la chambre grecque, où Chaboisseau fit un petit bordereau à six pour cent d'intérêt et six pour cent de commission, ce qui produisit une déduction de trente francs; il porta sur le compte les cinquante francs, prix du Ducerceau, et tira de sa caisse, pleine de beaux écus, quatre cent vingt francs.

— Ah çà ! monsieur Chaboisseau, les effets sont tous bons ou tous mauvais, pourquoi ne nous escomptez-vous pas les autres ?

— Je n'escompte pas, je me paye d'une vente, dit le bonhomme.

Étienne et Lucien riaient encore de Chaboisseau, sans l'avoir compris, quand ils arrivèrent chez Dauriat, où Lousteau pria Gabusson de leur indiquer un escompteur. Les deux amis prirent un cabriolet à l'heure et allèrent au faubourg Poissonnière, munis d'une lettre de recommandation que leur avait donnée Gabusson, en leur annonçant le plus *bizarre* et le plus *étrange particulier*, selon son expression.

— Si Samanon ne prend pas vos valeurs, avait dit Gabusson, personne ne vous les escomptera.

Bouquiniste au rez-de-chaussée, marchand d'habits au premier étage, vendeur de gravures prohibées au second, Samanon était encore prêteur sur gages. Aucun des personnages introduits dans les romans d'Hoffmann, aucun des sinistres avares de Walter Scott ne peut être comparé à ce que la nature sociale et parisienne s'était permis de créer en cet homme, si toutefois Samanon est un homme. Lucien ne put réprimer un geste d'effroi à l'aspect de ce petit vieillard sec, dont les os voulaient percer le cuir parfaitement tanné, taché de nombreuses plaques vertes ou jaunes, comme une peinture de Titien ou de Paul Véronèse vue de près. Samanon avait un œil immobile et glacé, l'autre vif et luisant. L'avare, qui semblait se servir de cet œil mort en escomptant, et, employer l'autre à vendre ses gravures obscènes, portait une petite perruque plate dont le noir poussait au rouge, et sous laquelle se redressaient des cheveux blancs; son front jaune avait une attitude menaçante, ses joues étaient creusées carrément par la saillie des mâchoires, ses dents encore blanches paraissaient tirées sur ses lèvres comme celles d'un cheval qui bâille. Le contraste de ses yeux et la grimace de cette bouche, tout lui donnait un air passablement féroce. Les poils de sa barbe, durs et pointus, devaient piquer comme autant d'épingles. Une petite redingote râpée, arrivée à l'état d'amadou, une cravate noire déteinte, usée par sa barbe, et qui laissait voir un cou ridé comme celui d'un dindon, annonçaient peu l'envie de racheter par la toilette une physionomie sinistre. Les deux journalistes trouvèrent cet homme assis dans un comptoir extrêmement sale, et occupé à coller des étiquettes au dos de quelques vieux livres achetés

à une vente. Après avoir échangé un coup d'œil par lequel
ils se communiquèrent les mille questions que soulevait
l'existence d'un pareil personnage, Lucien et Lousteau le
saluèrent en lui présentant la lettre de Gabusson et les valeurs de Fendant et de Cavalier. Pendant que Samanon
lisait, il entra dans cette obscure boutique un homme
d'une haute intelligence, vêtu d'une petite redingote qui
paraissait avoir été taillée dans une couverture de zinc,
tant elle était solidifiée par l'alliage de mille substances
étrangères.

— J'ai besoin de mon habit, de mon pantalon noir et de
mon gilet de satin, dit-il à Samanon en lui présentant une
carte numérotée.

Dès que Samanon eut tiré le bouton en cuivre d'une
sonnette, il descendit une femme qui paraissait être Normande à la fraîcheur de sa riche carnation.

— Prête à monsieur ses habits, dit-il en tendant la main
à l'auteur. Il y a plaisir à travailler avec vous ; mais un de
vos amis m'a amené un petit jeune homme qui m'a rude-
ment attrapé !

— On l'attrape ! dit l'artiste aux deux journalistes en
leur montrant Samanon par un geste profondément comique.

Ce grand homme donna, comme donnent les lazzaroni
pour ravoir un jour leurs habits de fête au monte-di-pieta,
trente sous que la main jaune et crevassée de l'escompteur
prit et fit tomber dans la caisse de son comptoir.

— Quel singulier commerce fais-tu ? dit Lousteau à ce
grand artiste livré à l'opium et qui, retenu par la contemplation en des palais enchantés, ne voulait ou ne pouvait
rien créer.

— Cet homme prête beaucoup plus que le mont-de-piété
sur les objets engageables, et il a de plus l'épouvantable
charité de vous les laisser reprendre dans les occasions où
il faut que l'on soit vêtu, répondit-il. Je vais ce soir dîner

chez les Keller avec ma maîtresse. Il m'est plus facile d'avoir trente sous que deux cents francs, et je viens chercher ma garde-robe, qui, depuis six mois, a rapporté cent francs à ce charitable usurier. Samanon a déjà dévoré ma bibliothèque livre à livre.

— Et sou à sou, dit en riant Lousteau.

— Je vous donnerai quinze cents francs, dit Samanon à Lucien.

Lucien fit un bond comme si l'escompteur lui avait plongé dans le cœur une broche de fer rougi. Samanon regardait les billets avec attention, en examinant les dates.

— Encore, dit le marchand, ai-je besoin de voir Fendant qui devra me déposer des livres. Vous ne valez pas grand' chose, dit-il à Lucien, vous vivez avec Coralie, et vos meubles sont saisis.

Lousteau regarda Lucien qui reprit ses billets et sauta de la boutique sur le boulevard en disant : — Est-ce le diable ? Le poëte contempla pendant quelques instants cette petite boutique, devant laquelle tous les passants devaient sourire, tant elle était piteuse, tant les petites caisses à livres étiquetés étaient mesquines et sales, en se demandant:

— Quel commerce fait-on là ?

Quelques moments après, le grand inconnu, qui devait assister, à dix ans de là, l'entreprise immense, mais sans base, des saint-simoniens, sortit très-bien vêtu, sourit aux deux journalistes, et se dirigea vers le passage des Panoramas avec eux, pour y compléter sa toilette en se faisant cirer ses bottes.

— Quand on voit entrer Samanon chez un libraire, chez un marchand de papier ou chez un imprimeur, ils sont perdus, dit l'artiste aux deux écrivains. Samanon est alors comme un croque-mort qui vient prendre mesure d'une bière.

— Tu n'escompteras plus tes billets, dit alors Étienne à Lucien.

— Là où Samanon refuse, dit l'inconnu, personne n'accepte, car il est l'*ultima ratio !* C'est un des *moutons* de Gigonnet, de Palma, Werbrust, Gobseck et autres cracodiles qui nagent sur la place de Paris, et avec lesquels tout homme dont la fortune est à faire ou à défaire, doit tôt ou tard se rencontrer.

— Si tu ne peux pas escompter tes billets à cinquante pour cent, reprit Étienne, il faut les échanger contre des écus ?

— Comment ?

— Donne-les à Coralie, elle les présentera chez Camusot. — Tu te révoltes, reprit Lousteau, que Lucien arrêta en faisant un bond. Quel enfantillage ! Peux-tu mettre en balance ton avenir et une semblable niaiserie ?

— Je vais toujours porter cet argent à Coralie, dit Lucien.

— Autre sottise ! s'écria Lousteau. Tu n'apaiseras rien avec quatre cents francs là où il en faut quatre mille. Gardons de quoi nous griser en cas de perte, et joue !

— Le conseil est bon, dit le grand inconnu.

A quatre pas de Frascati, ces paroles eurent une vertu magnétique. Les deux amis renvoyèrent leur cabriolet et montèrent au jeu. D'abord ils gagnèrent trois mille francs, revinrent à cinq cents, et regagnèrent trois mille sept cents francs ; puis ils retombèrent à cent sous, se retrouvèrent à deux mille francs, et les risquèrent sur pair, pour les doubler d'un seul coup ; pair n'avait pas passé depuis cinq coups, ils y pontèrent la somme ; impair sortit encore. Lucien et Lousteau dégringolèrent alors par l'escalier de ce pavillon célèbre, et après avoir consumé deux heures en émotions dévorantes. Ils avaient gardé cent francs. Sur les marches du petit péristyle à deux colonnes qui soutenaient extérieurement une petite marquise en tôle que plus d'un œil a contemplée avec amour ou désespoir, Lousteau dit en voyant le regard enflammé de Lucien : — Ne mangeons que cinquante francs.

Les deux journalistes remontèrent. En une heure, ils arrivèrent à mille écus ; ils mirent les mille écus sur rouge, qui avait passé cinq fois ; en se fiant au hasard auquel ils devaient leur perte précédente. Noir sortit. Il était six heures.

— Ne mangeons que vingt-cinq francs, dit Lucien.

Cette nouvelle tentative dura peu, les vingt-cinq francs furent perdus en dix coups. Lucien jeta rageusement ses derniers vingt-cinq francs sur le chiffre de son âge, et gagna : rien ne peut dépeindre le tremblement de sa main quand il prit le rateau pour retirer les écus que le banquier jeta un à un. Il donna dix louis à Lousteau et lui dit : Sauve-toi chez Véry !

Lousteau comprit Lucien et alla commander le dîner. Lucien, resté seul au jeu, porta ses trente louis sur rouge et gagna. Enhardi par la voix secrète qu'entendent parfois les joueurs, il laissa le tout sur rouge et gagna ; son ventre devint alors un brasier ! Malgré la voix, il reporta les cent vingt louis sur noir et perdit. Il sentit alors en lui la sensation délicieuse qui succède, chez les joueurs, à leurs terribles agitations, quand, n'ayant plus rien à risquer, ils quittent le palais ardent où se passent leurs rêves fugaces. Il rejoignit Lousteau chez Véry, où il se rua, selon l'expression de la Fontaine, en cuisine, et noya ses soucis dans le vin. A neuf heures il était si complétement gris, qu'il ne comprit pas pourquoi sa portière de la rue de Vendôme le renvoyait rue de la Lune.

— Mademoiselle Coralie a quitté son appartement et s'est installée dans la maison dont l'adresse est écrite sur ce papier.

Lucien, trop ivre pour s'étonner de quelque chose, remonta dans le fiacre qui l'avait amené, se fit conduire rue de la Lune, et se dit à lui-même des calembours sur le

nom de la rue. Pendant cette matinée, la faillite du Panorama-Dramatique avait éclaté. L'actrice effrayée s'était empressée de vendre tout son mobilier, du consentement de
ses créanciers, au petit père Cardot, qui, pour ne pas changer la destination de cet appartement, y mit Florentine.
Coralie avait tout payé, tout liquidé et satisfait le propriétaire. Pendant le temps que prit cette opération, qu'elle
appelait *une lessive*, Bérénice garnissait, des meubles indispensables achetés d'occasion, un petit appartement de
trois pièces, au quatrième étage d'une maison rue de la
Lune, à deux pas du Gymnase. Coralie y attendait Lucien,
ayant sauvé de ce naufrage son amour sans souillure et un
sac de douze cents francs. Lucien, dans son ivresse, raconta ses malheurs à Coralie et à Bérénice.

— Tu as bien fait, mon ange, lui dit l'actrice en le serrant dans ses bras, Bérénice saura bien négocier tes billets
à Braulard.

Le lendemain matin, Lucien s'éveilla dans les joies en-
chanteresses que lui prodigua Coralie. L'actrice redoubla
d'amour et de tendresse, comme pour compenser par les
plus riches trésors du cœur l'indigence de son nouveau ménage. Elle était ravissante de beauté, ses cheveux échappés
de dessous un foulard tordu, blanche et fraîche, les yeux
rieurs, la parole gaie comme le rayon de soleil levant qui
entra par les fenêtres pour dorer cette charmante misère.
La chambre, encore décente, était tendue d'un papier vert
d'eau à bordure rouge, ornée de deux glaces, l'une à la
cheminée, l'autre au-dessus de la commode. Un tapis d'occasion, acheté par Bérénice de ses deniers, malgré les ordres de Coralie, déguisait le carreau nu et froid du plancher. La garde-robe des deux amants tenait dans une
armoire à glace et dans la commode. Les meubles d'acajou
étaient garnis en étoffe de coton bleu. Bérénice avait sauvé
du désastre une pendule et deux vases de porcelaine, quatre
couverts en argent et six petites cuillers. La salle à man-

ger, qui se trouvait avant la chambre à coucher, ressemblait à celle du ménage d'un employé à douze cents francs.
La cuisine faisait face au palier. Au-dessus, Bérénice couchait dans une mansarde. Le loyer ne s'élevait pas à plus
de cent écus. Cette horrible maison avait une fausse porte
cochère. Le portier logeait dans un des vantaux condamné,
percé d'un croisillon par où il surveillait dix-sept loca-
taires. Cette ruche s'appelle une maison de produit en
style de notaire. Lucien aperçut un bureau, un fauteuil,
de l'encre, des plumes et du papier. La gaieté de Bérénice
qui comptait sur le début de Coralie au Gymnase, celle de
l'actrice qui regardait son rôle, un cahier de papier noué
avec un bout de faveur bleue, chassèrent les inquiétudes
et la tristesse du poëte dégrisé.

— Pourvu que dans le monde on ne sache rien de cette
dégringolade, nous nous en tirerons, dit-il. Après tout,
nous avons quatre mille cinq cents francs devant nous! Je
vais exploiter ma nouvelle position dans les journaux
royalistes. Demain, nous inaugurons le *Réveil*, je me connais maintenant en journalisme, j'en ferai!

Coralie, qui ne vit que de l'amour dans ces paroles, baisa
les lèvres qui les avaient prononcées. En ce moment, Bérénice avait mis la table auprès du feu, et venait de servir
un modeste déjeuner, composé d'œufs brouillés, de deux
côtelettes et de café à la crème. On frappa. Trois amis sincères, d'Arthez, Léon Giraud et Michel Chrestien apparurent aux yeux étonnés de Lucien qui, vivement touché,
leur offrit de partager son déjeuner.

— Non, dit d'Arthez. Nous venons pour des affaires plus
sérieuses que de simples consolations, car nous savons
tout, nous revenons de la rue de Vendôme. Vous connaissez mes opinions, Lucien. Dans toute autre circonstance,
je me réjouirais de vous voir adoptant mes convictions politiques; mais, dans la situation où vous vous êtes mis en
écrivant aux journaux libéraux, vous ne sauriez passer

dans les rangs des ultras sans flétrir à jamais votre caractère et souiller votre existence. Nous venons vous conjurer au nom de notre amitié, quelque affaiblie qu'elle soit, de ne pas vous entacher ainsi. Vous avez attaqué les romantiques, la Droite et le gouvernement; vous ne pouvez pas maintenant défendre le gouvernement, la Droite et les romantiques.

— Les raisons qui me font agir sont tirées d'un ordre de pensées supérieur, la fin justifiera tout, dit Lucien.

— Vous ne comprenez peut-être pas la situation dans laquelle nous sommes, lui dit Léon Giraud. Le gouvernement, la cour, les Bourbons, le parti absolutiste, ou, si vous voulez tout comprendre dans une expression générale, le système opposé au système constitutionnel, et qui se divise en plusieurs fractions toutes divergentes dès qu'il s'agit des moyens à prendre pour étouffer la Révolution, est au moins d'accord sur la nécessité de supprimer la presse. La fondation du *Réveil*, de la *Foudre*, du *Drapeau blanc*, tous journaux destinés à répondre aux calomnies, aux injures, aux railleries de la presse libérale, que je n'approuve pas en ceci, car cette méconnaissance de la grandeur de notre sacerdoce est précisément ce qui nous a conduits à publier un journal digne et grave dont l'influence sera dans peu de temps respectacle et sentie, imposante et digne, dit-il en faisant une parenthèse; eh bien, cette artillerie royaliste et ministérielle est un premier essai de représailles, entrepris pour rendre aux libéraux trait pour trait, blessure pour blessure. Que croyez-vous qu'il arrivera, Lucien? Les abonnés sont en majorité du côté gauche. Dans la presse, comme à la guerre, la victoire se trouvera du côté des gros bataillons! Vous serez des infâmes, des menteurs, des ennemis du peuple; les autres seront des défenseurs de la patrie, des gens honorables, des martyrs, quoique plus hypocrites et plus perfides que vous, peut-être. Ce moyen augmentera l'influence pernicieuse de la presse, en légiti-

mant et consacrant ses plus odieuses entreprises. L'injure
et la personnalité deviendront un de ses droits publics,
adopté pour le profit des abonnés et passé en force de chose
jugée par un usage réciproque. Quand le mal se sera révélé dans toute son étendue, les lois restrictives et prohi-
bitives, la censure, mise à propos de l'assassinat du duc de
Berry et levée depuis l'ouverture des Chambres, reviendra.
Savez-vous ce que le peuple français conclura de ce débat? il admettra les insinuations de la presse libérale, il
croira que les Bourbons veulent attaquer les résultats matériels et acquis de la Révolution, il se lèvera quelque
beau jour et chassera les Bourbons. Non-seulement vous
salissez votre vie, mais vous serez un jour dans le parti
vaincu. Vous êtes trop jeune, trop nouveau venu dans la
presse ; vous en connaissez trop peu les ressorts secrets, les
rubriques; vous y avez excité trop de jalousie, pour résister au *tolle* général qui s'élèvera contre vous dans les journaux libéraux. Vous serez entraîné par la fureur des partis, qui sont encore dans le paroxysme de la fièvre ; seulement leur fièvre a passé, des actions brutales de 1815
et 1816, dans les idées, dans les luttes orales de la Chambre
et dans les débats de la presse.

— Mes amis, dit Lucien, je ne suis pas l'étourdi, le poëte
que vous voulez voir en moi. Quelque chose qui puisse
arriver, j'aurai conquis un avantage que jamais le triomphe du parti libéral ne peut me donner. Quand vous aurez
la victoire, mon affaire sera faite.

— Nous te couperons... les cheveux, dit en riant Michel
Chrestien.

— J'aurai des enfants alors, répondit Lucien, et me couper la tête, ce sera ne rien couper.

Les trois amis ne comprirent pas Lucien, chez qui ses
relations avec le grand monde avaient développé au plus
haut degré l'orgueil nobiliaire et les vanités aristocratiques. Le poëte voyait, avec raison d'ailleurs, une immense

fortune dans sa beauté, dans son esprit appuyé du nom et du titre de comte de Rubempré. Madame d'Espard, madame de Bargeton et madame de Montcornet le tenaient par ce fil comme un enfant tient un hanneton. Lucien ne volait plus que dans un cercle déterminé. Ces mots : « Il est des nôtres, il pense bien! » dits trois jours auparavant dans les salons de mademoiselle des Touches, l'avaient enivré, ainsi que les félicitations qu'il avait reçues des ducs de Lenoncourt, de Navarreins et de Grandlieu, de Rastignac, de Blondet, de la belle duchesse de Maufrigneuse, du comte d'Esgrignon, de des Lupeaulx, des gens les plus influents et les mieux en cour du parti royaliste.

— Allons! tout est dit, répliqua d'Arthez. Il te sera plus difficile qu'à tout autre de te conserver pur et d'avoir ta propre estime. Tu souffriras beaucoup, je te connais, quand tu te verras méprisé par ceux-là même à qui tu te seras dévoué.

Les trois amis dirent adieu à Lucien sans lui tendre amicalement la main. Lucien resta quelques instants pensif et triste.

— Eh, laisse donc ces niais-là, dit Coralie en sautant sur les genoux de Lucien et lui jetant ses beaux bras frais autour du cou, ils prennent la vie au sérieux, et la vie est une plaisanterie. D'ailleurs tu seras comte Lucien de Rubempré. Je ferai, s'il le faut, des agaceries à la chancellerie. Je sais par où prendre ce libertin de des Lupeaulx, qui fera signer ton ordonnance. Ne t'ai-je pas dit que, quand il te faudrait une marche de plus pour saisir ta proie, tu aurais le cadavre de Coralie!

Le lendemain, Lucien laissa mettre son nom parmi ceux des collaborateurs du *Réveil*. Ce nom fut annoncé comme une conquête dans le prospectus, distribué par les soins du ministère à cent mille exemplaires. Lucien vint au repas triomphal, qui dura neuf heures, chez Robert, à deux pas de Frascati, et auquel assistaient les coryphées de la presse royaliste : Martainville, Auger, Destains et une foule d'auteurs encore vivants qui, dans ce temps-là, *faisaient de la monarchie et de la religion*, selon une expression consacrée.

— Nous allons leur en donner, aux libéraux! dit Hector Merlin.

— Messieurs, répondit Nathan qui s'enrôla sous cette bannière en jugeant bien qu'il valait mieux avoir pour soi que contre soi l'autorité dans l'exploitation du théâtre à laquelle il songeait, si nous leur faisons la guerre, faisons-là sérieusement; ne nous tirons pas des balles de liége! Attaquons tous les écrivains classiques et libéraux sans distinction d'âge ni de sexe, passons-les au fil de la plaisanterie, et ne faisons pas de quartier.

— Soyons honorables, ne nous laissons pas gagner par les exemplaires, les présents, l'argent des libraires. Faisons la restauration du journalisme.

— Bien! dit Martainville. *Justum et tenacem propositi virum!* Soyons implacables et mordants. Je ferai de Lafayette ce qu'il est : Gilles Ier!

— Moi, dit Lucien, je me charge des héros du *Constitutionnel*, du sergent Mercier, des œuvres complètes de monsieur de Jouy, des illustres orateurs de la Gauche!

Une guerre à mort fut résolue et votée à l'unanimité, à une heure du matin, par les rédacteurs qui noyèrent toutes leur nuances et toutes leurs idées dans un punch flamboyant.

— *Nous nous sommes donné une fameuse culotte monarchique et religieuse*, dit sur le seuil de la porte un des écrivains les plus célèbres de la littérature romantique.

Ce mot historique, révélé par un libraire qui assistait au dîner, parut le lendemain dans le *Miroir*; mais la révélation fut attribuée à Lucien. Cette défection fut le signal d'un effroyable tapage dans les journaux libéraux, Lucien devint leur bête noire, et fut tympanisé de la plus cruelle façon : on raconta les infortunes de ses sonnets, on apprit au public que Dauriat aimait mieux perdre mille écus que de les imprimer, on l'appela le poëte sans sonnets !

Un matin, dans ce même journal où Lucien avait débuté si brillamment, il lut les lignes suivantes écrites uniquement pour lui, car le public ne pouvait guère comprendre cette plaisanterie :

** Si le libraire Dauriat persiste à ne pas publier les sonnets du futur Pétrarque français, nous agirons en ennemis généreux, nous ouvrirons nos colonnes à ces poëmes qui doivent être piquants, à en juger par celui-ci que nous communique un ami de l'auteur.

Et, sous cette terrible annonce, le poëte lut ce sonnet qui le fit pleurer à chaudes larmes.

> Une plante chétive et de louche apparence
> Surgit un beau matin dans un parterre en fleurs ;
> A l'en croire, pourtant, de splendides couleurs
> Témoigneraient un jour de sa noble semence :
>
> On la toléra donc ! Mais, par reconnaissance,
> Elle insulta bientôt ses plus brillantes sœurs,
> Qui, s'indignant enfin de ses grands airs casseurs
> La mirent au défi de prouver sa naissance.
>
> Elle fleurit alors. Mais un vil baladin
> Ne fut jamais sifflé comme tout le jardin
> Honnit, siffla, railla ce calice vulgaire.
>
> Puis le maître, en passant, la brisa sans pardon ;
> Et le soir sur sa tombe un âne seul vint braire,
> Car ce n'était vraiment qu'un ignoble chardon !

Vernou parla de la passion de Lucien pour le jeu, et signala d'avance l'*Archer* comme une œuvre antinationale où l'auteur prenait le parti des égorgeurs catholiques contre les victimes calvinistes. En huit jours, cette querelle s'envenima. Lucien comptait sur son ami Lousteau qui lui devait mille francs, et avec lequel il avait eu des conventions secrètes; mais Lousteau devint l'ennemi juré de Lucien. Voici comment. Depuis trois mois Nathan aimait Florine et ne savait comment l'enlever à Lousteau, pour qui d'ailleurs elle était une providence. Dans la détresse et le désespoir où se trouvait cette actrice en se voyant sans engagement, Nathan, le collaborateur de Lucien, vint voir Coralie, et la pria d'offrir à Florine un rôle dans une pièce de lui, se faisant fort de procurer un engagement conditionnel au Gymnase à l'actrice sans théâtre. Florine, enivrée d'ambition, n'hésita pas. Elle avait eu le temps d'observer Lousteau. Nathan était un ambitieux littéraire et politique, un homme qui avait autant d'énergie que de besoins, tandis que chez Lousteau les vices tuaient le vouloir. L'actrice, qui voulut reparaître environnée d'un nouvel éclat, livra les lettres du droguiste à Nathan, et Nathan les fit racheter par Matifat contre le sixième du journal convoité par Finot. Florine eut alors un magnifique appartement rue Hauteville, et prit Nathan pour protecteur à la face de tout le journalisme et du monde théâtral. Lousteau fut si cruellement atteint par cet événement, qu'il pleura vers la fin d'un dîner que ses amis lui donnèrent pour le consoler. Dans cette orgie, les convives trouvèrent que Nathan avait joué son jeu. Quelques écrivains comme Finot et Vernou savaient la passion du dramaturge pour Florine; mais, au dire de tous, Lucien, en maquignonnant cette affaire, avait manqué aux plus saintes lois de l'amitié. L'esprit de parti, le désir de servir ses nouveaux amis rendaient le nouveau royaliste inexcusable.

— Nathan est emporté par la logique des passions; tandis que le grand homme de province, comme dit Blondet, cède à des calculs! s'écria Bixiou.

Aussi la perte de Lucien, de cet intrus, de ce petit drôle qui voulait avaler tout le monde, fut-elle unanimement résolue et profondément méditée. Vernou, qui haïssait Lucien, se chargea de ne pas le lâcher. Pour se dispenser de payer mille écus à Lousteau, Finot accusa Lucien de l'avoir empêché de gagner cinquante mille francs en donnant à Nathan le secret de l'opération contre Matifat. Nathan, conseillé par Florine, s'était ménagé l'appui de Finot en lui vendant son *petit sixième* pour quinze mille francs. Lousteau, qui perdait ses mille écus, ne pardonna pas à Lucien cette lésion énorme de ses intérêts. Les blessures d'amour-propre deviennent incurables quand l'oxyde d'argent y pénètre. Aucune expression, aucune peinture ne peut rendre la rage qui saisit les écrivains quand leur amour-propre souffre, ni l'énergie qu'ils trouvent au moment où ils se sentent piqués par les flèches empoisonnées de la raillerie. Ceux dont l'énergie et la résistance sont stimulées par l'attaque, succombent promptement. Les gens calmes et dont le thème est fait d'après le profond oubli dans lequel tombe un article injurieux, ceux-là déploient le vrai courage littéraire. Aussi les faibles, au premier coup d'œil, paraissent être les forts; mais leur résistance n'a qu'un temps. Pendant les premiers quinze jours, Lucien enragé fit pleuvoir une grêle d'articles dans les journaux royalistes où il partagea le poids de la critique avec Hector Merlin. Tous les jours sur la brèche du *Réveil,* il fit feu de tout son esprit, appuyé d'ailleurs par Martainville, le seul qui le servît sans arrière-pensée, et qu'on ne mit pas dans le secret des conventions signées par des plaisanteries après boire, ou aux galeries de Bois chez Dauriat, et dans les coulisses de théâtre, entre les journalistes des deux partis que la camaderie unissait secrètement. Quand Lucien allait au foyer du Vaudeville, il n'était plus traité en ami, les gens de son parti lui donnaient seuls la main : tandis que Nathan, Hector Merlin, Théodore Gail-

lard fraternisaient sans honte avec Finot, Lousteau, Vernou
et quelques-uns de ces journalistes décorés du surnom de
bons enfants. A cette époque, le foyer du Vaudeville était
le chef-lieu des médisances littéraires, une espèce de boudoir où venaient des gens de tous les partis, des hommes
politiques et des magistrats. Après une réprimande faite
en certaine chambre du conseil, le président, qui avait
reproché à l'un de ses collègues de balayer les coulisses
de sa simarre, se trouva simarre à simarre avec les répri-
mandé dans le foyer du Vaudeville. Lousteau finit par y
donner la main à Nathan. Finot y venait presque tous les
soirs. Quand Lucien avait le temps, il y étudiait les dispositions de ses ennemis, et ce malheureux enfant voyait toujours en eux une implacable froideur.

En ce temps, l'esprit de parti engendrait des haines bien
plus sérieuses qu'elles ne le sont aujourd'hui. Aujourd'hui,
à la longue, tout s'est amoindri par une trop grande ten-
sion des ressorts. Aujourd'hui, la critique, après avoir immolé le livre d'un homme, lui tend la main. La victime
doit embrasser le sacrificateur sous peine d'être passé par
les verges de la plaisanterie. En cas de refus, un écrivain
passe pour être insociable, mauvais coucheur, pétri d'a-
mour-propre, inabordable, haineux, rancuneux. Aujour-
d'hui, quand un auteur a reçu dans le dos les coups de
poignard de la trahison, quand il a évité les piéges tendus
avec une infâme hypocrisie, essuyé les plus mauvais procédés, il entend ses assassins lui souhaitant le bonjour, et
manifestant des prétentions à son estime, voire même à
son amitié. Tout s'excuse et se justifie à une époque où
l'on a transformé la vertu en vice, comme on a érigé certains vices en vertus. La camaraderie est devenue la plus
sainte des libertés. Les chefs des opinions les plus contraires se parlent à mots émoussés, à pointes courtoises.
Dans ce temps, si tant est qu'on s'en souvienne, il y avait
du courage pour certains écrivains royalistes et pour quel-

ques écrivains libéraux, à se trouver dans le même théâtre. On entendait les provocations les plus haineuses. Les regards étaient chargés comme des pistolets, la moindre étincelle pouvait faire partir le coup d'une querelle. Qui n'a pas surpris des imprécations chez son voisin, à l'entrée de quelques hommes plus spécialement en butte aux attaques respectives des deux partis? Il n'y avait alors que deux partis, les royalistes et les libéraux, les romantiques et les classiques, la même haine sous deux formes, une haine qui faisait comprendre les échafauds de la Convention. Lucien, devenu royaliste et romantique forcené, de libéral et de voltairien enragé qu'il avait été dès son début, se trouva donc sous le poids des inimitiés qui planaient sur la tête de l'homme le plus abhorré des libéraux à cette époque, de Martainville, le seul qui le défendît et l'aimât. Cette solidarité nuisit à Lucien. Les partis sont ingrats envers leurs vedettes, ils abandonnent volontiers leurs enfants perdus. Surtout en politique, il est nécessaire à ceux qui veulent parvenir d'aller avec le gros de l'armée. La principale méchanceté des petits journaux fut d'accoupler Lucien et Martainville. Le libéralisme les jeta dans les bras l'un de l'autre. Cette amitié, fausse ou vraie, leur valut à tous deux des articles écrits avec du fiel par Félicien, au désespoir des succès de Lucien dans le grand monde, et qui croyait, comme tous les anciens camarades du poëte, à sa prochaine élévation. La prétendue trahison du poëte fut alors envenimée et embellie des circonstances les plus aggravantes. Lucien fut nommé le petit Judas, et Martainville le grand Judas, car Martainville était, à tort ou à raison, accusé d'avoir livré le pont du Pecq aux armées étrangères. Lucien répondit en riant à des Lupeaulx que, quant à lui, sûrement il avait livré le pont aux ânes. Le luxe de Lucien, quoique creux et fondé sur des espérances, révoltait ses amis qui ne lui pardonnaient ni son équipage à bas, car pour eux il roulait toujours, ni ses splendeurs de la rue de Vendôme. Tous sentaient instinctivement qu'un homme jeune et beau, spirituel et corrompu par eux, allait arriver à tout ; aussi pour le renverser employèrent-ils tous les moyens.

Quelques jours avant le début de Coralie au Gymnase, Lucien vint bras dessus, bras dessous, avec Hector Merlin, au foyer du Vaudeville. Merlin grondait son ami d'avoir servi Nathan dans l'affaire de Florine.

— Vous vous êtes fait de Lousteau et de Nathan deux ennemis mortels. Je vous avais donné de bon conseils et vous n'en avez point profité. Vous avez distribué l'éloge et répandu le bienfait, vous serez cruellement puni de vos bonnes actions. Florine et Coralie ne vivront jamais en bonne intelligence en se trouvant sur la même scène : l'une voudra l'emporter sur l'autre. Vous n'avez que nos journaux pour défendre Coralie. Nathan, outre l'avantage que lui donne son métier de faiseur de pièces, dispose des journaux libéraux dans la question des théâtres, et il est dans le journalisme depuis un peu plus de temps que vous.

Cette phrase répondait à des craintes secrètes de Lucien, qui ne trouvait ni chez Nathan, ni chez Gaillard, la franchise à laquelle il avait droit ; mais il ne pouvait pas se plaindre, il était si fraîchement converti ! Gaillard accablait Lucien en lui disant que les nouveaux venus devaient donner pendant longtemps des gages avant que leur parti pût se fier à eux. Le poëte rencontrait dans l'intérieur des journaux royalistes et ministériels une jalousie à laquelle il n'avait pas songé, la jalousie qui se déclare entre tous les hommes en présence d'un gâteau quelconque à partager, et qui les rend comparables à des chiens se disputant une proie : ils offrent alors les mêmes grondements, les mêmes attitudes, les mêmes caractères. Ces écrivains se jouaient mille mauvais tours secrets pour se nuire les uns aux autres auprès du pouvoir, ils s'accusaient de tiédeur ; et, pour se débarrasser d'un coucurrent, ils inventaient les machines les plus perfides. Les libéraux n'a-

vaient aucun sujet de débats intestins en se trouvant loin
du pouvoir et de ses grâces. En entrevoyant cet inextri-
cable lacis d'ambitions, Lucien n'eut pas assez de courage
pour tirer l'épée afin d'en couper les nœuds, et ne se sentit pas la patience de les démêler ; il ne pouvait être ni
l'Arétin, ni le Beaumarchais, ni le Fréron de son époque,
il s'en tint à son unique désir : avoir son ordonnance, en
comprenant que cette restauration lui vaudrait un beau
mariage. Sa fortune ne dépendrait plus alors que d'un
hasard auquel aiderait sa beauté. Lousteau, qui avait
marqué tant de confiance, avait son secret, le journaliste
savait où blesser à mort le poëte d'Angoulême ; aussi le
jour où Merlin l'amenait au Vaudeville, Étienne avait-il
préparé pour Lucien un piége horrible où cet enfant devait
se prendre et succomber.

— Voilà notre beau Lucien, dit Finot entraînant des Lupeaulx avec lequel il causait devant Lucien dont il prit la
main avec les décevantes chatteries de l'amitié. Je ne
connais pas d'exemple d'une fortune aussi rapide que la
sienne, dit Finot en regardant tour à tour Lucien et le
maître des requêtes. A Paris, la fortune est de deux espèces :
il y a la fortune matérielle, l'argent, que tout le monde
peut ramasser, et la fortune morale, les relations, la position, l'accès dans un certain monde inabordable pour certaines personnes, quelle que soit leur fortune matérielle,
et mon ami...

— Notre ami, dit des Lupeaulx en jetant à Lucien un caressant regard.

— Notre ami, reprit Finot en tapotant la main de Lucien
entre les siennes, a fait sous ce rapport une brillante fortune. A la vérité Lucien a plus de moyens, plus de talent,
plus d'esprit que tous ses envieux, puis il est d'une beauté
ravissante ; ses anciens amis ne lui pardonnent pas ses
succès, ils disent qu'il a eu du bonheur.

— Ces bonheurs-là, dit des Lupeaulx, n'arrivent jamais

aux sots ni aux incapables. Eh! peut-on appeler du bonheur le sort de Bonaparte? Il y avait eu vingt généraux
en chef avant lui pour commander les armées d'Italie,
comme il y a cent jeunes gens en ce moment qui vou-
draient pénétrer chez mademoiselle des Touches, que déjà
dans le monde on vous donne pour femme, mon cher! dit
des Lupeaulx en frappant sur l'épaule de Lucien. Ah! vous
êtes en grande faveur. Madame d'Espard, madame de Bargeton et madame de Montcornet sont folles de vous. N'êtes-
vous pas ce soir de la soirée de madame Firmiani, et
demain du raout de la duchesse de Grandlieu?

— Oui, dit Lucien.

— Permettez-moi de vous présenter un jeune banquier,
monsieur du Tillet, homme digne de vous, il a su faire une
belle fortune et en peu de temps.

Lucien et du Tillet se saluèrent, entrèrent en conversation, et le banquier invita Lucien à dîner. Finot et des
Lupeaulx, deux hommes d'une égale profondeur et qui se
connaissaient assez pour demeurer toujours amis, parurent
continuer une conversation commencée, ils laissèrent
Lucien, Merlin, du Tillet et Nathan causant ensemble, et se
dirigèrent vers un des divans qui meublaient le foyer du
Vaudeville.

— Ah çà! mon cher ami, dit Finot à des Lupeaulx, dites-
moi la vérité? Lucien est-il sérieusement protégé, car il
est devenu la bête noire de tous mes rédacteurs; et, avant
de favoriser leur conspiration, j'ai voulu vous consulter
pour savoir s'il ne vaut pas mieux la déjouer et le servir.

Ici le maître des requêtes et Finot se regardèrent pendant une légère pause avec une profonde attention.

— Comment, mon cher, dit des Lupeaulx, pouvez-vous
imaginer que la marquise d'Espard, Châtelet et madame
de Bargeton qui a fait nommer le baron préfet de la Charente et comte afin de rentrer triomphalement a Angoulême, pardonnent à Lucien ses attaques? Ils l'ont jeté

dans le parti royaliste afin de l'annuler. Aujourd'hui, tous
cherchent des motifs pour refuser ce qu'on a promis à
cet enfant; trouvez-en? vous aurez rendu le plus immense
service à ces deux femmes : un jour ou l'autre, elles s'en
souviendront. J'ai le secret de ces deux dames, elles haïs-
sent ce petit bonhomme à tel point qu'elle m'ont surpris.
Ce Lucien pouvait se débarrasser de sa plus cruelle ennemie, madame de Bargeton, en ne cessant ses attaques
qu'à des conditions que toutes les femmes aiment à exécuter, vous comprenez? Il est beau, il est jeune, il aurait
noyé cette haine dans des torrents d'amour, il devenait
alors comte de Rubempré, la seiche lui aurait obtenu
quelque place dans la maison du roi, des sinécures! Lucien
était un très-joli lecteur pour Louis XVIII, il eût été bibliothécaire je ne sais où, maître des requêtes pour rire,
directeur de quelque chose aux Menus-Plaisirs. Ce petit
sot a manqué son coup. Peut-être est-ce là ce qu'on ne lui a
point pardonné. Au lieu d'imposer des conditions, il en a
reçu. Le jour ou Lucien s'est laissé prendre à la promesse
de l'ordonnance, le baron Châtelet a fait un grand pas.
Coralie a perdu cet enfant-là. S'il n'avait pas eu l'actrice
pour maîtresse, il aurait revoulu la seiche, et il l'aurait eue.

— Ainsi nous pouvons l'abattre, dit Finot.

— Par quel moyen? demanda négligemment des Lupeaulx qui voulait se prévaloir de ce service auprès de la
marquise d'Espard.

— Il a un marché qui l'oblige à travailler au petit journal de Lousteau; nous lui ferons d'autant mieux faire des
articles qu'il est sans le sou. Si le garde des sceaux se sent
chatouillé par un article plaisant et qu'on lui prouve que
Lucien en est l'auteur, il le regardera comme un homme
indigne des bontés du roi. Pour faire perdre une peu la tête
à ce grand homme de province, nous avons préparé la
chute de Coralie : il verra sa maîtresse sifflée et sans rôles.
Une fois l'ordonnance indéfiniment suspendue, nous plai-

santerons alors notre victime sur ses prétentions aristocratiques, nous parlerons de sa mère accoucheuse, et de son père apothicaire. Lucien n'a qu'un courage d'épiderme. il succombera, nous le renverrons d'où il vient. Nathan m'a fait vendre par Florine le sixième de la revue que possédait Matifat, j'ai pu acheter la part du papetier, je suis seul avec Dauriat ; nous pouvons nous entendre, vous et moi, pour absorber ce journal au profit de la cour. Je n'ai protégé Florine et Nathan qu'à la condition de la restitution de *mon* sixième ; ils me l'ont vendu, je dois les servir ; mais, auparavant, je voulais connaître les chances de Lucien...

— Vous êtes digne de votre nom, dit des Lupeaulx en riant. Allez ! j'aime les gens de votre sorte...

— Eh bien, vous pouvez faire avoir à Florine un engagement définif ? dit Finot au maître des requêtes.

— Oui ; mais débarrassez-nous de Lucien, car Rastignac et de Marsay ne veulent plus entendre parler de lui.

— Dormez en paix, dit Finot. Nathan et Merlin auront toujours des articles que Gaillard aura promis de faire passer, Lucien ne pourra pas donner une ligne, nous lui couperons ainsi les vivres. Il n'aura que le journal de Martainville pour se défendre et défendre Coralie : un journal contre tous, il est impossible de résister.

— Je vous dirai les endroits sensibles du ministre ; mais livrez-moi le manuscrit de l'article que vous aurez fait faire à Lucien, répondit des Lupeaulx qui se garda bien de dire à Finot que l'ordonnance promise à Lucien était une plaisanterie.

Des Lupeaulx quitta le foyer. Finot vint à Lucien ; et, de ce ton de bonhomie auquel se sont pris tant de gens, il expliqua comment il ne pouvait renoncer à la rédaction qui lui était due. Finot reculait à l'idée d'un procès qui ruinerait les espérances que son ami voyait dans le parti royaliste. Finot aimait les hommes assez forts pour changer hardiment d'opinion. Lucien et lui, ne devaient-ils pas se rencontrer dans la vie, n'auraient-ils pas l'un et l'autre mille petits services à se rendre? Lucien avait besoin d'un homme sûr dans le parti libéral pour faire attaquer les ministériels ou les ultra qui se refuseraient à le servir.

— Si l'on se joue de vous, comment ferez-vous? dit Finot en terminant. Si quelque ministre, croyant vous avoir attaché par le licou de votre apostasie, ne vous redoute plus et vous envoie promener, ne vous faudra-t-il pas lui lancer quelques chiens pour le mordre aux mollets? Eh bien, vous êtes brouillé à mort avec Lousteau, qui demande votre tête. Félicien et vous, vous ne vous parlez plus. Moi seul je vous reste! Une des lois de mon métier est de vivre en bonne intelligence avec les hommes vraiment forts. Vous pourrez me rendre, dans le monde où vous allez, l'équivalent des services que je vous rendrai dans la presse. Mais les affaires avant tout! envoyez-moi des articles purement littéraires, ils ne vous compromettront pas, et vous aurez exécuté nos conventions.

Lucien ne vit que de l'amitié mêlée à de savants calculs dans les propositions de Finot, dont la flatterie et celle de des Lupeaulx l'avaient mis en belle humeur : il remercia Finot!

Dans la vie des ambitieux et de tous ceux qui ne peuvent parvenir qu'à l'aide des hommes et des choses, par un plan de conduite plus ou moins bien combiné, suivi, maintenu, il se rencontre un cruel moment où je ne sais quelle puissance les soumet à de rudes épreuves : tout manque à la fois, de tout côté les fils rompent ou s'embrouillent, le malheur apparaît sur tous les points. Quand un homme perd la tête au milieu de ce désordre moral, il est perdu. Les gens qui savent résister à cette première révolte des circonstances, qui se raidissent en laissant passer la tourmente, qui se sauvent en gravissant par un épouvantable effort la sphère supérieure, sont les hommes réellement forts. Tout homme, à moins d'être né riche, a donc ce qu'il faut appeler sa fatale semaine. Pour Napoléon, cette semaine fut la retraite de Moscou. Ce cruel moment était venu pour Lucien. Tout s'était trop heureusement succédé pour lui dans le monde et dans la littérature ; il avait été trop heureux, il devait voir les hommes et les choses se tourner contre lui. La première douleur fut la plus vive et la plus cruelle de toutes, elle l'atteignit là où il se croyait invulnérable, dans son cœur et dans son amour. Coralie pouvait n'être pas spirituelle ; mais douée d'une belle âme, elle avait la faculté de la mettre en dehors par ces mouvements soudains qui font les grandes actrices. Ce phénomène étrange, tant qu'il n'est pas devenu comme une habitude par un long usage, est soumis aux caprices du caractère, et souvent à une admirable pudeur qui domine les actrices encore jeunes. Intérieurement naïve et timide, en apparence hardie et leste comme doit être une comédienne, Coralie encore aimante éprouvait une réaction de son cœur de femme sur son masque de comédienne. L'art de rendre les sentiments, cette sublime fausseté, n'avait pas encore triomphé chez elle de la nature. Elle était honteuse de donner au public ce qui n'appartenait qu'à l'amour. Puis elle avait une faiblesse particulière aux femmes vraies. Tout en se sachant appelée à régner en souveraine sur la scène, elle avait besoin du succès. Incapable d'affronter une salle avec laquelle elle ne sympathisait pas, elle tremblait toujours en arrivant en scène, et alors la froideur du public pouvait la glacer. Cette terrible émotion lui faisait trouver dans chaque nouveau rôle un nouveau début. Les applaudissements lui causaient une espèce d'ivresse, inutile à son amour-propre, mais indispensable à son courage : un murmure de désapprobation ou le silence d'un public distrait lui ôtaient ses moyens ; une salle pleine, attentive, des regards admirateurs et bienveillant, l'électrisaient ; elle se mettait alors en communication avec les qualités nobles de toutes ces âmes, et se sentait la puissance de les élever, de les émouvoir. Ce double effet accusait bien et la nature nerveuse et la constitution du génie, en trahissant aussi les délicatesses et la tendresse de cette pauvre enfant. Lucien avait fini par apprécier les trésors que renfermait ce cœur, il avait reconnu combien sa maîtresse était jeune fille. Inhabile aux faussetés de l'actrice, Coralie était incapable de se défendre contre les rivalités et les manœuvres des coulisses auxquelles s'adonnait Florine, fille aussi dangereuse, aussi dépravée déjà que son amie était simple et généreuse. Les rôles devaient venir trouver Coralie; elle était trop fière pour implorer les auteurs et subir leurs déshonorantes conditions, pour se donner au premier journaliste qui la menacerait de son amour et de sa plume. Le talent, déjà si rare dans l'art extraordinaire du comédien, n'est qu'une condition du succès, le talent est même longtemps nuisible s'il n'est accompagné d'un certain génie d'intrigue qui manquait absolument à Coralie. Prévoyant les souffrances qui attendaient son amie à son début au Gymnase, Lucien voulut à tout prix lui procurer un triomphe. L'argent qui restait sur le prix du mobilier vendu, celui que Lucien gagnait, tout avait passé aux costumes, à l'arrangement de la loge, à tous les frais d'un début. Quelques jours auparavant, Lucien fit une démarche humiliante à laquelle il se résolut par amour : il prit les billets de Fendant et Cavalier, se rendit rue des Bourdonnais, au Cocon-d'Or, pour en proposer l'escompte à Camusot. Le poëte n'était pas encore tellement corrompu qu'il pût aller froidement à cet assaut. Il laissa bien des douleurs sur le chemin, il le pava des plus terribles pensées en se disant alternativement : oui! — non! Mais il arriva néanmoins au petit cabinet froid, noir, éclairé par une cour intérieure, où siégeait gravement non plus l'amoureux de Coralie, le débonnaire, le fainéant, le libertin, l'incrédule Camusot qu'il connaissait; mais le sérieux père de famille, le négociant poudré de ruses et de

vertus, masqué de la pruderie judiciaire d'un magistrat du
tribunal de commerce, et défendu par la froideur patro-
nale d'un chef de maison, entouré de commis, de caissiers,
de cartons verts de factures et d'échantillons, bardé de sa
femme, accompagné d'une fille simplement mise. Lucien
frémit de la tête aux pieds en l'abordant, car le digne négociant lui jeta le regard insolemment indifférent qu'il
avait déjà vu dans les yeux des escompteurs.

— Voici des valeurs, je vous aurais mille obligations si
vous vouliez me les prendre, monsieur ? dit-il en se tenant
debout auprès du négociant assis.

— Vous m'avez pris quelque chose, monsieur, dit Camusot, je m'en souviens.

Là, Lucien expliqua la situation de Coralie, à voix basse
et en parlant à l'oreille du marchand de soieries, qui put
entendre les palpitations du poëte humilié. Il n'était pas
dans les intentions de Camusot que Coralie éprouvât une
chute. En écoutant, le négociant regardait les signatures et
sourit, il était juge au tribunal de commerce, il connaissait la situation des libraires. Il donna quatre mille cinq
cents francs à Lucien, à la condition de mettre dans son
endos : *valeur reçue en soieries.* Lucien alla sur-le-champ
voir Braulard et fit très-bien les choses avec lui pour assurer à Coralie un beau succès. Braulard promit de venir
et vint à la répédition générale afin de convenir des endroits
où ses romains déploieraient leurs battoirs de chair et en-
lèveraient le succès. Lucien remit le reste de son argent
à Coralie en lui cachant sa démarche auprès de Camusot,
il calma les inquiétudes de l'actrice et de Bérénice, qui déjà
ne savaient comment faire aller le ménage. Martainville,
un des hommes de ce temps qui connaissait le mieux
le théâtre, était venu plusieurs fois faire répéter le rôle de
Coralie. Lucien avait obtenu de plusieurs rédacteurs royalistes la promesse d'articles favorables, il ne soupçonnait
donc pas le malheur. La veille du début de Coralie, il ar-

riva quelque chose de funeste à Lucien. Le livre de d'Arthez
avait paru. Le rédacteur en chef du journal d'Hector Merlin
donna l'ouvrage à Lucien comme à l'homme le plus capable d'en rendre compte : il devait sa fatale réputation en
ce genre aux articles qu'il avait faits sur Nathan. Il y avait
du monde au bureau, tous les rédacteurs s'y trouvaient.
Martainville y était venu s'entendre sur un point de la polémique générale adoptée par les journaux royalistes contre
les journaux libéraux. Nathan, Merlin, tous les collaborateurs du *Réveil* s'y entretenaient de l'influence du journal
semi-hebdomadaire de *Léon Giraud*, influence d'autant plus
pernicieuse que le langage en était prudent, sage et modéré. On commençait à parler du cénacle de la rue des
Quatre-Vents, on l'appelait une Convention. Il avait été
décidé que les journaux royalistes feraient une guerre à
mort et systématique à ces dangereux adversaires, qui devinrent en effet les metteurs en œuvre de la Doctrine, cette
fatale secte qui renversa les Bourbons, dès le jour où la
plus mesquine des vengeances amena le plus brillant écrivain royaliste à s'allier avec elle. D'Arthez, dont les opinions absolutistes étaient inconnues, enveloppé dans l'ana-
thème prononcé sur le cénacle, allait être la première
victime. Son livre devait être *échiné*, selon le mot classique.
Lucien refusa de faire l'article. Ce refus excita le plus violent scandale parmi les hommes considérables du parti royaliste venus à ce rendez-vous. On déclara nettement à Lucien
qu'un nouveau converti n'avait pas de volonté; s'il ne lui
convenait pas d'appartenir à la monarchie et à la religion,
il pouvait retourner à son premier camp : Merlin et Martainville le prirent à part et lui firent observer qu'il livrait
Coralie à la haine que les journaux libéraux lui avaient
vouée, et qu'elle n'aurait plus les journaux royalistes et
ministériels pour se défendre. L'actrice allait donner lieu
sans doute à une polémique ardente qui lui vaudrait cette

renommée après laquelle soupirent toutes les femmes de théâtre.

— Vous n'y connaissez rien, lui dit Martainville, elle jouera pendant trois mois au milieu des feux croisés de nos articles, et trouvera trente mille francs en province dans ses trois mois de congé. Pour un de ces scrupules qui vous empêcheront d'être un homme politique, et qu'on va fouler aux pieds, vous allez tuer Coralie et votre avenir, vous jetez votre gagne-pain.

Lucien se vit forcé d'opter entre d'Arthez et Coralie : sa maitresse était perdue s'il n'égorgeait pas d'Arthez dans le grand journal et dans le *Réveil*. Le pauvre poëte revint chez lui, la mort dans l'âme; il s'assit au coin du feu dans sa chambre et lut ce livre, l'un des plus beaux de la littérature moderne. Il laissa des larmes de page en page, il hésita longtemps, mais enfin il écrivit un article moqueur, comme il savait si bien en faire, il prit ce livre comme les enfants prennent un bel oiseau pour le déplumer et le martyriser. Sa terrible plaisanterie était de nature à nuire au livre. En relisant cette belle œuvre, tous les bons sentiments de Lucien se réveillèrent : il traversa Paris à minuit, arriva chez d'Arthez, vit à travers les vitres trembler la chaste et timide lueur qu'il avait si souvent regardée avec les sentiments d'admiration que méritait la noble constance de ce vrai grand homme; il ne se sentit pas la force de monter, il demeura sur une borne pendant quelques instants. Enfin, poussé par son bon ange, il frappa, trouva d'Arthez lisant et sans feu.

— Que vous arrive-t-il ? dit le jeune écrivain en apercevant Lucien et devinant qu'un horrible malheur pouvait seul le lui amener.

— Ton livre est sublime, s'écria Lucien les yeux pleins de larmes, et ils m'ont commandé de l'attaquer.

— Pauvre enfant, tu manges un pain bien dur, dit d'Arthez.

— Je ne vous demande qu'une grâce, gardez-moi le secret sur ma visite, et laissez-moi dans mon enfer à mes occupations de damné. Peut-être ne parvient-on à rien sans s'être fait des calus aux endroits les plus sensibles du cœur.

— Toujours le même ! dit d'Arthez.

— Me croyez-vous un lâche ? Non, d'Arthez, non, je suis un enfant ivre d'amour.

Et il lui expliqua sa position.

Voyons l'article, dit d'Arthez ému par tout ce que Lucien venait de lui dire de Coralie.

Lucien lui tendit le manuscrit, d'Arthez le lut, et ne put s'empêcher de sourire : — Quel fatal emploi de l'esprit ! s'écria-t-il ; mais il se tut en voyant Lucien dans un fauteuil, accablé d'une douleur vraie. — Voulez-vous me le laisser corriger ? je vous le renverrai demain, reprit-il. La plaisanterie déshonore une œuvre, une critique grave et sérieuse est parfois un éloge, je saurai rendre votre article plus honorable et pour vous et pour moi. D'ailleurs, moi seul je connais bien mes fautes !

— En montant une côte aride, on trouve quelquefois un fruit, pour apaiser les ardeurs d'une soif horrible ; ce fruit, le voilà ! dit Lucien qui se jeta dans les bras de d'Arthez, y pleura et lui baisa le front, en disant : — Il me semble que je vous confie ma conscience pour me la rendre un jour !

— Je regarde le repentir périodique comme une grande hypocrisie, dit solennellement d'Arthez, le repentir est alors une prime donnée aux mauvaises actions. Le repentir est une virginité que notre âme doit à Dieu : un homme qui se repent deux fois est donc un horrible sycophante. J'ai peur que tu ne voies que des absolutions dans tes repentirs !

Ces paroles foudroyèrent Lucien, qui revint à pas lents rue de la Lune. Le lendemain le poëte porta au journal son article, renvoyé et remanié par d'Arthez; mais, depuis ce jour, il fut dévoré par une mélancolie qu'il ne sut pas toujours déguiser. Quand le soir il vit la salle du Gymnase pleine, il éprouva les terribles émotions que donne un début au théâtre, et qui s'agrandirent chez lui de toute la puissance de son amour. Toutes ses vanités étaient en jeu, son regard embrassait toutes les physionomies comme celui d'un accusé embrasse les figures des jurés et des juges: un murmure allait le faire tressaillir; un petit incident sur la scène, les entrées et les sorties de Coralie, les moindres inflexions de voix devaient l'agiter démesurément. La pièce où débutait Coralie était une de celles qui tombent, mais qui rebondissent, et la pièce tomba. En entrant en scène, Coralie ne fut pas applaudie, et fut frappée par la froideur du parterre. Dans les loges, elle n'eut pas d'autres applaudissements que celui de Camusot. Des personnes placées au balcon et aux galeries firent taire le négociant par des chut! répétés. Les galeries imposèrent silence aux claqueurs, quand les claqueurs se livrèrent à des salves évidemment exagérées. Martainville applaudissait courageusement, et l'hypocrite Florine, Nathan, Merlin, l'imitaient. Une fois la pièce tombée, il y eut foule dans la loge de Coralie, mais cette foule aggrava le mal par les consolations qu'on lui donnait. L'actrice revint au désespoir moins pour elle que pour Lucien.

— Nous avons été trahis par Braulard, dit-il.

Coralie eut une fièvre horrible, elle était atteinte au cœur. Le lendemain, il lui fut impossible de jouer : elle se vit arrêtée dans sa carrière. Lucien lui cacha les journaux, il les décacheta dans la salle à manger. Tous les feuilletonistes attribuaient la chute de la pièce à Coralie : elle avait trop présumé de ses forces; elle, qui faisait les délices des boulevards, était déplacée au Gymnase; elle avait été poussée là par une louable ambition, mais elle n'avait pas consulté ses moyens, elle avait mal pris son rôle. Lucien lut alors sur Coralie des tartines composées dans le système hypocrite de ses articles sur Nathan. Une rage digne de Milon de Crotone quand il se sentit les mains prises dans le chêne qu'il avait ouvert lui-même éclata chez Lucien, il devint blême ; ses amis donnaient à Coralie, dans une phraséologie admirable de bonté, de complaisance et d'intérêt, les conseils les plus perfides. Elle devait jouer, y disait-on, des rôles que les perfides auteurs de ces feuilletons infâmes savaient être entièrement contraires à son talent. Tels étaient les journaux royalistes serinés sans doute par Nathan. Quant aux journaux libéraux et aux petits journaux, ils déployaient les perfidies, les moqueries que Lucien avaient pratiquées. Coralie entendit un ou deux sanglots, elle sauta de son lit vers Lucien, aperçut les journaux, voulut les voir et lut. Après cette lecture, elle alla se recoucher et garda le silence. Florine était de la conspiration, elle en avait prévu l'issue, elle savait le rôle de Coralie, elle avait eu Nathan pour répétiteur. L'administration, qui tenait à la pièce, voulut donner le rôle de Coralie à Florine. Le directeur vint trouver la pauvre actrice, elle était en larmes et abattue ; mais quand il lui dit devant Lucien que Florine savait le rôle et qu'il était impossible de ne pas donner la pièce le soir ; elle se dressa, sauta hors du lit.

— Je jouerai, cria-t-elle.

Elle tomba évanouie. Florine eut donc le rôle et s'y fit une réputation, car elle releva la pièce ; elle eut dans tous les journaux une ovation à partir de laquelle elle fut cette grande actrice que vous savez. Le triomphe de Florine exaspéra Lucien au plus haut degré.

— Une misérable à laquelle tu as mis le pain à la main ! Si le Gymnase le veut, il peut racheter ton engagement. Je serai comte de Rubempré, je ferai fortune et t'épouserai.

— Quelle sottise ! dit Coralie en lui jetant un regard pâle.

— Une sottise ! cria Lucien. Eh bien, dans quelques jours tu habiteras une belle maison, tu auras un équipage, et je te ferai un rôle !

Il prit deux mille francs et courut à Frascati. Le malheureux y resta sept heures dévoré par des furies, le visage calme et froid en apparence. Pendant cette journée et une partie de la nuit, il eut les chances les plus diverses : il posséda jusqu'à trentre mille francs, et sortit sans un sou. Quand il revint, il trouva Finot qui l'attendait pour avoir *ses petits articles*. Lucien commit la faute de se plaindre.

— Ah ! tout n'est pas rose, répondit Finot ; vous avez fait si brutalement votre demi-tour à gauche, que vous deviez perdre l'appui de la presse libérale, bien plus forte que la presse ministérielle et royaliste. Il ne faut jamais passer d'un camp dans un autre sans s'être fait un bon lit où l'on se console des pertes auxquelles on doit s'attendre ; mais, dans tous les cas, un homme sage va voir ses amis, leur expose ses raisons, et se fait conseiller par eux son abjuration, ils en deviennent les complices, ils vous plaignent, et l'on convient alors, comme Nathan et Merlin avec leurs camarades, de se rendre des services mutuels. Les loups ne se mangent point. Vous avez eu, vous, en cette affaire, l'innocence d'un agneau. Vous serez forcé de montrer les dents à votre nouveau parti pour en tirer cuisse ou aile. Ainsi, on vous a sacrifié nécessairement à Nathan. Je ne vous cacherai pas le bruit, le scandale et les criailleries que soulève votre article contre d'Arthez. Marat est un saint comparé à vous. Il se prépare des attaques contre vous, votre livre y succombera. Où en est-il votre roman ?

— Voici les dernières feuilles, dit Lucien en montrant un paquet d'épreuves.

— On vous attribue les articles non signés des journaux ministériels et ultra contre ce petit d'Arthez. Maintenant,

tous les jours, les coups d'épingles du *Réveil* sont dirigés
contre les gens de la rue des Quatre-Vents, et les plaisanteries sont d'autant plus sanglantes qu'elles sont drôles. Il
y a toute une coterie politique, grave et sérieuse derrière
le journal de Léon Giraud, une coterie à qui le pouvoir
appartiendra tôt ou tard.

— Je n'ai pas mis le pied au *Réveil* depuis huit jours.

— Eh bien, pensez à mes petits articles. Faites-en cinquante sur-le-champ, je vous les payerai en masse; mais
faites-les dans la couleur du journal.

Et Finot donna négligemment à Lucien le sujet d'un article plaisant contre le garde des sceaux en lui racontant
une prétendue anecdote qui, lui dit-il, courait les salons.

Pour réparer sa perte au jeu, Lucien retrouva, malgré
son affaissement, de la verve, de la jeunesse d'esprit, et
composa trente articles de chacun deux colonnes. Les articles finis, Lucien alla chez Dauriat, sûr d'y rencontrer
Finot auquel il voulait les remettre secrètement; il avait
d'ailleurs besoin de faire expliquer le libraire sur la non-
publication des *Marguerites*. Il trouva la boutique pleine
de ses ennemis. A son entrée, il y eut un silence complet,
es conversations cessèrent. En se voyant mis au banc du
journalisme, Lucien se sentit un redoublement de courage,
et se dit en lui-même comme dans l'allée du Luxembourg :
— Je triompherai ! Dauriat ne fut ni protecteur, ni doux,
il se montra goguenard, retranché dans son droit : il ferait
paraître *les Marguerites,* à sa guise, il attendrait que la position de Lucien en assurât le succès, il avait acheté l'entière propriété. Quand Lucien objecta que Dauriat était
tenu de publier ses *Marguerites* par la nature même du
contrat et de la qualité des contractants, le libraire soutint
le contraire et dit que judiciairement il ne pourrait être
contraint à une opération qu'il jugeait mauvaise, il était
seul juge de l'opportunité. Il y avait d'ailleurs une solution
que tous les tribunaux admettraient : Lucien était maître

de rendre les mille écus, de reprendre son œuvre et de la faire publier par un libraire royaliste.

Lucien se retira plus piqué du ton modéré que Dauriat avait pris, qu'il ne l'avait été de sa pompe autocratique à leur première entrevue. Ainsi, *les Marguerites* ne seraient sans doute publiées qu'au moment où Lucien aurait pour lui les forces auxiliaires d'une camaraderie puissante, ou deviendrait formidable par lui-même. Le poëte revint chez lui lentement, en proie à un découragement qui le menait au suicide, si l'action eût suivi la pensée. Il vit Coralie au lit pâle et souffrante.

— Un rôle, ou elle meurt, lui dit Bérénice pendant que Lucien s'habillait pour aller rue du Mont-Blanc chez mademoiselle des Touches qui donnait une grande soirée où il devait trouver des Lupeaulx, Vignon, Blondet, madame d'Espard et madame de Bargeton.

La soirée était donnée pour Conti, le grand compositeur qui possédait l'une des voix les plus célèbres en dehors de la scène, pour la Cinti, la Pasta, Garcia, Levasseur, et deux ou trois voix illustres du beau monde. Lucien se glissa jusqu'à l'endroit où la marquise, sa cousine et madame de Montcornet étaient assises. Le malheureux jeune homme prit un air léger, content, heureux ; il plaisanta, se présenta comme il était dans ses jours de splendeur, il ne voulait point paraître avoir besoin du monde. Il s'étendit sur les services qu'il rendait au parti royaliste, il en donna pour preuves les cris de haine que poussaient les libéraux.

— Vous en serez bien largement récompensé, mon ami, lui dit madame de Bargeton en lui adressant un gracieux sourire. Allez après-demain à la chancellerie avec le Héron et des Lupeaulx, et vous y trouverez votre ordonnance signée par le roi. Le garde des sceaux la porte demain au château ; mais il y a conseil, il reviendra tard ; néanmoins, si je savais le résultat dans la soirée, j'enverrais chez vous. Où demeurez-vous ?

— Je viendrai, répondit Lucien honteux d'avoir à dire qu'il demeurait rue de la Lune.

— Les ducs de Lénoncourt et de Navarreins ont parlé de vous au roi, reprit la marquise, ils ont vanté en vous un de ces dévouements absolus et entiers qui voulaient une récompense éclatante afin de vous venger des persécutions du parti libéral. D'ailleurs, le nom et le titre des Rubempré, auxquels vous avez droit par votre mère, vont devenir illustres en vous. Le roi a dit à Sa Grandeur, le soir, de lui apporter une ordonnance pour autoriser le sieur Lucien Chardon à porter le nom et le titre des comtes de Rubempré, en sa qualité de petit-fils du dernier comte par sa mère. — Favorisons les chardonnerets du Pinde, a-t-il dit après avoir lu votre sonnet sur le lis dont s'est heureusement souvenue ma cousine et qu'elle avait donné au duc. — Surtout quand le roi peut faire le miracle de les changer en aigles, a répondu monsieur de Navarreins.

Lucien eut une effusion de cœur qui aurait pu attendrir une femme moins profondément blessée que ne l'était Louise d'Espard de Nègrepelisse. Plus Lucien était beau, plus elle avait soif de vengeance. Des Lupeaulx avait raison, Lucien manquait de tact : il ne sut pas deviner que l'ordonnance dont on lui parlait n'était qu'une plaisanterie comme savait en faire madame d'Espard. Enhardi par ce succès et par la distinction flatteuse que lui témoignait mademoiselle des Touches, il resta chez elle jusqu'à deux heures du matin pour pouvoir lui parler en particulier. Lucien avait appris dans les bureaux royalistes que mademoiselle des Touches était la collaboratrice secrète d'une pièce où devait jouer la grande merveille du moment, la petite Fay. Quand les salons furent déserts, il emmena mademoiselle des Touches sur un sofa, dans le boudoir, et lui raconta d'une façon si touchante le malheur de Coralie et le sien,

que cette illustre hermaphrodite lui promit de faire donner le rôle principal à Coralie.

Le lendemain de cette soirée, au moment où Coralie,
heureuse de la promesse de mademoiselle des Touches à
Lucien, revenait à la vie et déjeunait avec son poëte, Lucien lisait le journal de Lousteau, où se trouvait le récit
épigrammatique de l'anecdote inventée sur le garde des
sceaux et sur sa femme. La méchanceté la plus noire s'y
cachait sous l'esprit le plus incisif. Le roi Louis XVIII y
était admirablement mis en scène et ridiculisé sans que le
parquet pût intervenir. Voici le fait auquel le parti libéral
essayait de donner l'apparence de la vérité, mais qui n'a
fait que grossir le nombre de ses spirituelles calomnies.

La passion de Louis XVIII pour une correspondance ga-
lante et musquée, pleine de madrigaux et d'étincelles, y
était interprétée comme la dernière expression de son
amour qui devenait doctrinaire : il passait, y disait-on, du
fait à l'idée. L'illustre maîtresse, si cruellement attaquée
par Béranger sous le nom d'Octavie, avait conçu les
craintes les plus sérieuses. La correspondance languissait.
Plus Octavie déployait d'esprit, plus son amant se montrait
froid et terne. Octavie avait fini par découvrir la cause de
sa défaveur, son pouvoir était menacé par les prémices et
les épices d'une nouvelle correspondance du royal écrivain
avec la femme du garde des sceaux. Cette excellente
femme était supposée incapable d'écrire un billet, elle devait être purement et simplement l'éditeur responsable
d'une audacieuse ambition. Qui pouvait être caché sous
cette jupe ? Après quelques observations, Octavie découvrit que le roi correspondait avec son ministre. Son plan
est fait. Aidée par un ami fidèle, elle retient un jour le
ministre à la Chambre par une discussion orageuse, et se
ménage un tête-à-tête où elle révolte l'amour-propre du
roi par la révélation de cette tromperie. Louis XVIII entre
dans un accès de colère bourbonnienne et royale, il éclate

contre Octavie, il doute ; Octavie offre une preuve immédiate en priant d'écrire un mot qui voulût absolument une
réponse. La malheureuse femme surprise envoie requérir
son mari à 'a Chambre ; mais tout était prévu, dans ce
moment il occupait la tribune. La femme sue sang et eau,
cherche tout son esprit, et répond avec l'esprit qu'elle
trouve. — Votre chancelier vous dira le reste, s'écria Octavie en riant du désappointement du roi.

Quoique mensonger, l'article piquait au vif le garde
des sceaux, sa femme et le roi. Des Lupeaulx, à qui Finot
a toujours gardé le secret, avait, dit-on, inventé l'anecdote.
Ce spirituel et mordant article fit la joie des libéraux et
celle du parti de Monsieur ; Lucien s'en amusa sans y voir
autre chose qu'un très-agréable *canard*. Il alla le lendemain prendre des Lupeaulx et le baron du Châtelet. Le
baron venait remercier Sa Grandeur. Le sieur Châtelet,
nommé conseiller d'État en service extraordinaire, était fait
comte avec la promesse de la préfecture de la Charente,
dès que le préfet actuel aurait fini les quelques mois nécessaires pour compléter le temps voulu pour lui faire obtenir le maximum de la retraite. Le comte du Châtelet,
car le *du* fut inséré dans l'ordonnance, prit Lucien dans
sa voiture et le traita sur un pied d'égalité. Sans les articles de Lucien, il ne serait peut-être pas parvenu si prompt-
tement ; la persécution des libéraux avait été comme un
piédestal pour lui. Des Lupeaulx était au ministère, dans
le cabinet du secrétaire général. A l'aspect de Lucien, ce
fonctionnaire fit un bond d'étonnement et regarda des Lupeaulx.

— Comment, vous osez venir ici, monsieur ? dit le secrétaire général à Lucien stupéfait. Sa Grandeur a déchiré
votre ordonnance préparée, la voici : il montra le premier
papier venu déchiré en quatre. Le ministre a voulu con-
naitre l'auteur de l'épouvantable article d'hier, et voici la
copie du numéro, dit le secrétaire général en tendant à

Lucien les feuillets de son article. Vous vous dites royaliste, monsieur, et vous êtes collaborateur de cet infâme
journal qui fait blanchir les cheveux aux ministres, qui
chagrine les Centres et les entraîne dans un abîme ! Vous
déjeunez du *Corsaire*, du *Miroir*, du *Constitutionnel*, du
Courrier ; vous dînez de la *Quotidienne*, du *Réveil*, et vous
soupez avec Martainville, le plus terrible antagoniste du
ministère, et qui pousse le roi vers l'absolutisme, ce qui
l'amènerait à une révolution tout aussi promptement que
s'il se livrait à l'extrême Gauche ! Vous êtes un très-spiri-
tuel journaliste, mais vous ne serez jamais un homme politique. Le ministre vous a dénoncé comme l'auteur de l'article au roi, qui, dans sa colère, a grondé monsieur le duc
de Navarreins, son premier gentilhomme de service. Vous
vous êtes fait des ennemis d'autant plus puissants qu'ils
vous étaient favorables ! Ce qui chez un ennemi semble naturel, est épouvantable chez un ami.

— Mais vous êtes donc un enfant, mon cher ? dit des
Lupeaulx. Vous m'avez compromis. Mesdames d'Espard et
de Bargeton, madame de Montcornet, qui avaient répondu
de vous, doivent être furieuses. Le duc a dû faire retomber sa colère sur la marquise, et la marquise a dû gronder
sa cousine. N'y allez pas ! attendez.

— Voici Sa Grandeur, sortez ! dit le secrétaire général.

Lucien se trouva sur la place Vendôme, hébété comme
un homme à qui l'on vient de donner sur la tête un coup
d'assommoir. Il revint à pied par les boulevards en essayant
de se juger. Il se vit le jouet d'hommes envieux, avides et perfides. Qu'était-il dans ce monde d'ambitions ?
Un enfant qui courait après les plaisirs et les jouissances
de vanité, leur sacrifiant tout ; un poëte sans réflexion
profonde, allant de lumière en lumière comme un papillon,
sans plan fixe, l'esclave des circonstances, pensant bien et
agissant mal. Sa conscience fut un impitoyable bourreau.
Enfin, il n'avait plus d'argent et se sentait épuisé de travail

et de douleur. Ses articles ne passaient qu'après ceux de Merlin et de Nathan. Il allait à l'aventure, perdu dans ses réflexions ; il vit en marchant, chez quelques cabinets littéraires qui commençaient à donner des livres en lecture avec les journaux, une affiche où, sous un titre bizarre à lui tout à fait inconnu, brillait son nom : *Par monsieur Lucien Chardon de Rubempré*. Son ouvrage paraissait, il n'en avait rien su, les journaux se taisaient. Il demeura les bras pendants, immobile, sans apercevoir un groupe de jeunes gens les plus élégants, parmi lesquels étaient Rastignac, de Marsay et quelques autres de sa connaissance. Il ne fit pas attention à Michel Chrestien et à Léon Giraud qui venaient à lui.

— Vous êtes monsieur Chardon ? lui dit Michel d'un ton qui fit résonner les entrailles de Lucien comme des cordes.

— Ne me connaissez-vous pas ? répondit-il en pâlissant. Michel lui cracha au visage.

— Voilà les honoraires de vos articles contre d'Arthez. Si chacun dans sa cause ou dans celle de ses amis imitait ma conduite, la presse resterait ce qu'elle doit être : un sacerdoce respectacle et respecté !

Lucien avait chancelé ; il s'appuya sur Rastignac en lui disant, ainsi qu'à de Marsay : — Messieurs, vous ne sauriez refuser d'être mes témoins. Mais je veux d'abord rendre la partie égale, et l'affaire sans remède.

Lucien donna vivement un soufflet à Michel, qui ne s'y attendait pas. Les dandies et les amis de Michel se jetèrent entre le républicain et le royaliste, afin que cette lutte ne prit pas un caractère populacier. Rastignac saisit Lucien et l'emmena chez lui, rue Taitbout, à deux pas de cette scène, qui avait lieu sur le boulevard de Gand, à l'heure du dîner. Cette circonstance évita les rassemblements d'usage en pareil cas. De Marsay vint chercher Lucien, que les deux dandies forcèrent à dîner joyeusement avec eux au café Anglais, où ils se grisèrent.

— Êtes-vous fort à l'épée ? lui dit de Marsay.

— Je n'en ai jamais manié.

— Au pistolet ? dit Rastignac.

— Je n'ai pas dans ma vie tiré un seul coup de pistolet.

— Vous avez pour vous le hasard, vous êtes un terrible adversaire, vous pouvez tuer votre homme, dit de Marsay.

Lucien trouva fort heureusement Coralie au lit et endormie. L'actrice avait joué dans une petite pièce à l'improviste, elle avait repris sa revanche en obtenant des applaudissements légitimes et non stipendiés. Cette soirée, à laquelle ne s'attendait pas ses ennemis, détermina le directeur à lui donner le principal rôle dans la pièce de Camille Maupin ; car il avait fini par découvrir la cause de l'insuccès de Coralie à son début. Courroucé par les intrigues de Florine et de Nathan pour faire tomber une actrice à laquelle il tenait, le directeur avait promis à Coralie la protection de l'administration.

A cinq heures du matin Rastignac vint chercher Lucien.

— Mon cher, vous êtes logé dans le système de votre rue, lui dit-il pour tout compliment. Soyons les premiers au rendez-vous, sur le chemin de Clignancourt, c'est le bon goût, et nous devons de bons exemples. — Voici le programme, dit de Marsay dès que le fiacre roula dans le faubourg Saint-Denis. Vous vous battez au pistolet, à vingt-cinq pas, marchant à volonté l'un sur l'autre, jusqu'à une distance de quinze pas. Vous avez chacun cinq pas à faire et trois coups à tirer, pas davantage. Quoi qu'il arrive, vous vous engagez à en rester là l'un et l'autre. Nous chargeons les pistolets de votre adversaire et ses témoins chargent les vôtres. Les armes ont été choisies par les quatre témoins réunis chez un armurier. Je vous promets que nous avons aidé le hasard : vous avez des pistolets de cavalerie.

Pour Lucien, la vie était devenue un mauvais rêve ; il lui était indifférent de vivre ou de mourir. Le courage particulier au suicide lui servit donc à paraître en grand costume de bravoure aux yeux des spectateurs de son duel. Il resta, sans marcher, à sa place. Cette insouciance passa pour un froid calcul : on trouva ce poëte très-fort. Michel Chrestien vint jusqu'à sa limite. Les deux adversaires firent feu en même temps, car les insultes avaient été regardées comme égales. Au premier coup, la balle de Chrestien effleura le menton de Lucien dont la balle passa à dix pieds au-dessus de la tête de son adversaire. Au second coup, la balle de Michel se logea dans le col de la redingote du poëte, lequel était heureusement piqué et garni de Bougran. Au troisième coup, Lucien reçut la balle dans le sein et tomba.

— Est-il mort ? demanda Michel.

— Non, dit le chirurgien, il s'en tirera.

— Tant pis, répondit Michel.

— Oh ! oui, tant pis, répéta Lucien en versant des larmes.

A midi, ce malheureux enfant se trouva dans sa chambre et sur son lit ; il avait fallu cinq heures et de grands ménagements pour l'y transporter. Quoique son état fût sans danger, il exigeait des précautions : la fièvre pouvait amener de fâcheuses complications. Coralie étouffa son désespoir et ses chagrins. Pendant tout le temps que son ami fut en danger, elle passa les nuits avec Bérénice en apprenant ses rôles. Le danger de Lucien dura deux mois. Cette pauvre créature jouait quelquefois un rôle qui voulait de la gaieté, tandis qu'intérieurement elle se disait : — Mon cher Lucien meurt peut-être en ce moment!

Pendant ce temps, Lucien fut soigné par Bianchon : il dut la vie au dévouement de cet ami si vivement blessé, mais à qui d'Arthez avait confié le secret de la démarche de Lucien en justifiant le malheureux poëte. Dans un moment lucide, car Lucien eut une fièvre nerveuse d'une haute gravité, Bianchon, qui soupçonnait d'Arthez de quelque générosité, questionna son malade ; Lucien lui dit n'avoir pas fait d'autre article sur le livre de d'Arthez que l'article sérieux et grave inséré dans le journal d'Hector Merlin.

A la fin du premier mois, la maison Fendant et Cavalier déposa son bilan. Bianchon dit à l'actrice de cacher ce coup affreux à Lucien. Le fameux roman de *l'Archer de Charles IX,* publié sous un titre bizarre, n'avait pas eu le moindre succès. Pour se faire de l'argent avant de déposer le bilan, Fendant, à l'insu de Cavalier, avait vendu cet ouvrage en bloc à des épiciers qui le revendaient à bas prix au moyen du colportage. En ce moment le livre de Lucien garnissait les parapets des ponts et des quais de Paris. La librairie du quai des Augustins, qui avait pris une certaine quantité d'exemplaires de ce roman, se trouvait donc perdre un somme considérable par suite de l'avilissement subit du prix : les quatre volumes in-douze qu'elle avait achetés quatre francs cinquante centimes étaient donnés pour cinquante sous. Le commerce jetait les hauts cris, et les journaux continuaient à garder le plus profond silence. Barbet n'avait pas prévu ce *lavage,* il croyait au talent de Lucien ; contrairement à ses habitudes, il s'était jeté sur deux cents exemplaires ; et la perspective d'une perte le rendait fou, il disait des horreurs de Lucien. Barbet prit un parti héroïque : il mit ses exemplaires dans un coin de son magasin par un entêtement particulier aux avares, et laissa ses confrères se débarrasser des leurs à vil prix. Plus tard, en 1824, quand la belle préface de d'Arthez, le mérite du livre et deux articles faits par Léon Giraud eurent rendu à cette œuvre sa valeur, Barbet vendit ses exemplaires un par un au prix de dix francs. Malgré les précautions de Bérénice et de Coralie, il leur fut impossible d'empêcher Hector Merlin de venir voir son ami mourant ; et il lui fit boire goutte à goutte le calice amer de ce *bouillon*, mot en usage dans la librairie pour peindre l'opération funeste à laquelle s'étaient livrés Fendant et Cavalier en publiant le livre d'un débutant. Martainville, seul fidèle à Lucien, fit un magnifique article en faveur de l'œuvre; mais l'exuspération était telle, et chez les libéraux et chez les ministériels, contre le rédacteur en chef de l'*Aristarque,* de l'*Oriflamme* et du *Drapeau blanc,* que les efforts de ce courageux athlète, qui rendit toujours dix insultes pour une au libéralisme, nuisirent à Lucien. Aucun journal ne releva le gant de la polémique, quelque vives que fussent les attaques du bravo royaliste. Coralie, Bérénice et Bianchon fermèrent la porte à tous les soi-disant amis de Lucien qui jetèrent les hauts cris; mais il fut impossible de la fermer aux huissiers. La faillite de Fendant et de Cavalier rendait leurs billets exigibles en vertu d'une des dispositions du code de commerce, la plus attentatoire aux droits des tiers, qui sont ainsi privés des bénéfices du terme. Lucien se trouva vigoureusement poursuivi par Camusot. En voyant ce nom, l'actrice comprit la terrible et humiliante démarche qu'avait dû faire son poëte, pour elle si angélique; elle l'en aima dix fois plus, et ne voulut pas implorer Camusot. En venant chercher leur prisonnier, les gardes du commerce le trouvèrent au lit, et reculèrent à l'idée de l'emmener; ils allèrent chez Camusot avant de prier le président du tribunal d'indiquer la maison de santé dans laquelle ils déposeraient le débiteur. Camusot accourut aussitôt rue de la Lune. Coralie descendit et remonta tenant les pièces de la procédure qui, d'après l'endos, avait déclaré Lucien commerçant. Comment avait-elle obtenu ces papiers de Camusot? quelle promesse avait-elle faite? elle garda le plus morne silence; mais elle était remontée quasi morte. Coralie joua dans la pièce de Camille Maupin et contribua beaucoup à ce succès de l'illustre hermaphrodite littéraire. La création de ce rôle fut la dernière étincelle de cette belle lampe. A la vingtième représentation, au moment où Lucien rétabli commençait à se promener, à manger, et parlait de reprendre ses travaux, Coralie tomba malade : un chagrin secret la dévorait. Bérénice a toujours cru que, pour sauver Lucien, elle avait promis de revenir à Camusot. L'actrice eut la mortification de voir donner son rôle à Florine. Nathan déclarait la guerre au Gymnase dans le cas où Florine ne succéderait pas à Coralie. En jouant le rôle jusqu'au dernier moment pour ne pas le laisser prendre par sa rivale, Coralie outre-passa ses forces ; le Gymnase lui avait fait quelques avances pendant la maladie de Lucien, elle ne pouvait plus rien demander à la caisse du théâtre ; malgré son bon vouloir, Lucien était encore incapable de travailler, il soignait d'ailleurs Coralie afin de soulager Bérénice ; ce pauvre ménage arriva donc à une détresse absolue, il eut cependant le bonheur de trouver dans Bianchon un médecin habile et dévoué, qui lui donna crédit chez un pharmacien. La situation de Coralie et de Lucien fut bientôt connue des fournisseurs et du propriétaire. Les meubles furent saisis. La couturière et le tailleur, ne craignant plus le journaliste, poursuivirent ces deux bohémiens à outrance. Enfin il n'y eut plus que le pharmacien et le charcutier qui fissent crédit à ces malheureux enfants. Lucien, Bérénice et la malade furent obligés pendant une semaine environ de ne manger que du porc sous toutes les formes ingénieuses et variées que lui donnent les charcutiers. La charcuterie, assez inflammatoire de sa nature, aggrava la maladie de l'actrice. Lucien fut contraint par la misère d'aller chez Lousteau réclamer les mille francs que cet ancien ami, ce traître, lui devait. Ce fut, au milieu de ses malheurs, la démarche qui lui coûta le plus. Lousteau ne pouvait plus rentrer chez lui rue de la Harpe, il couchait chez ses amis, il était poursuivi, traqué comme un lièvre. Lucien ne put trouver son fatal introducteur dans le monde littéraire que chez Flicoteaux. Lousteau dînait à la même table où Lucien l'avait rencontré, pour son malheur, le jour où il s'était éloigné de d'Arthez. Lousteau lui offrit à dîner, et Lucien accepta! Quand, en sortant de chez Fli-coteaux, Claude Vignon, qui y mangeait ce jour-là, Lous-teau, Lucien et le grand inconnu qui remisait sa garde-robe chez Samanon voulurent aller au café Voltaire pren-dre du café, jamais ils ne purent faire trente sous en réunissant le billon qui retentissait dans leurs poches. Ils flânèrent au Luxembourg, espérant y rencontrer un libraire, et ils virent en effet un des plus fameux im-primeurs de ce temps auquel Lousteau demanda qua-rante francs, et qui les donna. Lousteau partagea la somme en quatre portions égales, et chacun des écrivains en prit une. La misère avait éteint toute fierté, tout sen-timent chez Lucien; il pleura devant ces trois artistes en leur racontant sa situation; mais chacun de ses ca-marades avait un drame tout aussi cruellement horrible à lui dire : quand chacun eut paraphrasé le sien, le poëte se trouva le moins malheureux des quatre. Aussi tous avaient-ils besoin d'oublier et leur malheur et leur pensée qui doublait le malheur. Lousteau courut au Palais-Royal, y jouer les neuf francs qui lui restèrent sur ses dix francs. Le grand inconnu, quoiqu'il eût une divine maîtresse, alla dans une vile maison suspecte se plonger dans le bourbier des voluptés dangereuses. Vignon se rendit au Petit Rocher de Cancale dans l'intention d'y boire deux bouteilles de vin de Bordeaux pour abdiquer sa raison et sa mémoire. Lu-cien quitta Claude Vignon sur le seuil du restaurant, en refusant sa part de ce souper. La poignée de main que le grand homme de province donna au seul journaliste qui ne lui avait pas été hostile fut accompagnée d'un horrible ser-rement de cœur.

— Que faire ? lui demanda-t-il.

— A la guerre comme à la guerre, lui dit le grand cri-tique. Votre livre est beau, mais il vous a fait des envieux, votre lutte sera longue et difficile. Le génie est une horrible maladie. Tout écrivain porte en son cœur un monstre qui, semblable au tænia dans l'estomac, y dévore les sentiments à mesure qu'ils y éclosent Qui triomphera? la maladie de l'homme, ou l'homme de la maladie? Certes il faut être un grand homme pour tenir la balance entre son génie et son caractère. Le talent grandit, le cœur se dessèche. A moins d'être un colosse, à moins d'avoir des épaules d'Hercule, on reste ou sans cœur ou sans talent. Vous êtes mince et fluet, vous succomberez, ajouta-t-il en entrant chez le restaurateur.

Lucien revint chez lui en méditant cet horrible arrêt dont la profonde vérité lui éclairait la vie littéraire.

— De l'argent! lui criait une voix.

— Il fit lui-même, à son ordre, trois billets de mille francs chacun à un, deux et trois mois d'échéance, en y imitant avec une admirable perfection la signature de David Séchard, il les endossa, puis, le lendemain, il les porta chez Métivier, le marchand de papier de la rue Serpente, qui les lui escompta sans aucune difficulté; Lucien écrivit quelques lignes à son beau-frère pour le prévenir de cette attaque à sa caisse, en lui promettant, selon l'usage, de faire les fonds à l'échéance. Les dettes de Coralie et celles de Lucien payées, il resta trois cents francs que le poëte remit entre les mains de Bérénice, en lui disant de ne lui rien donner s'il demandait de l'argent : il craignait d'être saisi par l'envie d'aller au jeu. Lucien, animé d'une rage sombre, froide et taciturne, se mit à écrire ses plus spirituels articles à la lueur d'une lampe en veillant Coralie. Quand il cherchait ses idées, il voyait cette créature adorée. blanche comme une porcelaine, belle de la beauté des mourantes, lui souriant de deux lèvres pâles, lui montrant des yeux brillants comme le sont ceux de toutes les femmes qui succombent autant à la maladie qu'au chagrin. Lucien envoyait ses articles aux journaux; mais comme il ne pouvait pas aller dans les bureaux pour tourmenter les rédacteurs en chef, les articles ne paraissaient pas. Quand il se décidait à venir au journal, Théodore Gaillard, qui lui avait fait des avances et qui plus tard profita de ces diamants littéraires, le recevait froidement.

— Prenez garde à vous, mon cher, vous n'avez plus d'esprit, ne vous laissez pas abattre, ayez de la verve, lui disait-il.

— Ce petit Lucien n'avait que son roman et ses premiers articles dans le ventre, s'écriaient Félicien Vernou, Merlin, et tous ceux qui le haïssaient, quand il était question de lui chez Dauriat ou au Vaudeville. Il nous envoie des choses pitoyables.

Ne rien avoir dans le ventre, mot consacré dans l'argot du journalisme, constitue un arrêt souverain dont il est difficile d'appeler une fois qu'il a été prononcé. Ce mot, colporté partout, tuait Lucien, à l'insu de Lucien, car il eut alors *des ennuis* au-dessus de ses forces. Au milieu de ses écrasants travaux, il fut poursuivi pour les effets de David Séchard, et il eut recours à l'expérience de Camusot. L'ancien ami de Coralie eut la générosité de protéger Lucien. Cette affreuse situation dura deux mois, qui furent émaillés de beaucoup de papiers timbrés, que, selon la recommandation de Camusot, Lucien envoyait à Desroches, un ami de Bixiou, de Blondet et de des Lupeaulx.

Au commencement du mois d'août, Bianchon dit au poëte que Coralie était perdue, elle n'avait pas plus de quelques jours à vivre. Bérénice et Lucien passèrent ces fatales journées à pleurer, sans pouvoir cacher leurs larmes à cette pauvre fille au désespoir de mourir à cause de Lucien. Par un retour étrange, Coralie exigea que Lucien lui amenât un prêtre. L'actrice voulut se réconcilier avec l'Église et mourir en paix. Elle fit une fin chrétienne, son repentir fut sincère. Cette agonie et cette mort achevèrent d'ôter à Lucien sa force et son courage. Le poëte demeura dans un complet abattement, assis dans un fauteuil, au pied du lit de Coralie, en ne cessant de la regarder, jusqu'au moment où il vit les yeux de l'actrice tournés par la main de la mort. Il était alors cinq heures du matin. Un oiseau vint s'abattre sur les pots de fleurs qui se trouvaient en dehors de la croisée, et gazouilla quelques chants. Bérénice agenouillée baisait la main de Coralie qui se refroidissait sous ses larmes. Il y avait alors onze sous sur la cheminée. Lucien sortit poussé par un désespoir qui lui conseillait de demander l'aumône pour enterrer sa maîtresse, ou d'aller se jeter aux pieds de la marquise d'Espard, du comte du Châtelet, de madame de Bargeton, de mademoiselle des Touches, ou du terrible dandy de Marsay : il ne se sentait plus alors ni fierté ni force. Pour avoir quelque argent, il se serait engagé soldat ! Il marcha de cette allure affaissée et décomposée que connaissent les malheureux, jusqu'à l'hôtel de Camille Maupin, il y entra sans faire attention au désordre de ses vêtements, et la fit prier de le recevoir.

— Mademoiselle s'est couchée à trois heures du matin, et personne n'oserait entrer chez elle avant qu'elle ait sonné, répondit le valet de chambre.

— Quand vous sonne-t-elle ?

— Jamais avant dix heures.

Lucien écrivit alors une de ces lettres épouvantables où les gueux élégants ne ménagent plus rien. Un soir, il avait mis en doute la possibilité de ces abaissements, quand Lousteau lui parlait des demandes faites par de jeunes talents à Finot, et sa plume l'emportait peut-être au delà des limites où l'infortune avait jeté ses prédécesseurs. En revenant imbécile par les boulevards, sans se douter de l'horrible chef-d'œuvre que venait de lui dicter le désespoir, il rencontra Barbet.

— Barbet, cinq cents francs ? lui dit-il en lui tendant la main.

— Non, deux cents, répondit le libraire.

— Ah! vous avez donc un cœur.

— Oui, mais j'ai aussi des affaires. Vous me faites perdre bien de l'argent, ajouta-t-il après lui avoir raconté la faillite de Fendant et Cavalier, faites-m'en donc gagner?

Lucien frissonna.

— Vous êtes poëte, vous devez savoir faire toutes sortes de vers, dit le libraire en continuant. En ce moment, j'ai besoin de chansons grivoises pour les mêler à quelques chansons prises à différents auteurs, afin de ne pas être poursuivi comme contrefacteur et pouvoir vendre dans les rues un joli recueil de chansons à dix sous. Si vous voulez m'envoyer demain dix bonnes chansons à boire ou croustilleuses... là... vous savez! je vous donnerai deux cents francs.

Lucien revint chez lui : il y trouva Coralie étendue, droite et roide sur un lit de sangle enveloppée dans un méchant drap de lit que cousait Bérénice en pleurant. La grosse Normande avait allumé quatre chandelles aux quatre coins de ce lit. Sur le visage de Coralie étincelait cette fleur de beauté qui parle si haut aux vivants en leur exprimant un calme absolu, elle ressemblait à ces jeunes filles qui ont la maladie des pâles couleurs : il semblait par moments que ces deux lèvres violettes allaient s'ouvrir et murmurer le nom de Lucien, ce mot qui, mêlé à celui de Dieu, avait précédé son dernier soupir. Lucien dit à Bérénice d'aller commander aux pompes funèbres un convoi qui ne coutât pas plus de deux cents francs, en y comprenant le service à la chétive église de Bonne-Nouvelle.

Dès que Bérénice fut sortie, le poëte se mit à sa table, auprès du corps de sa pauvre amie, et y composa les dix chansons qui voulaient des idées gaies et des airs populaires. Il éprouva des peines inouïes avant de pouvoir travailler; mais il finit par trouver son intelligence au service de la nécessité, comme s'il n'eût pas souffert. Il exécutait

déjà le terrible arrêt de Claude Vignon sur la séparation
qui s'accomplit entre le cœur et le cerveau. Quelle nuit
que celle où ce pauvre enfant se livrait à la recherche de
poésies à offrir aux goguettes en écrivant à la lueur des
cierges, à côté du prêtre qui priait pour Coralie ? Le lende
main matin, Lucien, qui avait achevé sa dernière chanson,
essayait de la mettre sur un air alors à la mode ; en l'en
tendant chanter, Bérénice et le prêtre eurent peur qu'il ne
fût devenu fou :

> Amis, la morale en chanson
> Me fatigue et m'ennuie ;
> Doit-on invoquer la raison
> Quand on sert la Folie ?
> D'ailleurs tous les refrains sont bons
> Lorsqu'on trinque avec des lurons :
>   Épicure l'atteste.
> N'allons pas chercher Apollon
> Quand Bacchus est notre échanson ;
>   Rions ! buvons !
>   Et moquons-nous du reste !

> Hippocrate à tout bon buveur
> Promettait la centaine.
> Qu'importe, après tout, par malheur,
> Si la jambe incertaine
> Ne peut plus poursuivre un tendron ;
> Pourvu qu'à vider un flacon
>   La main soit toujours leste ?
> Si toujours, en vrais biberons,
> Jusqu'à soixante ans nous trinquons,
>   Rions ! buvons !
>   Et moquons-nous du reste.

> Veut-on savoir d'où nous venons,
> La chose est très-facile ;
> Mais pour savoir où nous irons,
> Il faudrait être habile.
> Sans nous inquiéter, enfin
>   ma foi, jusqu'à la fin

De la bonté céleste !
Il est certain que nous mourrons ;
Mais il est sûr que nous vivons !
Rions ! buvons !
Et moquons-nous du reste.

Au moment où le poëte chantait cet épouvantable dernier couplet, Bianchon et d'Arthez entrèrent et le trouvèrent dans le paroxysme de l'abattement, il versait un torrent de larmes, et n'avait plus la force de remettre ses chansons au net. Quand, à travers ses sanglots, il eut expliqué sa situation, il vit des larmes dans les yeux de ceux qui l'écoutaient.

— Ceci, dit d'Arthez, efface bien des fautes !

— Heureux ceux qui trouvent l'enfer ici-bas, dit gravement le prêtre.

Le spectacle de cette belle morte souriant à l'éternité, la vue de son amant lui achetant une tombe avec des gravelures, Bardet payant un cercueil, ces quatre chandelles autour de cette actrice dont la basquine et les bas rouges à coins verts faisaient naguère palpiter toute une salle, puis sur la porte le prêtre qui l'avait réconciliée avec Dieu retournant à l'église pour y dire une messe en faveur de celle qui avait tant aimé ! Ces grandeurs et ces infamies, ces douleurs écrasées sous la nécessité glacèrent le grand écrivain et le grand médecin qui s'assirent sans pouvoir proférer une parole. Un valet apparut et annonça mademoiselle des Touches. Cette belle et sublime fille comprit tout, elle alla vivement à Lucien, lui serra la main, et y glissa deux billets de mille francs.

Il n'est plus temps, dit-il en lui jetant un regard de mourant.

— D'Arthez, Bianchon et mademoiselle des Touches ne quittèrent Lucien qu'après avoir bercé son désespoir des plus douces paroles, mais tous les ressorts étaient brisés chez lui. A midi, le Cénacle, moins Michel Chrestien qui cependant avait été détrompé sur la culpabilité de Lucien, se trouva dans la petite église de Bonne-Bouvelle, ainsi que Bérénice et mademoiselle des Touches, deux comparses du Gymnase, l'habilleuse de Coralie et le malheureux Camusot. Tous les hommes accompagnèrent l'actrice jusqu'au cimetière du Père-Lachaise. Camusot, qui pleurait à chaudes larmes, jura solonnellement à Lucien d'acheter un terrain à perpétuité et d'y faire construire une colonnette sur laquelle on graverait : CORALIE, et au-dessous : *Morte à dix-neuf ans* (août 1822).

Lucien demeura seul jusqu'au coucher du soleil, sur cette colline d'où ses yeux embrassaient Paris. — Par qui serais-je aimé ? se demanda-t-il. Mes vrais amis me méprisent. Quoi que j'eusse fait, tout de moi semblait noble et bien à celle qui est là ! je n'ai plus que ma sœur, David et ma mère ! Que pensent-ils de moi, là-bas ?

Le pauvre grand homme de province revint rue de la Lune où ses impressions furent si vives en revoyant l'appartement vide, qu'il alla se loger dans un méchant hôtel de la même rue. Les deux mille francs de mademoiselle des Touches payèrent toutes les dettes, mis en y ajoutant le produit du mobilier. Bérénice et Lucien eurent cent francs à eux qui les firent vivre pendant deux mois que Lucien passa dans un accablement maladif : il ne pouvait ni écrire, ni penser, il se laissait aller à la douleur, Bérénice eut pitié de lui.

— Si vous retournez dans votre pays, comment irez-vous ? répondit-elle à une exclamation de Lucien qui pensait à sa sœur, à sa mère et à David Séchard.

— A pied, dit-il.

— Encore faut-il pouvoir vivre et se coucher en route. Si vous faites douze lieues par jour, vous avez besoin d'au moins vingt francs.

— Je les aurai, dit-il.

Il prit ses habits et son beau linge, ne garda sur lui que le strict nécessaire, et alla chez Samanon qui lui offrit cinquante francs de toute sa défroque. Il supplia l'usurier de lui donner assez pour prendre la diligence, il ne put le fléchir. Dans sa rage, Lucien monta d'un pied chaud à Frascati, tenta la fortune et revint sans un liard. Quand il se trouva dans sa misérable chambre, rue de la Lune, il demanda le châle de Coralie à Bérénice. A quelques regards, la bonne fille comprit, d'après l'aveu que Lucien lui fit de la perte au jeu, quel était le dessein de ce pauvre poëte au désespoir : il voulait se pendre.

— Êtes-vous fou, monsieur ? dit-elle. Allez vous promener et revenez à minuit, j'aurai gagné votre argent ; mais restez sur les boulevards, n'allez pas vers les quais.

Lucien se promena sur les boulevards, hébété de douleur, regardant les équipages, les passants, se trouvant diminué, seul, dans cette foule qui tourbillonnait fouettée par les mille intérêts parisiens. En revoyant par la pensée les bords de sa Charente, il eut soif des joies de la famille, il eut alors un de ces éclairs de force qui trompent toutes ces natures à demi féminines, il ne voulut pas abandonner la partie avant d'avoir déchargé son cœur dans le cœur de David Séchard, et pris conseil des trois anges qui lui restaient. En flânant, il vit Bérénice endimanchée causant avec un homme, sur le boueux boulevard Bonne-Nouvelle, où elle stationnait au coin de la rue de la Lune.

— Que fais-tu ? dit Lucien épouvanté par les soupçons qu'il conçut à l'aspect de la Normande.

— Voilà vingt francs qui peuvent coûter cher, mais vous partirez, répondit-elle en coulant quatre pièces de cent sous dans la main du poëte.

Bérénice se sauva sans que Lucien pût savoir par où elle était passé ; car, il faut le dire à sa louange, cet argent lui brûlait la main et il voulait le rendre ; mais il fut forcé de le garder comme le dernier stigmate de la vie parisienne.

DEUXIÈME PARTIE

—

ÈVE ET DAVID

Le lendemain, Lucien fit viser son passe-port, acheta une canne de houx, prit à la place de la rue d'Enfer un coucou qui, moyennant dix sous, le mit à Lonjumeau. Pour première étape, il coucha dans l'écurie d'une ferme à deux lieues d'Arpajon. Quand il eut atteint Orléans, il se trouva déjà bien las et bien fatigué ; mais, pour trois francs un batelier le descendit à Tours, et pendant le trajet il ne dépensa que deux francs pour sa nourriture. De Tours à Poitiers, Lucien marcha pendant cinq jours. Bien au delà de Poitiers, il ne possédait plus que cent sous, mais il rassembla, pour continuer sa route, un reste de force. Un jour Lucien, surpris par la nuit dans une plaine, résolut d'y bivouaquer, quand, au fond d'un ravin, il aperçut une calèche montant une côte. A l'insu du postillon, des voyageurs et d'un valet de chambre placé sur le siége, il put se blottir derrière entre deux paquets, et s'endormit en se plaçant de manière à pouvoir résister aux cahots. Au matin éveillé par le soleil qui lui frappait les yeux et par un bruit de voix, il reconnut Mansle, cette petite ville où, dix-huit mois auparavant, il était allé attendre madame de Bargeton, le cœur plein d'amour, d'espérance et de joie. Se voyant couvert de poussière, au milieu d'un cercle de curieux et de postillons, il comprit qu'il devait être l'objet

d'une accusation : il sauta sur ses pieds, et allait parler,
quand deux voyageurs sortis de la calèche lui coupèrent
al parole : il vit le nouveau préfet de la Charente, le comte
Sixte du Châtelet et sa femme, Louise de Nègrepelisse.

— Si nous avions su quel compagnon le hasard nous
avait donné ! dit la comtesse. Montez avec nous, monsieur.

Lucien salua froidement ce couple en lui jetant un regard à la fois humble et menaçant ; il se perdit dans un
chemin de traverse en avant de Mansle, afin de gagner une
ferme où il pût déjeuner avec du pain et du lait, se reposer et délibérer en silence sur son avenir. Il avait encore
trois francs. L'auteur des *Marguerites*, poussé par la fièvre,
courut pendant longtemps ; il descendit le cours de la rivière en examinant la position des lieux, qui devenaient
de plus en plus pittoresques. Vers le milieu du jour, il atteignit à un endroit où la nappe d'eau, environnée de
saules, formait une espèce de lac. Il s'arrêta pour contempler ce frais et touffu bocage dont la grace champêtre agit
sur son âme. Une maison attenant à un moulin assis sur
un bras de la rivière, montrait entre les têtes d'arbres son
toit de chaume orné de joubarbe. Cette naïve façade avait
pour seuls ornements quelques buissons de jasmin, de
chèvrefeuille et de houblon, et tout alentour brillaient les
fleurs du flox et des plus splendides plantes grasses. Sur
l'empierrement retenu par un pilotis grossier, qui mainte-
nait la chaussée au-dessus des plus grandes crues, il aperçut des filets étendus au soleil. Des canards nageaient
dans le bassin clair qui se trouvait au delà du moulin, entre les deux courants d'eau mugissant dans les vannes. Le
moulin faisait entendre un bruit agaçant. Sur un banc
rustique, le poëte aperçut une bonne grosse ménagère tri-
cotant et surveillant un enfant qui tourmentait des poules.

— Ma bonne femme, dit Lucien en s'avançant, je suis
bien fatigué, j'ai la fièvre et n'ai que trois francs ; voulez-
vous me nourrir de pain bis et de lait, me coucher sur la

paille pendant une semaine ? j'aurai eu le temps d'écrire à mes parents, qui m'enverront de l'argent ou qui viendront me chercher ici.

— Volontiers, dit-elle, si toutefois mon mari le veut. Hé ! petit homme ?

Le meunier sortit, regarda Lucien et s'ôta sa pipe de la bouche pour dire : — Trois francs, une semaine ? autant ne vous rien prendre.

— Peut-être finirai-je garçon meunier, se dit le poëte en contemplant ce délicieux paysage avant de se coucher dans le lit que lui fit la meunière et où il dormit de manière à effrayer ses hôtes.

— Courtois, va donc voir si ce jeune homme est mort ou vivant, voici quatorze heures qu'il est couché, je n'ose pas y aller, dit la meunière le lendemain vers midi.

— Je crois, répondit le meunier à sa femme en achevant d'étaler ses filets et ses engins à prendre le poisson, que ce joli garçon-là pourrait bien être quelque gringalet de comédien, sans sou ni maille.

— A quoi vois-tu donc cela, petit homme ? dit la meunière.

— Dame ! ce n'est ni un prince, ni un ministre, ni un député, ni un évêque ; pourquoi ses mains sont-elles blanches comme celles d'un homme qui ne fait rien ?

— Il est alors bien étonnant que la faim ne l'éveille pas, dit la meunière qui venait d'apprêter un déjeuner pour l'hôte que le hasard leur avait envoyé la veille. Un comédien ? reprit-elle. Où irait-il ? Ce n'est pas encore le moment de la foire à Angoulême.

Ni le meunier ni la meunière ne pouvaient se douter qu'à part le comédien, le prince et l'évêque, il est un homme à la fois prince et comédien, un homme revêtu d'un magnifique sacerdoce, le poëte qui semble ne rien faire et qui néanmoins règne sur l'humanité quand il à su la peindre.

— Qui serait-ce donc ? dit Courtois à sa femme.

— Y aurait-il du danger à le recevoir ? demanda la meunière.

— Bah ! les voleurs sont plus dégourdis que ça, nous serions déjà dévalisés, reprit le meunier.

— Je ne suis ni prince, ni voleur, ni évêque, ni comédien, dit tristement Lucien qui se montra soudain et qui sans doute avait entendu par la croisée le colloque de la femme et du mari. Je suis un pauvre jeune homme fatigué, venu à pied de Paris ici. Je me nomme Lucien de Rubempré, et suis le fils de M. Chardon, le prédécesseur de Postel, le pharmacien de l'Houmeau. Ma sœur a épousé David Séchard, imprimeur de la place du Mûrier à Angoulême.

— Attendez donc ? dit le meunier. C't imprimeur-là n'est-il pas le fils du vieux malin qui fait valoir son domaine de Marsac ?

— Précisément, répondit Lucien.

— Un drôle de père, allez ! reprit Courtois. Il fait, dit-on, tout vendre chez son fils, et il a pour plus de deux cent mille francs de bien, sans compter son *esquipot*.

Lorsque l'âme et le corps ont été brisés dans une longue et douloureuse lutte, l'heure où les forces sont dépassées est suivie ou de la mort ou d'un anéantissement pareil à la mort, mais où les natures capables de résister reprennent alors des forces. Lucien, en proie à une crise de ce genre, parut près de succomber au moment où il apprit, quoique vaguement, la nouvelle d'une catastrophe arrivée à David Séchard, son beau-frère.

— Oh ! ma sœur ! s'écria-t-il, qu'ai-je fait, mon Dieu ! e suis un infâme !

Puis il se laissa tomber sur un banc de bois, dans la pâleur et l'affaissement d'un mourant ; la meunière s'empressa de lui apporter une jatte de lait qu'elle le força de boire ; mais il pria le meunier de l'aider à se mettre sur son lit, en lui demandant pardon de lui donner l'embarras de sa mort, car il crut sa dernière heure arrivée. En apercevant le fantôme de la mort, ce gracieux poëte fut pris d'idées religieuses : il voulut voir le curé, se confesser et recevoir les sacrements. De telles plaintes exhalées d'une voix faible par un garçon doué d'une charmante figure et aussi bien fait que Lucien touchèrent vivement madame Courtois.

— Dis donc, petit homme, monte à cheval, et va donc quérir M. Marron, le médecin de Marsac ; il verra ce qu'a ce jeune homme, qui ne me paraît point en bon état, et tu ramèneras aussi le curé ; peut-être sauront-ils mieux que toi ce qui en est de cet imprimeur de la place du Mûrier, puisque Postel est le gendre de M. Marron.

Courtois parti, la meunière imbue comme tous les gens de la campagne de cette idée que la maladie exige de la nourriture, restaura Lucien qui se laissa faire, en s'abandonnant à de violents remords qui le sauvèrent de son abattement par la révulsion que produisit cette espèce de topique moral.

Le moulin de Courtois se trouvait à une lieue de Marsac, chef-lieu de canton, situé à mi-chemin de Mansle et d'Angoulême ; aussi le brave meunier ramena-t-il promptement le médecin et le curé de Marsac. Ces deux personnages avaient entendu parler de la liaison de Lucien avec madame de Bargeton, et comme tout le département de la Charente causait en ce moment du mariage de cette dame et de sa rentrée à Angoulême avec le nouveau préfet, le comte Sixte du Châtelet, en apprenant que Lucien était chez le meunier, le médecin comme le curé éprouvèrent un violent désir de connaître les raisons qui avaient empêché la veuve de M. de Bargeton d'épouser le jeune poëte avec lequel elle s'était enfuie, et de savoir s'il revenait au pays pour secourir son beau-frère, David Séchard. La curiosité, l'humanité, tout se réunissait donc pour ame-

ner promptement des secours au poëte mourant. Aussi,
deux heures après le départ de Courtois, Lucien entendit-
il sur la chaussée pierreuse du moulin le bruit de ferraille
que rendait le méchant cabriolet du médecin de campagne.
Messieurs Marron se montrèrent aussitôt, car le médecin
était le neveu du curé. Ainsi Lucien voyait en ce moment
des gens aussi liés avec le père de David Séchard que peuvent l'être des voisins dans un petit bourg vignoble. Quand
le médecin eut observé le mourant, lui eut tâté le pouls,
examiné la langue, il regarda la meunière en souriant de
manière à dissiper toute inquiétude.

— Madame Courtois, dit-il, si, comme je n'en doute pas,
vous avez à la cave quelque bonne bouteille de vin, et dans
votre sentineau quelque bonne anguille, servez-les à votre
malade, qui n'a pas autre chose qu'une courbature. Cela
fait, notre grand homme sera promptement sur pied.

— Ah ! monsieur, dit Lucien, mon mal n'est pas au
corps, mais à l'âme, et ces braves gens m'ont dit une parole qui m'a tué en m'annonçant des désastres chez ma
sœur, madame Séchard ! Au nom de Dieu, vous qui, si
j'en crois madame Courtois, avez marié votre fille à Postel,
vous devez savoir quelque chose des affaires de David
Séchard.

— Mais il doit être en prison, répondit le médecin, son
père a refusé de le secourir...

— En prison ! reprit Lucien, et pourquoi ?

Mais pour des traites venues de Paris et qu'il avait sans
doute oubliées, car il ne passe pas pour savoir trop ce qu'il
fait, répondit monsieur Marron.

— Laissez-moi, je vous prie, avec monsieur le curé, dit
le poëte dont la physionomie s'altéra gravement.

Le médecin, le meunier et sa femme sortirent. Quand
Lucien se vit seul avec le vieux prêtre, il s'écria : — Je mérite la mort que je sens venir, monsieur, et je suis un bien
grand misérable qui n'a plus qu'à se jeter dans les bras de

la religion. C'est moi, monsieur, qui suis le bourreau de ma sœur et de mon frère, car David Séchard est un frère pour moi ! J'ai fait les billets que David n'a pas pu payer... Je l'ai ruiné. Dans l'horrible misère où je me suis trouvé, j'oubliais ce crime. Les poursuites auxquelles ces billets ont donné lieu, se sont apaisées par l'intervention d'un millionnaire, et j'ai cru qu'il les avait payés ; il n'en serait donc rien !

Et Lucien raconta ses malheurs. Quand il eut achevé ce poëme par une narration fiévreuse, vraiment digne d'un poëte, il supplia le curé d'aller à Angoulême et de s'enquérir auprès d'Ève, sa sœur, et de sa mère, madame Chardon, du véritable état des choses, afin qu'il sût s'il pouvait encore y remédier.

— Jusqu'à votre retour, monsieur, dit-il en pleurant à chaudes larmes, je pourrai vivre. Si ma mère, si ma sœur, si David ne me repoussent pas, je ne mourrai point !

L'éloquence du Parisien, les larmes de ce repentir effrayant, ce beau jeune homme pâle et quasi-mourant de son désespoir, le récit d'infortunes qui dépassaient les forces humaines, tout excita la pitié, l'intérêt du curé.

— En province comme à Paris, monsieur, lui répondit-il, il ne faut croire que la moitié de ce qu'on dit : ne vous épouvantez pas de la rumeur qui, à trois lieues d'Angoulême, doit être très-erronée. Le vieux Séchard, notre voisin, a quitté Marsac, depuis quelques jours ; probablement il s'occupe à pacifier les affaires de son fils. Je vais à Angoulême et reviendrai vous dire si vous pouvez rentrer dans votre famille auprès de laquelle vos aveux, votre repentir, m'aideront à plaider votre cause.

Le curé ne savait pas que, depuis dix-huit mois, Lucien s'était tant de fois repenti, que son repentir, quelque violent qu'il fût, n'avait d'autre valeur que celle d'une scène parfaitement jouée et jouée encore de bonne foi ? Au curé succéda le médecin. En reconnaissant chez le malade une crise nerveuse, dont le danger commençait à se passer, le neveu fut aussi consolant que l'avait été l'oncle, et finit par déterminer son malade à se restaurer.

Le curé, qui connaissait le pays et ses habitudes, avait gagné Mansle où la voiture de Ruffec à Angoulême ne devait pas tarder à passer, et dans laquelle il eut une place. Le vieux prêtre comptait demander des renseignements sur David Séchard à son petit-neveu Postel, le pharmacien de l'Houmeau, l'ancien rival de l'imprimeur auprès de la belle Ève. A voir les précautions que prit le petit pharmacien pour aider le vieillard à descendre de l'affreuse patache qui faisait alors le service de Ruffec à Angoulême, le spectateur le plus obtus eût deviné que monsieur et madame Postel hypothéquaient leur bien-être sur sa succession.

— Avez-vous déjeuné, voulez-vous quelque chose ? Nous ne vous attendions point, et nous sommes agréablement surpris...

Ce fut mille questions à la fois. Madame Postel était bien prédestinée à devenir la femme d'un pharmacien de l'Houmeau. De la taille du petit Postel, elle avait la figure rouge d'une fille élevée à la campagne ; sa tournure était commune, et toute sa beauté consistait dans une grande fraîcheur. Sa chevelure rousse, plantée très-bas sur le front, ses manières et son langage approprié à la simplicité gravée dans les traits d'un visage rond, des yeux presque jaunes, tout en elle disait qu'elle avait été mariée pour ses espérances de fortune. Aussi déjà commandait-elle après un an de ménage, et paraissait-elle s'être entièrement rendue maîtresse de Postel, trop heureux d'avoir trouvé cette héritière. Madame Léonie Postel, née Marron, nourrissait un fils, l'amour du vieux curé, du médecin et de Postel, un horrible enfant qui ressemblait à son père et à sa mère.

— Eh bien, mon oncle, que venez-vous donc faire à An-

goulême, dit Léonie, puisque vous ne voulez rien prendre
et que vous parlez de nous quitter aussitôt entré ?

Dès que le digne ecclésiastique eut prononcé le nom
d'Ève et de David Séchard, Postel rougit, et Léonie jeta
sur le petit bonhomme ce regard de jalousie obligée
qu'une femme entièrement maîtresse de son mari ne manque jamais à exprimer pour le passé, dans l'intérêt de son
avenir.

— Qu'est-ce qu'ils vous ont donc fait, ces gens-là, mon
oncle, pour que vous vous mêliez de leurs affaires ? dit
Léonie avec une visible aigreur.

— Ils sont malheureux, ma fille, répondit le curé qui
peignit à Postel l'état dans lequel se trouvait Lucien chez
les Courtois.

— Ah ! voilà dans quel équipage il revient de Paris, s'é-
cria Postel. Pauvre garçon ! il avait de l'esprit, cependant,
et il était ambitieux ! il allait chercher du grain et il revient
sans paille. Mais que vient-il faire ici ? sa sœur est dans la
plus affreuse misère, car tous ces génies-là, ce David tout
comme Lucien, ça ne se connaît guère en commerce. Nous
avons parlé de lui au tribunal, et, comme juge, j'ai dû signer son jugement !... ça m'a fait un mal ! Je ne sais pas
si Lucien pourra, dans les circonstances actuelles, aller
chez sa sœur ; mais, en tout cas, la petite chambre qu'il
occupait ici est libre, et je la lui offre volontiers.

— Bien, Postel, dit le prêtre en mettant son tricorne et
se disposant à quitter la boutique après avoir embrassé
l'enfant qui dormait dans les bras de Léonie.

— Vous dînerez sans doute avec nous, mon oncle, dit
madame Postel, car vous n'aurez pas promptement fini,
si vous voulez débrouiller les affaires de ces gens-là. Mon
mari vous reconduira dans sa carriole avec son petit cheval.

Les deux époux regardèrent leur précieux grand-oncle
s'en allant vers Angoulême

— Il va bien tout de même pour son âge, dit le pharmacien.

Pendant que le vénérable ecclésiastique monte les rampes d'Angoulême, il n'est pas inutile d'expliquer le lacis d'intérêts dans lequel il allait mettre le pied.

Après le départ de Lucien, David Séchard, ce bœuf, courageux et intelligent comme celui que les peintres donnent pour compagnon à l'évangéliste, voulut faire la grande et rapide fortune qu'il avait souhaitée, moins pour lui que pour Ève et pour Lucien, un soir au bord de la Charente, assis avec Ève sur le barrage, quand elle lui donna sa main et son cœur. Mettre sa femme dans la sphère d'élégance et de richesse où elle devait vivre, soutenir de son bras puissant l'ambition de son frère, tel fut le programme écrit en lettres de feu devant ses yeux. Les journaux, la politique, l'immense développement de la librairie et de la littérature, celui des sciences, la pente à une discussion publique de tous les intérêts du pays, tout le mouvement social qui se déclara lorsque la Restauration parut assise, allait exiger une production de papier presque décuple comparée à la quantité sur laquelle spécula le célèbre Ouvrard au commencement de la Révolution, guidé par de semblables motifs. Mais en 1821, les papeteries étaient trop nombreuses en France pour qu'on pût espérer de s'en rendre le possesseur exclusif, comme fit Ouvrard, qui s'empara des principales usines après avoir accaparé leurs produits. D'avid n'avait d'ailleurs, ni l'audace, ni les capitaux nécessaires à de pareilles spéculations. En ce moment, la mécanique à faire le papier de toute longueur commençait à fonctionner en Angleterre. Ainsi rien de plus nécessaire que d'adopter la papetrie aux besoins de la civilisation française, qui menaçait d'étendre la discussion à tout et de reposer sur une perpétuelle manifestation de la pensée individuelle, un vrai malheur, car les peuples qui délibèrent agissent très-peu. Ainsi, chose étrange ! pendant que Lucien entrait dans les rouages de l'immense machine du Journalisme, au risque d'y laisser son honneur et son intelligence en lambeaux, David Séchard, du fond de son imprimerie, embrassait le mouvement de la Presse périodique dans ses conséquences matérielles. Il voulait mettre les moyens en harmonie avec le résultat vers lequel tendait l'esprit du siècle. Il voyait d'ailleurs si juste en cherchant une fortune dans la fabrication du papier à bas prix, que l'événement a justifié sa prévoyance. Pendant ces quinze dernières années, le bureau chargé des demandes de brevets d'invention a reçu plus de cent requêtes de prétendues découvertes de substances à introduire dans la fabrication du papier.)Plus certain que jamais de l'utilité de cette découverte sans éclat, mais d'un immense profit, il tomba donc, après le départ de son beau-frère pour Paris, dans la constante préoccupation que devait causer ce problème à qui le voulait résoudre. Comme il avait épuisé toutes ses ressources pour se marier et pour subvenir aux dépenses du voyage de Lucien à Paris, il se vit au début de son mariage dans la plus profonde misère. Il avait gardé mille francs pour les besoins de son imprimerie, et devait un billet de pareille somme à Postel, le pharmacien. Ainsi, pour ce profond penseur, le problème fut double : il fallait inventer, et inventer promptement; il fallait enfin adapter les profits de la découverte aux besoins de son ménage et de son commerce. Or, quelle épithète donner à la cervelle capable de secouer les cruelles préoccupations que causent et une indigence à cacher, et le spectacle d'une famille sans pain, et les exigences journalières d'une profession aussi méticuleuse que celle de l'imprimeur, tout en parcourant les domaines de l'inconnu, avec l'ardeur et les enivrements du savant à la poursuite d'un secret qui de jour en jour échappe aux plus subtiles recherches ? Hélas ! comme on va le voir, les inventeurs ont bien encore d'autres maux à supporter, sans compter l'ingratitude des

masses à qui les oisifs et les incapables disent d'un homme
de génie : — Il était né pour devenir inventeur, il ne pouvait pas faire autre chose. Il ne faut pas plus lui savoir gré
de sa découverte, qu'on ne sait gré à un homme d'être né
prince ! il exerce des facultés naturelles ! et il a d'ailleurs
trouvé sa récompense dans le travail même.

Le mariage cause à une jeune fille de profondes pertur-
bations morales et physiques ; mais, en se mariant dans les
conditions bourgeoises de la classe moyenne, elle doit de
plus étudier des intérêts tout nouveaux, et s'initier à des
affaires ; de là, pour elle, une phase où nécessairement elle
reste en observation sans agir. L'amour de David pour sa
femme en retarda malheureusement l'éducation, il n'osa
pas lui dire l'état des choses, ni le lendemain des noces, ni
les jours suivants. Malgré la détresse profonde à laquelle
le condamnait l'avarice de son père, le pauvre imprimeur
ne put se résoudre à gâter sa lune de miel par le triste
apprentissage de sa profession laborieuse et par les enseignements nécessaires à la femme d'un commerçant. Aussi,
les mille francs, le seul avoir, furent-ils dévorés plus par
le ménage que par l'atelier. L'insouciance de David et l'i-
gnorance de sa femme dura trois mois ! Le réveil fut terrible. A l'échéance du billet souscrit par David à Postel, le
ménage se trouva sans argent, et la cause de cette dette
était assez connue à Ève pour qu'elle sacrifiât à son acquit-
tement et ses bijoux de mariée et son argenterie. Le soir
même du payement de cet effet, Ève voulut faire causer
David sur ses affaires, car elle avait remarqué qu'il avait
parlé naguère. Dès le second mois de son mariage, David
passait la majeure partie de son temps sous l'appentis situé
au fond de la cour, dans une petite pièce qui lui servait à
fondre ses rouleaux. Trois mois après son arrivée à Angoulême, il avait substitué, aux pelottes à tamponner les
caractères, l'encrier à table et à cylindre où l'encre se fa-
çonne et se distribue au moyen de rouleaux composés de

colle forte et de mélasse. Ce premier perfectionnement de
la typographie fut tellement incontestable, qu'aussitôt
après en avoir vu l'effet, les frères Cointet l'adoptèrent.
David avait adossé au mur mitoyen de cette espèce de cuisine un fourneau à bassine en cuivre, sous prétexte de dépenser moins de charbon pour refondre ses rouleaux, dont
les moules rouillés étaient rangés le long de la muraille,
et qu'il ne refondit pas deux fois. Non-seulement il mit à
cette pièce une solide porte en chêne, intérieurement
garnie en tôle, mais encore il remplaça les sales carreaux
du châssis d'où venait la lumière par des vitres en verre
cannelé, pour empêcher de voir du dehors l'objet de ses
occupations. Au premier mot que dit Ève à David au sujet
de leur avenir, il la regarda d'un air inquiet et l'arrêta par
ces paroles : — Mon enfant, je sais tout ce que doit t'inspirer la vue d'un atelier désert et l'espèce d'anéantissement
commercial où je reste ; mais, vois-tu, reprit-il en l'amenant
à la fenêtre de leur chambre et lui montrant le réduit
mystérieux, notre fortune est là… Nous aurons à souffrir
encore pendant quelques mois ; mais souffrons avec patience, et laisse-moi résoudre le problème d'industrie que
tu connais et qui fera cesser toutes nos misères.

David était si bon, son dévouement devait être si bien
cru sur parole, que la pauvre femme, préoccupée comme
toutes les femmes de la dépense journalière, se donna pour
tâche de sauver à son mari les ennuis du ménage ; elle quitta
donc la jolie chambre bleue et blanche où elle se conten-
tait de travailler à des ouvrages de femme en devisant avec
sa mère, et descendit dans une des deux cages de bois situées au fond de l'atelier pour étudier le mécanisme commercial de la typographie. N'était-ce pas de l'héroïsme
pour une femme déjà grosse ? Durant ces premiers mois
l'inerte imprimerie de David avait été désertée par les ouvriers jusqu'alors nécessaires à ses travaux, et qui s'en
allèrent un à un. Accablés de besogne, les frères Cointet

employaient non-seulement les ouvriers du département
alléchés par la perspective de faire chez eux de fortes journées, mais encore quelques-uns de Bordeaux, d'où venaient
surtout les apprentis qui se croyaient assez habiles pour se
soustraire aux conditions de l'apprentissage. En examinant
les ressources que pouvait présenter l'imprimerie Séchard,
Ève n'y trouva plus que trois personnes. D'abord, Cérizet,
cet apprenti que David avait emmené de Paris; puis Marion, attachée à la maison comme un chien de garde;
enfin Kolb, un Alsacien, jadis homme de peine chez messieurs Didot. Pris par le service militaire, Kolb se trouva
par hasard à Angoulême, où David le reconnut à une revue, au moment où son temps de service expirait. Kolb
alla voir David et s'amouracha de la grosse Marion en découvrant chez elle toutes les qualités qu'un homme de sa
classe demande à une femme : cette santé vigoureuse qui
brunit les joues, cette forme masculine qui permettait à
Marion de soulever une *forme de caractères* avec aisance,
cette probité religieuse à laquelle tiennent les Alsaciens,
ce dévouement à ses maîtres qui révèle un bon caractère,
et enfin cette économie à laquelle elle devait une petite
somme de mille francs, du linge, des robes et des effets
d'une propreté provinciale. Marion, grosse et grasse, âgée
de trente-six ans, assez flattée de se voir l'objet des attentions d'un cuirassier haut de cinq pieds sept pouces, bien
bâti, fort comme un bastion, lui suggéra naturellement
l'idée de devenir imprimeur. Au moment où l'Alsacien
reçut son congé définitif, Marion et David en avaient fait
un ours assez distingué, qui ne savait néanmoins ni lire ni
écrire. La composition des ouvrages dits *de ville* ne fut pas
tellement abondante pendant ce trimestre que Cérizet n'eût
pu y suffire. A la fois compositeur, metteur en pages, et
prote de l'imprimerie, Cérizet réalisait ce que Kant appelle
une triplicité phénoménale : il composait, il corrigeait sa
composition, il écrivait les commandes, et dressait les

jactures, mais, le plus souvent sans ouvrage, il lisait des romans, dans sa cage au fond de l'atelier, attendant la commande d'une affiche ou d'un billet de *faire part*. Marion, formée par Séchard père, façonnait le papier, le trempait, aidait Kolb à imprimer, l'étendait, le rognait, et n'en faisait pas moins la cuisine, en allant au marché de grand matin.

Quand Ève se fit rendre compte du premier sémestre par Cérizet, elle trouva que la recette était de six cents francs. La dépense, à raison de trois francs par jour pour Cérizet et Kolb, qui avaient pour leur journée, l'un deux et l'autre un franc, s'élevait à six cents francs. Or, comme le prix des fournitures exigées par les ouvrages fabriqués et livrés se montait à cent et quelques francs, il fut clair pour Ève que pendant les six premiers mois de son mariage David avait perdu ses loyers, l'intérêt des capitaux représentés par la valeur de son matériel et de son brevet, les gages de Marion, l'encre, et enfin les bénéfices que doit faire un imprimeur, ce monde de choses exprimées en langage d'imprimerie par le mot *étoffes*, expression due aux draps, aux soieries employées à rendre la pression de la vis moins dure aux caractères par l'interposition d'un carré d'étoffe (le blanchet) entre la platine de la presse et le papier qui reçoit l'impression. Après avoir compris en gros les moyens de l'imprimerie et ses résultats, Ève devina combien peu de ressources offrait cet atelier desséché par l'activité dévorante des frères Cointet, à la fois fabricant de papier, journalistes, imprimeurs brevetés de l'évêché, fournisseurs de la ville et de la préfecture. Le journal que, deux ans auparavant, les Séchard père et fils avaient vendu vingt-deux mille francs, rapportait alors dix-huit mille francs par an. Ève reconnut les calculs cachés sous l'apparente générosité des frères Cointet qui laissaient à l'imprimerie Séchard assez d'ouvrage pour subsister, et pas assez pour qu'elle leur fît concurrence. En prenant la conduite des af-

ires, elle commença par dresser un inventaire exact de
utes les valeurs. Elle employa Kolb, Marion et Cérizet à
nger l'atelier, le nettoyer et y mettre de l'ordre. Puis,
r une soirée où David revenait d'une excursion dans les
amps, suivi d'une vieille femme qui lui portait un
orme paquet enveloppé de linges, Ève lui demanda des
nseils pour tirer parti des débris que leur avait laissés le
re Séchard en lui promettant de diriger à elle seule les
faires. D'après l'avis de son mari, madame Séchard em-
oya tous les restants de papiers qu'elle avait trouvés et
is par espèces à imprimer sur deux colonnes et sur une
ule feuille ces légendes populaires coloriées que les
aysans collent sur les murs de leurs chaumières : l'his-
ire du Juif-Errant, Robert-le-Diable, la Belle-Maguelonne,
récit de quelques miracles. Ève fit de Kolb un colporteur.
érizet ne perdit pas un instant, il composa ces pages naïves
leurs grossiers ornements depuis le matin jusqu'au soir.
arion suffisait au tirage. Madame Chardon se chargea de
us les soins domestiques, car Ève coloria les gravures.
n deux mois, grâce à l'activité de Kolb et à sa probité,
adame Séchard vendit, à douze lieues à la ronde d'An-
oulême, trois mille feuilles qui lui coûtèrent trente francs
fabriquer et qui lui rapportèrent, à raison de deux sous
èce, trois cents francs. Mais quand toutes les chaumières et
s cabarets furent tapissés de ces légendes, il fallut songer
quelque autre spéculation, car l'Alsacien ne pouvait pas
oyager au delà du département. Ève, qui remuait tout
ans l'imprimerie, y trouva la collection des figures né-
essaires à l'impression d'un *Almanach* dit *des Bergers*, où
s choses sont représentées par des signes, par des images,
les gravures en rouge, en noir ou en bleu. Le vieux Sé-
hard, qui ne savait ni lire ni écrire, avait jadis gagné
eaucoup d'argent à imprimer ce livre destiné à ceux qui
e savent pas lire. Cet almanach, qui se vend un sou, con-
iste en une feuille pliée soixante-quatre fois, ce qui con-

stitue un in-64, de cent vingt-huit pages. Tout heureuse du succès de ses feuilles volantes, industrie à laquelle s'adonnent surtout les petites imprimeries de province, madame Séchard entreprit l'*Almanach des Bergers* sur une grande échelle en y consacrant ses bénéfices. Le papier de l'almanach des bergers, dont plusieurs millions d'exemplaires se vendent annuellement en France, est plus grossier que celui de l'almanach liégeois, et coûte environ quatre francs la rame. Imprimée, cette rame, qui contient cinq cents feuilles, se vend donc, à raison d'un sou la feuille, vingt-cinq francs. Madame Séchard résolut d'employer cent rames à un premier tirage, ce qui faisait cinquante mille almanachs à placer et deux mille francs de bénéfice à recueillir.

Quoique distrait comme devait l'être un homme si profondément occupé, David fut surpris, en donnant un coup d'œil à son atelier, d'entendre grogner une presse, et de voir Cérizet toujours debout composant sous la direction de madame Séchard. Le jour où il y entra pour surveiller les opérations entreprises par Ève, ce fut un beau triomphe pour elle que l'approbation de son mari qui trouva l'affaire de l'almanach excellente. Aussi David promit-il ses conseils pour l'emploi des encres des diverses couleurs que nécessitent les configurations de cet almanach où tout parle aux yeux. Enfin, il voulut refondre lui-même les rouleaux dans son atelier mystérieux pour aider, autant qu'il le pouvait, sa femme dans cette grande petite entreprise.

Au début de cette activité furieuse, vinrent les désolantes lettres par lesquelles Lucien apprit à sa mère, à sa sœur à son beau-frère son insuccès et sa détresse à Paris. On doit comprendre alors qu'en envoyant à cet enfant gâté trois cents francs, Ève, madame Chardon et David avaient offert au poète, chacun de leur côté, le plus pur de leur sang. Accablée par ces nouvelles et désespérée de gagner si peu en travaillant avec tant de courage, Ève n'accueillit pas sans effroi l'événement qui met le comble à la joie des jeunes ménages. En se voyant sur le point de devenir mère, elle se dit : — Si mon cher David n'a pas atteint le but de ses recherches au moment de mes couches, que deviendrons-nous ?... Et qui conduira les affaires naissantes de notre pauvre imprimerie ?

L'*Almanach des Bergers* devait être bien fini avant le premier janvier ; mais Cérizet, sur qui roulait toute la composition, y mettait une lenteur d'autant plus désespérante que madame Séchard ne connaissait pas assez l'imprimerie pour le réprimander, elle se contenta d'observer ce jeune Parisien. Orphelin du grand hospice des Enfants-Trouvés de Paris, Cérizet avait été placé chez messieurs Didot comme apprenti. De quatorze à dix-sept ans, il fut le Séide de Séchard, qui le mit sous la direction d'un des plus habiles ouvriers, et qui en fit son gamin, son page typographique ; car David s'intéressa naturellement à Cérizet en lui trouvant de l'intelligence et il conquit son affection en lui procurant quelques plaisirs et des douceurs que lui interdisait son indigence. Doué d'une assez jolie petite figure chafouine, à chevelure rousse, les yeux d'un bleu trouble, Cérizet avait importé les mœurs du gamin de Paris dans la capitale de l'Angoumois. Son esprit vif et railleur, sa malignité l'y rendaient redoutable. Moins surveillé par David à Angoulême, soit que plus âgé il inspirât plus de confiance à son mentor, soit que l'imprimeur comptât sur l'influence de la province, Cérizet était devenu, mais à l'insu de son tuteur, le don Juan en casquette de trois ou quatre petites ouvrières, et s'était dépravé complétement. Sa moralité, fille des cabarets parisiens, prit l'intérêt personnel pour unique loi. Dailleurs, Cérizet, qui, selon l'expression populaire, devait *tirer à la conscription* l'année suivante, se vit sans carrière ; aussi fit-il des dettes en pensant que dans six mois il deviendrait soldat, et qu'alors aucun de ses créanciers ne pourrait courir après lui. David conservait quelque autorité sur ce garçon, non pas à cause de son titre de maître, non pas pour s'être intéressé à lui, mais parce que l'ex-gamin de Paris reconnaissait en David une haute intelligence. Cérizet fraternisa bientôt avec les ouvriers des Cointet, attiré vers eux par la puissance de la veste, de la blouse, enfin par l'esprit de corps, plus influent peut-être dans les classes inférieures que dans les classes supérieures. Dans cette fréquentation, Cérizet perdit le peu de bonnes doctrines que David lui avait inculquées ; néanmoins, quand on le plaisantait sur les *sabots* de son atelier, terme de mépris donné par les ours aux vieilles presses des Séchard, en lui montrant les magnifiques presses en fer, au nombre de douze, qui fonctionnaient dans l'immense atelier des Cointet, où la seule presse en bois existant servait à faire des épreuves, il prenait encore le parti de David et jetait avec orgueil ces paroles au nez des *blagueurs :* — Avec ses sabots mon Naïf ira plus loin que les vôtres avec leurs bilboquets en fer d'où il ne sort que des livres de messe ! Il cherche un secret qui fera la queue à toutes les imprimeries de France et de Navarre !... — En attendant, méchant prote à quarante sous, tu as pour bourgeois une repasseuse ! lui répondait-on. — Tiens, elle est jolie, répliquait Cérizet, et c'est plus agréable à voir que les *mufles* de vos bourgois. — Est-ce que la vue de sa femme te nourrit ? De la sphère du cabaret ou de la porte de l'imprimerie où ces disputes amicales avaient lieu, quelques lueurs parvinrent aux frères Cointet sur la situation de l'imprimerie Séchard ; ils apprirent la spéculation tentée par Ève, et jugèrent nécessaire d'arrêter dans son essor une entreprise qui pouvait mettre cette pauvre femme dans une voie de prospérité. — Donnons-lui sur les doigts, afin de la dégoûter du commerce, se dirent les deux frères. Celui des deux Cointet qui dirigeait l'imprimerie rencontra Cérizet, et lui proposa de lire des épreuves pour eux, à tant par épreuve, pour soulager leur correcteur qui ne pouvait suffire à la lecture de leurs

ouvrages. En travaillant quelques heures de nuit, Cérizet gagna plus avec les frères Cointet qu'avec David Séchard pendant sa journée. Il s'ensuivit quelques relations entre les Cointet et Cérizet, à qui l'on reconnut de grandes facultés et qu'on plaignit d'être placé dans une situation si défavorable à ses intérêts. — Vous pourriez, lui dit un jour l'un des Cointet, devenir prote d'une imprimerie considérable où vous gagneriez six francs par jour, et avec votre intelligence vous arriveriez à vous faire intéresser un jour dans les affaires. — A quoi cela peut-il me servir d'être un bon prote ? répondit Cérizet, je suis orphelin, je fais partie du contingent de l'année prochaine, et, si je tombe au sort, qui est-ce qui me payera un homme ?...
— Si vous vous rendez utile, répondit le riche imprimeur, pourquoi ne vous avancerait-on pas la somme nécessaire à votre libération ? — Ce ne sera pas toujours mon Naïf dit Cérizet. Cette phrase fut dite de manière à réveiller les plus mauvaises pensées chez celui qui l'écoutait ; aussi Cérizet lança-t-il au fabricant de papier un regard qui valait la plus pénétrante interrogation. — Je ne sais pas de quoi il s'occupe, répondit-il prudemment en trouvant *le bourgeois* muet, mais ce n'est pas un homme à chercher des capitales dans son bas de casse ! — Tenez, mon ami, dit l'imprimeur en prenant six feuilles du Paroissien du diocèse, si vous pouvez nous avoir corrigé cela pour demain, vous aurez demain dix-huit francs. Nous ne sommes pas méchants, nous faisons gagner de l'argent au prote de notre concurrent ! Enfin, nous pourrions laisser madame Séchard s'engager dans l'affaire de l'*Almanach des Bergers,* et la ruiner : eh bien, nous vous permettons de lui dire que nous avons entrepris un *Almanach des Bergers,* et de lui faire observer qu'elle n'arrivera pas la première sur la place... On doit comprendre maintenant pourquoi Cérizet allait si lentement sur la composition de l'Almanach.

En apprenant que les Cointet troublaient sa pauvre petite spéculation, Ève fut saisie de terreur, et voulut voir une preuve d'attachement dans la communication assez hypocritement faite par Cérizet de la concurrence qui l'attendait; mais elle surprit bientôt chez son unique compositeur quelques indices d'une curiosité trop vive qu'elle voulut attribuer à son âge.

— Cérizet, lui dit elle un matin, vous vous mettez sur le pas de la porte et vous attendez monsieur Séchard au passage afin d'examiner ce qu'il cache, vous regardez dans la cour quand il sort de l'atelier à fondre les rouleaux, au lieu d'achever la composition de notre almanach. Tout cela n'est pas bien, surtout quand vous me voyez, moi sa femme, respectant ses secrets et me donnant tant de mal pour lui laisser la liberté de se livrer à ses travaux. Si vous m'aviez pas perdu de temps, l'almanach serait fini, Kolb en vendrait déjà, les Cointet ne pourraient nous faire aucun tort.

— Eh! madame, répondit Cérizet, pour quarante sous par jour que je gagne ici, croyez-vous que ce ne soit pas assez de vous faire pour cent sous de composition! Mais si je n'avais pas des épreuves à lire le soir pour les frères Cointet, je pourrais bien me nourrir de son.

— Vous êtes ingrat de bonne heure, vous ferez votre chemin, répondit Ève atteinte au cœur moins par les reproches de Cérizet que par la grossièreté de son accent, par sa menaçante attitude et par l'agression de ses regards.

— Ce ne sera pas toujours avec une femme pour bourgeois, car alors le mois n'a pas souvent trente jours.

En se sentant blessée dans sa dignité de femme, Ève jeta sur Cérizet un regard foudroyant et remonta chez elle. Quand David vint dîner, elle lui dit : — Es-tu sûr, mon ami, de ce petit drôle de Cérizet?

— Cérizet? répondit-il. Eh! c'est mon gamin, je l'ai

formé, je l'ai eu pour teneur de copie, je l'ai mis à la casse, enfin il me doit d'être tout ce qu'il est ! Autant demander à un père s'il est sûr de son enfant...

Ève apprit à son mari que Cérizet lisait des épreuves pour le compte des Cointet.

— Pauvre garçon ! il faut bien qu'il vive, répondit David avec l'humilité d'un maître qui se sentait en faute.

— Oui; mais, mon ami, voici la différence qui existe entre Kolb et Cérizet; Kolb fait vingt lieues tous les jours, dépense quinze ou vingt sous, nous rapporte sept, huit, quelquefois neuf francs de feuilles vendues, et ne me demande que ses vingt sous, sa dépense payée. Kolb se couperait la main plutôt que de tirer le barreau d'une presse chez les Cointet, et ne regarderait pas les choses que tu jettes dans la cour, quand on lui offrirait mille écus; tandis que Cérizet les ramasse et les examine.

Les belles âmes arrivent difficilement à croire au mal, à l'ingratitude, il leur faut de rudes leçons avant de reconnaître l'étendue de la corruption humaine; puis, quand leur éducation en ce genre est faite, elles s'élèvent à une indulgence qui est le dernier degré du mépris.

— Bah ! pure curiosité de gamin de Paris, s'écria donc David.

— Eh bien, mon ami, fais-moi le plaisir de descendre à l'atelier, d'examiner ce que ton gamin a composé depuis un mois, et de me dire si, pendant ce mois, il n'aurait pas dû finir notre almanach...

Après le dîner, David reconnut que l'almanach aurait dû être composé en huit jours; puis en apprenant que les Cointet en préparaient un semblable, il vint au secours de sa femme : il fit interrompre à Kolb la vente des feuilles d'images et dirigea tout dans son atelier; il mit en train lui-même une forme que Kolb dut tirer avec Marion, tandis que lui-même tira l'autre avec Cérizet en surveillant les impressions en encres de diverses couleurs. Chaque

couleur exige une impression séparée. Quatre encres différentes veulent donc quatre coups de presse. Imprimé quatre fois pour une, *l'Almanach des Bergers* coûte alors tant
à établir, qu'il se fabrique exclusivement dans les ateliers
de province où la main d'œuvre et les intérêts du capital
engagé dans l'imprimerie sont presque nuls. Ce produit,
quelque grossier qu'il soit, est donc interdit aux imprimeries d'où sortent de beaux ouvrages. Pour la première fois
depuis la retraite du vieux Séchard, on vit alors deux
presses roulant dans ce vieil atelier. Quoique l'almanach
fût, dans son genre, un chef-d'œuvre, néanmoins Ève fut
obligée de le donner à deux liards, car les frères Cointet
donnèrent le leur à trois centimes aux colporteurs; elle fit
ses frais avec le colportage, elle gagna sur les ventes direc-
tement faites par Kolb; mais sa spéculation fut manquée.
En se voyant devenu l'objet de la défiance de sa belle pa-
tronne, Cérizet se posa dans son for intérieur son adversaire,
et il se dit : « Tu me soupçonnes, je me vengerai ! » Le gamin de Paris est ainsi fait. Cérizet accepta donc de messieurs Cointet frères des émoluments évidemment trop
forts pour la lecture des épreuves qu'il allait chercher à
leur bureau tous les soirs et qu'il leur rendait tous les matins. En causant tous les jours davantage avec eux, il se
familiarisa, finit par apercevoir la possibilité de se libérer
du service militaire qu'on lui présentait comme appât; et,
loin d'avoir à le corrompre, les Cointet entendirent de lui
les premiers mots relativement à l'espionnage et à l'exploitation du secret que cherchait David. Inquiète en voyant
combien elle devait peu compter sur Cérizet et dans l'impossibilité de trouver un autre Kolb, Ève résolut de renvoyer l'unique compositeur en qui sa seconde vue de
femme aimante lui fit voir un traître; mais comme c'était
la mort de son imprimerie, elle prit une résolution virile :
oria par une lettre monsieur Métivier, le correspon-
de David Séchard, des Cointet et de presque tous les

fabricants de papier du département, de faire mettre dans
le *Journal de la librairie,* à Paris, l'annonce suivante :
« À céder, une imprimerie en pleine activité, matériel et
» brevet, située à Angoulême. S'adresser, pour les condi-
» tions, à monsieur Métivier, rue Serpente. » Après avoir
lu le numéro du journal où se trouvait cette annonce, les
Cointet se dirent : — Cette petite femme ne manque pas de
tête, il est temps de nous rendre maîtres de son imprimerie en lui donnant de quoi vivre ; autrement, nous pourrions rencontrer un adversaire dans le successeur de David, et notre intérêt est de toujours avoir un œil dans cet
atelier. Mus par cette pensée, les frères Cointet vinrent parler à David Séchard. Ève, à qui les deux frères s'adressè-
rent, éprouva la plus vive joie en voyant le rapide effet de
sa ruse, car ils ne lui cachèrent pas leur dessein de proposer à monsieur Séchard de faire des impressions à leur
compte : ils étaient encombrés, leurs presses ne pouvaient
suffire à leurs travaux, ils avaient demandé des ouvriers à
Bordeaux, et se faisaient fort d'occuper les trois presses de
David.

— Messieurs, dit-elle aux deux frères Cointet pendant
que Cérizet allait avertir David de la visite de ses confrères, mon mari a connu chez messieurs Didot d'excellents
ouvriers probes et actifs, il se choisira sans doute un
successeur parmi les meilleurs... Ne vaut-il pas mieux
vendre son établissement une vingtaine de mille francs,
qui nous donneront mille francs de rente, que de perdre
mille francs par an au métier que vous nous faites faire ?
Pourquoi nous avoir envié la pauvre petite spéculation de
notre almanach, qui d'ailleurs appartenait à cette imprimerie ?

— Eh ! pourquoi, madame, ne pas nous en avoir prévenus ? nous ne serions pas allés sur vos brisées, dit gracieusement celui des deux frères qu'on appelait le grand
Cointet.

— Allons donc, messieurs, vous n'avez commencé votre almanach qu'après avoir appris par Cérizet que je faisais le mien.

En disant ces paroles vivement, elle regarda celui qu'on appelait le grand Cointet, et lui fit baisser les yeux. Elle acquit ainsi la preuve de la trahison de Cérizet.

Ce Cointet, le directeur de la papeterie et des affaires, était beaucoup plus habile commerçant que son frère Jean, qui conduisait d'ailleurs l'imprimerie avec une grande intelligence, mais dont la capacité pouvait se comparer à celle d'un colonel; tandis que Boniface était un général auquel Jean laissait le commandement en chef. Boniface, homme sec et maigre, à figure jaune comme un cierge et marbrée de plaques rouges, à bouche serrée, et dont les yeux avaient de la ressemblance avec ceux des chats, ne s'emportait jamais; il écoutait avec le calme d'un dévot les plus grosses injures, et répondait d'une voix douce. Il allait à la messe, à confesse et communiait. Il cachait sous ses manières patelines, sous un extérieur presque mou, la ténacité, l'ambition du prêtre et l'avidité du négociant dévoré par la soif des richesses et des honneurs. Dès 1820, le grand Cointet voulait tout ce que la bourgeoisie a fini par obtenir à la révolution de 1830. Plein de haine contre l'aristocratie, indifférent en matière de religion, il était dévot comme Bonaparte fut montagnard. Son épine dorsale fléchissait avec une merveilleuse flexibilité devant la noblesse et l'administration, pour lesquelles il se faisait petit, humble et complaisant. Enfin, pour peindre cet homme par un trait dont la valeur sera bien appréciée par des gens habitués à traiter les affaires, il portait des conserves à verres bleus à l'aide desquelles il cachait son regard, sous prétexte de préserver sa vue de l'éclatante réverbération de la lumière dans une ville où la terre, où les constructions sont blanches, et où l'intensité du jour est augmentée par la grande élévation du sol. Quoique sa taille se fût qu'un peu au-dessus de la moyenne, il paraissait grand à cause de sa maigreur, qui annonçait une nature accablée de travail, une pensée en continuelle fermentation. Sa physionomie jésuitique était complétée par une chevelure plate, grise, longue, taillée à la façon de celle des ecclésiastiques, et par son vêtement qui, depuis sept ans, se composait d'un pantalon noir, de bas noirs, d'un gilet noir et d'une *lévite* (le nom méridional d'une redingote) en drap couleur marron. On l'appelait le grand Cointet pour le distinguer de son frère, qu'on nommait le gros Cointet, en exprimant ainsi le contraste qui existait autant entre la taille qu'entre les capacités des deux frères, également redoutables d'ailleurs. En effet, Jean Cointet, bon gros garçon à face flamande, brunie par le soleil de l'Angoumois, petit et court, pansu comme Sancho, le sourire sur les lèvres, les épaules épaisses, produisait une opposition frappante avec son aîné. Jean ne différait pas seulement de physionomie et d'intelligence avec son frère, il professait des opinions presque libérales, il était *centre gauche*, n'allait à la messe que les dimanches, et s'entendait à merveille avec les commerçants libéraux. Quelques négociants de l'Houmeau prétendaient que cette divergence d'opinions était un jeu joué par les deux frères. Le grand Cointet exploitait avec habileté l'apparente bonhomie de son frère, il se servait de Jean comme d'une massue. Jean se chargeait des paroles dures, des exécutions qui répugnaient à la mansuétude de son frère. Jean avait le département des colères, il s'emportait, il laissait échapper des propositions inacceptables, qui rendaient celles de son frère plus douces; et ils arrivaient ainsi, tôt ou tard, à leurs fins.

Ève, avec ce tact particulier aux femmes, eut bientôt deviné les deux frères; aussi resta-t-elle sur ses gardes en présence d'adversaires si dangereux. David, déjà mis au fait par sa femme, écouta d'un air profondément distrait les propositions de ses ennemis.

— Entendez-vous avec ma femme, dit-il aux deux Cointet en sortant du cabinet vitré pour retourner dans son petit laboratoire, elle est plus au fait de mon imprimerie que je ne le suis moi-même. Je m'occupe d'une affaire qui sera plus lucrative que ce pauvre établissement, et au moyen de laquelle je réparerai les pertes que j'ai faites avec vous...

— Et comment ? dit le gros Cointet en riant.

Ève regarda son mari pour lui recommander la prudence.

— Vous serez mes tributaires, vous et tous ceux qui consomment du papier, répondit David.

— Et que cherchez-vous donc ? demanda Benoît-Boniface Cointet.

Quand Boniface eut lâché sa demande d'un ton doux et d'une façon insinuante, Ève regarda de nouveau son mari pour l'engager à ne rien répondre ou à répondre quelque chose qui ne fût rien.

— Je cherche à fabriquer le papier à cinquante pour cen' au-dessous du prix actuel de revient...

Et il s'en alla sans voir le regard que les deux frères échangèrent, et par lequel ils se disaient : — Cet homme devait être un inventeur ; on ne pouvait pas avoir son encolure et rester oisif ! — Exploitons-le ! disait Boniface. — Et comment ? disait Jean.

— David agit avec vous comme avec moi, dit madame Séchard. Quand je fais la curieuse, il se défie sans doute de mon nom, et me jette cette phrase, qui n'est après tout qu'un programme.

— Si votre mari peut réaliser ce programme, il fera certainement fortune plus rapidement que par l'imprimerie, et je ne m'étonne plus de lui voir négliger cet établissement, reprit Boniface en se tournant vers l'atelier où Kolb assis sur un ais, frottait son pain avec une gousse d'ail ; mais il ne nous conviendrait peu de voir cette imprimerie aux mains d'un concurrent actif, remuant, ambitieux, et peut-être pourrions-nous arriver à nous entendre. Si, par exemple, vous consentiez à louer pour une certaine somme votre matériel à l'un de nos ouvriers qui travaillerait pour nous, sous votre nom, comme cela se fait à Paris, nous occuperions assez ce gars-là pour lui permettre de vous payer un très-bon loyer et de réaliser de petits profits...

— Cela dépend de la somme, répondit Ève Séchard. Que voulez-vous donner ? ajouta-t-elle en regardant Boniface de manière à lui faire voir qu'elle comprenait parfaitement son plan.

— Mais quelles seraient vos prétentions ? répliqua vivement Jean Cointet.

— Trois mille francs pour six mois, dit-elle.

— Eh ! ma chère petite dame, vous parliez de vendre votre imprimerie vingt mille francs, répliqua tout doucement Boniface. L'intérêt de vingt mille francs n'est que de douze cents francs, à six pour cent.

Ève resta pendant un moment tout interdite, et reconnut alors tout le prix de la discrétion en affaires.

— Vous vous servirez de nos presses, de nos caractères avec lesquels je vous ai prouvé que je savais faire encore de petites affaires, reprit-elle, et nous avons des loyers à payer à M. Séchard le père qui ne nous comble pas de cadeaux.

Après une lutte de deux heures, Ève obtint deux mille francs pour six mois, dont mille seraient payés d'avance. Quand tout fut convenu, les deux frères lui apprirent que leur intention était de faire à Cérizet le bail des ustensiles de l'imprimerie. Ève ne put retenir un mouvement de surprise.

— Ne vaut-il pas mieux prendre quelqu'un qui soit au fait de l'atelier ? dit le gros Cointet.

Ève salua les deux frères sans répondre, et se promit de surveiller elle-même Cérizet.

— Eh bien, voilà nos ennemis dans la place ! dit en riant David à sa femme, quand au moment du dîner elle lui montra les actes à signer.

— Bah ! dit-elle, je réponds de l'attachement de Kolb et de Marion ; à eux deux, ils surveilleront tout. D'ailleurs, nous nous faisons quatre mille francs de rente d'un mobilier industriel qui nous coûtait de l'argent, et je te vois un an devant toi pour réaliser tes espérances !

— Tu devais être, comme tu me l'as dit au Barrage, la femme d'un chercheur d'inventions ! dit Séchard en serrant la main de sa femme avec tendresse.

Si le ménage de David eut une somme suffisante pour passer l'hiver, il se trouva sous la surveillance de Cérizet, et sans le savoir, dans la dépendance du grand Cointet.

— Ils sont à nous ! dit en sortant le directeur de la papeterie à son frère l'imprimeur. Ces pauvres gens vont s'habituer à recevoir le loyer de leur imprimerie ; ils compteront là-dessus, et ils s'endetteront. Dans six mois nous ne renouvellerons pas le bail, et nous verrons alors ce que cet homme de génie aura dans son sac, car nous lui proposerons de le tirer de peine en nous associant pour exploiter sa découverte.

Si quelque rusé commerçant avait pu voir le grand Cointet prononçant ces mots : *en nous associant*, il aurait compris que le danger du mariage est encore moins grand à la mairie qu'au tribunal de commerce. N'était-ce pas trop déjà que ces féroces chasseurs fussent sur les traces de leur gibier ? David et sa femme, aidés par Kolb et par Marion, étaient-ils en état de résister aux ruses d'un Boniface Cointet ?

Quand l'époque des couches de madame Séchard arriva, le billet de cinq cents francs envoyé par Lucien, joint au second payement de Cérizet, permit de suffire à toutes les dépenses. Ève, sa mère et David, qui se croyaient oubliés par Lucien, éprouvèrent alors une joie égale à celle que leur donnaient les premiers succès du poëte, dont les débuts dans le journalisme firent encore plus de tapage à Angoulême qu'à Paris.

Endormi dans une sécurité trompeuse, David chancela sur ses jambes en recevant de son beau-frère ce mot cruel.

« Mon cher David, j'ai négocié, chez Métivier, trois billets
» signés de toi, faits à mon ordre, à un, deux et trois mois
» d'échéance. Entre cette négociation et mon suicide, j'ai
» choisi cette horrible ressource qui, sans doute, te gênera
» beaucoup. Je t'expliquerai dans quelle nécessité je me
» trouve, et je tâcherai d'ailleurs de t'envoyer les fonds à
» l'échéance.

» Brûle ma lettre, ne dis rien à ma sœur ni à ma mère,
» car je t'avoue avoir compté sur ton héroïsme bien connu
» de

» Ton frère au désespoir,

» LUCIEN DE RUBEMPRÉ. »

— Ton pauvre frère, dit David à sa femme qui relevait alors de couches, est dans d'affreux embarras, je lui ai envoyé trois billets de mille francs, à un, deux et trois mois; prends-en note.

Puis il s'en alla dans les champs afin d'éviter les explications que sa femme allait lui demander. Mais, en commentant avec sa mère cette phrase pleine de malheurs, Ève, déjà très-inquiète du silence gardé par son frère depuis six mois, eut de si mauvais pressentiments que, pour les dissiper, elle se résolut à faire une de ces démarches conseillées par le désespoir. M. de Rastignac fils était venu passer quelques jours dans sa famille, et il avait parlé de Lucien en assez mauvais termes pour que ces nouvelles de Paris, commentées par toutes les bouches qui les avaient colportées, fussent arrivées jusqu'à la sœur et à la mère du journaliste. Ève alla chez madame de Rastignac, y sollicita la faveur d'une entrevue avec le fils, à qui elle fit part de toutes ses craintes, en lui demandant la vérité sur la situation de Lucien à Paris. En un moment, Ève apprit la liaison de son frère avec Coralie, son duel avec Michel Chrestien, causé par sa trahison envers d'Arthez, enfin toutes les circonstances de la vie de Lucien envenimées par un dandy spirituel qui sut donner à sa haine et à son envie les livrées de la pitié, la forme amicale du patriotisme alarmé sur l'avenir d'un grand homme et les couleurs d'une admiration sincère pour le talent d'un enfant d'Angoulême, si cruellement compromis. Il parla des fautes que Lucien avait commises et qui venaient de lui coûter la protection des plus hauts personnages, de faire déchirer une ordonnance qui lui conférait les armes et le nom de Rubempré.

— Madame, si votre frère eût été bien conseillé, il serait aujourd'hui dans la voie des honneurs et le mari de madame de Bargeton; mais que voulez-vous?... il l'a quittée, insultée! Elle est à son grand regret, devenue madame la comtesse Sixte du Châtelet, car elle aimait Lucien.

— Est-il possible?... s'écria madame Séchard.

Votre frère est un aiglon que les premiers rayons du luxe et de la gloire ont aveuglé. Quand un aigle tombe, qui peut savoir au fond de quel précipice il s'arrêtera? La chute d'un grand homme est toujours en raison de la hauteur à laquelle il est parvenu.

Ève revint épouvantée par cette dernière phrase qui lui traversa le cœur comme une flèche. Blessée dans les endroits les plus sensibles de son âme, elle garda chez elle le

plus profond silence; mais plus d'une larme roula sur les
joues et sur le front de l'enfant qu'elle nourrissait. Il est
si difficile de renoncer aux illusions que l'esprit de famille
autorise et qui naissent avec la vie, qu'Ève se défia d'Eu-
gène de Rastignac, elle voulut entendre la voix d'un véritable ami. Elle écrivit donc une lettre touchante à d'Arthez,
dont l'adresse lui avait été donnée par Lucien, au temps
où Lucien était enthousiaste du Cénacle, et voici la réponse
qu'elle reçut .

« Madame,

» Vous me demandez la vérité sur la vie que mène à
» Paris monsieur votre frère, vous voulez être éclairée sur
» son avenir; et, pour m'engager à vous répondre fran-
» chement vous me répétez ce que vous en a dit M. de
» Rastignac, en me demandant si de tels faits sont vrais.
» En ce qui me concerne, madame, il faut rectifier, à l'a-
» vantage de Lucien, les confidences de M. de Rastignac.
» Votre frère a éprouvé des remords, il est venu me mon-
» trer la critique de mon livre, en me disant qu'il ne
» pouvait se résoudre à la publier, malgré le danger que
» sa désobéissance aux ordres de son parti faisait courir à
» une personne bien chère. Hélas ! madame, la tâche d'un
» écrivain est de concevoir les passions, puisqu'il met sa
» gloire à les exprimer; j'ai donc compris qu'entre une
» maîtresse et un ami, l'ami devait être sacrifié. J'ai facilité
» son crime à votre frère, j'ai corrigé moi-même cet article
» *libellicide* et l'ai complétement approuvé. Vous me de-
» mandez si Lucien a conservé mon estime et mon amitié.
» Ici, la réponse est difficile à faire. Votre frère est dans
» une voie où il se perdra. En ce moment, je le plains en-
» core; bientôt, je l'aurai volontairement oublié, non pas
» tant à cause de ce qu'il a déjà fait que de ce qu'il doit

» faire. Votre Lucien est un homme de poésie et non un
» poète, il rêve et ne pense pas, il s'agite et ne crée pas.
» Enfin c'est, permettez-moi de le dire, une femmelette qui
» aime à paraître, le vice principal du Français. Ainsi Lu-
» cien sacrifiera toujours le meilleur de ses amis au plaisir
» de montrer son esprit. Il signerait volontiers demain un
» pacte avec le démon, si ce pacte lui donnait pour quel-
» ques années une vie brillante et luxueuse. N'a-t-il pas
» déjà fait pis en troquant son avenir contre les passagères
» délices de sa vie publique avec une actrice ? En ce mo-
» ment, la jeunesse, la beauté, le dévouement de cette
» femme, car il en est adoré, lui cachent les dangers d'une
» situation que ni la gloire, ni le succès, ni la fortune ne
» font accepter par le monde. Eh bien ! à chaque nouvelle
» séduction, votre frère ne verra, comme aujourd'hui, que
» les plaisirs du moment. Rassurez-vous, Lucien n'ira ja-
» mais jusqu'au crime, il n'en aurait pas la force ; mais il
» accepterait un crime tout fait, il en partagerait les profits
» sans en avoir partagé les dangers : ce qui semble horri-
» ble à tout le monde, même aux scélérats. Il se méprisera
» lui-même, il se repentira ; mais la nécessité revenant, il
» recommencerait ; car la volonté lui manque, il est sans
» force contre les amorces de la volupté, contre la satisfac-
» tion de ses moindres ambitions. Paresseux comme tous
» les hommes à poésie, il se croit habile en escamotant les
» difficultés au lieu de les vaincre. Il aura du courage à
» telle heure, mais à telle autre il sera lâche. Et il ne faut
» pas plus lui savoir gré de son courage que lui reprocher
» sa lâcheté. Lucien est une harpe dont les cordes se ten-
» dent ou s'amollissent au gré des variations de l'atmo-
» sphère. Il pourra faire un beau livre dans une phase de
» colère ou de bonheur, et ne pas être sensible au succès,
» après l'avoir cependant désiré. Dès les premiers jours de
» son arrivée à Paris, il est tombé dans la dépendance d'un
» jeune homme sans moralité, mais dont l'adresse et l'ex-

» périence au milieu des difficultés de la vie littéraire l'ont
» ébloui. Ce prestidigitateur a complétèment séduit Lucien,
» il l'a entraîné dans une existence sans dignité sur laquelle,
» malheureusement pour lui, l'amour a jeté ses prestiges.
» Trop facilement accordée, l'admiration est un signe de
» faiblesse : on ne doit pas payer en même monnaie un
• danseur de corde et un poëte. Nous avons été tous blessés
» de la préférence accordée à l'intrigue et à la friponnerie
» littéraire sur le courage et sur l'honneur de ceux qui
» conseillaient à Lucien d'accepter le combat au lieu de
» dérober le succès, de se jeter dans l'arène au lieu de se
» faire un des trompettes de l'orchestre. La société, ma-
» dame, est, par une bizarrerie singulière, pleine d'indul-
» gence pour les jeunes gens de cette nature; elle les aime,
» elle se laisse prendre aux beaux semblants de leurs dons
» extérieurs; d'eux, elle n'exige rien, elle excuse toutes
» leurs fautes, elle leur accorde les bénéfices des natures
» complètes en ne voulant voir que leurs avantages, elle en
» fait enfin ses enfants gâtés. Au contraire, elle est d'une
» sévérité sans bornes pour les natures fortes et complètes.
» Dans cette conduite, la société, si violemment injuste en
» apparence, est peut-être sublime. Elle s'amuse des bouf-
» fons sans leur demander autre chose que du plaisir, et
» les oublie promptement; tandis que pour plier le genou
» devant la grandeur, elle lui demande de divines magni-
« ficences. A chaque chose, sa loi : l'éternel diamant doit
» être sans tache, la création momentanée de la mode a le
» droit d'être légère, bizarre et sans consistance. Aussi,
» malgré ses erreurs, peut-être Lucien réussira-t-il à mer-
» veille, il lui suffira de profiter de quelque veine heu-
» reuse ou de se trouver en bonne compagnie; mais s'il
» rencontre un mauvais ange, il ira jusqu'au fond de l'enfer.
» C'est un brillant assemblage de belles qualités brodées
» sur un fond trop léger; l'âge emporte les fleurs, il ne
» reste un jour que le tissu : et, s'il est mauvais, on y voit

» un haillon. Tant que Lucien sera jeune, il plaira ; mais à
» trente ans, dans quelle position sera-t-il ? Telle est la
» question que doivent se faire ceux qui l'aiment sincère-
» ment. Si j'eusse été seul à penser ainsi de Lucien, peut-
» être aurais-je évité de vous donner tant de chagrin par
» ma sincérité ; mais outre qu'éluder par des banalités les
» questions posées par votre sollicitude me semblait indi-
» gne de vous dont la lettre est un cri d'angoisse, et de moi
» dont vous faites trop d'estime, ceux de mes amis qui ont
» connu Lucien sont unanimes en ce jugement : j'ai donc
» vu l'accomplissement d'un devoir dans la manifestation
» de la vérité, quelque terrible qu'elle soit. On peut tout
» attendre de Lucien en bien comme en mal. Telle est notre
» pensée, en un seul mot, où se résume cette lettre. Si
» les hasards de sa vie, maintenant bien misérable, bien
» chanceuse, ramenaient ce poëte vers vous, usez de toute
» votre influence pour le garder au sein de sa famille ; car
» jusqu'à ce que son caractère ait pris de la fermeté, Paris
» sera toujours dangereux pour lui. Il vous appelait, vous
» et votre mari, ses anges gardiens, et il vous a sans doute
» oubliés ; mais il se souviendra de vous au moment où,
» battu par la tempête, il n'aura plus que sa famille pour
» asile ; gardez-lui donc votre cœur, madame, il en aura
» besoin.

  » Agréez, madame, les sincères hommages d'un homme
» à qui vos précieuses qualités sont connues, et qui respecte
» trop vos maternelles inquiétudes pour ne pas vous offrir
» ici ses obéissances en se disant

                » Votre dévoué serviteur,

                    » D'ARTHÈS. »

Deux jours après avoir lu cette réponse, Ève fut obligée
de prendre une nourrice, son lait tarissait. Après avoir

fait un dieu de son frère, elle le voyait dépravé par l'exercice des plus belles facultés ; enfin, pour elle, il roulait dans la boue. Cette noble créature ne savait pas transiger avec la probité, avec la délicatesse, avec toutes les religions domestiques cultivées au foyer de la famille, encore si pur, si rayonnant au fond de la province. David avait donc eu raison dans ses prévisions. Quand le chagrin, qui mettait sur son front si blanc des teintes de plomb, fut confié par Ève à son mari dans une de ces limpides conversations où le ménage de deux amants peut tout se dire, David fit entendre de consolantes paroles. Quoiqu'il eût les larmes aux yeux en voyant le beau sein de sa femme tari par la douleur, et cette mère au désespoir de ne pouvoir accomplir son œuvre maternelle, il rassura sa femme en lui donnant quelques espérances.

— Vois-tu, mon enfant, ton frère a péché par l'imagination. Il est si naturel à un poëte de vouloir sa robe de pourpre et d'azur, il court avec tant d'empressement aux fêtes ! Cet oiseau se prend à l'éclat, au luxe, avec tant de bonne foi que Dieu l'excuse là où la société le comdamne !

— Mais il nous tue !... s'écria la pauvre femme.

— Il nous tue aujourd'hui comme il nous sauvait il y a quelques mois en nous envoyant les prémices de son gain ! répondit le bon David qui eut l'esprit de comprendre que le désespoir menait sa femme au delà des bornes et qu'elle reviendrait bientôt à son amour pour Lucien. Mercier disait dans son *Tableau de Paris,* il y a environ cinquante ans, que la littérature, la poésie, les lettres et les sciences, que les créations du cerveau ne pouvaient jamais nourrir un homme ; et Lucien en sa qualité de poëte, n'a pas cru à l'expérience de cinq siècles. Les moissons arrosées d'encre ne se font (quand elles se font) que dix ou douze ans après les semailles, et Lucien a pris l'herbe pour la gerbe. Il aura du moins appris la vie. Après avoir été la dupe d'une femme, il devait être la dupe du monde et des fausses amitiés. L'expérience qu'il a gagnée est chèrement payée, voilà tout. Nos ancêtres disaient : Pourvu qu'un fils de famille revienne avec ses deux oreilles et l'honneur sauf, tout est bien...

— L'honneur !... s'écria la pauvre Ève. Hélas ! à combien de vertus Lucien a-t-il manqué !... Écrire contre sa conscience ! Attaquer son meilleur ami !... Accepter l'argent d'une actrice !... Se montrer avec elle ! Nous mettre sur la paille !...

— Oh ! cela n'est rien... s'écria David qui s'arrêta.

Le secret du faux commis par son beau-frère allait lui échapper, et malheureusement Ève, en s'apercevant de ce mouvement, conserva de vagues inquiétudes.

— Comment rien, répondit-elle. Et où prendrons-nous de quoi payer trois mille francs ?

— D'abord, reprit David, nous allons avoir à renouveler le bail de l'exploitation de notre imprimerie avec Gérizet. Depuis six mois les quinze pour cent que les Cointet lui allouent sur les travaux faits pour eux lui ont donné six cents francs, et il a su gagner cinq cents franc avec des ouvrages de ville.

— Si les Cointet savent cela, peut-être ne recommenceront-ils pas le bail ; ils auront peur de lui, dit Ève, car Gérizet est un homme dangereux.

— Eh ! que m'importe ! s'écria Séchard, dans quelques jours nous serons riches ! Une fois Lucien riche, mon ange, il n'aura que des vertus...

— Ah ! David, mon ami, mon ami, quel mot viens-tu de laisser échapper ! En proie à la misère, Lucien serait donc sans force contre le mal ! Tu penses de lui tout ce qu'en pense M. d'Arthès ! Il n'y a pas de supériorité sans force, et Lucien est faible... Un ange qu'il ne faut pas tenter, qu'est-ce ?...

— Eh ! c'est une nature qui n'est belle que dans son milieu, dans sa sphère, dans son ciel... Lucien n'est pas fait

pour lutter, je lui épargnerai la lutte. Tiens, vois! je suis
trop près du résultat pour ne pas t'initier aux moyens. Il
sortit de sa poche plusieurs feuillets de papier blanc de la
grandeur d'un in-octavo, les brandit victorieusement et les
apporta sur les genoux de sa femme. — Une rame de
papier, format grand raisin, ne coûtera pas plus de cinq
francs, dit-il en faisant manier les échantillons à Ève, qui
laissa voir une surprise enfantine.

— Eh bien, comment as-tu fait ces essais? dit-elle.

— Avec un vieux tamis en crin que j'ai pris à Marion
répondit-il.

— Tu n'es donc pas encore content ? demanda-t-elle.

— La question n'est pas dans la fabrication, elle est dans
le prix de revient de la pâte. Hélas! mon enfant, je ne suis
qu'un des derniers entrés dans cette voie difficile. Madame
Masson, dès 1794, essayait de convertir les papiers imprimés en papier blanc; elle a réussi, mais à quel prix! En
Angleterre, vers 1800, le marquis de Salisbury tentait, en
même temps que Séguin en 1801, en France, d'employer
la paille à la fabrication du papier. Notre roseau commun,
l'arundo phragmitis, a fourni les feuilles de papier que tu
tiens. Mais je vais employer les orties, les chardons ; car
pour maintenir le bon marché de la matière première, il
faut s'adresser à des substances végétales qui puissent venir
dans les marécages et dans les mauvais terrains : elles
seront à vil prix. Le secret gît tout entier dans une préparation à donner à ces tiges. En ce moment mon procédé
n'est pas encore assez simple. Eh bien, malgré cette difficulté, je suis sûr de donner à la papeterie française le
privilège dont jouit notre littérature, en faire un monopole
pour notre pays, comme les Anglais ont celui du fer, de la
houille ou des poteries communes. Je veux être le Jacquart
de la papeterie.

Ève se leva, mue par un enthousiasme et par une admiration que la simplicité de David excitait; elle ouvrit ses

bras et le serra sur son cœur en penchant sa tête sur son épaule.

— Tu me récompenses comme si j'avais déjà trouvé, lui dit-il.

Pour toute réponse, Ève montra sa belle figure tout inondée de larmes, et resta pendant un moment sans pouvoir parler.

— Je n'embrasse pas l'homme de génie, dit-elle, mais le consolateur ! A une gloire tombée tu m'opposes une gloire qui s'élève. Aux chagrins que me cause l'abaissement d'un frère tu opposes la grandeur du mari... Oui, tu seras grand comme les Graindorge, les Rouvet, les van Robais, comme le Persan qui nous a donné la garance, comme tous ces hommes dont tu m'as parlé, dont les noms restent obscurs, parce qu'en perfectionnant une industrie ils ont fait le bien sans éclat.

— Que font-ils à cette heure ?... disait Boniface.

Le grand Cointet se promenait sur la place du Mûrier avec Cérizet en examinant les ombres de la femme et du mari qui se dessinaient sur les rideaux de mousseline ; car il venait causer tous les jours à minuit avec Cérizet, chargé de surveiller les moindres démarches de son ancien patron.

— Il lui montre, sans doute, les papiers qu'il a fabriqués ce matin, répondit Cérizet.

— De quelles substances s'est-il servi ? demanda le fabricant de papier.

— Impossible de deviner, répondit Cérizet, j'ai troué le toit, j'ai grimpé dessus, et j'ai vu mon Naïf, pendant la nuit dernière, faisant bouillir sa pâte dans la bassine en cuivre ; j'ai eu beau examiner ses approvisionnements amoncelés dans un coin, tout ce que j'ai pu remarquer, c'est que les matières premières ressemblent à des tas de filasse...

— N'allez pas plus loin, dit Boniface Cointet d'une voix

pateline à son espion, ce serait improbe !... Madame Séchard vous proposera de renouveler votre bail dans l'exploitation de l'imprimerie, dites que vous voulez vous faire imprimeur, offrez la moitié de ce que valent le brevet et le matériel, et si l'on y consentait, venez me trouver. En tout cas, traînez en longueur... Ils sont sans argent.

— Sans un sou ! dit Cérizet.

— Sans un sou, répéta le grand Cointet. — Ils sont a moi, se dit-il.

La maison Métivier et la maison Cointet frères joignaient la qualité de banquiers à leur métier de commissionnaires en papeterie, et de papetiers-imprimeurs; titre pour lequel ils se gardaient bien d'ailleurs de payer patente. Le fisc n'a pas encore trouvé le moyen de contrôler les affaires commerciales au point de forcer tous ceux qui font subrepticement la banque à prendre patente de banquier, laquelle à Paris, par exemple, coûte cinq cents francs. Mais les frères Cointet et Métivier, pour être ce qu'on appelle à la Bourse des *marrons*, n'en remuaient pas moins entre eux quelques centaines de mille francs par trimestre sur les places de Paris, de Bordeaux et d'Angoulême. Or, dans la soirée même, la maison Cointet frères avait reçu de Paris les trois mille francs d'effets faux fabriqués par Lucien. Le grand Cointet avait aussitôt bâti sur cette dette une formidable machine dirigée, comme on va le voir, contre le patient et pauvre inventeur.

Le lendemain, à sept heures du matin, Boniface Cointet se promenait le long de la prise d'eau qui alimentait sa vaste papeterie, et dont le bruit couvrait celui des paroles. Il y attendait un jeune homme, âgé de vingt-neuf ans, depuis six semaines avoué près le tribunal de première instance d'Angoulême, et nommé Pierre Petit-Claud.

— Vous étiez au collége d'Angoulême en même temps que David Séchard ? dit le grand Cointet en saluant le jeune avoué qui se gardait bien de manquer à l'appel du riche fabricant

— Oui, monsieur, répondit Petit-Claud en se mettant au pas du grand Cointet.

— Avez-vous renouvelé reconnaisance ?

— Nous nous sommes rencontrés deux fois tout au plus depuis son retour. Il ne pouvait pas en être autrement : j'étais enfoui dans l'étude ou au palais les jours ordinaires; et, le dimanche ou les jours de fête, je travaillais à compléter mon instruction, car j'attendais tout de moi-même...

Le grand Cointet hocha la tête, en signe d'approbation.

— Quand David et moi nous nous sommes revus, il m'a demandé ce que je devenais. Je lui ai dit qu'après avoir fait mon droit à Poitiers, j'étais devenu premier clerc de maitre Olivet, et que j'espérais un jour ou l'autre traiter de cette charge... Je connaissais beaucoup plus Lucien Chardon, qui se fait maintenant appeler de Rubempré, l'amant de madame de Bargeton, notre grand poëte, enfin le beau-frère de David Séchard.

— Vous pouvez alors aller annoncer à David votre nomination et lui offrir vos services, dit le grand Cointet.

— Cela ne se fait pas, répondit le jeune avoué.

— Il n'a jamais eu de procès, il n'a pas d'avoué, cela peut se faire, répondit Cointet qui toisait à l'abri de ses lunettes le petit avoué.

Fils d'un tailleur de l'Houmeau, dédaigné par ses camarades de collége, Pierre Petit-Claud paraissait avoir une certaine portion de fiel extravasée dans le sang. Son visage offrait une de ces colorations à teintes sales et brouillées qui accusent d'anciennes maladies, les veilles de la misère, et presque toujours des sentiments mauvais. Le style familier de la conversation fournit une expression qui peut peindre ce garçon en deux mots : il était cassant et pointu. Sa voix fêlée s'harmoniait à l'aigreur de sa face, à son air

grêle, et à la couleur indécise de son œil de pie. L'œil de
pie est, suivant une observation de Napoléon, un indice
d'improbité. — Regardez un tel, disait-il à Las-Cases à
Sainte-Hélène en lui parlant d'un de ses confidents qu'il
fut forcé de renvoyer pour cause de malversations, je ne
sais pas comment j'ai pu m'y tromper si longtemps, il a
l'œil d'une pie. — Aussi, quand le grand Cointet eut bien
examiné ce petit avoué maigrelet, piqué de petite vérole, à
cheveux rares, dont le front et le crâne se confondaient
déjà, quand il le vit faisant déja poser à sa délicatesse le
poing sur la hanche, se dit-il : — Voilà mon homme. En
effet, Petit-Claud, abreuvé de dédains, dévoré par une cor-
rosive envie de parvenir, avait eu l'audace, quoique sans
fortune, d'acheter la charge de son patron trente mille
francs, en comptant sur un mariage pour se libérer; et, suivant l'usage, il comptait sur son patron pour lui trouver
une femme, car le prédécesseur a toujours intérêt à marier
son successeur, pour se faire payer sa charge. Petit-Claud
comptait encore plus sur lui-même, car il ne manquait pas
d'une centaine supériorité, rare en province, mais dont le
principe était dans sa haine. Grande haine, grands efforts.

— Il se trouve une grande différence entre les avoués
de Paris et les avoués de province, et le grand Cointet
était trop habile pour ne pas mettre à profit les petites
passions auxquelles obéissent ces petits avoués. A Paris,
un avoué remarquable, et il y en a beaucoup, comporte un peu des qualités qui distinguent le diplomate :
le nombre des affaires, la grandeur des intérêts, l'étendue
des questions qui lui sont confiées, le dispensent de voir
dans la procédure un moyen de fortune. Arme offensive,
ou défensive, la procédure n'est plus pour lui, comme
autrefois, un objet de lucre. En province, au contraire,
les avoués cultivent ce qu'on appelle dans les études de
Paris la *Broutille*, cette foule de petits actes qui surchar-
gent les mémoires de frais et consomment du papier tim-

bré. Ces bagatelles occupent l'avoué de province, il voit
des frais à faire là où l'avoué de Paris ne se préoccupe
que des honoraires. L'honoraire est ce que le client doit,
en sus des frais, à son avoué pour la conduite plus ou
moins habile de son affaire. Le fisc est pour moitié dans
les frais, tandis que les honoraires sont tout entiers pour
l'avoué. Disons-le hardiment! Les honoraires payés sont
rarement en harmonie avec les honoraires démandés et
dus pour les services que rend un bon avoué. Les avoués,
les médecins et les avocats de Paris sont, comme les courtisanes avec leurs amants d'occasion, excessivement en
garde contre la reconnaissance de leur clients. Le client,
avant et après l'affaire, pourrait faire deux admirables tableaux de genre, dignes de Meissonnier, et qui seraient
sans doute enchéris par des avoués honoraires. Il existe
entre l'avoué de Paris et l'avoué de province une autre
différence. L'avoué de Paris plaide rarement, il parle quelquefois au tribunal dans les référés ; mais, en 1822, dans
la plupart des départements (depuis, l'avocat a pullulé), les
avoués étaient avocats et plaidaient eux-mêmes leurs causes.
De cette double vie, il résulte un double travail qui donne
à l'avoué de province les vices intellectuels de l'avocat,
sans lui ôter les pesantes obligations de l'avoué. L'avoué
de province devient bavard et perd cette lucidité de jugement, si nécessaire à la conduite des affaires. En se dédou-
blant ainsi, un homme supérieur trouve souvent en lui-
même deux hommes médiocres. A Paris, l'avoué ne se
dépensant point en paroles au tribunal, ne plaidant pas
souvent le pour et le contre, peut conserver de la recti-
tude dans les idées. S'il dispose la balistique du droit, s'il
fouille dans l'arsenal des moyens que présentent les contradictions de jusrisprudence, il garde sa conviction sur
l'affaire à laquelle il s'efforce de préparer un triomphe.
En un mot, la pensée grise beaucoup moins que la parole.
A force de parler, un homme finit par croire à ce qu'il dit ;

tandis qu'on peut agir contre sa pensée sans la vicier, et
faire gagner un mauvais procès sans soutenir qu'il est bon,
comme le fait l'avocat plaidant. Aussi le vieil avoué de Paris peut-il faire, beaucoup mieux qu'un vieil avocat, un
bon juge. Un avoué de province a donc bien des raisons
d'être un homme médiocre : il épouse de petites passions,
il mène de petites affaires, il vit en faisant des frais, il
abuse du Code de procédure, et il plaide ! En un mot, il a
beaucoup d'infirmités. Aussi, quand il se rencontre parmi
les avoués de province un homme remarquable, est-il vraiment supérieur !

— Je croyais, monsieur, que vous m'aviez mandé pour
vos affaires, répondit Petit-Claud en faisant de cette observation une épigramme par le regard qu'il lança sur les
impénétrables lunettes du grand Cointet.

— Pas d'ambages, répliqua Boniface Cointet. Écoutez-
moi...

Après ce mot, gros de confidences, Cointet alla s'asseoir
sur un banc en invitant Petit-Claud à l'imiter.

— Quand monsieur du Hautoy passa par Angoulême en
1804 pour aller à Valence en qualité de consul, il y connut
madame de Sénonches, alors mademoiselle Zéphirine, et
il en eut une fille, dit Cointet tout bas à l'oreille de son
interlocuteur... Oui, reprit-il en voyant faire un haut-le-
corps à Petit-Claud, le mariage de mademoiselle Zéphirine
avec monsieur de Sénonches a suivi promptement cet accouchement clandestin. Cette fille, élevée à la campagne
chez ma mère, est mademoiselle Françoise de La Haye,
dont prend soin madame de Sénonches qui, selon l'usage,
est sa marraine. Comme ma mère, fermière de la vieille
madame de Cardanet, la grand'mère de mademoiselle Zéphirine, avait le secret de l'unique héritière des Cardanet
et des Sénonches de la branche aînée, on m'a chargé de
faire valoir la petite somme que monsieur Francis du Hautoy destina dans le temps à sa fille. Ma fortune s'est faite

avec ses dix mille francs, qui se montent à trente mille
francs aujourd'hui. Madame de Sénonches donnera bien le
trousseau, l'argenterie et quelque mobilier à sa pupille;
moi, je puis vous faire avoir la fille, mon garçon, dit Cointet en frappant sur le genou de Petit-Claud. En épousant
Françoise de La Haye, vous augmenterez votre clientèle
de celle d'une grande partie de l'aristocratie d'Angoulême.
Cette alliance, par la main gauche, vous ouvre un avenir
magnifique... La position d'un avocat-avoué paraîtra suffisante : on ne veut pas mieux, je le sais.

— Que faut-il faire?... dit avidement Petit-Claud, car
vous avez maître Cachan pour avoué...

— Aussi ne quitterai-je pas brusquement Cachan pour
vous; vous n'aurez ma clientèle que plus tard, dit finement le grand Cointet. Ce qu'il faut faire, mon ami? eh!
mais les affaires de David Séchard. Ce pauvre diable a
mille écus de billets à nous payer, il ne les payera pas,
vous le défendrez contre les poursuites de manière à faire
énormément de frais... Soyez sans inquiétude, marchez,
entassez les incidents. Doublon, mon huissier, qui sera
chargé de l'actionner, sous la direction de Cachan, n'ira
pas de main morte... A bon écouteur, un mot suffit. Maintenant, jeune homme?...

Il se fit une pause éloquente pendant laquelle ces deux
hommes se regardèrent.

— Nous ne nous sommes jamais vus, reprit Cointet, je
ne vous ai rien dit, vous ne savez rien de monsieur du
Hautoy, ni de madame de Sénonches, ni de mademoiselle
de La Haye; seulement, quand il en sera temps, dans deux
mois, vous demanderez cette jeune personne en mariage.
Quand nous aurons à nous voir, vous viendrez ici, le soir.
N'écrivons point.

— Vous voulez donc ruiner Séchard? demanda Petit-
Claud.

— Pas tout à fait ; mais il faut le tenir pendant quelque temps en prison...

— Et dans quel but ?...

— Me croyez-vous assez niais pour vous le dire ? si vous avez l'esprit de le deviner, vous aurez celui de vous taire.

— Le père Séchard est riche, dit Petit-Claud en entrant déjà dans les idées de Boniface et apercevant une cause d'insuccès.

— Tant que le père vivra, il ne donnera pas un liard à son fils, et cet ex-typographe n'a pas encore envie de faire tirer son billet de mort...

— C'est entendu ! dit Petit-Claud, qui se décida promptement. Je ne vous demande pas de garanties, je suis avoué ; si j'étais joué, nous aurions à compter ensemble.

— Le drôle ira loin, pensa Cointet en saluant Petit-Claud.

Le lendemain de cette conférence, le 30 avril, les frères Cointet firent présenter le premier des trois billets fabriqués par Lucien. Par malheur, l'effet fut remis à la pauvre madame Séchard, qui, en reconnaissant l'imitation de la signature de son mari par Lucien, appela David et lui dit à brûle-pourpoint : — Tu n'as pas signé ce billet ?...

— Non ! lui dit-il. Ton frère était si pressé, qu'il a signé pour moi...

Ève rendit le billet au garçon de caisse de la maison Cointet frères en lui disant : — Nous ne sommes pas en mesure.

Puis, en se sentant défaillir, elle monta dans sa chambre, où David la suivit.

— Mon ami, dit Ève à Séchard d'une voix mourante, cours chez messieurs Cointet, ils auront des égards pour toi ; prie-les d'attendre ; et d'ailleurs fais-leur observer qu'au renouvellement du bail de Cérizet ils te devront mille francs.

David alla sur-le-champ chez ses ennemis. Un prote peut toujours devenir imprimeur, mais il n'y a pas toujours un négociant chez un habile typographe ; aussi David, qui connaissait peu les affaires, resta-t-il court devant le grand Cointet lorsque, après lui avoir, la gorge serrée et le cœur palpitant, assez mal débité ses excuses et formulé sa requête, il en reçut cette réponse : — Ceci ne nous regarde en rien, nous tenons le billet de Métivier, Métivier nous payera. Adressez-vous à monsieur Métivier.

— Oh ! dit Ève en apprenant cette réponse, du moment où le billet retourne à monsieur Métivier, nous pouvons être tranquilles.

Le lendemain, Victor-Ange-Herménégilde Doublon, huissier de messieurs Cointet, fit le protêt à deux heures, heure où la place du Mûrier est pleine de monde; et malgré le soin qu'il eut de causer sur la porte de l'allée avec Marion et Kolb, le protêt n'en fut pas moins connu de tout le commerce d'Angoulême dans la soirée. D'ailleurs, les formes hypocrites de maître Doublon, à qui le grand Cointet avait recommandé les plus grands égards, pouvaient-elles sauver Ève et David de l'ignominie commerciale qui résulte d'une suspension de payement? qu'on en juge! Ici, les longueurs vont paraître trop courtes. Quatre-ving-dix lecteurs sur cent seront affriolés par les détails suivants comme par la nouveauté la plus piquante. Ainsi sera prouvée encore une fois la vérité de cet axiome :

Il n'y a rien de moins connu que ce que tout le monde doit savoir, LA LOI!

Certes, à l'immense majorité des Français, le mécanisme d'un des rouages de la Banque, bien décrit, offrira l'intérêt d'un chapitre de voyage dans un pays étranger. Lorsqu'un négociant envoie de la ville où il a son établissement un de ses billets à une personne demeurant dans une autre ville, comme David était censé l'avoir fait pour obliger Lucien, il change l'opération si simple, d'un effet souscrit entre négociants de la même ville pour affaires de commerce, en quelque chose qui ressemble à la lettre de change tirée d'une place sur une autre. Ainsi, en prenant les trois effets à Lucien, Métivier était obligé, pour en toucher le montant, de les envoyer à messieurs Cointet frères, ses correspondants. De là une première perte pour Lucien, désignée sous le nom de *commission pour change de place*, et qui s'était traduite par un tant pour cent rabattu sur chaque effet, outre l'escompte. Les effets Séchard avaient donc passé dans la catégorie des affaires de banque. Vous ne sauriez croire à quel point la qualité de banquier, jointe au titre auguste de créancier, change la condition du débiteur. Ainsi, *en banque* (saisissez bien cette expression !) dès qu'un effet transmis de la place de Paris à la place d'Angoulême est impayé, les banquiers se doivent à eux-mêmes de s'adresser ce que la loi nomme un *compte de retour*. Calembour à part, jamais les romanciers n'ont inventé de conte plus invraisemblable que celui-là ; car voici les ingénieuses plaisanteries à la Mascarille qu'un certain article du Code de commerce autorise, et dont l'explication vous démontrera combien d'atrocités se cachent sous ce mot terrible : *la légalité !*

Dès que maître Doublon eut fait enregistrer son protêt, il l'apporta lui-même à messieurs Cointet frères. L'huissier était en compte avec ces loups-cerviers d'Angoulême, et leur faisait un crédit de six mois que le grand Cointet menait à un an par la manière dont il le soldait, tout en disant de mois en mois, à ce sous-loup-cervier : — Doublon, vous faut-il de l'argent ? Ce n'est pas tout encore ! Doublon, favorisait d'une remise cette puissante maison qui gagnait ainsi quelque chose sur chaque acte, un rien, une misère, un franc cinquante centimes sur un protêt !... Le grand Cointet se mit à son bureau tranquillement, y prit un petit carré de papier timbré de trente-cinq centimes tout en causant avec Doublon, de manière à savoir de lui des renseignements sur l'état vrai des commerçants.

— Eh bien, êtes-vous content du petit Gannerac?...

— Il ne va pas mal. Dame! un roulage...

— Ah! le fait est qu'il a du tirage! On m'a dit que sa femme lui causait beaucoup de dépenses...

— A lui? s'écria Doublon d'un air narquois.

Et le loup-cervier, qui venait d'achever de régler son papier, écrivit en ronde le sinistre intitulé sous lequel il dressa le compte suivant. (Sic!)

COMPTE DE RETOUR ET FRAIS.

A un effet de MILLE FRANCS, *daté d'Angoulême le dix février mil huit cent vingt-deux, souscrit par* SÉCHARD FILS, *à l'ordre de* LUCIEN CHARDON dit DE RUBEMPRÉ, *passé à l'ordre de* MÉTIVIER, *et à notre ordre, échu le trente avril dernier, protesté par* DOUBLON, *huissier, le premier mai mil huit cent vingt-deux.*

Principal	1,000	
Protêt.	12	35
Commission à un demi pour cent	5	»
Commission de courtage d'un quart pour cent.	2	50
Timbre de notre retraite et du présent . . .	1	35
Intérêts et ports de lettres	3	»
	1,024	10
Change de place à un et un quart pour cent sur 1,024 20.	13	45
	1,037	45

Mille trente-sept francs quarante-cinq centimes, de laquelle somme nous nous remboursons en notre traité à vue sur monsieur Métivier, rue Serpente, à Paris, à l'ordre de monsieur Gannerac de l'Houmeau.

Angoulême, le deux mai mil huit cent vingt-deux,

COINTET frères.

Au bas de ce petit mémoire, fait avec toute l'habitude
d'un praticien, car il causait toujours avec Doublon, le
grand Cointet écrivit la déclaration suivante :

« *Nous, soussignés, Postel maître pharmacien à l'Houmeau, et Gannerac, commissionnaire en roulage, négociants
en cette ville, certifions que le change de notre place sur Paris est de un et un quart pour cent.*

> *Angoulême, le trois mai mil huit cent vingt-deux.* »

— Tenez, Doublon, faites-moi le plaisir d'aller chez Postel et chez Gannerac, les prier de signer cette déclaration,
et rapportez-la-moi demain matin.

Et Doublon, au fait de ces instruments de torture, s'en
alla, comme s'il se fût agi de la chose la plus simple. Évidemment le protêt aurait été remis, comme à Paris, sous
enveloppe, tout Angoulême devait être instruit de l'état
malheureux dans lequel étaient les affaires de ce pauvre
Séchard. Et de combien d'accusations son apathie ne fut-
elle pas l'objet ! les uns le disaient perdu par l'amour excessif qu'il portait à sa femme : les autres l'accusaient de
trop d'affection pour son beau-frère. Et quelles atroces
conclusions chacun ne tirait-il pas de ces prémisses ? On ne
devait jamais épouser les intérêts de ses proches ! On ap-
prouvait la dureté du père Séchard envers son fils, on l'admirait !

Maintenant, vous tous qui, par des raisons quelconques,
oubliez de *faire honneur à vos engagements*, examinez bien
les procédés, parfaitement légaux, par lesquels, en dix minutes, on fait, en banque, rapporter vingt huit francs d'intérêt à un capital de mille francs ?

Le premier article de *ce compte de retour* en est la seule
chose incontestable.

Le deuxième article contient la part du fisc et de l'huissier. Les six francs que perçoit le domaine, en enregistrant le chagrin du débiteur et fournissant le papier timbré, feront vivre l'abus encore pendant longtemps ! Vous savez, d'ailleurs, que cet article donne un bénéfice d'un franc cinquante centimes au banquier à cause de la remise faite par Doublon.

La commission d'un demi pour cent, objet du troisième article, est prise sous ce prétexte ingénieux, que ne pas recevoir son payement équivaut, en banque, à escompter un effet. Quoique ce soit absolument le contraire, rien de plus semblable que de donner mille francs ou de ne pas les encaisser. Quiconque a présenté des effets à l'escompte, sait, qu'outre les six pour cent dus légalement, l'escompteur prélève, sous l'humble nom de commission, un tant pour cent qui représente les intérêts que lui donne, au-dessus du taux légal, le génie avec lequel il fait valoir ses fonds. Plus il peut gagner d'argent, plus il vous en demande. Aussi faut-il escompter chez les sots, c'est moins cher. Mais en banque y a-t-il des sots ?...

La loi oblige le banquier à faire certifier par un agent de change le taux de change. Dans les places assez malheureuses pour ne pas avoir de Bourse, l'agent de change est suppléé par deux négociants. La commission dite de courtage due à l'agent est fixée à un quart pour cent de la somme exprimée dans l'effet protesté. L'usage s'est introduit de compter cette commission comme donnée aux négociants qui remplacent l'agent, et le banquier la met tout simplement dans sa caisse. De là le troisième article de ce charmant compte.

Le quatrième article comprend le coût du carré de papier timbré sur lequel est rédigé le *compte de retour* et celui du timbre de ce qu'on appelle si ingénieusement la retraite, c'est-à-dire la nouvelle traite tirée par le banquier sur son confrère, pour se rembourser.

Le cinquième article comprend le prix des ports de lettres et les intérêts légaux de la somme pendant tout le temps qu'elle peut manquer dans la caisse du banquier.

Enfin le change de place, l'objet même de la banque, est ce qu'il en coûte, pour se faire payer d'une place à l'autre.

Maintenant épluchez ce compte, où selon la manière de supputer du Polichinelle de la chanson napolitaine si bien jouée par Lablache, quinze et cinq font vingt-deux ! Évidemment la signature de M. Postel et Gannerac était une affaire de complaisance : les Cointet certifiaient au besoin pour Gannerac ce que Gannerac certifiait pour les Cointet. C'est la mise en pratique de ce proverbe connu : *Passez-moi la rhubarbe, je vous passerai le séné.* Messieurs Cointet frères, se trouvant en compte courant avec Métivier, n'avaient pas besoin de faire traite. Entre eux, un effet retourné ne produisait qu'une ligne de plus au *crédit* ou au *débit*.

Ce compte fantastique se réduisait donc en réalité à mille francs dus, au protêt de treize francs, et à un demi pour cent d'intérêt pour un mois de retard, en tout peut-être mille dix-huit francs.

Si une grande maison de banque a tous les jours, en moyenne, un *compte de retour* sur une valeur de mille francs, elle touche tous les jours vingt-huit francs par la grâce de Dieu et les constitutions de la banque, royauté formidable inventée par les juifs au douzième siècle, et qui domine aujourd'hui les trônes et les peuples. En d'autres termes, mille francs rapportent alors à cette maison vingt-huit francs par jour ou dix mille deux cent vingt francs par an. Triplez la moyenne des *comptes de retour*, et vous a percevrez un revenu de trente mille francs, donné par ces capitaux fictifs. Aussi rien de plus amoureusement cultivé que les *comptes de retour*. David Séchard serait venu payer son effet le trois mai, ou le lendemain même du protêt, messieurs Cointet frère lui eussent dit : — Nous avons re-

tourné votre effet à monsieur Métivier? quand même l'effet
se fût encore trouvé sur leur bureau. Le *compte de retour*
est acquis le soir même du protêt. Ceci, dans le langage de
la banque de province, s'appelle : *faire suer les écus*. Les
seuls ports de lettres produisent quelque vingt mille francs
à la maison Keller qui correspond avec le monde entier, et
les *comptes de retour* payent la loge aux Italiens, la voiture
et la toilette de madame la baronne de Nucingen. Le *port
de lettre* est un abus d'autant plus effroyable que les banquiers s'occupent de dix affaires semblables en dix lignes
d'une lettre. Chose étrange ! le fisc a sa part dans cette
prime arrachée au malheur, et le trésor public s'enfle
ainsi des infortunes commerciales. Quant à la banque, elle
jette au débiteur, du haut de ses comptoirs, cette parole
pleine de raison : — Pourquoi n'êtes-vous pas en mesure ?
à laquelle malheureusement on ne peut rien répondre.
Ainsi le *compte de retour* est un conte plein de de fictions
terribles pour lequel les débiteurs, qui réfléchiront sur
cette page instructive, éprouveront désormais un effroi
salutaire.

Le quatre mai, Métivier reçut de MM. Cointet frères le
compte de retour avec un ordre de poursuivre à outrance
à Paris M. Lucien Chardon dit de Rubempré.

Quelques jours après, Ève reçut en réponse à la lettre
qu'elle écrivit à M. Métivier, le petit mot suivant, qui la
rassura complétement.

« A MONSIEUR SÉCHARD FILS, IMPRIMEUR A ANGOULÊME.

» J'ai reçu en son temps votre estimée du 5 courant.
» J'ai compris, d'après vos explications relativement à l'ef-
» fet impayé du 30 avril dernier, que vous aviez obligé
» votre beau-frère, M. de Rubempré, qui fait assez de
» dépenses pour que ce soit vous rendre service que de

» le contraindre à payer; il est dans une situation à ne pas
» se laisser longtemps poursuivre. Si votre honoré beau-
» frère ne payait point, je ferais fond sur la loyauté de
» votre vieille maison, et me dis comme troujours,

» Votre dévoué serviteur,

» MÉTIVIER. »

— Eh bien ! dit Ève à David, mon frère saura par cette
poursuite que nous n'avons pas pu payer.

Quel changement cette parole n'annonçait-elle pas chez
Ève ? L'amour grandissant que lui inspirait le caractère de
David, de mieux en mieux connu, prenait dans son cœur
la place de l'affection fraternelle. Mais à combien d'illusions
ne disait-elle pas adieu ?

Voyons maintenant tout le chemin que fit le *compte de
retour* sur la place de Paris ? Un tiers-porteur, nem commercial de celui qui possède un effet par transmission, est
libre, aux termes de la loi, de poursuivre uniquement
celui des divers débiteurs de cet effet qui lui présente la
chance d'être payé le plus promptement. En vertu de cette
faculté, Lucien fut poursuivi par l'huissier de M. Métivier.
Voici qu'elles furent les phases de cette action, d'ailleurs
entièrement inutile. Métivier, derrière lequel se cachaient
les Cointet, connaissait l'insolvabilité de Lucien; mais
toujours dans l'esprit de la loi, l'insolvabilité *de fait*
n'existe *en droit* qu'après avoir été constatée. On constata
donc l'impossibilité d'obtenir de Lucien le payement de
l'effet, de la manière suivante.

L'huissier de Métivier dénença, le 5 mai, le *compte de
retour* et le protêt d'Angoulême à Lucien, en l'assignant
au tribunal de commerce de Paris pour entendre dire une
foule de choses, entre autres qu'il serait comdamné par
corps comme négociant. Quand, au milieu de sa vie de

cerf aux abois, Lucien lut ce grimoire, il recevait la signification d'un jugement obtenu contre lui par défaut au tribunal de commerce. Coralie, sa maîtresse, ignorant ce
dont il s'agissait, imagina que Lucien avait obligé son
beau-frère ; elle lui donna tous les actes ensemble, trop
tard. Une actrice voit trop d'acteurs en huissiers dans les
vaudevilles pour croire au papier timbré. Lucien eut des
larmes aux yeux, il s'apitoya sur Séchard, il eut honte
de son faux, et il voulut payer. Naturellement il consulta
ses amis sur ce qu'il devait faire pour gagner du temps.
Mais quand Lousteau, Blondet, Bixiou, Nathan eurent instruit Lucien du peu de cas qu'un poëte devait faire du
tribunal de commerce, juridiction établie pour les bouti-
quiers, le poëte se trouvait déjà sous le coup d'une saisie.
Il voyait à sa porte cette petite affiche jaune dont la couleur
déteint sur les portières, qui a la vertu la plus astringente
sur le crédit, qui porte l'effroi dans le cœur des moindres
fournisseurs, et qui surtout glace le sang dans les veines
des poëtes assez sensibles pour s'attacher à ces morceaux
de bois, à ces guenilles de soie, à ces tas de laine coloriée,
à ces brimborions appelés mobilier. Quand on vint pour
enlever les meubles de Coralie, l'auteur des *Marguerites*
alla trouver un ami de Bixiou, Desroches, un avoué, qui
se mit à rire en voyant tant de d'effroi chez Lucien pour si
peu de chose. — Ce n'est rien, mon cher, vous voulez gagner du temps ? — Le plus possible. — Eh bien ! opposez-
vous à l'exécution du jugement. Allez trouver un de mes
amis, Masson, un agréé ; portez-lui vos pièces, il renouvel-
lera l'opposition, se présentera pour vous, et déclinera la
compétence du tribunal de commerce. Ceci ne fera pas la
moindre difficulté, vous êtes un journaliste assez connu.
Si vous êtes assigné devant le tribunal civil, vous viendrez
me voir, ça me regardera : je me charge de faire promener ceux qui veulent chagriner la belle Coralie. Le vingt-
huit mai, Lucien, assigné devant le tribunal civil, y fut

condamné plus promptement que ne le pensait Desroches, car on poursuivait Lucien à outrance. Quand une nouvelle saisie fut pratiquée, lorsque l'affiche jaune vint encore dorer les pilastres de la porte de Coralie et qu'on voulut enlever le mobilier, Desroches, un peu sot de s'être *laissé pincer* par son confrère (telle fut son expression), s'y opposa, prétendant, avec raison d'ailleurs, que le mobilier appartenait à mademoiselle Coralie, et il introduiduisit un référé. Sur le référé, le président du tribunal renvoya les parties à l'audience, où la propriété des meubles fut adjugée à l'actrice par un jugement. Métivier, qui appela de ce jugement, fut débouté de son appel par un arrêt, le trente juillet.

Le sept août, maître Cachan reçut par la diligence un énorme-dossier intitulé : MÉTIVIER CONTRE SÉCHARD ET LUCIEN CHARDON.

La première pièce était la jolie petite note suivante, dont l'exactitude est garantie, elle a été copiée.

Billet du 30 avril dernier, souscrit par Séchard fils, ordre Lucien de Rubempré (2 mai). Compte de retour :

4,037 fr. 45 c.

————————————

5 MAI. — *Dénonciation du compte de retour et du protêt avec assignation devant le Tribunal de commerce de Paris, pour le 7 mai.* 8 75

7 MAI. — *Jugement, condamnation par défaut, avec contrainte par corps.* . . . .   35 »

10 MAI. — *Signification du jugement.* 8 50

12 MAI. — *Commandement.* 5 50

14 MAI. — *Procès-verbal de saisie.* . . . .   16 »

18 MAI. — *Procès-verbal d'apposition d'affiches.* . .   15 25

19 MAI. — *Insertion au journal.*   4   »

24 MAI. — *Procès-verbal de récolement précédant l'enlèvement, et contenant opposition à l'exécution du jugement par le sieur Lucien de Rubempré.*   12   »

27 MAI. — *Jugement du Tribunal qui, faisant droit, renvoie, sur l'opposition dûment réitérée, les parties devant le tribunal civil.*   35   »

28 MAI. — *Assignation à bref délai par Métivier, devant le Tribunal civil avec constitution d'avoué.* 6 50

2 JUIN. — *Jugement contradictoire qui condamne Lucien Chardon à payer les causes du compte de retour et laisse à la charge du poursuivant les frais faits devant le Tribunal de commerce.*   150   »

6 JUIN. — *Signification dudit.*   10   »

15 JUIN. — *Commandement.* 5 50

19 JUIN. — *Procès-verbal tendant à saisie, et contenant opposition à cette saisie par la demoiselle Coralie, qui prétend que le mobilier lui appartient et demande d'aller en référé sur l'heure, dans le cas où on voudrait passer outre.*   20   »

Ordonnance du Président, qui renvoie les parties à l'audience en état de référé.   40   »

19 JUIN. — *Jugement qui adjuge la propriété des meubles à ladite demoiselle Coralie.*   250   »

20 JUIN. — *Appel par Métivier.*   17   »

20 JUIN. — *Arrêt confirmatif du jugement.* . . .   230   »

                                        _____

                                Total.   889   »

Billet du 31 mai. 4,037 45
Dénonciation à Lucien. 8 75
                                                   ――――――――
                                                    4,046 20
                                                   ════════

Billet du 30 juin, compte de retour. 4,037 45
Dénonciation à Lucien. 8 75
                                                   ――――――――
                                                    4,046 20

Ces pièces étaient accompagnées d'une lettre par laquelle Métivier donnait l'ordre à maitre Cachan, avoué d'Angoulême, de poursuivre David Séchard par tous les moyens de droit. Maitre Victor-Ange-Herménégilde Doublon assigna donc David Séchard, le 3 juillet, au tribunal de commerce d'Angoulême pour le payement de la somme totale de quatre mille dix-huit francs quatre-vingt-cinq centimes, montant des trois effets et des frais déjà faits. Le jour où Doublon devait lui apporter à elle-même le commandement de payer cette somme énorme pour elle, Ève reçut dans la matinée cette lettre foudroyante écrite par Métivier :

« A MONSIEUR SÉCHARD FILS, IMPRIMEUR A ANGOULÊME.

» Votre beau-frère, monsieur Chardon, est un homme
» d'une insigne mauvaise foi qui a mis son mobilier sous
» le nom d'une actrice avec laquelle il vit, et vous auriez
» dû, monsieur, me prévenir loyalement de ces circon-
» stances afin de ne pas me laisser faire des poursuites
» inutiles, car vous n'avez pas répondu à ma lettre du 10
» mai dernier. Ne trouvez donc pas mauvais que je vous
» demande immédiatement le remboursement des trois
» effets et de tous mes débours.

                                » Agréez mes salutations.

                                » MÉTIVIER. »

En n'entendant plus parler de rien, Ève, peu savante en droit commercial, pensait que son frère avait réparé son crime en payant les billets fabriqués.

— Mon ami, dit-elle à son mari, cours avant tout chez Petit-Claud, explique-lui notre position, et consulte-le.

— Mon ami, dit le pauvre imprimeur en entrant dans le cabinet de son camarade chez lequel il avait couru précipitamment, je ne savais pas, quand tu es venu m'annoncer ta nomination en m'offrant tes services, que je pourrais en avoir sitôt besoin.

Petit-Claud étudia la belle figure de penseur que lui présenta cet homme assis dans un fauteuil en face de lui, car il n'écouta pas le détail d'affaires qu'il connaissait mieux que ne les savait celui qui les lui expliquait. En voyant entrer Séchard inquiet, il s'était dit : — Le tour est fait Cette scène se joue assez souvent au fond du cabinet des avoués. — Pourquoi les Cointet le persécutent-ils ?... se demandait Petit-Claud. Il est dans l'esprit des avoués de pénétrer tout aussi bien dans l'âme de leurs clients que dans celle des adversaires : ils doivent connaître l'envers aussi bien que l'endroit de la trame judiciaire.

— Tu veux gagner du temps, répondit enfin Petit-Claud à Séchard quand Séchard eut fini. Que te faut-il, quelque chose comme trois ou quatre mois ?

— Oh ! quatre mois ! je suis sauvé, s'écria David à qui Petit-Claud parut être un ange.

— Eh bien, l'on ne touchera à aucun de tes meubles, et l'on ne pourra pas t'arrêter avant trois ou quatre mois... Mais cela te coûtera bien cher, dit Petit-Claud.

— Eh ! qu'est-ce que cela me fait, s'écria Séchard.

— Tu attends des rentrées, en es-tu sûr ?... demanda l'avoué presque surpris de la facilité avec laquelle son client entrait dans la machination.

— Dans trois mois je serai riche, répondit l'inventeur avec une assurance d'inventeur.

— Ton père n'est pas encore en pré, répondit Petit-Claud, il tient à rester dans les vignes.

— Est-ce que je compte sur la mort de mon père?... répondit David. Je suis sur la trace d'un secret industriel qui me permettra de fabriquer, sans un brin de coton, un papier aussi solide que le papier de Hollande, et à cinquante pour cent au-dessous du prix de revient actuel de la pâte de coton.

— C'est une fortune, s'écria Petit-Claud qui comprit alors le projet du grand Cointet.

— Une grande fortune, mon ami, car il faudra, dans dix ans d'ici, dix fois plus de papier qu'il ne s'en consomme aujourd'hui. Le journalisme sera la folie de notre temps!

— Personne n'a ton secret?...

— Personne, excepté ma femme.

— Tu n'as pas dit ton projet, ton programme à quelqu'un..., aux Cointet, par exemple?

— Je leur en ai parlé, mais vaguement, je crois!

Un éclair de générosité passa dans l'âme enfiellée de Petit-Claud qui essaya de tout concilier, l'intérêt des Cointet, le sien et celui de Séchard.

— Écoute, David, nous sommes camarades de collége, je te défendrai; mais, sache-le bien, cette défense à l'encontre des lois te coûtera cinq à six mille francs!... Ne compromets pas ta fortune. Je crois que tu seras obligé de partager les bénéfices de ton invention avec un de nos fabricants. Voyons? tu y regarderas à deux fois avant d'acheter ou de faire construire une papeterie... Il te faudra d'ailleurs prendre un brevet d'invention... Tout cela voudra du temps et voudra de l'argent. Les huissiers fondront sur toi peut-être trop tôt, malgré les détours que nous allons faire devant eux...

— Je tiens mon secret! répondit David avec la naïveté du savant

— Eh bien, ton secret sera ta planche de salut, reprit

II.   43

Petit-Claud repoussé dans sa première et loyale intention d'éviter un procès par une transaction, je ne veux pas le savoir ; mais écoute-moi bien : tâche de travailler dans les entrailles de la terre, que personne ne te voie et ne puisse soupçonner tes moyens d'exécution, car ta planche te serait volée sous tes pieds... Un inventeur cache souvent un jobard sous sa peau ! Vous pensez trop à vos secrets pour pouvoir penser à tout. On finira par se douter de l'objet de tes recherches, tu es environné de fabricants ! Autant de fabricants, autant d'ennemis ! Je te vois comme le castor au milieu des chasseurs, ne leur donne pas ta peau...

— Merci, mon cher camarade, je me suis dit tout cela, s'écria Séchard ; mais je te suis obligé de me montrer tant de prudence et de sollicitude !... Il ne s'agit pas de moi dans cette entreprise. A moi, douze cents francs de rente me suffiraient, et mon père doit m'en laisser au moins trois fois autant quelque jour... Je vis par l'amour et par la pensée... une vie céleste... Il s'agit de Lucien et de ma femme, c'est pour eux que je travaille...

— Allons, signe-moi ce pouvoir, et ne t'occupe plus que de ta découverte. Le jour où il faudra te cacher à cause de la contrainte par corps, je te préviendrai la veille ; car il faut tout prévoir. Et laisse-moi te dire de ne laisser pénétrer chez toi personne de qui tu ne sois sûr comme de toi-même.

— Cérizet n'a pas voulu continuer le bail de l'exploitation de mon imprimerie, et de là sont venus nos petits chagrins d'argent. Il ne reste donc plus chez moi que Marion, Kolb, un alsacien qui est comme un caniche pour moi, ma femme et ma belle-mère...

— Écoute, dit Petit-Claud, défie-toi du caniche...

— Tu ne le connais pas, s'écria David Kolb, c'est comme moi-même.

— Veux-tu me le laisser éprouver ?...

— Oui, dit Séchard.

— Allons, adieu ; mais envoie-moi la belle madame Séchard, un pouvoir de ta femme est indispensable. Et, mon ami, songe bien que le feu est dans tes affaires, dit Petit-Claud à son camarade en le prévenant ainsi de tous les malheurs judiciaires qui allaient fondre sur lui.

— Me voilà donc un pied en Bourgogne et un pied en Champagne, se dit Petit-Claud après avoir reconduit son ami David Séchard jusqu'à la porte de l'étude.

En proie aux chagrins que cause le manque d'argent, en proie aux peines que lui donnait l'état de sa femme assassinée par l'infamie de Lucien, David cherchait toujours son problème ; or, tout en allant de chez lui chez Petit-Claud, il mâchait par distraction une tige d'ortie qu'il avait mise dans de l'eau pour arriver à un rouissage quelconque des tiges employées comme matières de sa pâte. Il voulait remplacer les divers brisements qu'opèrent la macération, le tissage, ou l'usage de tout ce qui devient fil, linge, chiffon, par des procédés équivalents. Quand il alla par les rues, assez content de sa conférence avec son ami Petit-Claud, il se trouva dans les dents une boule de pâte, il la prit sur sa main, l'étendit et vit une bouillie supérieure à toutes les compositions qu'il avait obtenues ; car le principal inconvénient des pâtes obtenues des végétaux est un défaut de liant. Ainsi la paille donne un papier cassant, quasi métallique et sonore. Ces hasards-là ne sont rencontrés que par les audacieux chercheurs des causes naturelles ! — Je vais, se disait-il, remplacer par l'effet d'une machine et d'un agent chimique l'opération que je viens de faire machinalement.

Et il apparut à sa femme dans la joie de sa croyance à un triomphe.

— Oh ! mon ange, sois sans inquiétude, dit David en voyant que sa femme avait pleuré. Petit-Claud nous garantit pour quelques mois de tranquillité. L'on me fera des frais ; mais, comme il me l'a dit en me reconduisant :

Tous les Français ont le droit de faire attendre leurs créanciers, pourvu qu'ils finissent par leur payer capital. intéréts et frais !... Eh bien, nous payerons...

— Et vivre !... dit la pauvre Ève qui pensait à tout.

— Ah! c'est vrai, répondit David en portant la main à son oreille par un geste inexplicable et familier à presque tous les gens embarrassés.

— Ma mère gardera notre petit Lucien, et je puis me remettre à travailler, dit-elle.

— Ève ! ô mon Ève ! s'écria David en prenant sa femme et la serrant sur son cœur. Ève ! à deux pas d'ici, à Saintes, au seizième siècle, un des plus grands hommes de la France, car il ne fut pas seulement l'inventeur des émaux, il fut aussi le glorieux précurseur de Buffon, de Cuvier, il trouva la géologie avant eux, ce naïf bonhomme ! Bernard de Palissy souffrait la passion des chercheurs de secrets, mais il voyait sa femme, ses enfants, et tout un faubourg contre lui. Sa femme lui vendait ses outils... Il errait dans la campagne, incompris !... pourchassé, montré au doigt !... Mais, moi, je suis aimé...

— Bien aimé, répondit Ève avec la placide expression de l'amour sûr de lui-même.

— On peut souffrir alors tout ce qu'a souffert ce pauvre Bernard de Palissy, l'auteur des faïences d'Écouen, et que Charles IX excepta de la Saint-Barthélemy, qui fit enfin à la face de l'Europe, vieux, riche et honoré, des cours publics sur la *science des terres,* comme il l'appelait.

— Tant que mes doigts auront la force de tenir un fer à repasser, tu ne manqueras de rien ! s'écria la pauvre femme avec l'accent du dévouement le plus profond. Dans le temps que j'étais première demoiselle chez madame Prieur, j'avais pour amie une petite fille bien sage, la cousine à Postel, Basine Clerget ; eh bien, Basine vient de m'annoncer, en m'apportant mon linge fin, qu'elle succède à madame rieur, j'irai travailler chez elle !...

— Ah! tu n'y travailleras pas longtemps, répondit Séchard. J'ai trouvé...

Pour la première fois la sublime croyance au succès, qui soutient les inventeurs et leur donne le courage d'aller en avant dans les forêts vierges du pays des découvertes, fut accueillie par Ève avec un sourire presque triste, et David baissa la tête par un mouvement funèbre.

— Oh! mon ami, je ne me moque pas, je ne ris pas, je ne doute pas, s'écria la belle Ève en se mettant à genoux devant son mari. Mais je vois combien tu avais raison de garder le plus profond silence sur tes essais, sur tes espérances. Oui, mon ami, les inventeurs doivent cacher le pénible enfantement de leur gloire à tout le monde, même à leurs femmes!... Une femme est toujours femme. Ton Ève n'a pu s'empêcher de sourire en t'entendant dire : J'ai trouvé!... pour la dix-septième fois depuis un mois.

David se mit à rire si franchement de lui-même, qu'Ève lui prit la main et la baisa saintement. Ce fut un moment délicieux, une de ces roses d'amour et de tendresse qui fleurissent au bord des plus arides chemins de la misère et quelquefois au fond des précipices.

Ève redoubla de courage en voyant le malheur redoubler de furie. La grandeur de son mari, sa naïveté d'inventeur, les larmes qu'elle surprit parfois dans les yeux de cet homme de cœur et de poésie, tout développa chez elle une force de résistance inouïe. Elle eut encore une fois recours au moyen qui lui avait déjà si bien réussi. Elle écrivit à M. Métivier d'annoncer la vente de l'imprimerie, en lui offrant de le payer sur le prix qu'on en obtiendrait et en le suppliant de ne pas ruiner David en frais inutiles. Devant cette lettre sublime Métivier fit le mort, son premier commis répondit qu'en l'absence de M. Métivier il ne pouvait pas prendre sur lui d'arrêter les poursuites, car telle n'était pas la coutume de son patron en affaires. Ève proprosa de renouveler les effets en payant tous les frais, et le commis y consentit, pourvu que le père de David Séchard donnât sa garantie par un aval, Ève se rendit alors à pied à Marsac, accompagnée de sa mère et de Kolb. Elle affronta le vieux vigneron; elle fut charmante, elle réussit à dérider cette vieille figure, mais, quand, le cœur tremblant, elle parla de l'aval, elle vit un changement complet et soudain sur cette face soulographique.

— Si je laissais à mon fils la liberté de mettre la main à mes lèvres, au bord de ma caisse, il la plongerait jusqu'au fond de mes entrailles, et il viderait tout! s'écria-t-il, Les enfants mangent tous à même dans la bourse paternelle. Et comment ai-je fait, moi? Je n'ai jamais coûté un liard à mes parents. Votre imprimerie est vide. Les souris et les rats sont seuls à y faire des impressions... Vous êtes belle, vous, je vous aime; vous êtes une femme travailleuse et soigneuse; mais mon fils!... Savez-vous ce qu'est David?... Eh bien, c'est un fainéant de savant. Si je l'avais *lairré* comme on m'a *lairré*, sans se connaître aux lettres, et que j'en eusse fait un *ours*, comme son père, il aurait des rentes... Oh? c'est ma croix, ce garçon-là, voyez-vous! Et par malheur, il est bien unique, car sa *retiration* n'existera jamais! Enfin il vous rend malheureuse... (Ève protesta par un geste de dénégation absolue.) — Oui, reprit-il en répondant à ce geste, vous avez été obligée de prendre une nourrice, le chagrin vous a tari votre lait. Je sais tout, allez! vous êtes au tribunal et tambourinés par la ville. Je n'étais qu'un *ours*, je ne suis pas savant, je n'ai pas été prote chez messieurs Didot, la gloire de la typographie; mais jamais je n'ai reçu de papier timbré! Savez-vous ce que je me dis en allant dans mes vignes, les soignant et récoltant, et faisant mes petites affaires?... Je me dis: — Mon pauvre vieux, tu te donnes bien du mal, tu mets écu sur écu, tu laisseras de beaux biens, ce sera pour les huissiers, pour les avoués... ou pour les chimères... pour les idées...

Tenez, mon enfant, vous êtes mère de ce petit garçon, qui m'a eu l'air d'avoir la truffe de son grand-père au milieu du visage quand je l'ai tenu sur les fonts avec madame Chardon, eh bien pensez moins à Séchard qu'à ce petit drôle-là... Je n'ai confiance qu'en vous... Vous pourriez empêcher la dissipation de mes biens... de mes pauvres biens...

— Mais, mon cher papa Séchard, votre fils sera votre gloire, et vous le verrez un jour riche par lui-même et avec la croix de la légion d'honneur à la boutonnière...

— Qué qui fera donc pour cela ? demanda le vigneron.

— Vous le verrez ! Mais, en attendant, mille écus vous ruineraient-ils ?... Avec mille écus vous feriez cesser les poursuites... Eh bien, si vous n'avez pas confiance en lui, prêtez-les-moi, je vous les rendrai, vous les hypothéquerez sur ma dot, sur mon travail...

— David Séchard est donc poursuivi ? s'écria le vigneron étonné d'apprendre que ce qu'il croyait une calomnie était vrai. Voilà ce que c'est que de savoir signer son nom !... Eh mes loyers !... Oh ! il faut, ma petite fille, que j'aille à Angoulême me mettre en règle et consulter Cachan, mon avoué... Vous avez joliment bien fait de venir... Un homme averti en vaut deux !

Après une lutte de deux heures, Ève fut obligée de s'en aller, battue par cet argument invincible : — Les femmes n'entendent rien aux affaires. Venue avec un vague espoir de réussir, Ève refit le chemin de Marsac à Angoulême presque brisée. En rentrant, elle arriva précisément à temps pour recevoir la signification du jugement qui condamnait Séchard à tout payer à Métivier. En province, la présence d'un huissier à la porte d'une maison est un événement; mais Doublon venait beaucoup trop souvent depuis quelque temps pour que le voisinage n'en causât pas. Aussi Ève n'osait-elle plus sortir de chez elle, elle avait peur d'entendre des chuchotements à son passage.

— Oh ! mon frère, mon frère ! s'écria la pauvre Ève ne

se précipitant dans son allée et montant les escaliers, je ne puis te pardonner que s'il s'agissait de ta...

— Hélas ! lui dit Séchard, qui venait au-devant d'elle, il s'agissait d'éviter son suicide.

— N'en parlons donc plus jamais, répondit-elle doucement. La femme qui l'a emmené dans ce gouffre de Paris est bien criminelle !... et ton père, mon David, est bien impitoyable !... Souffrons en silence.

Un coup frappé discrètement arrêta quelque tendre parole sur les lèvres de David, et Marion se présenta remorquant à travers la première pièce le grand et gros Kolb.

— Madame, dit-elle, Kolb et moi nous avons su que monsieur et madame étaient bien tourmentés ; et, comme nous avons à nous deux onze cents francs d'économies, nous avons pensé qu'ils ne pouvaient être mieux placés qu'entre les mains de madame...

— *Te matame*, répéta Kolb avec enthousiasme.

— Kolb, s'écria David Séchard, nous ne nous quitterons jamais, porte mille francs à compte chez Cachan, l'avoué mais en demandant une quittance ; nous garderons le reste. Kolb, qu'aucune puissance humaine ne t'arrache un mot sur ce que je fais, sur mes heures d'absence, sur ce que tu pourras me voir rapporter, et quand je t'enverrai chercher des herbes, tu sais, qu'aucun œil humain ne te voie... On cherchera, mon bon Kolb, à te séduire, on t'offrira peut-être des mille, des dix mille francs pour parler...

— *On m'ovrirait pien tes millions, queue cheu ne tirais bas une motte ! Est-ce que che nei gonnais boind la gonzigne milidaire ?*

— Tu es averti, marche, et va prier M. Petit-Claud d'assister à la remise de ces fonds chez M. Cachan.

— *Ui*, fit l'Alsacien, *chesbère edre assez riche ein chour pire lui domper, sire le gazaquin, à ced ôme te chistice ! Ch'aime bas sa visache !*

— C'est un bon homme, madame, dit la grosse Marion, il est fort comme un Turc et doux comme un mouton. En voilà un qui ferait le bonheur d'une femme. C'est lui pourtant qui a eu l'idée de placer ainsi nos gages, qu'il appelle des *caches* ! Pauvre homme ! s'il parle mal, il pense bien, et je l'entends tout de même. Il a l'idée d'aller travailler chez les autres pour ne nous rien coûter...

— On deviendrait riche uniquement pour pouvoir récompenser ces braves gens-là, dit Séchard en regardant sa femme.

Ève trouvait cela tout simple, elle n'était pas étonnée de rencontrer des âmes à la hauteur de la sienne. Son attitude eût expliqué toute la beauté de son caractère aux êtres les plus stupides, et même à un indifférent.

— Vous serez riche, mon cher monsieur, vous avez du pain de cuit, s'écria Marion, votre père vient d'acheter une ferme, il vous en fait, allez ! des rentes...

Dans la circonstance, ces paroles dites par Marion pour diminuer en quelque sorte le mérite de son action, ne trahissaient-elle pas une exquise délicatesse ?

Comme toutes les choses humaines, la procédure française a des vices; néanmoins, de même qu'une arme à deux tranchants, elle sert aussi bien à la défense qu'à l'attaque. En outre, elle a cela de plaisant, que si deux avoués s'entendent (et ils peuvent s'entendre sans avoir besoin d'échanger deux mots, ils se comprennent par la seule marche de leur procédure !) un procès ressemble alors à la guerre comme la faisait le premier maréchal de Biron à qui son fils proposait au siége de Rouen un moyen de prendre la ville en deux jours. — Tu es donc bien pressé, lui dit-il, d'aller planter nos choux. Deux généraux peuvent éterniser la guerre en n'arrivant à rien de décisif et ménageant leurs troupes, selon la méthode des généraux autrichiens que le Conseil Aulique ne réprimande jamais d'avoir fait manquer une combinaison pour laisser manger la soupe à leurs soldats. Maître Cachan, Petit-Claud et Doublon se comportèrent encore mieux que des généraux autrichiens, ils se modelèrent sur un Autrichien de l'Antiquité, sur Fabius *Cunctator !*

Petit-Claud, malicieux comme un mulet, eut bientôt reconnu tous les avantages de sa position. Dès que le payement des frais à faire était garanti par le grand Cointet, il se promit de ruser avec Cachan, et de faire briller son génie aux yeux du papetier, en créant des incidents qui retombassent à la charge de Métivier. Mais, malheureusement pour la gloire de ce jeune Figaro de la Basoche, l'historien doit passer sur le terrain de ses exploits comme s'il marchait sur des charbons ardents. Un seul mémoire de frais, comme celui fait à Paris, suffit sans doute à l'histoire des mœurs comtemporaines. Imitons donc le style des bulletins de la grande armée ; car, pour l'intelgence du récit, plus rapide sera l'énoncé des faits et gestes de Petit-Claud, meilleure sera cette page exclusivement judiciaire.

Assigné, le 3 juillet, au tribunal de commerce d'Angoulême, David fit défaut ; le jugement lui fut signifié le 8. Le 10, Doublon lança un commandement et tenta, le 12, une saisie à laquelle s'opposa Petit-Claud en réassignant Métivier à quinze jours. De son côté, Métivier trouva ce temps trop long, réassigna le lendemain à bref délai, et obtint, le 19, un jugement qui débouta Séchard de son opposition. Ce jugement, signifié raide le 21, autorise un commandement le 22, une signification de contrainte par corps le 23, et un procès-verbal de saisie le 24. Cette fureur de saisie fut bridée par Petit-Claud, qui s'y opposa en interjetant appel en Cour royale. Cet appel, réitéré le 15 juillet, traînait Métivier à Poitiers. — Allez ! se dit Petit-Claud, nous resterons là pendant quelque temps. Une fois l'orage dirigé sur Poitiers, chez un avoué de Cour royale à qui Petit-Claud donna ses instructions, ce défenseur à double face fit assigner à bref délai David Séchard, par madame Séchard, en séparation de biens. Selon l'expression du palais, il *diligenta* de manière à obtenir son jugement de séparation le 28 juillet, il l'inséra dans le *Courrier de la Charente*, le signifia dûment, et, le 1er août, il se faisait par-devant notaire une liquidation des reprises de madame Séchard qui la constituait créancière de son mari pour la faible somme de dix mille francs que l'amoureux David lui avait reconnue en dot par le contrat de mariage, et pour le payement de laquelle il lui abandonna le mobilier de son imprimerie et celui du domile conjugal. Pendant que Petit-Claud mettait ainsi à couvert l'avoir du ménage, il faisait triompher à Poitiers la prétention sur laquelle il avait basé son appel. Selon lui, David devait d'autant moins être passible des frais faits à Paris sur Lucien de Rubempré, que le tribunal civil de la Seine les avait, par son jugement, mis à la charge de Métivier. Ce système, adopté par la Cour, fut consacré dans un arrêt qui confirma les condamnations portées au jugement du tribunal de commerce d'Angoulême contre Séchard fils, en faisant distraction d'une somme de six cents francs sur les frais de Paris, mis à la charge de Métivier, en compensant quelques frais entre les parties, eu égard à l'incident qui motivait l'appel de Séchard. Cet arrêt, signifié le 17 août à Séchard fils, se traduisit, le 18, en un commandement de payer le capital, les intérêts, les frais dus, suivi d'un procès-verbal de saisie le 20. Là Petit-Claud intervint au nom de madame Séchard et revendiqua le mobilier comme appartenant à l'épouse, dûment séparée. De plus, Petit-Claud fit apparaître Séchard père, devenu son client. Voici pourquoi.

Le lendemain de la visite que lui fit sa belle-fille, le vigneron était venu voir son avoué d'Angoulême, maître Cachan, auquel il demanda la manière de recouvrer ses loyers compromis dans la bagarre où son fils était engagé.

— Je ne puis pas *occuper* pour le père lorsque je pour-
suis le fils, lui dit Cachan, mais allez voir Petit-Claud, il
est très-habile, et il vous servira peut-être encore mieux
que je ne le ferais...

Au Palais, Cachan dit à Petit-Claud : — Je t'ai envoyé le
père Séchard, *occupe* pour moi à charge de revanche.

Entre avoués, ces sortes de services se rendent en province comme à Paris.

Le lendemain du jour où le père Séchard eut donné sa
confiance à Petit-Claud, le grand Cointet vint voir son complice et lui dit : — Tâchez de donner une leçon au père
Séchard ! Il est homme à ne jamais pardonner à son fils de
lui coûter mille francs ; et ce débours séchera dans son
cœur toute pensée généreuse, s'il en poussait !

— Allez à vos vignes, dit Petit-Claud à son nouveau
client, votre fils n'est pas heureux, ne le grugez pas en
mangeant chez lui. Je vous appellerai quand il en sera
temps.

Donc, au nom de Séchard, Petit-Claud prétendit que les
presses étant scellées devenaient d'autant plus immeubles
par destination que, depuis le règne de Louis XIV, la maison servait à une imprimerie. Cachan, indigné pour le
compte de Métivier, qui, après avoir trouvé à Paris, les
meubles de Lucien, appartenant à Coralie, trouvait encore
à Angoulême les meubles de David appartenant à la femme
et au père (il y eut là de jolies choses dites à l'audience),
assigna le père et le fils pour faire tomber de telles prétentions. « Nous voulons, s'écria-t-il, démasquer les
» fraudes de ces hommes qui déploient les plus redoutables
» fortifications de la mauvaise foi ; qui, des articles les plus
» innocents et les plus clairs du Code, font des chevaux de
« frise pour se défendre ! et de quoi, de payer trois mille
» francs ! pris où... dans la caisse du pauvre Métivier. Et
» l'on ose accuser les escompteurs !... Dans quel temps vi-
» vons-nous !... Enfin, je le demande, n'est-ce pas à qui

» prendra l'argent de notre voisin ?... Vous ne sanctionne-
» rez pas une prétention qui ferait passer l'immoralité au
» cœur de la justice !... » Le tribunal d'Angoulême, ému
par la belle plaidoirie de Cachan, rendit un jugement
contradictoire entre toutes les parties, qui donna la propriété des meubles meublants seulement à madame Séchard, repoussa les prétentions de Séchard père et le
condamna net à payer quatre cent trente-quatre francs
soixante-cinq centimes de frais.

— Le père Séchard est bon, se dirent en riant les avoués,
il a voulu mettre la main dans le plat, qu'il paye !...

Le 26 août, ce jugement fut signifié de manière à pouvoir
saisir les presses et les accessoires de l'imprimerie le 28 août.
On apposa les affiches !... On obtint, sur requête, un jugement pour pouvoir vendre dans les lieux mêmes. On inséra
l'annonce de la vente dans les journaux, et Doublon se flatta
de pouvoir procéder au récolement et à la vente le 2 septembre. En ce moment, David Séchard devait, par jugement en règle et par exécutoires levés, bien légalement, à
Métivier, la somme totale de cinq mille deux cent soixante-
quinze francs vingt-cinq centimes non compris les intérêts.
Il devait à Petit-Claud douze cents francs et les honoraires,
dont le chiffre était laissé, suivant la noble confiance des
cochers qui vous ont conduit rondement, à sa générosité.
Madame Séchard devait à Petit-Claud environ trois cent
cinquante francs, et des honoraires. Le père Séchard devait
ses quatre cent trente-quatre francs soixante-cinq centimes
et Petit-Claud lui demandait cent écus d'honoraires. Ainsi,
le tout pouvait aller à dix mille francs. A part l'utilité de
ces documents pour les nations étrangères qui pourront y
voir le jeu de l'artillerie judiciaire en France, il est nécessaire que le législateur, si toutefois le législateur a le temps
de lire, connaisse jusqu'où peut aller l'abus de la procédure. Ne devrait-on pas bâcler une petite loi qui, dans certains cas, interdirait aux avoués de surpasser *en frais* la

somme qui fait l'objet du procès ? N'y a-t-il pas quelque chose de ridicule à soumettre une propriété d'un centiare aux formalités qui régissent une terre d'un million ? On comprendra par cet exposé très-sec de toutes les phases par lesquelles passait le débat, la valeur de ces mots : *la forme, la justice, les frais !* dont ne se doute pas l'immense majorité des Français. Voilà ce qui s'appelle en argot de palais mettre le feu dans les affaires d'un homme. Les caractères de l'imprimerie pesant cinq milliers valaient, au prix de la fonte, deux mille francs. Les trois presses valaient six cents francs. Le reste du matériel eût été vendu comme du vieux fer et du vieux bois. Le mobilier du ménage aurait produit tout au plus mille francs. Ainsi, de valeurs appartenant à Séchard fils et représentant une somme d'environ quatre mille francs, Cachan et Petit-Claud en avaient fait le prétexte de sept mille francs de frais sans compter l'avenir dont la fleur promettait d'assez beaux fruits, comme on va le voir. Certes les praticiens de France et de Navarre, ceux de Normandie même, accorderont leur estime et leur admiration à Petit-Claud ; mais les gens de cœur n'accorderont-ils pas une larme de sympathie à Kolb et à Marion ?

Pendant cette guerre, Kolb, assis à la porte de l'allée sur une chaise tant que David n'avait pas besoin de lui, remplissait des devoirs d'un chien de garde. Il recevait les actes judiciaires, toujours surveillé d'ailleurs par un clerc de Petit-Claud. Quand les affiches annonçaient la vente du matériel composant une imprimerie, Kolb les arrachait aussitôt que l'afficheur les avait apposées, et il courait par la ville les ôter en s'écriant : — *Les goquins !... der mander ein si prafe ôme ! Ed ilz abellent ça de la chistice !* Marion gagnait pendant la matinée une pièce de dix sous à tourner une machine dans une papeterie et l'employait à la dépense journalière. Madame Chardon avait recommencé sans murmurer les fatigantes veilles de son état de garde-malade, et apportait à sa fille son salaire à la fin de chaque semaine. Elle avait déjà fait deux neuvaines, en s'étonnant de trouver Dieu sourd à prières, et aveugle aux clartés des cierges qu'elle lui allumait.

Le 2 septembre, Ève reçut la seule lettre que Lucien écrivit après celle par laquelle il avait annoncé la mise en circulation des trois billets à son beau frère et que David avait cachée à sa femme.

— Voilà la troisième lettre que j'aurai eue de lui depuis son départ, se dit la pauvre sœur en hésitant à décacheter le fatal papier. En ce moment, elle donnait à boire à son enfant, elle le nourrisait au biberon, car elle avait été forcée de renvoyer la nourrice par économie. On peut juger dans quel état la mit la lecture de la lettre suivante ainsi que David, qu'elle fit lever. Après avoir passé la nuit à faire du papier, l'inventeur s'était couché vers le jour.

« Paris, 20 août.

» Ma chère sœur,

» Il y a deux jours, à cinq heures du matin, j'ai reçu le
» dernier soupir d'une des plus belles créatures de Dieu, la
» seule femme qui pouvait m'aimer comme tu m'aimes,
» comme m'aiment David et ma mère, en joignant à ces
» sentiments si désintéressés ce qu'une mère et une sœur
» ne sauraient donner : toutes les félicités de l'amour !
» Après m'avoir tout sacrifié, peut-être la pauvre Coralie
» est-elle morte pour moi ! pour moi qui n'ai pas en ce
» moment de quoi la faire enterrer... Elle m'eût consolé
» de la vie ; vous seuls, mes chers anges, pourrez me con-
» soler de sa mort. Cette innocente fille a, je le crois, été
» absoute par Dieu, car elle est morte chrétiennement. Oh !
» Paris !... Mon Ève, Paris est à la fois toute la gloire et

» toute l'infamie de la France, j'y ai déjà perdu bien des
» illusions, et je vais en perdre encore d'autres en y
» mendiant le peu d'argent dont j'ai besoin pour mettre en
» terre sainte le corps d'un ange !

» Ton malheureux frère,

» LUCIEN. »

« *P. S.* J'ai dû te causer bien des chagrins par ma légè-
» reté, tu sauras tout un jour, et tu m'excuseras. D'ailleurs,
» tu dois être tranquille : en nous voyant si tourmentés,
» Coralie et moi, un brave négociant à qui j'ai fait de cruels
» soucis, monsieur Camusot, s'est charger d'arrangé, a-t-il
» dit, cette affaire. »

— La lettre est encore humide de ses larmes ! dit-elle à
David en le regardant avec tant de pitié qu'il éclatait dans ses
yeux quelque chose de son ancienne affection pour Lucien.

— Pauvre garçon, il a dû bien souffrir, s'il était aimé
comme il le dit !... s'écria l'heureux époux d'Ève.

Et le mari comme la femme oublièrent toutes leurs douleurs, devant le cri de cette douleur suprême. En ce moment, Marion se précipita disant : — Madame, les voilà !...
les voilà !...

— Qui ?

— Doublon et ses hommes, le diable, Kolb se bat avec
eux, on va vendre.

— Non, non, l'on ne viendra pas, rassurez-vous ! s'écria
Petit-Claud dont la voix retentit dans la pièce qui précédait
la chambre à coucher, je viens de signifier un appel. Nous
ne devons pas rester sous le poids d'un jugement qui nous
taxe de mauvaise foi. Je ne me suis pas avisé de me défendre ici. Pour vous gagner du temps, j'ai laissé bavarder

Cachan, je suis certain de triompher encore une fois à Poitiers...

— Mais combien ce triomphe coûtera-t-il ? demanda madame Séchard.

— Des honoraires si vous triomphez, et mille francs si nous perdons.

— Mon Dieu, s'écria la pauvre Ève, mais le remède n'est-il pas pire que le mal ?...

En entendant ce cri de l'innocence éclairée au feu judiciaire, Petit-Claud resta tout interdit, tant Ève lui parut belle.

Le père Séchard, mandé par Petit-Claud, arriva sur ces entrefaites. La présence du vieillard dans la chambre à coucher de ses enfants, où son petit-fils au berceau, souriait au malheur, rendit cette scène complète.

— Papa Séchard, dit le jeune avoué, vous me devez sept cents francs pour intervention ; mais vous les répéterez contre votre fils en les ajoutant à la masse de loyers qui vous sont dus.

Le vieux vigneron saisit la piquante ironie que Petit-Claud mit dans son accent et dans son air en lui adressant cette phrase.

— Il vous en aurait moins coûté pour cautionner votre fils ! lui dit Ève en quittant le berceau pour venir embrasser le vieillard...

David, accablé par la vue de l'attroupement qui s'était fait devant la maison, où la lutte de Kolb et des gens de Doublon avait attiré du monde, tendit la main à son père sans lui dire bonjour.

— Et comment puis-je vous devoir sept cents frants ? demanda le vieillard à Petit-Claud.

— Mais parce que j'ai, d'abord, *occupé* pour vous. Comme il s'agit de vos loyers, vous êtes vis-à-vis de moi solidaire avec votre débiteur. Si votre fils ne me paye pas ces frais-là, vous me les payerez, vous... Mais, ceci n'est rien, dans quelques heures on voudra mettre David en prison, l'y laisserez-vous aller ?

— Que doit-il ?

— Mais quelque chose comme cinq à six mille francs, sans compter ce qu'il vous doit et ce qu'il doit à sa femme.

Le vieillard devenu tout défiance, regarda le tableau touchant qui se présentait à ses regards dans cette chambre bleue et blanche : une belle femme en pleurs auprès d'un berceau, David fléchissant enfin sous le poids de ses chagrins, l'avoué qui peut-être l'avait attiré là comme dans un piége ; l'ours crut alors sa paternité mise en jeu par eux, il eut peur d'être exploité. Il alla voir et caresser l'enfant, qui lui tendit ses petites mains. Au milieu de tant de soins, l'enfant soigné comme celui d'un pair d'Angleterre, avait sur la tête un petit bonnet brodé doublé de rose.

— Eh ! que David s'en tire comme il pourra, moi je ne pense qu'à cet enfant-là, s'écria le vieux grand-père, et sa mère m'approuvera, David est si savant, qu'il doit savoir comment payer ses dettes.

— Je vais vous traduire en bon français, dit l'avoué d'un air moqueur, la véritable expression de vos sentiments. Tenez, papa Séchard, vous êtes jaloux de votre fils. Écoutez la vérité : vous avez mis David dans la position où il est, en lui vendant votre imprimerie trois fois ce qu'elle valait, et en le ruinant pour vous faire payer ce prix usuraire. Oui, ne branlez pas la tête, le journal vendu aux Cointet et dont le prix a été empoché par vous en entier, était toute la valeur de votre imprimerie. Vous haïssez votre fils non-seulement parce que vous l'avez dépouillé, mais encore parce que vous en avez fait un homme au-dessus de vous. Vous vous donnez le genre d'aimer prodigieusement votre petit-fils pour masquer la banqueroute de sentiments que vous faites à votre fils et à votre bru qui vous coûteraient de l'argent *hic et nunc*, tandis que votre petit-fils n'a besoin de votre affection que *in extremis*. Vous aimez ce petit gars-là pour avoir l'air d'aimer quelqu'un de votre famille, et ne pas être taxé d'insensibilité. Voilà le fond de votre sac, père Séchard...

— Est-ce pour entendre ça que vous m'avez fait venir ? dit le vieillard d'un ton menaçant en regardant tour à tour son avoué, sa belle-fille et son fils.

— Mais, monsieur, s'écria la pauvre Ève en s'adressant à Petit-Claud, avez-vous donc juré notre ruine ? Jamais mon mari ne s'est plaint de son père... Le vigneron regarda sa belle-fille d'un air sournois. — Il m'a dit cent fois que vous l'aimiez à votre manière, dit-elle au vieillard en comprenant la défiance.

D'après les instructions du grand Cointet, Petit-Claud achevait de brouiller le père et le fils afin que le père ne fît pas sortir David de la cruelle position où il se trouvait.

— Le jour où nous tiendrons David en prison, avait dit la veille le grand Cointet à Petit-Claud, vous serez présenté chez madame de Sénonches. L'intelligence que donne l'affection avait éclairé madame Séchard, qui devinait cette inimitié de commande, comme elle avait déjà senti la trahison de Cérizet. Chacun imaginera facilement l'air surpris de David, qui ne pouvait pas comprendre que Petit-Claud connût si bien et son père et ses affaires. Le loyal imprimeur ne savait pas les liaisons de son défenseur avec les Cointet, et d'ailleurs il ignorait que les Cointet fussent dans la peau de Métivier. Le silence de David était une injure pour le vieux vigneron ; aussi l'avoué profita-t-il de l'étonnement de son client pour quitter la place.

— Adieu, mon cher David, vous êtes averti, la contrainte par corps n'est pas susceptible d'être infirmée par l'appel, il ne reste plus que cette voie à vos créanciers, ils vont la prendre. Ainsi, sauvez-vous !... Ou plutôt, si vous m'en croyez, tenez, allez voir les frères Cointet, ils ont des capi. taux, et, si votre découverte est faite, si elle tient ses promesses, associez-vous avec eux ; ils sont après tout, très-bons enfants...

— Quel secret ? demanda le père Séchard.

— Mais croyez-vous votre fils assez niais pour avoir abandonné son imprimerie sans penser à autre chose ? s'écria l'avoué. Il est en train, m'a-t-il dit, de trouver le moyen de fabriquer pour trois francs la rame du papier qui revient en ce moment à dix francs...

— Encore une manière de m'attraper ! s'écria le père Séchard. Vous vous entendez tous ici comme des larrons en foire. Si David a trouvé cela, il n'a pas besoin de moi, le voilà millionnaire ! Adieu mes petits amis, bonsoir.

Et le vieillard de s'en aller par les escaliers.

— Songez à vous cacher, dit à David Petit-Claud qui courut après le vieux Séchard pour l'exaspérer encore.

Le petit avoué retrouva le vigneron grommelant sur la place du Mûrier, le reconduisit jusqu'à l'Houmeau, et le quitta en le menaçant de prendre un exécutoire pour les frais qui lui étaient dus, s'il n'était pas payé dans la semaine.

— Je vous paye, si vous me donnez les moyens de déshériter mon fils sans nuire à mon petit-fils et à ma bru !... dit le vieux Séchard en quittant brusquement Petit-Claud.

— Comme le grand Cointet connaît bien son monde !... Ah ! il me le disait bien : ces sept cents francs à donner empêcheront le père de payer les sept mille francs de son fils, s'écriait le petit avoué en remontant à Angoulême. Néanmoins ne nous laissons pas *enfoncer* par ce vieux finaud de papetier, il est temps de lui demander autre chose que des paroles.

— Eh bien, David, mon ami, que comptes-tu faire ?... dit Ève à son mari quand le père Séchard et l'avoué les eurent laissés.

— Mets ta plus grande marmite au feu, mon enfant, s'écria David en regardant Marion, je tiens mon affaire »

En entendant cette parole, Ève prit son chapeau, son châle, ses souliers avec une vivacité fébrile.

— Habillez-vous, mon ami, dit-elle à Kolb, vous allez m'accompagner, car il faut que je sache s'il existe un moyen de sortir de cet enfer...

— Monsieur, s'écria Marion quand Ève fut sortie, soyez donc raisonnable, ou madame mourra de chagrin. Gagnez de l'argent pour payer ce que vous devez, et, après, vous chercherez vos trésors à votre aise...

— Tais-toi, Marion, répondit David, la dernière difficulté sera vaincue. J'aurai tout à la fois un brevet d'invention et un brevet de perfectionnement.

La plaie des inventeurs, en France, est le brevet de perfectionnement. Un homme passe dix ans de sa vie à chercher un secret d'industrie, une machine, une découverte quelconque ; il prend un brevet, il se croit maître de sa chose, il est suivi par un concurrent qui, s'il n'a pas tout prévu, lui perfectionne son invention par une vis, et la lui ôte ainsi des mains. Or, en inventant, pour fabriquer le papier, une pâte à bon marché, tout n'était pas dit ! D'autres pouvaient perfectionner le procédé. David Séchard voulait tout prévoir, afin de ne pas se voir arracher une fortune cherchée au milieu de tant de contrariétés. Le papier de Hollande (ce nom reste au papier fabriqué tout en chiffon de fils de lin, quoique la Hollande n'en fabrique plus) est légèrement collé ; mais il se colle feuille à feuille par une main-d'œuvre qui renchérit le papier. S'il devenait possible de coller la pâte dans la cuve, et par une colle peu dispendieuse (ce qui se fait d'ailleurs aujourd'hui, mais imparfaitement encore), il ne resterait aucun perfectionnement à trouver. Depuis un mois, David cherchait donc à coller en cuve la pâte de son papier. Il visait à la fois deux secrets.

Ève alla voir sa mère. Par un hasard favorable, madame Chardon gardait la femme du premier substitut, laquelle venait de donner un héritier présomptif aux Minaud de Nevers. Ève, en défiance de tous les officiers ministériels, avait inventé de consulter, sur sa position, le défenseur légal des veuves et des orphelins, de lui demander si elle pouvait libérer David en s'obligeant, en vendant ses droits; mais elle espérait aussi savoir la vérité sur la conduite ambiguë de Petit-Claud.

Le magistrat, surpris de la beauté de madame Séchard, la reçut, non-seulement avec les égards dus à une femme, mais encore avec une espèce de courtoisie à laquelle Ève n'était pas habituée. La pauvre femme vit enfin dans les yeux du magistrat cette expression que, depuis son mariage, elle n'avait plus trouvée que chez Kolb, et qui, pour les femmes belles comme Ève, est le *criterium* avec lequel elles jugent les hommes. Quand une passion, quand l'intérêt ou l'âge glacent dans les yeux d'un homme le pétillement de l'obéissance absolue qui flambe au jeune âge, une femme entre alors en défiance de cet homme et se met à l'observer. Les Cointet, Petit-Claud, Cérizet, tous les gens en qui Ève avait deviné des ennemis, l'avaient regardée d'un œil sec et froid, elle se sentit donc à l'aise avec le substitut, qui, tout en l'accueillant avec grâce, détruisit en peu de mots toutes ses espérances.

— Il n'est pas certain, madame, lui dit-il, que la Cour royale réforme le jugement qui restreint aux meubles meublants l'abandon que vous a fait votre mari de tout ce qu'il possédait pour vous remplir de vos reprises. Votre privilége ne doit pas servir à couvrir une fraude. Mais comme vous serez admise en qualité de créancière au partage du prix des objets saisis, que votre beau-père doit exercer également son privilége pour la somme des loyers dus, il y aura, l'arrêt de la cour une fois rendu, matière à d'autres contestations, à propos de ce que nous appelons en termes de droit, une *Contribution*.

— Mais M. Petit-Claud nous ruine donc?... s'écria-t-elle.

— La conduite de Petit-Claud, reprit le magistrat, est conforme au mandat donné par votre mari, qui veut, dit son avoué, gagner du temps. Selon moi, peut-être vaudrait-il mieux se désister de l'appel, et vous rendre acquéreurs à la vente, vous et votre beau-père, des ustensiles les plus nécessaires à votre exploitation, vous, dans la limite de ce qui doit vous revenir, lui pour la somme de ses loyers... Mais ce serait aller trop promptement au but. Les avoués vous grugent!...

— Je serais alors dans les mains de M. Séchard père, à qui je devrais le loyer des ustensiles et celui de la maison; mon mari n'en resterait pas moins sous le coup des poursuites de M. Métivier, qui n'aurait presque rien eu...

— Oui, madame.

— Eh bien, notre position serait pire que celle où nous sommes...

— La force de la loi, madame, appartient en définitive au créancier. Vous avez reçu trois mille francs, il faut nécessairement les rendre...

— Oh! monsieur, nous croyez-vous donc capables de...

Ève s'arrêta en s'apercevant du danger que sa justification pouvait faire courir à son frère.

— Oh! je sais bien, reprit le magistrat, que cette affaire est obscure et du côté des débiteurs, qui sont probes, délicats, grands même!.., et du côté du créancier qui n'est qu'un prête-nom... Ève épouvantée regardait le magistrat d'un air hébété. — Vous comprenez, dit-il, en lui jetant un regard plein de grosse finesse, que nous avons, pour réfléchir à ce qui se passe sous nos yeux, tout le temps pendant lequel nous sommes assis à écouter les plaidoieries de MM. les avocats. Ève revint au désespoir de son inutilité.

Le soir à sept heures, Doublon apporta le commandement par lequel il dénonçait la contrainte par corps. A cette heure, la poursuite arriva donc à son apogée.

— A compter de demain, dit David, je ne pourrai plus sortir que pendant la nuit.

Ève et madame Chardon fondirent en larmes. Pour elles, se cacher était un déshonneur. En apprenant que la liberté de leur maître était menacée, Kolb et Marion s'alarmèrent d'autant plus que, depuis longtemps, ils l'avaient jugé dénué de toute malice ; et ils tremblèrent tellement pour lui, qu'ils vinrent trouver madame Chardon, Ève et David, sous le prétexte de savoir à quoi leur dévouement pouvait être utile. Ils arrivèrent au moment où ces trois êtres, pour qui la vie avait été jusqu'alors si simple, pleuraient en apercevant la nécessité de cacher David. Mais comment échapper aux espions invisibles qui, dès à présent, devaient observer les moindres démarches de cet homme, malheureusement si distrait ?

— *Si matame feut addentre ein betit quartd'hire, che fais bousser eine regonnaissanze dans le gampe ennemi,* dit Kolb, *et vis ferez que che m'y gonnais, quoique chaie l'air d'ein Hallemante ; gomme che je suis ein frai Vrançais chai engor te la malice.*

— Oh ! madame, dit Marion, laissez-le aller, il ne pense qu'à garder monsieur, il n'a pas d'autres idées. Kolb n'est pas un Alsacien. C'est... quoi ?... un vrai terre-neuvien !

— Allez, mon bon Kolb, lui dit David, nous avons encore le temps de prendre un parti.

Kolb courut chez l'huissier, où les ennemis de David, réunis en conseil, avisaient aux moyens de s'emparer de lui.

L'arrestation des débiteurs est, en province. un fait exorbitant, anormal, s'il en fut jamais. Dabord, chacun s'y connaît trop bien pour que personne emploie jamais un moyen si odieux. On doit se trouver, créanciers et débi-

teurs, face à face pendant toute la vie. Puis, quand un
commerçant, un banqueroutier, pour se servir des expressions de la province, qui ne transige guère sur cette espèce de vol légal, médite une vaste faillite, Paris lui sert
de refuge. Paris est en quelque sorte la Belgique de la province ; on y trouve des retraites presque impénétrables, et
le mandat de l'huissier poursuivant expire aux limites de
sa juridiction. En outre, il est d'autres empêchements quasi
dirimants. Ainsi, la loi qui consacre l'inviobilité du domicile règne sans exception en province ; l'huissier n'y a
pas le droit, comme à Paris, de pénétrer dans une maison
tierce pour y venir saisir le débiteur. Le législateur a cru
devoir excepter Paris, à cause de la réunion constante de
plusieurs familles dans la même maison. Mais, en province, pour violer le domicile du débiteur lui-même, l'huissier doit se faire assister du juge de paix. Or, le juge de
paix, qui tient sous sa puissance les huissiers, est à peu
près le maître d'accorder ou de refuser son concours. A la
louange des juges de paix, on doit dire que cette obligation
leur pèse, ils ne veulent pas servir des passions aveugles,
ou des vengeances, Il est encore d'autres difficultés non
moins graves et qui tendent à modifier la cruauté tout à
fait inutile de la loi sur la contrainte par corps, par l'action des mœurs qui changent souvent les lois au point de
les annuler. Dans les grandes villes, il existe assez de misérables, de gens dépravés, sans foi ni loi, pour servir d'espions, mais dans les petites villes chacun se connaît trop
pour pouvoir se mettre aux gages d'un huissier. Quiconque,
dans la classe infime, se prêterait à ce genre de dégrada-
tion, serait obligé de quitter la ville. Ainsi, l'arrestation
d'un débiteur n'étant pas, comme à Paris ou comme dans
les grands centres de population, l'objet de l'industrie pri-
vilégiée des gardes du commerce, devient une œuvre de
procédure excessivement difficile, un combat de ruse entre
le débiteur et l'huissier dont les inventions ont quelquefois

fourni de très-agréables récits aux Faits-Paris des journaux. Cointet l'aîné n'avait pas voulu se montrer ; mais le gros Cointet, qui se disait chargé de cette affaire par Métivier, était venu chez Doublon avec Cérizet, devenu son prote, et dont, la coopération avait été acquise par la promesse d'un billet de mille francs. Doublon devait compter sur deux de ses praticiens. Ainsi les Cointet avaient déjà trois limiers pour surveiller leur proie. Au moment de l'arrestation, Doublon pouvait d'ailleurs employer la gendarmerie, qui, aux termes des jugements, doit son concours à l'huissier qui la requiert. Ces cinq personnes étaient donc en ce moment même réunies dans le cabinet de maître Doublon, situé au rez-de-chaussée de la maison, en suite de l'étude.

On entrait à l'étude par une assez large corridor dallé, qui formait comme une allée. La maison avait une simple porte bâtarde, de chaque côté de laquelle se voyaient les panonceaux ministériels dorés, au centre desquels ont lit en lettres noires : HUISSIER. Les deux fenêtres de l'étude donnant sur la rue étaient défendues par de forts barreaux de fer. Le cabinet avait vue sur un jardin, où l'huissier, amant de Pomone, cultivait lui-même avec un grand succès les espaliers. La cuisine faisait face à l'étude, et derrière la cuisine se développait l'escalier par lequel on montait à l'étage supérieur. Cette maison se trouvait dans une petite rue, derrière le nouveau Palais de Justice, alors en construction, et qui ne fut fini qu'après 1830. Ces détails ne sont pas inutiles à l'intelligence de ce qui advint à Kolb. L'Alsacien avait inventé de se présenter à l'huissier sous prétexte de lui vendre son maître, afin d'apprendre ainsi quels seraient les piéges qu'on lui tendrait, et de l'en préserver. La cuisinière vint ouvrir, Kolb lui manifesta le désir de parler à M. Doublon pour affaires. Contrariée d'être dérangée pendant qu'elle lavait sa vaisselle, cette femme ouvrit la porte de l'étude en disant à Kolb, qui lui était inconnu, d'y attendre monsieur, pour le moment en conférence dans son cabinet; puis, elle alla prévenir son maître qu'un homme voulait lui parler. Cette expression, *un homme*, signifiait si bien un paysan, que Doublon dit :

— Qu'il attende ! Kolb s'assit auprès de la porte du cabinet.

— Ah ça ! comment comptez-vous procéder ? car si nous pouvions l'empoigner demain matin, ce serait du temps de gagné, disait le gros Cointet.

— Il n'a pas volé son nom de Naïf, rien ne sera plus facile, s'écria Cérizet.

En reconnaissant la voix du gros Cointet, mais surtout en entendant ces deux phrases, Kolb devina sur-le-champ qu'il s'agissait de son maître, et son étonnement alla croissant quand il distintrigua la voix de Cérizet.

— *Eine karson qui a manché son bain,* s'écria-t-il frappé d'épouvante.

— Mes enfants, dit Doublon, voici ce qu'il faut faire : nous échelonnerons notre monde à de grandes distances, depuis la rue de Beaulieu et la place du Mûrier, dans tous les sens, de manière à suivre le Naïf, ce surnom me plaît, sans qu'il puisse s'en apercevoir, nous ne le quitterons pas qu'il ne soit entré dans la maison où il se croira caché ; nous lui laisserons quelques jours de sécurité, puis nous l'y rencontrerons quelque jour avant le lever ou le coucher du soleil.

— Mais en ce moment que fait-il ? il peut nous échapper dit le gros Cointet.

— Il est chez lui, dit maître Doublon ; s'il sortait, je le saurais. J'ai l'un de mes praticiens sur la place du Mûrier en observation, un autre au coin du Palais, et un autre à trente pas de ma maison. Si notre homme sortait, ils siffleraient ; et il n'aurait pas fait trois pas, que je le saurais déjà par cette communication télégraphique.

Les huissiers donnent à leurs recors le nom honnête de praticiens.

Kolb n'avait pas compté sur un si favorable hasard, il sortit doucement de l'étude et dit à la servante : — Monsieur Doublon est occupé pour longtemps, je reviendrai demain matin de bonne heure.

L'Alsacien, en sa qualité de cavalier, avait été saisi par une idée qu'il alla sur-le-champ mettre à exécution. Il courut chez un loueur de chevaux de sa connaissance, y choisit un cheval, le fit seller, et revint en toute hâte chez son maître, où il trouva madame Ève dans la plus profonde désolation.

— Qu'y a-t-il, Kolb ? demanda l'imprimeur en trouvant à l'Alsacien un air à la fois joyeux et effaré.

— *Vus êdes endouré de goquins. Le plis sir ede te goger mon maïdre. Montame a-d-elle bensé à meddre monzière quelque bard ?*

Quand l'honnête Kolb eut expliqué la trahison de Cérizet, les circonvallations tracées autour de la maison, la part que le gros Cointet prenait à cette affaire, et fait pressentir les ruses que méditeraient de tels hommes contre son maître, les plus fatales lueurs éclairèrent a position de David.

— C'est les Cointet qui te poursuivent, s'écria la pauvre Ève anéantie, et voilà pourquoi Métivier se montrait si dur... ils sont papetiers, ils veulent ton secret.

— Mais que faire pour leur échapper ? s'écria madame Chardon.

— *Si montame beud affoir ein bedide entroid à meddre monzière,* demanda Kolb, *che bromets de l'y contuire sans qu'on le zache chamais.*

— N'entrez que de nuit chez Basine Clerget, répondit Ève, j'irai convenir de tout avec elle. Dans cette circonstance, Basine est une autre moi-même.

— Les espions te suivront, dit enfin David qui recouvra

quelque présence d'esprit. Il s'agit de trouver un moyen de prévenir Basine sans qu'aucun de nous y aille.

— *Montame beud y hâler*, dit Kolb. *Foissi ma gompinazion : che fais sordir avec monzière, nus emmènerons sir nos draces les sivleurs. Bentant ce demps, montame ira chez matemoiselle Clerchet, èle ne sera pas zuife. Chai ein gefal, che prends monzière en groupe ; ed, ti tiaple, si l'on nus addrable !*

— Eh bien, adieu, mon ami, s'écria la pauvre femme en se jetant dans les bras de son mari ; aucun de nous n'ira te voir, car nous pourrions te faire prendre. Il faut nous dire adieu pour tout le temps que durera cette prison volontaire. Nous correspondrons par la poste, Basine y jettera tes lettres, et je t'écrirai sous son nom.

A leur sortie David et Kolb entendirent les sifflements, et menèrent les espions jusqu'au bas de la porte Palet où demeurait le loueur de chevaux. Là, Kolb prit son maître en croupe, en lui recommandant de se bien tenir à lui.

— *Zifflez, zifflez, mes pons hâmis ! Che me mogue de vus dous !* s'écria Kolb. *Vus n'addraberez bas ein fieux gafalier.*

Et le vieux cavalier piqua des deux dans la campagne avec une rapidité qui devait mettre et qui mit les espions dans l'impossibilité de les suivre, ni de savoir où ils allaient.

Ève alla chez Postel sous le prétexte assez ingénieux de le consulter. Après avoir subi les insultes de cette pitié qui ne prodigue que des paroles, elle quitta le ménage Postel, et put gagner, sans être vue, la maison de Basine, à qui elle confia ses chagrins en lui demandant secours et protection. Basine, qui pour plus de discrétion avait fait entrer Ève dans sa chambre, ouvrit la porte d'un cabinet contigu dont le jour venait d'un châssis à tabatière et sur lequel aucun œil ne pouvait avoir de vue. Les deux amies débouchèrent une petite cheminée dont le tuyau longeait celui de la cheminée de l'atelier où les ouvrières entretenaient un feu pour leurs fers. Ève et Basine étendirent de mauvaises couvertures sur le carreau pour assourdir le bruit, si David en faisait par mégarde; elles lui mirent un lit de sangle pour dormir, un fourneau pour ses expériences, une table et une chaise pour s'asseoir et pour écrire. Basine promit de lui donner à manger la nuit; et, comme personne ne pénétrait jamais dans sa chambre, David pouvait défier tous ses ennemis, et même la police.

— Enfin, dit Ève en embrassant son amie, il est en sûreté.

Ève retourna chez Postel pour éclaircir quelque doute qui, dit-elle, la ramenait chez un si savant juge du tribunal de commerce, et elle se fit reconduire par lui chez elle en écoutant ses doléances. — Si vous m'aviez épousée, en seriez-vous là?... Ce sentiment était au fond de toutes les phrases du petit pharmacien. Au retour, Postel trouva sa femme jalouse de l'admirable beauté de madame Séchard, et, furieuse de la politesse de son mari, Léonie fut apaisée par l'opinion que le pharmacien prétendit avoir de la supériorité des petites femmes rousses sur les grandes femmes brunes, qui selon lui, étaient, comme de beaux chevaux, toujours à l'écurie. Il donna sans doute quelques preuves de sincérité, car le lendemain madame Postel le mignardait.

— Nous pouvons être tranquilles, dit Ève à sa mère et à Marion, qu'elle trouva, selon l'expression de Marion, encore *saisies*.

— Oh! ils sont partis, dit Marion quand Ève regarda machinalement dans sa chambre.

— *U vaud-il nus diriger?...* demanda Kolb quand il fut à une lieue sur la grande route de Paris.

— A Marsac, répondit David; puisque tu m'as mis sur ce chemin-là, je vais faire une dernière tentative sur le cœur de mon père.

— *G'haimerais mié monder à l'assaut t'une padderie te ganons, parce qu'il n'a boind de cuer, mennesier fôdre bère.*

Le vieux pressier ne croyait pas en son fils; il le jugeait, comme juge le peuple, d'après les résultats. D'abord, il ne croyait pas avoir dépouillé David ; puis, sans s'arrêter à la différence des temps, il se disait : — Je l'ai mis à cheval sur une imprimerie, comme je m'y suis trouvé moi-même ; et lui, qui en savait mille fois plus que moi, n'a pas su marcher ! Incapable de comprendre son fils il le condamnait, et se donnait sur cette haute intelligence une sorte de supériorité en se disant : — Je lui conserve du pain. Jamais les moralistes ne parviendront à faire comprendre toute l'influence que les sentiments exercent sur les intérêts. Cette influence est aussi puissante que celle des intérêts sur les sentiments. Toutes les lois de la nature ont un double effet, en sens inverse l'une de l'autre. David, lui, comprenait son père, et il avait la sublime charité de l'excuser. Arrivés à huit heures à Marsac, Kolb et David surprirent le bonhomme vers la fin de son dîner, qui se rapprochait forcément de son coucher.

— Je te vois par autorité de justice, dit le père à son fils avec un sourire amer.

— *Gommand, mon maidre et fus, bouffez-vus vus rengondrer... il foyache tans les cieux et vous édes tuchurs tans les fignes...* s'écria Kolb indigné. *Bayez, bayez! c'dde fôdre édat te bère...*

— Allons, Kolb, va-t'en, mets le cheval chez madame Courtois afin de ne pas en embarrasser mon père, et sache que les pères ont toujours raison.

Kolb s'en alla grommelant comme un chien qui, grondé par son maître pour sa prudence, proteste encore en obéissant. David, sans dire ses secrets, offrit alors à son père de lui donner la preuve la plus évidente de sa découverte, en lui proposant un intérêt dans cette affaire pour prix des sommes qui lui devenaient nécessaires, soit pour se libérer immédiatement, soit pour se livrer à l'exploitation de son secret.

— Eh ! comment me prouveras-tu que tu peux faire

avec rien du beau papier qui ne coûte rien ? demanda
l'ancien typographe en lançant à son fils un regard aviné,
mais fin, curieux, avide. Vous eussiez dit un éclair sortant
d'un nuage pluvieux, car le vieil ours, fidèle à ses traditions, ne se couchait jamais sans être coiffé de nuit. Son
bonnet de nuit consistait en deux bouteilles d'excellent vin
vieux que, selon son habitude, il *sirotait*.

— Rien de plus simple, répondit David. Je n'ai pas de
papier sur moi, je suis venu par ici pour fuir Doublon : et,
me voyant sur la route de Marsac, j'ai pensé que je pourrais bien trouver chez vous les facilités que j'aurais chez
un usurier. Je n'ai rien sur moi que mes habits. Enfermez-
moi dans un local bien clos, où personne ne puisse pénétrer, où personne ne puisse me voir, et...

— Comment, dit le vieillard en jetant à son fils un effroyable regard, tu ne me laisseras pas te voir faisant tes
opérations...

— Mon père, répondit David, vous m'avez prouvé qu'il
n'y avait pas de père dans les affaires...

— Ah! tu te défies de celui qui t'a donné la vie.

— Non, mais de celui qui m'a ôté les moyens de vivre.

— Chacun pour soi, tu as raison! dit le vieillard. Eh
bien, je te mettrai dans mon sellier.

— J'y entre avec Kolb, vous me donnerez un chaudron
pour faire ma pâte, reprit David sans avoir aperçu le coup
d'œil que lui lança son père, puis vous irez me chercher
des tiges d'artichaud, des tiges d'asperges, des orties à dard,
des roseaux que vous couperez aux bords de votre petite
rivière. Demain matin, je sortirai de votre cellier avec du
magnifique papier.

— Si c'est possible... s'écria l'ours en laissant échapper
un hoquet, je te donnerai peut-être... je verrai si je puis te
donner... bah! vingt-cinq mille francs, à la condition de
m'en faire gagner autant tous les ans.

— Mettez-moi à l'épreuve, j'y consens! s'écria David.

Kolb monte à cheval, pousse jusqu'à Mansle, achètes-y un grand tamis de crin chez un boisselier, de la colle chez un épicier, et reviens en toute hâte.

— Tiens, bois... dit le père en mettant devant son fils une bouteille de vin, du pain, et des restes de viandes froides. Prends des forces, je vais t'aller faire tes provisions de chiffons verts; car ils sont verts, tes chiffons! j'ai même peur qu'ils ne soient un peu trop verts.

Deux heures après, sur les onze heures du soir, le vieillard enfermait son fils et Kolb dans une petite pièce adossée à son cellier, couverte en tuiles creuses, et où se trouvaient les ustensiles nécessaires à brûler les vins de l'Angoumois qui fournissent, comme on sait, toutes les eaux-de-vie dites de Cognac.

— Oh! je suis là comme dans une fabrique... voilà du bois et des bassines, s'écria David.

— Eh bien, à demain, dit le père Séchard, je vais vous enfermer, et je lâcherai mes deux chiens, je suis sûr qu'on ne vous apportera pas de papier. Montre-moi des feuilles demain, je te déclare que je serai ton associé, les affaires seront alors claires et bien menées...

Kolb et David se laissèrent enfermer et passèrent deux heures environ à briser, à préparer les tiges, en se servant de deux madriers. Le feu brillait, l'eau bouillait. Vers deux heures du matin, Kolb, moins occupé que David, entendit un soupir tourné comme un hoquet d'ivrogne, il prit une des deux chandelles et se mit à regarder partout; il aperçut alors la figure violacée du père Séchard qui remplissait une petite ouverture carrée, pratiquée au-dessus de la porte par laquelle on communiquait du cellier au brûloir et cachée par des futailles vides. Le malicieux vieillard avait introduit son fils et Kolb dans son brûloir par la porte extérieure qui servait à passer les pièces pour les livrer. Cette autre porte intérieure permettait de rouler les poinçons du cellier dans le brûloir sans faire le tour par la cour.

— *Ah! baba! ceci n'ed pas de cheu, fus foudez vilouder fôdre vils... Safez-vous ce que vus vaides, quand fus pufez eine poudeille te bon fin? Vous appreufez ein goquin...*

— Oh! mon père, dit David.

— Je venais savoir si vous aviez besoin de quelque chose, dit le vigneron quasi dégrisé.

— *Et c'edde bar indéréd pir nus que affer, bris eine bedide egelle?...* dit Kolb qui ouvrit la porte après en avoir débarrassé l'entrée et qui trouva le vieillard monté sur une échelle courte, en chemise.

— Risquer votre santé! s'écria David.

— Je crois que je suis somnambule, dit le vieillard honteux en descendant. Ton défaut de confiance en ton père m'a fait rêver, je songeais que tu t'entendais avec le diable pour réaliser l'impossible.

— *Le tiaple, c'ed fôdre bassion pire les bedids chaynets!* s'écria Kolb.

— Allez vous recoucher, mon père, dit David; enfermez-nous si vous voulez, mais épargnez-vous la peine de revenir : Kolb va faire sentinelle.

Le lendemain, à quatre heures, David sortit du brûloir, ayant fait disparaître toutes les traces de ses opérations, et vint apporter à son père une trentaine de feuilles de papier dont la finesse, la blancheur, la consistance, la force ne laissaient rien à désirer et qui portait pour filigranes les marques des fils plus forts les uns que les autres du tamis de crin. Le vieillard prit ces échantillons, il y appliqua la langue en ours habitué, depuis son jeune âge, à faire de son palais une éprouvette à papiers; il les mania, les chiffonna, les plia, les soumit à toutes les épreuves que les typographes font subir aux papiers pour en reconnaître les qualités, et quoiqu'il n'y eût rien à redire, il ne voulait pas s'avouer vaincu.

— Il faut savoir ce que ça deviendra sous presse!... dit-il pour se dispenser de louer son fils.

— *Trôle t'ome!* s'écria Kolb.

Le vieillard, devenu froid, couvrit, sous sa dignité paternelle, une irrésolution jouée.

— Je ne veux pas vous tromper, mon père, ce papier-là
me semble encore devoir coûter trop cher, et je veux résoudre le problème du collage en cuve... il ne me reste plus
que cet avantage à conquérir...

— Ah! tu voudrais m'attraper!

— Mais, vous le dirai-je? je colle bien en cuve, mais
jusqu'à présent la colle ne pénètre pas également ma pâte,
je donne au papier le rêche d'une brosse.

— Eh bien, perfectionne ton collage en cuve, et tu auras mon argent.

— *Mon maidre ne ferra chamais la gouleur te fodre archant!*

Évidemment le vieillard voulait faire payer à David la
honte qu'il avait bue la nuit; aussi le traita-t-il plus froidement.

— Mon père, dit David qui renvoya Kolb, je ne vous en
ai jamais voulu d'avoir estimé votre imprimerie à un prix
exorbitant, et de me l'avoir vendue à votre seule estima-
tion; j'ai toujours vu le père en vous. Je me suis dit :
Laissons un vieillard, qui s'est donné bien du mal, qui
m'a certainement élevé mieux que je ne devais l'être, jouir
en paix et à sa manière du fruit de ses travaux. Je vous
ai même abandonné le bien de ma mère, et j'ai pris sans
murmurer la vie obérée que vous m'aviez faite. Je me
suis promis de gagner une belle fortune sans vous impor-
tuner. Eh bien, ce secret, je l'ai trouvé, les pieds dans le
feu, sans pain chez moi, tourmenté pour des dettes qui ne
sont pas les miennes... Oui, j'ai lutté patiemment jusqu'à
ce que mes forces se soient épuisées. Peut-être me devez-
vous des secours !... mais ne pensez pas à moi, voyez une
femme et un petit enfant! (là, David ne put retenir ses
larmes) et prêtez-leur aide et protection. Serez-vous au-
dessous de Marion et de Kolb qui m'ont donné leurs écono-

mies? s'écria le fils en voyant son père froid comme un marbre de presse.

— Et ça ne t'a pas suffi... s'écria le vieillard sans éprouver la moindre vergogne, mais tu dévorerais la France... Bonsoir! moi, je suis trop ignorant pour me fourrer dans des exploitations où il n'y aurait que moi d'exploité. Le singe ne mangera pas l'ours, dit-il en faisant allusion à leur surnom d'atelier. Je suis vigneron, je ne suis pas banquier... Et puis, vois-tu, des affaires entre père et fils, ça va mal. Dînons, tiens tu ne diras pas que je ne te donne rien!...

David était un de ces êtres à cœur profond qui peuvent y repousser leurs souffrances de manière à en faire un secret pour ceux qui leur sont chers; aussi, chez eux, quand la douleur déborde ainsi, est-ce leur effort suprême. Ève avait bien compris ce beau caractère d'homme. Mais le père vit, dans ce flot de douleur ramené du fond à la surface, la plainte vulgaire des enfants qui veulent *attraper leurs pères,* et il prit l'excessif abattement de son fils pour la honte de l'insuccès. Le père et le fils se quittèrent brouillés. David et Kolb revinrent à minuit environ à Angoulême, où ils entrèrent à pied avec autant de précautions qu'en eussent pris des voleurs pour un vol. Vers une heure du matin, David fut introduit, sans témoin, chez mademoiselle Basine Clerget, dans l'asile impénétrable préparé pour lui par sa femme. En entrant là, David allait y être gardé par la plus ingénieuse de toutes les pitiés, celle d'une grisette. Le lendemain matin, Kolb se vanta d'avoir fait sauver son maître à cheval, et de ne l'avoir quitté qu'après l'avoir mis dans une patache qui devait l'emmener aux environs de Limoges Une assez grande provision de matières premières fut emmagasinée dans la cave de Basine, en sorte que Kolb, Marion, madame Séchard et sa mère purent n'avoir aucune relation avec mademoiselle Clerget.

Deux jours après cette scène avec son fils, le vieux Sé-

chard, qui se vit encore à lui vingt jours avant de se livrer
aux occupations de la vendange, accourut chez sa belle-
fille, amené par son avarice. Il ne dormait plus, il voulait
savoir si la découverte offrait quelques chances de fortune,
et pensait à veiller au grain, selon son expression. Il vint
habiter, au-dessus de l'appartement de sa belle-fille, une
des deux chambres en mansarde qu'il s'était réservées, et
vécut en fermant les yeux sur le dénûment pécuniaire qui
affligeait le ménage de son fils. On lui devait des loyers,
on pouvait bien le nourrir! Il ne trouvait rien d'étrange à
ce qu'on se servît de couverts en fer étamé.

— J'ai commencé comme ça, répondit-il à sa belle-fille
quand elle s'excusa de ne pas le servir en argenterie.

Marion fut obligée de s'engager envers les marchands
pour tout ce qui se consommerait au logis. Kolb servait
les maçons à vingt sous par jour. Enfin, bientôt il ne resta
plus que dix francs à la pauvre Ève qui, dans l'intérêt de
son enfant et de David, sacrifiait ses dernières ressources à
bien recevoir le vigneron. Elle espérait toujours que ses
chatteries, que sa respectueuse affection, que sa résignation attendriraient l'avare; mais elle le trouvait toujours
insensible. Enfin, en lui voyant l'œil froid des Cointet, de
Petit-Claud et de Cérizet, elle voulut observer son caractère et deviner ses intentions, mais ce fut peine perdue! Le père Séchard se rendait impénétrable en restant
toujours entre deux vins. L'ivresse est un double voile.
A la faveur de sa griserie, aussi souvent jouée que réelle,
le bonhomme essaya d'arracher à Ève les secrets de David.
Tantôt il caressait, tantôt il effrayait sa belle-fille. Quand
Ève lui répondait qu'elle ignorait tout, il lui disait : — Je
boirai tout mon bien, *je le mettrai en viager...* Ces luttes
déshonorantes fatiguaient la pauvre victime qui, pour ne
pas manquer de respect à son beau-père, avait fini par
garder le silence. Un jour, poussée à bout, elle lui dit : —
Mais, mon père, il y a une manière bien simple de tout

avoir; payez les dettes de David, il reviendra ici, vous vous entendrez ensemble.

— Ah! voilà tout ce que vous voulez avoir de moi s'écria-t-il, c'est bon à savoir.

Le père Séchard, qui ne croyait pas en son fils, croyait aux Cointet. Les Cointet, qu'il alla consulter, l'éblouirent à dessein, en lui disant qu'il s'agissait de millions dans les recherches entreprises par son fils.

— Si David peut prouver qu'il a réussi, je n'hésiterai pas à mettre en société ma papeterie en comptant à votre fils, sa découverte pour une valeur égale, lui dit le grand Cointet.

Le défiant vieillard prit tant d'informations en prenant des petits verres avec les ouvriers, il questionna si bien Petit-Claud en faisant l'imbécile, qu'il finit par soupçonner les Cointet de se cacher derrière Métivier; il leur attribua le plan de ruiner l'imprimerie Séchard et de se faire payer par lui en l'amorçant avec la découverte, car le vieil homme du peuple ne pouvait pas deviner la complicité de Petit-Claud, ni les trames ourdies pour s'emparer tôt ou tard de ce beau secret industriel. Enfin, un jour, le vieillard, exaspéré de ne pouvoir vaincre le silence de sa belle-fille et de ne pas même obtenir d'elle de savoir où David s'était caché, résolut de forcer la porte de l'atelier à fondre les rouleaux, après avoir fini par apprendre que son fils y faisait ses expériences. Il descendit de grand matin et se mit à travailler la serrure.

— Eh bien, que faites-vous donc là, papa Séchard?... lui cria Marion qui se levait au jour pour aller à sa fabrique et qui bondit jusqu'à la tremperie.

— Ne suis-je pas chez moi, Marion? fit le bonhomme honteux.

— Ah! çà, devenez-vous voleur sur vos vieux jours... vous êtes à jeun, cependant... Je vais conter cela tout chaud à madame.

— Tais-toi, Marion, dit le vieillard en tirant de sa poche deux écus de six francs. Tiens...

— Je me tairai, mais n'y revenez pas! lui dit Marion en le menaçant du doigt, ou je le dirais à tout Angoulême.

Dès que le vieillard fut sorti, Marion monta chez sa maîtresse.

— Tenez, madame, j'ai soutiré douze francs à votre beau-père, les voilà...

— Et comment as-tu fait?...

— Ne voulait-il pas voir les bassines et les provisions de monsieur, histoire de découvrir le secret. Je savais bien qu'il n'y avait plus rien dans la petite cuisine; mais je lui ai fait peur comme s'il allait voler son fils, et il m'a donné deux écus pour me taire...

En ce moment, Basine apporta joyeusement à son amie une lettre de David, écrite sur du magnifique papier, et qu'elle lui remit en secret.

« Mon Ève adorée, je t'écris à toi la première sur la pre-
» mière feuille de papier obtenue par mes procédés. J'ai
» réussi à résoudre le problème du collage en cuve! La
» livre de pâte revient, même en supposant la mise en cul-
» ture spéciale de bons terrains pour les produits que j'em-
» ploie, à cinq sous. Ainsi la rame de douze livres em-
» ploiera pour trois francs de pâte collée. Je suis sur de
» supprimer la moitié du poids des livres. L'enveloppe, la
» lettre, les échantillons, sont de diverses fabrications. Je
» t'embrasse, nous serons heureux par la fortune, la seule
» chose qui nous manquait. »

— Tenez, dit Ève à son beau-père en lui tendant les échantillons, donnez à votre fils le prix de votre récolte, et laissez-lui faire sa fortune, il vous rendra dix fois ce que vous lui aurez donné, car il a réussi!...

Le père Séchard courut aussitôt chez les Cointet. Là,

chaque échantillon fut essayé, minutieusement examiné :
les uns étaient collés, les autres sans colle ; ils étaient étiquetés depuis trois francs jusqu'à dix francs par rame ; les
uns étaient d'une pureté métallique, les autres doux comme
du papier de Chine, il y en avait de toutes les nuances possibles du blanc. Des juifs examinant des diamants n'auraient
pas eu les yeux plus animés que ne l'étaient ceux des
Cointet et du vieux Séchard.

— Votre fils est en bon chemin, dit le gros Cointet.

— Eh bien, payez ses dettes, dit le vieux pressier.

— Bien volontiers, s'il veut nous prendre pour associés,
répondit le grand Cointet.

— Vous êtes des *chauffeurs !* s'écria l'ours retiré, vous
poursuivez mon fils sous le nom de Métivier, et vous voulez que je vous paye, voilà tout. Pas si bête, bourgeois!

Les deux frères se regardèrent, mais il surent contenir
la surprise que leur causa la perspicacité de l'avare.

— Nous ne sommes pas encore assez millionnaires pour
nous amuser à faire l'escompte, répliqua le gros Cointet;
nous nous croirions assez heureux de pouvoir payer notre
chiffon comptant, et nous faisons encore des billets à notre
marchand.

— Il faut tenter une expérience en grand, répondit froidement le grand Cointet, car ce qui réussit dans une marmite échoue dans une fabrication entreprise sur une grande
échelle. Délivrez votre fils.

— Oui, mais mon fils en liberté m'admettra-t-il comme
son associé? demanda le vieux Séchard.

— Ceci ne nous regarde pas, dit le gros Cointet. Est-ce
que vous croyez, mon bonhomme, que quand vous aurez
donné dix mille francs à votre fils, tout sera dit ? Un brevet d'invention coûte deux mille francs, il faudra faire des
voyages à Paris; puis, avant de se lancer dans des avances, il est prudent de fabriquer, comme dit mon frère, mille
rames, risquer des cuvées entières afin de se rendre compte.

Voyez-vous, il n'y a rien dont il faille plus se défier que des inventeurs.

— Moi, dit le grand Cointet, j'aime le pain tout cuit.

Le vieillard passa la nuit à ruminer ce dilemme : Si je paye les dettes de David, il est libre, et une fois libre n'a pas besoin de m'associer à sa fortune. Il sait bien que je l'ai roulé dans l'affaire de notre première association; il n'en voudra pas faire une seconde. Mon intérêt serait donc de le tenir en prison malheureux.

Les Cointet connaissaient assez le père Séchard pour savoir qu'ils chasseraient de compagnie. Donc ces trois hommes disaient : — Pour faire une société basée sur le secret, il faut ces expériences; et, peur faire ces expériences, il faut libérer David Séchard. David libéré nous échappe. Chacun avait de plus une petite arrière-pensée. Petit-Claud se disait : — Après mon mariage, je serai franc du collier avec les Cointet; mais jusque-là je les tiens. Le grand Cointet se disait : — J'aimerais mieux avoir David sous clef, je serais le maître. Le vieux Séchard se disait : — Si je paye ses dettes, mon fils me salue avec un remerciment. Ève, attaquée, menacée par le vigneron d'être chassée de la maison, ne voulait ni révéler l'asile de son mari, ni même lui proposer d'accepter un sauf-conduit. Elle n'était pas certaine de réussir à cacher David une seconde fois aussi bien que la première, elle répondait donc à son beau-père : — Libérez votre fils, vous saurez tout. Aucun des quatres intéressés, qui se trouvaient tous comme devant une table bien servie, n'osait toucher au festin, tant il craignait de se voir devancé; et tous s'observaient en se défiant les uns des autres.

Quelques jours après la réclusion de Séchard, Petit-Claud était venu trouver le grand Cointet à sa papeterie.

— J'ai fait de mon mieux, lui dit-il, David s'est mis volontairement dans une prison qui nous est inconnue, et il y cherche en paix quelque perfectionnement. Si vous n'avez pas atteint votre but, il n'y a pas de ma faute, tiendrez-vous votre promesse ?

— Oui, si nous réussissons, répondit le grand Cointet. Le père Séchard est ici depuis quelques jours, il est venu nous faire des questions sur la fabrication du papier, le vieil avare a flairé l'invention de son fils, il en veut profiter, il y a donc quelque espérance d'arriver à une association. Vous êtes l'avoué du père et du fils...

— Ayez le Saint-Esprit de les livrer, reprit Petit-Claud en souriant.

— Oui, répondit Cointet, si vous réussissez ou à mettre David en prison ou à le mettre dans nos mains par un acte de société, vous serez le mari de mademoiselle de La Haye.

— Est-ce bien là votre *ultimatum ?* dit Petit-Claud.

— *Yes !* fit Cointet, puisque nous parlons des langues étrangères.

— Voici le mien en bon français, reprit Petit-Claud d'un ton sec.

— Ah ! voyons, répliqua Cointet d'un air curieux.

— Présentez-moi demain à madame de Sénonches, faites qu'il y ait pour moi quelque chose de positif, enfin accomplissez votre promesse, ou je paie la dette de Séchard et je m'associe avec lui en revendant ma charge. Je ne veux pas être joué. Vous m'avez parlé net, je me sers du même langage. J'ai fait mes preuves, faites les vôtres. Vous avez tout, je n'ai rien. Si je n'ai pas de gages de votre sincérité, je prends votre jeu.

Le grand Cointet prit son chapeau, son parapluie, son air jésuite, et sortit en disant à Petit-Claud de le suivre.

— Vous verrez, mon cher ami, si je ne vous ai pas préparé les voies ?... dit le négociant à l'avoué.

En un moment, le fin et rusé papetier avait reconnu le danger de sa position, et vu dans Petit-Claud un de ces hommes avec lesquels il faut jouer franc jeu. Déjà, pour être en mesure et par acquit de conscience, il avait, sous prétexte de donner un état de la situation financière de mademoiselle de La Haye, jeté quelques paroles dans l'oreille de l'ancien consul général.

— J'ai l'affaire de Françoise, car avec trente mille francs de dot, aujourd'hui dit-il en souriant, une fille ne doit pas être exigeante.

— Nous en parlerons, avait répondu Francis du Hautoy. Depuis le départ de madame de Bargeton, la position de madame de Sénonches est bien changée : nous pourrons marier Françoise à quelque bon vieux gentilhomme campagnard.

— Et elle se conduira mal, dit le papetier en prenant son air froid. Eh ! mariez-là donc à un jeune homme capable, ambitieux, que vous protégerez, et qui mettra sa femme dans une belle position.

— Nous verrons, avait répété Francis; la marraine doit être avant tout consultée.

A la mort de M. de Bargeton, Louise de Nègrepelisse avait fait vendre l'hôtel de la rue du Minage. Madame de Sénonches, qui se trouvait petitement logée, décida M. de Sénonches à acheter cette maison, le berceau des ambitions de Lucien et où cette scène a commencé. Zéphirine de Sénonches avait formé le plan de succéder à madame de Bargeton dans l'espèce de royauté qu'elle avait exercée, d'avoir un salon, de faire enfin la grande dame. Une scission avait eu lieu dans la haute société d'Angoulême entre ceux qui, lors du duel de M. de Bargeton et de M. de Chandour, tinrent qui pour l'innocence de Louise de Nègrepelisse, qui pour les calomnies de Stanislas de Chandour. Madame de Sénonches se déclara pour les Bargeton, et conquit d'abord tous ceux de ce parti. Puis, quand elle fut installée dans son hôtel, elle profita des accoutumances de bien des gens qui venaient y jouer depuis tant d'années. Elle reçut tous les soirs et l'emporta décidément sur Amélie de Chandour, qui se posa

comme son antagoniste. Les espérances de Francis du
Hautoy, qui se vit au cœur de l'aristocratie d'Angoulême,
allaient jusqu'à vouloir marier Françoise avec le vieux
M. de Séverac, que madame du Brossard n'avait pu cap-
turer pour sa fille. Le retour de madame de Bargeton,
devenue préfète d'Angoulême, augmenta les prétentions
de Zéphirine pour sa bien-aimée filleule. Elle se disait
que la comtesse Sixte du Châtelet userait de son crédit
pour celle qui s'était constituée son champion. Le papetier, qui savait son Angoulême sur le bout du doigt, ap-
précia d'un coup d'œil toutes ces difficultés; mais il résolut de se tirer de ce pas difficile par une de ces audaces
que Tartufe seul se serait permise. Le petit avoué, très-
surpris de la loyauté de son commanditaire en chicane,
le laissait à ses préoccupations en cheminant de la papeterie à l'hôtel de la rue du Minage, où, sur le palier, les
deux importuns furent arrêtés par ces mots : — Monsieur
et madame déjeunent.

— Annoncez-nous tout de même, répondit le grand
Cointet.

Et, sur son nom, le dévot commerçant, aussitôt introduit, présenta l'avocat à la précieuse Zéphirine, qui déjeunait en tête-à-tête avec M. Francis du Hautoy et mademoiselle de La Haye. M. de Sénonches était allé, comme
toujours, ouvrir la chasse chez M. de Pimentel.

— Voici, madame, le jeune avocat-avoué de qui je vous
ai parlé, et qui se chargera de l'émancipation de votre
belle pupille.

L'ancien diplomate examina Petit-Claud, qui, de son
côté, regardait à la dérobée la *belle pupille*. Quant à la
surprise de Zéphirine, à qui jamais Cointet ni Francis
n'avaient dit un mot, elle fut telle que sa fourchette lui
tomba des mains. Mademoiselle de La Haye, espèce de pie-
grièche à figure rechignée, de taille peu gracieuse, maigre,
à cheveux d'un blond fade, était, malgré son petit air aris-

tocratique, excessivement difficile à marier. Ces mots .
père et mère inconnus de son acte de naissance, lui inter-
disaient en réalité la sphère où l'amitié de sa marraine
et de Francis la voulait placer. Mademoiselle de La Haye,
ignorant sa position, faisait la difficile : elle eût rejeté le
plus riche commerçant de l'Houmeau. La grimace assez
significative inspirée à mademoiselle de La Haye par l'aspect du maigre avoué, Cointet la retrouva sur les lèvres
de Petit-Claud. Madame de Sénonches et Francis paraissaient se consulter pour savoir de quelle manière congédier Cointet et son protégé. Cointet, qui vit tout, pria
M. du Hautoy de lui accorder un moment d'audience, et
passa dans le salon avec le diplomate.

— Monsieur, lui dit-il nettement, la paternité vous
aveugle. Vous marierez difficilement votre fille ; et, dans
votre intérêt à tous, je vous ai mis dans l'impossibilité de
reculer ; car j'aime Françoise comme on aime une pupille.
Petit-Claud sait tout !... Son excessive ambition vous garantit le bonheur de votre chère petite. D'abord Françoise
fera de son mari tout ce qu'elle voudra ; mais vous, aidé
par la préfète qui nous arrive, vous en ferez un procureur
du roi. M. Milaud est nommé décidément à Nevers. Petit-
Claud vendra sa charge, vous obtiendrez facilement pour
lui la place de second substitut, et il deviendra bientôt
procureur du roi, puis président du tribunal, député...

Revenu dans la salle à manger, Francis fut charmant
pour le prétendu de sa fille. Il regarda madame de Sénonches d'une certaine manière, et finit cette scène de présentation en invitant Petit-Claud à dîner pour le lendemain
afin de causer affaires. Puis il reconduisit le négociant
et l'avoué jusque dans la cour en disant à Petit-Claud que,
sur la recommandation de Cointet, il était disposé, ainsi
que madame de Sénonches, à confirmer tout ce que le gar-
dien de la fortune de mademoiselle de La Haye aurait disposé pour le bonheur de ce petit ange.

— Ah ! qu'elle est laide ! s'écria Petit-Claud. Je suis pris !...

— Elle a l'air distingué, répondit Cointet ; mais, si elle était belle, vous la donnerait-on ? Hé ! mon cher, il y a plus d'un petit propriétaire à qui trente mille francs, la protection de madame de Sénonches et celle de la comtesse du Châtelet iraient à merveille ; d'autant plus que M. Francis du Hautoy ne se mariera jamais, et que cette fille est son héritière... Votre mariage est fait !...

— Et comment ?

— Voilà ce que je viens de dire, repartit le grand Cointet en racontant à l'avoué son trait d'audace. Mon cher, monsieur Milaud va, dit-on, être nommé procureur du roi à Nevers : vous vendez votre charge, et dans dix ans vous serez garde des sceaux. Vous êtes assez audacieux pour ne reculer devant aucun des services que demandera la cour.

— Eh bien, trouvez-vous demain, à quatre heures et demie, sur la place du Mûrier, répondit l'avoué, fanatisé par les probabilités de cet avenir ; j'aurai vu le père Séchard, et nous arriverons à un acte de société où le père et le fils appartiendront au Saint-Esprit des Cointet.

Au moment où le vieux curé de Marsac montait les rampes d'Angoulême pour aller instruire Ève de l'état où se trouvait son frère, David était caché depuis onze jours à deux portes de celle que le digne prêtre venait de quitter.

Quand l'abbé Marron déboucha sur la place du Mûrier, il y trouva les trois hommes, remarquables chacun dans leur genre, qui pesaient de tout leur poids sur l'avenir et sur le présent du pauvre prisonnier volontaire : le père Séchard, le grand Cointet, le petit avoué maigrelet. Trois hommes, trois cupidités ! mais trois cupidités aussi différentes que les hommes. L'un avait inventé de trafiquer de son fils, l'autre de son client, et le grand Cointet achetait toutes ces infamies en se flattant de ne rien payer. Il était environ cinq heures, et la plupart de ceux qui revenaient dîner chez eux s'arrêtaient pour regarder pendant un moment ces trois hommes. — Que diable le vieux père Séchard et le grand Cointet ont-ils donc à se dire?... pensaient les plus curieux. — Il s'agit sans doute entre eux de ce pauvre malheureux qui laisse sa femme, sa belle-mère et son enfant sans pain, répondait-on. — Envoyez donc vos enfants apprendre un état à Paris! disait un esprit fort de province.

— Hé! que venez-vous faire par ici, monsieur le curé? s'écria le vigneron en apercevant l'abbé Marron aussitôt qu'il déboucha sur la place.

— Je viens pour les vôtres, répondit le vieillard.

— Encore une idée de mon fils!... dit le vieux Séchard.

— Il vous en coûterait bien peu de rendre tout le monde heureux, dit le prêtre en indiquant les fenêtres où madame Séchard montrait entre les rideaux sa belle tête. En ce moment, Ève apaisait les cris de son enfant en le faisant sauter et lui chantant une chanson.

— Apportez-vous des nouvelles de mon fils, dit le père, ou, ce qui vaudrait mieux, de l'argent?

— Non, dit monsieur Marron, j'apporte à la sœur des nouvelles du frère.

— De Lucien?... s'écria Petit-Claud.

— Oui. Le pauvre jeune homme est venu de Paris à pied. Je l'ai trouvé chez Courtois mourant de fatigue et de misère, répondit le prêtre... Oh! il est bien malheureux!

Petit-Claud salua le prêtre et prit le grand Cointet par le bras en disant à haute voix: — Nous dînons chez madame de Sénonches, il est temps de nous habiller! Et à deux pas il lui dit à l'oreille: — Quand on a le petit, on a bientôt la mère. Nous tenons David...

— Je vous ai marié, mariez-moi, dit le grand Cointet en laissant échapper un sourire faux.

— Lucien est mon camarade de collége, nous étions copins!... En huit jours je saurai bien quelque chose de lui.

Faites en sorte que les bans se publient, et je vous réponds de mettre David en prison. Ma mission finit avec son écrou.

— Ah ! s'écria tout doucement le grand Cointet, la belle affaire serait de prendre le brevet à notre nom !

En entendant cette dernière phrase, le petit avoué maigrelet frissonna.

En ce moment Ève voyait entrer son beau-père et l'abbé Marron, qui par un seul mot, venait de dénouer le drame judiciaire.

— Tenez, madame Séchard, dit le vieil ours à sa belle-fille, voici notre curé qui vient sans doute nous en raconter de belles sur votre frère.

— Oh ! s'écria la pauvre Ève atteinte au cœur, que peut-il donc lui être encore arrivé !

Cette exclamation annonçait tant de douleurs ressenties, tant d'appréhensions, et de tant de sortes, que l'abbé Marron se hâta de dire : — Rassurez-vous, madame, il vit !

— Seriez-vous assez bon, mon père dit Ève aux vieux vigneron, pour aller chercher ma mère : elle entendra ce que monsieur doit avoir à nous dire de Lucien.

Le vieillard alla chercher madame Chardon, à laquelle il dit : — Vous aurez à en découdre avec l'abbé Marron, qui est bon homme *quoique prêtre*. Le dîner sera sans doute retardé, je reviens dans une heure.

Et le vieillard, insensible à tout ce qui ne sonnait ou ne reluisait pas or, laissa la vieille femme sans voir l'effet du coup qu'il venait de lui porter. Le malheur qui pesait sur ses deux enfants, l'avortement des espérances assises sur la tête de Lucien, le changement si peu prévu d'un caractère qu'on a cru pendant longtemps énergique et probe; enfin, tous les événements arrivés depuis dix-huit mois avaient déjà rendu madame Chardon méconnaissable. Elle n'était pas seulement noble de race, elle était encore noble de cœur, et adorait ses enfants. Aussi avait-elle souffert plus de maux en ces derniers six mois que depuis son veuvage.

Lucien avait eu la chance d'être Rubempré par ordonnance du roi, de recommencer cette famille, d'en faire revivre le titre et les armes, de devenir grand ! Et il était tombé dans la fange ! Car, plus sévère pour lui que la sœur, elle avait regardé Lucien comme perdu, le jour où elle apprit l'affaire des billets. Les mères veulent quelquefois se tromper ; mais elles connaissent toujours bien les enfants qu'elles ont nourris, qu'elles n'ont pas quittés, et, dans les discussions que soulevaient entre David et sa femme les chances de Lucien à Paris, madame Chardon, tout en paraissant partager les illusions d'Ève sur son frère, tremblait que David n'eût raison, car il parlait comme elle entendait parler sa conscience de mère. Elle connaissait trop la délicatesse de sensation de sa fille pour pouvoir lui exprimer ses douleurs, elle était donc forcée de les dévorer dans ce silence dont sont capables seulement les mères qui savent aimer leurs enfants. Ève, de son côté, suivait avec terreur les ravages que faisaient les chagrins chez sa mère, elle la voyait passant de la vieillesse à la décrépitude, et allant toujours ! La mère et la fille se faisaient donc l'une à l'autre de ces nobles mensonges qui ne trompent point. Dans la vie de cette mère, la phrase du féroce vigneron fut la goutte d'eau qui devait remplir la coupe des afflictions, madame Chardon se sentit atteinte au cœur.

Aussi, quand Ève dit au prêtre : — Monsieur, voici ma mère ! quand l'abbé regarda ce visage macéré comme celui d'une vieille religieuse, encadré de cheveux entièrement blanchis, mais embelli par l'air doux et calme des femmes pieusement résignées, et qui marchent, comme on dit, à la volonté de Dieu, comprit-il toute la vie de ces deux créatures. Le prêtre n'eut plus de pitié pour le bourreau, pour Lucien, il frémit en devinant tous les supplices subis par les victimes.

— Ma mère, dit Ève en s'essuyant les yeux, mon pauvre frère est bien près de nous, il est à Marsac.

— Et pourquoi pas ici ? demanda madame Chardon.

L'abbé Marron raconta tout ce que Lucien lui avait dit des misères de son voyage, et les malheurs de ses derniers jours à Paris. Il peignit les angoisses qui venaient d'agiter le poëte quand il avait appris quels étaient au sein de sa famille les effets de ses imprudences, et quelles étaient ses appréhensions sur l'accueil qui pouvait l'attendre à Angoulême.

— En est-il arrivé à douter de nous ? dit madame Chardon.

— Le malheureux est venu vers nous à pied, en subissant les plus horribles privations, et il revient disposé à entrer dans les chemins les plus humbles de la vie... à réparer ses fautes.

— Monsieur, dit la sœur, malgré le mal qu'il nous a fait, j'aime mon frère, comme on aime le corps d'un être qui n'est plus ; et l'aimer ainsi, c'est encore l'aimer plus que beaucoup de sœurs n'aiment leurs frères. Il nous a rendus bien pauvres ; mais qu'il vienne, il partagera le chétif morceau de pain qui nous reste, enfin ce qu'il nous a laissé. Ah ! s'il ne nous avait pas quittés, monsieur, nous n'aurions pas perdu nos plus chers trésors.

— Et c'est la femme qui nous l'a enlevé, dont la voiture l'a ramené, s'écria madame Chardon. Parti dans la calèche de madame de Bargeton, à côté d'elle, il est revenu derrière !

— A quoi puis-je vous être utile dans la situation où vous êtes ? dit le brave curé, qui cherchait une phrase de sortie.

— Eh ! monsieur, répondit madame Chardon, plaie d'argent n'est pas mortelle, dit-on ; mais ces plaies-là ne peuvent pas avoir d'autre médecin que le malade.

— Si vous aviez assez d'influence pour déterminer mon beau-père à aider son fils, vous sauveriez toute une famille, dit madame Séchard.

— Il ne croit pas en vous, et il m'a paru très-exaspéré

contre votre mari, dit le vieillard, à qui les paraphrases du vigneron avaient fait considérer les affaires de Séchard comme un guêpier où il ne fallait pas mettre le pied.

Sa mission terminée, le prêtre alla dîner chez son petit-neveu Postel, qui dissipa le peu de bonne volonté de son vieil oncle en donnant, comme tout Angoulême, raison au père contre le fils.

— Il y a de la ressource avec les dissipateurs, dit en finissant le petit Postel; mais avec ceux qui font des expériences, on se ruinerait.

La curiosité du curé de Marsac était entièrement satisfaite, ce qui, dans toutes les provinces de France, est le principal but de l'excessif intérêt qu'on s'y témoigne. Dans la soirée, il mit le poëte au courant de tout ce qui se passait chez les Séchard, en lui donnant son voyage comme une mission dictée par la charité la plus pure.

— Vous avez endetté votre sœur et votre beau-frère de dix à douze mille francs, dit-il en terminant; et personne, mon cher monsieur, n'a cette bagatelle à prêter au voisin. En Angoumois, nous ne sommes pas riches. Je croyais qu'il s'agissait de beaucoup moins quand vous me parliez de vos billets.

Après avoir remercié le vieillard de ses bontés, le poëte lui dit : — La parole de pardon, que vous m'apportez, est pour moi le vrai trésor.

Le lendemain, Lucien partit de très-grand matin de Marsac pour Angoulême, où il entra vers neuf heures, une canne à la main, vêtu d'une petite redingote assez endommagée par le voyage et d'un pantalon noir à teintes blanches. Ses bottes usées disaient d'ailleurs assez qu'il appartenait à la classe infortunée des piétons. Aussi ne se dissimulait-il pas l'effet que devait produire sur ses compatriotes le contraste de son retour et de son départ. Mais, le cœur encore pantelant sous l'étreinte des remords que lui causait le récit du vieux prêtre, il acceptait pour le moment cette punition, décidé d'affronter les regards des personnes de sa connaissance. Il se disait en lui-même : — Je suis héroïque ! Toutes ces natures de poëte commencent par se duper elles-mêmes. A mesure qu'il marcha dans l'Houmeau, son âme lutta entre la honte de ce retour et la poésie de ses souvenirs. Son cœur battit en passant devant la porte de Postel, où, fort heureusement pour lui, Léonie Marron se trouva seule dans la boutique avec son enfant. Il vit avec plaisir (tant sa vanité conservait de force) le nom de son père effacé. Depuis son mariage, Postel avait fait repeindre sa boutique, et mis au-dessus, comme à Paris : PHARMACIE. En gravissant la rampe de la Porte-Palet, Lucien éprouva l'influence de l'air natal, il ne sentit plus le poids de ses infortunes, et se dit avec délices : — Je vais donc les revoir ! Il atteignit la place du Mûrier sans avoir rencontré personne : un bonheur qu'il espérait à peine, lui qui jadis se promenait en triomphateur dans sa ville ! Marion et Kolb, en sentinelle sur la porte, se précipitèrent dans l'escalier en criant : — Le voilà ! Lucien revit le vieil atelier et la vieille cour, il trouva dans l'escalier sa sœur et sa mère, et il s'embrassèrent en oubliant pour un instant tous leurs malheurs dans cette étreinte. En famille, on compose presque toujours avec le malheur ; on s'y fait un lit, et l'espérance en fait accepter la dureté. Si Lucien offrait l'image du désespoir, il en offrait aussi la poésie : le soleil des grands chemins lui avait bruni le teint ; une profonde mélancolie, empreinte dans ses traits, jetait ses ombres sur son front de poëte. Ce changement annonçait tant de souffrances, qu'à l'aspect des traces laissées par la misère sur sa physionomie, le seul sentiment possible était la pitié. L'imagination partie du sein de la famille y trouvait au retour de tristes réalités. Ève eut au milieu de sa joie le sourire des saintes au milieu de leur martyre. Le chagrin rend sublime le visage d'une jeune femme très-belle. La gravité qui remplaçait dans la figure

de sa sœur la complète innocence qu'il y avait vue à son
départ pour Paris, parlait trop éloquemment à Lucien pour
qu'il n'en reçut pas une impression douloureuse. Aussi, la
première effusion des sentiments, si vive, si naturelle, fut-
elle suivie de part et d'autre d'une réaction : chacun craignait de parler. Lucien ne put cependant s'empêcher de
chercher par un regard celui qui manquait à cette réunion.
Ce regard bien compris fit fondre en larmes Ève, et par
contre-coup Lucien. Quant à madame Chardon, elle resta
blême, et en apparence impassible. Ève se leva, descendit
pour épargner à son frère un mot dur, et alla dire à Marion : — Mon enfant, Lucien aime les fraises, il faut en
trouver !...

— Oh ! j'ai bien pensé que vous vouliez fêter monsieur
Lucien. Soyez tranquille, vous aurez un joli petit déjeuner
et un bon dîner aussi.

— Lucien, dit madame Chardon à son fils, tu as beaucoup à réparer ici. Parti pour être un sujet d'orgueil pour
ta famille, tu nous a plongés dans la misère. Tu as presque
brisé dans les mains de ton frère l'instrument de la fortune
à laquelle il n'a songé que pour sa nouvelle famille. Tu
n'as pas brisé que cela... dit la mère. Il se fit une pause
effrayante et le silence de Lucien impliqua l'acceptation de
ces reproches maternels. — Entre dans une voie de travail,
reprit doucement madame Chardon. Je ne te blâme pas
d'avoir tenté de faire revivre la noble famille d'où je suis
sortie ; mais, à de telles entreprises il faut avant tout une
fortune, et des sentiments fiers : tu n'as rien eu de tout
cela. A la croyance, tu as fait succéder en nous la défiance.
Tu as détruit la paix de cette famille travailleuse et résignée, qui cheminait ici dans une voie difficile... Aux premières fautes, un premier pardon est dû. Ne recommence
pas. Nous nous trouvons ici dans des circonstances difficiles
sois prudent, écoute ta sœur : le malheur est un maître
dont les leçons, bien durement données, ont porté leur

fruit chez elle : elle est devenue sérieuse, elle est mère, elle porte tout le fardeau du ménage par dévouement pour notre cher David ; enfin, elle est devenue, par ta faute, mon unique consolation.

— Vous pouviez être plus sévère, dit Lucien en embrassant sa mère. J'accepte votre pardon, parce que ce sera le seul que j'aurai jamais à recevoir.

Ève revint ; et à la pose humiliée de son frère, elle comprit que madame Chardon avait parlé. Sa bonté lui mit un sourire sur les lèvres, auquel Lucien répondit par des larmes réprimées. La présence a comme un charme, elle change les dispositions les plus hostiles entre amants comme au sein des familles, quelque forts que soient les motifs de mécontentement. Est-ce que l'affection trace dans le cœur des chemins où l'on aime à retomber ? Ce phénomène appartient-il à la science du magnétisme ? La raison dit-elle qu'il faut ou ne jamais se revoir, ou se pardonner ? Que ce soit au raisonnement, à une cause physique ou à l'âme que cet effet appartienne, chacun doit avoir éprouvé que les regards, le geste, l'action d'un être aimé retrouvent chez ceux qu'il a le plus offensés, chagrinés ou maltraités, des vestiges de tendresse. Si l'esprit oublie difficilement, si l'intérêt souffre encore ; le cœur, malgré tout, reprend sa servitude. Aussi, la pauvre sœur, en écoutant jusqu'à l'heure du déjeuner les confidences du frère, ne fut-elle pas maîtresse de ses yeux quand elle le regarda, ni de son accent quand elle laissa parler son cœur. En comprenant les éléments de la vie littéraire à Paris, elle comprit comment Lucien avait pu succomber dans la lutte. La joie du poëte en caressant l'enfant de sa sœur, ses enfantillages, le bonheur de revoir son pays et les siens, mêlé au profond chagrin de savoir David caché, les mots de mélancolie qui échappèrent à Lucien, son attendrissement en voyant qu'au milieu de sa détresse sa sœur s'était souvenue de son goût quand Marion servit les fraises ; tout, jusqu'à l'obligation de loger le frère prodigue et de s'occuper de lui, fit de cette journée une fête. Ce fut comme une halte dans la misère. Le père Séchard lui-même fit rebrousser aux deux femmes le cours de leurs sentiments, en disant : — Vous le fêtez, comme s'il vous apportait des mille et des cents !...

— Mais qu'a donc fait mon frère pour ne pas être fêté ?... s'écria madame Séchard jalouse de cacher la honte de Lucien.

Néanmoins, les premières tendresses passées, les nuances du vrai percèrent. Lucien aperçut bientôt chez Ève la différence de l'affection actuelle et de celle qu'elle lui portait jadis; David était profondément honoré, tandis que Lucien était aimé *quand même*, et comme on aime une maîtresse malgré les désastres qu'elle cause. L'estime, fonds nécessaire à nos sentiments, est la solide étoffe qui leur donne je ne sais qu'elle certitude, qu'elle sécurité dont on vit, et qui manquait entre madame Chardon et son fils, entre le frère et la sœur. Lucien se sentit privé de cette entière confiance qu'on aurait eue en lui s'il n'avait pas failli à l'honneur. L'opinion écrite par d'Arthez sur lui, devenue celle de sa sœur, se laissa deviner dans les gestes, dans les regards, dans l'accent. Lucien était plaint ! mais, quant à être la gloire, la noblesse de la famille, le héros du foyer domestique, toutes ces belles espérances avaient fini sans retour. On craignit assez sa légèreté pour lui cacher l'asile où vivait David. Ève, insensible aux caresses dont fut accompagnée la curiosité de Lucien qui voulait voir son frère, n'était plus l'Ève de l'Houmeau pour qui, jadis, un seul regard de Lucien était un ordre irrésistible. Lucien parla de réparer ses torts, en se vantant de pouvoir sauver David. Ève lui répondit : — Ne t'en mêle pas, nous avons pour adversaires les gens les plus perfides et les plus habiles. Lucien hocha la tête, comme s'il eût dit : — J'ai combattu des Parisiens... Sa sœur lui répliqua par un regard qui signifiait : — Tu as été vaincu.

— Je ne suis plus aimé, pensa Lucien. Pour la famille comme pour le monde, il faut donc réussir. Dès le second jour, en essayant de s'expliquer le peu de confiance de sa mère, et de sa sœur, le poëte fut pris d'une pensée non pas haineuse mais chagrine. Il appliqua la mesure de la vie parisienne à cette chaste vie de province en oubliant que la médiocrité patiente dec et intérieur sublime de résignation était son ouvrage : — Elles sont bourgeoises, elles ne peuvent pas me comprendre, se dit-il en se séparant ainsi de sa sœur, de sa mère et de Séchard qu'il ne pouvait plus tromper ni sur son caractère, ni sur son avenir.

Ève et madame Chardon, chez qui le sens divinatoire était éveillé par tant de chocs et tant de malheurs, épiaient les plus secrètes pensées de Lucien, elles se sentirent mal jugées et le virent s'isoler d'elles. — Paris nous l'a bien changé ! se dirent-elles. Elles recueillaient enfin le fruit de l'égoïsme qu'elles avaient elles-mêmes cultivé. De part et d'autre, ce léger levain devait fermenter, et il fermenta; mais principalement chez Lucien qui se trouvait si reprochable. Quant à Ève, elle était bien de ses sœurs qui savent dire à un frère en faute : — Pardonne-moi *tes* torts... Lorsque l'union des âmes a été parfaite comme elle le fut au début de la vie entre Ève et Lucien, toute atteinte à ce beau idéal du sentiment est mortelle. Là où des scélérats se raccommodent après des coups de poignard, les amoureux se brouillent irrévocablement pour un regard, pour un mot. Dans ce souvenir de la quasi perfection de la vie du cœur se trouve le secret de séparations souvent inexplicables. On peut vivre avec une défiance au cœur, alors que le passé n'offre pas le tableau d'une affection pure et sans nuages; mais, pour deux êtres autrefois parfaitement unis, la vie, quand le regard, la parole exigent des précautions, devient insupportable. Aussi les grands poëtes font-ils mourir leurs Paul et Virginie au sortir de l'adolescence. Comprendriez-vous Paul et Virginie brouillés?... Remarquons, à la gloire d'Ève et de Lucien, que les intérêts, si fortement blessés, n'avivaient point ces blessures : chez la sœur irréprochable, comme chez le poëte en faute, tout était sentiment; aussi le moindre malentendu, la plus petite querelle, un nouveau mécompte dû à Lucien pouvait-il les désunir ou inspirer une de ces querelles qui brouillent irrévocablement. En fait d'argent tout s'arrange ; mais les sentiments sont impitoyables.

Le lendemain Lucien reçut un numéro du journal d'Angoulême et pâlit de plaisir en se voyant le sujet d'un des premiers *Premiers-Angoulême* que ce permit cette estimable feuille qui, semblable aux Académies de province, en fille bien élevée, selon le mot de Voltaire, ne faisait jamais parler d'elle.

« Que la Franche-Comté s'enorgueillisse d'avoir donné le
» jour à Victor Hugo, à Charles Nodier et à Cuvier ; la Bre-
» tagne à Châteaubriand et à Lamennais ; la Normandie à
» Casimir Delavigne ; la Touraine à l'auteur d'*Eloa* ; aujour-
» d'hui l'Angoumois, où déjà sous Louis XIII l'illustre Guez,
» plus connu sous le nom de Balzac, s'est fait notre com-
» patriote, n'a plus rien à envier ni à ces provinces ni au
» Limousin, qui a produit Dupuytren, ni à l'Auvergne, pa-
» trie de Montlosier, ni à Bordeaux, qui a eu le bonheur
» de voir naître tant de grands hommes ; nous aussi, nous
» avons un poëte ! l'auteur des beaux sonnets intitulés *les*
» *Marguerites* joint à la gloire du poëte celle du prosateur,
» car on lui doit également le magnifique roman de *l'Ar-*
» *cher de Charles IX.* Un jour nos neveux seront fiers d'a-
» voir pour compatriote Lucien Chardon, un rival de Pé-
» trarque !!!... » Dans les journaux de province de ce temps,
les points d'admiration ressemblaient aux *hurra* par lesquels on accueille les *speech* des *meeting* en Angleterre.
« Malgré ses éclatants succès à Paris, notre jeune poëte
» s'est souvenu que l'hôtel de Bargeton avait été le berceau

» do ses triomphes, que l'aristocratie angoumoisine avait
» applaudi la première à ses poésies ; que l'épouse de mon-
» sieur le comte du Châtelet, préfet de notre département,
» avait encouragé ses premiers pas dans la carrière des
» Muses, et il est revenu parmi nous !... L'Houmeau
» tout entier s'est ému quand, hier, notre Lucien de
» Rubempré s'est présenté. La nouvelle de son retour
» a produit partout la plus vive sensation. Il est cer-
» tain que la ville d'Angoulême ne se laissera pas de-
» vancer par l'Houmeau dans les honneurs qu'on parle
» de décerner à celui qui, soit dans la presse, soit dans
» la littérature, a représenté si glorieusement notre ville
» à Paris. Lucien, à la fois poëte religieux et royaliste,
» a bravé la fureur des partis ; il est venu, dit-on, se re-
» poser des fatigues d'une lutte qui fatiguerait des ath-
» lètes plus forts encore que des hommes de poésie et
» de rêverie.

» Par une pensée éminemment politique, à laquelle nous
» applaudissons, et que madame la comtesse du Châtelet
» a eue, dit-on, la première, il est question de rendre à
» notre grand poëte le titre et le nom de l'illustre famille
» des Rubempré, dont l'unique héritière est madame Char-
» don, sa mère. Rajeunir ainsi, par des talents et par
» des gloires nouvelles, les vieilles familles près de s'é-
» teindre est, chez l'immortel auteur de la Charte, une
» nouvelle preuve de son constant désir exprimé par ces
» mots *union et oubli*.

» Notre poëte est descendu chez sa sœur, madame Sé-
» chard. »

À la rubrique d'Angoulême se trouvaient les nouvelles
suivantes :

» Notre préfet, monsieur le comte du Châtelet, déjà nom-
» mé, Gentilhomme ordinaire de la Chambre de S. M.,

» vient d'être fait Conseiller d'État en service extraordi-
» naire.

» Hier, toutes les autorités se sont présentées chez mon-
» sieur le préfet.

» Madame la comtesse Sixte du Châtelet recevra tous les
» jeudis.

» Le maire de l'Escarbas, M. de Nègrepelisse, représen-
» tant de la branche cadette des d'Espard, père de ma-
» dame du Châtelet, récemment nommé comte, Pair de
» France, et Commandeur de l'ordre royal de Saint-Louis,
» est, dit-on, désigné pour présider le grand collége élec-
» toral d'Angoulême aux prochaines élections. »

— Tiens, dit Lucien à sa sœur en lui apportant le journal. Après avoir lu l'article attentivement, Ève rendit la
feuille à Lucien d'un air pensif. — Que dis-tu de cela ?
lui demanda Lucien étonné d'une prudence qui ressemblait
à de la froideur.

— Mon ami, répondit-elle, ce journal appartient aux
Cointet, ils sont absolument les maîtres d'y insérer des articles, et ne peuvent avoir la main forcée que par la Préfecture ou par l'Évêché. Supposes-tu ton ancien rival, aujourd'hui préfet, assez généreux pour chanter ainsi tes
louanges ? Oublies-tu que les Cointet nous poursuivent
sous le nom de Métivier et veulent sans doute amener
David à les faire profiter de ses découvertes ?... De quelque part que vienne cet article, je le trouve inquiétant.
Tu n'excitais ici que des haines, des jalousies ; on t'y ca-
lomniait en vertu du proverbe : *Nul n'est prophète en son
pays,* et voilà que tout change en un clin-d'œil...

— Tu ne connais pas l'amour-propre des villes de province, répondit Lucien. On est allé dans une petite ville
du midi recevoir en triomphe, aux portes de la ville, un
jeune homme qui avait remporté le prix d'honneur au grand
concours, en voyant en lui un grand homme en herbe !

— Écoute-moi, mon cher Lucien, je ne veux pas te sermonner, je te dirai tout dans un seul mot : ici, défie-toi
des plus petites choses.

— Tu as raison, répondit Lucien surpris de trouver sa
sœur si peu enthousiaste.

Le poëte était au comble de la joie de voir changer en
un triomphe sa mesquine et honteuse rentrée à Angoulême.

— Vous ne croyez pas au peu de gloire qui nous coûte
si cher ! s'écria Lucien après une heure de silence pendant
laquelle il s'amassa comme un orage dans son cœur.

Pour toute réponse, Ève regarda Lucien, et ce regard le
rendit honteux de son accusation.

Quelques instants avant le dîner, un garçon de bureau
de la préfecture apporta une lettre adressée à monsieur
Lucien Chardon et qui parut donner gain de cause à la
vanité du poëte que le monde disputait à la famille.

Cette lettre était l'invitation suivante :

Monsieur le comte Sixte du Châtelet et madame la com-
tesse du Châtelet prient monsieur Lucien Chardon de leur
faire l'honneur de dîner avec eux le quinze septembre pro-
chain.

R. S. V. P.

A cette lettre était jointe cette carte de visite :

LE COMTE SIXTE DU CHATELET

Gentilhomme ordinaire de la chambre du Roi, Préfet de la Charente,
Conseiller d'État.

— Vous êtes en faveur, dit le père Séchard, on parle
de vous en ville comme d'un grand personnage... On se
dispute entre Angoulême et l'Houmeau à qui vous tortil-
lera des couronnes...

— Ma chère Ève, dit Lucien à l'oreille de sa sœur, je me retrouve absolument comme j'étais à l'Houmeau le jour ou je devais aller chez madame de Bargeton : je suis sans habit pour le dîner du préfet.

— Tu comptes donc accepter cette invitation ? s'écria madame Séchard effrayée.

Il s'engagea, sur la question d'aller ou de ne pas aller à la préfecture, une polémique entre le frère et la sœur. Le bon sens de la femme de province disait à Ève qu'on ne doit se montrer au monde qu'avec un visage riant, en costume complet, et en tenue irréprochable ; mais elle cachait sa vraie pensée : — Où le dîner du préfet mènera-t-il Lucien ? Que peut pour lui le grand monde d'Angoulême ? Ne machine-t-on pas quelque chose contre lui ?

Lucien finit par dire à sa sœur avant d'aller se coucher : — Tu ne sais pas qu'elle est mon influence ; la femme du préfet a peur du journaliste ; et d'ailleurs dans la comtesse du Châtelet il y a toujours Louise de Nègrepelisse ! Une femme qui vient d'obtenir tant de faveurs peut sauver David ! Je lui dirai la découverte que mon frère vient de faire, et ce ne sera rien pour elle que d'obtenir un secours de dix mille francs au ministère.

A onze heures du soir, Lucien, sa sœur, sa mère et le père Séchard, Marion et Kolb furent réveillés par la musique de la ville à laquelle s'était réunie celle de la garnison et trouvèrent la place du Mûrier pleine de monde. Une sérénade fut donnée à Lucien Chardon de Rubempré par les jeunes gens d'Angoulême, Lucien se mit à la fenêtre de sa sœur, et dit au milieu du plus profond silence, après le dernier morceau : — Je remercie mes compatriotes de l'honneur qu'ils me font, je tâcherai de m'en rendre digne ; ils me pardonneront de ne pas en dire davantage ; mon émotion est si vive que je ne saurais continuer.

— Vive l'auteur de *l'Archer de Charles* IX !... — Vive l'auteur des *Marguerites !* — Vive Lucien de Rubempré !

Après ces trois salves, criées par quelques voix, trois couronnes et des bouquets furent adroitemet jetés par la croisée dans l'appartement. Dix minutes après, la place du Mûrier était vide, le silence y régnait.

— J'aimerais mieux dix mille francs, dit le vieux Séchard qui tourna, retourna les couronnes et les bouquets d'un air profondément narquois. Mais vous leur avez donné des marguerites, ils vous rendent des bouquets : vous faites dans les fleurs.

— Voilà l'estime que vous faites des honneurs que me décernent mes concitoyens ! s'écria Lucien dont la physionomie offrit une expression entièrement dénuée de mélancolie et qui véritablement rayonna de satisfaction. Si vous connaissiez les hommes, papa Séchard, vous verriez qu'il ne se rencontre pas deux moments semblables dans la vie. Il n'y a qu'un enthousiasme véritable à qui l'on puisse devoir de semblables triomphes !... Ceci, ma chère mère et ma bonne sœur, efface bien des chagrins. Lucien embrassa sa mère et sa sœur comme l'on embrasse dans ces moments où la joie déborde à flots si larges qu'il faut se jeter dans le cœur d'un ami. (Faute d'un ami, disait un jour Bixiou, un auteur ivre de son succès embrase son portier). — Eh bien, ma chère enfant, dit-il à Ève, pourquoi pleures-tu ?... Ah ! c'est de joie...

— Hélas ! dit Ève à sa mère avant de se recoucher et quand elles furent seules, dans un poëte il y a, je crois, une jolie femme de la pire espèce...

— Tu as raison, répondit la mère en hochant la tête. Lucien a déjà tout oublié non-seulement de ses malheurs, mais des nôtres.

La mère et la fille se séparèrent sans oser se dire toutes leurs pensées.

Dans les pays dévorés par le sentiment d'insubordination sociale caché sous le mot *égalité*, tout triomphe est un de ces miracles qui ne va pas, comme certains miracles d'ailleurs, sans la coopération d'adroits machinistes. Sur dix ovations obtenues par dix hommes vivants et décernées au sein de la patrie, il y a en neuf dont les causes sont étrangères à l'homme couronné. Le triomphe de Voltaire sur les planches du Théâtre-Français n'était-il pas celui de la philosophie de son siècle ? En France ou ne peut triompher que quand tout le monde se couronne sur la tête du triomphateur. Aussi les deux femmes avaient-elles raison dans leurs pressentiments. Le succès du grand homme de province était trop antipathique aux mœurs immobiles d'Angoulême pour ne pas avoir été mis en scène par des intérêts ou par un machiniste passionné, collaborations également perfides. Ève, comme la plupart des femmes d'ailleurs, se défiait par sentiment et sans pouvoir se justifier à elle-même sa défiance. Elle se dit en s'endormant.

— Qui donc aime assez ici mon frère pour avoir excité le pays ?... Les *Marguerites* ne sont d'ailleurs pas encore publiées, comment peut-on le féliciter d'un succès à venir ?...

Ce triomphe était en effet l'œuvre de Petit-Claud. Le jour où le curé de Marsac lui annonça le retour de Lucien, l'avoué dînait pour la première fois chez madame de Sénonches, qui devait recevoir officiellement la demande de la main de sa pupille. Ce fut un de ces dîners de famille dont la solennité se trahit plus par les toilettes que par le nombre de convives. Quoiqu'en famille, on se sait en représentation, et les intentions percent dans toutes les contenances. Françoise était mise comme en étalage. Madame de Sénonches avait arboré le pavillon de ses toilettes les plus recherchées. Monsieur du Hautoy était en habit noir. Monsieur de Sénonches, à qui sa femme avait écrit l'arrivée de madame du Châtelet, qui devait se montrer pour la première fois chez elle, et la présentation officielle d'un prétendu pour Françoise, était revenu de chez M. de Pimentel. Cointet, vêtu de son plus bel habit marron à coupe ecclésiastique, offrit aux regards un diamant de six mille francs sur son jabot, la vengeance du riche commerçant sur l'aristocrate pauvre. Petit-Claud, épilé, peigné, savonné, n'avait pu se défaire de son petit air sec. Il était impossible de ne pas comparer cet avoué maigrelet, serré dans ses habits, à une vipère gelée; mais l'espoir augmentait si bien la vivacité de ses yeux de pie, il mit tant de glace sur sa figure, il se gourma si bien, qu'il arriva juste à la dignité d'un petit procureur du roi ambitieux. Madame de Sénonches avait prié ses intimes de ne pas dire un mot sur la première entrevue de sa pupille avec un prétendu, ni de l'apparition de la préfète, en sorte qu'elle s'attendait à voir ses salons pleins. En effet, monsieur le préfet et sa femme avaient fait leurs visites officielles par cartes, en réservant l'honneur des visites personnelles comme un moyen d'action. Aussi l'aristocratie d'Angoulême était-elle travaillée d'une si énorme curiosité, que plusieurs personnes du camp de Chandour se proposèrent de venir à l'hôtel Bargeton, car on s'obstinait à ne pas appeler cette maison l'hôtel de Sénonches. Les preuves du crédit de la comtesse du Châtelet avaient réveillé bien des ambitions; et d'ailleurs on la disait tellement changée à son avantage que chacun en voulait juger par soi-même. En apprenant de Cointet, pendant le chemin, la grande nouvelle de la faveur que Zéphirine avait obtenue de la préfète, pour pouvoir lui présenter le futur de la chère Françoise, Petit-Claud se flatta de tirer parti de la fausse position où le retour de Lucien mettait Louise de Nègrepelisse.

Monsieur et madame de Sénonches avaient pris des engagements si lourds en achetant leur maison, qu'en gens de province ils ne s'avisèrent pas d'y faire le moindre changement. Aussi, le premier mot de Zéphirine à Louise fut-il, en allant à sa rencontre, quand on l'annonça : — Ma chère Louise, voyez... vous êtes encore ici chez vous !... en lui montrant le petit lustre à pendeloques, les boiseries et le mobilier qui jadis avaient fasciné Lucien.

— C'est, ma chère, ce que je veux le moins me rappeler, dit gracieusement madame la préfète en jetant un regard autour d'elle pour examiner l'assemblée.

Chacun s'avoua que Louise de Nègrepelise ne se ressemblait pas à elle-même. Le monde parisien où elle était restée pendant dix-huit mois, les premiers bonheurs de son mariage qui transformaient aussi bien la femme que Paris avait transformé la provinciale, l'espèce de dignité que donne le pouvoir, tout faisait de la comtesse du Châtelet une femme qui ressemblait à madame de Bargeton comme une fille de vingt ans ressemble à sa mère. Elle portait un charmant bonnet de dentelle et de fleurs négligemment attaché par une épingle à tête de diamant. Ses cheveux à l'anglaise lui accompagnaient bien la figure et la rajeunissaient en en cachant les contours. Elle avait une robe en foulard, à corsage en pointe, délicieusement frangée et dont la façon due à la célèbre Victorine faisait bien valoir sa taille. Ses épaules, couvertes d'un fichu de blonde, étaient à peine visibles sous une écharpe de gaze adroitement mise autour de son cou trop long. Enfin elle jouait avec ces jolies bagatelles dont le maniement est l'écueil des femmes de province ; une jolie cassolette pendait à son bracelet par une chaîne ; elle tenait dans une main son éventail, et son mouchoir roulé sans en être embarrassée. Le goût exquis des moindres détails, la pose et les manières copiées de madame d'Espard révélaient en Louise une savante étude du faubourg Saint-Germain. Quant au vieux beau de l'empire, le mariage l'avait avancé comme ces melons qui, de verts encore la veille, deviennent jaunes dans une seule nuit. En retrouvant sur le visage épanoui de sa femme la verdeur que Sixte avait perdue, on se fit, d'oreille à oreille, des plaisanteries de province, et d'autant plus volontiers que toutes les femmes enrageaient de la nouvelle supériorité de l'ancienne reine d'Angoulême ; et le tenace intrus dut payer pour sa femme. Excepté monsieur de Chandour et sa femme, feu Bargeton, M. de Pimentel et les Rastignac, le salon se trouvait à peu près aussi nombreux que le jour où Lucien y fit la lecture, car monseigneur l'évêque arriva suivi de ses grands-vicaires. Petit-Claud, saisi par le spectacle de l'aristocratie angoumoisine, au cœur de laquelle il désespérait de se voir jamais quatre mois auparavant, sentit sa haine contre les classes supérieures se calmer. Il trouva la comtesse Châtelet ravisante en se disant : — Voilà pourtant la femme qui peut me faire nommer substitut ! Vers le milieu de la soirée, après avoir causé pendant le même temps avec chacune des femmes, en variant le ton de son entretien selon l'importance de la personne et la conduite qu'elle avait tenue à propos de sa fuite avec Lucien, Louise se retira dans le boudoir avec monseigneur. Zéphirine prit alors le bras de Petit-Claud, à qui le cœur battit, et l'amena vers ce boudoir où les malheurs de Lucien avaient commencé, et où il allait se consommer.

— Voici monsieur Petit-Claud, ma chère, je te le recommande d'autant plus vivement, que tout ce que tu feras pour lui profitera sans doute à ma pupille.

— Vous êtes avoué, monsieur ? dit l'auguste fille des Nègrepelisse en toisant Petit-Claud.

— Hélas ! oui, *madame la comtesse*. (Jamais le fils du tailleur de l'Houmeau n'avait eu dans toute sa vie, une seule fois, l'occasion de se servir de ces trois mots ; aussi sa bouche en fut-elle comme pleine). Mais, reprit-il, il dépend de madame la comtesse de me faire tenir debout au parquet. Monsieur Milaud va, dit-on, à Nevers...

— Mais, reprit la comtesse, n'est-on pas second, puis premier substitut ? Je voudrais vous voir sur-le-champ premier substitut... Pour m'occuper de vous et vous obtenir cette faveur, je veux quelque certitude de votre dévouement à la légitimité, à la religion, et surtout à M. de Villèle.

— Ah ! madame, dit Petit-Claud en s'approchant de son oreille, je suis homme à obéir absolument au roi.

— C'est ce qu'il *nous* faut aujourd'hui, répliqua-t-elle en se reculant pour lui faire comprendre qu'elle ne voulait plus rien s'entendre dire à l'oreille. Si vous convenez toujours à madame de Sénonches, comptez sur moi, ajouta-t-elle en faisant un geste royal avec son éventail.

— Madame, dit Petit-Claud, à qui Cointet se montra en arrivant à la porte du boudoir, Lucien est ici.

— Eh bien ! monsieur ?... répondit la comtesse d'un ton qui eût arrêté toute espèce de parole dans le gosier d'un homme ordinaire.

— Madame la comtesse ne me comprend pas, reprit Petit-Claud en se servant de la formule la plus respectueuse, je veux lui donner une preuve de mon dévouement à sa personne. Comment madame la comtesse veut-elle que le grand homme qu'elle a fait soit reçu dans Angoulême ? Il n'y a pas de milieu : il doit y être un objet ou de mépris ou de gloire.

Louise de Nègrepelisse n'avait pas pensé à ce dilemme, auquel elle était évidemment intéressée plus à cause du passé que du présent. Or, des sentiments que la comtesse portait actuellement à Lucien dépendait la réussite du plan conçu par l'avoué pour mener à bien l'arrestation de Séchard.

— Monsieur Petit-Claud, dit-elle en prenant une attitude de hauteur et de dignité, vous voulez appartenir au gouvernement, sachez que son premier principe doit être de ne jamais avoir eu tort, et que les femmes ont encore mieux que les gouvernement l'instinct du pouvoir et le sentiment de leur dignité.

— C'est bien là ce que je pensais, madame, répondit-il vivement en observant la comtesse avec une attention aussi profonde que peu visible. Lucien arrive ici dans la plus grande misère. Mais, s'il doit y recevoir une ovation, je puis aussi le contraindre, à cause de l'ovation même, quitter Angoulême où sa sœur et son beau-frère David sont sous le coup de poursuites ardentes...

Louise de Nègrepelisse laissa voir sur son visage altier un léger mouvement produit par la répression même de son plaisir. Surprise d'être si bien devinée, elle regarda Petit-Claud en dépliant son éventail, car Françoise de La Haye entrait, ce qui lui donna le temps de trouver une réponse.

— Monsieur, dit-elle avec un sourire significatif, vous serez promptement procureur du Roi...

N'était-ce pas tout dire sans se compromettre ?

— Oh ! madame, s'écria Françoise en venant remercier la préfète, je vous devrai donc le bonheur de ma vie. Elle lui dit à l'oreille en se penchant vers sa protectrice par un petit geste de jeune fille : — Je serai morte à petit feu d'être la femme d'un avoué de province...

Si Zéphirine s'était ainsi jetée sur Louise, elle y avait été poussée par Francis, qui ne manquait pas d'une certaine connaissance du monde bureaucratique.

— Dans les premiers jours de tout avènement, que ce soit celui d'un préfet, d'une dynastie ou d'une exploitation, dit l'ancien consul général à son amie, on trouve les gens tout feu pour rendre service ; mais ils ont bientôt reconnu les inconvénients de la protection et deviennent de glace. Aujourd'hui Louise fera pour Petit-Claud des démarches que, dans trois mois, elle ne voudrait plus faire pour votre mari.

— Madame la comtesse pense-t-elle, dit Petit-Claud, à toutes les obligations du triomphe de notre poëte ? Elle devra recevoir Lucien pendant les dix jours que durera notre engouement.

La préfète fit un signe de tête afin de congédier Petit-Claud, et se leva pour aller causer avec madame de Pimentel qui montra sa tête à la porte du boudoir. Saisie par la nouvelle de l'élévation du bonhomme de Nègrepelisse à

la pairie, la marquise avait jugé nécessaire de venir caresser une femme assez habile pour avoir augmenté son influence en faisant une quasi faute.

— Dites-moi donc, ma chère, pourquoi vous vous êtes
donné la peine de mettre votre père à la chambre haute,
dit la marquise au milieu d'une conversation confidentielle où elle pliait le genou devant la supériorité de sa
chère Louise.

— Ma chère, on m'a d'autant mieux accordé cette faveur
que mon père n'a pas d'enfants, et votera toujours pour la
couronne; mais, si j'ai des garçons, je compte bien que
mon aîné sera substitué au titre, aux armes et à la pairie
de son grand-père...

Madame de Pimentel vit avec chagrin qu'elle ne pourrait
pas employer à réaliser son désir de faire élever M. de
Pimentel à la pairie, une mère dont l'ambition s'étendait
sur les enfants à venir.

— Je tiens la préfète, disait Petit-Claud à Cointet en sortant, et je vous promets votre acte de société... Je serai
dans un mois premier substitut, et vous, vous serez maître
de Séchard. Tâchez maintenant de me trouver un successeur pour mon étude, j'en ai fait en cinq mois la première
d'Angoulême...

— Il ne fallait que vous mettre à cheval, dit Cointet
presque jaloux de son œuvre.

Chacun peut maintenant comprendre la cause du triomphe de Lucien dans son pays. A la manière de ce roi de
France qui ne vengeait pas le duc d'Orléans, Louise ne
voulait pas se souvenir des injures reçues à Paris par
madame de Bargeton. Elle voulait patroner Lucien, l'é-
craser de sa protection et s'en débarrasser *honnêtement*.
Mis au fait de toute l'intrigue de Paris par les commérа-
ges, Petit-Claud avait bien deviné la haine vivace que les
femmes portent à l'homme qui n'a pas su les aimer à
l'heure où elles ont eu l'envie d'être aimées.

Le lendemain de l'ovation qui justifiait le passé de Louise de Nègrepelisse, Petit-Claud, pour achever de griser Lucien et s'en rendre maître, se présenta chez madame Séchard à la tête de six jeunes gens de la ville, tous anciens camarades de Lucien au collége d'Angoulême. Cette députation était envoyée à l'auteur des *Marguerites* et de *l'Archer de Charles IX* par ses condisciples, pour le prier d'assister au banquet qu'ils voulaient donner au grand homme sorti de leurs rangs.

— Tiens, c'est toi, Petit-Claud ! s'écria Lucien.

— Ta rentrée ici, lui dit Petit-Claud, a stimulé notre amour-propre, nous nous sommes piqués d'honneur, nous nous sommes cotisés, et nous te préparons un magnifique repas. Notre proviseur et nos professeurs y assisteront ; et, à la manière dont vont les choses, nous aurons sans doute les autorités.

— Et pour quel jour ? dit Lucien.

— Dimanche prochain.

— Cela me serait impossible, répondit le poëte, je ne puis accepter que pour dans dix jours d'ici... Mais alors ce sera volontiers...

— Eh bien ! nous sommes à tes ordres, dit Petit-Claud ; soit, dans dix jours.

Lucien fut charmant avec ses camarades qui lui témoignèrent une admiration presque respectueuse. Il causa pendant environ une demie-heure avec beaucoup d'esprit, car il se trouvait sur un piédestal et voulait justifier l'opinion du pays : il se mit les mains dans les goussets, il parla tout à fait en homme qui voit les choses de la hauteur où ses concitoyens l'ont mis. Il fut modeste, et bon enfant, comme un génie en déshabillé. Ce fut les plaintes d'un athlète fatigué des luttes à Paris, désenchanté surtout, il félicita ses camarades de ne pas avoir quitté leur bonne province, etc. Il les laissa tout enchantés de lui. Puis, il prit Petit-Claud à part et lui demanda la vérité sur les af-

faires de David, en lui reprochant l'état de séquestration
où se trouvait son beau-frère. Lucien voulait ruser avec
Petit-Claud. Petit-Claud s'efforça de donner à son ancien
camarade cette opinion que lui, Petit-Claud, était un pauvre petit avoué de province, sans aucune espèce de finesse.
La constitution actuelle des sociétés, infiniment plus com-
pliquée dans ses rouages que celle des sociétés antiques,
a eu pour effet de subdiviser les facultés chez l'homme.
Autrefois, les gens éminents, forcés d'être universels,
apparaissaient en petit nombre et comme des flambeaux
au milieu des nations antiques. Plus tard, si les facultés
se spécialisèrent, la qualité s'adressait encore à l'ensemble des choses. Ainsi un homme *riche en cautèle*, comme
on l'a dit de Louis XI, pouvait appliquer sa ruse à tout;
mais aujourd'hui la qualité s'est elle-même subdivisée.
Par exemple, autant de professions, autant de ruses différentes. Un rusé diplomate sera très-bien joué, dans une
affaire, au fond d'une province, par un avoué médiocre
ou par un paysan. Le plus rusé journaliste peut se trouver fort niais en matière d'intérêts commerciaux, et Lucien devait être et fut le jouet de Petit-Claud. Le malicieux avocat avait naturellement écrit lui-même l'article
où la ville d'Angoulême, compromise avec son faubourg
de l'Houmeau, se trouvait obligée de fêter Lucien. Les
concitoyens de Lucien, venus sur la place du Mûrier, étaient
les ouvriers de l'imprimerie et de la papeterie des Cointet,
accompagnés des clercs de Petit-Claud, de Cachan, et de
quelques camarades de collége. Redevenu pour le poëte le
copin du collége, l'avoué pensait avec raison que son camarade laisserait échapper, dans un temps donné, le secret
de la retraite de David. Et si David périssait par la faute
de Lucien, Angoulême n'était pas tenable pour le poëte.
Aussi, pour mieux assurer son influence, se posa-t-il comme
l'inférieur de Lucien.

— Comment n'aurais-je pas fait pour le

Petit-Claud à Lucien. Il s'agissait de la sœur de mon *copin*; mais, au Palais, il y a des positions où l'on doit périr. David m'a demandé, le premier juin, de lui garantir sa tranquillité pendant trois mois; il n'est en danger qu'en septembre, et encore ai-je su soustraire tout son avoir à ses créanciers; car je gagnerai le procès en Cour royale; j'y ferai juger que le privilége de la femme est absolu, que, dans l'espèce, il ne couvre aucune fraude... Quant à toi, tu reviens malheureux, mais tu es un homme de génie... (Lucien fit un geste comme d'un homme à qui l'encensoir arrive trop près du nez.) — Oui, mon cher, reprit Petit-Claud, j'ai lu l'*Archer de Charles IX*, et c'est plus qu'un ouvrage, c'est un livre ! La préface n'a pu être écrite que par deux hommes : Châteaubriand ou toi !

Lucien accepta cet éloge, sans dire que cette préface était de d'Arthez. Sur cent auteurs français, quatre-vingt-dix-neuf eussent agi comme lui.

— Eh bien ! ici l'on n'avait pas l'air de te connaître, reprit Petit-Claud en jouant l'indignation. Quand j'ai vu l'indifférence générale, je me suis mis en tête de révolutionner tout ce monde. J'ai fait l'article que tu as lu...

— Comment, c'est toi qui !... s'écria Lucien.

—Moi-même !... Angoulême et l'Houmeau se sont trouvés en rivalité, j'ai rassemblé des jeunes gens, tes anciens camarades de collége, et j'ai organisé la sérénade d'hier; puis, une fois lancés dans l'enthousiasme, nous avons lâché la souscription pour le dîner. — « Si David se cache, au moins Lucien sera couronné ! » me suis-je dit. J'ai fait mieux, reprit Petit-Claud, j'ai vu la comtesse Châtelet, et je lui ai fait comprendre qu'elle se devait à elle-même de tirer David de sa position, elle le peut, elle le doit. Si David a bien réellement trouvé le secret dont il m'a parlé, le gouvernement ne se ruinera pas en le soutenant, et quel genre pour un préfet d'avoir l'air d'être pour moitié dans une si grande découverte par l'heureuse protection qu'il accorde à l'inventeur ! On fait parler de soi comme d'un administrateur éclairé... Ta sœur s'est effrayée du jeu de notre mousqueterie judiciaire ! elle a eu peur de la fumée... La guerre au Palais coûte aussi cher que sur les champs de bataille; mais David a maintenu sa position, il est maître de son secret · on ne peut pas l'arrêter, on ne l'arrêtera pas !

Je te remercie, mon cher, et je vois que je puis te confier mon plan, tu m'aideras à le réaliser. (Petit-Claud regarda Lucien en donnant à son nez en vrille l'air d'un point d'interrogation.) — Je veux sauver Séchard, dit Lucien avec une sorte d'importance, je suis la cause de son malheur, je réparerai tout... J'ai plus d'empire sur Louise...

— Qui, Louise ?

— La comtesse Châtelet !... (Petit-Claud fit un mouvement.) — J'ai sur elle plus d'empire qu'elle ne le croit elle-même, reprit Lucien; seulement, mon cher, si j'ai du pouvoir sur votre gouvernement, je n'ai pas d'habits...

Petit-Claud fit un autre mouvement comme pour offrir sa bourse.

— Merci, dit Lucien en serrant la main de Petit-Claud. Dans dix jours d'ici, j'irai faire une visite à madame la préfète, et je te rendrai la tienne.

Et ils se séparèrent en se donnant des poignées de main de camarades.

— Il doit être poëte, se dit en lui-même Petit-Claud, car il est fou.

— On a beau dire, pensait Lucien en revenant chez sa sœur, en fait d'amis, il n'y a que les amis de collége.

— Mon Lucien, dit Ève, que t'a donc promis Petit-Claud pour lui témoigner tant d'amitié? Prends garde à lui !

— A lui? s'écria Lucien. Écoute, Ève, reprit-il paraissant obéir à une réflexion, tu ne crois plus en moi, tu te défies de moi, tu peux bien te défier de Petit-Claud; mais, dans douze ou quinze jours, tu changeras d'opinion, ajouta-t-il d'un petit air fat...

Lucien remonta dans sa chambre, et y écrivit la lettre suivante à Lousteau :

« Mon ami, de nous deux, moi seul puis me souvenir du
» billet de mille francs que je t'ai prêté : mais je connais
» trop bien, hélas! la situation où tu seras en ouvrant ma
» lettre, pour ne pas ajouter aussitôt que je ne te les re-
» demande pas en espèces d'or ou d'argent ; non, je te les
» demande en crédit, comme on les demanderait à Florine
» en plaisir. Nous avons le même tailleur, tu peux donc me
» faire confectionner sous le plus bref délai un habillement
» complet. Sans être précisément dans le costume d'Adam,
» je ne puis me montrer. Ici, les honneurs départementaux
» dus aux illustrations parisiennes m'attendaient, à mon
» grand étonnement. Je suis le héros d'un banquet, ni plus ni
» moins qu'un député de la gauche ; comprends-tu main-
» tenant la nécessité d'un habit noir? Promets le payement ;
» charge-t'en, fais jouer la réclame ; enfin trouve une scène
» inédite de Don Juan avec monsieur Dimanche, car il faut
» m'endimancher à tout prix. Je n'ai rien que des haillons :
» pars de là! Nous sommes en septembre, il fait un temps
» magnifique ; *ergò*, veille à ce que je reçoive, à la fin de
» cette semaine, un charmant habillement du matin : petite
» redingote vert-bronze foncé, trois gilets, l'un couleur
» soufre, l'autre de fantaisie, genre écossais, le troisième
» d'une entière blancheur ; plus, trois pantalons *à faire des*
» *femmes*, l'un blanc étoffe anglaise, l'autre nankin, le
» troisième en léger casimir noir ; enfin un habit noir et
» un gilet de satin noir pour soirée. Si tu as retrouvé une
» Florine quelconque, je me recommande à elle pour deux
» cravates de fantaisie. Ceci n'est rien, je compte sur toi,
» sur ton adresse : le tailleur m'inquiète peu. Mon cher
» ami, nous l'avons maintes fois déploré : l'intelligence de

» la misère qui, certes, est le plus actif poison dont soit
» travaillé l'homme par excellence, le Parisien! cette in-
» telligence, dont l'activité surprendrait Satan, n'a pas
» encore trouvé le moyen d'avoir à crédit un chapeau!
» Quand nous aurons mis à la mode des chapeaux qui
» vaudront mille francs, les chapeaux seront possibles;
» mais jusque-là, nous devrons toujours avoir assez d'or
» dans nos poches pour payer un chapeau. Ah! quel mal
» la Comédie-Française nous a fait avec ce : — *Lafleur, tu*
» *mettras de l'or dans mes poches!* Je sens donc profondé-
» ment toutes les difficultés de l'exécution de cette de-
» mande : joins une paire de bottes, une paire d'escarpins,
» un chapeau, six paires de gants, à l'envoi du tailleur!
» C'est demander l'impossible, je le sais. Mais la vie litté-
» raire n'est-elle pas l'impossible mis en coupe réglée?...
» Je ne te dis qu'une seule chose : opère ce prodige en
» faisant un grand article ou quelque petite infamie, je te
» quitte et décharge de ta dette. Et c'est une dette d'hon-
» neur, mon cher, elle a douze mois de carnet : tu en rou-
» girais, si tu pouvais rougir. Mon cher Lousteau, plai-
» santerie à part, je suis dans des circonstances graves.
» Juges-en par ce seul mot : la Seiche est engraissée, elle est
» devenue la femme du Héron, et le Héron est préfet d'An-
» goulême. Cet affreux couple peut beaucoup pour mon
» beau-frère que j'ai mis dans une situation affreuse, il est
» poursuivi, caché, sous le poids de la lettre de change!...
» Il s'agit de reparaître aux yeux de madame la préfète et
» de reprendre sur elle quelque empire à tout prix. N'est-
» ce pas effrayant à penser que la fortune de David Sé-
» chard dépende d'une jolie paire de bottes, de bas de soie
» gris à jour (ne va pas les oublier), et d'un chapeau neuf!...
» Je vais me dire malade et souffrant, me mettre au lit
» comme dit Duvicquet, pour me dispenser de répondre à
» l'empressement de mes concitoyens. Mes concitoyens
» m'ont donné, mon cher, une très-belle sérénade. Je

» commence à me demander combien il faut de sots pour
» composer ce mot : *mes concitoyens*, depuis que j'ai su
» que l'enthousiasme de la capitale de l'Angoumois avait
» eu quelques-uns de mes camarades de collége pour boute-
» en-train.

    » Si tu pouvais mettre aux *faits-Paris* quelques lignes
» sur ma réception, tu me grandirais ici de plusieurs ta-
» lons de botte. Je ferais d'ailleurs sentir à la Seiche que
» j'ai, sinon des amis, du moins quelque crédit dans la
» presse parisienne. Comme je ne renonce à rien de mes
» espérances, je te revaudrai cela. S'il te fallait un bel ar-
» ticle de fond pour un recueil quelconque, j'ai le temps
» d'en méditer un à loisir. Je ne te dis plus qu'un mot,
» mon cher ami : Je compte sur toi, comme tu peux comp-
» ter sur celui qui se dit :

               » Tout à toi,

                  » LUCIEN DE R. »

P. S. « Adresse-moi le tout par les diligences, bureau
restant. »

Cette lettre, où Lucien reprenait le ton de supériorité
que son succès lui donnait intérieurement, lui rappela Paris. Pris depuis six jours par le calme absolu de la province, sa pensée se reporta vers ses bonnes misères, il eut
des regrets vagues, il resta pendant toute une semaine
préoccupé de la comtesse Châtelet; enfin, il attacha tant
d'importance à sa réapparition que, quand il descendit,
à la nuit tombante, à l'Houmeau chercher au bureau des
diligences les paquets qu'il attendait de Paris, il éprouvait
toutes les angoisses de l'incertitude, comme une femme
qui a mis ses dernières espérances sur une toilette et qui
désespère de l'avoir.

    — Ah! Lousteau! je te pardonne tes trahisons, se dit-il

n remarquant par la forme des paquets que l'envoi devait
ontenir tout ce qu'il avait demandé.

Il trouva la lettre suivante dans le carton à chapeau :

Du salon de Florine.

» Mon cher enfant,

» Le tailleur s'est très-bien conduit; mais, comme ton
» profond coup d'œil rétrospectif te le faisait pressentir, les
» cravates, le chapeau, les bas de soie à trouver ont porté
» le trouble dans nos cœurs, car il n'y avait rien à troubler
» dans notre bourse. Nous le disions avec Blondet : il y
» aurait une fortune à faire en établissant une maison où
» les jeunes gens trouveraient ce qui coûte peu de chose.
» Car nous finissons par payer très-cher ce que nous ne
» payons pas. D'ailleurs, le grand Napoléon, arrêté dans
» sa course vers les Indes, faute d'une paire de bottes, l'a
» dit : *Les affaires faciles ne se font jamais!* Donc tout
» allait, excepté ta chaussure... Je te voyais habillé sans
» chapeau! gileté sans souliers, et je pensais à t'envoyer
» une paire de mocassins qu'un Américain a donnés par
» curiosité à Florine. Florine a offert une masse de qua-
» rante francs à jouer pour toi. Nathan, Blondet et moi,
» nous avons été si heureux en ne jouant plus pour notre
» compte que nous avons été assez riches pour emmener
» la Torpille, l'ancien rat de des Lupeaulx, à souper. Fras-
» cati nous devait bien cela. Florine s'est chargée des ac-
» quisitions; elle y a joint trois belles chemises. Nathan
» t'offre une canne. Blondet, qui a gagné trois cents francs,
» t'envoie une chaîne d'or. Le rat y a joint une montre
» en or, grande comme une pièce de quarante francs qu'un
» imbécile lui a donnée et qui ne va pas : — « *C'est de la
» pacotille, comme ce qu'il a eu!* » nous a-t-elle dit. Bixion,

» qui nous est venu trouver au Rocher de Cancale, a voulu
» mettre un flacon d'eau de Portugal dans l'envoi que te
» fait Paris. Notre premier comique a dit : *Si cela peut*
» *faire son bonheur, qu'il le soit !...* avec cet accent de
» basse-taille et cette importance bourgeoise qu'il peint
» si bien. Tout cela, mon cher enfant, te prouve combien
» l'on aime ses amis dans le malheur. Florine, à qui j'ai
» eu la faiblesse de pardonner, te prie de nous envoyer
» un article sur le dernier ouvrage de Nathan. Adieu, mon
» fils ! Je ne puis que te plaindre d'être retourné dans le local
» d'où tu sortais quand tu t'es fait un vieux camarade de

» Ton ami,

» ÉTIENNE L. »

— Pauvres garçons ! ils ont joué pour moi ! se dit-il tout
ému.

Il vient des pays malsains ou de ceux où l'on a le plus
souffert, des bouffées qui ressemblent aux senteurs du paradis. Dans une vie tiède le souvenir des souffrances est
comme une jouissance indéfinissable. Ève fut stupéfaite
quand son frère descendit dans ses vêtements neufs ; elle
ne le reconnaissait pas.

— Je puis maintenant m'aller promener à Beaulieu, s'é-
cria-t-il ; on ne dira pas de moi : il est revenu en haillons !
Tiens, voilà une montre que je te rendrai, car elle est bien
à moi ; puis elle me ressemble, elle est détraquée.

— Quel enfant tu es !... dit Ève. On ne peut t'en vouloir
de rien.

— Croirais-tu donc, ma chère fille, que j'aie demandé
tout cela dans la pensée assez niaise de briller aux yeux
d'Angoulême, dont je me soucie comme de cela ! dit-il en
fouettant l'air avec sa canne à pomme d'or ciselée. Je veux
réparer le mal que j'ai fait, et je me suis mis sous les armes.

Le succès de Lucien comme élégant fut le seul triomphe réel qu'il obtint, mais il fut immense, L'envie délie autant de langues que l'admiration en glace. Les femmes raffolèrent de lui, les hommes en médirent, et il put s'écrier comme le chansonnier : *O mon habit, que je te remercie !* Il alla mettre deux cartes à la Préfecture et fit également une visite à Petit-Claud, qu'il ne trouva pas. Le lendemain, jour du banquet, les journaux de Paris contenaient tous, à la rubrique d'Angoulême, les lignes suivantes :

« ANGOULÊME. Le retour d'un jeune poëte dont les débuts
» ont été si brillants, de l'auteur de *l'Archer de Charles IX*,
» l'unique roman historique fait en France sans imitation
» du genre de Walter Scott, et dont la préface est un
» événement littéraire, a été signalé par une ovation aussi
» flatteuse pour la ville que pour monsieur Lucien de Ru-
» bempré. Le nouveau préfet, à peine installé, s'est as-
» socié à la manifestation publique en fêtant l'auteur des
» *Marguerites*, dont le talent fut si vivement encouragé à
» ses débuts par madame la comtesse du Châtelet. »

En France, une fois l'élan donné, personne ne peut plus l'arrêter. Le colonel du régiment en garnison offrit sa musique. Le maître d'hôtel de la Cloche, dont les expéditions de dindes truffées vont jusqu'en Chine et s'envoient dans les plus magnifiques porcelaines, le fameux aubergiste de l'Houmeau, chargé du repas, avait décoré sa grande salle avec des draps sur lesquels des couronnes de laurier entremêlées de bouquets faisaient un effet superbe. A cinq heures quarante personnes étaient réunies là, toutes en habit de cérémonie. Une foule de cent et quelques habitants, attirés principalement par la présence des musiciens dans la cour, représentait les concitoyens.

— Tout Angoulême est là ! dit Petit-Claud en se mettant à la fenêtre.

— Je n'y comprends rien, disait Postel à sa femme, qui vint pour écouter la musique. Comment! le Préfet, le Receveur-Général, le Colonel, le directeur de la Poudrerie, notre Député, le Maire, le Proviseur, le directeur de la fonderie de Ruelle, le Président, le Procureur du roi, monsieur Milaud, toutes les autorités viennent d'arriver!...

Quand on se mit à table, l'orchestre militaire commença par des variations sur l'air de : *Vive le roi, vive la France!* qui n'a pu devenir populaire. Il était cinq heures du soir. A huit heures, un dessert de soixante-cinq plats, remarquable par un Olympe en sucreries surmonté de la France en chocolat, donna le signal des toasts.

— Messieurs, dit le préfet en se levant, au Roi!... à la Légitimité! N'est-ce pas à la paix que les Bourbons nous ont ramenée que nous devons la génération de poëtes et de penseurs qui maintient dans les mains de la France le sceptre de la littérature!...

— Vive le roi! crièrent les convives, parmi lesquels les ministériels étaient en force.

Le vénérable proviseur se leva.

— Au jeune poëte, dit-il, au héros du jour, qui a su allier à la grâce et à la poésie de Pétrarque, dans un genre que Boileau déclarait si difficile, le talent du prosateur!

— Bravo! bravo!

Le colonel se leva.

— Messieurs, au Royaliste! car le héros de cette fête a eu le courage de défendre les bons principes.

— Bravo! dit le préfet, qui donna le ton aux applaudissements.

Petit-Claud se leva.

— Tous les camarades de Lucien à la gloire du collége d'Angoulême, au vénérable proviseur qui nous est si cher, et à qui nous devons reporter tout ce qui lui appartient dans nos succès!...

Le vieux proviseur, qui ne s'attendait pas à ce toast

s'essuya les yeux. Lucien se leva : le plus profond silence s'établit, et le poëte devint blanc. En ce moment le vieux proviseur, qui se trouvait à sa gauche, lui posa sur la tête une couronne de laurier. On battit des mains. Lucien eut des larmes dans les yeux et dans la voix.

— Il est gris, dit à Petit-Claud le futur procureur du roi de Nevers.

— Ce n'est pas le vin qui l'a grisé, répondit l'avoué.

— Mes chers compatriotes, mes chers camarades, dit enfin Lucien, je voudrais avoir la France entière pour témoin de cette scène. C'est ainsi qu'on élève les hommes, et qu'on obtient dans notre pays les grandes œuvres et les grandes actions. Mais, voyant le peu que j'ai fait et le grand honneur que j'en reçois, je ne puis que m'en trouver confus et m'en remettre à l'avenir du soin de justifier l'accueil d'aujourd'hui. Le souvenir de ce moment me rendra des forces au milieu de luttes nouvelles. Permettez-moi de signaler à vos hommages celle qui fut et ma première muse et ma protectrice, et de boire aussi à ma ville natale ; donc à la belle comtesse Sixte du Châtelet et à la noble ville d'Angoulême !

— Il ne s'en est pas mal tiré, dit le procureur du roi, qui hocha la tête en signe d'approbation ; car nos toasts étaient préparés, et le sien est improvisé.

A dix heures les convives s'en allèrent par groupes. David Séchard, entendant cette musique extraordinaire, dit à Basine : — Que se passe-t-il donc à l'Houmeau ?

— L'on donne, répondit-elle, une fête à votre beau-frère Lucien...

— Je suis sûr, dit-il, qu'il aura dû regretter de ne pas m'y voir !

A minuit Petit-Claud reconduisit Lucien jusque sur la place du Mûrier. Là Lucien dit à l'avoué : — Mon cher, entre nous, c'est à la vie, à la mort.

— Demain, dit l'avoué, l'on signe mon contrat de ma-

riage chez madame de Sénonches, avec mademoiselle Françoise de La Haye, sa pupille; fais-moi le plaisir d'y venir
madame de Séconches m'a prié de t'y amener, et tu
verras la préfète, qui sera très-flattée de ton toast, dont o:
va sans doute lui parler.

— J'avais bien mes idées, dit Lucien.

— Oh! tu sauveras David!

— J'en suis sûr, répondit le poëte.

En ce moment David se montra comme par enchantement. Voici pourquoi. Il se trouvait dans une position assez
difficile; sa femme lui défendait absolument et de recevoir Lucien et de lui faire savoir le lieu de sa retraite, tandis que Lucien lui écrivait les lettres les plus affectueuses
en lui disant que sous peu de jours il aurait réparé le mal.
Or, mademoiselle Clerget avait remis à David les deux lettres suivantes, en lui disant le motif de la fête dont la musique arrivait à son oreille.

« Mon ami, fais comme si Lucien n'était pas ici; ne t'in-
» quiète de rien, et grave dans ta chère tête cette propo-
» sition : notre sécurité vient tout entière de l'impossibilité
» où sont tes ennemis de savoir où tu es. Tel est mon
» malheur que j'ai plus de confiance en Kolb, en Marion,
» en Basine, qu'en mon frère. Hélas! mon pauvre Lucien
» n'est plus le candide et tendre poëte que nous avons
» connu. C'est précisément parce qu'il veut se mêler de tes
» affaires, et qu'il a la présomption de faire payer nos
» dettes (par orgueil, mon David!...) que je le crains. Il a
» reçu de Paris de beaux habits et cinq pièces d'or dans une
» belle bourse. Il les a mises à ma disposition, et nous
» vivons de cet argent. Nous avons enfin un ennemi de
» moins; ton père nous a quittés, et nous devons son
» départ à Petit-Claud, qui a démêlé les intentions du père
» Séchard, et qui les a sur-le-champ annihilées en lui di-
» sant que tu ne ferais plus rien sans lui; que lui, Petit-

» Claud, ne te laisserait rien céder de ta découverte sans
» une indemnité préalable de trente mille francs : d'abord
» quinze mille pour te liquider, quinze mille que tu tou-
» cherais dans tous les cas, succès ou insuccès. Petit-
» Claud est inexplicable pour moi. Je t'embrasse comme
» une femme embrasse son mari malheureux. Notre petit
» Lucien va bien. Quel spectacle que celui de cette fleur
» qui se colore et grandit au milieu de nos tempêtes do-
» mestiques ! Ma mère, comme toujours, prie Dieu et
» t'embrasse aussi tendrement.

» Ton Ève. »

Petit-Claud et les Cointet, effrayés de la ruse paysanne
du vieux Séchard, s'en étaient, comme on voit, d'autant
mieux débarrassés que ses vendanges le rappelaient à ses
vignes de Marsac.

La lettre de Lucien, incluse dans celle d'Ève, était ainsi
conçue :

» Mon cher David, tout va bien. Je suis armé de pied en
» cap ; j'entre en campagne aujourd'hui, dans deux jours
» j'aurai fait bien du chemin. Avec quel plaisir je t'em-
» brasserai quand tu seras libre et quitte de mes dettes !
» Mais je suis blessé, pour la vie et au cœur, de la défiance
» que ma sœur et ma mère continuent à me témoigner.
» Ne s'ais-je pas déjà que tu te caches chez Basine ? Toutes
» les fois que Basine vient à la maison, j'ai de tes nouvelles
» et la réponse à mes lettres. Il est d'ailleurs évident que
» ma sœur ne pouvait compter que sur son amie d'atelier.
» Aujourd'hui je serai bien près de toi et cruellement
» marri de ne pas te faire assister à la fête que l'on me
» donne. L'amour-propre d'Angoulême m'a valu un petit
» triomphe qui, dans quelques jours, sera entièrement

» oublié, mais où ta joie aurait été la seule de sincère.
» Enfin, encore quelques jours, et tu pardonneras tout à
» celui qui compte pour plus que toutes les gloires du
» monde d'être

» Ton frère.

» LUCIEN. »

David eut le cœur vivement tiraillé par ces deux forces, quoiqu'elles fussent inégales ; car il adorait sa femme, et son amitié pour Lucien s'était diminuée d'un peu d'estime. Mais dans la solitude la force des sentiments change entièrement. L'homme seul, et en proie à des préoccupations comme celles qui dévoraient David, cède à des pensées contre lesquelles il trouverait des points d'appui dans le milieu ordinaire de la vie. Ainsi, en lisant la lettre de Lucien au milieu des fanfares de ce triomphe inattendu, il fut profondément ému d'y voir exprimé le regret sur lequel il comptait. Les âmes tendres ne résistent pas à ces petits effets de sentiment, qu'ils estiment aussi puissants chez les autres que chez eux. N'est-ce pas la goutte d'eau qui tombe de la coupe pleine ?... Aussi, vers minuit, toutes les supplications de Basine ne purent-elles empêcher David d'aller voir Lucien.

— Personne, lui dit-il, ne se promène à cette heure dans les rues d'Angoulême, on ne me verra pas, l'on ne peut pas m'arrêter la nuit ; et, dans le cas où je serais rencontré, je puis me servir du moyen inventé par Kolb pour revenir dans ma cachette. Il y a d'ailleurs trop longtemps que je n'ai embrassé ma femme et mon enfant.

Basine céda devant toutes ces raisons assez plausibles, et laissa sortir David, qui criait : — Lucien ! au moment où Lucien et Petit-Claud se disaient bonsoir. Et les deux frères se jetèrent dans les bras l'un de l'autre en pleurant. Il n'y

a pas beaucoup de moments semblables dans la vie. Lucien
sentait l'effusion d'une de ces amitiés *quand même*, avec
lesquelles on ne compte jamais et qu'on se reproche d'a-
voir trompées. David éprouvait le besoin de pardonner. Ce
généreux et noble inventeur voulait surtout sermonner
Lucien et dissiper les nuages qui voilaient l'affection de la
sœur et du frère. Devant ces considérations de sentiment,
tous les dangers engendrés par le défaut d'argent avaient
disparu.

Petit-Claud dit à son client : — Allez chez vous, profitez
au moins de votre imprudence, embrassez votre femme et
votre enfant ! qu'on ne vous voie pas !

— Quel malheur ! se dit Petit-Claud, qui resta seul sur
la place du Mûrier. Ah ! si j'avais là Cérizet...

Au moment où l'avoué se parlait à lui-même le long de
l'enceinte en planches autour de la place où s'élève or-
gueilleusement aujourd'hui le Palais de Justice, il entendit
cogner derrière lui sur une planche, comme quand quelqu'un cogne du doigt à une porte.

— J'y suis, dit Cérizet dont la voix passait entre la fente
de deux planches mal jointes. J'ai vu David sortant de
l'Houmeau. Je commençais à soupçonner le lieu de sa retraite, maintenant j'en suis sûr, et sais où le pincer ; mais,
pour lui tendre un piége, il est nécessaire que je sache
quelque chose des projets de Lucien, et voilà que vous les
faites rentrer. Au moins restez là sous un prétexte quelconque. Quand David et Lucien sortiront, amenez-les près
de moi ; ils se croiront seuls, et j'entendrai les derniers
mots de leur adieu.

— Tu es un maître diable ! dit tout bas Petit-Claud.

— Nom d'un petit bonhomme, s'écria Cérizet, que ne
ferait-on pas pour avoir ce que vous m'avez promis !

— Petit-Claud quitta les planches et se promena sur la
place du Mûrier en regardant les fenêtres de la chambre
où la famille était réunie et pensant à son avenir comme

pour se donner du courage ; car l'adresse de Cérizet lui
permettait de frapper le dernier coup. Petit-Claud était
un de ces hommes profondément retors et traîtreusement
doubles, qui ne se laissent jamais prendre aux amorces
du présent ni aux leurres d'aucun attachement après avoir
observé les changements du cœur humain et la stratégie
des intérêts. Aussi avait-il d'abord peu compté sur Cointet.
Dans le cas où l'œuvre de son mariage aurait manqué
sans qu'il eût le droit d'accuser le grand Cointet de traî-
trise, il s'était mis en mesure de le chagriner ; mais, depuis
son succès à l'hôtel de Bargeton, Petit-Claud jouait franc
jeu. Son arrière trame, devenue inutile, était dangereuse
pour la situation politique à laquelle il aspirait. Voici les
bases sur lesquelles il voulait asseoir son importance future. Gannerac et quelques gros négociants commençaient
à former dans l'Houmeau un comité libéral qui se ratta-
chait par les relations du commerce aux chefs de l'Opposition. L'avènement du ministère Villèle, accepté par
Louis XVIII mourant, était le signal d'un changement de
conduite dans l'Opposition, qui, depuis la mort de Napoléon, renonçait au moyen dangereux des conspirations.
Le parti libéral organisait au fond des provinces son système de résistance légale : il tendit à se rendre maître de
la matière électorale, afin d'arriver à son but par la conviction des masses. Enragé libéral et fils de l'Houmeau,
Petit-Claud fut le promoteur, l'âme et le conseil secret de
l'Opposition de la basse ville, opprimée par l'aristocratie
de la ville haute. Le premier, il fit apercevoir le danger
de laisser les Cointet disposer à eux seuls de la presse dans
le département de la Charente, où l'Opposition devait
avoir un organe, afin de ne pas rester en arrière des autres
villes.

— Que chacun de nous donne un billet de cinq cents
francs à Gannerac, il aura vingt et quelques mille francs
pour acheter l'imprimerie Séchard, dont nous serons alors

maîtres en en tenant le propriétaire par un prêt, dit Petit-Claud.

L'avoué fit adopter cette idée, en vue de corroborer ainsi sa double position vis-à-vis de Cointet et de Séchard, et il jeta naturellement les yeux sur un drôle de l'encolure de Cérizet pour en faire l'homme dévoué du parti.

— Si tu peux découvrir ton ancien bourgeois et le mettre entre mes mains, dit-il à l'ancien prote de Séchard, on te prêtera vingt mille francs pour acheter son imprimerie, et probablement tu seras à la tête d'un journal. Ainsi, marche.

Plus sûr de l'activité d'un homme comme Cérizet que de celle de tous les Doublon du monde, Petit-Claud avait alors promis au grand Cointet l'arrestation de Séchard. Mais depuis que Petit-Claud caressait l'espérance d'entrer dans la magistrature, il prévoyait la nécessité de tourner le dos aux Libéraux, et il avait si bien monté les esprits à l'Houmeau que les fonds nécessaires à l'acquisition de l'imprimerie étaient réalisés. Petit-Claud résolut de laisser aller les choses à leur cours naturel.

— Bah ! se dit-il, Cérizet commettra quelque délit de presse, et j'en profiterai pour montrer mes talents...

Il alla vers la porte de l'imprimerie et dit à Kolb qui faisait sentinelle : — Monte avertir David de profiter de l'heure pour s'en aller, et prenez bien vos précautions; je m'en vais, il est une heure...

Lorsque Kolb quitta le pas de la porte, Marion vint prendre sa place. Lucien et David descendirent, Kolb les précéda de cent pas en avant et Marion les suivit de cent pas en arrière. Quand les deux frères passèrent le long des planches, Lucien parlait avec chaleur à David.

— Mon ami, lui dit-il, mon plan est d'une excessive simplicité; mais comment en parler devant Ève, qui n'en comprendrait jamais les moyens ? Je suis sûr que Louise a dans le fond du cœur un désir que je saurai éveiller, je la veux uniquement pour me venger de cet imbécile de préfet. Si nous nous aimons, ne fût-ce qu'une semaine, je lui ferai demander au ministère un encouragement de vingt mille francs pour toi. Demain je reverrai cette créature, dans ce petit boudoir où nos amours ont commencé, et où selon Petit-Claud, il n'y a rien de changé : j'y jouerai la comédie. Aussi, après-demain matin, te ferai-je remettre par Basine un petit mot pour te dire si j'ai été sifflé... Qui sait, peut-être seras-tu libre... Comprends-tu maintenant pourquoi j'ai voulu des habits de Paris ? Ce n'est pas en haillons qu'on peut jouer le rôle de jeune premier.

A six heures du matin, Cérizet vint voir Petit-Claud.

— Demain, à midi, Doublon peut préparer son coup; il prendra notre homme, j'en réponds, lui dit le Parisien : je dispose de l'une des ouvrières de mademoiselle Clerget, comprenez-vous ?...

Après avoir écouté le plan de Cérizet, Petit-Claud courut chez Cointet.

— Faites en sorte que ce soir M. du Hautoy se soit décidé à donner à Françoise la nue propriété de ses biens, vous signerez dans deux jours un acte de société avec Séchard. Je ne me marierai que huit jours après le contrat; ainsi nous serons bien dans les termes de nos petites conventions : *donnant donnant*. Mais épions bien ce soir ce qui se passera chez madame de Sénonches entre Lucien et madame la comtesse du Châtelet, car tout est là... Si Lucien espère réussir par la préfète, je tiens David.

— Vous serez, je crois, Garde des sceaux, dit Cointet.

— Et pourquoi pas ? monsieur de Peyronnet l'est bien, dit Petit-Claud qui n'avait pas encore tout à fait dépouillé la peau du Libéral.

L'état douteux de mademoiselle de La Haye lui valut la présence de la plupart des nobles d'Angoulême à la signature de son contrat. La pauvreté de ce futur ménage marié sans corbeille avivait l'intérêt que le monde aime à té-

moigner ; car il en est de la bienfaisance comme des triomphes : on aime une charité qui satisfait l'amour-propre.
Aussi la marquise de Pimentel, la comtesse du Châtelet,
monsieur de Sénonches et deux ou trois habitués de la
maison firent-ils à Françoise quelques cadeaux dont on
parlait beaucoup en ville. Ces jolies bagatelles, réunies au
trousseau préparé depuis un an par Zéphirine, aux bijoux
du parrain et aux présents d'usage du marié, consolèrent
Françoise et piquèrent la curiosité de plusieurs mères qui
amenèrent leurs filles. Petit-Claud et Cointet avaient déjà
remarqué que les nobles d'Angoulême les toléraient l'un et
l'autre dans leur Olympe comme une nécessité : l'un était
le régisseur de la fortune, le subrogé-tuteur de Françoise ;
l'autre était indispensable à la signature du contrat comme
le pendu à une exécution ; mais le lendemain de son mariage, si madame Petit-Claud conservait le droit de revenir
chez sa marraine, le mari s'y voyait difficilement admis,
et il se promettait bien de s'imposer à ce monde orgueilleux. Rougissant de ses obscurs parents, l'avoué fit rester
sa mère à Mansle où elle s'était retirée, il la pria de se dire
malade et de lui donner son consentement par écrit. Assez
humilié de se voir sans parents, sans protecteurs, sans signature de son côté, Petit-Claud se trouvait donc très-heureux de présenter dans l'homme célèbre un ami capable,
et que la comtesse désirait revoir. Aussi vint-il prendre
Lucien en voiture. Pour cette mémorable soirée, le poëte
avait fait une toilette qui devait lui donner, sans contesta-
tion, une supériorité sur tous les autres hommes. Madame
de Sénonches avait d'ailleurs annoncé le héros du moment,
et l'entrevue des deux amants brouillés était une de ces
scènes dont on est particulièrement friand en province.
Lucien était passé à l'état de *Lion* : on le disait si beau, si
changé, si merveilleux, que les femmes de l'Angoulême
noble avaient toutes une velléité de le revoir. Suivant la
mode de cette époque à laquelle on doit la transition de

l'ancienne culotte de bal aux ignobles pantalons actuels, il avait mis un pantalon noir collant. Les hommes dessinaient encore leurs formes au grand désespoir des gens maigres et mal faits; et celles de Lucien étaient *apolloniennes*. Ses bas de soie gris à jour, ses petits souliers, son gilet de satin noir, sa cravate, tout fut scrupuleusement tiré, collé pour ainsi dire sur lui. Sa blonde et abondante chevelure frisée faisait valoir son front blanc, autour duquel les boucles se relevaient avec une grâce cherchée. Ses yeux, pleins d'orgueil, étincelaient. Ses petites mains de femme, belles sous le gant, ne devaient pas se laisser voir dégantées. Il copia son maintien sur celui de de Marsay, le fameux dandy parisien, en tenant d'une main sa canne et son chapeau qu'il ne quitta pas, et il se servit de l'autre pour faire des gestes rares, à l'aide desquels il commenta ses phrases. Lucien aurait bien voulu se glisser dans le salon, à la manière de ces gens célèbres qui, par une fausse modestie, se baisseraient sous la porte Saint-Denis. Mais Petit-Claud, qui n'avait qu'un ami, en abusa. Ce fut presque pompeusement qu'il amena Lucien jusqu'à madame de Sénonches au milieu de la soirée. A son passage, le poëte entendit des murmures qui jadis lui eussent fait perdre la tête, et qui le trouvèrent froid; il était sûr de valoir, à lui seul, tout l'Olympe d'Angoulême.

— Madame, dit-il à madame de Sénonches, j'ai déjà félicité mon ami Petit-Claud, qui est de l'étoffe dont on fait les gardes des sceaux, d'avoir le bonheur de vous appartenir, quelque faibles que soient les liens entre une marraine et sa filleule (ce fut dit d'un air épigrammatique très bien senti par toutes les femmes qui écoutaient sans en avoir l'air). Mais, pour mon compte, je bénis une circonstance qui me permet de vous offrir mes hommages.

Ce fut dit sans embarras et dans une pose de grand seigneur en visite chez de petites gens. Lucien écouta la réponse entortillée que lui fit Zéphirine, en jetant un regard de circumnavigation dans le salon, afin d'y préparer ses effets. Aussi put-il saluer avec grâce, et en nuançant ses sourires, Francis du Hautoy et le préfet, qui le saluèrent; puis il vint enfin à madame du Châtelet en feignant de l'apercevoir. Cette rencontre était si bien l'événement de la soirée, que le contrat de mariage où les gens marquants allaient mettre leur signature, conduits dans la chambre à coucher, soit par le notaire, soit par Françoise, fut oublié. Lucien fit quelques pas vers Louise de Nègrepelisse, et, avec cette grâce parisienne, pour elle à l'état de souvenir depuis son arrivée, il lui dit assez haut :

— Est-ce à vous, madame, que je dois l'invitation qui me procure le plaisir de dîner après-demain à la préfecture ?...

— Vous ne la devez, monsieur, qu'à votre gloire, répliqua sèchement Louise, un peu choquée de la tournure agressive de la phrase méditée par Lucien pour blesser l'orgueil de son ancienne protectrice.

— Ah! madame la comtesse, dit Lucien d'un air à la fois fin et fat, il m'est impossible de vous amener l'homme s'il est dans votre disgrâce. Et, sans attendre de réponse, il tourna sur lui-même en apercevant l'évêque, qu'il salua très-noblement. — Votre grandeur a été presque prophète, dit-il d'une voix charmante, et je tâcherai qu'elle le soit tout à fait. Je m'estime heureux d'être venu ce soir ici, puisque je puis vous présenter mes respects.

Lucien entraîna monseigneur dans une conversation qui dura dix minutes. Toutes les femmes regardaient Lucien comme un phénomène. Son impertinence inattendue avait laissé madame du Châtelet sans voix ni réponse. En voyant Lucien l'objet de l'admiration de toutes les femmes; en suivant, de groupe en groupe, le récit que chacun se faisait à l'oreille des phrases échangées où Lucien l'avait comme aplatie en ayant l'air de la dédaigner, elle fut pincée au cœur par une contraction d'amour-propre.

— S'il ne venait pas demain, après cette phrase, quel

scandale ! pensa-t-elle. D'où lui vient cette fierté ? Mademoiselle des Touches serait-elle éprise de lui ? — Il est si beau ! — On dit qu'elle a couru chez lui, à Paris, le lendemain de la mort de l'actrice !... Peut-être est-il venu sauver son beau-frère, et s'est-il trouvé derrière notre calèche, à Mansle, par un accident de voyage. Ce matin-là, Lucien nous a singulièrement toisés, Sixte et moi. Ce fut une myriade de pensées, et, malheureusement pour Louise, elle s'y laissait aller en regardant Lucien, qui causait avec l'évêque comme s'il eût été le roi du salon : il ne saluait personne et attendait qu'on vînt à lui, promenant son regard avec une variété d'expression, avec une aisance digne de de Marsay, son modèle. Il ne quitta pas le prélat pour aller saluer monsieur de Sénonches, qui se fit voir à peu de distance.

Au bout de dix minutes, Louise n'y tint plus. Elle se leva, marcha jusqu'à l'évêque, et lui dit : — Que vous dit-on donc, Monseigneur, pour vous faire si souvent sourire ?

Lucien se recula de quelques pas pour laisser discrètement madame du Châtelet avec le prélat.

— Ah ! madame la comtesse, ce jeune homme a bien de l'esprit !... il m'expliquait comment il vous devait toute sa force...

— Je ne suis pas ingrat, moi, madame !... dit Lucien en lançant un regard de reproche qui charma la comtesse.

— Entendons-nous, dit-elle en ramenant à elle Lucien par un geste d'éventail, venez avec Monseigneur, par ici !... Sa Grandeur sera notre juge. — Et elle montra le boudoir en y entraînant l'évêque.

— Elle fait faire un drôle de métier à Monseigneur, dit une femme du camp de Chandour assez haut pour être entendue.

— Notre juge !... dit Lucien en regardant tour à tour le prélat et la préfète, il y aura donc un coupable ?

Louise de Nègrepelisse s'assit sur le canapé de son ancien boudoir. Après y avoir fait asseoir Lucien à côté d'elle et Monseigneur de l'autre côté, elle se mit à parler. Lucien fit à son ancienne amie l'honneur, la surprise et le bonheur de ne pas écouter. Il eut l'attitude, les gestes de la Pasta dans *Tancredi* quand elle va dire : *O patria !*... Il chanta sur sa physionomie la fameuse cavatine *del Rizzo*. Enfin, l'élève de Coralie trouva moyen de se faire venir un peu de larmes dans les yeux.

— Ah ! Louise, comme je t'aimais ! lui dit-il à l'oreille sans se soucier du prélat ni de la conversation au moment où il vit que ses larmes avaient été vues par la comtesse.

— Essuyez vos yeux où vous me perdriez, ici, encore une fois, dit-elle en se retournant vers lui par un aparté qui choqua l'évêque.

— Et c'est assez d'une, reprit vivement Lucien. Ce mot de la cousine de madame d'Espard sécherait toutes les larmes d'une Madeleine. Mon Dieu !... j'ai retrouvé pour un moment mes souvenirs, mes illusions, mes vingt ans, et vous me les...

Monseigneur rentra brusquement au salon, en comprenant que sa dignité pouvait être compromise entre ces deux anciens amants. Chacun affecta de laisser la préfète et Lucien seuls dans le boudoir. Mais un quart d'heure après, Sixte, à qui les discours, les rires et les promenades au seuil du boudoir déplurent, y vint d'un air plus que soucieux et trouva Lucien et Louise très-animés.

— Madame, dit Sixte à l'oreille de sa femme, vous qui connaissez mieux que moi Angoulême, ne devriez-vous pas songer à madame la préfète et au gouvernement.

— Mon cher, dit Louise en toisant son éditeur responsable d'un air de hauteur qui le fit trembler, je cause avec monsieur de Rubempré de choses importantes pour vous. Il s'agit de sauver un inventeur sur le point d'être victime des manœuvres les plus basses, et vous nous y aiderez .. Quant à ce que ces dames peuvent penser de moi, vous allez voir comment je vais me conduire pour glacer le venin sur leurs langues.

Elle sortit du boudoir appuyée sur le bras de Lucien, et le mena signer le contrat en s'affichant avec une audace de grande dame.

Signons ensemble ?... dit-elle en tendant la plume à Lucien.

Lucien se laissa montrer par elle la place où elle venait de signer, afin que leurs signatures fussent l'une auprès de l'autre.

— Monsieur de Sénonches, auriez-vous reconnu monsieur de Rubempré ? dit la comtesse en forçant l'impertinent chasseur à saluer Lucien.

Elle ramena Lucien au salon, elle le mit entre elle et Zéphirine sur le redoutable canapé du milieu. Puis, comme une reine sur son trône, elle commença, d'abord à voix basse, une conversation évidemment épigrammatique à laquelle se joignirent quelques-uns de ses anciens amis et plusieurs femmes qui lui faisaient la cour. Bientôt Lucien, devenu le héros d'un cercle, fut mis par la comtesse sur la vie de Paris dont la satire fut improvisée avec une verve incroyable et semée d'anecdotes sur les gens célèbres, véritables friandises de conversation dont sont excessivement avides les provinciaux. On admira l'esprit comme on avait admiré l'homme. Madame la comtesse Sixte triomphait si patiemment de Lucien, elle en jouait si bien en femme enchantée de son instrument, elle lui fournissait la réplique avec tant d'à-propos, elle quêtait pour lui des approbations par des regards si compromettants, que plusieurs femmes commencèrent à voir dans la coïncidence du retour de Louise et de Lucien un profond amour victime de quelque double méprise. Un dépit avait peut-être amené le malencontreux mariage de Châtelet, contre lequel il se faisait alors une réaction .

— Eh bien! dit Louise à une heure du matin et à voix basse à Lucien avant de se lever; après-demain, faites-moi le plaisir d'être exact...

La préfète laissa Lucien en lui mimant une petite inclination de tête excessivement amicale, et alla dire quelques mots au comte Sixte qui cherchait son chapeau.

— Si ce que madame du Châtelet vient de me dire est vrai, mon cher Lucien, comptez sur moi, dit le préfet en se mettant à la poursuite de sa femme qui partait sans lui, comme à Paris. Dès ce soir, votre beau-frère peut se regarder comme hors d'affaire.

— Monsieur le comte me doit bien cela, répondit Lucien en souriant.

— Eh bien! nous sommes *fumés*... dit Cointet à l'oreille de Petit-Claud, témoin de cet adieu.

Petit-Claud, foudroyé par le succès de Lucien, stupéfait par les éclats de son esprit et par le jeu de sa grâce, regardait Françoise de La Haye, dont la physionomie, pleine d'admiration pour Lucien, semblait dire à son prétendu : soyez comme votre ami.

Un éclair de joie passa sur la figure de Petit-Claud.

— Le dîner du préfet n'est que pour après-demain, nous avons encore une journée à nous, dit-il, je réponds de tout.

— Eh bien! mon cher, dit Lucien à Petit-Claud à deux heures du matin en revenant à pied : je suis venu, j'ai vu, j'ai vaincu! Dans quelques heures, Séchard sera bien heureux.

— Voilà tout ce que je voulais savoir, pensa Petit-Claud.

— Je ne te croyais que poëte, et tu es aussi Lauzun, c'est être deux fois poëte, répondit-il en lui donnant une poignée de main qui devait être la dernière.

— Ma chère Ève, dit Lucien en réveillant sa sœur, une bonne nouvelle! Dans un mois, David n'aura plus de dettes!...

— Et comment ?

— Eh bien ! madame du Châtelet cachait sous sa jupe mon ancienne Louise, elle m'aime plus que jamais, et va faire faire un rapport au ministère de l'intérieur par son mari, en faveur de notre découverte !... Ainsi, nous n'avons pas plus d'un mois à souffrir, le temps de me venger du préfet et de le rendre le plus heureux des époux. (Ève crut continuer un rêve en écoutant son frère.) — En revoyant le petit salon gris où je tremblais comme un enfant, il y a deux ans ; en examinant ces meubles, les peintures et les figures, il me tombait une taie des yeux ! Comme Paris vous change les idées !

— Est-ce un bonheur ?... dit Ève en comprenant enfin son frère,

— Allons, tu dors, à demain, nous causerons après déjeuner, dit Lucien.

Le plan de Cérizet était d'une excessive simplicité. Quoiqu'il appartienne aux ruses dont se servent les huissiers de province pour arrêter leurs débiteurs, et dont le succès est hypothétique, il devait réussir ; car il reposait autant sur la connaissance des caractères de Lucien et de David que sur leurs espérances. Parmi les petites ouvrières dont il était le don Juan et qu'il gouvernait en les opposant les unes aux autres, le prote des Cointet, pour le moment en service extraordinaire, avait distingué l'une des repasseuses de Basine Clerget, une fille presque aussi belle que madame Séchard, appelée Henriette Signol, et dont les parents étaient de petits vignerons vivant dans leur bien à deux lieues d'Angoulême, sur la route de Saintes. Les Signol, comme tous les gens de la campagne, ne se trouvaient pas assez riches pour garder leur unique enfant avec eux, et ils l'avaient destinée à entrer en maison, c'est-à-dire à devenir femme de chambre. En province, une femme de chambre doit savoir blanchir et repasser le linge fin. La réputation de madame Prieur, à qui Basine succédait, était telle, que

les Signol y mirent leur fille en apprentissage en y payant
pension pour la nourriture et le logement. Madame Prieur
appartenait à cette race de vieilles maîtresses qui, dans les
provinces, se croient substituées aux parents. Elle vivait
en famille avec ses apprenties, elle les menait à l'église et
les surveillait consciencieusement. Henriette Signol, belle
brune bien découplée, à l'œil hardi, à la chevelure forte et
longue, était blanche comme sont blanches les filles du
Midi, de la blancheur d'une fleur de magnolia. Aussi Henriette fut-elle une des premières grisettes que visa Cérizet;
mais comme elle appartenait à d'*honnêtes cultivateurs,* elle
ne céda que vaincue par la jalousie, par le mauvais exemple et par cette phrase séduisante : — Je t'épouserai ! que
lui dit Cérizet, une fois qu'il se vit second prote chez messieurs Cointet. En apprenant que les Signol possédaient
pour quelque dix ou douze mille francs de vignes et une
petite maison assez logeable, le Parisien se hâta de mettre
Henriette dans l'impossibilité d'être la femme d'un autre.
Les amours de la belle Henriette et du petit Cérizet en
étaient là quand Petit-Claud lui parla de le rendre propriétaire de l'imprimerie Séchard, en lui montrant une espèce
de commandite de vingt mille francs qui devait être un
licou. Cet avenir éblouit le prote, la tête lui tourna, mademoiselle Signol lui parut un obstacle à ses ambitions, et il
négligea la pauvre fille. Henriette, au désespoir, s'attacha
d'autant plus au petit prote des Cointet, qu'il semblait la
vouloir quitter. En découvrant que David se cachait chez
mademoiselle Clerget, le Parisien changea d'idées à l'égard
d'Henriette, mais sans changer de conduite; car il se proposait de faire servir à sa fortune l'espèce de folie qui travaille une fille quand, pour cacher son déshonneur, elle
doit épouser son séducteur. Pendant la matinée du jour où
Lucien devait reconquérir sa Louise, Cérizet apprit à Henriette le secret de Basine, et lui dit que leur fortune et
leur mariage dépendaient de la découverte de l'endroit où

se cachait David. Une fois instruite, Henriette n'eut pas de
peine à reconnaître que l'imprimeur ne pouvait être que
dans le cabinet de toilette de mademoiselle Clerget, elle ne
crut pas avoir fait le moindre mal en se livrant à cet espionnage ; mais Cérizet l'avait engagée déjà dans sa trahison
par ce commencement de participation.

Lucien dormait encore lorsque Cérizet, qui vint savoir le
résultat de la soirée, écoutait dans le cabinet de Petit-Claud
le récit des grands petits événements qui devaient soulever
Angoulême.

— Lucien vous a bien écrit un petit mot depuis son
retour ? demanda le Parisien après avoir hoché la tête en
signe de satisfaction quand Petit-Claud eut fini.

— Voilà le seul que j'aie, dit l'avoué, qui tendit une
lettre où Lucien avait écrit quelques lignes sur le papier à
lettre dont se servait sa sœur.

— Eh bien ! dit Cérizet, dix minutes avant le coucher du
soleil, que Doublon s'embusque à la Porte-Palet, qu'il cache ses gendarmes et dispose son monde, vous aurez notre
homme.

— Es-tu sûr de *ton* affaire ? dit Petit-Claud en examinant
Cérizet.

— Je m'adresse au hasard, dit l'ex-gamin de Paris, mais
c'est un fier drôle, il n'aime pas les honnêtes gens.

— Il faut réussir, dit l'avoué d'un ton sec.

— Je réussirai, dit Cérizet. C'est vous qui m'avez poussé
dans ce tas de boue, vous pouvez bien me donner quelques
billets de banque pour m'essuyer... Mais, monsieur, dit le
Parisien en surprenant une expression qui lui déplut sur
la figure de l'avoué, si vous m'aviez trompé, si vous ne
m'achetez pas l'imprimerie sous huit jours.... Eh bien, vous
laisserez une jeune veuve, dit tout bas le gamin de Paris
en lançant la mort dans son regard.

— Si nous écrouons David à six heures, sois à neuf

leures chez M. Gannerac, et nous y ferons ton affaire. répondit péremptoirement l'avoué.

— C'est entendu : vous serez servi, *bourgeois !* dit Cérizet.

Cérizet connaissait déjà l'industrie qui consiste à laver le papier et qui met aujourd'hui les intérêts du fisc en péril. Il lava les quatre lignes écrites par Lucien, et les remplaça par celles-ci, en imitant l'écriture avec une perfection désolante pour l'avenir social du prote.

« Mon cher David, tu peux venir sans crainte chez le
» préfet, ton affaire est faite ; et d'ailleurs, à cette heure-
» ci, tu peux sortir, je viens au-devant de toi pour
» t'expliquer comment tu dois te conduire avec le
» préfet.

» Ton frère,

» LUCIEN. »

A midi, Lucien écrivit une lettre à David, où il lui apprenait le succès de la soirée, il lui donnait l'assurance de la protection du préfet qui, dit-il, faisait aujourd'hui même un rapport au ministre sur la découverte dont il était enthousiaste.

Au moment où Marion apporta cette lettre à mademoiselle Basine, sous prétexte de lui donner à blanchir les chemises de Lucien, Cérizet instruit par Petit-Claud de la probabilité de cette lettre, emmena mademoiselle Signol et alla se promener avec elle sur le bord de la Charente. Il y eut sans doute un combat où l'honnêteté d'Henriette se défendit pendant longtemps, car la promenade dura deux heures. Non-seulement l'intérêt d'un enfant était en jeu, mais encore tout un avenir, de bonheur. une fortune ; et ce que demandait Cérizet était une bagatelle, il se garda bien d'ailleurs d'en dire les conséquences. Seulement le prix exorbitant de ces bagatelles effrayait Henriette. Néanmoins, Cérizet finit par obtenir de sa maîtresse de se prêter à son stratagème. A cinq heures, Henriette dut sortir et rentrer en disant à mademoiselle Clerget que madame Séchard la demandait sur-le-champ. Puis, un quart d'heure après la sortie de Basine, elle monterait, cognerait au cabinet et remettrait à David la fausse lettre de Lucien. Après, Cérizet attendait tout du hasard.

Pour la première fois depuis plus d'un an, Ève sentit se desserrer l'étreinte de fer par laquelle la nécessité la tenait. Elle eut de l'espoir enfin. Elle aussi ! elle voulut jouir de son frère, se montrer au bras de l'homme fêté dans sa patrie, adoré des femmes, aimé de la fière comtesse du Châtelet. Elle se fit belle et se proposa de se promener à Beaulieu, après le dîner, au bras de son frère. A cette heure, tout Angoulême, au mois de septembre, se trouve à prendre le frais.

— Oh ! c'est la belle madame Séchard, dirent quelques voix en voyant Ève.

— Je n'aurai jamais cru cela d'elle, dit une femme.

— Le mari se cache, la femme se montre, dit madame Postel assez haut pour que la pauvre femme l'entendit.

— Oh ! rentrons, j'ai eu tort, dit Ève à son frère.

Quelques minutes avant le coucher du soleil, la rumeur que cause un rassemblement s'éleva de la rampe qui descend à l'Houmeau. Lucien et sa sœur, pris de curiosité, se dirigèrent de ce côté, car ils entendirent quelques personnes qui venaient de l'Houmeau parlant entre elles, comme si quelque crime venait d'être commis.

— C'est probablement un voleur qu'on vient d'arrêter...

est pâle comme la mort, dit un passant au frère et à la sœur en les voyant courir au devant de ce monde grossissant.

Ni Lucien ni sa sœur n'eurent la moindre appréhension.

Ils regardèrent les trente et quelques enfants ou vieilles femmes, les ouvriers revenant de leur ouvrage qui précédaient les gendarmes dont les chapeaux bordés brillaient au milieu du principal groupe. Ce groupe, suivi d'une foule d'environ cent personnes, marchait comme un nuage d'orage.

— Ah! dit Ève, c'est mon mari!

— David! cria Lucien.

— C'est sa femme! dit la foule en s'écartant.

— Qui donc t'a pu faire sortir? demanda Lucien.

— C'est ta lettre, répondit David pâle et blême.

— J'en étais sûre, dit Ève qui tomba raide évanouie.

Lucien releva sa sœur, que deux personnes l'aidèrent à transporter chez elle, où Marion la coucha. Kolb s'élança pour aller chercher un médecin. A l'arrivée du docteur, Ève n'avait pas encore repris connaissance. Lucien fut alors forcé d'avouer à sa mère qu'il était la cause de l'arrestation de David, car il ne pouvait pas s'expliquer le quiproquo produit par la lettre fausse. Lucien, foudroyé par un regard de sa mère qui y mit sa malédiction, monta dans sa chambre et s'y renferma.

En lisant cette lettre écrite au milieu de la nuit et interrompue de moments en moments, chacun devina par les phrases, jetées comme une à une, toutes les agitations de Lucien.

« Ma sœur bien-aimée, nous nous sommes vus tout à
» l'heure pour la dernière fois. Ma résolution est sans ap-
» pel. Voici pourquoi : Dans beaucoup de familles, il se
» rencontre un être fatal qui, pour la famille, est une sorte
» de maladie. Je suis cet être-là pour vous. Cette observa-
» tion n'est pas de moi, mais d'un homme qui a beaucoup
» vu le monde. Nous soupions un soir entre *amis*, au Ro-
» cher de Cancale. Entre les mille plaisanteries qui s'é-

» changent alors, ce diplomate nous dit que telle jeune
» personne qu'on voyait avec étonnement rester fille *était*
» *malade de son père.* Et alors, il nous développa sa théo-
» rie sur les maladies de famille. Il nous expliqua comment
» sans telle mère, telle maison eût prospéré, comment tel
» fils avait ruiné son père, comment tel père avait détruit
» l'avenir et la considération de ses enfants. Quoique sou-
» tenue en riant, cette thèse sociale fut en dix minutes ap-
» puyée de tant d'exemples que j'en restai frappé. Cette
» vérité payait tous les paradoxes insensés, mais spirituel-
» lement démontrés, par lesquels les journalistes s'amusent
» entre eux, quand il ne se trouve là personne à mystifier.
» Eh bien ! je suis l'être fatal de notre famille. Le cœur
» plein de tendresse, j'agis comme un ennemi. A tous vos
» dévouements, j'ai répondu par des maux. Quoique invo-
» lontairement porté, le dernier coup est de tous le plus
» cruel. Pendant que je menais à Paris une vie sans di-
» gnité, pleine de plaisirs et de misères, prenant la cama-
» raderie pour l'amitié, laissant de véritables amis pour des
» gens qni voulaient et devaient m'exploiter, vous oubliant
» et ne me souvenant de vous que pour vous causer du mal,
» vous suiviez l'humble sentier du travail, allant pénible-
» ment mais sûrement à cette fortune que je tentais si fol-
» lement de surprendre. Pendant que vous deveniez meil-
» leurs, moi je mettais dans ma vie un élément funeste. Oui,
» j'ai des ambitions démesurées, qui m'empêchent d'accep-
» ter une vie humble. J'ai des goûts, des plaisirs dont la
» souvenance empoisonne les jouissances qui sont à ma
» portée et qui m'eussent jadis satisfait. O ma chère Ève,
» je me juge plus sévèrement que qui que ce soit, car je
» me condamne absolument sans pitié pour moi-même
» La lutte à Paris exige une force constante, et mon vou-
» loir ne va que par excès : ma cervelle est intermittente
» L'avenir m'effraye tant, que je ne veux pas de l'avenir,
» et le présent m'est insupportable. J'ai voulu vous revoir,

» j'aurai mieux fait de m'expatrier à jamais. Mais l'expatria-
» tion, sans moyens d'existence, serait un folie, et je ne
» l'ajouterai pas à toutes les autres. La mort me semble
» préférable à une vie incomplète; et, dans quelque posi-
» tion que je me suppose, mon excessive vanité me ferait
» commettre des sottises. Certains êtres sont comme des
» zéros, il leur faut un chiffre qui les précède, et leur néant
» acquiert alors une valeur décuple. Je ne puis acquérir
» de valeur que par un mariage avec une volonté forte, im-
» ployable. Madame de Bargeton était bien ma femme, j'ai
» manqué ma vie en n'abandonnant pas Coralie pour elle.
» David et toi vous pourriez être d'excellents pilotes pour
» moi ; mais vous n'êtes pas assez forts pour dompter ma
» faiblesse qui se dérobe en quelque sorte à la domination.
» J'aime une vie facile, sans ennuis; et pour me débarras-
» ser d'une contrariété, je suis d'une lâcheté qui peut me
» mener très-loin. Je suis né prince. J'ai plus de dextérité
» d'esprit qu'il n'en faut pour parvenir, mais je n'en ai
» que pendant un moment, et le prix dans une carrière
» parcourue par tant d'ambitieux est à celui qui n'en d'é-
» ploie que le nécessaire et qui s'en trouve encore assez au
» bout de la journée. Je ferais le mal comme je viens de le
» faire ici, avec les meilleures intentions du monde. Il y a
» des hommes-chênes, je ne suis peut-être qu'un arbuste
» élégant, et j'ai la prétention d'être un cèdre. Voilà mon
» bilan écrit. Ce désacord entre mes moyens et mes dé-
» sirs, ce défaut d'équilibre annulera toujours mes efforts.
» Il y a beaucoup de ces caractères dans la classe lettrée,
» à cause des disproportions continuelles entre l'intelligence
» et le caractère, entre le vouloir et le désir. Quel serait
» mon destin ? je puis le voir par avance en me souvenant
» de quelques vieilles gloires parisiennes que j'ai vues ou-
» bliées. Au seuil de la vieillesse, je serai plus vieux que
» mon âge, sans fortune et sans considération. Tout mon
» être actuel repousse une pareille vieillesse : je ne veux

» pas être un haillon social. Chère sœur, adorée autant
» pour tes dernières rigueurs que pour tes premières ten-
» dresses, si nous avons payé cher le plaisir que j'ai eu à te
» revoir, toi et David, plus tard vous penserez peut-être
» que nul prix n'était trop élevé pour les dernières félici-
» tés d'un pauvre être qui aimait !... Ne faites aucune
» recherche ni de moi, ni de ma destinée : au moins mon
» esprit m'aura-t-il servi dans l'exécution de mes volontés.
» La résignation, mon ange, est un suicide quotidien, moi
» je n'ai de résignation que pour un jour, je vais en pro-
» fiter aujourd'hui. »

> » Deux heures.

> » Oui, je l'ai bien résolu. Adieu donc pour toujours, ma
» chère Ève. J'éprouve quelque douceur à penser que je
» ne vivrai plus que dans vos cœurs. Là sera ma tombe...
» je n'en veux pas d'autre. Encore adieu !... C'est le dernier
» de ton frère

> » LUCIEN. »

Après avoir écrit cette lettre, Lucien descendit sans faire
aucun bruit, il la posa sur le berceau de son neveu, déposa sur le front de sa sœur endormie un dernier baiser
trempé de larmes, et sortit. Il éteignit son bougeoir au
crépuscule, et, après avoir regardé cette vieille maison une
dernière fois, il ouvrit tout doucement la porte de l'allée;
mais, malgré ses précautions, il éveilla Kolb, qui couchait
sur un matelas à terre dans l'atelier.

— *Qui fa là ?...* s'écria Kolb.

— C'est moi, dit Lucien, je m'en vais, Kolb.

— *Vus auriez mieux vait te ne chamais fenir,* se dit Kolb
à lui-même, mais assez haut pour que Lucien l'entendît.

— *J'*aurais bien fait de ne jamais venir au monde, répondit Lucien. Adieu, Kolb, je ne t'en veux pas d'une pensée que j'ai moi-même. Tu diras à David que ma dernière aspiration aura été un regret de n'avoir pu l'embrasser.

Lorsque l'Alsacien fut debout et habillé, Lucien avait fermé la porte de la maison, et il descendait vers la Charente, par la promenade de Beaulieu, mis comme s'il allait à une fête, car il s'était fait un linceul de ses habits parisiens et de son joli harnais de dandy. Frappé de l'accent et des dernières paroles de Lucien, Kolb voulut aller savoir si sa maîtresse était instruite du départ de son frère et si elle en avait reçu les adieux; mais, en trouvant la maison plongée en un profond silence, il pensa que ce départ était sans doute convenu, et il se recoucha.

On a, relativement à la gravité du sujet, écrit très-peu sur le suicide, on ne l'a pas observé. Peut-être cette maladie est-elle inobservable. Le suicide est l'effet d'un sentiment que nous nommerons, si vous le voulez, l'*estime de soi-même,* pour ne pas le confondre avec le mot *honneur.* Le jour où l'homme se méprise, le jour où il se voit méprisé, au moment où la réalité de la vie est en désaccord avec ses espérances, il se tue et rend ainsi hommage à la société devant laquelle il ne veut pas rester déshabillé de ses vertus ou de sa splendeur. Quoiqu'on en dise, parmi les athées (il faut excepter le chrétien du suicide), les lâches seuls acceptent une **vie** déshonorée. Le suicide est de trois natures : il y a d'abord le suicide qui n'est que le dernier accès d'une longue maladie et qui, certes, appartient à la pathologie ; puis le suicide par désespoir, enfin le suicide par raisonnement. Lucien voulait se tuer par désespoir et par raisonnement, les deux suicides dont on peut revenir ; car il n'y a d'irrévocable que le suicide pathologique : mais souvent les trois causes se réunissent, comme chez Jean-Jacques Rousseau.

Lucien, une fois sa résolution prise, tomba dans la délibération des moyens, et le poëte voulut finir poétiquement.

Il avait d'abord pensé tout bonnement à s'aller jeter dans la Charente ; mais, en descendant les rampes de Beaulieu pour la dernière fois, il entendit par avance le tapage que ferait son suicide, il vit l'affreux spectacle de son corps revenu sur l'eau, déformé, l'objet d'une enquête judiciaire : il eut, comme quelques suicidés, un amour-propre posthume. Pendant la journée passée au moulin de Courtois, il s'était promené le long de la rivière et avait remarqué, non loin du moulin, une de ces nappes rondes comme il s'en trouve dans les petits cours d'eau, dont l'excessive profondeur est accusée par la tranquillité de la surface. L'eau n'est plus verte, ni bleue, ni claire, ni jaune ; elle est comme un miroir d'acier poli. Les bords de cette coupe n'offraient plus ni glaïeuls, ni fleurs bleues, ni les larges feuilles du nénuphar, l'herbe de la berge était courte et pressée, les saules pleuraient autour, assez pittoresquement placés tous. On devinait facilement un précipice plein d'eau. Celui qui pouvait avoir le courage d'emplir ses poches de cailloux devait y trouver une mort inévitable, et ne jamais être retrouvé. — Voilà, s'était dit le poëte en admirant ce joli petit paysage, un endroit qui vous met l'eau à la bouche d'une noyade.

Ce souvenir lui revint à la mémoire au moment où il attteignait l'Houmeau. Il chemina donc vers Marsac, en proie à ses dernières et funèbres pensées, et dans la ferme intention de dérober ainsi le secret de sa mort, de ne pas être l'objet d'une enquête, de ne pas être enterré, de ne pas être vu dans l'horrible état où sont les noyés quand ils reviennent à fleur d'eau. Il parvint bientôt au pied d'une de ces côtes qui se rencontrent si fréquentemment sur les routes de France, et surtout entre Angoulême et Poitiers. La diligence de Bordeaux à Paris venait avec rapidité, les voyageurs allaient sans doute en descendre pour monter cette longue côte à pied. Lucien, qui ne voulut pas se laisser voir, se jeta dans un petit chemin creux et se mit à

eillir des fleurs dans une vigne. Quand il reprit la grande
oute il tenait à la main un gros bouquet de *sedum,* une
eur jaune qui vient dans le caillou des vignobles, et il
sboucha précisément derrière un voyageur vêtu tout en
oir, les cheveux poudrés, chaussé de souliers en veau
Orléans à boucles d'argent, brun de visage, et couturé
omme si, dans son enfance, il fût tombé dans le feu. Ce
oyageur, à tournure si patemment ecclésiastique, allait
ntement et fumait un cigare. En entendant Lucien qui
auta de la vigne sur la route, l'inconnu se retourna, pa-
ut comme saisi de la beauté profondément mélancolique
u poëte, de son bouquet symbolique et de sa mise élé-
ante. Ce voyageur ressemblait à un chasseur qui trouve
ne proie longtemps et inutilement cherchée. Il laissa, en
tyle de marine, Lucien arriver, et regarda sa marche en
yant l'air de regarder le bas de la côte. Lucien, qui fit
e même mouvement, y aperçut une petite calèche attelée
e deux chevaux et un postillon à pied.

— Vous avez laissé courir la dilligence, monsieur, vous
erdrez votre place, à moins que vous ne vouliez monter
ans ma calèche pour la rattraper, car la poste va plus
ite que la voiture publique, dit le voyageur à Lucien, en
rononçant ces mots avec un accent très-marqué d'espa-
nol et en mettant à son offre une exquise politesse.

Sans attendre la réponse de Lucien, l'Espagnol tira de sa
oche un étui à cigares, et le présenta tout ouvert à Lucien
our qu'il en prît un.

— Je ne suis pas un voyageur, répondit Lucien, et je
uis trop près du terme de ma course pour me donner le
laisir de fumer.

— Vous êtes bien sévère envers vous-même, repartit
l'Espagnol. Quoique chanoine honoraire de la cathédrale
le Tolède, je me passe de temps en temps un petit cigare.
Dieu nous a donné le tabac pour endormir nos passions et
os douleurs... Vous me semblez avoir du chagrin, **vous**

en avez du moins l'enseigne à la main, comme le triste dieu de l'hymen. Tenez !... tous vos chagrins s'en iront avec la fumée.

Et le prêtre retendit la boîte en paille avec une sorte de séduction, en jetant à Lucien des regards animés de charité.

— Pardon, mon père, répliqua sèchement Lucien, il n'y a pas de cigares qui puissent dissiper mes chagrins...

En disant cela, les yeux de Lucien se mouillèrent de larmes.

— Oh ! jeune homme, est-ce donc la providence divine qui m'a fait désirer de secouer par un peu d'exercice à pied le sommeil dont sont saisis au matin tous les voyageurs, afin que je pusse, en vous consolant, obéir à ma mission ici-bas ?... Et quels grands chagrins pouvez-vous avoir à votre âge ?

— Vos consolations, mon père, seraient bien inutiles : vous êtes Espagnol, je suis Français ; vous croyez aux commandements de l'Église, moi je suis athée....

— *Santa Virgen del Pilar !*... vous êtes athée, s'écria le prêtre en passant son bras sous celui de Lucien avec un empressement maternel. Eh ! voilà l'une des curiosités que je m'étais promis d'observer à Paris. En Espagne, nous ne croyons pas aux athées... Il n'y a qu'en France, où, à dix-neuf ans, on puisse avoir de pareilles opinions.

— Oh ! je suis u'_ athée au complet ; je ne crois ni en Dieu, ni à la société, ni au bonheur. Regardez-moi donc bien, mon père ; car, dans quelques heures, je ne serai plus... Voilà mon dernier soleil !... dit Lucien avec une sorte d'emphase en montrant le ciel.

— Ah ! çà, qu'avez-vous fait pour mourir ? qui vous a condamné à mort ?

— Un tribunal souverain, moi-même !

— Enfant ! s'écria le prêtre. Avez-vous tué un homme ? l'échafaud vous attend-il ? Raisonnons un peu ? Si vous

voulez rentrer, selon vous, dans le néant, tout vous est
indifférent ici-bas. Lucien inclina la tête en signe d'assentiment. — Eh bien! vous pouvez alors me conter vos peines?... Il s'agit sans doute de quelques amourettes qui vont
mal?... Lucien fit un geste d'épaules très significatif. —
Vous voulez vous tuer pour éviter le déshonneur, ou parce
que vous désespérez de la vie? eh bien! vous vous tuerez
aussi bien à Poitiers qu'à Angoulême, à Tours aussi bien
qu'à Poitiers. Les sables mouvants de la Loire ne rendent
pas leur proie...

— Non, mon père, répondit Lucien, j'ai mon affaire. Il
y a vingt jours, j'ai vu la plus charmante rade où puisse
aborder dans l'autre monde un homme dégoûté de celui-ci...

— Un autre monde!... vous n'êtes pas athée.

— Oh! ce que j'entends par l'autre monde, c'est ma
future transformation en animal ou en plante...

— Avez-vous une maladie incurable?

— Oui, mon père...

— Ah! nous y voilà, dit le prêtre, et laquelle?

— La pauvreté.

Le prêtre regarda Lucien en souriant et lui dit avec une
grâce infinie et un sourire presque ironique : — Le diamant ignore sa valeur.

— Il n'y a qu'un prêtre qui puisse flatter un homme
pauvre qui s'en va mourir!... s'écria Lucien.

— Vous ne mourrez pas, dit l'Espagnol avec autorité.

— J'ai bien entendu dire, reprit Lucien, qu'on déva-
lisait les gens sur la route, je ne savais pas qu'on les y
enrichît.

— Vous allez le savoir, dit le prêtre après avoir examiné
si la distance à laquelle se trouvait la voiture leur permettait de faire seuls encore quelques pas. Écoutez-moi, dit le
prêtre en mâchonnant son cigare, votre pauvreté ne serait
pas une raison pour mourir. J'ai besoin d'un secrétaire, le

mien vient de mourir à Barcelone. Je me trouve dans la situation où fut le baron de Goërtz, le fameux ministre de Charles XII, qui arriva sans secrétaire dans une petite ville en allant en Suède, comme moi je vais à Paris. Le baron rencontra le fils d'un orfèvre, remarquable par une beauté qui ne pouvait certes pas valoir la vôtre... Le baron de Goërtz trouve à ce jeune homme de l'intelligence, comme moi je vous trouve de la poésie au front; il le prend dans sa voiture, comme moi je vais vous prendre dans la mienne; et, de cet enfant condamné à brunir des couverts et à fabriquer des bijoux dans une petite ville de province comme Angoulême, il fait son favori, comme vous serez le mien. Arrivé à Stockholm, il installe son secrétaire et l'accable de travaux. Le jeune secrétaire passe les nuits à écrire; et, comme tous les grands travailleurs, il contracte une habitude, il se met à mâcher du papier. Feu monsieur de Malesherbes faisait, lui, des camouflets et il en donna, par parenthèse, un à je ne sais quel personnage dont le procès dépendait de son rapport. Notre beau jeune homme commence par du papier blanc, mais il s'y accoutume et passe aux papiers écrits qu'il trouve plus savoureux. On ne fumait pas encore comme aujourd'hui. Enfin le petit secrétaire en arrive, de saveur en saveur, à mâchonner des parchemins et à les manger. On s'occupait alors, entre la Russie et la Suède, d'un traité de paix que les États imposaient à Charles XII, comme en 1814 on voulait forcer Napoléon à traiter de la paix. La base des négociations était le traité fait entre les deux puissances à propos de la Finlande; Goërtz en confie l'original à son secrétaire; mais, quand il s'agit de soumettre le projet aux États, il se rencontrait cette petite difficulté, que le traité ne se trouvait plus. Les États imaginent que le ministre, pour servir les passions du roi, s'est avisé de faire disparaître cette pièce, le baron de Goërtz est accusé; son secrétaire avoue alors avoir mangé le traité... On instruit un procès, le fait est prouvé, le secrétaire est condamné à mort. Mais, comme vous n'en êtes pas là, prenez un cigare, et fumez-le en attendant notre calèche.

Lucien prit un cigare et l'alluma, comme cela se fait en Espagne, au cigare du prêtre en se disant : — il a raison, j'ai toujours le temps de me tuer.

— C'est souvent, reprit l'Espagnol, au moment où les jeunes gens désespèrent le plus de leur avenir, que leur fortune commence. Voilà ce que je voulais dire, j'ai préféré vous le prouver par un exemple. Ce beau secrétaire, condamné à mort, était dans une position d'autant plus désespérée que le roi de Suède ne pouvait pas lui faire grâce, sa sentence ayant été rendue par les États de Suède; mais il ferma les yeux sur une évasion. Le joli petit secrétaire se sauve sur une barque avec quelques écus dans sa poche, et arrive à la cour de Courlande, muni d'une lettre de recommandation de Goërtz pour le duc, à qui le ministre Suédois expliquait l'aventure et la manie de son protégé. Le duc place le bel enfant comme secrétaire chez son intendant. Le duc était un dissipateur, il avait une jolie femme et un intendant, trois causes de ruine. Si vous croyez que ce joli homme, condamné à mort pour avoir mangé le traité relatif à la Finlande, se corrige de son goût dépravé, vous ne connaîtriez pas l'empire du vice sur l'homme; la peine de mort ne l'arrête pas quand il s'agit d'une jouissance qu'il s'est créée ! D'où vient cette puissance du vice? est-ce une force qui lui soit propre, ou vient-elle de la faiblesse humaine? Y a-t-il des goûts qui soient placés sur les limites de la folie? Je ne puis m'empêcher le rire des moralistes qui veulent combattre de pareilles maladies avec de belles phrases!... Il y eut un moment où le duc, effrayé du refus que lui fit son intendant à propos d'une demande d'argent, voulut des comptes, une sottise! Il n'y a rien de plus facile que d'écrire un compte, la difficulté n'est jamais là. L'intendant confia toutes les pièces

à son secrétaire pour établir le bilan de la liste civile de
Courlande. Au milieu de son travail et de la nuit où il le
finissait, notre petit mangeur de papier s'aperçoit qu'il
mâche une quittance du duc pour une somme considérable : la peur le saisit, il s'arrête à moitié de la signature,
il court se jeter aux pieds de la duchesse en lui expliquant
sa manie, en implorant la protection de sa souveraine, et
l'implorant au milieu de la nuit. La beauté du jeune commis fit une telle impression sur cette femme qu'elle l'é-
pousa lorsqu'elle fût veuve. Ainsi, en plein dix-huitième
siècle, dans un pays où régnait le blason, le fils d'un orfèvre devint prince souverain... Il est devenu quelque chose
de mieux !... Il a été régent à la mort de la première Catherine, il a gouverné l'impératrice Anne et voulut être
le Richelieu de la Russie. Eh bien ! jeune homme, sachez
une chose : c'est que si vous êtes plus beau que Biron, moi
je vaux beaucoup plus, quoique simple chanoine, que le
baron de Goërtz. Ainsi, montez ! nous vous trouverons un
duché de Courlande à Paris, et, à défaut de duché, nous
aurons toujours bien la duchesse.

L'Espagnol passa la main sous le bras de Lucien, le força
littéralement de monter dans sa voiture, et le postillon referma la portière.

— Maintenant parlez, je vous écoute, dit le chanoine de
Tolède à Lucien stupéfait. Je suis un vieux prêtre à qui
vous pouvez tout dire sans danger. Vous n'avez sans doute
encore mangé que votre patrimoine ou l'argent de votre
maman. Vous aurez fait votre petit trou à la lune, et nous
avons de l'honneur jusqu'au bout de nos jolies petites bottes
fines... Allez, confessez-vous hardiment, ce sera absolument
comme si vous vous parliez à vous-même.

Lucien se trouvait dans la situation de ce pêcheur de je
ne sais quel conte arabe, qui, voulant se noyer en plein
Océan, tombe au milieu des contrées sous-marines et y devient roi. Le prêtre espagnol paraissait si véritablement af-

fectueux que le poëte n'hésita pas à lui ouvrir son cœur ;
il lui raconta donc, d'Angoulême à Ruffec, toute sa vie, en
n'omettant aucune de ses fautes, et finissant par le dernier
désastre qu'il venait de causer. Au moment où il terminait ce récit, d'autant plus poétiquement débité, que Lucien le répétait pour la troisième fois depuis quinze jours,
il arrivait au point où, sur la route, près de Ruffec, se
trouve le domaine de la famille de Rastignac, dont le nom,
la première fois qu'il le prononça, fit faire un mouvement
à l'Espagnol.

— Voici, dit-il, d'où est parti le jeune Rastignac qui
ne me vaut certes pas, et qui a eu plus de bonheur que
moi.

— Ah !

— Oui, cette drôle de gentilhommière est la maison de
son père. Il est devenu, comme je vous le disais, l'amant
de madame de Nucingen, la femme du fameux banquier.
Moi, je me suis laissé aller à la poésie ; lui, plus habile, a
donné dans le positif...

Le prêtre fit arrêter sa calèche, il voulut, par curiosité,
parcourir la petite avenue qui de la route conduisait à la
maison et regarda tout avec plus d'intérêt que Lucien n'en
attendait d'un prêtre espagnol.

— Vous connaissez donc les Rastignac ?... lui demanda
Lucien.

— Je connais tout Paris, dit l'Espagnol en remontant
dans sa voiture. Ainsi, faute de dix ou douze mille francs,
vous alliez vous tuer. Vous êtes un enfant, vous ne connaissez ni les hommes, ni les choses. Une destinée vaut tout
ce que l'homme l'estime, et vous n'évaluez votre avenir que
douze mille francs ; eh ! bien, je vous achèterai tout à
l'heure davantage. Quant à l'emprisonnement de votre
beau-frère, c'est une vétille. Si ce cher monsieur Séchard
a fait une découverte, il sera riche. Les riches n'ont jamais été mis en prison pour dettes. Vous ne me paraissez

pas fort en Histoire. Il y a deux histoires : l'histoire officielle, menteuse, qu'on enseigne, l'histoire *ad usum delphini*; puis l'histoire secrète, où sont les véritables causes des événements, une histoire honteuse. Laissez-moi vous raconter en trois mots, une autre historiette que vous ne connaissez pas. Un ambitieux, prêtre et jeune, veut entrer aux affaires publiques, il se fait le chien couchant du favori, le favori d'une reine ; le favori s'intéresse au prêtre, et lui donne le rang de ministre en lui donnant place au conseil. Un soir, un de ces hommes qui croient rendre service (ne rendez jamais un service qu'on ne vous demande pas!) écrit au jeune ambitieux que la vie de son bienfaiteur est menacée. Le roi s'est courroucé d'avoir un maître, demain le favori doit être tué s'il se rend au palais. Eh bien! jeune homme, qu'auriez-vous fait en recevant cette lettre?...

— Je serais allé sur-le-champ avertir mon bienfaiteur, s'écria vivement Lucien.

— Vous êtes bien encore l'enfant que révèle le récit de votre existence, dit le prêtre. Notre homme s'est dit : Si le roi va jusqu'au crime, mon bienfaiteur est perdu ; je dois avoir reçu cette lettre trop tard ! et il a dormi jusqu'à l'heure où l'on tuait le favori...

— C'est un monstre! dit Lucien qui soupçonna chez le prêtre l'intention de l'éprouver.

— Tous les grands hommes sont des monstres; celui-là s'appelle le cardinal de Richelieu, répondit le chanoine, et son bienfaiteur a nom le maréchal d'Ancre. Vous voyez bien que vous ne connaissez pas votre histoire de France. N'avais-je pas raison de vous dire que l'HISTOIRE enseignée dans les collèges est une collection de dates et de faits, excessivement douteuse d'abord, mais sans la moindre portée. A quoi vous sert-il de savoir que Jeanne d'Arc a existé? En avez-vous jamais tiré cette conclusion que, si la France avait alors accepté la dynastie angevine des Plantagenets, les deux peuples réunis auraient aujourd'hui l'empire du

nonde, et que les deux îles où se forgent les troubles politiques du continent seraient deux provinces françaises ?...
Mais avez-vous étudié les moyens par lesquels les Médicis,
le simples marchands, sont arrivés à être grands-ducs de
Toscane ?

— Un poëte, en France, n'est pas tenu d'être un béné-
dictin, dit Lucien.

— Eh bien ! jeune homme, ils sont devenus grands-
ducs, comme Richelieu devint ministre. Si vous aviez cherché dans l'histoire des événements, au lieu d'en apprendre les étiquettes, vous en auriez tiré des préceptes pour
votre conduite. De ce que je viens de prendre au hasard
dans la collection des faits vrais résulte cette loi : Ne voyez
dans les hommes, et surtout dans les femmes, que des instruments ; mais ne le leur laissez pas voir. Adorez comme
Dieu même celui qui, placé plus haut que vous, peut
vous être utile, et ne le quittez pas qu'il n'ait payé très-cher
votre servilité. Dans le commerce du monde, soyez âpre
comme le juif et bas comme lui ; faites pour la puissance
tout ce qu'il fait pour l'argent. Mais aussi n'ayez pas plus
de souci de l'homme tombé que s'il n'avait jamais existé.
Savez-vous pourquoi vous devez vous conduire ainsi ?...
Vous voulez dominer le monde, n'est-ce-pas ? il faut commencer par obéir au monde et le bien étudier. Les savants
étudient les livres, les politiques étudient les hommes, leurs
intérêts, les causes génératrices de leurs actions. Or, le
monde, la société, les hommes pris dans leur ensemble, sont
fatalistes ; ils adorent l'événement. Savez-vous pourquoi je
vous fais ce petit cours d'histoire ? c'est que je vous crois
une ambition démesurée...

— Oui, mon père !

— Je l'ai bien vu, reprit le chanoine. Mais en ce moment
vous vous dites : Ce chanoine espagnol invente des anecdotes et pressure l'histoire pour me prouver que j'ai eu trop
de vertu... (Lucien se prit à sourire en voyant ses pensées

si bien devinées. — Eh bien ! jeune homme, prenons des
faits passés à l'état de banalités, dit le prêtre. Un jour la
France est à peu près conquise par les Anglais, le roi n'a
plus qu'une province. Du sein du peuple deux êtres se dres-
sent : une pauvre jeune fille, cette même Jeanne d'Arc dont
nous parlions ; puis un bourgeois nommé Jacques Cœur.
L'une donne son bras et le prestige de sa virginité, l'autre
donne son or : le royaume est sauvé. Mais la fille est prise !...
Le roi, qui peut racheter la fille, la laisse brûler vive. Quant
à l'héroïque bourgeois, le roi le laisse accuser de crimes
capitaux par ses courtisans, qui font curée de tous ses biens.
Les dépouilles de l'innocent, traqué, cerné, abattu par la
justice, enrichissent cinq maisons nobles... Et le père de
l'archevêque de Bourges sort du royaume, pour n'y jamais
revenir, sans un sou de ses biens en France, n'ayant
d'autre argent à lui que celui qu'il avait confié aux Arabes,
aux Sarrasins en Égypte. Vous pouvez dire encore : Ces
exemples sont bien vieux, toutes ces ingratitudes ont
trois cents ans d'Instruction publique, et les squelettes de
cet âge-là sont fabuleux. Eh bien ! jeune homme, croyez-
vous au dernier demi-Dieu de la France, à Napoléon ? il a
tenu l'un de ses généraux dans sa disgrâce, il ne l'a fait
maréchal qu'à contre-cœur, jamais il ne s'est servi de lui
volontiers. Ce maréchal se nomme Kellermann. Savez-vous
pourquoi ?... Kellermann a sauvé la France et le premier
consul à Marengo par une charge audacieuse qui fut applaudie au milieu du sang et du feu. Il ne fut même pas
question de cette charge héroïque dans le bulletin. La cause
de la froideur de Napoléon pour Kellermann est aussi la
cause de la disgrâce de Fouché, du prince de Talleyrand :
'ingratitude du roi Charles VII, de Richelieu, l'ingratitude...

— Mais, mon père, à supposer que vous me sauviez la
vie et que vous fassiez ma fortune, dit Lucien, vous me
rendez ainsi la reconnaissance assez légère.

— Petit drôle, dit l'abbé souriant et prenant l'oreille de Lucien pour la lui tortiller avec une familiarité quasi royale, si vous étiez ingrat avec moi, vous seriez alors un homme fort, et je me placerais devant vous ; mais vous n'en êtes pas encore là, car, simple écolier, vous avez voulu passer trop tôt maître. C'est le défaut des Français dans votre époque. Ils ont été gâtés tous par l'exemple de Napoléon. Vous donnez votre démission parce que vous ne pouvez pas obtenir l'épaulette que vous souhaitez... Mais avez-vous rapporté tous vos vouloirs, toutes vos actions à une idée ?...

— Hélas ! non, dit Lucien.

— Vous avez été ce que les Anglais appellent *inconsistent*, reprit le chanoine en souriant.

— Qu'importe ce que j'ai été, si je ne puis plus rien être ! répondit Lucien.

— Qu'il se trouve derrière toutes vos belles qualités une force *semper virens*, dit le prêtre en tenant à montrer qu'il savait un peu de latin, et rien ne vous résistera dans le monde. Je vous aime assez déjà... (Lucien sourit d'un air d'incrédulité.) — Oui, reprit l'inconnu en répondant au sourire de Lucien, vous m'intéressez comme si vous étiez mon fils, et je suis assez puissant pour vous parler à cœur ouvert, comme vous venez de me parler. Savez-vous ce qui me plaît de vous ?... Vous avez fait en vous même table rase, et vous pouvez alors entendre un cours de morale qui ne se fait nulle part ; car les hommes, rassemblés en troupe, sont encore plus hypocrites qu'ils ne le sont quand leur intérêt les oblige à jouer la comédie. Aussi passe-t-on une bonne partie de sa vie à sarcler ce que l'on a laissé pousser dans son cœur pendant son adolescence. Cette opération s'appelle acquérir de l'expérience.

Lucien, en écoutant le prêtre, se disait : — Voilà quelque vieux politique enchanté de s'amuser en chemin. Il se plaît à faire changer d'opinion un pauvre garçon qu'il rencontre sur le bord d'un suicide, et il va me lâcher au bout de sa plaisanterie... Mais il entend bien le paradoxe, et il me paraît tout aussi fort que Blondet ou que Lousteau. Malgré cette sage réflexion, la corruption tentée par ce diplomate sur Lucien entrait profondément dans cette âme assez disposée à la recevoir, et y faisait d'autant plus de ravages qu'elle s'appuyait sur de célèbres exemples. Pris par le charme de cette conversation cynique, Lucien se raccrochait d'autant plus volontiers à la vie qu'il se sentait ramené du fond de son suicide à la surface par un bras puissant.

En ceci, le prêtre triomphait évidemment. Aussi, de temps en temps, avait-il accompagné ses sarcasmes historiques d'un malicieux sourire.

— Si votre façon de traiter la morale ressemble à votre manière d'envisager l'histoire, dit Lucien, je voudrais bien savoir quel est en ce moment le mobile de votre apparente charité ?

— Ceci, jeune homme, est le dernier point de mon prône, et vous me permettrez de le réserver, car alors nous ne nous quitterons pas aujourd'hui, répondit-il avec la finesse d'un prêtre qui voit sa malice réussie.

— Eh bien ! parlez-moi morale ? dit Lucien qui se dit en lui-même : Je vais le faire poser.

— La morale, jeune homme, commence à la loi, dit le prêtre. S'il ne s'agissait que de religion, les lois seraient inutiles : les peuples religieux ont peu de lois. Au-dessus de la loi civile, est la loi politique. Eh bien ! voulez-vous savoir ce qui, pour un homme politique, est écrit sur le front de votre dix-neuvième siècle ? Les Français ont inventé, en 1793, une souveraineté populaire qui s'est terminée par un empereur absolu. Voilà pour votre histoire nationale. Quant aux mœurs : madame Tallien et madame de Beauharnais ont tenu la même conduite. Napoléon épouse l'une, fait d'elle votre impératrice, et n'a jamais voulu recevoir l'autre, quoiqu'elle fût princesse. Sans-culotte

en 1793, Napoléon chausse la couronne de fer en 1804.
Les féroces amants de *l'Égalité ou la Mort* de 1792, deviennent, dès 1806, complices d'une aristocratie légitimée
par Louis XVIII. A l'étranger, l'aristocratie, qui trône
aujourd'hui dans son faubourg Saint Germain, a fait pis :
elle a été usurière, elle a été marchande, elle a fait des
petits pâtés, elle a été cuisinière, fermière, gardeuse de
moutons. En France donc, la loi politique aussi bien que
la loi morale, tous et chacun ont démenti le début au point
d'arrivée, leurs opinions par la conduite, ou la conduite
par les opinions. Il n'y a pas eu de logique, ni dans le
gouvernement, ni chez les particuliers. Aussi n'avez-vous
plus de morale. Aujourd'hui, chez vous, le succès est la
raison suprême de toutes les actions, quelles qu'elles soient.
Le fait n'est donc plus rien en lui-même, il est tout entier
dans l'idée que les autres s'en forment. De là, jeune
homme, un second précepte : ayez de beaux dehors ! cachez l'envers de votre vie, et présentez un endroit très-
brillant. La discrétion, cette devise des ambitieux, est
celle de notre ordre, faites-en la vôtre. Les grands commettent presque autant de lâchetés que les misérables;
mais ils les commettent dans l'ombre et font parade de
leurs vertus : ils restent grands. Les petits déploient leurs
vertus dans l'ombre, ils exposent leurs misères au grand
jour : ils sont méprisés. Vous avez caché vos grandeurs
et vous avez laissé voir vos plaies. Vous avez eu publi-
quement pour maîtresse une actrice, vous avez vécu chez
elle, avec elle; vous n'étiez nullement répréhensible, chacun vous trouvait l'un et l'autre parfaitement libres; mais
vous rompiez en visière aux idées du monde et vous n'a-
vez pas eu la considération que le monde accorde à ceux
qui obéissent à ses lois. Si vous aviez laissé Coralie à ce
M. Camusot, si vous aviez caché vos relations avec elle,
vous auriez épousé madame de Bargeton, vous seriez
préfet d'Angoulême et marquis de Rubempré. Changez de

conduite ; mettez en dehors votre beauté, vos grâces, votre esprit, votre poésie. Si vous vous permettez de petites infamies, que ce soit entre quatre murs. Dès lors vous ne serez plus coupable de faire tache sur les décorations de ce grand théâtre appelé le monde. Napoléon, appelle cela : *laver son linge sale en famille*. Du second précepte découle ce corollaire : tout est dans la forme. Saisissez bien ce que j'appelle la forme. Il y a des gens sans instruction qui, pressés par le besoin, prennent une somme quelconque, par violence, à autrui ; on les nomme criminels et ils sont forcés de compter avec la justice. Un pauvre homme de génie trouve un secret dont l'exploitation équivaut à un trésor, vous lui prêtez trois mille francs (à l'instar de ces Cointet qui se sont trouvé vos trois mille francs entre les mains et qui vont dépouiller votre beau-frère), vous le tourmentez de manière à vous faire céder tout ou partie du secret, vous ne comptez qu'avec votre conscience, et votre conscience ne vous mène pas en cour d'assises. Les ennemis de l'ordre social profitent de ce contraste pour japper après la justice et se courroucer au nom du peuple de ce qu'on envoie aux galères un voleur de nuit et de poules dans une enceinte habitée, tandis qu'on met· en prison, à peine pour quelques mois, un homme qui ruine des familles en faisant une faillite frauduleuse ; mais ces hypocrites savent bien qu'en condamnant le voleur les juges maintiennent la barrière entre les pauvres et les riches, qui, renversée, amènerait la fin de l'ordre social ; tandis que le banqueroutier, l'adroit capteur de successions, le banquier qui tue une affaire à son profit, ne produisent que des déplacements de fortune. Ainsi, la société, mon fils, est forcée de distinguer, pour son compte, ce que je vous fais distinguer pour le vôtre. Le grand point est de s'égaler à toute la société. Napoléon, Richelieu, les Médicis s'égalèrent à leur siècle. Vous, vous vous estimez douze mille francs !... Votre société n'adore plus le vrai

Dieu, mais le Veau-d'Or ! Telle est la religion de votre
charte, qui ne tient plus compte, en politique, que de la
propriété. N'est-ce pas dire à tous les sujets : Tâchez d'être
riches !... Quand, après avoir su trouver légalement une
fortune, vous serez riche et marquis de Rubempré, vous
vous permettrez le luxe de l'honneur. Vous ferez alors profession de tant de délicatesse, que personne n'osera vous
accuser d'en avoir jamais manqué, si vous en manquiez
toutefois en faisant fortune, ce que je ne vous conseille-
rais jamais, dit le prêtre en prenant la main de Lucien et
la lui tapotant. Que devez-vous donc mettre dans cette
belle tête ?... Uniquement le thème que voici : Se donner
un but éclatant et cacher ses moyens d'arriver, tout en cachant sa marche. Vous avez agi en enfant, soyez homme,
soyez chasseur, mettez-vous à l'affût, embusquez-vous dans
le monde parisien, attendez une proie et un hasard, ne mé-
nagez ni votre personne, ni ce qu'on appelle la dignité;
car nous obéissons tous à quelque chose, à un vice, à une
nécessité, mais observez la loi suprême ! le secret.

— Vous m'effrayez, mon père ! s'écria Lucien, ceci me
semble une théorie de grande route.

— Vous avez raison, dit le chanoine, mais elle ne vient
pas de moi. Voilà comment ont raisonné les parvenus, la
maison d'Autriche, comme la maison de France. Vous n'a-
vez rien, vous êtes dans la situation des Médicis, de Richelieu, de Napoléon au début de leur ambition. Ces gens-là,
mon petit, ont estimé leur avenir au prix de l'ingratitude,
de la trahison, et des contradictions les plus violentes. Il
faut tout oser pour tout avoir. Raisonnons. Quand vous
vous asseyez à une table de bouillotte, en discutez-vous les
conditions ? Les règles sont là, vous les acceptez.

— Allons, pensa Lucien, il connaît la bouillotte.

— Comment vous conduisez-vous à la bouillotte ?... dit le
prêtre, y pratiquez-vous la plus belle des vertus, la franchise ? Non-seulement vous cachez votre jeu, mais encore

vous tâchez de faire croire, quand vous êtes sûr de triompher, que vous allez tout perdre. Enfin, vous dissimulez, n'est-ce pas ?... Vous mentez pour gagner cinq louis !... Que diriez-vous d'un joueur assez généreux pour prévenir les autres qu'il a brelan carré ! Eh bien ! l'ambitieux qui veut lutter avec les préceptes de la vertu, dans une carrière où ses antagonistes s'en privent, est un enfant à qui les vieux politiques diraient ce que les joueurs disent à celui qui ne profite pas de ces brelans : — Monsieur, ne jouez jamais à la bouillotte... Est-ce vous qui faites les règles dans le jeu de l'ambition ? Pourquoi vous ai-je dit de vous égaler à la société ?.. C'est qu'aujourd'hui, jeune homme, la société s'est insensiblement arrogé tant de droits sur les individus, que l'individu se trouve obligé de combattre la société. Il n'y a plus de lois, il n'y a que des mœurs, c'est-à-dire des simagrées, toujours la forme (Lucien fit un geste d'étonnement). — Ah ! mon enfant, dit le prêtre en craignant d'avoir révolté la candeur de Lucien, vous attendiez-vous à trouver l'ange Gabriel dans un abbé chargé de toutes les iniquités de la contre-diplomatie de deux grands rois (je suis l'intermédiaire entre Ferdinand VII et Louis XVIII, deux grands... rois qui doivent tous deux la couronne à de profondes... combinaisons) !... Je crois en Dieu, mais je crois bien plus en notre ordre, et notre ordre ne croit qu'au pouvoir temporel. Pour rendre le pouvoir temporel très-fort, notre ordre maintient l'Église apostolique, catholique et romaine, c'est-à-dire l'ensemble des sentiments qui tiennent le peuple dans l'obéissance. Nous sommes les Templiers modernes, nous avons une doctrine. Comme le Temple, notre ordre fut brisé par les mêmes raisons : il s'était égalé au monde. Voulez-vous être soldat, je serai votre capitaine. Obéissez-moi comme une femme obéit à son mari, comme un enfant obéit à sa mère, je vous garantis qu'en moins de trois ans vous serez marquis de Rubempré, vous épouserez une des plus nobles filles du faubourg Saint-Germain, et vous vous

assiérez un jour sur les bancs de la Pairie. En ce moment,
si je ne vous avais pas amusé par ma conversation, que seriez-vous ? un cadavre introuvable dans un profond lit de
vase ; eh bien, faites un effort de poésie ?... (Là Lucien regarda son protecteur avec curiosité.) — Le jeune homme
qui se trouve assis là, dans cette calèche, à côté de l'abbé
Carlos Herrera, chanoine honoraire du chapitre de Tolède,
envoyé secret de Sa Majesté Ferdinand VII à sa Majesté le
roi de France, pour lui apporter une dépêche où il lui dit
peut-être : « *Quand vous m'aurez délivré, faites pendre
tous ceux que je caresse en ce moment, mais surtout mon
envoyé pour qu'il soit vraiment secret,* » ce jeune homme,
dit l'inconnu, n'a plus rien de commun avec le poëte qui
vient de mourir. Je vous ai pêché, je vous ai rendu la vie,
et vous m'appartenez comme la créature est au créateur,
comme, dans les contes de fées, l'afrite est au génie,
comme l'icoglan est au sultan, comme le corps est à l'âme !
Je vous soutiendrai, moi, d'une main puissante dans la
voie du pouvoir, et je vous promets néanmoins une vie de
plaisirs, d'honneurs, de fêtes continuelles... Jamais l'argent ne vous manquera... Vous brillerez, vous paraderez,
pendant que courbé dans la boue des fondations, j'assure-
rai le brillant édifice de votre fortune. J'aime le pouvoir
pour le pouvoir, moi ! je serai toujours heureux de vos
jouissances qui me sont interdites. Enfin, je me ferai
vous !... Eh bien ! le jour où ce pacte d'homme à démon,
d'enfant à diplomate, ne vous conviendra plus, vous pourrez toujours aller chercher un petit endroit, comme celui
dont vous parliez, pour vous noyer : vous serez un peu
plus ou un peu moins ce que vous êtes aujourd'hui, malheureux ou déshonoré.

— Ceci n'est pas une homélie de l'archevêque de Grenade ! s'écria Lucien en voyant la calèche arrêtée à une
poste.

— Je ne sais pas quel nom vous donnez à cette instruction sommaire, mon fils, car je vous adopte et ferai de vous mon héritier; mais c'est le code de l'ambition. Les élus de Dieu sont en petit nombre. Il n'y a point de choix : ou il faut aller au fond du cloître (et vous y retrouvez le monde en petit !) ou il faut accepter ce code.

— Peut-être vaut-il mieux ne pas être si savant, dit Lucien en essayant de sonder l'âme de ce terrible prêtre.

— Comment ! reprit le chanoine, après avoir joué sans connaître les règles du jeu, vous abandonnez la partie au moment où vous y devenez fort, où vous vous y présentez avec un parrain solide... et sans même avoir le désir de prendre une revanche ! Comment, vous n'éprouvez pas l'envie de monter sur le dos de ceux qui vous ont chassé de Paris.

Lucien frissonna comme si quelque instrument de bronze, un gong chinois, eût fait entendre ces terribles sons qui frappent sur les nerfs.

— Je ne suis qu'un humble prêtre, reprit cet homme en laissant paraître une horrible expression sur son visage cuivré par le soleil d'Espagne ; mais si des hommes m'avaient humilié, vexé, torturé, trahi, vendu, comme vous l'avez été par les drôles dont vous m'avez parlé, je serais comme l'Arabe du désert !... Oui je dévouerais mon corps et mon âme à la vengeance. Je me moquerais de finir ma vie accroché à un gibet, assis à la *garrot,* empalé, guillotiné, comme chez vous ; mais je ne laisserais prendre ma tête qu'après avoir écrasé mes ennemis sous mes talons.

Lucien gardait le silence, il ne se sentait plus l'envie de faire poser ce prêtre.

— Les uns descendent d'Abel, les autres de Caïn, dit le chanoine en terminant ; moi je suis un sang mêlé . Caïn pour mes ennemis, Abel pour mes amis, et malheur à qui réveille Caïn !... Après tout, vous êtes Français, je suis Espagnol et, de plus, chanoine !...

— Quelle nature d'Arabe ! se dit Lucien en examinant le protecteur que le ciel venait de lui envoyer.

L'abbé Carlos Herrera n'offrait rien en lui-même qui révélât le jésuite ni même un religieux quelconque. Gros et court, de larges mains, un large buste, une force herculéenne, un regard terrible, mais adouci par une mansuétude de commande ; un teint de bronze qui ne laissait rien passer du dedans au dehors, inspiraient beaucoup plus la répulsion que l'attachement. De longs et beaux cheveux poudrés à la façon de ceux du prince de Talleyrand donnaient à ce singulier diplomate l'air d'un évêque, et le ruban bleu liseré de blanc auquel pendait une croix d'or indiquait d'ailleurs un dignitaire ecclésiastique. Ses bas de soie noire moulaient des jambes d'athlète. Son vêtement d'une exquise propreté révélait ce soin minutieux de la personne que les simples prêtres ne prennent pas toujours d'eux, surtout en Espagne. Un tricorne était posé sur le devant de la voiture armoriée aux armes d'Espagne. Malgré tant de causes de répulsion, des manières à la fois violentes et patelines atténuaient l'effet de la physionomie ; et, pour Lucien, le prêtre s'était évidemment fait coquet, caressant, presque chat. Lucien examina les moindres choses d'un air soucieux. Il sentit qu'il s'agissait en ce moment de vivre ou de mourir, car il se trouvait au second relais après Ruffec. Les dernières phrases du prêtre espagnol avaient remué beaucoup de cordes dans son cœur : et, disons-le à la honte de Lucien et du prêtre qui, d'un œil perspicace, étudiait la belle figure du poëte, ces cordes étaient les plus mauvaises, celles qui vibrent sous l'attaque des sentiments dépravés. Lucien revoyait Paris, il ressaisissait les rênes de la domination que ses mains inhabiles avaient lâchées, il se vengeait ! La comparaison de la vie de province et de la vie de Paris qu'il venait de faire, la plus agissante des causes de son suicide, disparaissait : il allait se retrouver

dans son milieu, mais protégé par un politique profond
jusqu'à la scélératesse de Cromwel.

— J'étais seul, nous serons deux, se disait-il. Plus il avait
découvert de fautes dans sa conduite antérieure, plus l'ecclésiastique avait montré d'intérêt. La charité de cet homme
s'était accrue en raison du malheur, et il ne s'étonnait de
rien. Néanmoins, Lucien se demanda quel était le mobile
de ce meneur d'intrigues royales. Il se paya d'abord d'une
raison vulgaire : les Espagnols sont généreux ! L'Espagnol
est généreux, comme l'Italien est empoisonneur et jaloux,
comme le Français est léger, comme l'Allemand est franc,
comme le Juif est ignoble, comme l'Anglais est noble. Ren-
versez ces propositions, vous arriverez au vrai. Les Juifs
ont accaparé l'or, ils écrivent *Robert le Diable,* ils jouent
Phèdre, ils chantent *Guillaume Tell,* ils commandent des
tableaux, ils élèvent des palais, ils écrivent *Reisibilder* et
d'admirables poésies, ils sont plus puissants que jamais,
leur religion est acceptée, enfin ils font crédit au pape !
En Allemagne, pour les moindres choses, on demande à
un étranger : — Avez-vous un contrat ? tant on y fait de
chicanes. En France, on applaudit depuis cinquante ans à
la scène des stupidités nationales, on continue à porter
d'inexplicables chapeaux, et le gouvernement ne change
qu'à la condition d'être toujours le même !... L'Angleterre
déploie à la face du monde des perfidies dont l'horreur ne
peut se comparer qu'à son avidité. L'Espagnol, après avoir
eu de l'or des deux Indes, n'a plus rien. Il n'y a pas de
pays du monde où il y ait moins d'empoisonnements qu'en
Italie, et où les mœurs soient plus faciles et plus courtoises. Les Espagnols ont beaucoup vécu sur la réputation
des Maures.

Lorsque l'Espagnol remonta dans la calèche, il dit à l'o-
reille du postillon : Il me faut le train de la malle, il y a
trois francs de guides. Lucien hésitait à monter, le prêtre

lui dit : — Allons donc, et Lucien monta sous prétexte de lui décocher un argument *ad hominem*.

— Mon père lui dit-il, un homme qui vient de dérouler du plus beau sang-froid du monde les maximes que beaucoup de bourgeois taxeront de profondément immorales...

— Et qui le sont, dit le prêtre, voilà pourquoi Jésus-Christ voulait que le scandale eût lieu, mon fils. Et voilà pourquoi le monde manifeste une si grande horreur du scandale.

— Un homme de votre trempe ne s'étonnera pas de la question que je vais lui faire !

— Allez, mon fils !... dit Carlos Herrera, vous ne me connaissez pas. Croyez-vous que je prendrais un secrétaire avant de savoir s'il a des principes assez sûrs pour ne me rien prendre ? Je suis content de vous. Vous avez encore toutes les innocences de l'homme qui se tue à vingt ans. Votre question ?...

— Pourquoi vous intéressez-vous à moi ? Quel prix voulez-vous de mon obéissance ?... Pourquoi me donnez-vous tout ? quelle est votre part ?

L'Espagnol regarda Lucien et se mit à sourire.

— Attendons une côte, nous la monterons à pied, et nous parlerons en plein vent. Le fond d'une calèche est indiscret. Le silence régna pendant quelque temps entre les deux compagnons, et la rapidité de la course aida, pour ainsi dire, à la griserie morale de Lucien.

— Mon père, voici la côte, dit Lucien en se réveillant comme d'un rêve.

— Eh bien ! marchons, dit le prêtre en criant d'une voix forte au postillon d'arrêter.

Et tous deux ils s'élancèrent sur la route.

— Enfant, dit l'Espagnol en prenant Lucien par le bras, as-tu médité la *Venise sauvée* d'Otway ? As-tu compris cette amitié profonde, d'homme à homme, qui lie Pierre à Jaffier, qui fait pour eux d'une femme une bagatelle, et qui change entre eux tous les termes sociaux ! Eh bien ! voilà pour le poëte.

— Le chanoine connaît aussi le théâtre, se dit Lucien en lui-même. — Avez-vous lu Voltaire ? lui domanda-t-il.

— J'ai fait mieux, répondit le chanoine, je le mets en pratique.

— Vous ne croyez pas en Dieu ?...

— Allons, c'est moi qui suis l'athée, dit le prêtre en souriant. Venons au positif, mon petit, reprit-il en le prenant par la taille. J'ai quarante-six ans, je suis l'enfant naturel d'un grand seigneur, par ainsi sans famille, et j'ai un cœur... Mais, apprends ceci, grave-le dans ta cervelle encore si molle : l'homme a l'horreur de la solitude. Et de toutes les solitudes, la solitude morale est celle qui l'épouvante le plus. Les premiers anachorètes vivaient avec Dieu, ils habitaient le monde le plus peuplé, le monde spirituel. Les avares habitent le monde de la fantaisie et des jouissances. L'avare a tout, jusqu'à son sexe, dans le cerveau. La première pensée de l'homme, qu'il soit lépreux ou forçat, infâme ou malade, est d'avoir un complice de sa destinée. A satisfaire ce sentiment, qui est la vie même, il emploie toutes ses forces, toute sa puissance, la verve de sa vie. Sans ce désir souverain, Satan aurait-il pu trouver des compagnons ?... Il y a là tout un poème à faire qui serait l'avant-scène du *Paradis perdu*, qui n'est que l'apologie de la révolte.

— Celui-là serait l'Iliade de la corruption, dit Lucien.

— Eh bien ! je suis seul, je vis seul. Si j'ai l'habit, je n'ai pas le cœur du prêtre. J'aime à me dévouer, j'ai ce vice-là. Je vis par le dévouement, voilà pourquoi je suis prêtre. Je ne crains pas l'ingratitude, et je suis reconnaissant. l'Église n'est rien pour moi, c'est une idée. Je me suis dévoué au roi d'Espagne ; mais on ne peut pas aimer le roi d'Espagne, il me protége, il plane au-dessus de moi. Je veux aimer ma créature, la façonner, la pétrir à mon usage, afin de l'aimer comme un père aime son enfant. Je roulerai dans ton tilbury, mon garçon, je me réjouirai de tes succès auprès des femmes, je dirai : — Ce beau jeune homme, c'est moi ! ce marquis de Rubempré, je l'ai créé et mis au monde aristocratique ; sa grandeur est mon œuvre, il se tait ou parle à ma voix, il me consulte en tout. L'abbé de Vermont était cela pour Marie-Antoinette.

— Il l'a menée à l'échafaud !

— Il n'aimait pas la reine !... répondit le prêtre, il n'aimait que l'abbé de Vermont.

— Dois-je laisser derrière moi la désolation ? dit Lucien.

— J'ai des trésors, tu y puiseras.

— En ce moment, je ferais bien des choses pour délivrer Séchard, répliqua Lucien d'une voix qui ne voulait plus de suicide.

— Dis un mot, mon fils, et il recevra demain matin la somme nécessaire à sa libération.

— Comment ! vous me donneriez douze mille francs !...

— Eh ! enfant, ne vois-tu pas que nous faisons quatre lieues à l'heure ? Nous allons dîner à Poiters. Là, si tu veux signer le pacte, me donner une seule preuve d'obéissance, elle est grande, je la veux ! eh bien, la diligence de Bordeaux portera quinze mille francs à ta sœur.

— Où sont-ils ?

Le prêtre espagnol ne répondit rien, et Lucien se dit :

— Le voilà pris, il se moquait de moi. Un instant après, l'Espagnol et le poëte étaient remontés en voiture silencieusement. Silencieusement, le prêtre mit la main à la poche de sa voiture, il en tira ce sac de peau fait en gibecière divisée en trois compartiments, si connu des voyageurs ; il ramena cent portugaises, en y plongeant trois fois de sa main qu'il ramena pleine d'or.

— Mon père, je suis à vous, dit Lucien ébloui de ce flot d'or.

— Enfant ! dit le prêtre en baisant Lucien au front avec

tendresse, ce n'est que le tiers de l'or qui se trouve dans ce sac, trente mille francs, sans compter l'argent du voyage.

— Et vous voyagez seul ?... s'écria Lucien.

— Qu'est-ce que cela ! fit l'Espagnol. J'ai pour plus de cent mille écus de traites sur Paris. Un diplomate sans argent, c'est ce que tu étais tout à l'heure : un poëte sans volonté.

Au moment où Lucien montait en voiture avec le prétendu diplomate espagnol, Ève se levait pour donner à boire à son fils, elle trouva la fatale lettre, et la lut. Une sueur froide glaça la moiteur que cause le sommeil du matin, elle eut un éblouissement, elle appela Marion et Kolb.

A ce mot : — Mon frère est-il sorti ? Kolb répondit : *Oui montame, afant le chour !*

— Gardez-moi le plus profond secret sur ce que je vous confie, dit Ève aux deux domestiques, mon frère est sans doute sorti pour mettre fin à ses jours. Courez tous les deux, prenez des informations avec Prudence, et surveillez le cours de la rivière.

Ève resta seule, dans un état de stupeur horrible à voir. Ce fut au milieu du trouble où elle se trouvait que, sur les sept heures du matin, Petit-Claud se présenta pour lui parler d'affaires. Dans ces moments-là, l'on écoute tout le monde.

— Madame, dit l'avoué, notre pauvre cher David est en prison, et il arrive à la situation que j'ai prévue au début de cette affaire. Je lui conseillais alors de s'associer pour l'exploitation de sa découverte avec ses concurrents, les Cointet, qui tiennent entre leurs mains les moyens d'exécuter ce qui, chez votre mari, n'est qu'à l'état de conception. Aussi, dans la soirée d'hier, aussitôt que la nouvelle de son arrestation m'est parvenue. qu'ai-je fait ? je suis allé trouver messieurs Cointet avec l'intention de tirer d'eux des concessions qui pussent vous satisfaire. En voulant défendre cette découverte votre vie va continuer d'être ce qu'elle est : une vie de chicanes où vous succomberez, où vous finirez, épuisés et mourants, par faire, à votre détriment peut-être, avec un homme d'argent, ce que je veux vous voir faire, à votre avantage, dès aujourd'hui, avec messieurs Cointet frères. Vous éconimiserez ainsi les privations, les angoisses du combat de l'inventeur contre l'avidité du capitaliste et l'indifférence de la société. Voyons! si messieurs Cointet payent vos dettes... si, vos dettes payées, ils vous donnent encore une somme qui vous soit acquise, quel que soit le mérite, l'avenir ou la possibilité de la découverte, en vous accordant, bien entendu toujours, une certaine part dans les bénifices de l'exploitation, ne serez-vous pas heureux ?... Vous devenez, vous madame, propriétaire du matériel de l'imprimerie, et vous la vendrez sans doute, cela vaudra bien vingt mille francs, je vous garantis un acquéreur à ce prix. Si vous réalisez quinze mille francs, par un acte de société avec messieurs Cointet, vous auriez une fortune de trente-cinq mille francs, et au taux actuel des rentes, vous vous feriez deux mille francs de rente... On vit avec deux mille francs de rente en province. Et remarquez bien, madame, que vous auriez encore les éventualités de votre association avec messieurs Cointet. Je dis éventualités, car il faut supposer l'insuccès. Eh bien ! voici ce que je suis en mesure de pouvoir obtenir : d'abord, libération complète de David, puis quinze mille franc remis à titre d'indemnité de ses recherches, acquis sans que messieurs Cointet puissent en faire l'objet d'une revendication à quelque titre que ce soit, quand même la découverte serait improductive ; enfin une société formée entre David et messieurs Cointet pour l'exploitation d'un brevet d'invention à prendre, après une expérience faite en commun et secrètement, de son procédé de fabrication sur les bases suivantes : messieurs Cointet feront tous les frais. La mise de fonds de David sera l'apport du brevet, et il aura le quart des bénéfices. Vous êtes une femme pleine de jugement et très-raisonnable, ce qui n'arrive pas souvent aux très-belles femmes; réfléchissez à ces propositions et vous les trouverez très-acceptables...

— Ah ! monsieur, s'écria la pauvre femme au désespoir et en fondant en larmes, pourquoi n'êtes-vous pas venu hier au soir me proposer cette transaction ? Nous eussions évité le déshonneur, et... bien pis...

— Ma discussion avec les Cointet, qui, vous avez dû vous en douter, se cachent derrière Métivier, n'a fini qu'à minuit. Mais qu'est-il donc arrivé depuis hier soir qui soit pire que l'arrestation de notre pauvre David ? demanda Petit-Claud.

— Voici l'affreuse nouvelle que j'ai trouvée à mon réveil, répondit-elle en tendant à Petit-Claud la lettre de Lucien. Vous me prouvez en ce moment que vous vous intéressez à nous, vous êtes l'ami de David et de Lucien, je n'ai pas besoin de vous demander le secret...

— Soyez sans aucune inquiétude, dit Petit-Claud en rendant la lettre après l'avoir lue. Lucien ne se tuera pas. Après avoir été la cause de l'arrestion de son beau-frère, il lui fallait une raison pour vous quitter, et je vois là comme une tirade de sortie, en style de coulisses.

Les Cointet étaient arrivés à leurs fins. Après avoir torturé l'inventeur et sa famille, ils saisissaient le moment de cette torture où la lassitude fait désirer quelque repos. Tous les chercheurs de secrets ne tiennent pas du boule-dogue, qui meurt sa proie entre les dents, et les Cointet avaient savamment étudié le caractère de leurs victimes. Pour le grand Cointet, l'arrestation de David était la dernière scène du premier acte de ce drame. Le second acte commençait par la proposition que Petit-Claud venait faire. En grand maître, l'avoué regarda le coup de tête de Lucien comme une de ces chances inespérées qui, dans une partie, achèvent de la décider. Il vit Ève si complétement matée par cet événement qu'il résolut d'en profiter pour gagner sa

confiance, car il avait fini par deviner l'influence de la
femme sur le mari. Donc, au lieu de plonger madame Séchard plus avant dans le désespoir, il essaya de la rassurer,
et il la dirrigea très-habilement vers la prison dans la situation d'esprit où elle se trouvait, en pensant qu'elle dé-
terminerait alors David à s'associer au Cointet.

— David, madame, m'a dit qu'il ne souhaitait de fortune que pour vous et pour votre frère ; mais il doit vous
être prouvé que ce serait une folie que de vouloir enrichir
Lucien. Ce garçon-là mangerait trois fortunes.

L'attitude d'Ève disait assez que la dernière de ses illusions sur son frère s'était envolée, aussi l'avoué fit-il une
pause pour convertir le silence de sa cliente en une sorte
d'assentiment.

— Ainsi, dans cette question, reprit-il, il ne s'agit plus
que de vous et de votre enfant. C'est à vous de savoir si deux
mille francs de rente suffisent à votre bonheur, sans compter la succession du vieux Séchard. Votre beau-père se
fait, depuis longtemps, un revenu de sept à huit mille
francs, sans compter les intérêts qu'il sait tirer de ses capitaux ; ainsi vous avez, après tout, un bel avenir. Pourquoi vous tourmenter ?

L'avoué quitta madame Séchard en la laissant réfléchir
sur cette perspective, assez habilement préparée la veille
par le grand Cointet.

— Allez leur faire entrevoir la possibilité de toucher
une somme quelconque, avait dit le loup-cervier d'Angoulême à l'avoué quand il vint lui annoncer l'arrestation ;
et lorsqu'ils se seront accoutumés à l'idée de palper une
somme, ils seront à nous : nous marchanderons, et, petit à
petit, nous les ferons arriver au prix que nous voulons
donner de ce secret.

Cette phrase contenait en quelque sorte l'argument du
second acte de ce drame financier. Quand madame Séchard, le cœur brisé par ses appréhensions sur le sort de

son frère, se fut habillée, et descendit pour aller à la prison, elle éprouva l'angoisse que lui donna l'idée de traverser seule les rues d'Angoulême. Sans s'occuper de l'anxiété de sa cliente, Petit-Claud revint lui offrir le bras, ramené par une pensée asez machiavélique, et il eut le mérite d'une délicatesse à laquelle Ève fut extrêmement sensible : car il s'en laissa remercier, sans la tirer de son erreur. Cette petite attention, chez un homme si dur, si cassant, et dans un pareil moment, modifia les jugements que madame Séchard avait jusqu'à présent portés sur Petit-Claud.

— Je vous mène, lui dit-il, par le chemin le plus long, mais nous n'y rencontrerons personne.

— Voici la première fois, monsieur, que je n'ai pas le droit d'aller la tête haute ! on me l'a bien durement appris hier...

— Ce sera la première et la dernière.

— Oh ! je ne resterai certes pas dans cette ville...

— Si votre mari consentait aux propositions qui sont à peu près posées entre les Cointet et moi, dit Petit-Claud à Ève en arrivant au seuil de la prison, faites-le-moi savoir, je viendrais aussitôt avec une autorisation de Cachan qui permettrait à David de sortir ; et vraisemblablement, il ne rentrerait pas en prison...

Ceci dit en face de la geôle était ce que les Italiens appellent une *combinaison*. Chez eux, ce mot exprime l'acte indéfinissable où se rencontre un peu de perfidie mêlée au droit, l'à-propos d'une fraude permise, une fourberie quasi légitime et bien dressée ; selon eux, la Saint-Barthélemi est une combinaison politique. Par les causes exposées ci-dessus, la détention pour dettes est un fait judiciaire si rare en province que, dans la plupart des villes de France, il n'existe pas de maison d'arrêt. Dans ce cas, le débiteur est écroué à la prison où l'on incarcère les inculpés, les prévenus, les accusés et les condamnés. Tels sont les noms divers que prennent l'également et successivement ceux que le peuple appelle génériquement des *criminels*. Ainsi David fut mis provisoirement dans une des chambres basses de la prison d'Angoulême, d'où peut-être, quelque condamné venait de sortir après avoir fait son temps. Une fois écroué avec la somme décrétée par la loi pour les aliments du prisonnier pendant un mois, David se trouva devant un gros homme qui, pour les captifs, devient un pouvoir plus grand que celui du roi : le geôlier ! En province, on ne connaît pas de geôlier maigre. Dabord, cette place est presque une sinécure; puis, un geôlier est comme un aubergiste qui n'aurait pas de maison à payer, il se nourrit très-bien en nourrissant très-mal ses prisonniers qu'il loge, d'ailleurs, comme fait l'aubergiste, selon leurs moyens. Il connaissait David de nom, à cause de son père surtout, et il eut la confiance de le bien coucher pour une nuit, quoique David fût sans un sou. La prison d'Angoulême date du moyen âge, et n'a pas subi plus de changements que la cathédrale. Encore appelée maison de justice, elle est adossée à l'ancien présidial. Le guichet est classique, c'est la porte cloutée, solide en apparence, usée, basse et de construction d'autant plus cyclopéenne qu'elle a comme un œil unique au front, dans le judas par où le geôlier vient reconnaître les gens avant d'ouvrir. Un corridor régne le long de la façade au rez-de-chaussée, et sur ce corridor ouvrent plusieurs chambres dont les fenêtres, hautes et garanties de hottes tirent leur jour du préau. Le geôlier occupe un logement séparé de ces chambres par une voûte qui sépare le rez-de-chaussée en deux parties, et au bout de laquelle on voit, dès le guichet, une grille fermant le préau. David fut conduit par le geôlier dans celle des chambres qui se trouvait auprès de la voûte, et dont la porte donnait en face de son logement. Le geôlier

voulait voisiner avec un homme qui, vu sa position particulière, pouvait lui tenir compagnie.

— C'est la meilleure chambre, dit-il en voyant David
stupéfait à l'aspect du local.

Les murs de cette chambre étaient en pierre et assez humides. Les fenêtres, très-élevées, avaient des barreaux de
fer. Les dalles de pierre jetaient un froid glacial. On entendait le pas régulier de la sentinelle en faction qui se
promenait dans le corridor. Ce bruit monotone, comme
celui de la marée, vous jette à tout instant cette pensée :
« On te garde ! tu n'es plus libre ! » Tous ces détails, cet
ensemble de choses agissent prodigieusement sur le moral
des honnêtes gens. David aperçut un lit exécrable ; mais les
gens incarcérés sont si violemment agités pendant la première nuit, qu'ils ne s'aperçoivent de la dureté de leur
couche qu'à la seconde nuit. Le geôlier fut gracieux, il
proposa naturellement à son détenu de se promener dans le
préau jusqu'à la nuit. Le supplice de David ne commença
qu'au moment de son coucher. Il était interdit de donner
de la lumière aux prisonniers, il fallait donc un permis du
procureur du roi pour exempter le détenu pour dettes du
règlement qui ne concernait évidemment que les gens mis
sous la main de la justice. Le geôlier admit bien David à son
foyer, mais il fallut enfin le renfermer, à l'heure du coucher. Le pauvre mari d'Ève connut alors les horreurs de
la prison et la grossièreté de ses usages qui le révolta. Mais,
par une de ces réactions assez familières aux penseurs, il
s'isola dans cette solitude, il s'en sauva par un de ces rêves
que les poëtes ont le pouvoir de faire tout éveillés. Le
malheureux finit par porter sa réflexion sur ses affaires.
La prison pousse énormément à l'examen de conscience.
David se demanda s'il avait rempli ses devoirs de chef de
famille ? qu'elle devait être la désolation de sa femme ?
pourquoi, comme le lui disait Marion, ne pas gagner assez
d'argent pour pouvoir faire plus tard sa découverte à loisir ?

— Comment, se dit-il, rester à Angoulême après un pareil éclat ? Si je sors de prison, qu'allons-nous devenir ? où irons-nous ? Quelques doutes lui vinrent sur ses procédés. Ce fut une de ces angoisses qui ne peut être comprise que par les inventeurs eux-mêmes ! De doute en doute, David en vint à voir clair à sa situation, et il se dit à lui-même, ce que les Cointet avaient dit au père Séchard, ce que Petit-Claud venait de dire à Ève : « En supposant que tout aille bien, que sera-ce à l'application ? Il me faut un brevet d'invention, c'est de l'argent !..... Il me faut une fabrique pour faire mes essais, ce sera livrer ma découverte ! » Oh ! comme Petit-Claud avait raison ! Les prisons les plus obscures dégagent de très-vives lueurs. — Bah ! dit David en s'endormant sur l'espèce de lit de camp où se trouvait un horrible matelas en drap brun très-grossier, je verrai sans doute Petit-Claud demain matin.

David s'était donc bien préparé lui-même à écouter les propositions que sa femme lui apportait de la part de ses ennemis. Après qu'elle eut embrassé son mari et qu'elle se fut assise sur le pied du lit, car il n'y avait qu'une chaise en bois de la plus vile espèce, le regard de la femme tomba sur l'affreux baquet mis dans un coin et sur les murailles parsemées de noms et d'apophthegmes écrits par les prédécesseurs de David. Alors, de ses yeux rougis, les pleurs recommencèrent à couler. Elle eut encore des larmes après toutes celles qu'elle avait versées, en voyant son mari dans la situation d'un criminel.

— Voilà donc où peut mener le désir de la gloire !... s'écria-t-elle. O ! mon ange, abandonne cette carrière... Allons ensemble le long de la route battue, et ne cherchons pas une fortune rapide... Il me faut peu de chose pour être heureuse, surtout après avoir tant souffert !... Et si tu savais !... cette déshonorante arrestation n'est pas notre grand malheur!... tiens ?

Elle tendit la lettre de Lucien que David eut bientôt lue,

et pour le consoler, elle lui dit l'affreux mot de Petit-Claud sur Lucien.

— Si Lucien s'est tué, c'est fait en ce moment, dit David; et si ce n'est pas fait en ce moment, il ne se tuera pas : il ne peut pas, comme il le dit, avoir du courage plus d'une matinée...

— Mais rester dans cette anxiété ?... s'écria la sœur qui pardonnait presque tout à l'idée de la mort.

Elle redit à son mari les propositions que Petit-Claud avait soi-disant obtenues des Cointet et qui furent aussitôt acceptées par David avec un visible plaisir.

— Nous aurons de quoi vivre dans un village auprès de l'Houmeau où la fabrique des Cointet est située, et je ne veux plus que la tranquillité ! s'écria l'inventeur. Si Lucien s'est puni par la mort, nous aurons assez de fortuue pour attendre celle de mon père; et s'il existe, le pauvre garçon saura se conformer à notre médiocrité... Les Cointet profiteront certainement de ma découverte; mais, après tout, que suis-je relativement à mon pays ?... Un homme. Si mon secret profite à tous, eh bien ! je suis content! Tiens, ma chère Ève, nous ne sommes faits ni l'un ni l'autre pour être des commerçants. Nous n'avons ni l'amour du gain, ni cette difficulté de lâcher toute espèce d'argent, même le plus légitimement dû, qui sont peut-être les vertus du négociant, car on nomme ces deux avarices : Prudence et Génie commercial !

Enchantée de cette conformité de vues, l'une des plus douces fleurs de l'amour, car les intérêts et l'esprit peuvent ne pas s'accorder chez deux êtres qui s'aiment, Ève pria le geôlier d'envoyer chez Petit-Claud un mot par lequel elle lui disait de délivrer David, en lui annonçant leur mutuel consentement aux bases de l'arrangement projeté. Dix minutes après, Petit-Claud entrait dans l'horrible chambre de David, et disait à Ève : — Retournez chez vous, madame, nous vous y suivrons...

— Eh bien! mon cher ami, dit Petit-Claud, tu t'es donc laissé prendre! Et comment as-tu pu commettre la faute de sortir?

— Eh! comment ne serais-je pas sorti? voici ce que Lucien m'écrivait.

David remit à Petit-Claud la lettre de Cérizet; Petit-Claud la prit, la lut, la regarda, tâta le papier, et causa d'affaires en pliant la lettre comme par distraction, et il la mit dans sa poche. Puis l'avoué prit David par le bras, et sortit avec lui, car la décharge de l'huissier avait été apportée au geôlier pendant cette conversation. En rentrant chez lui, David se crut dans le ciel, il pleura comme un enfant en embrassant son petit Lucien, et se retrouvant dans sa chambre à coucher après vingt jours de détention dont les dernières heures étaient, selon les mœurs de la province, déshonorantes. Kolb et Marion étaient revenus. Marion apprit à l'Houmeau que Lucien avait été vu marchant sur la route de Paris, au delà de Marsac. La mise du dandy fut remarquée par les gens de la campagne qui apportaient des denrées à la ville. Après s'être lancé à cheval sur le grand chemin, Kolb avait fini par savoir à Mansle que Lucien, reconnu par monsieur Marron, voyageait dans une calèche en poste.

— Que vous disais-je? s'écria petit-Claud. Ce n'est pas un poëte ce garçon-là, c'est un roman continuel.

— En poste, disait Ève, et où va-t-il encore, cette fois?

— Maintenant, dit Petit-Claud à David, venez chez messieurs Cointet, ils vous attendent.

— Ah! monsieur, s'écria la belle madame Séchard, je vous en prie, défendez bien nos intérêts, vous avez tout notre avenir entre les mains.

— Voulez-vous, madame, dit Petit-Claud, que la conférence ait lieu chez vous? je vous laisse David. Ces messieurs viendront ici ce soir, et vous verrez si je sais défendre vos intérêts.

— Ah! monsieur, vous me feriez bien plaisir dit Ève.

— Eh bien! dit Petit-Claud, à ce soir, ici, sur les sept heures.

— Je vous remercie, répondit Ève avec un regard et un accent qui prouvèrent à Petit-Claud combien de progrès il avait fait dans la confiance de sa cliente.

— Ne craignez rien, vous le voyez? j'avais raison ajouta-t-il. Votre frère est à trente lieues de son suicide. Enfin peut-être ce soir vous aurez une petite fortune. Il se présente un acquéreur sérieux pour votre imprimerie.

— Si cela était, dit Ève, pourquoi ne pas attendre avant de nous lier avec les Cointet?

— Vous oubliez, madame, répondit Petit-Claud, qui vit le danger de sa confidence, que vous ne serez libre de vendre votre imprimerie qu'après avoir payé monsieur Métivier, car tous vos ustensiles sont toujours saisis.

Rentré chez lui, Petit-Claud fit venir Cérizet. Quand le prote fut dans son cabinet, il l'emmena dans une embrasure de la croisée.

— Tu seras demain soir propriétaire de l'imprimerie Séchard, et assez puissamment protégé pour obtenir la transmission du brevet, lui dit-il dans l'oreille; mais tu ne veux pas finir aux galères?

— De quoi!... de quoi! les galères? fit Cérizet.

— Ta lettre à David est un faux, et je la tiens... Si l'on interrogeait Henriette, que dirait-elle?... Je ne veux pas te perdre, dit aussitôt Petit-Claud en voyant pâlir Cérizet.

— Vous voulez encore quelque chose de moi? s'écria le Parisien.

— Eh bien! voici ce que j'attends de toi, reprit Petit-Claud. Écoute bien! tu seras imprimeur à Angoulême dans deux mois... mais tu devras ton imprimerie, et tu ne l'auras pas payée en dix ans!... Tu travailleras longtemps pour tes capitalistes! et de plus tu seras obligé d'être le prête-nom du parti libéral... C'est moi qui rédigerai ton acte de commandite avec Gannerac; je le ferai de manière que tu

puisses un jour avoir l'imprimerie à toi... Mais, s'ils créent
un journal, si tu en es le gérant, si je suis ici premier substitut, tu t'entendras avec le grand Cointet pour mettre dans
ton journal des articles de nature à le faire saisir et supprimer... Les Cointet te payeront largement pour leur rendre
ce service-là... Je sais bien que tu seras condamné, que tu
mangeras de la prison, mais tu passeras pour un homme
important et persécuté. Tu deviendras un personnage du
parti libéral, un sergent Mercier, un Paul-Louis Courier,
un Manuel au petit pied. Je ne te laisserai jamais retirer
ton brevet. Enfin, le journal où le jour sera supprimé,
je brûlerai cette lettre devant toi... Ta fortune ne te coûtera
pas cher.

Les gens du peuple ont des idées très-erronées sur les
distinctions légales du faux, et Cérizet, qui se voyait déjà
sur les bancs de la cour d'assises, respira.

— Je serai dans trois ans d'ici procureur du roi à Angoulême, reprit Petit-Claud, tu pourras avoir besoin de
moi, songes-y !

— C'est entendu, dit Cérizet. Mais vous ne me connaissez
pas : brûlez cette lettre devant moi, reprit-il, fiez-vous à
ma reconnaissance.

Petit-Claud regarda Cérizet. Ce fut un de ces duels d'œil
à œil où le regard de celui qui observe est comme un scalpel
avec lequel il essaye de fouiller l'âme, et où les yeux de
l'homme qui met alors ses vertus en étalage sont comme
un spectacle.

Petit-Claud ne répondit rien; il alluma une bougie et
brûla la lettre en disant: — Il a sa fortune à faire.

— Vous avez à vous une âme damnée, dit le prote.

David attendait avec une vague inquiétude la conférence
avec les Cointet : ce n'était ni la discussion de ses intérêts ni
celle de l'acte à faire qui l'occupait; mais l'opinion que
les fabricants allaient avoir de ses travaux. Il se trouvait
dans la situation de l'auteur dramatique devant ses juges.

L'amour-propre de l'inventeur et ses anxiétés au moment
d'atteindre son but faisaient pâlir tout autre sentiment.
Enfin, sur les sept heures du soir, à l'instant où madame la
comtesse Châtelet se mettait au lit sous prétexte de migraine
et laissait faire à son mari les honneurs du dîner, tant elle
était affligée des nouvelles contradictoires qui couraient
sur Lucien! les Cointet, le gros et le grand, entrèrent avec
Petit-Claud chez leur concurrent, qui se livrait à eux pieds
et poings liés. On se trouva d'abord arrêté par une difficulté préliminaire : comment faire un acte de société sans
connaître les procédés de David ? Et les procédés de David
divulgués, David se trouvait à la merci des Cointet. Petit-
Claud obtint que l'acte serait fait auparavant. Le grand
Cointet dit alors à David de lui montrer quelques-uns de
ses produits, et l'inventeur lui présenta les dernières feuilles
fabriquées, en en garantissant le prix de revient.

— Eh bien! voilà, dit Petit-Claud, la base de l'acte tout
trouvée; vous pouvez vous asseoir sur ces données-là, en
introduisant une clause de dissolution dans le cas où les
conditions du brevet ne seraient pas remplies à l'exécution
en fabrique.

— Autre chose, monsieur, dit le grand Cointet à David,
autre chose est de fabriquer, en petit, dans sa chambre,
avec une petite forme, des échantillons de papier, ou de se
livrer à des fabrications sur une grande échelle. Jugez-en
par un seul fait? Nous faisons des papiers de couleur, nous
achetons, pour les colorer, des parties de couleur bien
identiques. Ainsi, l'indigo pour *bleuter* nos coquilles est pris
dans une caisse dont tous les pains proviennent d'une même
fabrication. Eh bien! nous n'avons jamais pu obtenir deux
cuvées de teintes pareilles... Il s'opère dans la préparation
de nos matières des phénomènes qui nous échappent. La
quantité, la qualité de pâte changent sur-le-champ toute
espèce de question. Quand vous teniez dans une bassine
une portion d'ingrédients que je ne demande pas à connaî-

tre, vous en étiez le maître, vous pouviez agir sur toutes
les parties uniformément, les lier, les *malaxer*, les pétrir,
à votre gré, leur donner une façon homogène... Mais qui
vous a garanti que sur une cuvée de cinq cents rames il
en sera de même, et que vos procédés réussiront?...

David, Ève et Petit-Claud se regardèrent en disant bien
des choses par les yeux.

— Prenez un exemple qui vous offre une analogie quelconque, dit le grand Cointet après une pause. Vous coupez
environ deux bottes de foin dans une prairie, et vous les
mettez bien serrées dans votre chambre sans avoir laissé
les herbes jeter leur feu, comme disent les paysans; la fermentation a lieu, mais elle ne cause pas d'accident. Vous
appuieriez-vous de cette expérience pour entasser deux
mille bottes dans une grange bâtie en bois?... vous savez
bien que le feu prendrait dans ce foin et que votre grange
brûlerait comme une allumette. Vous êtes un homme instruit, dit Cointet à David, concluez... Vous avez en ce
moment, coupé deux bottes de foin, et nous craignons de
mettre le feu à notre papeterie en en serrant deux mille. Nous
pouvons, en d'autres termes, perdre plus d'une cuvée, faire
des pertes, et nous trouver avec rien dans les mains après
avoir dépensé beaucoup d'argent.

David était atterré. La pratique parlait son langage positif
à la théorie, dont la parole est toujours au Futur.

— Du diable si je signe un pareil acte de société! s'écria
brutalement le gros Cointet. Tu perdras ton argent si tu
veux, Boniface, moi je garde le mien... J'offre de payer
les dettes de monsieur Séchard, et six mille francs... Encore
trois mille francs en billets, dit-il en se reprenant, et à
douze et quinze mois... Ce sera bien assez des risques à
courir... Nous avons douze mille francs à prendre sur notre
compte avec Métivier. Cela fera quinze mille francs!... Mais
c'est tout ce que je payerai le secret pour l'exploiter à moi
tout seul. Ah! voilà cette trouvaille dont tu parlais, Boni-

face... Eh bien! merci, je te croyais plus d'esprit. Non, ce n'est pas là ce qu'on appelle une affaire..,

— La question, pour vous, dit alors Petit-Clrud sans s'effrayer de cette sortie, se réduit à ceci : Voulez-vous risquer vingt mille francs pour acheter un secret qui peut vous enrichir? Mais, messieurs, les risques sont toujours en raison des bénéfices... C'est un enjeu de vingt mille francs contre la fortune. Le joueur met un louis pour en avoir trente six à la roulette, mais il sait que son louis est perdu. Faites de même.

— Je demande à réfléchir, dit le gros Cointet; moi, je ne suis pas aussi fort que mon frère. Je suis un pauvre garçon tout rond qui ne connais qu'une seule chose : fabriquer à vingt sous le paroissien que je vends quarante sous. J'aperçois dans une invention qui n'en est qu'à sa première expérience, une cause de ruine. On réussira une première cuvée, on manquera la seconde, on continuera, on se laisse alors entraîner, et quand on a passé le bras dans ces engrenages-là, le corps suit... Il raconta l'histoire d'un négociant de Bordeaux ruiné après avoir voulu cultiver les landes sur la foi d'un savant; il trouva six exemples pareils autour de lui, dans le département de la Charente et de la Dordogne, en industrie et en agriculture; il s'emporta, ne voulut plus rien écouter, les objections de Petit-Claud accroissaient son irritation au lieu de le calmer. — J'aime mieux acheter plus cher une chose plur certaine que cette découverte et n'avoir qu'un petit bénéfice, dit-il en regardant son frère. Selon moi, rien ne paraît assez avancé pour établir une affaire, s'écria-t-il en terminant.

— Enfin vous êtes venus ici pour quelque chose? dit Petit-Claud. Qu'offrez-vous?

— De libérer monsieur Séchard, et de lui assurer, en cas de succès, trente pour cent de bénéfices, répondit vivement le gros Cointet.

— Eh! monsieur, dit Ève, avec quoi vivrons-nous pendant tout le temps des expériences ? Mon mari a eu la honte de l'arrestation, il peut retourner en prison, il n'en sera ni plus ni moins, et nous payerons nos dettes...

Petit-Claud mit un doigt sur ses lèvres en regardant Ève.

— Vous n'êtes pas raisonnables, dit-il aux deux frères. Vous avez vu le papier, le père Séchard vous a dit que son fils, enfermé par lui, avait, dans une seule nuit, avec des ingrédients qui devaient coûter peu de chose, fabriqué d'excellent papier... Vous êtes ici pour aboutir à à l'acquisition. Voulez-vous acquérir, oui ou non ?

— Tenez, dit le grand Cointet, que mon frère veuille ou ne veuille pas, je risque, moi, le payement des dettes de monsieur Séchard ; je donne six mille francs, argent comptant, et monsieur Séchard aura trente pour cent dans les bénéfices ; mais écoutez bien ceci : si dans l'espace d'un an il n'a pas réalisé les conditions qu'il posera lui-même dans l'acte, il nous rendra les six mille francs, le brevet nous restera, nous nous en tirerons comme nous pourrons.

— Es-tu sûr de toi ? dit Petit-Claud en prenant David à part.

— Oui, dit David, qui fut pris à cette tactique des deux frères, et qui tremblait de voir rompre au gros Cointet cette conférence d'où son avenir dépendait.

— Eh bien ! je vais aller rédiger l'acte, dit Petit-Claud aux Cointet et à Ève ; vous en aurez chacun un double pour ce soir, vous le méditerez pendant toute la matinée ; puis, demain soir, à quatre heures, au sortir de l'audience, vous le signerez. Vous, messieurs, retirez les pièces de Métivier. Moi, j'écrirai d'arrêter le procès en Cour Royale, et nous nous signifierons les désistements réciproques.

Voici quel fut l'énoncé des obligations de Séchard.

« ENTRE LES SOUSSIGNÉS, etc.

» Monsieur David Séchard fils, imprimeur à Angoulême,
» affirmant avoir trouvé le moyen de coller également le
» papier en cuve, et le moyen de réduire le prix de fabri-
» cation de toute espèce de papier de plus de cinquante
» pour cent par l'introduction de matières végétales dans la
» pâte, soit en les mêlant aux chiffons employés jusqu'à
» présent, soit en les employant sans adjonction de chiffon,
» une Société pour l'exploitation d'un brevet d'invention à
» prendre en raison de ces procédés, est formée entre
» monsieur David Séchard fils et messieurs Cointet frères,
» aux clauses et conditions suivantes... »

Un des articles de l'acte dépouillait complétement David
Séchard de ses droits dans le cas où il n'accomplirait pas
les promesses énoncées dans ce libellé soigneusement fait
par le grand Cointet et consenti par David. En apportant
cet acte le lendemain matin à sept heures et demie, Petit-
Claud apprit à David et à sa femme que Cérizet offrait
vingt-deux mille francs comptants de l'imprimerie. L'acte de
vente pouvait se signer dans la soirée.

— Mais, dit-il, si les Cointet apprenaient cette acquisition, ils seraient capables de ne pas signer votre acte, de
vous tourmenter, de faire vendre ici...

— Vous êtes sûr du payement ? dit Ève étonnée de voir
se terminer une affaire de laquelle elle désespérait, et qui,
trois mois plus tôt, eût tout sauvé.

— J'ai les fonds chez moi, répondit-il nettement.

— Mais c'est de la magie, dit David en demandant à
Petit-Claud l'explication de ce bonheur.

— Non, ç'est bien simple, les négociants de l'Houmeau
veulent fonder un journal, dit Petit-Claud.

— Mais je me le suis interdit, s'écria David.

— Vous !... mais votre successeur... D'ailleurs, reprit-il, ne vous inquiétez de rien, vendez, empochez le prix, et laissez Cérizet se dépêtrer des clauses de la vente, il saura se tirer d'affaire.

— Oui ! oui, dit Ève.

— Si vous vous êtes interdit de faire un journal à Angoulême, reprit Petit-Claud, les bailleurs de fonds de Cérizet le feront à l'Houmeau.

Ève, éblouie par la perspective de posséder trente mille francs, d'être au-dessus du besoin, ne regarda plus l'acte d'association que comme une espérance secondaire : aussi monsieur et madame Séchard cédèrent-ils sur un point de l'acte social qui donna matière à une dernière discussion. Le grand Cointet exigea la faculté de mettre en son nom le brevet d'invention. Il réussit à établir que, du moment où les droits utiles de David étaient parfaitement définis dans l'acte, le brevet pouvait être indifféremment au nom d'un des associés. Son frère finit par dire : — C'est lui qui donne l'argent du brevet, qui fait les frais du voyage, et c'est encore deux mille francs ! qu'il le prenne en son nom ou il n'y a rien de fait. Le Loup-Cervier triompha donc sur tous les points. L'acte de société fut signé vers quatre heures et demie. Le grand Cointet offrit galamment à madame Séchard une douzaine de couverts à filets et un beau châle Ternaux, en manière d'épingles, pour lui faire oublier les éclats de la discussion ! dit-il. A peine les doubles étaient-ils échangés, à peine Cachan avait-il fini de remettre à Petit-Claud les décharges et les pièces ainsi que les trois terribles effets fabriqués par Lucien, que la voix de Kolb retentit dans l'escalier, après le bruit assourdissant d'un camion du bureau des Messageries qui s'arrêta devant la porte.

— *Montame ! montame ! quinze mile vrancs !...* cria-t-il,

enfoyès de Boidiers (Poitiers) *en frai archant, bar menessier Licien.*

— Quinze mille francs ! s'écria Ève en levant les bras.

— Oui, madame, dit le facteur en se présentant, quinze mille francs apportés par la diligence de Bordeaux qui en avait sa charge, allez ! J'ai là deux hommes en bas qui montent les sacs. Ça vous est expédié par monsieur Lucien Chardon de Rubempré... Je vous monte un petit sac de peau dans lequel il y a, pour vous, cinq cents francs en or, et vraisemblablement une lettre :

Ève crut rêver en lisant la lettre suivante :

» Ma chère sœur, voici quinze mille francs.

» Au lieu de me tuer, j'ai vendu ma vie. Je ne m'appar-
» tiens plus, je suis plus que le secrétaire d'un diplomate
» espagnol, je suis sa créature.

» Je recommence une existence terrible. Peut-être aurait-
» il mieux valu me noyer.

» Adieu. David sera libre, et, avec quatre mille francs,
» il pourra sans doute acheter une petite papeterie et faire
» fortune.

» Ne pensez plus, je le veux, à

» Votre pauvre frère,

» LUCIEN. »

— Il est dit, s'écria madame Chardon, qui vint voir entasser les sacs, que mon pauvre fils sera toujours fatal.
comme il l'écrivait, même en faisant le bien.

— Nous l'avons échappé belle ! s'écria le grand Cointet
quand il fut sur la place du Mûrier. Une heure plus tard,
les reflets de cet argent auraient éclairé l'acte, et notre

homme se serait effrayé. Dans trois mois, comme il nous l'a promis, nous saurons à quoi nous en tenir.

Le soir, à sept heures, Cérizet acheta l'imprimerie et la paya, en gardant à sa charge le loyer du dernier trimestre. Le lendemain, Ève avait remis quarante mille francs au receveur général, pour faire acheter, au nom de son mari, deux mille cinq cents francs de rente. Puis elle écrivit à son beau-père de lui trouver à Marsac une petite propriété de dix mille francs pour y asseoir sa fortune personnelle. Le plan du grand Cointet était d'une simplicité formidable. Du premier abord, il jugea le collage en cuve impossible. L'adjonction de matières végétales peu coûteuses à la pâte de chiffon lui parut, le vrai, le seul moyen de fortune. Il se proposa donc de regarder comme rien le bon marché de la pâte, et de tenir énormément au collage en cuve. Voici pourquoi. La fabrication d'Angoulême s'occupait alors presque uniquement des papiers à écrire dits écu, poulet, écolier, coquille, qui, naturellement, sont tous collés. Ce fut longtemps la gloire de la papeterie d'Angoulême. Ainsi, la spécialité, monopolisée par les fabricants d'Angoulême depuis longues années, donnait gain de cause à l'exigence des Cointet; et le papier collé, comme on va le voir, n'entrait pour rien dans sa spéculation. La fourniture des papiers à écrire est excessivement bornée, tandis que celle des papiers d'impression non collés est presque sans limites. Dans le voyage qu'il fit à Paris pour y prendre le brevet à son nom, le grand Cointet pensait à conclure des affaires qui détermineraient de grands changements dans son mode de fabrication. Logé chez Métivier, Cointet lui donna des instructions pour enlever, dans l'espace d'un an, la fourniture des journaux aux papetiers qui l'exploitaient, en baissant le prix de la rame à un taux auquel nulle fabrique ne pouvait arriver, promettant à chaque journal un blanc et des qualités supérieures aux plus belles *sortes* employées jusqu'alors. Comme les marchés des journaux sont à terme, il fallait une certaine période de travaux souterrains avec les administrations pour arriver à réaliser ce monopole; mais Cointet calcula qu'il aurait le temps de se défaire de Séchard pendant que Métivier obtiendrait des traités avec les principaux journaux de Paris, dont la consommation s'élevait alors à deux cents rames par jour. Cointet intéressa naturellement Métivier, dans une proportion déterminée, à ces fournitures, afin d'avoir un représentant habile sur la place de Paris, et ne pas y perdre du temps en voyages. La fortune de Métivier, l'une des plus considérables du commerce de la papeterie, a eu cette affaire pour origine. Pendant dix ans, il eut, sans concurrence possible, la fourniture des journaux de Paris. Tranquille sur ses débouchés futurs, le grand Cointet revint à Angoulême assez à temps pour assister au mariage de Petit-Claud, dont l'étude était vendue, et qui attendait la nomination de son successeur pour prendre la place de monsieur Milaud, promise au protégé de la comtesse Châtelet. Le second substitut du procureur du roi d'Angoulême fut nommé premier substitut à Limoges, et le garde des sceaux envoya un de ses protégés au parquet d'Angoulême, où le poste de premier substitut vaqua pendant deux mois. Cet intervalle fut la lune de miel de Petit-Claud. En l'absence du grand Cointet, David fit d'abord une première cuvée sans colle qui donna du papier à journal bien supérieur à celui que les journaux employaient, puis une seconde cuvée de papier vélin magnifique, destiné aux belles impressions, et dont se servit l'imprimerie Cointet pour une édition du paroissien du diocèse. Les matières avaient été préparées par David lui-même, en secret, car il ne voulut pas d'autres ouvriers avec lui que Kolb et Marion.

Au retour du grand Cointet, tout changea de face, il regarda les échantillons des papiers fabriqués, il en fut médiocrement satisfait.

— Mon cher ami, dit-il à David, le commerce d'Angou-

me, c'est le papier coquille. Il s'agit, avant tout, de faire
e la plus belle coquille possible à cinquante pour cent au
essous du prix de revient actuel.

David essaya de fabriquer une cuvée de pâte collée pour
coquille, et obtint un papier rêche comme une brosse, et
où la colle se mit en grumeaux. Le jour où l'expérience
fut terminée et où David tint une des feuilles, il alla dans
un coin, il voulait être seul à dévorer son chagrin; mais
le grand Cointet vint le relancer, et fut avec lui d'une ama-
bilité charmante, il consola son associé.

— Ne vous découragez pas, dit Cointet, allez toujours!
je suis bon enfant, et je vous comprends, j'irai jusqu'au
bout!...

— Vraiment, dit David à sa femme en revenant dîner
avec elle, nous sommes avec de braves gens, et je n'aurais
jamais cru le grand Cointet si généreux !

Et il raconta sa conversation avec son perfide associé.

Trois mois se passèrent en expériences. David couchait
à la papeterie, il observait les effets des diverses compositions de sa pâte. Tantôt il attribuait son insuccès au mélange du chiffon et de ses matières, et il faisait une cuvée
entièrement composée de ses ingrédients. Tantôt il essayait
de coller une cuvée entièrement composée de chiffons. Et
poursuivant son œuvre avec une persévérance admirable,
et sous les yeux du grand Cointet, de qui le pauvre homme
ne se défiait plus, il alla, de matière homogène en matière
homogène, jusqu'à ce qu'il eût épuisé la série de ses ingrédients combinés avec toutes les différentes colles. Pendant
les six premiers mois de l'année 1823, David Séchard vécut
dans la papeterie avec Kolb, si ce fut vivre que de négliger
sa nourriture, son vêtement et sa personne. Il se battit si
désespérément avec les difficultés, que c'eût été pour d'autres hommes que les Cointet un spectacle sublime, car
aucune pensée d'intérêt ne préoccupait ce hardi lutteur.
Il y eut un moment où il ne désira rien que la victoire. Il

épiait avec une sagacité merveilleuse les effets si bizarres des substances transformées par l'homme en produits à sa convenance, où la nature est en quelque sorte domptée dans ses résistances secrètes, et il en déduisit de belles lois d'industrie, en observant qu'on ne pouvait obtenir ces sortes de créations qu'en obéissant aux rapports ultérieurs des choses, à ce qu'il appela la seconde nature des substances. Enfin, il arriva, vers le mois d'août, à obtenir un papier collé en cuve, absolument semblable à celui que l'industrie fabrique en ce moment, et qui s'emploie comme papier d'épreuves dans les imprimeries; mais dont les *sortes* n'ont aucune uniformité, dont le collage n'est même pas toujours certain. Ce résultat, si beau en 1823, eu égard à l'état de la papeterie, avait coûté dix mille francs, et David espérait résoudre les dernières difficultés du problème. Mais il se répandit alors dans Angoulême et dans l'Houmeau de singuliers bruits : David Séchard ruinait les frères Cointet. Après avoir dévoré trente mille francs en expériences, il obtenait enfin, disait-on, de très mauvais papier. Les autres fabricants, effrayés, s'en tenaient à leurs anciens procédés; et, jaloux des Cointet, ils répandaient le bruit de la ruine prochaine de cette ambitieuse maison. Le grand Cointet, lui, faisait venir des machines à fabriquer le papier continu, tout en laissant croire que ces machines étaient nécessaires aux expériences de David Séchard. Mais le jésuite mêlait à sa pâte les ingrédients indiqués par Séchard, en le poussant toujours à ne s'occuper que du collage en cuve, et il expédiait à Métivier des milliers de rames de papier à journal. Au mois de septembre, le grand Cointet prit David Séchard à part; et, en apprenant de lui qu'il méditait une triomphante expérience, il le dissuada de continuer cette lutte.

— Mon cher David, allez à Marsac voir votre femme et vous reposer de vos fatigues, nous ne voulons pas nous ruiner, dit-il amicalement. Ce que vous regardez comme un grand triomphe n'est encore qu'un point de départ. Nous attendrons maintenant avant de nous livrer à de nouvelles expériences. Soyez juste! voyez les résultats. Nous ne sommes pas seulement papetiers, nous sommes imprimeurs, banquiers, et l'on dit que vous nous ruinez... David Séchard fit un geste d'une naïveté sublime pour protester de sa bonne foi. — Ce n'est pas cinquante mille francs de jetés dans la Charente qui nous ruineront, dit le grand Cointet en répondant au geste de David, mais nous ne voulons pas être obligés, à cause des calomnies qui courent sur notre compte, de payer tout comptant, nous serions forcés d'arrêter nos opérations. Nous voilà dans les termes de notre acte, il faut y réfléchir de part et d'autre.

— Il a raison! se dit David, qui, plongé dans ses expériences en grand, n'avait pas pris garde au mouvement de la fabrique.

Et il revint à Marsac, où, depuis six mois, il allait voir Ève tous les samedis soir et la quittait le mardi matin. Bien conseillée par le vieux Séchard, Ève avait acheté, précisément en avant des vignes de son beau-père, une maison appelée la Verberie, accompagnée de trois arpents de jardin et d'un clos de vignes enclavé dans le vignoble du vieillard. Elle vivait avec sa mère et Marion très-économiquement, car elle devait cinq mille francs restant à payer sur le prix de cette charmante propriété, la plus jolie de Marsac. La maison, entre cour et jardin, était bâtie en tuffeau blanc, couverte en ardoise et ornée de sculptures que la facilité de tailler le tuffeau permet de prodiguer sans trop de frais. Le joli mobilier venu d'Angoulême paraissait encore plus joli à la campagne, où personne ne déployait alors dans ces pays le moindre luxe. Devant la façade du côté du jardin, il y avait une rangée de grenadiers, d'orangers et de plantes rares que le précédent propriétaire, un vieux général, mort de la main de M. Marron, cultivait lui-même. Ce fut sous un oranger, au mo-

ment où David jouait avec sa femme et son petit Lucien,
devant son père, que l'huissier de Mansle apporta lui-
même une assignation des frères Cointet à leur associé
pour constituer le tribunal arbitral, devant lequel, aux
termes de leur acte de société, devaient se porter leurs
contestations. Les frères Cointet demandaient la restitution
des six mille francs et la propriété du brevet ainsi que les
futurs contingents de son exploitation, comme indemnité
des exorbitantes dépenses faites par eux sans aucun résultat.

— On dit que tu les ruines ! dit le vigneron à son fils.
Eh bien ! voilà la seule chose que tu aies faite qui me soit
agréable.

Le lendemain, Ève et David étaient à neuf heures dans
l'antichambre de M. Petit-Claud, devenu le défenseur de
la veuve, le tuteur de l'orphelin, et dont les conseils
leur parurent les seuls à suivre. Le magistrat reçut à
merveille ses anciens clients, et voulut absolument que
monsieur et madame Séchard lui fissent le plaisir de déjeuner avec lui.

— Les Cointet vous réclament six mille francs ! dit-il
en souriant. Que devez-vous encore sur le prix de la Verberie ?

— Cinq mille francs, monsieur, mais j'en ai deux mille...
répondit Ève.

— Gardez vos deux mille francs, répondit Petit-Claud.
Voyons, cinq mille ! il vous faut encore dix mille francs
pour vous bien installer là-bas. Eh bien ! dans deux heures,
les Cointet vous apporteront quinze mille francs...

Ève fit un geste de surprise.

...— Contre votre renonciation à tous les bénéfices de
l'acte de société que vous dissoudrez à l'amiable, dit le
magistrat. Cela vous va-t-il ?

— Et ce sera bien légalement à nous ? dit Ève.

— Bien légalement, dit le magistrat en souriant. Les Cointet vous ont fait assez de chagrins, je veux mettre un terme à leurs prétentions. Écoutez, aujourd'hui je suis magistrat, je vous dois la vérité. Eh bien ! les Cointet vous jouent en ce moment ; mais vous êtes entre leurs mains. Vous pourriez gagner le procès qu'ils vous intentent, en acceptant la guerre. Voulez-vous être encore au bout de dix ans à plaider ? On multipliera les expertises et les arbitrages, et vous serez soumis aux chances des avis les plus contradictoires... Et, dit-il en souriant, je ne vous vois point d'avoué pour vous défendre ici, mon successeur est sans moyens. Tenez, un mauvais arrangement vaut mieux qu'un bon procès...

Tout arrangement qui nous donnera la tranquillité me sera bon, dit David.

— Paul ! cria Petit-Claud à son domestique, allez chercher monsieur Ségaud, mon successeur !... Pendant que nous déjeunerons, il ira voir les Cointet, dit-il à ses anciens clients, et dans quelques heures vous partirez pour Marsac, ruinés, mais tranquilles. Avec dix mille francs, vous vous ferez encore cinq cents francs de rente, et, dans votre jolie petite propriété, vous vivrez heureux !

Au bout de deux heures, comme Petit-Claud l'avait dit, maître Ségaud revint avec des actes en bonne forme signés des Cointet, et avec quinze billets de mille francs.

— Nous te devons beaucoup, dit Séchard à Petit-Claud.

— Mais je viens de vous ruiner, répondit Petit-Claud à ses anciens clients étonnés. Je vous ai ruinés, je vous le répète, vous le verrez avec le temps ; mais je vous connais, vous préférez votre ruine à une fortune que vous auriez peut-être trop tard.

— Nous ne sommes pas intéressés, monsieur, nous vous remercions de nous avoir donné les moyens du bonheur, dit madame Ève, et vous nous en trouverez toujours reconnaissants.

— Mon Dieu ! ne me bénissez pas !... dit Petit-Claud, vous me donnez des remords ; mais je crois avoir aujourd'hui tout réparé. Si je suis devenu magistrat, c'est grâce à vous ; et si quelqu'un doit être reconnaissant, c'est moi... Adieu.

En 1829, au mois de mars, le vieux Séchard mourut, laissant environ deux cent mille francs de bien au soleil, qui, réunis à la Verberie, en firent une magnifique propriété très-bien régie par Kolb depuis deux ans. Avec le temps, l'Alsacien changea d'opinion sur le compte du père Séchard, qui, de son côté, prit l'Alsacien en affection en le trouvant comme lui sans aucune notion des lettres ni de l'écriture, et facile à griser. L'ancien ours apprit à l'ancien cuirassier à gérer le vignoble et à en vendre les produits, il le forma dans la pensée de laisser un homme de tête à ses enfants ; car, dans ses derniers jours, ses craintes furent grandes et puériles sur le sort de ses biens. Il avait pris Courtois le meunier pour son confident. — Vous verrez, lui disait-il, comme tout ira chez mes enfants, quand je serai dans le trou. Ah ! mon Dieu, leur avenir me fait trembler.

David et sa femme trouvèrent près de cent mille écus en or chez leur père. La voix public, comme toujours, grossit tellement le trésor du vieux Séchard, qu'on l'évaluait à un million dans tout le département de la Charente. Ève et David eurent à peu près trente mille francs de rente, en joignant à cette succession leur petite fortune ; car ils attendirent quelque temps pour faire l'emploi de leurs fonds, et purent les placer sur l'État à la révolution de juillet.

Alors seulement, le département de la Charente et David Séchard surent à quoi s'en tenir sur la fortune du grand Cointet. Riche de plusieurs millions, nommé député, le grand Cointet est pair de France, et sera, dit-on, ministre du commerce dans la prochaine combinaison. En 1842, il a épousé la fille d'un des hommes d'État les plus influents le la dynastie, mademoiselle Popinot, fille de monsieur Anselme Popinot, député de Paris, maire d'un arrondissement.

La découverte de David Séchard a passé dans la fabrication française comme la nourriture dans un grand corps. Grâce à l'introduction des matières autres que le chiffon, la France peut fabriquer le papier à meilleur marché qu'en aucun pays de l'Europe. Mais le papier de Hollande, selon la prévision de David Séchard, n'existe plus. Tôt ou tard il faudra sans doute ériger une manufacture royale de papier, comme on a créé les Gobelins, Sèvres, la Savonnerie et l'Imprimerie royale, qui jusqu'à présent ont surmonté les coups que leur ont portés de vandales bourgeois.

David Séchard, aimé par sa femme, père de deux enfants, a eu le bon goût de ne jamais parler de ses tentatives. Ève a eu l'esprit de le faire renoncer à la terrible vocation des inventeurs, ces Moïses dévorés par leur buisson d'Horeb. Il cultive les lettres par délassement, mais il mène la vie heureuse et paresseusement occupée du propriétaire faisant valoir. Après avoir dit adieu sans retour à la gloire, il s'est bravement rangé dans la classe des rêveurs et des collectionneurs; il s'adonne à l'entomologie, et recherche les transformations jusqu'à présent si secrètes des insectes que la science ne connaît que dans leur dernier état.

Tout le monde a entendu parler des succès de Petit-Claud comme procureur général; il est le rival du fameux Vinet de Provins, et son ambition est de devenir premier président de la cour royale de Poitiers.

Cérizet, condamné souvent pour délits politiques, a fait beaucoup parler de lui. Le plus hardi des enfants perdus du parti libéral, il fut surnommé le courageux Cérizet. Obligé par le successeur de Petit-Claud de vendre son imprimerie d'Angoulême, il chercha sur la scène de province une existence nouvelle que son talent comme acteur pouvait rendre brillante. Une jeune première le força d'aller à Paris y demander à la science des ressources contre l'amour, et il essaya d'y monnayer la faveur du parti libéral.

Quant à Lucien, son retour à Paris est du domaine des Scènes de la Vie Parisienne.

1833 — 1843.

FIN

of words — influence on mem.
Determination 164

Lightning Source UK Ltd.
Milton Keynes UK
UKHW05f1807270718
326413UK00005B/369/P